醴陵年鉴

LI LING YEAR BOOK

2018

（总第32卷）

醴陵市人民政府 主办

醴陵市档案史志局 主编

方志出版社

Publishing House of Local Records

图书在版编目（CIP）数据

醴陵年鉴. 2018 / 醴陵市档案史志局编. --北京：
方志出版社，2018.12
ISBN 978-7-5144-3438-5

Ⅰ. ①醴… Ⅱ. ①醴… Ⅲ. ①醴陵—2018—年鉴Ⅳ.
①Z526.43

中国版本图书馆CIP数据核字（2018）第267029号

醴陵年鉴（2018）

编　　者：醴陵市档案史志局
责任编辑：高孟君

出 版 人：冀祥德
出 版 者：方志出版社
地址　北京市朝阳区潘家园东里9号（国家方志馆4层）
邮编　100021
网址　http://www.fzph.org
发　　行：方志出版社图书经销中心
电话（010）67110500
经　　销：各地新华书店
印　　刷：湖南省越来越好印务有限公司　☏ 0731-84453344

开　　本：889×1194　1/16
印　　张：31.5
字　　数：788千字
版　　次：2018年12月第1版　2018年12月第1次印刷
印　　数：0001～1200册

ISBN 978-7-5144-3438-5　定价：298.00元

醴陵年鉴编辑委员会

醴陵年鉴编辑部

总　　编	吴远香
副 总 编	陈　灏
执行编辑	韩芳子
责任编辑	
特　载	韩芳子
醴陵概览	韩芳子
大事记	罗秀媛
中国共产党醴陵市委员会	李玲玲
醴陵市人民代表大会常务委员会	李玲玲
醴陵市人民政府	李玲玲
中国人民政治协商会议醴陵市委员会	李玲玲
民主党派	胡　林
社会团体	胡　林
军　事	胡　林
法　治	朱艳芳
综合经济与管理	朱艳芳
农　业	朱艳芳
工　业	李玲玲
贸易·旅游	朱艳芳
城建·环保	朱艳芳
交通·邮政·通信	朱艳芳
财政·税务	朱艳芳
银行·保险	李玲玲
民政·社保	朱艳芳
教　育	朱艳芳
文化·体育·传媒	朱艳芳
卫生·计划生育	李玲玲
区·街道·乡镇	胡　林
人　物	韩芳子
荣誉谱	韩芳子
文件选登	韩芳子
市党、政及各部门、单位负责人名录	韩芳子
彩图摄影与编辑	朱艳芳
主　审	陈　灏　韩芳子
终　审	吴远香
校　对	罗秀媛　朱艳芳
题　字	杨水生

编　辑　说　明

一、《醴陵年鉴》以马克思列宁主义、毛泽东思想、邓小平理论、“三个代表”重要思想、科学发展观和习近平新时代中国特色社会主义思想为指导，坚持辩证唯物主义和历史唯物主义的立场、观点和方法；系统翔实地记载了2017年度全市的政治、经济、文化和社会生活等方面的情况和重要事件，汇集了较全面的信息资料，为各级领导决策和各界人士了解醴陵提供参考依据，为今后续修地方志收集和储存可靠史料。

二、《醴陵年鉴2018》采用分类编辑法，以条目为主要记事形式，基本结构为类目、分目、条目3个层次，个别分目下设子目。根据全市政治、经济、社会发展等实际情况，《醴陵年鉴2018》在篇目结构上有部分调整，共设特载、醴陵概览、大事记、中国共产党醴陵市委员会、醴陵市人民代表大会常务委员会、醴陵市人民政府、中国人民政治协商会议醴陵市委员会、民主党派、社会团体、军事、法治、综合经济与管理、农业、工业、贸易·旅游、城建·环保、交通·邮政·通信、财政·税务、银行·保险、民政·社保、教育、文化·体育·传媒、卫生·计划生育、区·街道·镇、人物、荣誉谱、文件选登和市党、政及各部门、单位负责人名录28个类目，有164个分目、909个条目、788千字。全书有彩版128幅、照片662张，有表格24个。

三、本卷文字和照片均由全市各单位提供，经单位负责人审核，由年鉴编辑部编辑、审校。在采编过程中，力求内容真实，注重资料性、实用性和可读性。卷中主要数据以《醴陵市2017年国民经济和社会发展统计公报》为准（其中人口数以市公安局年报为准），公报中不涉及的数据以各单位上报数据为准，个别数据因统计口径不一致可能存在差异，读者在阅读、引用时需注意鉴别。部分数据总数和分数因四舍五入，末位可能存在细微差异，属正常情况。卷中数据增减比率在未注明的情况下均为与上年同期比较值。文中未特别注明的“省”“市”分别为“湖南省”“醴陵市”。

四、本卷“市党、政及各部门、单位负责人名录”类目中所列名录均由市委组织部提供，均以2017年1月1日至12月31日任职为准。

五、书中彩版照片为2017年、2018年内容，部分照片中的领导为时任领导。彩版第一、二页所刊市委、市人大、市政府、市政协主要领导成员照片均为本书出版印刷前的在任领导。

摄影 / 钟海灵

城市名片

- 中国陶瓷历史文化名城
- 世界釉下五彩瓷原产地
- 世界电瓷之都
- 花炮祖师李畋故里
- 中国花炮之乡
- 全国县域经济百强县（市）
- 全国工业百强县（市）
- 中国中小城市综合实力（科学发展）百强县（市）
- 中国最具投资潜力中小城市百强县（市）
- 中国中小城市创新创业百强县（市）
- 中国最具区域带动力中小城市百强县（市）
- 全国百座宜居宜业魅力县城
- 中华诗词之乡
- 全国科技进步先进市
- 中国县域成长竞争力 50 强
- 国家农村综合性改革试点试验县（市）
- 出口电瓷质量安全示范区
- 出口日用陶瓷质量安全示范区

醴陵数字 2017

土地面积：2157 平方千米

户籍人口：1051919 人

地区生产总值：607.2 亿元

第一产业增加值：55.8 亿元

第二产业增加值：352.6 亿元

第三产业增加值：198.8 亿元

三次产业结构：9.2:58.1:32.7

一般公共预算收入：54.1 亿元

地方一般预算收入：39.7 亿元

公共财政预算支出：75.3 亿元

农村公路建设：72 公里

新增城镇就业人员：6968 人

城镇居民人均可支配收入：36558 元

粮食作物播种面积：72.7 千公顷

粮食总产量：51.3 万吨

工业增加值：325.7 亿元

规模以上工业企业：580 家

规模以上工业企业完成产值：1067.8 亿元

建筑业增加值：27.2 亿元

房地产开发企业：46 家

房地产开发投资：28.3 亿元

商品房销售面积：73.8 万平方米

商品房销售额：36.8 亿元

固定资产投资：441.9 亿元

基础设施投资：143.4 亿元

民生投资：43.2 亿元

社会消费品零售总额：204.6 亿元

交通运输、仓储和邮政增加值：16.9 亿元

邮电业务总量：5.93 亿元

接待国内外游客：554.91 万人次

旅游总收入：58.47 亿元

外贸进出口总额：24.6 亿元

金融机构各项存款余额：343.3 亿元

金融机构各项贷款余额：177.2 亿元

医疗卫生机构：692 个

卫生技术人员：4196 人

中、小学校：267 所

学校、幼儿园教职工：10428 人

——数据统计摘自《2017 年醴陵市国民经济和社会发展统计公报》

全面建成小康社会

市委书记胡湘之调研花炮产业

经济发展

全面建成小康社会工作推进会

全国烟花爆竹生产机械化工作推进现场会

开启基本现代化新征程

市委副书记、市人民政府市长康月林代表醴陵市委、市人民政府向炎陵县霞阳镇黄沙垅村捐赠帮扶资金

湖南醴陵经济开发区

烟花鞭炮自动化生产线

人民生活

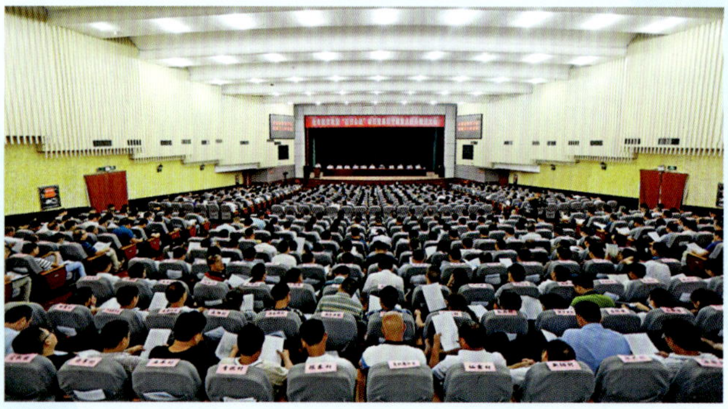

全市脱贫攻坚“百日会战”动员暨基层党建重点任务推进大会

“文明醴陵·爱心助考”公益活动启幕

2017年“醴北人家”首届山地马拉松比赛

清明小长假期间，市民在茶场体验采茶

社会发展

湖南工业大学醴陵陶瓷研究院揭牌

“共筑航天新时代·共建五彩新醴陵”中国航天科普展

党建法治

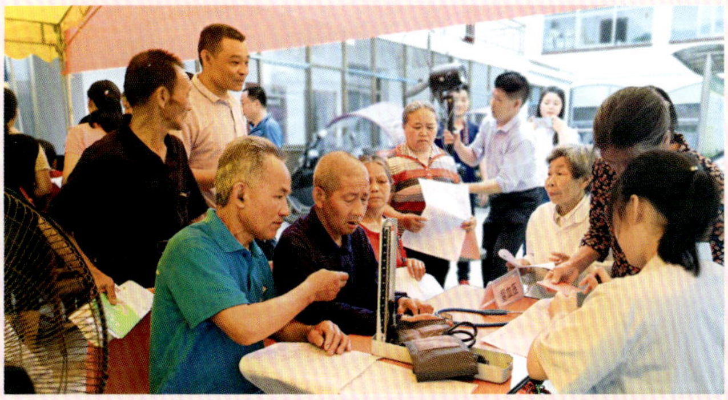

医疗服务结对共建“健康送下乡”活动现场

均楚镇瓜蒌基地助力抓党建促脱贫攻坚

志愿者清除桥面积雪

枫林镇双井村“美醴新村”村级组织综合服务平台

生态文明

田园风光

黄乡民居

第三届中国烟花爆竹博览会暨2018醴陵烟花爆竹交易会

第三届中国烟花爆竹博览会
暨2018醴陵烟花爆竹交易会

中国日用杂品流通协会副会长兼秘书长李凤兰授牌

市委书记胡湘之致辞

集中签约仪式

璀璨烟花展

开幕式现场

开幕式节目表演

参展产品

展厅一隅

2018 中国湖南国际旅游节暨中国（醴陵）国际陶瓷产业博览会

湖南省委副书记乌兰巡馆

湖南省人民政府副省长陈飞讲话

湖南省政协副主席张大方参观展馆

英国布里斯托市旅游局局长约翰·赫斯特致辞

株洲市委书记、市人大常委会主任毛腾飞致辞

株洲市委副书记、市人民政府市长阳卫国主持

重大项目签约仪式

文化旅游战略合作签约仪式

湖南旅游推介会

瓷宴

游客体验区

“窑滚”音乐会

国际展馆

展厅一隅

火树银花陶瓷谷

醴陵八景

书院春秋

云岩禅音

五彩瓷谷

仙山望岳

古桥芳洲

官庄平湖

沩山洞天

耿祠荷风

目 录

中国人民政治协商会议醴陵市委员会

民主党派

社会团体

军　　事

法　　治

综合经济与管理

农　业

工　业

贸易·旅游

城建·环保

交通·邮政·通信

财政·税务

银行·保险

民政·社保

教 育

文化·体育·传媒

卫生·计划生育

区·街道·镇

人 物

荣誉谱

文件选登

市党、政及各部门、单位负责人名录

索 引

彩 版

中共醴陵市委常委

ZHONG GONG LI LING SHI WEI CHANG WEI

上排左起： 中共醴陵市委书记胡湘之，市委副书记、市人民政府市长康月林，市委副书记邹志超，市委常委、组织部部长钟勇军，市委常委、市纪委书记易文星

下排左起： 市委常委、人武部部长李云星，市委常委、市人民政府常务副市长曾毅鹏，市委常委、宣传部部长刘海龙，市委常委、政法委书记廖胜云，市委常委、统战部部长石勇辉

醴陵市人大常委会主任、副主任

LI LING SHI REN DA CHANG WEI HUI ZHU REN FU ZHU REN

左起： 党组书记、主任贺小玲，党组成员、副主任廖宏力，党组成员、副主任李亿平，党组成员、副主任李荣佳，副主任（兼）唐青柏，党组成员、副主任翁菊清

醴陵市人民政府市长、副市长
LI LING SHI REN MIN ZHENG FU SHI ZHANG FU SHI ZHANG

上排左起： 市委副书记、市长康月林，市委常委、常务副市长曾毅鹏，副市长、市公安局局长何忠明，副市长黄平伟

下排左起： 副市长谭艳，副市长钟国建，副市长陈佳，副市长王吉祥，副市长曾敏

政协醴陵市委员会主席、副主席
ZHENG XIE LI LING SHI WEI YUAN HUI ZHU XI FU ZHU XI

左起： 党组书记、主席江曙明，副主席李忆湘，副主席（兼）钟富强，党组成员、副主席程曙光，党组成员、副主席肖建辉，副主席（兼）易召群

醴陵市人大常委会

LI LING SHI REN DA CHANG WEI HUI

组织各级人大代表现场观摩市人民法院执法工作

市人大常委会党组 2017 年度领导班子专题民主生活会

醴陵市第十六届人民代表大会第三次会议

醴陵市第十六届人大常委会第九次会议

党建帮扶工作

醴陵市人大常委会 2018 年专项工作评议动员大会

政协醴陵市委员会

ZHENG XIE LI LING SHI WEI YUAN HUI

株洲市政协主席蔡溪到醴陵调研脱贫攻坚工作

市政协主席江曙明调度中国陶瓷谷国际会展中心项目建设

政协醴陵市第十四届委员会第二次常委（扩大）会议

市政协组织举办第三届李国桢陶瓷思想学术研讨会暨"醴陵窑"在“一带一路”中的地位和作用高峰论坛

政协醴陵市第十四届委员会第三次会议

中共醴陵市委政法委员会

ZHONG GONG LI LING SHI WEI ZHENG FA WEI YUAN HUI

湖南省委常委、政法委书记黄关春到醴陵调研政法及综治工作

市委常委、政法委书记廖胜云在市委政法工作会议上讲话

机关干部会议

市委常委、政法委书记廖胜云主持召开市委政法联席会

醴陵市扫黑除恶专项斗争会议

市委政法工作会议

湖南醴陵

HU NAN LI LIN

湖南省委副书记、省人民政府省长许达哲到园区考察

湖南省委常委、统战部部长黄兰香到园区考察

2018 中国陶瓷工业智能化与装备技术研讨会

第三届中国烟花爆竹博览会暨 2018 醴陵烟花爆竹交易会开幕式

2017 中国醴陵国际陶瓷产业博览会

经济开发区

NG JI KAI FA QU

市领导考察湖南工业大学醴陵陶瓷学院建设情况

株洲醴陵旗滨玻璃有限公司高性能电子玻璃生产线项目签约仪式

中国陶瓷谷国际会展中心鸟瞰图

醴陵国际陶瓷文化特色街区效果图

中国陶瓷谷陶子湖片区鸟瞰效果图

陶瓷艺术城

振美艺术陶瓷

瓷器口陶瓷文化主题风情街

中共醴陵

ZHONG GONG LI LIN

湖南省委副书记、省人民政府省长许达哲到醴陵考察

湖南省委常委、统战部部长黄兰香到醴陵考察

中共醴陵市委十二届二次全体（扩大）会议

中共醴陵市委十二届三次全体（扩大）会议

市委常委、市委办主任王志强调度陶瓷艺术城升级改造工程

市委常委、市委办主任王志强调度珊横线提质改造工程

市 委 办 公 室

HI WEI BAN GONG SHI

市委办班子成员

市委办机关总支“两学一做”主题活动

党日活动——重温入党誓词

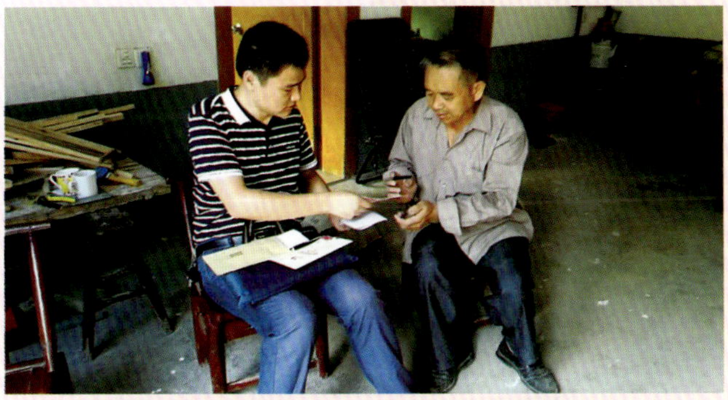

结队帮扶贫困户

市委办机关篮球队参加醴陵市机关运动会篮球比赛

醴陵市总工会

LI LING SHI ZONG GONG HUI

市委书记胡湘之春节慰问困难劳模

全市工会财务业务知识培训

情系职工送清凉活动

湖南省“湘字号”传统技艺工匠湘瓷（拉坯成型 / 陶瓷彩绘 / 陶瓷雕塑）技能竞赛决赛开幕式

相亲交友联谊活动

走访慰问贫困户

醴陵市人民法院

LI LING SHI REN MIN FA YUAN

市委书记胡湘之到市法院调研

院长刘望鸣带头开庭审案，助推司改新常态

2017 年度党员领导干部专题民主生活会

首批员额法官宣誓仪式

集中执行腾房行动

干警开展“老赖”抓捕行动

干警为枧头洲中学学生上法制课

醴 陵 市 人

LI LING SHI REN M

最高人民检察院控告检察厅厅长宫鸣到醴陵复查市人民检察院全国文明接待室创建工作

湖南省委宣传部副部长、省文明办主任刘进能一行到市人民检察院检查验收全国文明单位创建工作

市人民政府副市长黄平伟和市人民检察院党组书记、检察长黄晓军到食药监派驻检察联络室指导工作

市人大常委会主任贺小玲等领导与市人民检察院首批入额检察官合影

市人民检察院驻市环保局检察联络室揭牌

“环望仙桥水库，看扶贫攻坚成果”毅行活动

市人民检察院 2018 年迎新春联欢晚会

民检察院

AN CHA YUAN

市人民检察院领导与侦防部门转隶同志集体合影

市人民检察院公诉局获评株洲市巾帼文明岗

全市“两法衔接”工作调度会在市人民检察院召开

全体干警阔步向前

醴陵市人民

LI LING SHI REN MI

赴警示教育中心开展廉政学习

组织市人民政府党组（扩大）会议

政府办公室

IENG FU BAN GONG SHI

市政府办机关庆祝建党 96 周年专题党课

支部学习活动

深入开展精准扶贫活动

在耿传公祠重温入党誓词

编印的相关刊物

醴陵市残疾人联合会

LI LING SHI CAN JI REN LIAN HE HUI

湖南省、株洲市残联领导走访醴陵市贫困残疾人无障碍改造项目对象

市残联党组书记、理事长朱卫兵到板杉镇板杉村走访建档立卡贫困户

株洲市志愿助残服务支队到船湾镇添福残疾人托养服务所开展志愿服务活动

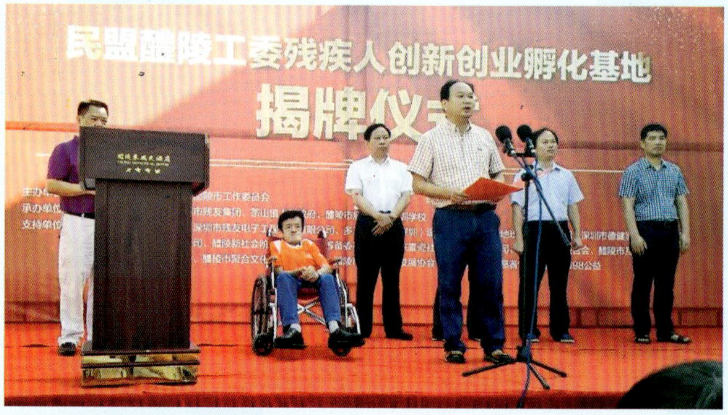

民盟醴陵工委残疾人创新创业孵化基地揭牌仪式

残疾儿童听力筛查

爱心扶贫捐款活动

部署 2017 年全市残疾人精准康复服务行动和精准识别工作

醴陵市发展和改革局

LI LING SHI FA ZHAN HE GAI GE JU

市委书记胡湘之到局调研产业项目建设年情况

党组书记、局长 吴均成

局班子成员

党员进社区志愿活动

扶贫走访

易地扶贫搬迁督查

“3·15”消费者权益日活动，为群众提供价格咨询服务

醴陵市

LI LING SH

市委书记胡湘之到市第一中学慰问教师

市委副书记、市人民政府市长康月林，市委常委、统战部部长石勇辉“六一”儿童节看望学生

团结务实的领导班子

局党委书记、局长谢世军同孩子们一起欢度“六一”儿童节

第 29 届中小学生田径运动会开幕式

教 育 局

AO YU JU

市委副书记邹志超到市机关幼儿园慰问教师和学生

市委常委、常务副市长曾毅鹏到市第四中学调研

局机关党总支开展主题党日活动

原天安门国旗护卫队与姜湾（左权红军）小学学生合影

校园科技文化艺术节展演

教育系统职工气排球比赛

醴陵市经济

LI LING SHI JIN

湖南省经济和信息化委员会调研组到醴陵调研陶瓷产业发展情况并座谈

湖南省经济和信息化委员会领导到醴陵调研产业集群公共服务平台建设

湖南省经济和信息化委员会领导考察株洲醴陵旗滨玻璃有限公司的余热发电和污水处理项目

中国硅酸盐学会陶瓷分会 2017 学术年会在醴陵召开

中国硅酸盐学会专家与醴陵企业对接会

科技信息化局

KE JI XIN XI HUA JU

市政协副主席（兼）、市经济科技信息化局局长钟富强陪同湖南省经济和信息化委员会调研组实地调研湖南阳东磁电股份有限公司

市经济科技信息化局副局长王传文到经天纬地电商产业园调研

产业突围“四个十条”政策第三季度兑现大会

全国产业集群区域品牌示范区创建工作现场培训会

市经济科技信息化局在职党员开展志愿服务进社区活动

市经济科技信息化局机关支部党员走访慰问碧山老年公寓的老年人

醴 陵 市

LI LING SH

领导班子

市人民政府副市长、市公安局局长何忠明到官庄镇瓦子坪村指导精准扶贫活动

市人民政府副调研员、市公安局政委杨帆到官庄镇开展精准扶贫工作

市人民政府副市长、市公安局局长何忠明到官庄镇瓦子坪村开展精准扶贫活动

第三届湘赣边县域城市公安局警务协作会议在醴陵召开

公　安　局

ONG AN JU

湖南省公安厅党委副书记、常务副厅长袁友方到醴陵督导公安工作

开展学习贯彻中共十九大精神知识抢答赛

2017 年市公安局春节联欢晚会

“瓷博会”安保工作动员部署会

局领导带队巡逻

民警参加结对帮扶主题党日活动

民警开展书法写作学习交流活动

反恐演练

体能训练

实弹射击训练

醴陵市民政局

LI LING SHI MIN ZHENG JU

市委书记胡湘之参加“八一”慰问活动

株洲市民政局局长易湘东到醴陵调研“五化”民政建设

市委副书记邹展晖（时任）到市民政局参加慈善送温暖活动

庆祝建军90周年暨“最美退役军人”表彰大会

党组书记、局长周海军走访慰问贫困户

醴陵市村（居）“两委”换届选举工作推进会

醴陵市司法局

LI LING SHI SI FA JU

湖南省司法厅公证管理处处长严思斯一行到醴陵督查公证体制改革有关工作

株洲市委常委、政法委书记杨玉芳一行到醴陵调研司法行政工作

“两学一做”学习教育常态化制度化动员部署会

组织社区服刑人员集中教育培训

醴陵市 2017 年人民调解员培训班开班典礼

局机关党员干部接受警示教育

在嘉茂银座广场组织开展“12·4”宪法宣传日活动

醴 陵 市

LI LING S

全市决算工作会议

市财政局开展学习贯彻中共十九大精神会议

全市加强惠农补贴发放管理工作会议

财　政　局

AI ZHENG JU

市财政预算执行和其他财政收支情况审计进点会

市财政局传达学习市委全会暨市委经济工作会议精神

在职党员进社区志愿服务活动

组织干部职工开展义务植树活动

“中国梦 财政情”全市财政系统文艺汇演

“五四”青年节素质拓展活动

醴陵市国

LI LING SHI GU

国家土地督察武汉局领导到醴陵督察

国家土地督察武汉局领导到醴陵调研

数字醴陵地理信息基础工程共建共享合作协议签署仪式

土资源局

J ZI YUAN JU

党组书记、局长温国战调研工作

贫困户送来锦旗

全市国土资源工作会议

学雷峰志愿者活动

“世界地球日”宣传活动

土地开发项目

醴 陵 市 环

LI LING SHI HU

参观市预防腐败警示教育中心

湖南省、株洲市环境保护督查组到醴陵督察饮用水源地环境整治工作

境 保 护 局

NG BAO HU JU

省人大常委会领导到醴陵督查造纸企业工作

市人民政府副市长王吉祥调研环保工作

多部门联合开展饮用水源地环境检查

学习中共十九大报告专题会

加强学习培训　提高业务素质

激发青春活力，为绿水青山添彩

醴陵市人力资源和社会保障局

LI LING SHI REN LI ZI YUAN HE SHE HUI BAO ZHANG JU

湖南省人力资源和社会保障厅领导到局服务大厅调研

株洲市人力资源和社会保障局领导到局调研指导工作

全市企业养老保险推进工作座谈会

全市城乡居民医疗保险筹资工作会议

全市基层劳动争议调解员培训班

结对帮扶

特　载

践行新思想　推进新创业
全面开启建设现代化醴陵新征程

——在市委十二届四次全体（扩大）会议暨市委经济工作会议上的讲话

中共醴陵市委书记　胡湘之

（2017 年 12 月 29 日）

一、我们已站在发展新起点

2017 年是醴陵发展历史上值得铭记的一年。一年来，面对艰巨繁重的发展改革任务，全市上下攻坚克难、埋头苦干，拼搏奋进、勇于争先，开启了醴陵发展新局面。

（一）**综合实力明显增强。**有望提前三年实现整体脱贫、建成全面小康社会。县域经济综合竞争力居全国百强县（市）第 56 位，跻身全国县域成长竞争力排行榜第 45 位、全国工业百强县（市）第 86 位；获国家级、省部级荣誉 70 余项，安全生产、计划生育、综合治理三项“基本功”同时获全省先进，摘得“大满贯”，系长株潭地区唯一。全年实现地区生产总值 607.2 亿元，比上年增长 8.2%；公共财政预算收入 54.1 亿元，比上年增长 8.1%；工业总产值 1192.3 亿元，比上年增长 12%；固定资产投资 441.9 亿元，比上年增长 14.6%；社会消费品零售总额 204.6 亿元，比上年增长 11.4%。

（二）**产业结构明显优化。**全面铺开 10 大类、37 项改革，“三去一降一补”（去产能、去库存、去杠杆、降成本、补短板）深入推进。出台“四个十条”（《关于促进经济开发区招商引资的十条政策》《关于促进陶瓷产业发展的十条政策》《关于促进花炮产业发展的十条政策》《关于促进大众创业万众创新的十条政策》），全年已兑现奖励资金 2000 余万元，惠及 210 余家企业，撬动工业投资增长 23.2%、实体经济税收增长 27%。规模工业增加值 371.1 亿元，比上年增长 7.5%。陶瓷产值达 708 亿元，增长 13.5%。花炮产业在落后产能淘汰退出、企业数量减至 199 家的情况下，实现产值 202 亿元，增长 3.4%。高新技术产业增加值占 GDP 比重由 21.1% 增至 35.27%。“中国烟花自动化生产示范区”初见雏形，5 条烟花自动化生产线建成投产。成功创建全国首个“出口电瓷质量安全示范区”、全国第二个“出口日用陶瓷质量安全示范区”。成功举办“2017中国（醴陵）国际陶瓷产业博览会”，25个国家和香港、台湾地区的671家企业参展，打响了“中国陶瓷谷”区域品牌。中国陶瓷谷国际会展中心获评“2017中国最佳服务会展中心”。倾力构建“四点一谷一片”（渌江书院、渌江桥、李立三故居、醴陵窑四个国家重点文物保护单位，中国陶瓷谷，北部旅游环线片区）全域旅游圈，获国家旅游局3次“点赞”。“醴陵瓷谷”入选“国家十个工业遗产旅游基地”。袁昌英纪念园建成开园，“醴北人家”山地马拉松、湘赣边桃花艺术节、板杉荷花节、枫林清荷旅游节等系列活动成功举办，旅游、文化等产业迅速升温。实施农业产业升级“五个一”（扶持1个现代农业组团、10个农产品加工龙头企业、10个休闲农庄、100个示范合作社、100个家庭农场）工程，规模经营户增至5800余户，粮食播种面积和总产量保持全省领先地位。着力打造“一谷一城一园”（中国陶瓷谷、渌江新城、东富工业园），工业园区面积增至100平方千米，实现产值662亿元，同比增长19%，被列为国家级经开区考察对象。启动电瓷产业园建设，华鑫电瓷、阳东电瓷等4家企业入园开工。电商产业园入驻企业达49家。全市规模以上工业企业增至580家，5家企业入选全省上市后备企业资源库。

（三）**城市形象明显提升**。深入推进“三创四化”（创建国家卫生城市、创建国家园林城市、创建全国文明城市，绿化、亮化、美化和数字化），提质改造凤凰路、醴泉路、李畋路、瓷城路、泉湖路、阳三路、左权路、滨河路、青云路、国瓷路等126条大街小巷，“三桥两洲一廊”（渌江书院桥、西山大桥、江源大桥，状元洲、左家洲，渌江河堤防护栏）、仙山公园、高铁广场等30余处城市重要节点，太一市场、阳三石市场、黄沙市场等11个农贸市场；新建5000余个停车位；新装、更换1万余盏路灯；建成梩木嘴、车顿桥等20余个共3.4万平方米“口袋公园”。全面推行“河长制”（由各级行政主要负责人担任“河长”，负责组织领导相应河湖的管理和保护工作），启动“五江六水”（渌江、澄潭江、城市内江、铁河、磨子石河，官庄水库、雪峰山水库、望仙桥水库、荷田水库、周坊水库、藕塘水库）治理，渌江城区段、官庄水库、沩山水库畜禽养殖和网箱养鱼全部退出，城区段渌江水质由Ⅳ类变成Ⅱ类。中国陶瓷谷、渌江新城梯度开发、递次推进，城市建成区面积拓展至42平方千米，城镇化率达61.24%。加快新农村建设，打造10个“美丽乡村”。推进“七个一”（打造一条样板路、打造一个示范村、新造一百亩林、抓好一个产业项目、抓好一个民生项目、抓好一个城建项目、包装好一块土地）工程，东富镇、白兔潭镇污水处理厂即将建成使用，新改扩建农村公路480余千米。

（四）**项目建设明显加快**。实施重点项目242个，征地401.07公顷，征拆房屋1600余栋（套），45个项目征拆清零，征拆和征收工作居株洲五县市第一。陶子湖、碧桂园、新妇幼、新三中、醴陵陶瓷学院等133个项目开工建设，中国陶瓷谷国际会展中心、“1915”陶瓷特色街区、东富大道等64个项目竣工投入使用，东城大道、渌江产业服务中心、釉下五彩生产基地等重点项目加速推进。引进亿元以上项目50个，其中10亿元以上33个，中核华兴、中盐红四方等重大项目签约落地。推广PPP合作模式，新启动官庄湖水系综合开发、凤凰山城市中心公园等4个PPP项目。开拓“一带一路”（“丝绸之路经济带”和“21世纪海上丝绸之路”）新兴市场，醴陵陶瓷在欧洲、东南亚出口同比增长18.8%，春秋两季广交会成交额比上年增长16.5%。全年全市进出口贸易总额达24.6亿元，比上年增长13.1%。

（五）**民生民利明显改善**。全年七成财力投向民生领域，民生“100工程”成效明显。城乡居民人均可支配收入分别达36558元、24335元，分别比上年增长8.3%、8.5%。高考本科二批以上上线率摘得株洲地区“四连冠”，获评首批全国中小学校责任督学挂牌督导创新县（市）、国家级农村职业教育与成人教育示范县（市）。醴陵陶瓷学院开始首批招生，聘请25名醴陵市学者专家担任客座教授。“湘雅乡情・专家醴陵行”常态化开展，医联体建设实现全覆盖，家庭医生签约服务走进千家万户，市中（一）医院授牌“国家三级甲等中医医院”。国家公共文化服务体系示范区创建顺利通过中期评估。养老保险、医疗保险、生育保险、失业保险、工伤保险等九项社会保险总人数达162.77万人次。残障对象无障碍设施改造被中央电视台《焦点访谈》栏目专题典型推介。“7+6”（“七个一批”：发展特色产业脱贫一批，引导劳务输出脱贫一批，实施易地搬迁脱贫一批，结合生态保护一批，着力加强教育一批，开展医疗保险救助脱贫一批，实行保障兜底脱贫一批；“六大工程”：实施交通扶贫工程，实施水利扶贫工程，实施通信和电力、光伏扶贫工程，实施农村危房改造和农村环境整治扶贫工程，实施文化扶贫工程，实施乡村旅游扶贫工程）精准扶贫行动深入推进，610户1819名贫困人口易地搬迁住进新房，15个贫困村达到退出标准，1919户7130名贫困人口达到脱贫标准，社会扶贫APP各项数据位列全省第一。顺利通过株洲市贫困村退出验收和省政府脱贫攻坚考核，代表湖南省迎接国务院扶贫交叉检查获高度肯定，工作经验在全省推介。中央环保督察组反馈的44个问题全部整改落实到位。安全生产形势创历史最好，事故发生数量同比下降58.3%。

（六）**党的建设明显加强**。坚持正确用人导向，落实“好干部”标准，面向基层一线培养选拔干部，选优配强各级领导班子。强化理论武装，举办各级培训班37期，培训干部4600余人次。完成270个村（社区）“两委”（村党支部委员会、村民委员会，社区党支部委员会、社区居民委员会）换届，城市基层党建工作在全省推介。“两学一做”学习教育常态化制度化，“党员夜校”入选中组部典型案例。推进“人才强市”战略，引进全日制硕士研究生87人、博士生5人。稳步推进监察体制改革，完成派驻和巡察机构改革，实现派驻全覆盖。压实“两个责任”（结对帮扶责任、驻村帮扶责任），坚持惩防并举，加大扶贫领域监督执纪问责力度，突出抓好“四风”（形式主义、官僚主义、享乐主义和奢靡之风）问题等专项整治，保持反腐高压态势，立案436件，党纪政纪处分458人，移送司法机关8人。统战机构不断完善，统战队伍不断壮大。牢牢把握意识形态工作的领导权和话语权，对外宣传数量多、层次高、反响好，市人民检察院、珊田村等获评“全国文明单位”。民兵学习宣讲习近平新时代中国特色社会主义思想活动经验在株洲地区推广。工青妇、老龄、档案史志、人防等工作都取得新进步。市委总揽全局、协调各方，市人大依法履职、有效监督，市政府依法行政、狠抓落实，市政协参政议政、建言献策的良好局面进一步巩固和发展。

回顾即将过去的2017年，可圈可点的工作很多，可喜可赞的典型很多。这一年，城乡面貌发生了大变化。成功解决城区污水处理、城市全天候保洁、渌江河治理、官庄水源保护、湘运汽车站整体搬迁、岳汝高速瓷城服务区开通运营等许多长期想解决而没有解决的难题，城乡面貌变净变美变有序，得到各级各界的广泛关注和充分肯定。这一年，各项指标实现了大突破。GDP首次突破600亿元，固定资产投资首次突破400亿元，陶瓷产业产值首次突破700亿元，征拆房屋首次突破1000栋（套），首次跻身中国县域成长竞争力排行榜前50强，综合实力在百强县排名上升幅度居全国第一，突破之大、效果之好前所未有。这一年，区域发展形成了大格局。加快东城大道建设，醴娄高速即将开工，形成四通八达的交通格局；先后制定出台“四个十条”“三基一网”（抓基层、打基础、强基本，全面推行网格化管理）“六基规则”（基本组织、基本职能、基本队伍、基本制度、基本机制、基本保障）等，形成常态长效的政策格局；调规扩园区，放权活体制，形成“一谷一城一园”统筹发展格局，等等，这些都为醴陵长远发展奠定了坚实基础。这一年，千年古邑创树了大形象。来醴外地游客达600余万人次，釉下五彩瓷入驻迪拜“151国际品牌文化中心”，“助学老人”陈自绪、“诚信老爹”潘尧生、“最美共产党员”瞿志英登“中国好人榜”，通过外增颜值、内修气质，“大美醴陵”“大爱醴陵”声名远播。这一年，社会大局保持了大稳定。有效化解一批信访积案，十九大特护期实现赴省进京“零登记、零非访、零事故”，全年没有发生较大以上安全事故，真正为人民群众缔造了可以预期、可以信赖的和谐稳定环境。这一年，各级班子增进了大团结。市四套班子高度团结、高度统一。人大、政协领导没有一线二线之分，也没有份内份外之分。四套班子的率先垂范，让全市上下干事创业的精气神，得到了前所未有的凝聚和释放。

在总结成绩和经验的同时，也要清醒地看到问题和不足，主要是：一是总量还不够大。发展不足、不充分仍是最大的市情。长沙县、浏阳市、宁乡市的GDP、固定资产投资总额均在1000亿元以上，工业总产值在2000亿元以上，规模工业增加值在800亿元以上，财政总收入分别突破200亿元、100亿元、80亿元；醴陵市GDP仅它们的40%左右，规模工业增加值仅它们的60%左右，固定资产投资总额仅它们的30%左右，财政总收入只有长沙县的20%、浏阳市的50%、宁乡市的60%。二是结构还不够优。产业结构不优，三产占比仅32.7%，分别低于全国、全省、株洲市平均水平21个、18个、9个百分点左右。产品结构不优，陶瓷、烟花等传统产品的比重达70%左右，有核心技术和自主知识产权的产品不多，不少企业靠贴牌生存。企业结构不优，缺少领军型、旗舰型企业，全市产值过10亿元的工业企业仅旗滨玻璃1家。浏阳市的蓝思科技产值近500亿元，宁乡市产值过10亿元的企业达20余家。三是项目还不够多。带动性、标志性、振奋人心的项目不多，项目建设没有“顶天立地”“铺天盖地”，还不够“脚踏实地”。与先进地区相比，表面上是项目的差距，实际上是观念、环境、招商、落实的差距。宁乡市全年征拆房屋5000栋（套）、供地1.67千公顷，长沙县、浏阳市、宁乡市的经开区均已迈入“国家队”“千亿俱乐部”。四是底线还不够牢。安全生产点多线长面广，信访维稳不稳定因素多，资源环境约束加剧，欠账较多，各项基础工作底子薄。五是作风还不够优。有的干部思想不解放，不敢想不敢试不敢干；有的干部对工作缺乏热情，对事业缺乏激情，干什么都没劲；有的干部习惯“玩空手道”“练假把式”，遇事沉不下，一门心思“等、靠、要”；有的干部自我感觉特别好，唱不好戏怪舞台太小，总认为自己怀才不遇。我们要重视并着力解决这些问题。

二、我们要把握历史新方位

我们即将实现整体脱贫、建成全面小康社会，即将开启基本现代化新征程，这是一个前所未有的历史新方位。

新方位呈现新境界。中国特色社会主义进入新时代，经济发展也应步入新境界。从“物质文化需要”到“美好生活需要”。人民对美好生活的向往已从“有没有”转化为“好不好”，不仅是吃好穿好行好住好，而且还包括公平、法治、安全、环境等“非物质”综合需求。从“高速增长”到“高质量发展”。中国经济已从追求“快不快”嬗变为“优不优”，着力点是实体经济，中心点是质量变革、效率变革、动力变革“三大变革”，以此推动“三大转变”（中国制造向中国创造转变、中国速度向中国质量转变、制造大国向制造强国转变）。醴陵推动高质量发展，就是要把区位的优势转变为开放的优势，把产业的优势转变为园区的优势，把人文的优势转变为环境的优势。这是我们当前和今后一段时期谋事、干事的立足点。从“摸着石头过河”到“四十不惑”。明年是改革开放40周年；“四十而不惑”，不惑就是不疑惑、不困惑、不迷惑。中国改革将会越来越全面深入，中国开放的大门将会越打越开，一切劳动、知识、技术、管理、资本的活力将竞相迸发，一切创造社会财富的源泉将充分涌流。

新方位蕴含新机遇。从国际来看，全球经济经历了长达七年的复苏期，终于有望在2018年过渡到繁荣期，经济增速预计同比增长3.7%，高于前几年平均增速3.4%。从国内来看，我国发展处于重要战略机遇期，经济长期向好的基本面没有变。中共十九大对坚持和发展中国特色社会主义作出了系统部署，思想含量、政治含量、改革含量、政策含量都很大，为发展注入了强大动能。从省市来看，2018年是全省产业项目建设年，全省经济增长预期目标为8%左右；是株洲开启基本现代化新征程的开局之年，株洲明确了“稳中求进、进中争先”总基调，经济增长预期目标为8.5%左右。突出转型升级，加快长株潭一体化，加速株醴融城，省委、株洲市委一直对醴陵高度信任、寄予厚望，我们将拥有更大的发展空间、享受到更多的政策扶持。从自身来看，醴陵由实业起家，以陶瓷、花炮闻名于世，处于供给侧结构性改革、“一带一路”、长江经济带及“中国动力谷”等各种战略交汇区域，政策叠加效应更加彰显。区位优势越来越凸显，一批优质项目逐步发力见效，城市经营步入收获季节，更多的发展要素向醴陵汇集。全市上下人心思齐、人心思进，凝聚了强大的发展正能量。

新方位面临新挑战。推进改革发展的每一步，都是带着问题前行、迎着困难而上的艰辛转型。当前和今后几年，我们主要面临如下压力：经济增长的挑战。高质量发展不唯速度，不是不要速度。周边先进县市表示“要在高速增长过程中实现高质量发展追求”，它们明年的GDP、财政收入增速预期目标仍然是两位数。醴陵市一些经济指标受大环境影响开始步入低增长水平，加上经济运行中的结构矛盾和体制障碍等，在高质量追求中保持高速度增长，面临种种困难和考验。产业转型的挑战。“过去把人变成机器，现在把机器变成人”，未来产业发展方向是机械化、智能化。全市产业以手工作坊式、劳动密集型为主，传统产业如何对接互联网、人工智能等前沿科技加速转型升级，是迫在眉睫的重大课题。社会治理的挑战。社会治理模式正从单向管理转向双向互动，从线下转向线上线下融合，从单纯的政府监管向更加注重社会协同治理转变。畅通联系服务群众“最后一公里”、乃至“最后一米”，需要各方形成合力。区域竞争的挑战。历史表明，每一次产业变革都是后发赶超的好机会。目前以互联网产业化、工业智能化、工业一体化为代表的第四次科技革命方兴未艾。我们坐井观天，就会坐失良机。生态环保的挑战。醴陵是经济强市、人口大市，生态环保新老问题、新旧压力累加，如何把“绿水青山”变成“金山银山”，避免顾此失彼，面临较大考验。

新方位提出新要求。2018年，是贯彻中共十九大精神的开局之年，是改革开放40周年，是我们开启基本现代化新征程的首战之年。全市工作的总体要求是：全面贯彻中共十九大精神，以习近平新时代中国特色社会主义思想为指导，认真落实省委“创新引领开放崛起”战略和株洲市委“一谷三区”（株洲·中国动力谷；“一带一部”开放发展先行区、老工业城市转型发展示范区、城乡统筹发展幸福区）总体部署，坚持“稳中求进、进中求快、快中求优”总基调，以产业项目建设年为抓手，深入推进产业突围、城镇提质、项目攻坚、安全保卫“四大战役”，统筹做好稳增长、促改革、调结构、惠民生、防风险各项工作，实现整体脱贫、建成全面小康，着力开启基本现代化新征程，加快建设富强美丽幸福文明新醴陵。

推动高质量发展，结合醴陵实际，必须把握好“稳中求进、进中求快、快中求优”总基调并贯穿始终。“稳”是前提，就是要稳增长、稳预期、稳政策、稳民生、稳底线、稳队伍。“进”是姿态，就是城市要进步、园区要进步、企业要进步、各项指标要进步、百姓生活要进步。“快”是效率，就是工作节奏要快、项目建设要快、行政审批要快、产业培育要快、招商出手要快。“优”是目的，就是产业结构要优、产品质量要优、发展环境要优、生态环境要优、对外形象要优。

新方位确定新目标。全市定性目标是：“三先”（“株洲领先”，各项工作要确保株洲市第一方阵；“全省率先”，争当湖南转型升级“排头兵”，率先开启基本现代化新征程；“全国争先”，在全国百强县持续进位，挺进50强）。定量目标是：地区生产总值增长8.5%，一般公共预算收入增长7%，固定资产投资增长12%，社会消费品零售总额增长12%，规模工业增加值增长7.8%，城、乡居民人均可支配收入各增长9%，万元GDP能耗和主要污染物排放总量分别下降3.5%、2%以上，全面完成各项约束性指标。

三、我们要着力开启新征程

（一）**大力推进产业项目建设。**深入开展“产业项目建设年”活动,推动“产业兴市、质量强市”战略。主攻方向上突出实体经济。以智能制造为核心，促进大数据、云计算、人工智能、“互联网+”等前沿技术与实体经济深度融合，力争在陶瓷、花炮、服饰、玻璃、汽配、电子信息、新材料等重点领域率先突破。深入实施全域旅游战略，加快推进“四点一谷一片”建设，抓好左权红色纪念园修复、沩山古窑保护与开发、东富寺提质改造、李立三故居申创AAAA级景区等工作,以旅游业带动三产提升。大力发展会展、总部、电商、物流、文化体育、健康养老等产业，推动服务业向优质化转变、向中高端攀升。扎实抓好农业生产，确保粮食播种面积稳定在66.67千公顷以上，粮食总产量稳定在10亿斤以上。实施“三个百千万”（“百企千社万户”工程，即湖南省重点扶持100个农业产业化龙头企业、1000个农机专业合作社、10000个家庭农场。“百片千园万名”科技兴农工程，即湖南省重点建设100个高标准基本农田示范片、1000个现代农业产业园,组织10000名农业科技人员下基层。“百城千镇万村”工程，即湖南省在104个县级以上城市和1001个县以下建制镇周边，选择1万个村率先推进新农村建设）工程，促进从农业大市迈向农业强市。具体抓手上突出“五大行动”。规划引领行动。逐一梳理每个重点产业的核心优势、技术高点、龙头企业和上下游产业链，逐一完善产业布局、产业链配套规划及补链强链延链的路线图、任务书。园区升级行动。深入开展园区攻坚三年大会战，统筹推进“一谷一城一园”发展，主要指标实现翻番，形成千亿园区,成功创建国家级经开区；重点培育5家上市公司、5家过10亿元企业、5个国家级平台，入园企业达到500家，每年收储土地333.33公顷以上。项目攻坚行动。坚持和完善“项目攻坚战”形成的一套工作机制，重点攻坚项目前期工作、招商引资、要素保障等关键环节，扩大产业投资，加快项目推进，提高投资效益。特别是要对标省“五个100”工程，实施一批重大产业项目、一批重大科技创新项目，开展一批重大产品创新，引进一批“500强”企业、一批科技创新人才。产城融合行动。突出“产城融合、产城一体”战略，强化支持产业发展、满足企业需要、方便员工生活的导向，完善“一谷一城一园”的基础设施和公共服务设施，促进吃住行购娱配套发展。环境优化行动。深入开展企业帮扶，落实挂号销号、定期通报等制度。对有条件上市的企业要成立专门班子、出台专门政策。加强项目建设施工环境治理，严厉打击强揽工程、强买强卖、强行阻工和乱检查、乱收费、乱罚款行为。大力推行不叫不到、随叫随到、服务周到的“三到”服务，构建“亲”“清”型政商关系。体制机制上突出正向激励。完善有利于产业发展、项目推进的目标体系、支持政策、考核办法、奖惩机制，形成导向鲜明、评价科学、结果有效的产业发展新机制。在投资安排上，加大产业投资考核权重，引导优化投资方向和结构,提升产业投资的比重。在用人导向上,把那些能抓产业、善抓项目、长于与企业沟通合作的干部放到招商引资、项目建设的一线。特别是要尊重园区、让利园区、服务园区、搞活园区。醴陵市级权限应放尽放,实行独立财税体制和园政合一管理体制,园区党工委行使园区中层干部任免提名权。

（二）**着力打好“四大战役”。**务必一鼓作气、乘势而进、取得实效。以供给侧结构性改革为重点打好产业突围战。深入推进“三去一降一补”，提高供给质量和效益。要坚决去产能，引导过剩产能、落后产能市场化退出，重点抓好花炮工区退出，防止停产退出企业死灰复燃。要精准去库存,坚持“房子是用来住的，不是用来炒的”，准确把握市场供需矛盾，年内新开工房地产75万平方米，推动碧桂园、金东·陶子湖等大楼盘建设，将房产库存稳定在健康水平。要稳妥去杠杆，有效控制政府性融资和债务规模，优化投融资体制机制，鼓励民间资本参与基础设施和公共服务建设。要积极降成本，严格落实减税、营改增、降费等上级政策措施和市“四个十条”，打好“降本增效”组合拳。要全力补短板，重点补齐三产短板,关键是破“财税增长、房产发展、平台建设、土地供应、城市扩容”之困局，增强发展后劲。

以“城市双修”“农村双改”为重点打好城镇提质战。实施城市生态修复和城市修补工程，统筹推进“四大行动”。交通畅通行动，打通寨子岭南路、青云北路、桔园路等“断头路”，推动向阳河路、澄潭江路等主干道建设。旧城提质行动，提质40条小街小巷和姜湾、大坡里等16个农贸市场，推进8个棚户区改造项目。设施配套行动，加快狮子坡水厂提质扩容、城区供水管网改造等，推动凤凰山城市中心公园、寨子岭公园、五彩广场等建设，新增停车位5000个、城市绿地面积36万平方米以上。株醴融城行动，抓好320国道、东城大道、城市外环线等建设，加大渌江新城开发力度，对接“一核一圈一廊”（中心城区核心增长极、株醴都市圈、醴炎县域经济走廊），融入长株潭一体化。实施乡村振兴战略，推动农村房屋改造和农村人居环境改善，建设“产业兴旺、生态宜居、乡风文明、治理有效、生活富裕”新农村。突出“五大重点”，继续实施“七个一”工程，致力将镇区打造成乡村振兴的高地，重点抓好白兔潭梦幻烟花、枫林健康养生、船湾标志服饰、东富电瓷、沩山旅游小镇等特色小镇建设；建设“四好农村路”（建好、管好、护好、运营好农村公路），新改扩建400千米农村公路，重点抓好桎马线、醴官线等建设；推进“厕所革命”，改造一批、整治一批、提升一批，让群众用上卫生厕所；继续实施美丽乡村提质升级五年行动，每年建好10个美丽乡村；抓好农村饮水安全工程，逐步解决群众安全饮水问题。

以城区园区景区为重点打好项目攻坚战。重点抓好“5个十大”，即中国陶瓷谷产业群、电瓷产业园等十大产业项目，陶子湖片区、创新创业园等十大园区项目，一江两岸、地下综合管廊等十大城建项目，醴陵陶瓷学院、新三中、新妇幼等十大民生项目，烟花自动化生产线、中南大学高速列车研究中心等十大科技创新项目。按照“大片区拆迁、大兵团作战、大格局安置、大范围清零”的思路，明年完成征地666.67公顷、征拆房屋2000栋（套）以上，实现50个以上项目征拆清零。建立“新开工”“未开工”“已复工”“未复工”和“应竣工”五张项目清单，坚持“一个项目、一名领导、一套班子、一抓到底”，推行“一周一通报、一月一调度、一季一讲评、半年一考核”工作机制，确保履约落地率、开工建设率、竣工投产率大幅提升。

以创建“平安醴陵”为重点打好安全保卫战。全面推行安全生产巡查，深化“一单四制”（建立分级分行业领域的重大事故隐患清单，实行交办制、台账制、销号制、通报制管理）管理，建立并实行重大安全风险“一票否决”，细化党政领导、部门监管、属地管理“三张责任清单”，坚决远离特大事故、杜绝较大事故、减少一般事故。创新食品药品质量监管体制，争创省级食品安全市。抓好“无毒醴陵”创建。继续完善落实市级领导包案、接访、值班的维稳工作机制，开展“源头治理”“积案清零”等专项活动，确保信访总量、非正常上访、重复集体访“三下降”，信访秩序好转。健全“三调联动”（人民调解、司法调解、行政调解联动）和“四位一体”（排查、化解、稳控、处置一体）机制，实行台账式、网格化、动态化管理，杜绝一切触及社会底线的事件发生。推进“法治醴陵”建设，切实保障发展列车在法治轨道上有序有效行进。

（三）**深入开展“三创四化”**。“三创四化”是“美丽醴陵”建设的有效抓手，必须一抓到底。2018年要成功创建省级文明城市，做好申报国家卫生城市、国家园林城市的各项准备。具体来讲就是对标对点，解决六个方面的问题。一是深化城管体制改革，完善“数字城管”，解决管理不精细问题；二是开展“六乱”（乱搭乱建、乱堆乱放、乱设摊点、乱拉乱挂、乱贴乱写乱画、乱扔乱吐）“八小”（小餐饮、小作坊、小食品南杂店、小美容美发厅、小旅馆、小浴室、小歌舞厅、小网吧）整治，解决社区、城中村和城乡结合部环境脏乱差问题；三是大力控违拆违，维护城市核心利益，解决城区违建问题；四是推进生活垃圾分类处理，加快建设垃圾中转站、建筑垃圾消纳场、餐厨垃圾处理场、城乡垃圾一体化处理中心等，解决“垃圾围城”问题；五是抓好106国道沿线和中心集镇的绿化、美化、亮化、数字化，解决城乡同治问题。六是扎实开展文明餐桌、文明旅游、文明交通等“十大文明行动”，抓好道德模范和“身边好人”评选工作，解决文明程度不高问题。

（四）**扩大新时代改革开放**。以改革开放40周年为新起点，全面推动改革开放向纵深发展。推进重点领域改革。充分发挥农村综合性改革试点优势，积极推进农村土地“三权”（农村土地所有权、承包权、经营权）分置，深化农村集体产权制度改革，让“资源变资产、资金变股金、农民变股东”。放大“放管服”（简政放权、放管结合、优化服务）改革成效，全面落实“最多跑一次”改革，带动商事制度、市场监管等改革取得新进展。大力推进财税金融、国资国企、产权保护、投融资、价格等经济体制改革，完善产权制度和要素市场化配置。统筹开展监察体制、司法体制、事业单位等行政体制改革。在株洲率先探索实行统战系统“1+X”（统战部+各民主党派、工商联、侨联、民宗局等）集中办公模式。抓好国家产业集群（陶瓷）区域品牌建设示范区等7个改革试点任务，形成更多可借鉴、可推广的醴陵经验。提升开放发展水平。依托“一带一部”（东部沿海地区和中西部地区过渡带、长江开放经济带和沿海开放经济带结合部）开放发展先行区、湘赣边区域开放合作先导区，推动全员全域全方位开放。协调做好城际轨道醴陵段前期工作。成定制举办瓷博会、烟花节、服饰节等，打造“永不落幕”的会展交流平台。发展跨境电商，搭建“云销售”等电子商务平台，支持有条件的企业建立保税仓、海外仓。支持企业参加国际性展会。尊重知识、尊重人才，吸引更多人才涌入醴陵。打开大门招大商，力争引进5家世界500强、中国500强、民营百强企业，引进项目100个以上，引资450亿元以上。

（五）**全面推行网格化治理**。按照“四级平台”［市、镇（街道、长庆示范区）、村（社区）、基层网络平台］“四时机制”（随时巡查、及时交办、限时办结、定时考核机制）“四化服务”（信息化、层级化、扁平化、亲情化服务）“四个作用”（宣传窗、连心桥、服务器、平安港作用）的总体思路，打造共建共治共享的社会治理格局。以党建、综治、卫计、安监、民政、城管、扶贫等信息为基础，整合项目资源和行政职能，建立全覆盖的网格化数据中心。加快建设“网格管理＋政务服务＋智慧醴陵”综合平台，将云计算融入各个环节，精准定位管理责任，智能推送处置任务，实时跟踪服务进度。结合“互联网＋”，完善“APP+公众号＋微信群”服务模式，重点梳理一批民生事项、一批审批事项、一批监管事项、一批公示事项、一批上报事项，从被动应对向主动预防转变、从单纯管理向寓管理于服务转变。引入第三方评价机构，通过“监督热线”、舆情监控等手段，实现各方力量与党委、政府良性互动、协同共治。

（六）切实保障和改善民生。坚持以人民为中心的发展思想，深入实施“民生100”（每年必须完成的100项民生实事）工程，不断满足人民日益增长的美好生活需要。发展民生事业。围绕幼有所育、学有所教，加快创建全国首批义务教育优质均衡发展县（市）和社区教育示范区，改造30所薄弱学校，新建59所标准化学校，坚决消除66人以上超大班额。深入推进“健康醴陵”建设，全面推行分级诊疗，继续开展“湘雅乡情·专家醴陵行”，逐步解决群众“看病贵、就医难”问题。严格落实计划生育八项制度，巩固“省优、国优”地位。积极创建全国公共文化服务体系示范区，让文化“软实力”成为发展“硬支撑”。强化社会保障。统筹抓好高校毕业生、农村劳动力、其他就业困难人员等重点人群就业，确保全年新增城镇就业5000人、农村劳动力转移就业3000人。稳步实施全民参保计划，重点抓好企业养老保险扩面征缴工作。健全低保标准增长机制。全面完成农村危旧土坯房改造。推进医养结合，打造高效的居家和社区养老服务圈。坚决打好“三大攻坚战”。一是打好防范化解重大风险攻坚战。加强对重点行业、重点领域、重点区域的风险化解，坚决杜绝债务风险、金融风险和社会风险。二是打好精准脱贫攻坚战。坚持把脱贫攻坚作为首要民生工程来抓，既要抓当前，也要谋长远，还要可持续，对已脱贫对象开展“回头看、回头查、回头帮”，确保脱贫不脱政策，巩固整体脱贫成果。三是打好污染防治攻坚战。实行最严格的环境监管和执法，加快推进渌江河开发保护第一个“三年行动”、“蓝天保卫战”三年行动计划，全面落实“河长制”，探索推行山长制，确保生态环境持续好转。

四、我们要践行时代新要求

（一）把学习、宣传贯彻中共十九大精神作为首要政治任务。以政治建设为统领，确保中共十九大精神落地生根见效。要在“学懂”上下功夫。坚持原原本本学、原汁原味学，把十九大的重大理论观点、重大战略部署记准记牢、学深学透；深入推进“两学一做”学习教育常态化、制度化，按要求开展“不忘初心、牢记使命”主题教育，确保常学常新、常态长效。要在“弄通”上下功夫。将学习同把握“四个伟大”（伟大斗争、伟大工程、伟大事业、伟大梦想）的实践贯通起来，同把握十九大各项战略部署贯通起来，同做好经济社会发展和党的建设工作贯通起来，带着问题学习，联系实际思考，确保不走样、不走偏。要在“做实”上下功夫。坚持学以致用，结合工作实际，完善思路和举措，形成推动发展的实招硬招。牢牢把握意识形态领导权，既要浓墨重彩宣传，又要把好导向关、把握“时度效”，让老百姓听得懂、能领会、可落实，进一步增进共识、汇聚力量。

（二）主动拥抱大数据。这是一个数据爆发的时代，尤其是在“互联网＋”的风口上，“得大数据者得天下”。现在，各方竞争焦点正从对资本、土地、资源的争夺转向对大数据的争夺上。阿里巴巴于年内宣布成立“达摩院”，计划3年内投入1000亿元，动员全球2万余名科学家和工程师投身“新技术战略”。马云在成立大会上说，“大数据是一种思想，也是一种革命，达摩院要在20年内成为世界第一大经济体”。我们的干部必须要转变观念、积极适应、主动融入大数据时代。谁掌握了数据，谁就掌握了主动权；谁不懂数据，谁就会被时代淘汰。“大数据”并不神秘，我们正在建设的“数字醴陵”“数字城管”、电子政务平台、网格化服务管理平台等，都是建立在大数据的基础之上。我们打电话、刷微博、发微信等，每时每刻都在不断产生新数据，这些数据背后反映的问题是什么？背后的经济行为是什么？全市广大党员干部要形成“用数据来说话、用数据来管理、用数据来决策、用数据来创新”的习惯，切实增强利用数据推进各项工作的本领。要结合醴陵实际，抢抓国家大数据战略的有利机遇，充分挖掘大数据商用、民用、政用价值。比如，在服务产业方面，探索建设工业云、管理云、商务云等创新服务平台，提升“互联网＋工业制造”水平。比如，在服务民生方面，加快推进“互联网＋教育”“互联网＋医疗”“互联网＋文化”等，提升公共服务质量。

（三）全面加强基层党组织建设。以组织力为重点，突出政治功能，严格落实“六基”（从基本组织、基本队伍、基本职能、基本制度、基本机制、基本保障六个方面，全面规范村级组织运行）规则，加快推进“五化”（支部建设标准化、组织生活正常化、管理服务精细化、工作制度体系化、阵地建设规范化）支部建设，推动基层党组织建设全面进步、过硬。夯实基层队伍。抓好干部在线学习、轮训等工作，培养高素质专业化干部队伍。更加重视基层党组织书记队伍建设，完善激励保障和管理监督机制，打造一支安心基层、善于发展、服务群众、维护稳定的村级带头人队伍；严把党员“入口”关，疏通不合格党员“出口”，强化党员日常教育管理，增强党员队伍的生机活力。优化服务水平。加快“智慧党建”平台和“一网一云”（红星网和“红星云”手机移动平台）建设，推动党务管理智能化、数据统计维护精准化、党员管理服务个性化。深入开展党建带团建、带妇建、带工建等活动，健全党组织领导下的居民自治、民主协商、社会参与机制。推进“在职党员进社区”，扎实开展“九个一”（认领一个服务岗，上好一次党课，参加一次志愿活动，当好一个社区微信粉丝，圆梦一个微心愿，结对一名老党员，帮扶一户困难家庭，化解一次邻里纠纷，办好一次实事好事）行动，拉近党群干群距离。坚持抓组建同步抓示范，扫除“两新”（非公有制经济组织和社会组织）组织党建“空白点”，促进“两新”党建工作规范化。加大保障力度。2018 年村级组织运转经费分别增加 1 万元 / 村、2 万元 / 社区，村书记收入达农民人均纯收入 2 倍以上。推行“村党组织 + 合作社 + 党员示范户”和“一村一品”[一个村（或几个村）拥有一个（或几个）市场潜力大、区域特色明显、附加值高的主导产品和产业]，大力发展村级集体经济。全面升级街道便民服务中心和“五彩社区”，按照“十有三个一”（有图书阅览室、便民服务站、文化活动室、信访调解室、计生服务室、村支“两委”会议室、党员活动室、邮政代办点、网格化管理办公室、惠农综合服务社等，有一根国旗杆、一盏高杆灯、一处适当硬化的场坪）的标准，推进 250 个“美醴新村”建设，打造 6 个邻里中心、20 个“五彩社区”。

（四）坚持全面从严治党管党。“打铁还要自身硬”。驰而不息纠“四风”。严格执行《贯彻落实中央八项规定实施细则》，抓紧制定出台具体实施方案，持续深入反“四风”、改作风，凡是群众反映强烈的问题都要严肃认真对待，凡是损害群众利益的行为都要坚决纠正。坚决把纪律规矩挺在前面，紧盯、管住基层管理松懈、工程建设领域风险、专项资金管理不严等突出问题。积极创新纪检监督方式。全面完成监察体制改革试点工作，构建集中统一、权威高效的监察体系，实现对公职人员监察全覆盖。健全“一把手”述责述廉、“一岗双责”、“一案双查”等制度，加强管理考核和监督检查，压紧压实“两个责任”。严格落实巡察制度，用好巡察“武器”，增强震慑作用。全力夺取反腐败斗争压倒性胜利。科学运用“四种形态”（经常开展批评和自我批评、约谈函询，让“红红脸、出出汗”成为常态；党纪轻处分、组织调整成为违纪处理的大多数；党纪重处分、重大职务调整的成为少数；严重违纪涉嫌违法立案审查的成为极少数），重遏制、强高压、长震慑，受贿行贿一起查；始终坚持无禁区、全覆盖、零容忍，有腐必反、利剑高悬，切实形成不敢腐、不能腐、不想腐的有效机制。

（五）着力推动执行落实。政治路线确定之后，干部就是决定的因素。不管身处什么岗位，都要唯实务实落实。养成抓落实的习惯。我们的干部要习惯在抓落实中展示担当和水平，关键要有四股劲。要有一股狠劲，做事抓一件成一件，不达目的不罢休；要有一股拼劲，敢与强的比，敢跟快的赛；要有一股钻劲，勤于学善于思，善于抓关键、抓重点；要有一股韧劲，遇事不左右摇摆，不轻言放弃。提高抓落实的本领。要做“狮子型”干部，敢于开疆拓土、攻坚克难，涵养霸气、锐气；要做“推土机”式干部，沉下心来、脚踏实地，步步为营、久久为功；要做“数字型”干部，善于从数字上看问题、找感觉；特别要提高招商引资、征地拆迁、信访维稳、运用数据的能力。形成抓落实的导向。坚持“分类、分线、分季考核兑现”，施行定期述职、公开讲评机制制度，严格执行绩酬挂钩管理办法，确保干多干少干好干坏不一样。强化凭实绩选人用人的导向，让政治可靠、埋头苦干、狠抓落实的干部，干事有舞台、工作有甜头。坚持“三个区分开来”（把干部在推进改革中因缺乏经验、先行先试出现的失误和错误，同明知故犯的违纪违法行为区分开来；把上级尚无明确限制的探索性试验中的失误和错误，同上级明令禁止后依然我行我素的违纪违法行为区分开来；把为推动发展的无意过失，同为谋取私利的违纪违法行为区分开来），落实容错纠错机制，旗帜鲜明为担当者担当，为负责者负责。

同志们，党政军民学，东西南北中，党是领导一切的。要充分发挥党委统揽全局、协调各方的作用，支持和保障人大、政协围绕中心，履行职能。支持政府加强自身建设，提高效能。加强党管武装工作，促进国防后备力量建设。加强同民主党派、工商联和无党派人士的团结合作，做好统战、老干部、群团等工作，调动一切有利于发展的积极因素，凝聚加快发展的强大合力。

同志们，没有等出来的辉煌，只有拼出来的精彩！历史只会眷顾坚定者、奋进者、搏击者，而不会等待犹豫者、懈怠者、畏难者。让我们不忘初心、牢记使命，以奔跑的姿态、创新的精神、攻坚的魄力，走好新时代的长征路，为加快建设富强美丽幸福文明新醴陵而努力奋斗！

醴陵市人民代表大会常务委员会工作报告

——在醴陵市第十六届人民代表大会第三次会议上

市人大常委会主任　贺小玲

（2018 年 1 月 12 日）

2017 年工作回顾

2017 年是中共十九大召开之年，是醴陵市第十六届人大常委会履职的首年。在中共醴陵市委的坚强领导下，市人大常委会坚持好的传统，进行新的开拓，围绕打赢产业突围、城镇提质、项目攻坚、安全保卫“四大战役”和建设富强美丽幸福文明“四个醴陵”的工作大局，认真履行宪法和法律赋予的各项职责，以加大监督力度维护社会和谐稳定，以决定重大事项促进经济社会发展，以发挥代表作用夯实人大工作基础，以加强自身建设提高履职水平，全市共召开常委会会议 7 次、主任会议 19 次，听取和审议“一府两院”工作报告 24 项，作出决议、决定和审议意见 13 项，圆满完成了市十六届人大二次会议确定的各项任务，为推动全市改革发展稳定，推进民主法治建设进程，决胜脱贫攻坚，建成全面小康作出了积极的贡献。

一、提高政治站位，全力落实市委部署

（一）**始终坚持党的领导。**坚持党的领导是做好人大工作的基本前提。市人大常委会始终保持与市委政治上同向、思想上同心、工作上同步、发展上同力。在依法履职过程中，把坚持党的领导和充分发扬民主、依法行使职权有机统一起来，自觉把人大工作置于市委领导之下。围绕市委的工作大局安排和部署人大的各项工作，及时把党的主张通过法定程序变成人民群众的意志和自觉行动，重大问题及时向市委请示，重大事项及时向市委报告，人大常委会党组 6 次向市委常委会汇报工作。在行使人事任免权过程中，坚持对党负责与对人民负责，正确把握党管干部与人大依法行使人事任免权的关系，保证党委意图和人民意愿的一致性，实现了任免权与监督权的有机统一。

（二）**科学决定重大事项。**为进一步规范和依法行使好重大事项决定权，修订完善了《醴陵市人大常委会讨论决定重大事项办法》，坚持把审议决定重大事项与全市经济社会发展紧密结合起来，围绕城镇提质、脱贫攻坚、“三创四化”、政府债务、全域旅游、环境保护、安全生产、教育、卫生等重大事项，深入开展调研，结合组织代表视察等方式，依法作出了相应的决议、决定，使重大事项决定更加民主化、科学化，更加符合醴陵实际，如及时就病死畜禽无害化处理、渌江河水系综合治理、城乡垃圾资源化处理等项目资金问题作出了决定。

（三）**积极投身中心工作。**按照市委“五个一”（市级领导联系一个基层党建帮扶点、联系一批城市创建帮扶点、联系帮扶一个贫困村、联系帮扶一批企业、联系帮扶一个或一批重点项目）要求，市人大常委会主任、副主任分别牵头或协助参与全市的全域旅游、333 省道项目建设、服饰产业发展、重点镇建设、“三创四化”、脱贫攻坚、企业帮扶等多项重点工作，经常深入基层调查研究，帮助基层和企业出主意、想办法、筹资金、搞协调，破解工作难题，为全市的中心工作尽心竭力。在人大常委会的有力助推下，全市的“三创四化”、全域旅游、项目建设等各项工作有序推进、亮点纷呈，呈现出面貌大改善、形象大提升、百姓大受惠的喜人局面。常委会副主任在抓好办点镇面上扶贫工作的同时，还分别指导和参与了 1 个省级贫困村的脱贫攻坚。市人大机关紧扣市委关于精准扶贫的部署，严格落实“七个一批”、“六大工程”相关要求，派出以年轻得力干部为主的帮扶工作队到枫林镇开展驻村帮扶，全年结对帮扶枫林镇贫困户 44 户 149 人，每月数次走访慰问，精准施策、精准帮扶，受到了群众好评。

（四）**依法任免公职人员。**常委会始终坚持党管干部和人大依法任免相统一原则，依法开展人事任

免及任后监督工作。一是严格执行任前法律知识考试、任前发言和审议表决等程序，增强被任命人员的法律意识、监督意识和公仆意识；二是实行向宪法宣誓制度，进一步提高被任命人员忠于宪法、乐于奉献的思想觉悟；三是切实加强任后监督，增强了被任命人员依法履职、为民服务的责任担当。全年依法任免国家机关工作人员 75 人次，特别是在市十六届人大常委会第三次会议上，26 名新一届政府组成部门主要负责人均满票当选，并向宪法庄严宣誓，市委意图和人民意愿通过法定程序得到了圆满实现，展示了民主团结、昂扬向上的和谐氛围和精神风貌。及时补选和接受株洲市人大代表辞职 10 人次，依法审查代表辞职、补选、资格终止 12 人次。

二、依法履职到位，倾力开展监督工作

2017 年，市人大常委会围绕全市经济社会发展大局和人民群众普遍关注的热点难点问题，依法运用听取和审议专项工作报告、视察调研等多种方式开展监督，推动了市委重大决策部署的贯彻落实，支持促进了“一府两院”各项工作依法依规有序开展。

（一）**切实加强财政监督。**为积极推行全口径预决算审查监督，规范好政府的“钱袋子”，常委会会议专题听取了市人民政府关于提请审议调整 2016 年财政支出预算的议案和 2017 年财政预算草案，作出了《关于批准〈市人民政府关于提请审议调整 2016 年财政支出预算的议案〉的决定》，要求市人民政府编制预算要突出保民生、保运转、保重点，增长要理性合理，风险要可控可防；专题听取了醴陵市 2016 年财政总决算及 2017 年上半年财政预算执行情况的报告、2016 年度财政预算执行及其他财政收支的审计报告、2017 年上半年国民经济和社会发展计划执行情况的报告，作出了《关于批准醴陵市 2016 年财政总决算的决定》。对经济运行中出现的困难和问题进行了及时查找和分析，并作出了符合实际、操作性强的审议意见。加强了对审计查出问题的跟踪督查，切实抓好整改落实，增强审计成果的运用。

（二）**着力推动经济发展。**常委会会议听取和审议了产业突围战贯彻落实情况的汇报，要求市人民政府及相关部门在产业突围工作中，做大做强主导产业、做响做亮品质品牌、做活做优政策环境、做好做实产业招商，认真研究解决经济运行中存在的突出矛盾和问题，破解产业升级中遇到的困难，确保经济健康运行。主任会议听取了安全生产工作情况的汇报，要求涉安部门建体系、强监管、严执法，顺利推进安全保卫战。主任会议还听取了全市债务情况汇报，要求市人民政府及相关部门强化债务管理，防控债务风险，加强资金监管，发挥资金效益，确保持续发展。

（三）**重点关注民生改善。**市人大常委会以维护人民群众的根本利益为目的，开展了一系列监督工作。聚焦卫生健康。常委会主任会议专题听取了卫计工作情况汇报，要求市卫计部门坚持顶层设计，打造“健康醴陵”新格局，推动全市卫生计生工作提质增效。常委会组织开展了《中华人民共和国食品安全法》执法检查“回头看”活动。关爱弱势群体。为加强对残疾人的生活保障和人文关怀，主任会议专题听取了《中华人民共和国残疾人保障法》贯彻执行情况的汇报，要求市人民政府及相关部门切实加大《中华人民共和国残疾人保障法》的宣传力度，继续实行优生优育政策，加大孕前检查力度，注重源头预防，减少先天性残疾人员数量。主任会议还听取了棚户区改造工作情况的汇报，要求拓宽筹资渠道，解决要素难题，加快项目进度，完成年度目标。关心青少年成长。常委会会议专题听取和审议了市人民政府关于《中华人民共和国义务教育法》贯彻执行情况的汇报，提出了保障教育投入力度，合理配置教育资源，促进教育均衡发展，全面普及义务教育的审议意见；专题听取和审议了未成年人检察工作情况的汇报，要求“一府两院”提升未成年人刑事检察队伍专业化水平，落实各项未成年人司法保护规定，完善未成年人刑事检察工作中部门衔接配合机制，为未成年人营造健康良好的成长环境。力促“河长制”实施。十六届人大二次会议作出《关于批准市人民政府〈关于提请审议实施渌江河保护和治理的议案〉的决议》，常委会会议专题审议了渌江河保护和治理暨“河长制”的落实情况，加强了对河道整治工作的指导、协调和督促检查，促进了渌江河的保护与治理工作。年末，渌江河水质全线基本达到 II 类标准。常委会还对《关于官庄水厂建设情况的审议意见》的落实情况进行了审议。助力“三农”领域。主任会议分别专题听取了全市封山育林工作和农业机械化发展情况的汇报，推动了农村生态环境综合治理，促进了“三农”工作的稳步发展；协助参与株洲市人大对脱贫攻坚工作的专项评议，推进了全市精准扶贫工作上台阶。

（四）**全面推进依法治市。**常委会会议作出《关于依法加强禁毒工作的决议》《关于开展第七个五年法治宣传教育的决议》，使全社会的法治观念得到明显增强，提升了人民群众的安全感和满意度。主任会议分别听取了《中华人民共和国著作权法》《中华人民共和国地质灾害防治法》和《株洲市农村村庄规划建设管理条例》贯彻执行情况的汇报。认真开展规范性文件备案审查工作，对市政府及有关部门报送备案的 26 件规范性文件进行了登记、备案和审查；继续组织人大代表开展听审评议活动，加强对司法机关诉讼活动的监督，规范司法诉讼行为，

推进司法公开、公正；按照上级关于员额制改革精神，依法指导“两院”完成员额制改革，专门举行宪法宣誓，并进行了现场监誓，促使76名员额法官、检察官牢记誓言，接受人民监督；继续开展“百案评查”“司法公正醴陵行”活动，努力使人民群众在每一个案件中感受到公平正义；配合参与了株洲市人大开展的《株洲市城市综合管理条例》的立法调研；依法做好信访工作，全年接待人民群众来信来访54件163人次，耐心教育、引导信访人通过法律途径解决诉求，有力维护了法律权威和当事人的合法权益。

三、强化主体地位，着力发挥代表作用

人大代表是人大工作的主体，尊重代表的权利就是尊重人民的权利，保障代表依法履职就是保证人民当家作主。为不断推动代表工作制度化、规范化、常态化，市十六届人大常委会第四次会议审议通过了《醴陵市人民代表大会代表履职管理办法（试行）》，切实增强了人大代表履职的使命感、责任感。

（一）多途径开展代表培训。把抓好代表培训作为代表工作的重中之重，采取以会代训、分组培训、集中培训、外出培训等多种方式对市乡两级人大代表进行了学习培训，发放了《怎样当人大代表》等书籍。组织20余名驻醴株洲市人大代表赴全国人大会议中心参加代表履职培训；组织市人大常委会委员，各镇、街道人大工作主要负责人以及来自于基层一线的代表共57人赴浙江大学举办了履职培训班，提高了代表们的政治素质、业务水平和履职能力。

（二）多形式组织代表活动。为履行代表职责，提升工作水平，常委会组成人员及全国、省、市、县四级人大代表50余人，专题视察了“瓷城古韵·一江两岸”项目和渌江河防洪现状及排污口治理情况，让代表们既看亮点和变化，也看难点和问题；通过视察，代表们切身感受到市委、市政府在完善基础设施配套、加强城市管理方面做了大量卓有成效的工作。组织部分人大代表视察了市城乡网格化管理工作，实地了解城乡网格化管理工作情况，对提升网格化管理的精细化水平提出了科学合理的建议。组织部分市人大代表和全体驻醴株洲代表，开展“瓷博会”、产业突围和项目建设情况的集中视察活动，积极为醴陵发展建言献策和鼓劲点赞。

（三）多层面督办代表建议。建立“高规格交办、全过程督办、严标准评办”的工作机制，切实加大代表建议交办、督办力度，确保建议办理落实到位。为解决代表建议办理重答复、轻落实现象，在市十六届人大一次、二次会议以来代表所提的124件建议中，选择《关于进一步完善和健全小区社会化管理的建议》等5件建议，作为主任会议重点督办件进行督办，采取听取汇报、组织视察、现场督办等方式，督促承办部门提高办理效率和办理质量。如为办理好代表提出的《关于加强“五彩社区”建设、规范社会事务管理的建议》，市政府投入8400万元建成4个街道便民服务中心和19个“五彩社区”，把直接面对群众的75项职权下放到街道，整合直接服务群众的项目资金2.1亿元“打包”给社区，提升了基层服务能力，方便了群众就近办事。

（四）多渠道激发代表热情。代表们立足本职岗位，广泛联系群众，倾听百姓心声，征集民情民意，涌现出一批优秀代表活动小组、先进代表个人和先进人大工作者。2017年6月，暴雨持续不断，汛情严重，常委会积极响应省人大倡议和株洲市人大“洪峰过株洲、代表在行动”活动号召，组织广大人大代表参与抗洪救灾，各级人大代表用实际行动诠释了舍小我顾大我、舍小家顾大家的使命和担当。如孙家湾镇辖区人大代表担任网格员，利用智能移动终端及时向网格化分中心反馈汛期信息，浦口镇辖区人大代表连续20小时坚守现场，避免了人民群众的生命财产遭受损害。代表们积极响应脱贫攻坚号召，充分发挥与人民群众最直接、最紧密联系的优势，深入农家院落，走进田间地头，开展结对帮扶活动。

四、找准自身定位，致力保持良好形象

（一）在专题教育活动中改进机关作风。常委会始终旗帜鲜明讲政治，及时传达学习中央、省、市委重要会议精神，坚决同以习近平同志为核心的党中央保持高度一致，做到思想上拥护核心、政治上维护核心、行动上紧跟核心。出台了《醴陵市人大常委会学习制度》《醴陵市人大常委会议事规则》等一批制度。积极开展了庸懒散慢、涉矿等专项整治，切实改进了机关工作作风，提高了工作效率。深入开展“两学一做”专题教育实践活动，通过参加重温入党誓词、参观警示教育基地、学习廖俊波同志先进事迹等主题党日活动，形成了讲大局、讲团结、讲正气的良好氛围，提升了机关干部的思想政治素质，增强了人大机关的凝聚力、向心力。

（二）在交流实践中讲好人大故事。高度重视人大宣传工作，全方位、多层次、广角度地展现人大系统的风采，全年共有40多篇工作动态信息被株洲人大微信公众号、省人大人民之友网站等人大刊物、上级媒体和微信公众号采用。注重创新意识，在宣传内容上牢牢把握宣传规律、突出宣传重点，突破一般性会议报道的平常模式，“唱”出人大新闻宣传的表现力和感染力，有针对性地回应群众的“关切点”；如王仙镇组织人大代表参与一事一议项目公开招投标、农村低保核查，枫林镇和板杉镇组织人大代表参与荷花文化系列活动，不断提高了人

大活动的质量和水平，增强了人大工作的生动性和丰富性。

（三）**在指导服务中助推基层人大工作。**按照“密切联系、加强指导、大力支持、推进工作”的思路，努力做到理解不指责、联系不干预、指导不越位、尊重不放任、参与不包办，采取“促、帮、带”的办法，不断提升镇、街人大工作水平。一是“促”，制订了镇、街人大工作目标管理考评细则，推动镇、街人大工作正常开展。二是“帮”，完善常委会领导和相关委办联系镇、街人大工作制度，帮助镇、街人大解决实际问题。三是“带”，建立了镇、街人大主席（主任）列席市人大常委会会议制度，全年有35人次镇、街人大主席（主任）列席了常委会会议。召开镇、街人大工作会议3次，及时指导各镇、街召开好基层人民代表大会，组织镇、街人大主席（主任）和专门委员会兼职委员参加常委会开展的执法检查、专题调研、代表视察等活动，以多种方式上下联动，整体推进了市乡两级人大工作的发展。

2017年是醴陵发展史上值得铭记的一年。一年来，市人大常委会所做的工作和取得的成绩，是市委正确领导、人大常委会组成人员和全体代表共同努力的结果，离不开“一府两院”的有力配合，更离不开全市人民的大力支持。在此，我谨代表市人大常委会向关心、支持人大工作的各位领导、各界人士表示衷心的感谢和崇高的敬意！

回顾2017年工作，我们深切体会到，做好新时代人大工作，必须做到“四个贯彻始终”：一是把正确的政治方向贯彻到人大工作始终。党的领导是人大工作保持正确政治方向的根本保证。把加强党的领导贯穿人大工作始终，以党的旗帜为旗帜，以党的方向为方向，以党的意志为意志，一个声音传到底，一以贯之抓到底，做到与市委重大决策部署的贯彻实施环环相扣，与市政府重点工作的推进紧紧相联，与人民群众的呼声息息相关。二是把维护人民根本利益贯彻到人大工作始终。“行大道、民为本”，实现好、维护好、发展好人民群众的根本利益，是人大一切工作的出发点和落脚点。常委会始终坚持以人民为中心的发展思想，贯彻群众路线，倾听人民呼声，回应百姓关切，使各项工作贴近民生、维护民利，不断增强人民群众的获得感、幸福感和安全感。三是把发挥代表主体作用贯彻到人大工作始终。人大工作的活力在代表、动力在代表、潜力在代表。始终坚持尊重代表主体地位，提高服务保障水平，调动代表履职积极性，全市各级人大代表积极投身市“四大战役”主战场，唱响议政监督“好声音”，当好人民群众“代言人”，发挥了不可替代的重要作用。四是把与时俱进求真务实贯彻到人大工作始终。始终紧贴醴陵和人大实际，树立创新意识，保持实干状态，发挥积极作为，使人大工作体现时代性、把握规律性、富于创造性、增强实效性。

各位代表，过去一年，常委会工作虽然取得了较好的成绩，但离宪法和法律赋予的重要职责，离党和人民的殷切期待，离改革发展的时代要求，还存在差距；主要是：监督实效有待进一步增强，履职平台建设有待进一步加强，代表主体作用有待进一步发挥。这些都需要我们在今后的工作中认真研究，切实加以改进。

2018年主要工作任务

2018年是贯彻中共十九大精神的开局之年，是改革开放40周年，是全面开启现代化醴陵新征程的首战之年。中共十九大报告强调“人民代表大会制度是坚持党的领导、人民当家作主、依法治国有机统一的根本政治制度安排，必须长期坚持、不断完善”“要支持和保证人民通过人民代表大会行使国家权力”“支持和保证人大依法行使立法权、监督权、决定权、任免权”，这为新时期人大工作指明了方向，提供了遵循。2018年，市人大常委会工作的总体要求是：全面贯彻中共十九大精神，以习近平新时代中国特色社会主义思想为指导，落实党中央的各项方针政策和省委、株洲市委有关会议精神，按照市委十二届四次全会的总体工作部署，以产业项目建设年为抓手，深入推进产业突围、城镇提质、项目攻坚、安全保卫“四大战役”，认真履行宪法法律赋予的各项职权，充分发挥地方国家权力机关的职能作用，加快建设富强美丽幸福文明新醴陵。据此，我们要着重做好以下几个方面的工作。

一、坚持党的领导，深入贯彻中共十九大精神

学习宣传贯彻中共十九大精神是当前和今后一个时期的首要政治任务，制订出台《醴陵市人大常委会党组关于贯彻落实中共十九大精神的实施方案》，在学懂弄通做实上下功夫。市人大常委会要把政治建设摆在首位，始终坚持党的领导，强化“四个意识”，做到旗帜鲜明不动摇、理直气壮不含糊、贯穿始终不缺位，将加强党对人大工作的领导扎根在思想上、落实到行动上。常委会坚持把市委的决策和主张作为确定人大工作目标、讨论决定重大事项的政治依据、行动方向和指导原则，紧贴市委意图议事决事，重大问题重大事项及时向市委请示报告。

二、助力中心工作，全面推进市委决策落实

始终坚持把市委的重大决策贯穿于依法履职的整个过程，贯穿于人大工作的各个方面，积极把握、

及时跟进、全面落实。要进一步健全重大事项决策机制，就重大项目、人事任免等重要事项作出决议、决定，通过法定程序来落实市委的决策意图，凝聚全市人民的力量与共识，从法律支撑与制度保障层面，着力推动全市高质量发展。要依法行使人事任免权，全面实行人大任命的国家机关工作人员向宪法宣誓制度，加强对人大选举干部的任后监督。根据群众和代表的意愿与要求，对市政府相关工作开展专项评议。

三、注重民生福祉，切实增强人大监督实效

适应新时代人民对美好生活和公平正义更高的追求，常委会将按照监督法的要求，规范监督程序，创新监督方式，本着有利于发展经济、有利于社会稳定、有利于维护民生民利的原则选择议题，在有效监督中全力支持"一府一委两院"依法行政、公正司法。立足破解经济和社会发展中的热点、难点问题，听取《中华人民共和国道路交通安全法》《中华人民共和国促进科技成果转化法》《株洲市农村村庄规划建设管理条例》《株洲市城市综合管理条例》等法律法规贯彻执行情况的汇报；立足助推产业项目建设，加强对招商引资和花炮产业发展的监督；立足实施乡村振兴战略，听取和审议脱贫攻坚和畜禽养殖粪污资源化利用工作情况汇报；着眼于提升群众幸福指数，密切关注基层医疗卫生服务体系建设和职业教育发展；着眼于防治污染美化醴陵，听取醴陵市贯彻执行《中华人民共和国环境保护法》情况汇报；着眼于发挥效益防范风险，进一步加强财政预算监督，对市级预算收支与执行情况，对重大项目、重点工程、重要民生保障等重点支出资金的使用情况进行审查，维护预算执行的严肃性；着眼于促进社会公平正义，加强对司法机关诉讼活动的监督，听取市人民法院贯彻执行《中华人民共和国行政诉讼法》情况和市人民检察院关于开展公益诉讼情况的汇报，继续开展人大代表听审、评议活动，依法依程序规范办案行为，增强司法公信度，切实维护司法公正。积极配合参与上级人大开展立法调研。继续深入开展"三湘农民健康行""环保世纪行""农产品质量安全行""司法公正醴陵行""民族团结进步行"活动。

四、突出服务指导，充分发挥代表主体作用

要始终尊重人大代表主体地位，把代表工作作为常委会一项全局性、经常性、基础性工作抓实抓好，进一步提升联系、服务代表的工作水平。继续健全和完善"代表联系群众工作室""代表之家"建设，为人大代表发挥主体作用搭建平台，保障代表依法行使权力。规范代表小组活动，确保代表就近参加视察、检查等各种履职活动。进一步探索和建立代表议案、建议办理考核机制，提高办理质量，调动代表参政议政的积极性。建立人大代表向选民述职制度，通过代表真心实意的"述"，选民实事求是的"评"，实现代表与选民的双向互动。建立代表履职激励约束机制，以镇、街为单位开展评选各条战线上积极履职、发挥模范带头作用的"优秀代表"活动，为代表履职树立榜样，创树醴陵代表的品牌，努力使人大代表真正成为代表民意、为民办事、选民信任的先进代表。

五、加强自身建设，不断提高人大工作水平

中共十九大报告明确要求"健全人大组织制度和工作制度""完善人大专门委员会设置，优化人大常委会和专门委员会组成人员结构"，要以贯彻落实中共十九大精神为契机，把握新时代人大工作的特点和规律，坚持把坚定人民代表大会制度自信作为人大讲政治的最鲜明的特征，建设党性强的政治机关；坚持把实行正确监督、有效监督作为人大履行职权最重要的内容，建设有作为的工作机关；坚持把走在密切联系群众最前列作为人大干部最基本的要求，建设为人民的代表机关。扎实开展"不忘初心、牢记使命"的主题教育，切实履行"两个责任"，坚持挺纪在前，遵守"八项规定"，深入纠正"四风"，进一步提高人大干部的思想素质和工作能力。重视干部的培养和教育，加大人大干部和党政部门、基层的交流力度，增强人大工作活力。加强和改进人大宣传和调查研究工作，创办载体讲好人大故事，扩大人大影响。加强基层人大队伍建设，按照《关于调整一、二类乡镇领导职数和领导职务名称的通知》株编办〔2017〕220号文件要求，增设乡镇人大副主席。开展乡镇人大规范化建设活动，指导和帮助基层人大健全各项制度，不断完善人大工作机制，有效发挥其基础性作用。进一步强化岗位、责任意识，经常性地采取专家授课、组织视察调研、列席常委会会议等多种形式，加强对基层人大的业务指导和培训，切实提升基层人大工作水平，不断夯实基层民主政治基础。

各位代表，启航新时代，践行新思想，推进新创业。让我们更加紧密地团结在以习近平同志为核心的党中央周围，高举习近平新时代中国特色社会主义思想伟大旗帜，在市委的坚强领导下，依靠和团结全市人民，不忘初心、牢记使命、依法履职、务实前行，为加快建设富强美丽幸福文明新醴陵而努力奋斗！

政府工作报告

——在醴陵市第十六届人民代表大会第三次会议上

市人民政府市长　康月林

（2018 年 1 月 11 日）

一、2017 年工作回顾

过去的一年，我们以迎接、学习、宣传、贯彻中共十九大为工作主线，在市委的坚强领导下，在市人大、市政协的监督支持下，坚持“稳中求进、进中求快、快中求优”总基调，着力稳增长、促改革、调结构、惠民生、防风险，全面打响“四大战役”，加快建设“四个醴陵”，全市经济保持平稳健康发展，社会大局和谐稳定。全市实现地区生产总值 607.2 亿元，比上年增长 8.2%；一般公共预算收入 54.1 亿元，比上年增长 8.1%；工业总产值 1192.3 亿元，比上年增长 12%；固定资产投资 441.9 亿元，比上年增长 14.6%；社会消费品零售总额 204.6 亿元，比上年增长 11.4%；城乡居民人均可支配收入分别达 36558 元、24335 元，分别增长 8.3%、8.5%。

——这一年，县域综合发展实力位居全国百强县（市）第 56 位，前进 17 位；工业竞争力位居“中国工业百强县（市）”第 86 位，前进 7 位；首次进入中国县域成长竞争力 50 强，位居第 45 位，突破之大、进步之快、效果之好前所未有。《人民日报》以《中国陶瓷谷·五彩新醴陵》为题，对醴陵进行宣传推介，新华社、中央电视台等国家级主流媒体纷纷推介醴陵的好做法、好经验、好成效。

——这一年，获得国家级、省部级荣誉 70 余项，成功入选国家农村综合性改革试点试验县（市），安全生产、计划生育、综合治理同时获评全省先进，摘得“大满贯”，PPP 项目、“河长制”等多项工作在省、株洲市各类会议上作典型经验发言，有望提前 3 年实现整体脱贫、建成全面小康社会。

——这一年，出台园区招商、陶瓷产业、花炮产业、创新创业“四个十条”政策，支持实体实业发展，兑现奖励资金 2000 余万元，惠及企业 210 余家。启动烟花自动化生产线三年行动计划，5 条生产线建成投产，获国家安监总局和省、株洲市高度认可。深入开展企业帮扶，出台《醴陵市优化经济发展环境十条禁止性规定》，严格落实“一单四制”，帮助企业解决各类问题 300 余个。

——这一年，坚持开放发展，成功举办 2017 中国醴陵国际陶瓷产业博览会，共吸引来自 25 个国家和香港、台湾地区的 671 家企业参展，参观人数达 46.2 万人次，现场产品交易额 1.2 亿元，合同额 6.5 亿元，招商签约项目 32 个、合同额 182 亿元。成功创建全国第一个“出口电瓷质量安全示范区”、全国第二个“出口日用陶瓷质量安全示范区”并顺利授牌。

——这一年，以中国陶瓷谷、渌江新城、“瓷城古韵”、“醴北人家”四个百亿工程为重点，安排重点项目 242 个，比 2016 年增加 64 个。其中株洲市级重点建设项目 67 个，比 2016 年增加 25 个。

——这一年，深入推进“三创四化”，渌江河治理、城乡污水处理、城镇保洁、官庄水源保护等工作成效显著，“农村道路提质”“农村环境整治”“农村水域治理”3 个“三年行动计划”全面推进，城乡面貌更净更美更有序，获得各级各界的广泛关注和充分肯定。

一年来，我们主要抓好了五个方面的工作：

（一）坚持以转型升级为引领，产业结构不断优化。以供给侧结构性改革为主线，设立 10 亿元产业发展基金，着力延链、补链、强链，产业转型步伐加快、实现量质齐升。

工业经济稳中有进。实现规模工业增加值 371.1 亿元，规模以上工业企业增至 580 家。陶瓷产业总产值达 708 亿元，占世界市场份额的 15.3%；电瓷占世界市场份额的 34.5%。先进陶瓷材料产业链被列入全省 20 个工业新兴优势产业链。东富电力电瓷电器产业园项目启动建设。整合 1 亿元资金加快落后产能淘汰退出，烟花爆竹企业整合至 199 家。陶瓷烟花职业技术学校与48家花炮企业订单培养花炮生产与管理人员105人。时代金属成功研发"复兴号"高铁配件，醴陵"智造"进入世界先进水平。服饰、玻璃、汽配、新材料等产业加快发展。构建"一谷一城一园"发展格局，经开区实现技工贸总收入662亿元，同比增长19%。成功启动中小企业公共服务平台，被认定为"湖南省中小企业公共服务窗口平台"。5家企业进入省上市后备企业资源库名单。

现代农业加快发展。继续保持全省粮食生产先进县地位。积极推进土地流转，加快土地确权颁证，2项工作均走在全省前列。第三次全国农业普查顺利推进。完成"三品一标"（无公害农产品、绿色食品、有机农产品和农产品地理标志）认证14个，"玻璃椒"获评国家地理标志产品。新增农民专业合作社267家、市级农业产业化龙头企业7家，创建农业标准化生产基地12个。推广"互联网+特色农产品"模式，农村淘宝服务中心建成并投入使用，实现"网货下乡"破千万元。

第三产业持续攀升。着力构建"四点一谷一片"旅游布局，全年接待游客554.91万人次，比上年增长24.36%，实现旅游收入58.47亿元，比上年增长38.65%。在国家旅游局发布的《2017全域旅游发展报告》中，醴陵获3次"点赞"。醴陵瓷谷成功创建国家AAA级景区，渌江书院、耿传公祠被列入国家AAA级景区创建名单，袁昌英纪念园建成开园，李立三故居提质改造等50个全域旅游重点项目建设顺利推进，平汝高速耿祠互通项目成功获批。中国旅游融媒体"红色旅游扶贫湘东行"和全国自驾游携手中央电视台及百家媒体走进醴陵，"醴北人家"首届山地马拉松比赛和船湾镇、板杉镇、枫林镇、浦口镇系列乡村旅游节会活动成功举办，全域旅游盛大起航。着力构建现代物流体系，外贸综合服务中心、安迅物流中心建成并投入使用。举办2017湖南醴陵房地产博览会和"送房下乡"活动，实现商品房销售额36.8亿元，比上年增长49.7%。组织企业参加春秋两季广交会，成交额比上年增长16.5%。金融机构存贷款余额分别达343.3亿元、177.2亿元，分别比上年增长6.9%、28.6%。实现进出口总额24.6亿元，比上年增长13.1%。实现"破零"企业24家、"倍增"企业19家。

（二）坚持以项目建设为支撑，发展后劲不断增强。坚持以项目促发展、以项目添动力、以项目求突破，项目数量之多、投资总量之大创历史新高。

招商引资成果丰硕。积极对接广东醴陵商会、深圳醴陵商会等近20个异地商会组织，在外企业回迁和回乡投资率不断提高。引进碧桂园房产开发、中盐红四方复合肥（湖南）生产基地等58个项目，合同引资370.2亿元。规范推广运用PPP合作模式，新增官庄湖水系综合开发、凤凰山城市中心公园等PPP项目4个，共征集8个、投资总额约180亿元。PPP项目工作获财政部高度肯定，株洲市PPP项目现场会在醴陵召开。

项目建设稳步推进。陶子湖综合片区、新妇幼、新三中等133个项目开工建设，东城大道建设运营、渌江产业服务中心、釉下五彩城等项目加速推进，中国陶瓷谷国际会展中心、东富大道等64个项目竣工并投入使用。

要素保障全面加强。全年征地401.07公顷，征拆房屋1600余栋（套），45个项目征拆清零，征拆征收工作居株洲五县市第一。全年报批建设用地项目55宗、面积350.6公顷。加强银政企合作，成立众微创新创业投资基金，规模达3亿元。

（三）坚持以"三创四化"为抓手，城乡面貌不断改善。坚持"硬环境""软环境"两手抓、城市和农村同推进，城市建成区面积拓展至42平方千米，城镇化率达62%，城乡环境更美、更舒心。

城市形象明显提升。全面推行"河长制""路长制"，启动"五江六水"治理，渌江城区段、官庄水库、望仙桥水库、雪峰山水库畜禽养殖和网箱养鱼全部退出，城区段渌江水质由Ⅳ类变成Ⅱ类，醴泉路、泉湖路、左权路、瓷城大道等126条大街小巷完成提质改造。瓷城古韵·一江两岸文化休闲项目示范段建成投入使用，城区历史上首次没有发生内涝，市民自发给市委、市政府送来锦旗和感谢信。"三桥两洲一廊"、仙山公园、渌江广场、高铁广场等30余处城市重要节点和太一市场、黄沙市场、阳三石市场等11个农贸市场提质改造相继完成。建成桎木嘴、车顿桥等"口袋公园"20余个，城区绿地率达32.87%。大力开展"四治"（治"脏"、治"乱"、治"水"、治"堵"）行动，完成湘运汽车站整体搬迁和5000个停车位建设，瓷博会等重大活动期间交通秩序良好。强力拆违控违，共拆除违法建设4.86万平方米。大力推进《大气污染防治行动计划》，全年空气质量优良天数达315天，优良率86.3%。扎实做好中央环保督察组交办的44个问题整改，顺利通过"回头看"。积极开展文明创建，市人民检察院、长庆示范区珊田村、姜湾小学分别获评全国第五届文明单位、文明村镇和首届文明校园称号。

镇村环境更加宜居。编制完成枫林镇、茶山镇等镇总体规划和白兔潭镇、左权镇"多规合一"规划，编制完成184个村庄规划，镇村布局更加科学合理。推进"七个一"工程，着力打造一批镇区示范街，镇区常态保洁力度不断加大。白兔潭镇、枫林镇、船湾镇、东富镇成功入选株洲市特色小镇建设名单，白兔潭镇获评湖南省美丽乡镇示范镇。投入资金近5000万元，对饮用水源进行综合整治。成功入选全国畜禽粪污资源化利用整县推进项目试点县（市）。

基础设施不断完善。交通、能源、水利、信息、城镇配套基础设施“五张网”建设有序推进。新改扩建农村公路480余千米，完成农村公路安保设施建设257千米，危桥改造33座。兴建整修各类水利工程400余处，完成城市防洪堤建设3.11千米，综合治理河道17千米。病死畜禽无害化处理中心全面建成并投入使用。启动农村安全饮水项目33个，完成投资3282万元。狮子坡水厂提质扩容项目有序推进。开展城区黑臭水体治理，污水处理厂二期工程开始试运行，东富镇、白兔潭镇污水处理厂完成建设，其他镇污水处理厂均完成选址工作。

（四）坚持以改革创新为动力，发展活力不断释放。推动改革与创新“双翼齐飞”，在改的过程中修复传统动能，在创的进程中培育新兴动力，综合发展实力显著增强。

各类改革纵深推进。深化“放管服”改革，全面推行“一门式”服务，积极推动“减证便民”，行政审批时限缩短50%以上。着力推行商事登记制度改革，积极推进“多证合一、一照一码”，商事登记实现“41证合1”。稳步推进公证体制改革，全面实现公证机构体制转轨。深化教育督导体制改革，获评第一批全国中小学校责任督学挂牌督导创新县（市、区）。深化医药卫生体制改革，推行家庭医生服务模式，县域医联体实现全覆盖，县域就诊率达92%。优化计划生育服务管理，计划生育管理8项制度在全省推介，获评全省计划生育先进单位。深化行政执法体制改革，白兔潭镇有望成为全省第二个具有相对集中处罚权的建制镇。

创新创业氛围浓厚。设立1000万元产业引导基金，倡导大众创业万众创新，成功举办第二届创新创业大赛。组建陶瓷产业技术创新战略联盟，电商产业园、瓷城众创空间等创新创业平台基本成型。成功申报各项专利技术1200余项，15项市外成果在醴陵市转化。实施“人才强市”战略，引进各类紧缺人才400余人。投资5000万元，建设人才公寓266套。《紧扣三个环节，激发县域人才活力》案例获评全国人才工作创新案例。

品牌效应不断彰显。中国陶瓷谷国际会展中心获评2017中国最佳服务会展中心。醴陵·世界陶瓷艺术城获评全省首届“文化创新奖”。积极参加阿治曼“一带一路——湖南主题展”活动，釉下五彩瓷惊艳亮相阿联酋，新亚瓷业在迪拜设立151陶瓷经贸平台。“陈扬龙醴陵釉下五彩瓷技艺传承展”在国家博物馆成功举办。醴陵瓷谷获评十大国家工业遗产旅游基地。船湾职业服装在庆祝建军90周年阅兵式上精彩亮相。

（五）坚持以民生民利为根本，群众满意度不断提高。始终坚持人民至上，把解决好人民群众最现实的利益问题作为最大的政绩，办好了一批看得见、摸得着的好事、实事。全年民生支出占财政总支出的73%，较2016年增加近7亿元。

脱贫攻坚成效明显。把脱贫攻坚作为第一民生工程，深入推进“七个一批、六大工程”，有望实现15个贫困村退出，7130名贫困人口脱贫。全面建成98.8千米“扶贫旅游专线”，带动沿线7877名贫困人口通过旅游产业增收。提前完成易地扶贫搬迁610户1819人，完成建档立卡贫困户农村危房改造568户。为所有建档立卡贫困户代缴城乡居民医疗保险费，实现建档立卡贫困人口扶贫“特惠保”全覆盖。完成17个省级贫困村卫生室标准化改造。持续开展“湘雅乡情·专家醴陵行”活动，贫困群众在家门口享受到了省级医疗服务。社会扶贫APP各项数据位列全省第一。

民生实事扎实开展。“民生100”工程全面完成。促进义务教育均衡发展，完成50所标准化学校建设和45所薄弱学校、35所大班额学校改造。高考二本（含二本）以上上线率摘得株洲地区“四连冠”，连续七年被评为“株洲市高中质量建设先进县（市、区）”。省内第一所陶瓷大学——湖南工业大学醴陵陶瓷学院项目建设加速推进。市中（一）医院成功创建国家三级甲等中医医院并顺利授牌，市疾控中心成功升级甲级疾病预防控制机构，市妇幼保健计划生育服务中心获评全国巾帼文明岗。国家公共文化服务体系示范区创建顺利通过中期评估。全力推进省级食品安全城市创建工作，39家餐饮服务单位、41家食品流通单位通过食品安全示范店创建综合验收。积极促进就业，全年新增城镇就业6968人、农村劳动力转移就业4577人。社会保障体系不断完善，城乡低保月人均救助水平分别达286元、149元，养老保险、医疗保险、生育保险、失业保险、工伤保险等九项社会保险总人数达162.77万人次。积极开展助残工作，残障对象无障碍设施改造经验被中央电视台《焦点访谈》专题典型推介。东岗村获评首批全国农村幸福社区示范单位。市民政局获评“全国敬老文明号”。顺利完成第二次全国地名普查工作。全面实行封山育林，森林防火形势持续好转，森林覆盖率达55.17%。完成玉瓷路、白兔潭镇城中村等棚户区改造3509户、公租房建设1146套。

社会大局和谐稳定。以“安全保卫战”为抓手，全面落实“党政同责、一岗双责、齐抓共管、失职追责”和“三个必须”（管行业必须管安全、管业务必须管安全、管生产经营必须管安全）要求，深入开展“安全生产大检查”，排查隐患1.3万余处，事故发生率同比下降60%。建立高危行业在线监控系统，烟花爆竹综合管理服务平台和全国第一家黑火药联合配送中心全面建成，安全监管水平不断提高。完善“打防管控”立体式社会治安防控体系，严厉打击各类违法犯罪,破案率显著提高。成立“网格化”管理中心，全面推行“三基一网”，搭建市、镇（街道、长庆示范区）、村（社区）、基层网格“四级平台”，为群众代办各类事务8000余件，帮助困难群众1.2万余人次，群众满意率达99%。城乡社区“网格化”服务管理模式获“株洲市首届管理创新奖”。不断加大信访维稳工作力度，全年信访总量明显下降,特护期间实现“零登记”“零非访”“零事故”。嘉树镇获评2017年度全省十大“平安乡镇”。圆满完成270个村（居）两委换届选举工作，基层班子结构进一步优化。充分发挥“12345”市长热线平台作用，解决各类问题4000余个，群众满意率达95%以上。全力防范和打击非法集资，金融风险总体可控。市人武部积极参建参治，军民融合发展呈现新活力。

自身建设全面加强。深入学习宣传贯彻落实中共十九大精神，以习近平新时代中国特色社会主义思想为指导，坚决落实中央、省、株洲市关于改进工作作风、密切联系群众等各项规定，“两学一做”学习教育常态化制度化工作取得扎实成效。大力开展“七五普法”，建立市政府常务会议学法制度，依法行政水平不断提升。严格落实全面从严治党主体责任，始终坚持把纪律挺在前面，抓好了行政监察和审计监督，政府系统党风廉政建设得到新加强。坚持市委领导，自觉接受市人大和政协监督，坚持重大事项向市人大常委会报告、向市政协通报制度，办理人大代表建议124件、政协委员提案136件，办结率和满意率均达100%。

与此同时，妇女儿童、老龄、残联、外事侨务、对台、宗教、住房公积金、广播电视、文化执法、招投标、档案史志、两型建设、机构编制、政府法制、口岸、海关、检验检疫、供销、物价、国防、人防、消防、民兵预备役、烟草、通讯、移民、水文、气象、志愿者服务等工作均取得新成效。

事非经过不知难。这一年，面对经济下行和转型升级双重挑战，面临环境治理、脱贫攻坚、安全生产等多方压力，经过全市人民的共同奋斗，我们战胜了一个又一个困难，攻克了一个又一个难关，创造了一个又一个奇迹。我们始终牢记，人民群众对美好生活的向往就是我们的奋斗目标。一年来，我们集中精力、集合财力、集结人力，办成了一件又一件群众最关心、最关注、最关切的大事、难事、急事。以开展“三创四化”为抓手，“城市之貌”明显改善，人民群众不再为“乱”而烦；以建好瓷城古韵·一江两岸文化休闲项目示范段为重点，城市“内涝之病”有效解决，人民群众不再为“涝”而愁；以建好“扶贫旅游专线”为标志，“致富之路”不断畅通，人民群众不再为“穷”而困；以建设美丽乡村为契机，“宜居之家”更加优美，人民群众不再为“居”而忧。我们可以自豪地说，醴陵进入了发展氛围特别浓、发展质量特别高、发展机遇特别好的黄金时期！

各位代表，奋斗历程铿锵激越，发展成就令人振奋。我们深刻体会到，要实现醴陵经济社会的持续健康稳步发展，必须始终不渝坚持党的领导、坚持民生为本、坚持发展为先，必须旗帜鲜明讲政治、讲团结、讲纪律，必须毫不动摇抓产业、抓项目、抓民生，必须持之以恒促改革、促创新、促开放。这一年成绩的取得，是市委正确领导的结果，是市人大和市政协监督、支持的结果，是各民主党派、工商联、无党派人士、各人民团体参政议政的结果，饱含了各位代表和委员的智慧力量，凝聚了全市人民的辛勤汗水。在此，我代表市人民政府，向各位人大代表和政协委员，向驻醴部队、民兵预备役官兵和全市人民，向关心、支持、参与醴陵建设的各界人士，致以崇高的敬意和衷心的感谢！

各位代表，站在新时代的历史起点，我们冷静审视，社会主要矛盾已经转化为人民日益增长的美好生活需要和不平衡不充分的发展之间的矛盾。我们清醒看到：一年来，我们虽然引进了一些投资强度大、经济效益好的大项目、好项目，但技术含量高、产业关联度大的产业集群项目还不够多，需要在招商引资上进一步发力；一年来，我们虽然推出了一些调结构、促转型的实招、妙招，但工业独大的产业结构仍然没有发生根本性变化，需要在壮大第三产业上再下苦功；一年来，我们虽然办好了一些惠民生、暖民心的民生实事，但与人民日益增长的美好生活需要相比还有不少差距，需要在保障和改善民生上继续努力，等等。面对这些问题，我们将拿出更大的魄力、更足的勇气和更实的举措，认真研究解决。

二、2018年目标任务

2018年是贯彻中共十九大精神的开局之年，是改革开放40周年，是我们开启基本现代化新征程的首战之年。虽然当前世界经济复苏不稳，国内经济处在筑底阶段，结构调整和经济下行双重压力仍然较大，但要看到国家宏观经济发展长期向好的基本面没有变，醴陵市地处“一带一部”结合部和湘赣开放合作先行区的优势正在不断凸显,经济发展“稳”的基础在巩固、“进”的动能在增强。身处冲刺脱贫攻坚的关键期、建设全面小康的决胜期和转型升级的攻坚期，我们要深入学习贯彻中共十九大精神，以习近平新时代中国特色社会主义思想为指导，坚持把为人民群众创造美好生活作为始终不渝的奋斗目标，按照高质量发展要求，进一步坚定信心、鼓足干劲，一年接着一年干，一件事情接着一件事情办，在新时代的伟大征程中再创辉煌！

今年政府工作的总体要求是：全面贯彻中共十九大精神，以习近平新时代中国特色社会主义思想为指导，认真落实省委“创新引领、开放崛起”战略、株洲市委“一谷三区”总体部署和醴陵市委各项决策部署，坚持“稳中求进、进中求快、快中求优”总基调，以产业项目建设年为抓手，深入推进产业突围、城镇提质、项目攻坚、安全保卫“四大战役”，统筹做好稳增长、促改革、调结构、惠民生、防风险各项工作，实现整体脱贫、建成全面小康，着力开启基本现代化新征程，加快建设富强美丽幸福文明新醴陵。

今年全市经济社会发展的主要目标：定性目标是“三先”（“株洲领先”，各项工作要确保株洲市第一方阵；“全省率先”，争当湖南转型升级“排头兵”，率先开启基本现代化新征程；“全国争先”，在全国百强县持续进位，挺进50强）。定量目标是地区生产总值增长8.5%，一般公共预算收入增长7%，固定资产投资增长12%，社会消费品零售总额增长12%，规模工业增加值增长7.8%，城、乡居民人均可支配收入分别增长9%，万元GDP能耗和主要污染物排放总量分别下降3.5%、2%以上，全面完成各项约束性指标。

围绕上述目标，突出抓好十大产业、十大园区、十大城镇、十大民生、十大科技创新“五个十大”项目。

十大产业项目：①旗滨集团高性能玻璃项目②东富电力电瓷电器产业园③升华科技新建扩产项目④中盐红四方复合肥（湖南）生产基地项目⑤华联陶瓷产业项目⑥恒茂高科电子信息产业园⑦国际花炮物流中心项目⑧轨道交通部件生产基地项目（二期）工程⑨“四点一谷一片”全域旅游开发项目⑩8.67千公顷农业产业结构调整和20千公顷油茶产业发展建设项目。

十大园区项目：①中国陶瓷谷陶子湖片区综合开发②经开区物流产业园③醴商创业园④中国陶瓷谷国际会展中心二期工程⑤釉下五彩城⑥茶东路及两厢开发⑦防水、造纸、服装产业集中区⑧清潭湾科技园⑨双创中心及渌江产业发展中心⑩电商产业园。

十大城镇项目：①三创四化②楚东桥③东城大道及城市环线、④106国道沿线集镇提质改造⑤醴浏、桎马、105省道、60国道等国省干线建设项目⑥特色小镇建设项目（白兔潭、枫林、东富、船湾、沩山）⑦渌江新城路网（向阳河路、明月峰路）及地下综合管廊⑧碧桂园、金东·陶子湖、新都俪景等房产开发项目⑨凤凰山城市中心公园、寨子岭公园、寨子岭南路⑩玉瓷路。

十大民生项目：①“瓷城古韵·一江两岸”文化休闲项目②农村综合改革及农村环境综合治理③渌江水系综合治理④湖南陶瓷技师学院及醴陵陶瓷学院⑤渌江新城核心区工程建设运营（新城学校、新城医院）⑥城乡生活垃圾资源化处理（垃圾焚烧发电）⑦官庄湖水系综合开发⑧棚户区改造及安置区建设⑨基础教育提质扩容改造工程⑩综合农贸批发大市场。

十大科技创新项目：①烟花鞭炮自动化生产线国家级示范项目②中南大学高铁研究中心项目③新世纪陶瓷3D打印项目④阳东磁电生物质能源及装备开发推广应用⑤银和、科一高性能陶瓷膜生产基地⑥高层次人才引进工程⑦智慧醴陵平台建设⑧湖南恒嘉业光纤光缆生产线⑨高品位石英矿项目⑩电力电瓷电器检验检测中心。

三、2018年工作安排

坚持发展第一要务不动摇，着力抓重点、补短板、强弱项，坚定不移打好“三大攻坚战”（打好防范化解重大风险、精准脱贫、污染防治的三大攻坚战），推进“三个着力”（着力推进供给侧结构性改革、着力加强保障和改善民生工作、着力推进农业现代化），全力推动各项事业不断取得新成效。

（一）着力壮大实体经济，在产业突围上实现新突破。坚持质量第一、效益优先，以规划引领、园区升级、项目攻坚、设施配套、环境优化“五大行动”为抓手，以供给侧结构性改革为主线，深入推进“三去一降一补”，推动经济发展质量变革、效率变革、动力变革，加快建立现代化经济体系。

做大做强实体实业。进一步完善“四个十条”政策，充分发挥政策的导向性作用，加快产业突围升级发展。以智能制造为核心，促进大数据、云计算、人工智能、“互联网+”等前沿技术与实体经济深度融合，力争在陶瓷、花炮、服饰、玻璃、汽配、电子信息、新材料等重点领域率先突破。抓好全国第三批产业集群（陶瓷产业）区域品牌建设试点工作，着力打造千亿陶瓷产业集群。大力推进“1915”国际陶瓷文化特色街区、瓷器口等项目建设，将中国陶瓷谷打造成世界级品牌。充分发挥国家级出口电瓷、日用陶瓷质量安全示范区两块国字号“金字招牌”优势，加大优势产品出口力度。按照“1235”（打造一个高水平的烟花自动化生产示范区，控制全市生产企业数量在200家以内，建成30条烟花自动化生产线，构建生产、研发、服务、监管、环保五大产业体系）目标和“一带三片多点”（打造106国道花炮产业智能制造聚集带，建设3个花炮自动化生产示范区，带动形成自动化生产多点开花、全面覆盖）

总体布局，深入推进《醴陵市推广烟花自动化生产线三年行动计划》，加速兼并重组、改造升级，培植壮大一批花炮龙头企业。

着力提高三产占比。大力发展全域旅游，做好成立旅游发展委员会前期工作，加快建立“1+3+N”（建立全域旅游综合执法管理体制，设立旅游警察、旅游工商、旅游巡回法庭及N个旅游服务机构）现代旅游治理体系。积极推进“四点一谷一片”建设，启动李立三故居、新世纪艺术馆创建国家AAAA级景区工作，抓好渌江书院、耿传公祠国家AAA级旅游景区创建工作，做好醴陵窑保护与建设规划工作，创建一批知名景点景区。抓好国际花炮物流中心、枫林仓储物流等项目建设，补齐物流“短板”。充分发挥中国陶瓷谷国际会展中心的平台作用，成定制举办瓷博会等节会，发展壮大会展经济。大力开拓房地产市场，着力引进恒大、美的等知名房地产企业，力争年内房地产新开工75万平方米。

推动园区提质升级。深入开展园区攻坚三年大会战，加快推进经济能手培育、服务企业提质、大数据建设、平台公司经营转型、平安园区创建“五大工程”，统筹推进“一谷一城一园”发展，主要指标实现翻番，形成千亿园区，争创国家级经开区。重点培育5家上市公司、5家过10亿元企业、5个国家级平台，入园企业达到500家，每年收储土地333.33公顷以上。推进渌江新城建设，完善渌江新城110千伏变电站、污水处理厂、公交站点等基础设施。抓好陶子湖综合片区、东富工业园等路网建设，实现三大片区全方位互联互通、高效快达。力促总部经济园、兆富轨道交通创业园等项目开工；加快推进中盐红四方复合肥（湖南）生产基地、东富电力电瓷电器产业园等项目建设，力争早日投产见效；建好电商产业园、物流产业园、电子信息产业园、醴商创业园等项目，着力打造一批“园中园”。抓好陶子湖湿地公园、名人文化园等项目建设，进一步完善园区功能，集聚园区人气。不断健全“园政合一”管理体制，探索实行园区独立财税体制，依法依规将醴陵市级权限下放到园区。

优化经济发展环境。坚持问题导向，深入开展企业帮扶，落实挂号销号、定期通报等制度。坚持市级领导联系企业制度，完善“一企一策、分类帮扶”措施，扶持龙头企业上市发展，鼓励中小企业兼并重组，提升企业竞争力。全面实施市场准入负面清单制度，支持非公经济发展，激发各类市场主体活力。弘扬和保护企业家精神，培育造就一批有理想、有潜力、有战略眼光的企业领军人才。构建“亲”“清”政商关系，进一步营造尊重企业家、爱护企业家的良好氛围。畅通项目审批“绿色通道”，从严打击强揽工程、恶意阻工等违法行为，优化投资环境。

（二）深入推进“三创四化”，在城镇提质上实现新突破。认真贯彻落实《湖南省城市双修三年行动计划（2018－2020年）》和《湖南省农村双改三年行动计划（2018－2020年）》，统筹推进交通畅通、旧城提质、设施配套、株醴融城“四大行动”，做好申报国家卫生城市、国家园林城市的各项准备工作，成功创建省级文明城市。

不断提升城镇品质。完善城市交通路网，推进楚东桥、向阳河路等主干道建设，打通青云北路、文化南路、寨子岭南路、桔园路等“断头路”，进一步拉开城市骨架，缓解交通压力。启动寨子岭公园、凤凰山城市中心公园建设，建好一批“口袋公园”，新增城市绿地面积36万平方米以上。打造具有醴陵特色的珊田法治文化广场，全面提升城市法治文化品味。大力推进“四治”行动，开展“六乱”“八小”整治，进一步优化城市形象，提升城市品质。开展城市交通秩序综合治理，大力推进交警执法服务站建设，构建良好道路交通安全环境。建设立体式停车设施，着力缓解“停车难”问题。全面推进“河长制”，深入开展河湖综合治理“三年行动计划”，确保水质变清变好。坚持“路长制”，提质改造40条小街小巷。完成姜湾、大坡里等16个农贸市场提质改造。铁腕拆违控违，加快存量拆除，坚决防止增量。高效促进数字城管系统实质性运作，实现数字城管平台与网格化平台“四个共享”（监控共享、信息采集员共享、四街一区分控平台共享、地图共享）。以白兔潭镇、左权镇为示范，加快其他镇“多规合一”规划编制，推进白兔潭镇、枫林镇、东富镇、船湾镇、沩山镇等5个特色小镇建设。扎实开展文明餐桌、文明旅游、文明交通等“十大文明行动”，抓好道德模范和“身边好人”评选工作，涵养市民素质，培育城市新风。

实施乡村振兴战略。以成功入选国家农村综合性改革试点试验县（市）为契机，以健全村级集体经济发展机制、构建农民持续增收机制为重点，推动农村改革向纵深发展。积极对接省“三个百千万”工程，坚持农业农村优先发展，按照产业兴旺、生态宜居、乡风文明、治理有效、生活富裕的总要求，建立健全城乡融合发展体制机制和政策体系，加快推进农业农村现代化。以推广集中育秧技术和双季稻全程机械化为核心，完成粮食播种面积66.67千公顷以上、粮食总产10亿斤以上、水稻单产1000斤，确保粮食安全。继续实施“七个一”工程，致力将镇区打造成乡村振兴的高地。深入推进“农村道路提质”“农村环境整治”“农村水域治理”三个“三年行动计划”，集中抓好106国道沿线和中心集镇的绿化、美化、亮化、数字化，切实改善农村人居环境。强化土壤污染管控和修复，加大耕地保护力度。加快推进畜禽粪污资源化利用整县推进项目，加强农业面源污染防治。全面推进“双责地毯式”集中免疫，确保不发生区域性重大动物疫情和重大畜禽水产品质量安全事故。加强农村基层基础工作，全面实行村务公开，培养造就一支懂农业、爱农村、爱农民的“三农”工作队伍，健全自治、法治、德治相结合的乡村治理体系。

加强基础设施建设。启动莲株公路与醴陵大道立交项目建设，做好醴陵沪昆高铁（株洲东）综合客运枢纽站项目前期工作。加快客运西站、东站建设，完善站场设施，优化交通枢纽布局。建设村组联通公路300千米以上，完成桎马线、醴官线等农村道路提质升级，创建“四好农村路”示范县。实施“农村道路交通安全设施建设三年计划”，积极推行科技治超，不断加大交通管理基础建设投入，建设农村道路安保工程200千米以上。加大危桥改造力度，启动猫形潭、枧头洲、界陂3座渡改桥建设。加快防洪治涝减灾体系、农田水利灌溉、“五小水利”（小水窖、小水池、小泵站、小塘坝、小水渠）工程、小型水库除险加固等水利工程建设。加强官庄水库、望仙桥水库等饮用水源保护，确保饮用水安全。抓好狮子坡水厂提质扩容和城区供水管网项目建设，全力推进镇级污水处理厂建设。启动城乡生活垃圾一体化处理项目建设，完成建筑垃圾消纳场、餐厨垃圾处理场和1座多机位垃圾中转站项目建设。推进“厕所革命”，完成2000座农村无害化卫生厕所和5座二类以上城市公厕建设。

（三）**不断夯实发展基础，在项目攻坚上实现新突破。**坚持把项目建设作为产业转型、基础完善和民生改善的重要抓手，积极对接省“百千万投资促进计划”，以“五个十大”项目为重点，强化土地、资金等要素保障，着力扩大有效投资。

大力开展招商引资。重点围绕新材料、电子信息、新能源等战略性新兴产业，陶瓷、服饰等传统优势产业，金融服务、健康养老、文化旅游等现代服务业开展招商工作，力争引进5家世界500强、中国500强、民营百强企业，引进项目100个以上，引资450亿元以上。深入开展“迎老乡、回故乡、建家乡”行动，推动精英回流、资源回引、资金回乡。

强力推进项目建设。建立“新开工”“未开工”“已复工”“未复工”和“应竣工”五张项目清单，确保中南大学高铁研究中心、升华科技新建扩产等新建项目在年内开工建设，东城大道、枫溪谷生命科学园、瓷城古韵·一江两岸文化休闲项目等在建项目加快推进，仙山公园提质改造、醴陵·世界陶瓷艺术城（二期工程）等项目如期竣工验收。坚持“一个项目、一名领导、一套班子、一抓到底”，推行“一周一通报、一月一调度、一季一讲评、半年一考核”工作机制，确保履约落地率、开工建设率、竣工投产率大幅提升。

全力强化要素保障。坚持“熟地”出让，着重推介一批地理位置好、投资潜力大的地块。加大土地收储力度，扩大收储范围，逐步增加土地储备量。继续推进和实施城乡建设用地增减挂钩，全力做好重点项目用地报批工作。大力推进征地拆迁，力争完成征地666.67公顷、征拆房屋2000栋（套）以上，实现50个以上项目征拆清零。坚持先安置后拆迁，全力推进新农村示范点建设。加大“阳光征拆”和司法保障力度，确保征拆工作公平公开。支持渌江集团、高新集团健全现代企业制度，加快转型发展步伐，强化项目资金保障。同时，统筹做好水、电、气等要素保障，及时解决建设过程中出现的困难和问题，确保项目建设顺利推进。

（四）**严格落实各项责任，在安全保卫上实现新突破。**坚持警钟长鸣，严守安全生产“底线”，加强和创新社会治理，坚决打好防范化解重大风险攻坚战，确保社会大局和谐稳定。

抓严安全生产。牢固树立安全发展理念，健全公共安全体系，坚决遏制重特大安全事故，提升防灾减灾能力，全力打好“安全保卫战”。完善安全生产责任制，全面推行安全生产巡查，细化党政领导、部门监管、属地管理“三张责任清单”，深化“一单四制”管理，建立并实行重大安全风险“一票否决”。深入开展烟花爆竹、城镇燃气、道路交通、校园校车、食品药品、建筑施工、矿山等重点行业领域安全专项整治，突出城市建设运行安全风险防范，严防事故发生。加快智慧安监建设，提升安全监管智能化水平。推行基层安全生产“网格化”管理，形成各级联动、齐抓共管的安全生产治理格局。

抓牢社会治理。完善社会治理制度建设，健全党委领导、政府负责、社会协同、公众参与、法治保障的社会治理体制，提高社会治理社会化、法制化、智能化、专业化水平，打造共建共享共治的社会治理格局。按照“四级平台”“四时机制”“四化服务”“四个作用”的总体思路，大力推进“网格化”社会治理，健全社会治安防控体系。进一步推进“三实”（实有房屋、实有人口和实有单位信息）信息采集、“实名制”登记等基础工作落地，建立重点行业、重点部位预测、预警、预防体系，提高各领域防范各类社会风险能力。健全金融监管体系，严厉打击非法集资，守住不发生系统性金融风险的底线。持续开展“平安醴陵”“法治醴陵”“无毒醴陵”“数字醴陵”等创建活动。

抓实信访维稳。加强预防和化解社会矛盾机制建设，健全“三调联动”和“四位一体”机制，实行台账式、网格化、动态化管理。进一步完善领导接访、领导包案、接返劝返、联席会议、督查督办、责任追究等制度，着力化解一批信访积案。重点抓好集体上访、越级上访和重复上访等突出问题，坚决依法处理寻衅滋事、破坏公共秩序等违法行为。突出做好特护期间信访维稳工作。畅通诉求表达渠道，积极引导群众逐级走访、网上信访、依法上访、理性维权。充分发挥退役军人服务中心作用，不断提升服务退役军人的水平和能力。完善应急体系，加强应急联动机制和应急救援队伍建设，提升应急处置能力，确保社会大局持续稳定。

（五）切实增强发展动能，在开放崛起上实现新突破。坚持深化改革、推动创新、扩大开放，不断激发内生动力，推动发展更有质量、更可持续。

加快推进体制改革。深入推进“放管服”改革，全面推行“一门式”服务，推广“互联网＋政务服务”模式，进一步转变政府职能，创新监管方式，优化服务质量。深化事业单位改革，强化公益属性，推进政事分开、事企分开、管办分离。深化投融资体制改革，发挥投资对优化供给结构的关键性作用。加快建立现代财政制度和全面规范透明、标准科学、约束有力的预算制度，全面实施绩效管理。巩固和完善农村基本经济制度，深化农村土地制度改革，完善承包地“三权”分置制度。

深入实施创新创业。进一步健全公共创新平台，引进高新技术产业，鼓励企业自主创新，着力抢占制造业价值曲线中高端份额，提升企业核心竞争力和市场话语权。抓好双创中心、电力电瓷电器检验检测中心等项目建设。弘扬工匠精神，加强名品名牌建设，培育质量发展新优势。倡导创新文化，强化知识产权创造、保护、运用。用好用足人才政策，培养造就一批高水平科技领军人才、青年科技人才和创新创业团队，让各类人才的创造活力竞相迸发、聪明才智充分涌流。

积极促进开放发展。深入对接“一带一路”，实施“开放崛起五大行动”（对接500强提升产业链行动、对接“新丝路”推动走出去行动、对接自贸区提升大平台行动、对接湘商会建设新家乡行动、对接“北上广”优化大环境行动），促进外贸“破零、倍增”和结构调整，推动外贸向优价优质、优进优出转变。完善电商产业园功能和配套服务设施，加快发展跨境电商新业态。做好渌江航道项目建设前期工作，尽快打通醴陵至深圳盐田港海铁联运通道，实现通关一体化，打造内陆港。

（六）坚持以人民为中心，在改善民生上实现新突破。坚持把人民利益摆在至高无上的地位，决胜全面建成小康社会，扎实搞好与人民群众生产生活息息相关的“微建设”“微服务”，着力在幼有所育、学有所教、劳有所得、病有所医、老有所养、住有所居、弱有所扶上不断取得新进展。

全力奋战脱贫攻坚。坚持把脱贫攻坚作为重大政治任务和首要民生工程来抓，瞄准总体目标，下足“绣花功夫”，全力打好精准脱贫攻坚战。坚持大扶贫格局，推进“七个一批、六大工程”，紧扣提升“两率一度”（识贫准确率、脱贫准确率和群众满意度），进一步细化帮扶举措，强化责任落实，确保精准识贫、精准扶贫、精准脱贫。全面落实“四个不摘和四个只增不减”（“四个不摘”：摘帽不摘责任、摘帽不摘政策、摘帽不摘帮扶、摘帽不摘坚管；“四个只增不减”：工作力度只增不减，资金投入只增不减，政策支持只增不减，帮扶力度只增不减）要求，定期开展“回头看”“回头查”“回头帮”，确保贫困群众稳定脱贫，防止“返贫”。持续开展“湘雅乡情·专家醴陵行”活动，让贫困群众享受更好的医疗服务。严格执行脱贫攻坚“六个严禁”（严禁在落实上级脱贫攻坚政策时，搞变通、打折扣或弄虚作假；严禁截留、挤占、挪用、贪污、拖欠、冒领、抵扣扶贫物资和专项资金；严禁在实施“七个一批、六大工程”工作中搞本位主义，不服从扶贫项目资金的调度和整合；严禁在扶贫项目申报、审批、实施等环节中滥用职权、优亲厚友，违反招投标程序和规定；严禁违反规定条件和程序确定脱贫对象，或在工作中脱离实际、违背群众意愿作决策、定项目；严禁结对帮扶责任人在帮扶过程接受吃请和土特产等）“六个一律”（脱贫攻坚工作中基础数据不实、弄虚作假的，一律通报批评；脱贫攻坚工作被动、迟滞，态度消极，工作水平低下的，一律实行约谈；脱贫攻坚工作月考核发现问题突出，被列入三类单位的，一律实行诫勉谈话；脱贫攻坚工作发现问题整改不到位、季度考核或连续两次月考核列入三类单位的，一律实行先停职，再问责；对年度验收不能如期完成脱贫攻坚目标任务或工作过程中严重失职，造成严重后果的，一律实行就地免职，再行问责；脱贫攻坚工作中有损害群众利益，出现“雁过拔毛”式腐败现象的，一律从严从快查处），为决胜脱贫攻坚、实现全面小康提供坚强纪律保障。

扎实办好民生实事。抓实抓好“民生100”工程。优先发展教育事业，提质改造薄弱学校30所、建设标准化学校59所、坚决消除66人以上超大班额。加速推进湖南工业大学醴陵陶瓷学院和新三中项目建设，确保醴陵陶瓷学院年内建成并投入使用，新三中项目主体基本成型。统筹推进城乡义务教育一体化改革发展，争创全国首批义务教育优质均衡发展县（市）。深入实施健康醴陵战略，加快医药卫生体制改革，扎实推进分级诊疗，实行药品供应“两票制”（药品购销中，药品生产企业给流通企业开具一次性购销发票，流通企业给医疗机构开具一次性购销发票）。大力发展中医药事业，加速推进新妇幼、智慧医疗云平台、福田健康医养中心等项目建设，确保“小病不出镇、大病不出市”。坚持计划生育基本国策，严格执行计划生育八项工作制度和“一票否决”制，提升优质计生服务水平。积极推进农村文化基础设施建设，实现镇村文化活动中心全覆盖。确保国家公共文化服务体系示范区创建顺利通过终期评估。不断健全社会保障体系，重点做好企业养老保险扩面征缴工作，做到“应保尽保、应缴尽缴”。坚持就业优先战略和积极就业政策，确保全年新增城镇就业5000人、农村劳动力转移就业3000人。坚持“房子是用来住的，不是用来炒的”，加快建立多主体供给、多渠道保障、租购并举的住房制度，大力推进5个棚户区改造项目，为全市900户低收入住房困难家庭发放租赁补贴。强力推进居家和社区养老改革示范工作，切实做好关爱留守儿童、留守老人工作，创建全省“五化”民政示范县（市、区）。按照“十有三个一”的标准，推进250个“美醴新村”建设，打造6个邻里中心、20个“五彩社区”。

切实保护生态环境。坚持打好污染防治攻坚战，推进绿色发展和两型建设，建立健全绿色低碳循环发展的经济体系。加快推进渌江河开发保护第一个“三年行动”“蓝天保卫战”三年行动计划，提高污染排放标准，强化排污者责任，健全环保信用评价、信息强制性披露、严惩重罚等制度。构建政府主导、企业为主体、社会组织和公众共同参与的环境治理体系。加大生态系统保护力度，实施重要生态系统保护和修复重大工程，优化生态安全屏障体系，提升生态系统质量和稳定性。坚持封山育林、防火护林，探索推行“山长制”，确保森林覆盖率保持在55.17%以上。

同时，统筹推进国防动员及驻醴部队工作，继续推动军民融合发展，加强国防动员和后备力量建设。大力支持工会、共青团、妇联开展工作，关心支持老龄、关工委工作，切实做好档案史志、红十字会、民族宗教、外事侨务等工作。

四、切实加强政府自身建设

幸福都是奋斗出来的，我们要俯下身子，撸起袖子，坚持把人民满意作为政府工作的出发点和落脚点，全面加强自身建设，加快转变政府职能、提高行政效能，更好为人民服务。

（一）**履行法治之责**。牢固树立法律意识，坚守法律“底线”，把政府工作全面纳入法治轨道。坚持市委领导，定期向市人大报告工作、向市政协通报情况，自觉接受市人大和市政协监督，广泛听取各民主党派、工商联、无党派人士和人民团体的意见建议。以“七五”普法学习为契机，倡导全民学法懂法守法用法，形成办事依法、遇事找法、解决问题用法、化解矛盾靠法的法治环境。

（二）**秉持为民之心**。牢记全心全意为人民服务的宗旨，始终联系群众、服务群众、依靠群众，切实做到问政于民、问需于民、问计于民。及时回应群众关切，从群众最需要的地方做起，从群众最不满意的地方改起，使政府工作更顺民意、更见实效。进一步完善公共服务体系，保障群众基本生活，不断满足人民日益增长的美好生活需要。

（三）**弘扬实干之风**。牢固树立担当意识，大力弘扬“马上就办、真抓实干”精神，谋实事、出实招、求实效，狠抓责任落实、任务落小、政策落细。继续推行“五问工作法”（本阶段做了什么工作？采取什么措施？有什么工作成效？有什么不足之处？下一阶段有什么工作计划？）和“一线工作法”（领导在一线指导，情况在一线掌握，问题在一线解决，干部在一线锤炼，成效在一线检验），不断增强“八大本领”（学习本领、政治领导本领、改革创新本领、科学发展本领、依法执政本领、群众工作本领、狠抓落实本领、驾驭风险本领），坚定不移干在实处，拉高标杆走在前列。关注和支持基层发展，村级组织运转经费分别增加1万元/村、2万元/社区，充分激发广大基层干部的积极性、主动性、创造性。

（四）恪守廉政之要。始终把廉洁作为立身之本，严格落实党风廉政建设主体责任，科学运用“四种形态”，建立健全廉政风险防控机制，不断加强作风建设，坚决做到守纪律、讲规矩、知敬畏、明底线。加强行政监察、审计监督和政府投资项目决算管理，严控“三公”（财政拨款支出安排的出国或出境费、车辆购置及运行费、公务接待费）经费，突出建设工程招投标、经营性土地出让、政府采购等重点领域，严厉查处违纪违法案件和失职渎职行为。

各位代表，新时代开启新征程，新方位呼唤新作为。让我们紧密团结在以习近平同志为核心的党中央周围，在市委的坚强领导下，紧紧依靠全市人民，不忘初心，牢记使命，践行新思想，推进新创业，全面开启建设现代化醴陵新征程，为加快建设富强美丽幸福文明新醴陵而努力奋斗！

中国人民政治协商会议
醴陵市委员会常务委员会工作报告

——在政协醴陵市第十四届委员会第三次会议上

市政协主席 江曙明

（2018 年 1 月 10 日）

2017 年工作回顾

2017 年是十四届市政协的开局之年。一年来，在中共醴陵市委的正确领导下，市政协常委会带领全市广大政协委员，坚持团结民主主题，积极履行政协职能。在服务大局中助推科学发展，在关注民生中促进社会和谐，在传承创新中发展政协事业。为建设“四个醴陵”作出了积极贡献，谱写了醴陵市人民政协事业的新篇章。

一、加强思想政治建设，保持正确方向

旗帜引领方向，事业凝聚人心。市政协常委会始终坚定政治立场，提高政治站位，严守政治纪律。举办多次专题培训、辅导讲座、学习交流等活动，深入学习贯彻落实中共十八届六中全会、中共十九大和习近平总书记系列重要讲话精神。团结各党派团体和各界人士树立“四个意识”（政治意识、大局意识、核心意识、看齐意识），坚定“四个自信”（道路自信、理论自信、制度自信和文化自信），增强对习近平新时代中国特色社会主义思想的政治认同、情感认同、实践认同。始终把坚持党的领导贯穿一切工作之中，积极主动围绕市委、市政府的决策部署全力履职，真正做到了思想同心、目标同向、行动同步。共组织召开党组会、主席会和常委会集体学习 16 次，举办培训和讲座 6 期，有 1200 余人（次）参加，凝聚了思想共识，提高了理论素养，夯实了共同思想政治基础。

二、紧扣全市中心工作，服务发展大局

秉纲而目自张，执本而末自从。始终坚持围绕中心、围绕“四个醴陵”，为推进全市经济社会发展建言献策，精诚出力。

聚焦产业发展有质有量。市政协主动服务产业发展，努力推动产业转型升级。积极协商建言。把产业发展作为经济建设的着重点，组织委员围绕传统产业突围升级、新兴产业成长壮大积极献计献策。组织召开陶瓷、花炮、防水新材料等产业发展专题协商会，提出建议 17 条。委员关于产业发展的建议和提案比重大幅增加。“四个十条”从制定到实施的过程中，众多委员热忱参与。深入调研视察。积极参加省政协“对接‘一带一路’新战略，加快湖湘文化走出去步伐”课题调研，并在省政协专题协商会上发言，得到充分肯定。组织委员开展陶瓷产业项目建设专题视察，提出了“加快展馆建设、办好一流展会”“加大研发力度、突出科技创新”等建议。委员活动小组围绕花炮、旅游等产业发展赴浏阳市、江西省万载县、江西省景德镇市、浙江省安吉县等地调研，带回先进经验做法，对产业转型升级产生了积极影响。务实开展服务。全力支持 2017 中国醴陵国际陶瓷产业博览会举办，选派和抽调 5 名政协常委和政协机关工作人员参与执委会办公室日常工作，40 余名委员担当骨干服务展会系列活动。瓷博会闭幕后，组织 20 名委员就瓷博会的影响和效应开展专题调研，形成《发挥会展经济效应助推醴陵区域品牌》调研报告，为持续推进全市的产业和文化品牌战略提供参考。牵头组织举办第三届李国桢陶瓷思想研讨会暨“醴陵窑”在“一带一路”中的地位和作用高峰论坛，来自全国各地陶瓷主产区的 100 余名大师、专家齐聚醴陵，共征集理论文章 58 篇。为醴陵陶瓷发展出谋划策，同时充分展示和宣传了醴陵产业及城市的大美形象。

聚焦项目建设有力有为。坚决服从市委统一安

排，积极投身项目建设一线。从项目招商到项目建设、从企业运行到产品销售、从政策扶持到问题解决，都有委员奔波的身影和贡献的智慧。积极参与“三乡大行动”（迎老乡、回故乡、建家乡），3次走访广东、深圳等异地醴陵商会，推动招商引资，引导回乡创业。市政协领导班子人人肩上有担子，个个手头有项目。中国陶瓷谷国际会展中心、城市道路提质改造项目如期如质竣工。会展中心建设展示了项目建设“醴陵速度”，并获评“2017中国最佳服务会展中心”。城区农贸市场提质改造、官庄湖水系综合利用、莲易高速等项目按时有序推进。积极为企业发展排忧解难，主席会议成员帮扶联系企业16家，帮助解决问题30余个。一批委员在项目建设中，不畏艰辛、不怕挫折、不惧挑战，彭秋生、姜丹委员获全市“项目攻坚先锋”。在醴陵市全面发展中，政协不仅是建言立论的主战场，也是助推发展的主力军。

聚焦脱贫攻坚有声有色。市政协机关赴帮扶点嘉树镇、官庄镇官庄村扶贫走访510余人次，帮助解决问题32个，筹集财物40余万元。广大委员积极响应省政协“三个一”（1名政协委员帮助1个贫困孩子完成学业，结对1个贫困家庭增加收入，有条件的政协委员帮助1名贫困家庭成员解决就业）扶贫行动号召，15个委员活动小组全部对贫困村或贫困户开展了捐款资助。医卫组、教育组、工青妇新组、社科一组分别组织免费义诊、送教下乡、捐赠书籍文具、心理辅导等活动。一年来，委员足迹遍布全市17个省级贫困村，开展集中扶贫活动36次，直接资助学生42人，捐赠财物、帮助贫困村改善基础设施230余万元（折合人民币）。漆武平、李伟、陈建陵等委员走在了扶贫助困前列。广大委员深入乡村、深入群众，用真情解民忧，用智慧化矛盾，赢得了人民群众赞誉。官庄镇官庄村扶贫工作获国务院扶贫办、省纪委、株洲市委主要领导的赞许。

同时，基层党建帮扶、城市创建等全局性中心工作，按照市委、市政府的统一安排部署，精心组织，扎实推进。

三、弘扬团结民主主题，汇聚发展合力

团结才有力量，民主才有活力。始终坚持积极整合各方资源，加强各方联动，发挥各方力量，为全市经济社会发展寻找最大公约数、画出最大同心圆。

加强党派团体合作。完善市政协与各民主党派、工商联联系制度，加强沟通交流，传递党政信息，表达党政关怀。多次走访各民主党派、召开会议，围绕党政关注的重大事项、重要问题协商座谈。积极为各民主党派团体建言发声、举办活动搭建平台。坚持政协活动优先安排参加，政协会议鼓励提出意见建议。各民主党派在政协全会、常委会等协商活动中发言30余人次，并积极安排人员和市政协共同开展各项工作。

增进团结联谊交流。加强与上级政协联系，主动对接省政协和株洲市政协，接受工作指导。全年接待省、株洲市政协来醴专题调研视察15次，完成省、株洲市政协调研课题5项。承办了株洲市县（市、区）政协工作座谈会，赢得了上级政协的肯定与好评。进一步扩大对外交流，共接待福建省、江西省、河南省等全国各地政协考察团、考察组27批300余人次。各委员活动小组组织委员赴外地学习考察12批次，开阔了视野，拓宽了思路，推进了工作。

大力宣传醴陵风采。组建信息报送队伍，加强政协宣传阵地建设，激情宣传醴陵，广泛推介醴陵。及时向省、株洲市政协推送信息，在《湖南日报》、《株洲日报》、株洲政协网、人民政协网等媒体报道醴陵工作、政协动态和委员履职活动95篇。参加“政协主席走进红网”电视专访。《湘声报》头版头条对醴陵市政协履职工作进行了专题报道。运用“互联网+政协”宣传醴陵。开通“醴陵政协”微信公众号，推送信息60篇。全力推广运用“湖南政协云”，率先在全省实现政协云APP安装率100%。用活“湖南政协云”资讯版块，及时报道全市各项重大活动和成就，连续8周系列报道醴陵市委员风采，在全省政协系统获得广泛点赞。推进了全市政协工作，传播了醴陵好声音。

四、大力推进履职创新，增强工作实效

周虽旧邦，其命惟新。始终把务实创新作为政协事业的重要动力，科学把握政协工作的内在规律，推动政协事业不断前进。

参政议政言之有物。制定《年度重点调研工作规定》，从选题到成果运用全程规范。各位副主席分别就义务教育优质资源均衡发展、发挥和扩大瓷博会效应、城乡生活垃圾分类处理、农村农贸市场建设、农村贫困家庭合作医疗5个重点课题，开展了专项调研并形成调研报告。其中《醴陵市城乡生活垃圾分类处理调研报告》获株洲市政协优秀调研报告一等奖。9名委员在政协醴陵市第十四届第二次会议上作大会发言。“扶持壮大防水业打造经济新支柱”、“全面落实河长制促进我市水域治理”等大会发言得到市委、市政府高度重视。市政府领导多次调研防水行业、参加协会会议，共商发展大计。助推醴陵市成功获评“中国建设工程防水之都”。这些工作，

体现了广大委员履职的积极和认真，彰显了广大委员的责任与激情。

民主监督扎实有效。探索完善集中委派民主监督小组工作机制，委派50名政协委员组成10个民主监督小组入驻市公安局、市人社局、市城管局等部门。市政协加强联系指导，监督小组认真开展工作。各小组寓监督于支持之中，提出合理建议47条。受派单位积极配合，主动邀请民主监督小组列席会议，参加相关活动，认真听取建议并积极回应。达到了良性互动、促进工作的目的。

社情民意畅通有序。扎实开展“微建议”工作。市委书记胡湘之高度重视并作出重要指示，“市政协的湖南政协云、微建议工作要走在全省前列”，有力促进了工作顺利开展。启动仅1个多月就收到委员提交的微建议118条。“延长5路车运营时间”“取消乡镇快递不合理收费”等微建议迅速得到回应和解决。微建议以“短小快”的优势，方便了委员履职，赢得了广大委员的肯定。加大提案办理力度，确保了136件提案件件有着落，件件有答复，实现了见面率、办结率、满意率三个100%。将“我市电瓷企业做强做精绝缘子产品”“优化学校布局促进我市教育均衡发展”等5件提案列为重点，由市政协领导牵头督办，推动问题解决。市政府专题研究部署提案办理工作，将提案办理与政府中心工作紧密结合，做到同部署、同安排、同落实，增强了工作实效。建立社情民意网上管理平台，做到广泛收集、规范整理、及时反映。编发《民情信息》6期，向市委、市政府及相关部门报送信息72篇。“醴陵窑保护与综合开发”、“加强幼儿园监管”等建议被市文体广新局、市教育局等部门采纳办理。

五、切实加强自身建设，提升服务水平

静源水自清，固本木方荣。市政协着力筑牢履职基础，内强素质，外树形象，自身建设进一步加强，各项工作向宽而有度、活而有序、行而有章发展。

学习培训强素质。科学制订委员学习培训计划，紧跟形势学，外出调研学，找准差距学。通过专题辅导、座谈讨论、撰写体会等方式，认真开展了党的路线方针政策和形势任务、市委十二届三次、四次全会精神学习，第一时间将上级精神传达到各参加单位和全体委员。聘请政协工作专家为全体委员开展履职知识讲座，分组对委员开展“政协云”使用操作培训。组织54名政协委员赴武汉大学开展履职能力提升培训，课程精心安排，名家精心授课，将撰写的心得体会编辑成《走进武汉大学》。通过学习，委员们丰富了履职知识、激发了履职热情、增强了履职信心。

搭建平台激活力。积极搭建委员知情平台，加强履职管理，为委员提供更好服务。根据委员岗位特点，组织委员广泛参与各种协商、调研、监督视察活动。制订“4155”（参加4次政协会议或活动，提交1件提案，撰写5条社情民意信息，走访50户群众）委员履职考核办法，分组进行评议考核。组织开展优秀小组、优秀组长、优秀委员、优秀提案评选表彰，调动委员履职尽责的积极性、主动性。广大委员在各自行业、领域和岗位充当了排头兵，树立了良好的社会形象。全年市政协委员获国家级荣誉8项，省、株洲市级荣誉50余项。委员谭海彦、巫飞虹分获“全国卫生系统先进工作者”“全国优秀卫生院院长”；委员黄龙作为中国两位代表之一参加了第114届巴黎沙龙国际艺术展，其作品入选该展艺术年鉴；委员肖敬参加金砖国家民间社会组织论坛，远赴新加坡、马来西亚等国开展关爱生命志愿活动。展现了新时代政协委员风采。

机关建设增动力。深入开展“学习型、服务型、创新型”政协机关建设。坚持开展每周自学、每月集中学习，增强政协机关活力和创造力，提升管理水平和服务水平。积极参加株洲市政协理论征文活动，提交的《以史为鉴试论协商民主是社会主义民主建设的需要》等3篇论文，均获奖。多渠道收集文史资料，支持委员编辑《醴陵名刹古碑记铭文注释》《醴陵釉下五彩理论文集》。同时，机关各委办充分发挥统筹协调、服务保障作用，主动加强与党政职能部门和界别之间的对口协调联系，进一步提升了服务发展、服务基层、服务委员的能力。

各位委员，同志们！我们按照市政协十四届二次会议的部署，全面完成了各项任务。这是中共醴陵市委正确领导，市人大、市政府和社会各界大力支持的结果，是广大政协委员、各民主党派、工商联、各人民团体、无党派人士积极参与和共同努力的结果。在此，我谨代表市政协常委会，向所有关心支持市政协工作的各位领导、同志们、朋友们和全体政协委员，表示衷心的感谢和崇高的敬意！

总结一年的履职，面对协商民主发展的新形势，面对市委的要求和社会各界的新期待，我们的工作还有不少差距。协商民主的广度和深度还有待进一步拓展；履行职能的主动性和精准性还有待进一步增强；服务委员的意识和水平还有待进一步提高。这些问题，都需要我们在今后的工作中认真加以改进。

2018年工作任务

新的一年，全市政协工作的总体要求是：以习

近平新时代中国特色社会主义思想为指导，全面学习贯彻落实中共十九大精神。在中共醴陵市委的正确领导下，牢牢把握团结民主两大主题，紧紧围绕产业项目建设年和产业突围、城镇提质、项目攻坚、安全保卫“四大战役”，积极履行政治协商、民主监督、参政议政职能，充分发挥协调关系、汇聚力量、建言献策、服务大局的作用，为开启基本现代化新征程，加快建设富强美丽幸福文明新醴陵积极贡献力量。

一、把学习贯彻中共十九大精神作为首要政治任务，坚定不移走中国特色社会主义发展道路。坚持学懂弄通做实，做到学而悟、学而信、学而用，努力巩固团结合作的政治基础。一要把学习贯彻中共十九大精神同领会新时期党对人民政协新要求结合起来。深刻把握报告中关于“加强人民政协民主监督”“增强人民政协界别的代表性，加强委员队伍建设”等有关协商民主的重大部署，在坚持和发展中国特色社会主义中把人民政协事业不断推向前进。二要把学习贯彻中共十九大精神同落实市委各项决策部署结合起来。牢固树立“四个意识”，紧紧围绕市委确定的发展思路和工作目标，明确履职重点，找准作为空间，努力把市委的决策转化为社会各界的广泛认同和行动自觉。三要把学习贯彻中共十九大精神同政协履职实践结合起来。准确理解新时代党的一系列重大战略思想和部署，不断把学习成果转化为解决实际问题的能力、转化为谋划政协履职的思路、转化为改进政协工作的措施。

二、把促进团结民主作为第一使命，发挥政协优势凝聚各方力量。人民政协是我国最广泛的爱国统一战线，是大团结大联合的象征。要适应经济社会发展和统一战线结构变化，充分发挥优势，推进团结民主，广泛凝聚合力。一是广搭平台助发声。定期召开市政协与各民主党派、工商联座谈会议，沟通情况、交流思想、民主协商。积极提供学习培训、调研视察、协商座谈平台，支持在市政协各类活动中充分发表意见、建议。二是广交朋友强合作。探索建立更加有效的载体和渠道，增进与新经济组织、新社会组织、非公有制经济等各界人士的沟通，促进形成合作共事的良好格局。三是广纳建议凝共识。加强与社会各界和广大群众的密切联系，以更加宽广的包容性、更加扎实的作风、更加灵活的方式，全力做好理顺情绪、凝聚人心的工作。让各种意见建议在政协平台有序政治参与。不断健全完善信息员队伍建设与管理，进一步加强信息组织和报送处理工作。进一步开展“政协云”宣传推广工作，充分运用“政协云”传播醴陵好声音。心中有阳光，脚下有力量。要努力做好弘扬社会正气，推进团结奋进的工作。

三、把服务发展大局作为第一要务，积极投身“四个醴陵”建设大业。要充分发挥政协自身优势，围绕全市经济社会发展中全局性、战略性、综合性的重大问题，市委、市政府决策中需要研究和解决的突出问题，积极履职，提出具有前瞻性、富于建设性的意见、建议。要围绕产业项目建设、招商引资、基层组织运行保障、城市交通提质、城乡居民健康保障等深入开展调研，力争站得更高、议得更深、落得更实。要围绕生态保护、食品安全、垃圾分类、群众文化阵地建设等工作开展多层次、多形式的专项监督视察。要贴近中心建真言，开展专题协商议政活动 2 次，推动全市重点工作开展。要继续对 10 家受派市直单位开展民主监督。要进一步规范提案办理、督办及“后评议”工作。遴选有代表性的微建议，开展微协商、微监督。眼睛往下看，身子往下沉，劲头往下使。力求做到一条信息反映一种实情，一件提案解决一个问题，一条建议推动一项工作。

四、把推动民生改善作为第一责任，帮助解决群众的切身利益问题。坚持以民为本，用真情履职来协助市委、市政府做好暖人心、稳人心、得人心的工作，着力构建助推发展的和谐环境。加强界别、委员联系群众工作，关注人民群众普遍关心的热点、焦点、难点问题，进一步畅通民情民意反映渠道，使政协成为联系群众的“直通车”、促进发展的“助推器”、维护和谐的“连心桥”。致力民生建良言，围绕促进学有所教、劳有所得、病有所医、老有所养、住有所居等重大民生问题，深入开展专题调研视察。心系民生解民忧，更多地关注社会弱势群体，继续发动委员开展扶贫帮困活动。用好“同心教育基金”资助平台，竭诚尽智献爱心、千方百计增福祉。

五、把加强自身建设作为第一抓手，致力提高政协工作新水平。按照“懂政协、会协商、善议政”要求，弘扬创新精神，加强自身建设，夯实履职基础。工作上要制度化。积极探索委员视察、专题调研、提案办理等工作的特点和规律，不断改进和完善相关办法，确保各项工作有章可循、有规可守、有据可依。履职上要规范化。有计划组织 2 次委员集中培训。不断完善界别活动、委员履职、专委会组织联络和机关服务保障机制，使政协的各项履职活动有条不紊、规范有序、富有成效。2018 年委员履职基本要求是达到“12345”（提交 1 件提案，反映 2 条微建议，登录使用“政协云”300 次以上，参加 4 次政协会议和活动，反映 5 条社情民意）。形式上要多样化。不断丰富和创新政协工作方法，在搭建协商议政平台、拓展界别活动渠道、强化委员知情环节、延伸团结联谊空间等方面进行积极探索。要主动拥抱大数据，充分践行“互联网 +”，确保全体委员都能熟练运用“政协云”APP 履职。服务上要优质化。持续加强“学习型、服务型、创新型”机关建设，扎实推进机关作风转变，倡导朝气和激情。做到主动服务、热情服务、周到服务，把政协机关建设成为温馨的“委员之家”。

各位委员，中共十九大描绘了新时代的宏伟蓝图，市委十二届四次全会部署了 2018 年工作，开启了建设现代化醴陵新征程。新时代要有新气象，新征程要有新作为。让我们高举中国特色社会主义伟大旗帜，在中共醴陵市委的坚强领导下，同心同德，群策群力，以更加振奋的精神状态、更加务实的工作作风、更加丰硕的履职成果，为加快建设富强美丽幸福文明新醴陵做出新的更大贡献！

醴陵概览

人口·区划

【概况】2017年年末，全市户籍人口为1051919人，其中农业人口633567人，非农业人口418352人。总人口中，男性538731人、女性513188人，性别比为1.0498。年末常住人口为96.85万人，其中城镇人口59.31万人，按常住人口比例计算，城镇化率为61.24%。

2017年街道、乡镇、村（居）委会人口区划一览表

表1

街道、乡镇	总面积（平方千米）	户籍人口（人）	政府驻地	所辖建制村、居委会、社区
来龙门街道（7个村、8个社区）	40.8	76816	四塘社区	珊田、东岸、马脑、清潭、长庆寺、黄沙、双江、文庙、北门、胜利、四塘、马放塘、狮子坡、丁家坊、上洲
国瓷街道（7个村、5个社区）	48.5	56939	国光社区	玉瓷、姜东、华塘、石塅、横店、土株岭、古城、八里庵、姜湾、国光、车顿桥、五里牌
仙岳山街道（6个村、4个社区）	36.5	41695	碧山村	碧山、河西、江源、五里墩、万宜、金石、南门、碧山、书院、财源塔
阳三石街道（8个村、3个社区）	33.3	51889	泉湖村	泉湖、立三、企石、玉屏山、荆潭湾、石里浦、伏龙、立新、阳三石、阳东、渌江
李畋镇（14个村、2个居委会）	122	68315	南桥居委会	车上、塘坊、麻石、华埠、利群、花麦、洪源、石溪、裕民、凤形、潼塘、新树、清水、大草坪、富里、南桥
白兔潭镇（10个村、2个居委会）	71.3	51628	白市居委会	田心、佘溪、黄甲、洙塘、峤岭、山水、泉沅、长庆、柏大、荷田、白市、金牛
浦口镇（12个村、4个居委会）	78.5	58319	天符村	保丰、三铺、李洲、荣坪、河泉、花椒、浦口、茅坪、仙石、合水、荷花、泮川、天符、贯古、联盟、王坊

续表 1-1

街道、乡镇	总面积（平方千米）	户籍人口（人）	政府驻地	所辖建制村、居委会、社区
王仙镇（10 个村、2 个居委会）	85.9	47804	王仙居委会	李　山、观　口、书　堂、司　徒、香　水、三　狮、申　熙、灌　冲、温　泉、大屏山、王　仙、仙　瓷
沩山镇（7 个村）	86	20461	新东堡村	新东堡、青　泉、大　林、沩　山、老鸦山、泉　水、漏水坪
东富镇（10 个村、1 个居委会）	80.4	39555	东兴居委会	东　富、西　林、莲　旗、楚同桥、龙　源、枧头洲、森　冲、横　新、芷　泉、莲　石、东　兴
孙家湾镇（6 个村）	52.8	22654	龙虎湾村	观　前、李家山、孙家湾、西　岸、龙虎湾、文家湾
泗汾镇（7 个村、4 个居委会）	70.6	40200	陈家垅村	符　田、石　虎、石　湾、泗　汾、陈家垅、花　茂、茶　田、何　田、枧　上、双　塘、农　场
船湾镇（10 个村、2 个居委会）	120.6	52473	乐家居委会	台　前、船　湾、玉　堂、星　桥、狮　力、清水江、杨木档、荆　村、东　山、增加滩、乐　家、四　方
沈潭镇（7 个村、2 个居委会）	53.5	29064	夏星居委会	江　田、柞　市、美田桥、庞　龙、三星里、双　垅、鳌　仙、沈　潭、夏　星
嘉树镇（7 个村）	63.1	24731	嘉树村	杉　仙、嘉　树、豆　田、玉　茶、新　井、罗　儒、渗　泉
明月镇（15 个村、5 个居委会）	169.1	75194	大障居委会	东　江、罗夹口、江边铺、新　联、盐　山、湾　富、申　明、汪家垅、天　华、汪家桥、陶家垅、水口山、七　星、新　台、档梓山、白　果、马　恋、大　障、贺家桥、云　岩
茶山镇（13 个村、5 个居委会）	166.8	66064	茶山居委会	铁河口、汤家坪、西塘坪、大西垅、筱　溪、转步口、冷　水、长　马、梅　霞、东　岗、上　湖、茶　溪、石均塘、长沙岭、神福港、龙　井、栗山坝、茶　山
均楚镇（11 个村、2 个居委会）	172.4	41941	金山居委会	樟　桥、青　山、周　坊、老　湾、殷家冲、军　山、大垅洲、长午新、马家垅、黄　田、黄　谷、金　山、均楚桥
石亭镇（9 个村、1 个居委会）	106.2	39213	石亭居委会	永　红、石塘岭、苏家垅、长　塘、樟　树、上　保、长　岭、姑　仙、花　溪、石　亭
板杉镇（10 个村）	89.9	40122	长坡口村	板　杉、夏坪桥、竹花山、七里山、流碧桥、八步桥、寨　下、擂鼓桥、东冲铺、长坡口
左权镇（11 个村、1 个居委会）	123	46834	篾织街居委会	仙　霞、清安铺、油　田、玉皇阁、陈　东、青　泥、将　军、石　羊、永　兴、花　桥、新　阳、篾织街
枫林镇（11 个村、2 个居委会）	100.5	41868	黄獭嘴居委会	大　湾、双　井、蕉　源、金　狮、彰　仙、隆兴坳、蒋家桥、金　阳、时　轮、五　石、枫林市、金　桥、黄獭嘴
官庄镇（7 个村）	184.9	18140	大坝村	官　庄、大　坝、横　江、潭　塘、瓦子坪、桃　花、阳　坑

（周慧敏）

气候特征与气象灾害

【气候特征】2017年，全市年平均气温18.7℃,较常年偏高0.7℃；年降水量1605.5毫米，较常年偏多80毫米；日照时数为1351.6小时，较常年偏少169.6小时；年内平均气温高，光照少，降水不均匀，属于正常偏暖年。

气温 全年平均气温18.7℃，较常年偏高0.7℃，较上年持平。冬季平均气温9.4℃，较常年偏高2.4℃，较上年偏高1.6℃；春季平均气温18.0℃，较常年偏高0.8℃，较上年持平；夏季平均气温28.0℃，较常年偏高0.1℃，较上年偏高1.0℃；秋季平均气温19.8℃，较常年偏高0.9℃，较上年偏低0.5℃。全年平均气温异常偏高，其中1月、8月、9月的平均气温距平均超过1℃，属于显著偏高月份；特别是1月，气温距平达3.5℃，属于异常偏高月份；6月气温显著偏低，平均气温距平偏低1.4℃。全年极端最高气温为39.7℃（7月23日），极端最低气温为零下0.9℃。

降雨 全年总降水量1605.5毫米，较常年偏多80毫米，为正常年份,较上年偏多113.7毫米。3–7月降水量较常年均维持正常水平，1月、9月、11月降水量偏多;2月、8月、10月降水量偏少，属于显著偏少的月份。年内，全市共出现3次暴雨过程，分别为5月31日至6月1日、6月22日至7月2日、9月9日。冬季平均降水量为50.6毫米，较常年偏少29.0毫米，为偏少年份；春季平均降水量为168.1毫米，较常年偏少22.3毫米，为正常年份；夏季平均降水量为246.1毫米，较常年偏多83.6毫米，为偏多年份；秋季平均降水量为71.0毫米，较常年偏多19.0毫米，为显著偏多年份。

日照 全年日照时数为1335.9小时，较常年偏少200.7小时，较上年偏少151.9小时，属偏少年份。日照时数2月、4月较常年偏多，5月、8月较常年持平，其余月份均偏少。冬季日照时数为240.8小时，较常年偏多14.5小时；春季日照时数为289.2小时，较常年偏少14.9小时；夏季日照时数为478.0小时，较常年偏少112.5小时；秋季日照时数为326.4小时，较常年偏少89.3小时。

【主要气候事件及影响】**大旱**（秋旱）8月17日至9月8日，连续23天基本无雨；9月10日至11月9日，连续61天无大雨或以上过程；2次连旱达到大旱标准。

暴雨洪涝 2017年，全市共出现3次暴雨过程。其中5月31日20时至6月1日20时，全市出现暴雨到大暴雨，降水量为93.1毫米，此次暴雨过程未造成严重灾害。6月22日至7月2日，出现一次强降水天气过程，降水集中在6月22日至6月28日，最大降水量为349.4毫米；全市受灾人口2.5万人，紧急转移安置966人,倒塌房屋99户301间、严重损房72户171间，农田受灾面积3575.33公顷，公路塌方333处2850米，4处地质灾害点有滑坡、裂缝，河堤滑坡174处8840米，渠道滑坡89处3650米，损毁山坪塘135口、机埠8台、闸门13处，河坝受损65处，全市直接经济损失2.1亿元。9月9日出现局地暴雨，降水量为70.2毫米，此次暴雨过程短，未造成严重灾害。

高温热害 全年平均高温日数为42天，最高气温≥37℃以上天数为17天，7月21日至7月30日过程平均最高温度达38.1℃；其中7月23日温度达39.7℃，较上年最高气温偏高0.1℃。（陈刘庆）

国民经济和社会发展

2017年，坚持“稳中求进、进中求快、快中求优”的总基调，着力稳增长、促改革、调结构、惠民生、防风险，全面打响“产业突围”“城镇提质”“项目攻坚”“安全保卫”四大战役，加快建设“富强、美丽、幸福、文明”新醴陵。全年全市经济保持平稳健康发展，各项社会事业取得新进步，县域经济综合竞争力居全国百强县（市）第56位，实现全市百强进位跨越式发展。

一、综合

2017年，实现地区生产总值607.2亿元，按可比价计算，比上年增长8.2%。分产业看：第一产业实现增加值55.8亿元，增长4%；第二产业实现增加值352.6亿元，增长6.9%，其中工业增加值325.7亿元，增长7.1%；第三产业实现增加值198.8亿元，增长12.3%。三次产业结构由上年的9.2∶62.5∶28.3调整为9.2∶58.1∶32.7。三次产业对经济增长的贡献率依次为7.7%、4.2%和88.1%，分别拉动经济增长0.5个百分点、0.3个百分点和5.2个百分点。按常住人口计算，人均地区生产总值62692元。

二、农业

2017年，全市实现农林牧渔业总产值81.1亿元，增长4.2%。其中农业产值38亿元，增长3.3%；林业产值4.1亿元，增长3.4%；牧业产值32.3亿元，增长4.6%；渔业产值3.8亿元，增长8.4%；农林牧渔服务业产值2.9亿元，增长8.3%。

全年全市农作物播种面积为109.4千公顷，增长2.6%，其中粮食作物种植面积72.7千公顷，

2017年全市国民经济整体情况一览表

表2

指标名称	计量单位	绝对数（现价）	同比增长（%）
地区生产总值	亿元	607.2	8.2
第一产业	亿元	55.8	4.0
第二产业	亿元	352.6	6.9
工业	亿元	325.7	7.1
建筑业	亿元	27.2	3.4
第三产业	亿元	198.8	12.3
交通运输、仓储和邮政业	亿元	16.9	6.8
批发和零售业	亿元	24.8	5.0
住宿和餐饮业	亿元	8.2	7.9
金融业	亿元	6.6	11.4
房地产业	亿元	19.0	4.3
营利性服务业	亿元	55.7	21.3
非营利性服务业	亿元	66.1	13.6

增长0.3%。粮食总产量达51.3万吨，其中稻谷48.6万吨。蔬菜产量79.4万吨，增长7.9%；水果产量10.2万吨，增长0.9%。全市有种粮大户（2公顷以上）、家庭农场、农民种植专业合作组织等规模经营主体7641户（个），流转耕地24.13千公顷。

全年全市肉类总产量11万吨，增长1.6%；水产品产量2.6万吨，增长4.4%。出栏肉猪120.68万头，增长3.8%；出栏羊37.45万只，增长1.7%；出笼家禽849.03万羽，增长2.8%。

2017年，全市拥有农业机械总动力97.95万千瓦，比上年增加0.2万千瓦，农机综合化水平达75.2%以上。全年机插面积20.13千公顷，机耕、机收基本实现全覆盖。全年完成农村公路（窄路加宽）建设27.11千米，农村公路（县乡道路路面硬化“边界路”“断头路”）建设44.86千米，农村公路安保设施建设216.14千米，改造危桥19座，完成双江口渡改桥建设，新建农村客运招呼站30个。除险加固小II型病险水库13座，新建农饮工程33处，解决8.5万农村人口饮水不安全问题。年内，推进船湾镇清水江村等10个“美丽乡村”创建工作，其中枫林镇隆兴坳村获评湖南省“美丽乡村”示范村。

三、工　业

2017年，全市完成工业总产值1192.3亿元，增长12%，实现工业增加值325.7亿元，增长7.1%。其中规模以上工业企业580家，完成产值1067.8亿元，增长15.4%。按可比价计算，工业经济拉动GDP增长4.2个百分点，对经济增长贡献率达51.5%。

工业增加值占地区生产总值比重为53.6%，下降4.7个百分点。园区规模工业增加值占全部规模工业增加值比重为72.8%；万元规模工业增加值能耗降低7.3%，高新技术产品增加值占工业增加值比重为65.7%。工业固定资产投资总额196.9亿元，增长23.2%。

2017年，陶瓷、花炮两大传统支柱产业产值分别达708亿元、202亿元，增长13.5%、3.4%。生产日用陶瓷109.9亿件，增长11.6%；工业陶瓷147.7万吨，增长11%；花炮5349万箱，增长2.9%。

四、建筑业、房地产业和固定资产投资

2017年，全市建筑业实现增加值27.2亿元，增长3.4%。具有资质等级的总承包和专业承包建筑企业28家、劳务分包企业14家，完成产值72.8亿元，增长15.2%；建筑房屋施工面积319.1万平方米，增长1.4%，房屋竣工面积234万平方米，增长7.6%。

截至年末，全市拥有房地产开发企业46家，完成房地产开发投资28.3亿元，增长11.8%；商品房施工面积227.3万平方米，增长8.9%；竣工面积14.7万平方米，下降40.8%；销售面积73.8万平方米，增长19.7%；实现销售额36.8亿元，增长49.7%，其中住宅销售额30.4亿元，增长48.5%。

全市完成固定资产投资441.9亿元，增长14.6%。分产业来看，第一、二、三产业分别完成投资9.9亿元、196.9亿元、235.1亿元。从投资方向来看，完成工业投资196.9亿元，增长23.2%，其中技术改造投资178.9亿元，增长88.4%；完成基础设施投资143.4亿元，增长22.8%；完成民生投资43.2亿元，下降23.9%。

五、交通运输、邮电通信业

2017年，交通运输、仓储和邮政业实现增加值16.9亿元，增

长6.8%。全市农村公路总里程5169.78千米，其中省道308.93千米、县道528.68千米、乡道1015.57千米、村道2615.41千米。全市有桥梁443座、10471.56延米。有农村客运班线40条，通客运班车里程539千米，建制村通班车率为100%。

全年完成邮电业务总量5.93亿元。截至年末，全市拥有固定电话用户1.66万户，移动电话用户65.64万户，互联网用户14.6万户。

六、内外贸易、旅游和招商引资

2017年，全市完成社会消费品零售总额204.6亿元，增长11.4%。分地域看，城镇实现消费品零售额181.5亿元，增长11%；农村实现消费品零售额23.1亿元，增长13.8%。分行业看，批发和零售业实现零售额183亿元，增长11.5%；住宿和餐饮业实现零售额21.6亿元，增长10.1%。

全年全市新批进出口企业32家，年末拥有自营进出口权企业297家。全市实现进出口业绩“破零”企业24家，“倍增”企业19家。全市完成外贸进出口总额24.6亿元，增长13.1%。春秋两届广交会，107家日用陶瓷企业共签订订单1.38亿美元，增长16.5%。

全年全市接待国内外游客554.91万人次，增长24.36%；实现旅游综合收入58.47亿元，增长38.65%。

全年实际利用外资2.1亿美元，增长13.5%；内联引资49.3亿元，增长16.8%。

七、财政、金融

2017年，全市完成公共财政预算收入54.1亿元，增长8.1%。其中上划收入14.4亿元，增长45.4%；地方一般预算收入39.7亿元，下降1.1%。完成税收收入28.8亿元，占财政总收入比重为53.2%。公共财政预算支出75.3亿元，增长11.7%，其中教育、文化体育与传媒、社会保障和就业、医疗卫生、农林水事务、住房保障等事务支出分别为9.3亿元、2.6亿元、9.2亿元、6.7亿元、7.8亿元、1.5亿元，分别增长5.6%、4.6%、18.3%、7.8%、12.3%和下降18.6%。

截至年末，全市金融机构各项存款余额343.3亿元，比年初增加22.2亿元，增长6.9%；其中住户存款余额245.3亿元，比年初增加19亿元，增长9.4%。各项贷款余额177.2亿元，比年初增加39.4亿元，增长28.6%。

八、节能降耗、环境保护和安全生产

2017年，万元规模工业增加值能耗下降7.3%。工业废水、废气、废渣处理率达100%；全年空气质量优良天数314天，优良率达86.3%。

全年全市共发生各类生产安全事故10起，死亡5人、受伤20人，直接经济损失52.8万元；其中发生道路交通事故5起、死亡5人、受伤20人，烟花爆竹企业未发生伤亡事故；事故起数同比下降58.3%。

九、教育、科学技术

2017年，全市有中、小学校267所，其中小学（含教学点）213所、初中44所（含九年一贯制学校）、高中9所（普高5所、中职4所）、特殊教育学校1所；有公、民办幼儿园369所（含小学附属学前班65所）。有在校学生、在园幼儿148918人，其中中学生（含中职学生）44844人、小学生65148人、幼儿38772人、特殊教育学校学生154人。学校、幼儿园共有教职工10428人。

2017年高考，全市参考人数为3333人，上线3323人，上线率为99.69%，其中本科上线2473人。全市本科一批上线627人，比上年增加10人，本科一批上线率达21.2%；本科二批及以上上线1826人（不含职高对口升学133人），比上年增加83人，本科二批及以上上线率为61.8%。本科二批及以上上线人数和上线率均为醴陵历史最高且连续四年蝉联株洲地区第一名，本科一批上线率蝉联株洲地区各县（市）第一名，并首次跃居株洲地区第一名。

2017年，全市小学入学率为100%、辍学率为零、升学率为100%，初中辍学率为0.11%、升学率为97.1%，幼儿三年入园率为95%、一年入园率为100%。

全年共申请专利1133件，其中发明专利申请214件。专利授权451件，其中发明专利授权27件。申请科技计划项目40个，其中立项23项；市级科学技术经费支出1.44亿元。全市有湖南银和瓷业有限公司等25家企业通过国家高新技术企业认定，年末全市拥有高新技术企业53家，实现高新技术产业增加值214.2亿元，同比增长29.7%，高新技术产业增加值占GDP比重为35.27%。

十、文化、体育和卫生

2017年年末，全市有电视用户11.71万户，广播、电视综合覆盖率均为100%。

市广播电视台主办《醴陵新闻》310期，出版《今日醴陵》报121期，播出《特别关注》《法治正前方》《安全在线》《瓷城房产》等专题栏目200期，摄制《大美醴陵》《致敬新时代，逐梦新醴陵》《夜·瓷城》等汇报片、宣传片、形象片近30个，完成自采新闻稿件1万余条。举办大型文化体育活动165场次，送戏下乡171场次，送电影下乡4092场次。年内，结合乡镇综合文化站建设，开展“一周一乐、半月一赛”系列活动90场次。市文化馆、图书馆、博物馆、纪念馆和乡镇综合文化站实现免费开放。

2017年年末，全市拥有各级各类医疗卫生机构692个，其中驻醴医疗卫生单位2个、市直医疗卫生单位6个、民营医疗卫生机构8个、乡镇卫生院19个、卫生院分院14个、街道社区卫生服务中心5个、村卫生室521个、诊所109个、厂矿和企事业单位医务室8个。有执业（助理）医师1881人、执业护士2315人，每千人口拥有医生1.93人、护士2.38人；有全科医生67人，村卫生室人员531人；有床位5705张，每千人口拥有床位5.88张。有基层公卫专(兼)职专干287人，其中妇幼专干56人、防疫专干36人。全市有新型农村合作医疗保险参保农民74.6万人，参保率为95.1%；累计补助25.24万人次，补助金额4.19亿元，统筹地区政策范围内补偿率为75.03%。

十一、人口、人民生活和社会保障

2017年，全市城乡居民人均可支配收入30664元，其中城镇居民人均可支配收入36558元，比上年增加2814元、增长8.3%；农村居民人均可支配收入24335元，比上年增加1916元、增长8.5%。

全年民生领域支出55.06亿元，占公共财政支出的73.1%。新增城镇就业6968人、农村劳动力转移就业4577人，城镇人口登记失业率控制在3.4%以内。养老保险、医疗保险、生育保险、失业保险、工伤保险等九项社会保险参保总人数达162.77万人次，支付各类待遇14.01亿元。新改扩建农村敬老院5所，农村“五保”（依照《农村五保供养工作条例》规定对丧失劳动能力和生活没有依靠的老、弱、孤、寡、残的农民实行保吃、保穿、保住、保医、保葬的社会救助制度）分散供养标准达3804元/年、集中供养标准达5760元/年。完成农村危房改造933户，开工建设公共租赁住房(含廉租住房)707套，发放住房困难租赁补贴1193户。实施精准扶贫，贫困户实现结对帮扶全覆盖，建档立卡贫困户动态信息调整后，全市共有贫困户11345户、贫困人口38095人。派出53个工作队分赴15个贫困村和38个贫困人口在200人以上的面上村开展驻村帮扶，全年有1919户、7130名贫困人口实现“摘帽脱贫”，全市15个贫困村均实现脱贫，贫困发生率降低至1.64%。

说明：

1. 人口区划、国民经济和社会发展条目中部分数据为初步统计数，正式统计数据以《醴陵市统计年鉴》（2018）为准；

2. 地区生产总值（GDP）、各产业增加值绝对数按现价计算，增长速度按可比价计算；

3. 增长均为同比增长数。

（周慧敏）

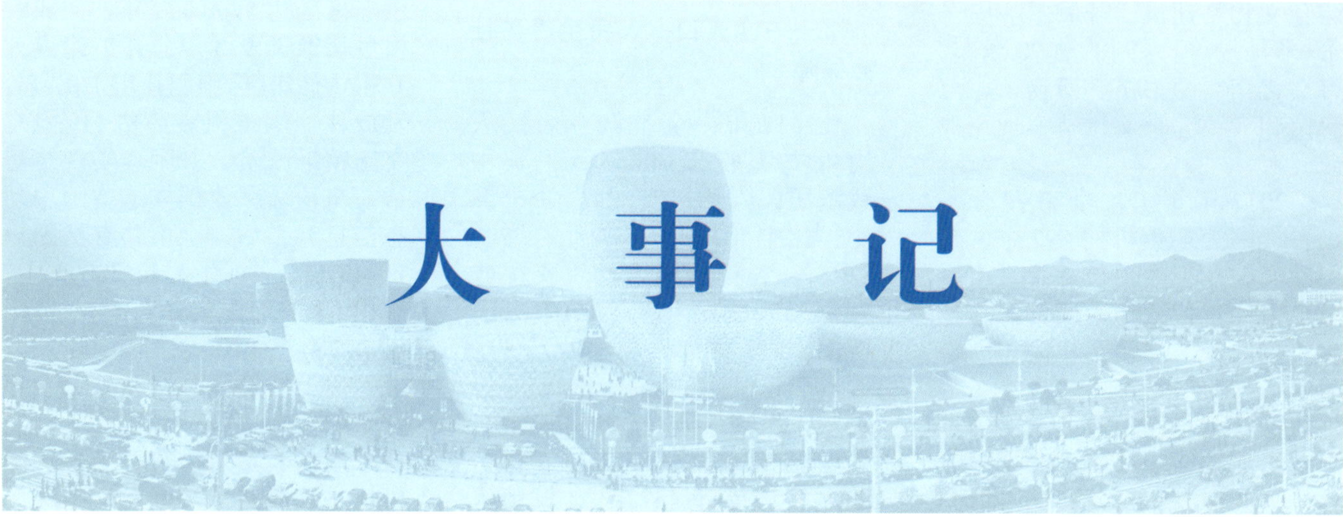

大 事 记

2017 年

1 月

1 日　醴陵市启动第三次全国农业普查入户登记工作。

2 日　湖南工业大学校长谭益明率队到醴陵，就双方合作项目“醴陵陶瓷学院”建设事宜进行互动交流。

4 日　醴陵市“公务用车综合服务平台”上线，实现公车预约统一派单、服务共享。

4–5 日　湖南省农业厅工作组到醴陵，现场评审、验收耕地重金属污染修复及农作物种植结构试点工作，并予以考核通过。

5 日　醴陵新世纪艺术馆入选湖南省级涉外参观点。

6 日　耿焱（醴籍、耿飚女儿）回到故乡醴陵市，拜谒先辈。

9 日　湖南省农业综合开发办公室主任李丙力一行到醴陵市，考察蔬菜优势特色农业产业园项目建设情况。

12 日　湖南省委宣传部部务委员、省政府新闻办公室副主任肖君华到醴陵市看望慰问市“道德模范”肖敬。

是日　醴陵市委十二届二次全体（扩大）会议暨经济工作会议召开。

是日　株洲军分区参谋长张龙慧率扶贫工作队到省级贫困村醴陵市均楚镇大垅洲村，看望慰问困难群众。

是日　湖南省卫生和计划生育委员会党组成员、湖南省计划生育协会常务副会长康代四，湖南省计划生育协会秘书长梁文明，湖南省计划生育协会综合处副调研员董丽一行到醴陵阳三石街道办事处走访、慰问计划生育困难家庭。

20 日　湖南省质量技术监督局副局长杨亲鹏到醴陵市赖氏烟花有限公司、醴陵市鑫发机动车检验有限公司、湖南省陶瓷产品质量监督检验授权站进行安全督查。

22 日　湖南省委政策研究室副主任曾剑光率队到醴陵调研全域旅游发展情况。

22 日　湖南省第二届“十大同心人物”颁奖典礼在长沙举行。醴籍音乐家张音悦获湖南省第二届“十大同心人物”奖。

25 日　醴陵市召开“迎老乡、回故乡、建家乡”新春座谈会。市委书记胡湘之，市委副书记、市长康月林，市委副书记邹展晖，市人大常委会主任贺小玲，市政协主席江曙明与 30 余名醴籍在外人士欢聚一堂，共叙家乡情怀，畅谈发展愿景。

2 月

8 日　醴陵市召开第二届陶瓷博览会筹备暨“中国陶瓷谷”项目工作调度会。

9 日　醴陵市各界代表齐聚仙山公园，祭奠李畋先师，弘扬花炮文化。市委副书记、市长康月林主祭。

11 日　醴陵市在状元洲文化公园举办“喜看瓷城万象新”灯会。

15 日　湖南省委常委、宣传部长蔡振红，湖南省委副秘书长、省委宣传部常务副部长李发美，株洲市委副书记、市长阳卫国等一行到醴陵市华联瓷业、“醴泉窑”和“中国陶瓷谷”调研陶瓷产业发展情况。

是日　工业和信息化部副部长徐乐江率国务院水泥玻璃淘汰落后产能专项督查组到醴陵，督查旗滨玻璃生产发展及醴陵玻璃产业现状。湖南省副省长张剑飞，株洲市委副书记、市长阳卫国，醴陵市委副书记、市长康月林等陪同并参加督查。

是日　最高人民检察院控告厅厅长宫鸣一行到醴陵，调研律师参与化解和代理涉法涉诉工作，并复查市人民检察院“全国文明接待室”创建工作。湖南省人民检察院党组成员、副检察长刘清生，株洲市人民检察院党组书记、检察长胡波，醴陵市委副书记、市长康月林参加。

20日　由南太中国残疾人艺术家联盟促进会、中国残疾人书画艺术培训南方基地的12名艺术家组成的访问团，在瓦努阿图共和国总统府受到该国总统鲍德温·朗斯戴尔的亲切接见。醴籍中国陶瓷艺术大师黄小玲随团访问，其作品《富贵呈祥》釉下五彩瓷挂盘，作为中国艺术代表团的礼品赠送给瓦努阿图总统。

20-21日　在醴陵大剧院召开政协醴陵市第十四届委员会第二次会议。

21-22日　在醴陵大剧院召开醴陵市第十六届人民代表大会第二次会议。

3月

3日　醴陵市举行“瓷城古韵·一江两岸”项目规划设计招标评审会。评审项目有“瓷城古韵·一江两岸”项目中的思情岛、状元洲2个片区，共计30余个子项目。其中思情岛片区子项目有江南美苑、思情岛、2号游客服务中心、鹊桥、农家渔火等，规划用地面积35.06万平方米；状元洲片区子项目有渌水人家、千年县衙、先农坛寺、状元芳洲、百年学府门楼、青云禅寺、文庙、青云桥等，规划用地面积21.03万平方米。

7日　醴陵市召开党务工作会议暨网格化工作动员大会，贯彻落实中央、湖南省委和株洲市委相关党务工作会议精神，安排部署全市党务工作，推行网格化管理。

是日　醴陵市召开2017年征地拆迁和房屋征收工作动员大会。

8日　醴陵市召开“2017年中国醴陵国际陶瓷产业博览会”筹委会第一次工作会议。

是日　在北京参加第十二届全国人民代表大会第五次会议的醴籍全国人大代表黄小玲，提出将醴陵经济开发区升级为国家级开发区的建议。

是日　启动左权路、李畋路、中山南路等27条城区主次干道改造工程。

9日　湖南出入境检验检疫局局长杨杰、纪检组长姜继远、副局长王新武一行到醴陵，调研醴陵出口企业和湖南出入境检验检疫局醴陵办事处检验检疫工作，并参加植树活动。

是日　长沙海关关长黎对贞一行到醴陵调研指导阳东电瓷电气股份有限公司、华联瓷业股份有限公司的外贸出口工作。

10日　醴陵市官庄湖水系综合开发（湿地公园建设和官庄山水建设）、城市外环线道路建设项目和地下综合管廊建设运营项目入围全省第四批PPP示范项目，预计项目总投资66.78亿元。

13日　湖南卫视《明月清风》栏目组到醴陵，推介耿飚将军所属的耿氏家族“直言不讳、踏实做人”的家风家训。

14-16日　湖南省安全生产监督管理局副局长朱崇洲率队到醴陵，督查非煤矿安全生产工作。

15日　湖南省政协副主席欧阳斌率“对接‘一带一路’新战略，加快湖湘文化走出去步伐”课题组到醴陵调研。调研考察华联瓷业、中洲烟花、醴陵陶瓷博物馆、醴泉窑艺、大球泥瓷艺（醴陵）生产基地，株洲市政协主席蔡溪陪同调研。

是日　株洲市县（市）区政协工作座谈会在醴陵召开。株洲市政协主席蔡溪出席会议并讲话。

16日　岳阳县委书记田文静，副书记、县长曾平原率党政代表团到醴陵考察重点工程、项目建设，并交流经济社会发展情况。

17日　湖南省水文安全生产标准建设现场会在醴陵市水文局大西滩水文站召开。湖南省水文局党组书记、局长郭世民出席会议。

18日　湘赣边（醴陵）首届桃花艺术节在醴陵市船湾镇清水湾畔举行。

20日　醴陵市入选国务院教育督导委员会第一批“全国中小学校责任督学挂牌督导创新县（市、区）”，并作为湖南省唯一代表被《人民日报》图文推介。

21日　湖南省全面建成小康社会推进工作会议在长沙市召开，醴陵市蝉联全省“全面小康经济十强县”。

22日　株洲城发集团董事长廖晖一行到醴陵考察高铁片区项目和白兔潭新型城镇化项目。

24日　醴陵市委书记胡湘之，副书记、市长康月林，市人大常委会主任贺小玲，市政协主席江曙明等一行，前往宁乡经济开发区考察，并与湖南兴旺建设集团签订渌江古城之瓷城古韵（一江两岸）文化休闲带建设运营PPP项目合作协议。

是日　数字醴陵地理信息基础工程建设共建共享合作协议在醴陵市国土资源局签署。湖南省国土资源厅党组成员、副厅长金勇章出席签署仪式。

28日　国家安全生产监督总局党组书记、局长杨焕宁，办公厅（国际合作司、财务司）主任（司长）欧广，监管三司司长孙广宇和国家煤矿安全监察局监察司司长刘云涛，湖南省副省长、省政府秘书长杨光荣，省安全生产委员会办公室主任、省安全生产监督管理局党组书记、局长李大剑，株洲市委书记、市人大常委会主任毛腾飞等一行，到醴陵督导检查安全生产工作。

30日　湖南省委常委、省委统战部部长黄兰香，株洲市委书记、市人大常委会主任毛腾飞等一行到醴陵调研非公经济发展情况。

4月

1日　醴陵市第十六届人大常委会第三次会议召开。会议听取、审议和通过市人民政府、市人民法院、市人民检察院提请的人事任免议案。

2日　第十一届全国政协委员、新华联集团董事局主席兼总裁傅军回家乡醴陵市，以个人名义捐赠300万元，用于浦口镇敬老院改造及合水村基础设施建设等公益事业。

6-7日　湖南国家调查队系统基层基础工作现场经验交流暨培训会在醴陵召开。国家统计局湖南调查总队总队长赵太想，株洲市委书记、市人大常委会主任毛腾飞，市委副书记、市长阳卫国出席会议并讲话。

7日　湖南省供销合作总社党组书记、主任曾震亚到醴陵，专题调研农民专业合作社发展情况。

是日　湖南工业大学党委副书记、校长谭益民一行到醴陵考察醴陵陶瓷学院项目建设情况。

11日　醴陵市召开食品药品安全暨创建省级食品安全动员大会。湖南省食品药品监督管理局副巡视员欧阳黎明出席会议。

12日　湖南省文化厅党组书记、厅长禹新荣到醴陵调研国家公共文化服务体系示范区创建工作。

16-18日　“阿联酋阿治曼特许经营及商品博览会——‘一带一路’湖南主题展”在阿联酋酋长国之一的阿治曼会展中心举行。湖南省副省长何报翔将一件由醴陵市陶瓷企业生产的青花金龙釉下五彩瓷瓶作为湖南团的礼物，赠与酋长胡迈德。醴陵市委书记胡湘之参加主题活动。

17日　国家发展和改革委员会国土地区所副所长研究员申兵率相关部门人员到醴陵专题调研指导“特色小镇”建设情况。

是日　湖南省妇联主席姜欣一行到醴陵调研妇联工作。

20日　国务院发展研究中心专家组到醴陵，调研指导醴陵第二届陶瓷博览会筹备工作，并通报市瓷博会获批冠名“国字号”。

21日　湖南省经济和信息委员会党组书记、主任谢超英到醴陵考察湖南工业大学醴陵陶瓷学院项目建设情况。

21-22日　国家文化部考核组到醴陵实地考察创建国家公共文化服务体系示范区工作。

24日　“中巴友谊竹”移栽活动在醴陵市耿传公祠举行。该竹是耿飚将军在担任中国驻巴基斯坦大使期间，曾亲手在大使馆栽种的巴基斯坦竹子。耿飚长女耿莹、幼女耿焱，巴基斯坦驻华大使马苏德·哈立德，湖南省副省长何报翔，株洲市委书记、市人大常委会主任毛腾飞，醴陵市委书记胡湘之，一同为“中巴友谊竹”碑揭牌。

25日　举行湖南工业大学醴陵陶瓷学院领导班子人事任命见面会。湖南工业大学党委副书记韩清波，醴陵市委副书记、市长康月林出席见面会。任命陈科良担任湖南工业大学醴陵陶瓷学院院长，湖南轻工高级技工学校党委书记邹仁义、醴陵市教育局局长郭米红兼任学院副院长。

是日　株洲市委书记、市人大常委会主任毛腾飞率代表团看望慰问第121届春季广交会二期展览的醴陵参展陶瓷企业。醴陵市委书记胡湘之等参加活动。

25-29日　在2017年“港洽周”活动期间，醴陵市签约深圳前海众微资本管理有限公司投资的众微培创基地项目、红星美凯龙家居集团股份有限公司投资的家居生活广场项目、深圳美铂林精密电子有限公司投资的美铂林电子科技项目，累计引资17.1亿元；醴陵市委书记胡湘之率醴陵经济开发区、财政局、商务旅游和粮食局等部门负责人，赴深圳市沃特玛电池有限公司考察。

26日　醴陵市第十届“书香醴陵·全民阅读”系列活动启动仪式在渌江书院举行。

28日　醴陵市十六届人大常委会召开主任会议，专题听取卫计工作汇报。

5月

4-5日　《香港大公报》、《香港商报》、《湖南日报》、湖南广播电视台经济频道、湖南广播电视台都市频道、华声在线等媒体记者聚集醴陵，集中采访报道醴陵多名陶瓷大师背后的故事。

12日　国务院安全生产委员会办公室宣讲团到醴陵宣讲《中共中央　国务院关于推进安全生产领域改革发展的意见》。醴陵市委书记胡湘之主持宣讲会。

17日　财政部驻湖南省财政监察专员办事处党组书记、监察专员肖翔率队到醴陵，调研经济发展和地方财政运行状况。

18日　在湖南科技奖励暨创新奖励大会上，醴陵·世界陶瓷艺术城获“文化创新奖”。醴陵市委书记胡湘之出席奖励大会并领奖。

19日　湘运醴陵汽车老站（位于醴陵市瓷城大道与青云南路交汇的城区中心位置）搬迁，湘运醴陵汽车中心站（位于醴陵市立三大道与渌江大道交汇处）启动运营。

是日　醴陵市人大常委会召开主任会议，听取《株洲市农村村庄规划建设管理条例》贯彻执行情况和市安全生产工作情况汇报及调查报告。

20 日　由醴陵市人民政府主办，市文体广电新闻出版局、市广播电视台承办的 2017 年“醴北人家”首届山地马拉松比赛开赛，有来自国内外 1500 余名选手参赛。经角逐 35 岁以下男子组第一名为陈定心、35 岁以上男子组第一名为王平，35 岁以下女子组第一名为来自乌兹别克斯坦的 lucy、35 岁以上女子组第一名为吴叶萌。

是日　以“互动互融，合力共赢”为主题的广东省湖南醴陵商会一周年庆典暨醴陵市政府招商推介会在东莞市举行。在粤经商创业的醴籍企业代表、国内外商协会及商务机构和在粤乡亲等 1000 余人欢聚一堂，共叙乡情，共商发展。醴陵市政协主席江曙明出席活动。

22 日　西藏自治区山南地区扎囊县基层党务培训班学员一行 20 人，到醴陵学习交流基层党建工作。

22-23 日　国家安全生产监督管理总局监管三司、规划科技司及有关专家组成的调研组到醴陵，调研市烟花爆竹安全生产信息化、机械化及双重预防机制试点等工作。

25 日　由全国红军小学建设工程理事会国旗教育基地、株洲市教育局和株洲市精神文明建设办公室主办的“国旗在我心中·向国旗敬礼——原天安门国旗护卫队株洲校园行”主题教育活动，分别在市左权红军小学（姜湾小学）、李立三红军学校（渌江中学）、将军外交官红军学校（椟木岭中学）举行。

26 日　株洲市委书记、市人大常委会主任毛腾飞主持召开醴陵市烟花爆竹安全生产工作协调会。会上听取工作情况汇报，协调解决相关问题。

是日　株洲市委副书记、市长阳卫国到醴陵市官庄镇官庄村、枫林镇枫林市村调研脱贫攻坚工作，并走访慰问贫困群众。

6 月

1 日　株洲市委常委、军分区政委胡鹏飞到醴陵市沩山镇沩山村调研脱贫攻坚工作。

3 日　第三届湘赣边区域开放合作交流会在江西省井冈山市召开。湘赣边 12 个县（市、区）党政主要负责人围绕“旅游合作与干部培训”主题，展开研讨并达成共识。国家发展和改革委员会地区经济司副司长于合军、醴陵市委书记胡湘之参加会议。

5 日　湖南省质量技术监督局副局长周笑春率队到醴陵，督查市安全生产工作。

10 日　在第六届中国成都国际非物质文化遗产节上，醴陵釉下五彩瓷非遗项目参展。

14 日　全国政协常委、北大光华管理学院教授厉以宁，国务院参事、北大光华管理学院特聘教授徐宪平、株洲市政协主席蔡溪等一行到醴陵考察调研。

15 日　醴陵市召开 2017 年征拆征收工作“百日攻坚”动员大会。

19 日　中国硅酸盐学会陶瓷分会专家到醴陵，商讨对接 2017 中国醴陵国际陶瓷产业博览会中国硅酸盐学会陶瓷分会年会活动事宜。

21 日　中国疾病预防控制中心副主任、主任医师冯子健到醴陵，督查疫苗管理和预防接种工作。

23 日　由市总工会、市文体广电新闻出版局主办的 2017 年首届机关运动会在泉湖体育馆开幕。运动会以“同心共筑五彩梦，健康醴陵赢未来”为主题，设有篮球、乒乓球、羽毛球三个比赛项目，各项目比赛以部门为单位进行角逐。

29 日　“感知中国·湖南文化走进芬兰”活动在芬兰首都赫尔辛基音乐厅举办，醴陵釉下五彩瓷在活动中展出。

是日　湖南省商务厅副厅长李心球一行到醴陵调研商务和开放型经济发展情况。

30 日　湖南工业大学党委书记唐未兵、副书记韩清波一行到醴陵调研醴陵陶瓷学院办学工作。

7 月

3 日　湖南省卫生和计划生育委员会副主任易露茜率队到醴陵，调研卫生和计划生育工作。

10 日　国家公共文化设施建设督查组到醴陵陶瓷博物馆，现场检查市公共文化设施建设和运营情况。

11 日　湖南省委党史研究室主任庄超，株洲市委副书记、市长阳卫国一行到醴陵调研党史工作。

13 日　醴陵市在工业和信息化部赛迪智库发布的《2017 年中国县域经济百强白皮书》和“赛迪百强榜——县域经济 100 强（2017）”中，位列第 96 位。

14 日　醴陵市油茶产业被列入 2017 年中央预算内国家重点工程防护林工程，并获项目扶持资金 200 万元。

17 日　中国建筑陶瓷产业基地江西省高安市副市长况学成率团到醴陵，考察市陶瓷产业发展和 2017 中国醴陵国际陶瓷产业博览会筹备情况。

18 日　“衣原体之父”汤飞凡（醴籍人）铜像在茶山镇长沙岭社区落成揭幕。该铜像高 3.3 米，由当地居民自发筹资建造，铜像可永久保存，以供瞻仰。

20 日　醴陵市社会福利中心与西藏自治区山南市扎囊县五保集中供养中心签订友好合作协议。

21 日　株洲市各县市区团委负责人到醴陵，观摩醴陵市共青团改革试点工作。共青团湖南省委副书记（兼）曾红军参加。

是日　湖南省人大常委会副秘书长王刚率调研组到醴陵，调研县乡人大工作和建设经验及做法。

25日　湖南省交通运输厅副厅长邝邹飞一行到醴陵，督查道路运输安全“隐患清零”行动落实情况。

是日　醴陵市召开2017年征兵工作会议。

27日　湖南省人民政府新闻办公室在长沙召开2017中国醴陵国际陶瓷产业博览会新闻发布会，有近60家中央、省、株洲市主流媒体参加。湖南省商务厅副厅长周越等出席新闻发布会。新闻发布会结束后，举行全国首列醴陵陶瓷号磁浮专列授牌。11时40分，醴陵陶瓷磁浮专列在长沙南站磁浮站启程，经20分钟区间运行，到达终点站长沙黄花机场。

30日　“欢乐潇湘·五彩醴陵”专场晚会在株洲神农大剧院上演。

8月

2日　醴陵市委第十二届三次全体（扩大）会议在醴陵大剧院召开。

3日　湖南省人民政府副省长杨光荣到醴陵督查安全生产工作。

8日　湖南省委组织部副部长、省委“两新”工委书记蔡建和一行到醴陵，专题调研市“党建＋社会管理”工作。

17日　全国政协常委、中国民主促进会中央常务副主席蔡达峰，中国民主促进会中央副主席朱永新、湖南省人大常委会副主任谢勇等一行，到醴陵调研产业发展情况。

21日　市委理论学习中心组专题学习卫生计生和网格化管理，并聘请中南大学湘雅医院医学博士、湖南省卫生和计划生育委员会副主任易露茜主讲《计生与民生》，湖南大学信息化专家、客座教授王守选主讲《织牢最底一张网，打通服务群众最后一公里》。

23日　醴陵市入选国家级农村综合性改革试点。

26日　湖南省委副书记、省长许达哲和省政府秘书长王群等一行，到醴陵市中洲烟花醴陵金利来出口礼花弹厂、醴泉窑艺陶瓷有限公司、旗滨玻璃集团等企业考察，着重了解特色产业发展、安全生产等情况。

29日　举行湖南工业大学醴陵陶瓷学院联合办学签约仪式，湖南工业大学校长谭益民，湖南省经济和信息化委员会党组成员、总经济师熊琛等出席仪式。仪式上，醴陵市委书记胡湘之和市委副书记、市长康月林等，共同为湖南工业大学醴陵陶瓷研究院（湖南工业大学醴陵陶瓷学院科研平台）成立揭牌。

31日　全省城市基层党建工作经验交流座谈会在长沙市召开，醴陵市作为唯一的县（市）先进代表，由市委书记胡湘之在大会上介绍基层党建工作的“醴陵经验”。

是日　由中国科技协会组织的“院士专家株洲行”活动到醴陵，参观并考察醴陵陶瓷产业。中国科技协会党组成员、书记处书记项昌乐参加活动。

9月

3日　湖南省委宣传部副部长、省精神文明建设指导委员会办公室主任刘进能等一行到醴陵，考察指导市人民检察院创建“全国文明单位”工作。

6日　湖南省委原常委、省纪委原书记、省教育基金会理事长许云昭到醴陵，走访慰问孙家湾镇椟木岭中学等学校的一线教师。

7日　醴陵市创建全国首批义务教育优质均衡发展县（市）动员暨第三十三个教师节表彰大会在醴陵大剧院召开，800余名教育工作者和社会各界重教兴学人士参加会议。

8日　国务院扶贫开发领导小组办公室交叉检查组到醴陵，检查市2017年建档立卡动态调整工作。

12日　在深圳市举行的2017年株洲（深圳）产业对接暨市情推介会上，醴陵签约中山瑞莎卫浴有限公司的石墨烯材料产研基地、深圳欣东汇科技有限公司的东汇微电机生产基地、东莞山锂电池科技有限公司的新能源电池电芯产业园、深圳市星河荣科技有限公司的精密五金特种装配园、深圳海嘉欣电子科技有限公司的一体化成型电感制造项目、东莞翰诠实业有限公司的家居五金生产项目、深圳市金广隆艺印陶瓷有限公司的陶瓷印花彩绘研发中心7个项目，共引资4.45亿元。市委副书记、市长康月林出席会议。

12–13日　醴陵市举办纪念汤飞凡诞辰120周年系列活动。12日，汤飞凡生平事迹陈列馆开馆。中南大学湘雅医院党委书记肖平为陈列馆中设立的汤飞凡塑像揭幕。13日，召开纪念活动座谈会，有湖南省卫生和计划生育委员会党组成员、省计划生育协会常务副会长康代四，中南大学常务副校长朱学红，汤飞凡亲属代表和各界人士参加。

14日　国家林业局森林公安局副局长柳学军率工作组到醴陵，考察指导市森林防火工作。

是日　召开2017中国醴陵国际陶瓷产业博览会动员大会。

19日　国家安全生产监督管理总局监管二司监察专员王力争率国务院安委会第13督查组一行到醴陵，通过看资料、查现场、听汇报等方式，全面检查市安全生产工作。湖南省安全生产监督管理局党组成员、煤炭局局长赵军，湖南省安全生产监督管理局总工程师郑京杰等参加督查。

19-20日 "湘字号"传统技艺工匠竞赛第三站——"湘瓷"技能决赛在醴陵举行。省总工会党组书记、副主席徐文龙出席活动。评选出"湘字号"传统工匠10名，分别授予"湘瓷工艺大师""湘瓷优秀工匠"等称号。

20日 举行2017中国醴陵国际陶瓷产业博览会第二次新闻发布会，主要对外发布展会日程安排，介绍活动特点。有来自新华社、中新社、《香港商报》、湖南卫视、《湖南日报》、《潇湘晨报》等中央、省、株洲市媒体及陶瓷相关行业的媒体记者出席发布会。

22日 全国政协副主席何厚铧率澳门特区全国政协委员到醴陵考察。湖南省政协副主席、致公党省委主委胡旭晟，株洲市政协主席蔡溪等参加陪同。

是日 "薄施淡染——陈扬龙醴陵釉下五彩瓷技艺传承展"在中国国家博物馆开展。这是国家博物馆举行的首个醴陵釉下五彩瓷个人展。

25日 市中（一）医院成功创建国家三级甲等中医医院。湖南省卫生和计划生育委员会党组副书记、副主任、省中医药管理局局长黄惠勇等出席授牌仪式。

26日 醴陵市举行2017中国醴陵国际陶瓷产业博览会系列重点项目集中竣工开放仪式，渌江广场、渌江古桥修缮、状元芳洲提质改造、"世界和瓶"、中国陶瓷历史文化名城馆、世界陶瓷科普馆、瓷谷书吧、花海等博览会重点工程项目正式对外开放。

27日 举行2017中国醴陵国际陶瓷产业博览会系列邮品首发仪式。首发的系列邮品包括"新醴陵八景"系列明信片、首日封和纪念封，《瓷城印象》《新醴陵八景》系列邮折。

是日 醴陵陶瓷大师艺术作品暨醴陵陶瓷民间藏品展在中国陶瓷谷国际会展中心体验馆开展。

是日 召开中国硅酸盐学会陶瓷分会2017学术年会，来自国内10余所高校和科研院所的近百名专家、学者及全国陶瓷主产区的百名企业家代表齐聚醴陵，研讨陶瓷产业技术创新与发展升级。

28-30日 2017中国醴陵国际陶瓷产业博览会在中国陶瓷谷国际会展中心开幕。展会共有20项系列活动，邀请300余名陶瓷大师、25个国家和地区的671家企业参展，共设6个展馆、1350个展位，展出日用陶瓷、艺术陶瓷等5大类、10万件展品。展览展销等活动于10月8日结束。

30日 醴陵市在烈士陵园举行向烈士敬献花篮仪式。市直机关单位代表、驻醴部队官兵代表、烈军属代表、老战士代表、退役士兵代表和师生代表等近300人参加仪式。

10月

9日 2017年度全国中小城市综合实力百强县市榜单公布，醴陵市位列第92位。

11日 举行2017中国醴陵国际陶瓷产业博览会第三次新闻发布会。

11-13日 国家质量监督检验检疫总局检验司在醴陵召开进口消费品检验监管工作规范审订会，有来自10个直属检验检疫局和法规司的32名专家参加会议。检验司副巡视员宋秀顺、湖南出入境检验检疫局副局长王利兵出席会议并讲话。会议研讨和审订进口食品接触产品、纺真饰品、服装、玩具、一次性使用卫生用品等进口消费品的风险监测与评估、检验项目、安全监管和监督管理等内容。法规司专家对相关文件的合法合规性进行指导。

12日 湖南省委全面深化改革领导小组办公室专职副主任罗云寿率调研组到醴陵，调研市全面建成小康社会和新农村建设工作。

13日，醴陵市召开2017中国醴陵国际陶瓷产业博览会总结表彰暨全市开放发展动员大会。

14日 醴陵市召开"瓷城古韵·一江两岸"项目动员大会，安排部署渌江河综合整治和"瓷城古韵·一江两岸"项目推进工作。

17日 农业部畜牧业司专员到醴陵，督导调研畜禽粪污资源化利用整县推进项目的实施情况。湖南省畜牧水产局副局长黄才高等人陪同。

18日 2017年株洲市第二次总河长会议在醴陵召开，醴陵河长制经验获得推介。株洲市委副书记、市长，总河长阳卫国参加会议。

是日 中盐红四方100万吨复合肥（湖南）项目签约。中国盐业总公司党委副书记董永胜等出席签约仪式。湖南中盐红四方肥业有限公司缓控释复合肥（湖南）生产基地是株洲市清水塘企业搬迁改造工程，选址醴陵市东富工业园，用地面积20公顷，总投资7亿元，分2期实施。

19日 株洲市委副书记、市长阳卫国到醴陵督查安全生产工作。

是日 湖南省委副秘书长、省机构编制委员会办公室（省政府审改办）主任魏旋君，株洲市委副书记、市长阳卫国等一行到醴陵，调研深化"放管服"改革、非公经济党组织编制等工作。

23日 中央电视台《致富经》栏目摄制组集中采访醴陵市湘天凤野鸡生态养殖农民专业合作社，专题报道该合作社负责人周伯平励志创业，带领农民发家致富的成长经历。

是日　国家安全生产监督管理总局党组成员、总工程师王浩水一行到醴陵，调研烟花爆竹机械化推进工作，并在醴陵召开湘赣烟花爆竹重点地区旺季安全监管座谈会，湘赣两省13个安全生产重点县市的相关负责人参加。湖南省安全生产委员会办公室主任、安全生产监督管理局党组书记、局长李大剑等参加相关活动。

23-27日　第122届广交会第二期交易展示在广州市琶洲会展中心举行。醴陵市委副书记、市长康月林，市政协主席江曙明率湖南醴陵经济开发区、市检察、商检、海关、政府办、经科信、商务等部门单位负责人赴广州市看望参展企业代表，调研现场交易情况。

26日　李立三（醴籍）同志二女儿李力一行到醴陵，重返故居缅怀先人，并就故居建设情况进行调研。

是日　醴陵市组织副县级老干部参观状元洲公园、渌江广场、渌江新城、醴陵瓷谷、中国陶瓷谷国际会展中心等建成和在建的重大经济、交通、民生、文化、旅游项目工程，感受全市经济和社会文化生活的变化。

11月

6日　株洲市委书记、市人大常委会主任毛腾飞到醴陵宣讲中共十九大精神，开展脱贫攻坚“三走访”活动。

7日　召开2017湖南醴陵首届房地产博览会工作会议。

10日　株洲市委书记、市人大常委会主任毛腾飞到醴陵督导脱贫攻坚工作。

是日　中国共产党第十九次全国代表大会代表、省委宣讲团成员、省新闻出版广电局党组书记朱建纲到醴陵宣讲中共十九大精神。

16日　在醴陵中国陶瓷谷国际会展中心举行醴陵市“国家级出口日用陶瓷质量安全示范区”和国家级“出口电瓷质量安全示范区”授牌仪式。湖南出入境检验检疫局局长杨杰等出席授牌仪式。

是日　醴陵市首张电子营业执照颁发，标志着商事制度改革电子化时代来临，实现办理工商企业登记零纸张、零跑路、零费用。

是日　启动醴陵城区核心街道滨河路改造升级，维修深埋老旧地下污水管网和路灯线路，新增停车位45个、港湾式公交站3个。

17日　新华社中国经济信息社湖南中心主任李迎建一行到醴陵，调研市陶瓷产业在“一带一路”战略背景下的转型之路。

是日　国家土地督察武汉局副专员杭邦明率督察组到醴陵，开展土地例行督察。

22日　中国关心下一代工作委员会主任顾秀莲到醴陵，调研关心下一代工作和科技创新教育情况。湖南省人大常委会原副主任、省关心下一代工作委员会主任杨泰波等参加相关活动。

23日　新华联集团董事局主席兼总裁傅军（醴籍企业家）捐赠50万元，为醴陵市浦口镇合水村44户库区困难群众每户发放1万元慰问金，同时给该村建档立卡的贫困户、“五保户”每户发放帮扶金1000元。

24日　第三届李国桢陶瓷思想学术研讨会暨“醴陵窑”在“一带一路”中的地位与作用高峰论坛在醴陵举行。河南省政协原副主席靳绥东，郏县县委副书记郭东晓等出席会议。

是日　沪昆高铁醴陵东站站前广场雕塑“世界和瓶”落成。雕塑高21米，采用镂空设计，通体由不锈钢材质打造，外形为“扁豆双禽瓶”造型。

28日　湖南省安全生产委员会考核组到醴陵，督查浦口镇赖氏烟花鞭炮有限公司等企业的生产现场和管理一线的安全生产工作。

12月

1-3日　2017湖南醴陵首届房地产博览会在中国陶瓷谷国际会展中心举行。

4日　湖南省烟花爆竹产品安全质量监督检验醴陵授权站搭建的醴陵市烟花爆竹产业集群窗口服务平台通过评审并开通。

4-5日　湖南省教育厅副厅长唐亚武等一行，考核株洲市2017年食品药品工作情况，期间来到醴陵市食品生产等企业，对食品、药品、农产品进行现场检查。

5日　中央电视台中文国际频道《非常传奇》栏目组到醴陵，拍摄湖南省级非物质文化遗产“星子灯”节目。

7日　醴陵市在李畋镇新建全国首家黑火药联合配送中心。

12日　在醴陵市浦口镇高标准农田建设项目区举办2017年度株洲市农业综合开发土地治理项目现场交流会。株洲市市县两级农业综合开发负责人、工程技术员和工程监理人员参加会议。

14日　《中国工业百强县（市）、百强区发展报告》发布，醴陵市入围百强名单，位列第86位。

16日　全国县域经济专业研究权威机构社会智库中郡研究所发布了《2017年县域经济与县域发展监测评价报告》，第十七届全国县域经济基本竞争力前100名、第十七届全国县域经济和县域综合发展前100名县（市）名单揭晓，醴陵市分列第76位和第56位。

18日　湖南省教育厅党组成员、主任督学、副厅长、工委委员唐亚武，副主任督学、教育督导处处长黄智勇，副主任督学张毅龙，教育督导处副处长崔书芳等一行到醴陵，走访官庄镇长连小学、醴陵新三中建设工地、东岸小学，并听取了醴陵市县域义务教育优质均衡发展的相关工作汇报。

20日　湖南省水利厅厅长詹晓安一行到醴陵，督查官庄水库、长庆示范区长庆寺村、枫林镇大冲尾水库除险加固建设现场、渌江广场等水利工程建设情况。

是日　醴陵市召开市委常委会（扩大）会议。

是日　中国城市竞争力研究会发布中国县域成长竞争力五十强榜单，醴陵居全国第45位。

24日　袁昌英纪念园正式开园，200多名各界人士齐聚醴陵仙岳山街道江源村骆珈组，参加开园活动。

26日　召开政协醴陵市第十四届委员会第三次常委（扩大）会议。

27日　团中央宣传部文化体育处处长吕道义到醴陵，宣讲中共十九大精神。

29日　召开中共醴陵市委第十二届四次全体（扩大）会议暨市委经济工作会议。　（罗秀媛）

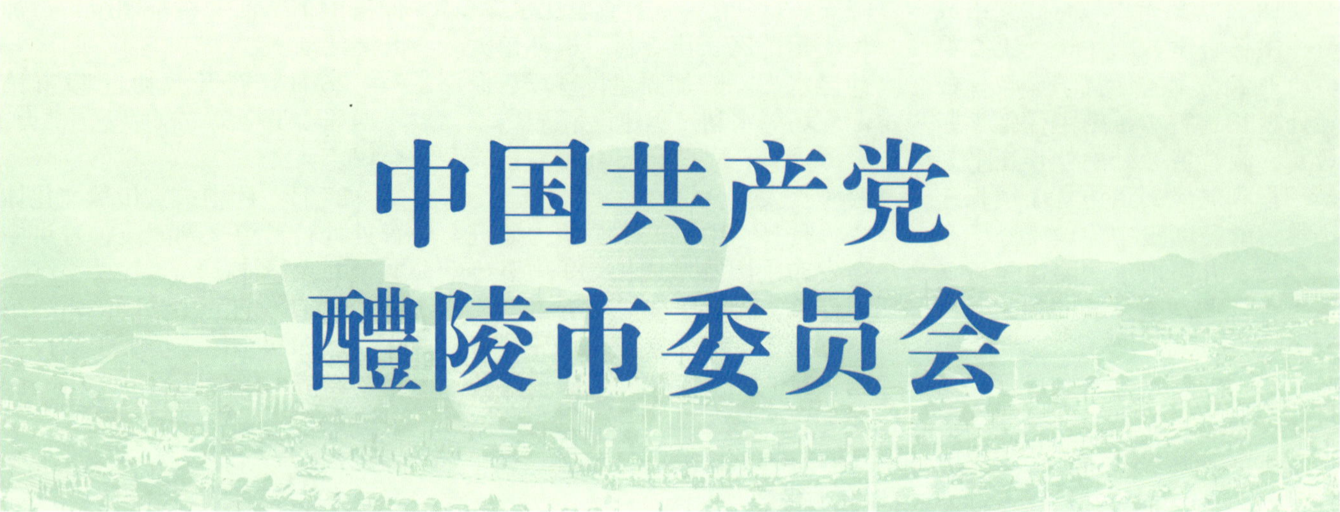

中国共产党醴陵市委员会

【概况】2017年，面对艰巨繁重的发展改革任务，全市上下攻坚克难、埋头苦干，拼搏奋进、勇于争先，开启醴陵发展新局面。

综合实力明显增强。县域综合发展实力居全国百强县（市）第56位，跻身全国县域成长竞争力排行榜第45位、全国工业百强县（市）第86位；获国家级、省部级荣誉70余项，安全生产、计划生育、综合治理三项“基本功”同时获全省先进。全年实现地区生产总值607.2亿元，增长8.2%；一般公共财政预算收入54.1亿元，增长8.1%；工业总产值1192.3亿元，增长12%；固定资产投资441.9亿元，增长14.6%；社会消费品零售总额204.6亿元，增长11.4%。

产业结构明显优化。全面铺开10大类37项改革，“三去一降一补”深入推进。出台“四个十条”，年内兑现奖励资金2000余万元，惠及210余家企业，撬动工业投资增长18%、实体经济税收增长27%。实现工业增加值325.7亿元，增长7.1%。陶瓷产值达708亿元，增长13.5%；花炮产业在落后产能淘汰退出、企业数量减至199家的情况下，实现产值202亿元，增长3.4%。高新技术产业增加值占GDP比重由21.1%增至35.27%。“中国烟花自动化生产示范区”初见雏形，5条烟花自动化生产线建成投产。成功创建全国首个“出口电瓷质量安全示范区”、全国第二个“出口日用陶瓷质量安全示范区”。成功举办2017中国醴陵国际陶瓷产业博览会，25个国家和香港、台湾地区的671家企业参展，打响“中国陶瓷谷”区域品牌。中国陶瓷谷国际会展中心获评“2017中国最佳服务会展中心”。构建“四点一谷一片”全域旅游圈，获国家旅游局3次“点赞”。醴陵瓷谷入选“国家十个工业遗产旅游基地”。袁昌英纪念园建成开园，“醴北人家”山地马拉松、湘赣边桃花艺术节、板杉荷花节、枫林清荷旅游节等系列活动成功举办，旅游、文化等产业迅速升温。实施农业产业升级“五个一”工程，规模经营户增至5800余户，粮食播种面积和总产量保持全省领先地位。着力打造“一谷一城一园”，工业园区面积增至100平方千米，实现产值662亿元，增长19%，被列为国家级经开区考察对象。启动电瓷产业园建设，华鑫电瓷、阳东电瓷等4家企业入园开工。电商产业园入驻企业达49家。全市规模以上工业企业增至580家，5家企业入选全省上市后备企业资源库。

城市形象明显提升。深入推进“三创四化”，提质改造凤凰路、醴泉路、李畋路、瓷城路、泉湖路、阳三路、左权路、滨河路、青云路、国瓷路等126条大街小巷，“三桥两洲一廊”、仙山公园、高铁广场等30余处城市重要节点，太一、阳三石、黄沙市场等11个农贸市场；新建停车位5000余个，新装、更换路灯1万余盏，建成桎木嘴、车顿桥等20余个共3.4万平方米“口袋公园”。全面推行“河长制”，启动“五江六水”治理，渌江城区段、官庄水库、沩山水库畜禽养殖和网箱养鱼全部退出，城区段渌江水质由Ⅳ类变成Ⅱ类。中国陶瓷谷、渌江新城梯度开发、递次推进，城市建成区面积拓展至42平方千米，城镇化率达61.24%。加快新农村建设，打造“美丽乡村”10个。推进“七个一”工程，东富镇、白兔潭镇污水处理厂建设进入尾声，新改扩建农村公路480余千米。

项目建设明显加快。实施重点项目242个，征地401.07公顷，征拆房屋1600余栋（套），45个项目征拆清零，征拆和征收工作居株洲五县市第一。陶子湖、碧桂园、新妇幼、新三中、醴陵陶瓷学院等133个项目开工建设，中国陶瓷谷国际会展中心、“1915”

陶瓷特色街区、东富大道等 64 个项目竣工并投入使用，东城大道、渌江产业服务中心、釉下五彩生产基地等重点项目加速推进。引进亿元以上项目 50 个，其中 10 亿元以上 33 个，中核华兴、中盐红四方等重大项目签约落地。推广 PPP 合作模式，新启动官庄湖水系综合开发、凤凰山城市中心公园等 4 个 PPP 项目。开拓“一带一路”新兴市场，醴陵陶瓷在欧洲、东南亚出口额同比增长 18.8%，春秋两季广交会成交额增长 16.5%。全市进出口贸易总额达 24.6 亿元，增长 13.1%。

民生民利明显改善。七成财力投向民生领域，民生“100 工程”成效明显。城乡居民人均可支配收入分别达 36558 元、24335 元，增长 8.3%、8.5%。高考本科二批以上上线率摘株洲地区“四连冠”，获评首批全国中小学校责任督学挂牌督导创新县（市）、国家级农村职业教育与成人教育示范县（市）。醴陵陶瓷学院开始首批招生，聘请 25 名醴陵市本土学者、专家担任客座教授。“湘雅乡情 · 专家醴陵行”常态化开展，医联体建设实现全覆盖，家庭医生签约服务走进千家万户，市中（一）医院授牌“国家三级甲等中医医院”。国家公共文化服务体系示范区创建顺利通过中期评估。养老、医疗、生育、失业、工伤保险等 9 项社会保险总人数达 162.77 万人次。残障对象无障碍设施改造被中央电视台《焦点访谈》栏目专题典型推介。“7+6”精准扶贫行动深入推进，610 户 1819 名贫困人口易地搬迁住进新房，15 个贫困村达到退出标准，1919 户 7130 名贫困人口达到脱贫标准，社会扶贫 APP 各项数据位列全省第一。顺利通过株洲市贫困村退出验收和省政府脱贫攻坚考核，代表湖南省迎接国务院扶贫交叉检查获高度肯定，工作经验在全省推介。中央环保督察组反馈的 44 个问题全部整改落实到位。安全生产形势创历史最好，事故发生率同比下降 58.3%。

党的建设明显加强。坚持正确用人导向，落实“好干部”标准，面向基层一线培养选拔干部，选优配强各级领导班子。强化理论武装，举办各级培训班 37 期，培训干部 4600 余人次。完成 270 个村（社区）“两委”换届，城市基层党建工作经验在全省推介。“两学一做”学习教育常态化、制度化，“党员夜校”入选中共中央组织部典型案例。推进“人才强市”战略，引进全日制硕士研究生 87 人、博士生 5 人。稳步推进监察体制改革，完成派驻机构和巡察机构改革，实现派驻全覆盖。压实“两个责任”，坚持惩防并举，加大扶贫领域监督执纪问责力度，突出抓好“四风”问题等专项整治，保持反腐高压态势，全年立案 436 件，党纪政纪处分 458 人，移送司法机关 8 人。统战机构不断完善，统战队伍不断壮大。牢牢把握意识形态工作的领导权和话语权，对外宣传数量多、层次高、反响好，市人民检察院、珊田村等获评全国文明单位。民兵学习宣讲习近平新时代中国特色社会主义思想活动经验在株洲地区推广。工青妇、老龄、档案史志、人防等工作都取得新进步。市委总揽全局、协调各方，市人大依法履职、有效监督，市政府依法行政、狠抓落实，市政协参政议政、建言献策的良好局面进一步巩固和发展。

（陈志亮）

纪检监察

【概况】2017 年，中国共产党醴陵市纪律检查委员会（醴陵市监察局）（以下简称“市纪委”）贯彻落实中央、省、株洲市纪委全会部署，聚焦监督执纪问责，忠实履行党章赋予的职责，坚定不移推动全面从严治党，为全市社会经济发展提供坚强纪律保障。一是维护政令畅通。围绕市委、市政府重大决策部署的执行情况，加强监督检查，牵头对安全生产、信访维稳、项目建设、重大展会等重点工作开展督查，共发现违法违纪问题 50 余起，处理 22 人。优化经济发展环境，对东城大道、东富大道、向阳河路、渌江书院等重点项目建设情况进行督查，通报破坏经济发展环境典型案例 10 起。二是严肃换届监督。深化村（居）“两委”换届风气监督，市镇两级共成立换届风气督查组 36 个，派出换届风气监督员 108 人，开展换届风气监督 300 余次。受理违反换届选举问题线索 49 条，党纪政纪处分 16 人、组织处理 31 人，严肃查处茶山镇长马村妇联选举违纪案、均楚镇均楚桥居委会破坏选举秩序案。严把“党风廉政意见回复关”，回复党风廉政意见 123 批 8916 人次。三是护航脱贫攻坚。市纪委书记带队深入基层开展扶贫工作 10 余次，市纪委派出 1 名纪委常委专职督查全市脱贫攻坚工作，派出 1 名干部专职担任驻村扶贫队长兼第一书记。响应株洲市纪委“到扶贫一线去”的号召，开展“脱贫攻坚纪检行”活动，共追责问责 166 人，其中移送司法机关 6 人。

【组织协调】一是压实主体责任。协助出台《市委常委会 2017 年党风廉政建设主体责任分工和任务分解》等重要文件，督促全市 141 个单位签订党风廉政建设责任状。将党风廉政建设工作纳入全市绩效考核重要内容和“一票否决”事项。完善廉政约谈制度，市纪委书记带头开展廉政谈话 600 余人次；廉政谈话工作得到株洲市纪委通报表扬。二是全面开展巡察。协助市委成立巡察工作机构，出台《醴陵市委巡察工作办法（试行）》等文件，认真执行株洲市县巡察一体化工作体系、县市区全面异地交叉巡察工作模式和后备干部参加巡察工作方式。全市纪检监察机关与巡察机构紧密对接，巡察移交问题线索81条，立案4人，党纪政纪处分4人，组织处理18人，严肃查处管党治党不力和扶贫领域的突出问题。三是凝聚反腐合力。认真落实报告工作制度，按时向株洲市纪委报告履行监督责任，重点汇报监督同级党委情况。23次向市委报告上级纪委有关工作要求，争取市委支持。完善反腐败协调工作机制，健全与司法机关、行政执法单位线索移交协作机制；召开市委反腐败协调小组会议，全年市纪委共收到反腐败协调小组成员单位移送问题线索2200余条。

【专项整治】一是安排部署。市纪委常委会先后召开8次会议，研究部署“治陋习、树新风”“雁过拔毛”式腐败问题、违规征订教辅材料问题、违规公款购买消费高档白酒问题、违规参与涉矿等经营性活动专项整治和“互联网+监督”工作，成立机构，制定方案，明确责任。将开展专项整治工作情况纳入年度党风廉政建设责任制检查考核和绩效评估内容。二是推进实施。市纪委先后召开12次调度会议，督促各成员单位认真履行职责。公开聘请20名党风政风监督员，配合市纪委开展专项督查检查100余人次，发现纪律作风问题38个。整合纪检监察、公安、财政、审计等相关部门督查力量，加大明察暗访力度，开展监督检查400余次，点名通报21期128人次。加大宣传力度，投放广告、宣传册10万余份，营造良好整治氛围。三是注重实效。专项整治工作中，发现“四风”问题352起，党纪政纪处分382人，组织处理239人，其中查处违反中央八项规定精神和省委九项规定精神问题19起，处理38人；查处“雁过拔毛”式腐败问题77件，党纪政纪处分122人，组织处理42人；查处违规征订教辅材料问题10件，上缴清退款64.66万元；发现违规参与涉矿等经营性活动线索5条，立案2件。加强公车改革后续管理，公开拍卖公车189辆。

【执纪审查】一是规范线索管理。全年全市纪检监察机关共受理信访举报233件，同比增长1.7%；处置问题线索733件，同比增长143%；办结领导包案的信访积案13件。将基层信访件的承办情况作为党委（党组）履行主体责任的重要考核内容，向下级党委（党组）交办问题线索71条。二是严格执纪问责。在株洲地区率先消除基层纪委办案空白点。全年全市纪检监察机关共立案436件，同比增长108%，涉及乡（科）级干部42人；结案460件，纪律处分458人；批评教育151人，诫勉谈话119人，移送司法机关8人，督促有关单位和个人上缴违纪违法款919万元。严肃查处株洲市驻醴国有企业改革办公室原党工委书记、主任汪某严重违纪案。严肃追究环境保护、住房保障、招投标等重点领域的不作为、慢作为、乱作为，立案127件。全年全市各级纪检监察机关运用监督执纪“四种形态”，处理751人次，其中第一种形态占比39%、第二种形态占比51%、第三种形态占比3%、第四种形态占比7%。三是加强制度建设。完善执纪审查安全制度，投入600多万元用于谈话室和留置室建设，实现全市镇（街道、示范区）纪（工）委标准化谈话室全覆盖，实现依纪依规执纪审查零违纪、安全文明执纪审查零事故、“走读式”谈话突发事件零发生。严格公职人员出国（境）监管，对5名不报告或改变出行计划的党员干部进行立案审查。探索建立纠错容错机制，为76名党员干部澄清是非。

【廉政教育】一是强化纪律教育。开展“明纪守规”学习教育活动，投入230余万元完成预防腐败警示教育中心建设，渌江书院和警示教育中心被株洲市纪委认定为株洲市廉政文化教育基地。发放《学习践行“两准则四条例”读本》等党纪条规知识读本5000余册，开展党风廉政宣讲200余场次。开通官方微信公众号“清风醴陵”，全年在株洲市以上主流媒体发稿785篇；其中新华社、《中国纪检监察报》等媒体刊物采用46篇,《湖南日报》《三湘风纪网》等媒体刊物采用219篇。二是培育廉洁意识。举办“家风家训家规大讨论”和“一封家书”征集活动。积极参与“清风株洲”廉洁文化创作活动，自主创作的廉政微电影《嬗变》《一条短信》分别被评为二、三等奖。5篇调研信息被中共中央纪律检查委员会内网采用，信息采用量位列株洲县市区第一。全年全市各单位主动向市纪委报备公车使用情况223次、操办“婚丧喜庆”事宜65人次,向廉政账户“5910”上交廉洁自律款42.98万余元。

【纪检队伍建设】一是坚持党建引领。深刻学习领会中共十九大精神，深入推进“两学一做”学习教育常态化、制度化，组织赴曾国藩故居开展“弘扬好家风、清正纪检人”主题党日活动等。丰富机关干部文化生活，成立篮球队、羽毛球队、合唱团等组织，参加株洲市首届“清风株洲”杯篮球赛并取得优异成绩。二是加强组织建设。推进县级监察体制改革，率先完成人员转隶和巡察机构、派驻机构改革，实现派驻全覆盖。推进县乡纪检监察工作一体化管理，对各镇（街道、示范区）纪（工）委“三个专职专岗”［镇（街道、示范区）纪（工）委书记、纪（工）委副书记、纪检专干3人专职专岗］、办公用房保障等落实情况督查20余次。加大干部交流力度，公开选调工作人员24人，对外交流20人。全年选任村级纪检员268人，打通监督执纪“最后一步路”。三是提升执纪能力。开展“素质提升年”活动，抓好全员业务培训，开设“清风醴陵”知识讲堂8期。以训促学，全年派驻纪检组立案68件，同比增长74.4%；镇（街道、示范区）纪（工）委立案220件，同比增长423.8%。四是严格内部监管。举办“清风醴陵·走进纪委”主题活动，持续推进“五问工作法”，定期听取和评议下级纪委履行监督责任工作情况。组织签订保密责任状，开展保密工作宣传教育和检查工作35次。严格执行《监督执纪工作规则（试行）》，贯彻落实全省纪检监察干部监督执纪“十不准”（不准擅自处置问题线索或者涉案款物；不准私存、私看、私带以及篡改、擅自销毁涉案资料；不准侮辱、打骂、虐待、体罚涉案人员；不准拖延办理监督执纪事项；不准打听、泄露、传播尚未公开的监督执纪信息；不准私自接触涉案人员及其特定关系人，以及为其出谋划策对抗组织审查；不准瞒报他人打听案情、说情干预、威逼利诱的行为；不准越权接触相关地区、单位党政负责人；不准越权干预有关单位执纪执法；不准利用工作便利或者职务影响谋取私利）规定，主动处理违纪纪检监察干部8人，其中纪律处分4人、组织处理4人。（李泽锋）

市委办公室工作

【概况】 2017年，醴陵市委办公室按照“12345”（打造一支“服务有心、参谋有方、协调有序、督查有效、保障有力”的队伍，用好督查督办、绩效考核“两大抓手”，提升服务领导与上级机关、服务市直部门与镇街、服务群众“三服务”水平，增强政治意识、大局意识、核心意识、看齐意识“四个意识”，争当抓落实、守规矩、讲团结、树正气、勤学习的“五个表率”）总体思路，以建设“三型机关”（学习型机关、改革创新型机关、廉洁型机关）为抓手，各项工作勇争一流，获评株洲市党办系统先进单位。

【政研工作】 2017年，市委政研工作牢固树立“四个意识”，围绕“四个醴陵”建设当高参、谋大局，共起草市委十二届二次和三次全会报告、领导讲话材料等文稿237余篇，高质量完成中央、省、株洲市领导到醴陵调研的汇报材料21篇。在人民网、《湖南日报》、《香港商报》等报刊杂志上发表署名文章15篇，其中《中国陶瓷谷·五彩新醴陵》《不止于“瓷”》《湖南醴陵：全面推行“三基一网”着力构建常态长效工作机制》《全面推行“三基一网”促进县域发展常态长效》等文稿在《人民日报》、人民网、《湖南工作》上刊发。牵头制定出台《醴陵市产业突围“四个十条”》，推动产业转型升级。

【综调工作】 2017年，综调工作围绕市产业发展、招商引资、项目建设、社会管理等领域，开展调研10余次，推出有价值的调研报告10余篇，为领导决策提供及时、准确的信息依据。其中《关于加快建设中国烟花自动化生产示范区的建议》被市委采纳，并得到省、株洲市各级领导的高度认可。调研文章《探索县域经济发展的有效做法》《醴陵文化创新发展的对策和建议》分别在省委办公厅《工作情况交流》、株洲市委政策研究室《政策与动态》上发表。《创办一流党校建设四个醴陵》《醴陵市实施城乡社会网格化服务管理》等3篇文章在《株洲工作》上发表。对中共醴陵市委十二届二次全会报告进行任务分解，把报告中的思路细化成实际发展举措，推动全会精神落到实处。全年编发《市委通报》8期、《醴陵通讯》6期、《领导参阅》3期。

【改革工作】 2017年，市委书记、市委改革领导小组组长胡湘之主持召开全市改革工作会议，听取7项改革试点工作推进情况汇报。制定出台《中共醴陵市委2017年度全面深化改革工作要点》《全面深化改革年度考核办法》，全面铺开10大类37项改革，顺利完成7项改革试点。无障碍设施改造工作经验被中央电视台《焦点访谈》栏目宣传报道，城乡社区网格化服务管理获评株洲市首届“管理创新奖”，醴陵·世界陶瓷艺术城获评湖南省首届“文化创新奖”。（陈志亮）

【小康工作】 2017年，醴陵市连续四年获评湖南省“全面小康经济十强县”。全面建成小康社会实现程度为91.4%，提升幅度为6.2个百分点；其中经济发展类为85.4%、人民生活类为90.2%、社会发展类为98.7%、民主法治类为100.0%、生态文明类为100.0%，分别比上年提高10.6、4.9、1.2、3.1、0.7个百分点。从具体指标来看，五大类共24个指标中，已达到或超过目标值的有16个，实现程度超过80%的有4

个，剩余 4 个指标低于 80%。

【绩效考核】无缝对接株洲市绩效考核，将 53 个大项指标科学合理制定分配方案，按月调度指标进度，绩效考核蝉联株洲市一等单位。创新绩效考核体系，出台 2017 年度绩效考核方案，考核体系更科学、更具可操作性、更接地气，年初审定出台 48 项考核指标、85 个考核细则，突出指标量化细化、计分梯度和操作实用。按照“三分四统”（三分：分类、分线、分季兑现，四统：考核统一时间、统一标准、统一归口、统一运用）的要求，公平、公正、公开地对全市 24 个镇（街道、示范区）、69 个市直部门、28 个驻醴单位组织实施 3 次季度考核和年终考核。（文 箭）

【办文办会】2017 年，共送审送签市委、市委办公室各类文件 328 份，下发醴陵市级文件 93 份，向株洲市委办公室报备规范性文件 32 份，确保党委意图及时转化为政策文件加以贯彻实施。承办巴基斯坦驻华大使到醴陵参加中巴友谊竹移栽、2017 中国醴陵国际陶瓷产业博览会外联接待等重大活动 30 余次和瓷博会动员大会、株洲“看学议”项目流动现场会等重要会议 20 余次。组织服务市委主要领导调研督查、现场办公 60 余次，接待全国政协副主席何厚铧、湖南省省长许达哲等来客来宾任务 130 批次，均未出现纰漏。（张立山 李玉伟）

【信息工作】2017 年，共编辑报送《要情汇报》240 期、《醴陵信息》38 期，提供决策信息 50 余条。创办“醴陵党办”公众号，作为市委信息发布的权威平台，受到各界关注和好评；全年刊登各类文章 388 篇，关注人数 2000 余人。《中国醴陵》画册上线 2 天，转载量达 2.5 万余次，点击量近 30 万次。（李 芳）

【督查工作】2017 年，承办领导批示件 81 件，落实交办事项 380 余件，及时跟踪反馈陶子湖、李立三故居周边风貌整治、醴陵陶瓷学院等全市重点工程项目建设情况，并将其整理汇编，印发《督查专报》63 期。完成省、株洲市等上级交办件 21 件，出具相关情况汇报 22 篇，完成醴陵市级领导批示任务 60 件，均做到有落实、有回复。全年参与和组织“三创四化”、拆违控违、征地拆迁、环保、精准扶贫、安全生产、网格化建设等各类督查 60 余次，有力促进相关工作的开展。年内，在株洲市开展的“三满意”活动的督促检查工作考核项中获满分。

【“马上就办”工作】2017 年，共受理群众诉求、建议 107 件，其中群众来访 63 件、群众来电 12 件、株洲市“马上就办、真抓实干”网络问政平台诉求 32 件；对所有来访来电的诉求及建议均已交办且在规定时间内办结，网络问政平台的诉求及建议第一时间调查核实并回复，无一例超时办理、无一起效能投诉，办结率、回访满意率均达 100%。（张 昊）

【机要密码工作】2017 年，机要密码工作主要为党政领导提供安全、优质、高效的密码通信服务，全年办理电报 469 份，突出抓好中共十九大期间的文电处理工作；调试加密视频会议、党委视频会议和智真会议 27 次，主办干部政审 6 次，组织 6 人参加全国、全省机要密码干部培训。围绕密码机构、安全管理、设备装备等工作广泛开展调研，撰写机要密码工作调研报告 2 篇，上报《株洲市密码工作动态》15 篇。全面升级党委视频会议系统，会议室可容纳 150 人，实现与政府视频会议室的互联互通；增加屏蔽机柜、UPS 不间断电源、安全审计软件等设施设备。年内，获评株洲市“2017 年度全市党政密码工作先进单位”，张立山、陈志亮分别获评湖南省、株洲市“机要密码工作先进个人”。（成 澍）

【保密工作】一是规范涉密人员管理，做好涉密人员登记备案工作。二是规范网络管理，做好机关单位涉密单机登记备案工作，对 13 家核心涉密单位、20 家重点涉密单位开展保密检查。三是加强对全市核心和重点涉密单位的管理，对 100 余个单位网络系统的安全保密情况开展专项检查。完成高考、学考、中考、事业单位和教师招考等考试的保密工作，未发生失泄密事件。加大对国土、规划测绘成果的保密专项检查，做好国家秘密载体的定点销毁和涉密计算机及移动存储介质定点维护工作。年内，将保密教育纳入公务员教育培训计划，开设保密教育课。代表株洲市迎接湖南省保密局的保密检查，被评定为合格单位。（叶 红）

【机关工委工作】2017 年，机关工委把“两学一做”学习教育作为市直机关思想建党的主抓手，组织开展学习教育活动 300 余次，推动“两学一做”学习教育常态化、制度化。邀请市委宣讲团开展中共十九大精神学习宣讲活动 66 次，把中共十九大精神传达到每一位党员。全年批复或指导 65 个市直机关、240 个基层党组织的换届选举工作。落实“十六字方针”（控制总量、优化结构、提高质量、发挥作用），严把党员“入口关”，全年发展新党员 59 人，审批预备党员转正 39 人。

举办2期市直机关发展对象培训班和党建骨干培训班，培训发展对象118人、党建骨干82人。创新开展“互联网＋党建”工作，运用“红星云”、智慧党建平台，提升服务管理支部和党员的能力和水平。（李仁萍）

组织工作

【党建工作】开展“先锋行动”。4.6万名普通党员立足岗位开展志愿服务、集中学习讨论等活动，发挥先锋模范作用，从中评选表彰“六个先锋”（产业突围先锋、城镇提质先锋、项目攻坚先锋、安全保卫先锋、扶贫帮困先锋、服务群众先锋）182人。

推进“两学一做”学习教育常态化、制度化。全年市委常委、党员市级领导在所在党支部和基层党建联系点带头讲授党课58堂，800余名科级党员领导干部带头联系、指导、督促学习教育。推行“1+5+X”（“1”是指将党员思想政治教育作为支部主题党日的一条主线，“5”是指将“重温入党誓词、组织学习讨论、集中缴纳党费、民主评议党员、召开组织生活会”，作为全年支部主题党日必须完成的规定内容；“X”是指自选动作，党支部可结合工作实际，在传达上级精神、通报重大事项、开展党性分析、民主议事决策、开展传统道德文化教育、红色基地和廉政基地现场教学、服务党员群众、集中接待群众以及开展产业突围、城镇提质、项目攻坚、安全保卫、扶贫帮困、服务群众“六个先锋”实践等活动中选择1项或多项开展主题活动）支部主题党日，5000余名在职党员接受单位和社区双重积分管理。

突出考核问效。建立“五个一”（每周一调度，每月一例会，每季度一督查，每半年一点评，每年度一述职）督查推进制度，每月召开组织委员例会，下发督办函367份。严格管理53名贫困村和面上村第一书记，调整14名第一书记。

全面推行网格化管理。实施网格“1+6”（网格党支部主导网格内卫计、民政、安全生产、社会治安、城市管理、脱贫攻坚等工作）工作模式。全年为群众代办各类事务4833件，帮助困难群众8524人，工作经验先后被《湖南日报》、人民网推介。

强化基层阵地和队伍建设。完成村（社区）换届选举工作，共产生村（社区）“两委”成员1516人，年龄、学历等结构进一步优化，醴陵市村级换届选举工作经验得到《湘组研究》推介。出台“六基规则”，全面规范换届后村级组织运行。举办新一届村（社区）党组织书记培训班。市财政加大党建工作经费投入，按照“十有三个一”标准，推进村级综合服务平台建设。开发“智慧党建”工作平台，建成“美丽新村”104个、“五彩社区”7个和邻里中心3个。每个村（社区）配备1名35岁以下党建专干，每个网格均配备“一专三长多员五支队伍”（每个网格设立1名专职网格员和网格长、党小组长、联组长，对无职党员设岗定责担任督导员、调解员、城管员、安监员、巡防员等，组建“两代表一委员”帮扶队、“五老宣讲队”、妇团文明队、党员志愿者服务队、党员先锋队5支队伍）。

统筹推进各领域党建工作。建立市、街道、社区、网格“四级联动”模式，5000余名在职党员进社区开展志愿服务。在全省城市基层党建工作经验交流座谈会上作典型发言，经验全省推介。推进“两新”党建全覆盖，“两新”组织的党组织组建率达100%。整治机关党建“灯下黑”，在集中考核基础上，每月随机调阅“三会一课”（定期召开支部党员大会、支部委员会、党小组会，按时上好党课），每季度核查党费缴纳，督查整改全覆盖。抓实卫计、教育系统和国企党建，全年打造党建示范点10个，开展义诊活动567次，服务群众8.1万余人。

【干部工作】坚持“四个一样”（基层干部和机关干部一样成长，一线岗位和二线岗位一样珍惜，汇报和不汇报的干部一样重视，八小时之内和八小时之外一样严格要求），完善选拔任用机制。对于退出领导岗位的干部，通过多种方式，合理安排工作。突出选拔任用在扶贫攻坚、信访维稳、财政税收等中心工作和重点工作中表现优秀的中青年干部。着力解决为官不正、为官不为、为官乱为等问题。建立容错纠错机制。出台《醴陵市干部选拔任用工作纪实办法（试行）》，对干部选拔任用全过程进行更加精准和科学化的纪实。强化干部教育，举办习近平总书记系列重要讲话精神专题研讨班等主体班14期，培训1164人；组织全市科级领导干部参加在线学习，选送干部104人参加上级调训；开设村党组织书记、政法综治网格管理工作等培训班，以需求为导向设计培训班次和内容；打造李立三故居、渌江书院等党性教育基地，创新“现场参观＋交流互动”教学模式。完善考察机制，把年终、任前和日常考察紧密结合，突出日常考察；开展“部长谈心夜”活动，抓好干部任用条例贯彻执行情况的监督检查，把严选任关口。加大综合运用监督信息成果力度，把好干部选任廉政关，核实拟提拔人选《醴陵市拟提拔人选廉政事项报告实施办法》115人次，防止干部“带病提拔”“带病上岗”。注重领导干部日常监管，全年完成53名处级领导干部重大事项报告表填报工作，做好因私出国（境）证件专项清理工作。强化村级换届风气监督，做好村（居）“两委”换届信访接待工作,确保“12380”举报系统全天畅通。强化档案管理，推进干部人事档案专项审核工作，完善档案材料鉴别、清理、分类、收集1万份。做好第二批次公务员职务与职级并行的复审、民主测评和公示工作。按照管理权限加强对选调生、群团组织、法检两院的公务员管理。

【人才工作】坚持市管人才原则，不断拓宽引才渠道，创新育才模式，优化人才环境。年内，株洲市县市区人才工作推进会在醴陵市召开，醴陵市获评“株洲市人才工作先进单位”；人才工作案例获评2017全国人才工作创新优秀案例奖。出台《醴陵市关于促进大众创业万众创新的十条政策》(“双创十条”)，开启引才新篇。安排1000万元安家费和1000万元创新创业资金，引进全日制硕士生87人、博士生5人，兑现创新创业奖励资金114万元。以重大人才活动为抓手，凝聚各类人才助推全市经济社会发展。持续开展“湘雅乡情·专家醴陵行”活动，汇聚40余名中南大学湘雅医院专家，查房、坐诊、讲座常态化，惠及群众1万余人。举办纪念汤飞凡诞辰120周年系列活动，邀请中南大学、湖南省卫生和计划生育委员会等单位200余人参加，营造尊才爱才的浓厚氛围。开展“新醴陵八景”创作活动，集聚25名省、国家级陶瓷艺术大师，集体创作出一系列陶瓷、摄影等作品。成功举办第二届创新创业大赛，组建创业导师辅导团，吸引近100个项目报名参赛，给予创新创业扶持奖金27万元、银行授信2650万元。开展2017年醴陵市大学生暑期创业夏令营活动，组织48名来自全国各大高校的醴籍优秀大学生开展创新创业培训。建立市级领导联系专家制度，21名市级领导联系24名专家。精心打造高端人才之家，建设人才公寓266套。着力推动“众空间”建设，为青年人才搭建良好的交流平台。组织高层次人才体检，定期开展座谈、慰问。全年下派科技特派员23人。

【自身建设】一是打造学习型机关。开展“每周一学”，有效提升自身理论水平；办好组工微信平台，推送组工动态248期；刊发稿件288篇，其中省级及以上媒体39篇。二是打造模范型机关。科学制定组工干部支部活动计划，全年开展支部活动39次、专题研讨5次、主题党日活动12次；利用“在职党员进社区”平台，发扬党员的先锋模范作用助力社区发展。三是打造服务型机关。脱贫攻坚结对帮扶对象为左权镇青泥村、均楚镇周坊村，坚持每月走访慰问贫困户，送物资、送技术，投入扶贫资金16.88万元；在企业帮扶中，针对湖南华联亿嘉家居用品股份有限公司提出的电商人才缺乏及物流仓储建设问题，解读“双创十条”有关政策，提出具体措施。参与碧山社区“三创四化”大型宣传活动，充当志愿者。（刘　婧）

宣传工作

【理论武装】2017年，全市共开展市委中心组集中（扩大）学习11次、共计8.5天，组织学习研讨9次，中心组成员参学率达95%以上。成立全市理论宣讲工作领导小组，组建理论宣讲队伍，采取微课堂、微宣讲、读书月、报告会等形式，扩大宣讲范围，推动理论宣讲工作经常化、规范化。做强“百姓微宣讲”品牌,在全市举办“好声音讲坛——讲话精神进基层”百姓微宣讲活动90余场次。11月，先后2次邀请中共十九大代表、省委宣讲团成员、省新闻出版广电局党组书记朱建纲，到醴陵开展中共十九大精神集中宣讲活动。抽调党员干部28人，组建小分队8支，分赴全市各级各部门各单位开展中共十九大精神集中宣讲活动100余场次，受众10万余人次。始终坚持学用结合、学以致用，积极开展“贯彻发展新理念转型升级补短板”讨论活动，市级领导带头深入基层一线调研，市委书记、市长带头撰写调研报告或理论文章，全年共报送“金点子”110余条，调研理论文章20余篇。

【新闻宣传】2017年，全市向中央、湖南省、株洲市主要新闻媒体发稿802条，其中中央级主流媒体发稿36条、国际媒体和港澳台地区重要媒体发稿7条、省级主流媒体发稿99条、株洲市级主流媒体发稿660条。中央电视台、新华社、《人民日报》、中央人民广播电台、中国之声、央视网、央广网、《中国经济时报》、中阿卫视、《香港大公报》、《香港商报》、《湖南日报》、湖南卫视、湖南经视、湖南都市和凤凰卫视等媒体均对醴陵市进行相关报道。

【网宣网管】2017年，建立健全网络分析研判、舆情监控登记、交办处置、问责问效等机制，实行联席会议和舆情值班制度，切实加强与各级媒体的沟通与协调；召开自媒体工作座谈会，组织自媒体负责人学习相关法律法规，对艾特V醴陵微信公众号进行约谈，舆情管控得到进一步规范。制定下发《关于认真贯彻执行〈关于规范党员干部网络行为的意见〉的通知》，并就各单位组织学习的情况进行督查，为规范党员干部网络行为提供标准和方向。注重加强网宣队伍建设，在全市各部门单位挑选业务骨干，组建400余人的网评队伍。全年办结株洲市舆情交办函47件，办理醴陵市级舆情162件，上报涉醴舆情7期；下发交办函67件，协调删除不实信息8批；开展网络评论223批次，其中对今日头条跟评98次；向上级报送各类舆情信息863条，转交举报线索218条；及时有效处置“4·13”交通事故、“5·20”持刀故意杀人案、“11·6”船湾镇民房倒塌等突发事故舆情。严格管控在网络上散布谣言、扰乱秩序的行为。

【文明创建】2017年，刘天健家庭作为湖南省文明系统唯一代表，获评“第一届全国五好文明家庭”，刘天健在人民大会堂受到中共中央总书记习近平接见；市人民检察院作为株洲市各县市中唯一的基层单位，获评“全国文明单位”；长庆示范区珊田村被评为“第五届全国文明村镇”；市姜湾小学作为株洲地区唯一的小学代表，入选“首届全国文明校园”。陈自绪获全国关心下一代“最美五老”提名奖，成为湖南省唯一获此荣誉的先进典型；陈自绪、潘尧生、瞿志英、付爱园入选“中国好人榜”，汤再忠入选“湖南好人榜”；耿传公祠、醴陵南四区苏维埃革命纪念馆等单位被命名为“株洲市爱国主义教育基地”。组织开展第十届“书香醴陵·全民阅读”系列活动，倡导全民阅读，建设书香社会；邀请同济大学教授、中央电视台“百家讲坛”主讲人刘强参与活动启动仪式，进行国学讲座，营造全民阅读氛围。开展“我推荐我评议身边好人”活动，向中国文明网评议、推荐身边好人1万余人。持续开展各类志愿服务活动，关爱留守儿童、孤寡老人等特殊群体；参与全省学雷锋志愿服务“点亮志愿者”公益微视频大赛，弘扬传承志愿服务精神。倡导“工匠精神”，面向全社会广泛征集“醴陵精神”表述语，拓展“城市精神”内涵。

【文化工作】2017年，进一步推进文化惠民工程，全市24个镇（街道、示范区）综合文化站均建成达标，实现全覆盖；包含17个省级贫困村在内的全市75%以上的村（社区）综合文化服务中心建成达标。加强基础文化设施建设，深入推进广播“村村响”工程，全年检修维护18个镇、208个行政村的“村村响”设备。以文化力量助力脱贫攻坚，争取专项资金204万元，其中投入文体广场建设75万元、舞台建设17万元、宣传栏建设5万元，购置文化活动室电脑等设备28万元、文化器材37万元、健身器材18万元、体育器材24万元。助力全民健身，申请全民健身路径器材67套。全年完成公益演出168场次，农村免费放映公益电影4092场次。加强体育协会组织建设和自身管理，将羽毛球、跆拳道、跑步协会和游泳俱乐部纳入体育协会组织管理。组织“元宵灯会”“文化团年饭”“元旦文艺晚会”“桃花节文艺演出”“欢乐潇湘五彩醴陵庆祝五一国际劳动节暨‘三创四化’再宣传大型文艺晚会”等群众性文体活动及赛事10余场次，惠及群众10万余人。举办2017年地球日环渌江骑行、机关运动会等活动，组织市乒乓球队参加2017年湘、赣边县（市）乒乓球巡回赛（攸县站）比赛，丰富城乡人民精神文化生活。

【醴陵釉下五彩瓷出征芬兰】2017年6月29日（芬兰当地时间），“湖南文化走进芬兰”活动在芬兰赫尔辛基音乐厅开幕，湘瓷、湘绣、湘书、湘画、湘茶等“湘字号”文化产品亮相。作为参加此次活动的“湘瓷”主力，醴陵市提供的31件釉下五彩瓷展示东方陶瓷艺术独特魅力。其中有陈扬龙、黄小玲、彭玲、黄永平、丁海波、刘劲松等国家级陶瓷艺术大师的作品9件，湖南省级陶瓷艺术大师作品22件；作品包含联合国永久收藏的《万花赏》瓷瓶和醴陵釉下彩代表性传承人陈扬龙以其“薄施淡染”绝技创作的《丛中笑》瓷瓶等。

【“星子灯”拍摄】2017年12月，中央电视台中文国际频道《非常传奇》栏目组到醴陵，录制省级非物质文化遗产“星子灯”节目。“星子灯”是流传于醴陵的一种传统民俗舞蹈艺术形式，用硝、硫磺等物制作而成，点燃后火星四溅，明亮闪烁，有如天上的繁星。栏目组赴市白兔潭镇田心村学习制作“星子灯”，练习舞蹈、舞步，了解“星子灯”的起源和历史，30余名工作人员从前期准备到投入拍摄历时半个余月。12月5日晚，在市仙岳山李畋殿前坪进行“星子灯”表演拍摄，现场火花飞溅、流光溢彩，表演者为“星子灯”第五代传承人张辉带领的白兔潭镇田心村村民，中央电视台主持人阿丘、歌手霍尊、外国嘉宾阿丽娜等参加节目录制。

【“双百三同”蹲点调研】2017年4－5月，由中共中央宣传部部署，在全国组织中央新闻媒体开展“双百三同”（百名记者到百个贫困村与村民同吃同住同劳动）蹲点调研采访行动，为期1个月。根据安排，中央人民广播电台中国交通广播记者宋贺蹲点醴陵市官庄镇横江村。横江村是省级贫困村，有贫困户135户，其中44户为易地扶贫搬迁户。记者宋贺在横江村蹲点调研期间，重点报道该村易地扶贫搬迁工作，在中央人民广播电台中国之声、中国广播网等媒体刊发稿件10余篇。（杨　帆）

统战工作

【概况】2017年，中共醴陵市委进一步加大对全市统一战线工作的重视程度，市委常委会5次听取统战工作情况汇报、传达学习有关会议和文件精神、研究解决统战领域存在的问题，认真落实"四个纳入"（地方各级党委要把统战工作纳入党委重要议事日程，纳入党委领导班子、领导干部考核内容，纳入宣传工作计划，纳入党校、行政学院、干部学院、社会主义学院教学内容）"四个带头"（党委领导班子成员要带头学习、宣传和贯彻落实党的统一战线理论、方针政策和法律法规，带头参加统一战线重要活动，带头广交深交党外朋友）的要求。市委书记胡湘之主持召开各民主党派、工商业联合会负责人座谈会，听取对市委工作的意见建议，解决实际问题；召开宗教工作领导小组会议、新的社会阶层人士统战工作联席会议等专题会议，研究部署工作。市安全生产监督管理局、财政局、公安局等单位，在落实市直部门对口联系民主党派、工商业联合会工作方面支持力度大。成立以市委书记、副书记任组长的各项统战工作领导小组，出台市委常委与党外代表人士联谊交友等制度。市政府工作部门党外正职、法检两院党外副职全部按政策配备到位。设立醴陵市归国华侨联合会、新的社会阶层人士工作室和党外知识分子管理服务中心，市政府办公室加挂民族宗教事务局牌子。

【统一战线工作】一是增进政治共识。开展"两学一助"（学系列讲话、学优良传统、助力新湖南）主题教育，举办2017年统一战线成员培训班、民主党派重大项目巡礼、"不忘初心跟党走·同心喜迎十九大"演讲比赛、学习贯彻中共十九大精神座谈会和集中宣讲会等活动，筑牢共同思想政治基础。二是服务非公经济发展。开展"访民企、办实事、强信心"行动，发挥非公经济法律服务中心和检企联合服务中心作用；"宣传落实'四个十条'助推非公经济健康发展"获评2017年度株洲市统战工作实践创新成果，在株洲市统战部长会议上作典型发言；加强与异地醴陵商会联系，推动"以商引商"，市工商业联合会获评"全国五好工商联"。三是加强港澳台侨联络。全年共接待、服务港澳台侨300余人次，协调处理台商台胞台属求助事件10余起；开展侨情摸底行动，仙岳山街道、来龙门街道、嘉树镇等单位在短时间内落实摸底任务。四是开展调查研究。积极组织各民主党派围绕全市中心工作开展调研、建言献策，撰写信息280余条、调研文章30余篇、提案10余件，其中有3篇调研文章、125篇信息被省、株洲市统战系统收录或采用，《关于推动我市陶瓷企业电子商务发展的建议》获评2017年度株洲市优秀统战调研成果三等奖，醴陵市统战信息宣传工作、调研工作均获株洲市统战系统先进。五是维护民族宗教领域稳定。完成道教协会换届，推进老祖殿搬迁；组织开展全市宗教场所安全隐患大排查大整治行动；依法妥善处置宗教领域的敏感问题和事件，确保宗教领域和谐稳定。六是开展"同心创建"。整合中国国民党革命委员会醴陵市委员会、中国民主促进会醴陵总支委员会等党派力量参与马放塘同心社区创建，九三学社株洲市委员会醴陵市工作委员会参与板杉镇板杉村同心美丽乡村创建；市工商业联合会继续做大做强"同心教育基金"，募集教育基金200余万元，共资助学校8所、贫困学生442名。七是做好新的社会阶层人士工作。与共青团醴陵市委、市民政局合作，开展新的社会阶层代表人士调查摸底，组织多次座谈；团结引导新的社会阶层人士助力脱贫攻坚等中心工作，为全市经济社会发展建言献策；在株洲市新的社会阶层人士统战工作会上作典型发言。

【脱贫攻坚】2017年，市委统战部组织全市统战系统参与社会扶贫捐款活动，募集资金500余万元。联合板杉镇主办"为荷而来"醴陵首届荷文化乡村旅游节，将旅游产业发展与脱贫攻坚相结合，在节会期间，举办"醴陵市北乡农林土特产交易会"，为板杉镇建档立卡贫困户免费提供销售展位，现场出售莲蓬、蜂蜜、红薯粉、鱼干、金银花、茶油、自酿葡萄酒等近100种原生态农产品，贫困户实现增收30万元。在市农业局、教育局配合下，举办"泛海助学"醴陵市捐助活动，资助66名建档立卡户贫困学生；与市残疾人联合会、中国民主促进会醴陵总支委员会创建残疾人创新创业孵化基地，为32名残疾人贫困户提供学习和就业机会；举办"瓷艺同心"九三艺术家扶贫义卖活动，义卖所得的近10万元款项用于扶贫工作；联合市工商业联合会推进"万企帮万村"行动，组织101家非公有制企业实施帮扶项目277个，投入资金2570万元，帮扶贫困人口1.3万人。（李　超）

机构编制

【概况】2017年年末，全市有市直党政群机关、政法系统机构和镇、街道82个。全市行政编制总计2596名，其中市直党政群机关865名、政法系统843名，镇、街道888名（其中财政所138名、街道使用市直行政编制14名）；实有行政人员2243人，其中市直党政群机关849人，政法系统763人，镇、街道631人（财政所124人）。全市工勤编制总计128名，其中市直党政群机关81名、政法系统2名，镇、街道45名；实有工勤人员69人，其中市直党政群机关45人，政法系统2人，镇、街道22人。全市有事业单位608个，其中全额拨款机构542个、差额补贴机构35个、经费自筹机构31个。有事业编制14095名，其中全额拨款编制11171名、差额拨款编制2482名、经费自理编制442名；实有事业单位人员10598人，其中全额拨款8663人、差额拨款1608人、经费自理327人。

【机构改革】2017年，市司法局内设的公证处调整为其下属正股级差额拨款公益二类事业单位；撤销3个乡镇环境保护所，将其职能、人员编制并入市环境监察大队；将房屋交易、房屋登记档案管理职能由市房产管理局划转至市国土资源局，将市房产管理局下属的房产交易管理所、房屋登记中心、乡镇房政管理办公室和房产综合档案室整体划转至市国土资源局；撤销株洲市公共资源交易中心醴陵市分中心。

【其他机构的设立、挂牌、更名和调整】2017年，设立中共醴陵市委巡察工作领导小组办公室，作为中共醴陵市委巡察工作领导小组日常办事机构，与中共醴陵市委巡视工作联络办公室一个机构、两块牌子，列入市委工作机构序列，设在中共醴陵市纪律检查委员会。设立市委巡察组3个，中共醴陵市纪律检查委员会设立派驻纪检组11个。醴陵市市场和质量监督管理局（醴陵市食品药品监督管理局、醴陵市食品安全委员会办公室）更名为醴陵市食品药品工商质量监督管理局（醴陵市食品安全委员会办公室）。市人大法制委员会加挂“内务司法委员会”牌子（履行原内务司法委员会工作职责）。市民族宗教事务相关行政职能划入市人民政府办公室，市人民政府办公室加挂“民族宗教事务局”牌子。设立市归国华侨联合会，列入群团机构序列。中共醴陵市委统战部增加“新的社会阶层人士工作室”内设机构。市公安局交通警察大队增加“重点车辆安全监管中队”内设机构，女子执勤中队更名为第七执勤中队。市卫生和计划生育局内设机构公共卫生股加挂的科技股更名为妇幼健康股。市人民政府办公室增加“禁毒委员会办公室”内设机构。设立正股级全额拨款事业机构市社会治理网络化中心、正股级全额拨款事业机构市预防腐败警示教育中心、副科级全额拨款事业机构市机构编制信息中心、正股级全额拨款事业机构市委信息化中心、正股级全额拨款事业机构市市长热线办公室（加挂“优化环境投诉平台办公室”牌子）、正股级全额拨款事业机构市财政投资评审中心、正股级全额拨款事业机构市党外知识分子管理服务中心、正股级全额拨款事业机构市党史陈列馆。市价格监测中心更名为市价格成本调查队，加挂“市价格监测中心”牌子。市白兔潭中心卫生院更名为市白兔潭镇中心卫生院，市王仙中心卫生院更名为市王仙镇中心卫生院，市泗汾中心卫生院更名为市泗汾镇中心卫生院，市均楚中心卫生院更名为市均楚镇中心卫生院，市枫林中心卫生院更名为市枫林镇中心卫生院，市明月中心卫生院更名为市明月镇卫生院，市茶山中心卫生院更名为市茶山镇卫生院，市板杉中心卫生院更名为市板杉镇卫生院。市第二人民医院（醴陵市白兔潭镇中心卫生院）更名为醴陵市二医院（醴陵市白兔潭镇中心卫生院）。市集镇办公室更名为市工程事务办公室。市畜牧兽医水产局下属的20个镇（街）畜牧水产技术推广服务站更名为镇（城区）动物防疫站，加挂“畜禽水产品质量安全监管站”牌子，与镇（城区）畜牧水产技术推广服务站合署办公。市流动人口计划生育管理站更名为市爱国卫生服务中心。市民族宗教服务中心的主管部门由市委统一战线工作部调整为市人民政府办公室。（邓广云）

党校工作

【概况】2017年，中共醴陵市委党校（以下简称“市委党校”）内设办公室、教研室、干部教育培训办公室和总务室4个股室。市委党校是全市干部教育培训主阵地，年干训能力达4000人。有在职在岗教职员工16人，其中专兼职教师13人（专兼职教师中有研究生学历3人）。年内，市委党校严格落实《中国共产党党校工作条例》，始终坚持“党校姓党”根本原则，以“为醴陵经济社会发展提供人才保障和智力支撑”为目标，以开展“两学一做”学习教育制度化常态化为抓手，谋干训主业、育科研品牌、严机关管理、优后勤保障，各项工作稳中有进，进中创优，获评湖南省委党校行政学院系统第八届科研工作先进单位、株洲市党校行政学院系统2017年度先进单位。

【干部教育培训】2017年，市委党校共完成各类培训班40期，培训干部4600余人；其中完成计划内培训17期，计划调训学员1400人，实际调训1910人，到训1910人，到训率100%，结业学员1902人，结业率99.58%。一是及时更新教学专题，围绕党和政府工作大局制定教学计划、安排教学内容。全年设置校内教学专题86个，其中新专题45个，专题更新率52.32%。突出主课主业，党性教育和党的理论政策法规教育教学专题占专题总数的71.2%。中共十九大召开以来，将学习贯彻中共十九大精神作为教学布局的重点，在主体班次中全面开设学习中共十九大精神系列专题课，组织精干力量集中学习、精心备课，选派8名优秀骨干教师参加市委宣讲团，参与全市150余个单位的宣讲，作报告100余场次，听众近1万人。二是认真落实教学计划，积极改进和完善教学方式方法。依托革命传统教育、支柱产业发展、新型城镇化建设示范等9个实训基地，全面实施案例式、研讨式、模拟式、现场式教学方法。开展军训、CS模拟射击等项目拓展训练3个班次、“三进三同”（进乡进村进农户、同吃同住同劳动）体验式教学1个班次、现场教学和考察调研30余场次。依托李立三故居、烈士陵园等红色教育基地，开展“红色讲堂”，教育引导广大党员缅怀先烈，不忘初心，该经验做法在《株洲日报》头版头条推介。三是精心构建师资库，搞好老中青教师传帮带，教学质量整体提升。全年，有16名市级领导、40名科级一把手、6名基层先进工作者和10余名企业优秀代表进课堂，选聘近30名省级党校、高校的专家教授担任兼职教师，借助“外脑”提质增效。全年组织教师教学专题研讨3次、集体备课4次、教学试讲10人次、集体评课2次、教改观摩4次、集中学习和集体听课10余次、参加学员课堂讨论交流30余人次，选派教师到上级党校、行政学院、社会主义学院、高校等参加学习培训7人次。

【教学科研】市委党校始终坚持为党的理论创新、教学质量提高、党委政府决策和社会建设服务的“四服务”思路，主动查找短板，求实创新，放大优势，创一流科研成果。一是抓调研，重视课题研究。组织全体教学人员围绕市委、市政府中心工作，深入基层一线开展调研，提升理论成果的实用性和可操作性。年内组织教研人员分赴浙江省象山县、奉化市开展全域旅游调研，为全市打造全域旅游建言献策，该调研成果已转化为培训专题，受到学员好评。注重课题申报，《撤乡并村背景下醴陵乡村治理创新研究》通过省级课题结项申请，《全面推行河长制背景下渌江河治理研究》提交申报株洲市社科联课题。二是强机制，提升科研质量。出台《关于教学科研工作的奖励办法》，激发教职员工的参与热情。组织教研人员参加省、株洲市党校行政学院系统理论研讨会，其中《经济新常态下县域经济服装产业突围路径分析研究》获省级二等奖，另有2篇次获省级三等奖；《关于醴陵渌江河治理保护的调研报告》获株洲市级一等奖，另有2篇次获株洲市级二等奖、3篇次获株洲市级三等奖；在省级刊物公开发表1篇次。三是重转化，打造科研平台。构建以需求为导向的干训教材开发体系，继《醴陵文化十讲》《醴陵党史》之后，推出特色干训教材《醴陵书院文化录》。校刊《醴陵党校》自2010年创办以来，共编发32期、发表作品340篇，成为对外展示市委党校科研成果的名片。

【办学基础建设】一是打造美丽校园。重点加强基础设施建设，市财政投入300万元，提质改造会议区、办公区、教学区，教职工和学员的学习、工作、生活条件得到较大改善，与大规模培训干部、大幅度提升干训质量的要求相适应。二是打造智慧校园。推动校园信息化建设，制定校园信息化建设方案，为教职工更换电脑，提升工作效能。认真做好新闻外宣工作，全年在《湖南党校报》、《株洲日报》、株洲组工平台、《今日醴陵》报、醴陵电视台和醴陵组工平台等媒体刊发报道40余条。（荣　敏）

老干部工作

【概况】2017年，全市有离退休干部7894人，其中市委老干部局直接服务管理的离休干部121人、享受副县级以上待遇的退休干部66人、“506”老干部40人；设有离退休干部党支部64个。年内，市委常委会议3次专题研究离退休干部工作，研究解决离退休干部工作中存在的困难和问题，制定《关于进一步加强和改进离退休干部工作的实施意见》，对全市离退休干部工作提出指导性建议。市委离退休干部工委全年安排工作经费8万元，设立每年10万元的离退休干部困难帮扶资金。5月，全市老年群团组织主要负责人完成换届调整，老年群团组织的工作经费由每年12万元提高至每年17万元；新成立老年保健协会。

【离退休干部党建工作】2017年，市委老干部局针对离退休干部党员底数不清、情况不明的状况，对全市离退休干部党组织和离退休干部党员的基本情况进行摸底统计，建立党组织和党员台账，纳入智慧党建平台管理；按照“一方隶属，多方管理”要求，灵活设置党组织，其中在市老年大学、环保志愿者协会设立功能性党组织。开展创建“五好”（支部班子好、党员队伍好、组织设置好、活动开展好、群众反映好）离退休干部党支部和争当“五好”（学习活动好、传承家风好、发挥作用好、保持本色好、群众反映好）离退休干部党员活动，年内市行业办离退休干部党支部通过第一批省级示范离退休干部党支部验收。10月，醴陵市成功承办株洲市离退休干部党建工作推进会。

【老干部待遇】一是“三个机制”（离休费保障机制、医药费保障机制和财政支持机制）运转正常化。1月，全面落实离休干部离休费增资问题。3月，主持召开离休干部医疗保障联席会议，向市相关部门传达《关于进一步完善离退休干部医药费保障机制的意见》文件精神，进一步研究离休干部医疗保障机制工作。5月，完成2016年去世离休干部增发1个月工资作为生活补贴的补发工作。6月，协调解决全市35名“506”老干部2017年度每人2000元的医疗补贴，并于6月发放到位。二是服务精细化。组织服务管理的离退休干部在市中（一）医院免费体检。10月，开展“喜看新变化”重阳节老干部视察活动，组织老干部参观、考察市重点工程。制定《帮扶资金管理办法》，保证10万元的离退休干部困难帮扶资金专款专用。全年走访、接待老干部及遗属信访45件121人次，办结45件，办结率100%。三是慰问看望常态化。春节、重阳节走访慰问全覆盖，发放慰问金、物资20万余元；日常探望30余名住院老干部，走访慰问20余名家住外地、农村和有特殊困难的老干部，走访慰问5名常住省外异地安置的老干部。“七一”、元旦期间，集中走访慰问老干部及遗孀、困难党员60余人，发放慰问金、物资10万元。

【老干部活动】一是深化活动平台。继续组织老干部开展“金秋助贫”“互助关爱”等活动，助力精准扶贫。在社会扶贫活动中，老党员捐款5万余元。在全市离退休干部中，开展“点赞新变化、助力新醴陵、喜迎十九大”畅谈建言座谈讨论、征文比赛、参观考察、形势报告等活动。组织“我看新变化”征文比赛，表彰撰写优秀作品的老干部15人。二是创建网宣工作平台。组建老干部网宣工作队伍，人数达210人，聘请4名网络技术人员为网宣专干。截至年末，全市老干部自发撰写报送各类信息80余条，其中被省、株洲市级媒体采用30条，醴陵市级媒体采用40余条。

【涉老组织发展】2017年，醴陵市关心下一代工作委员会成立“关心下一代基金会”，市政府解决启动资金200万元；组织成员单位，聘请宣讲专干9人，历时1个月，深入10个镇、50所中心小学，举办普法宣传58场次，受众学生达2.5万人。市老年大学以30周年校庆暨全民终身教育活动月为契机，开展形式多样、内容丰富的校庆活动，市级领导应邀出席；组织学员和群众200余人在渌江书院文化广场开展毛主席诞辰124周年纪念活动；参加“喜迎十九大·放歌新株洲”合唱比赛，入选前三名；老年大学艺术团赴市三医院为百名老年人献上文艺节目。市老年保健协会多次开展保健知识讲座。市老年科技工作者协会组织带动全市100多名科技工作者开展志愿服务“三农”活动。12月，全市第一个村级老年人体育活动中心在泉湖村成立。（李春玲）

醴陵市人民代表大会常务委员会

【市第十六届人大二次会议】 2月20－22日，市第十六届人大二次会议在醴陵大剧院举行。会议听取和审议市人民政府市长康月林所作的《政府工作报告》、市发展和改革局局长吴均成所作的《醴陵市2016年国民经济和社会发展计划执行情况及2017年国民经济和社会发展计划草案的报告》、市财政局局长夏春良所作的《醴陵市2016年财政预算执行情况及2017年财政预算草案的报告》、市环保局局长邹柏柯所作的《醴陵市2016年环境状况和环境保护目标完成情况的报告》、市人大常委会主任贺小玲所作的《醴陵市人民代表大会常务委员会工作报告》、市人民法院院长刘望鸣所作的《醴陵市人民法院工作报告》、市人民检察院检察长黄晓军所作的《醴陵市人民检察院工作报告》。审查和批准醴陵市人民政府《关于提请审议实施渌江河保护和治理的议案》，审议通过《关于提请设立醴陵市人民代表大会法制委员会、财政经济委员会、城乡建设环境资源保护委员会的议案》。通过有关决议决定，选举朱思球、李子平、黎平华为醴陵市第十六届人民代表大会常务委员会委员；选举朱思球为市人大法制委员会主任委员，骆伟为市人大法制委员会副主任委员，王帮铁、周高尚、程志响为市人大法制委员会委员；选举黎平华为市人大财政经济委员会主任委员，廖军为市人大财政经济委员会副主任委员，李晓塘、林迪辉、瞿玉娟为市人大财政经济委员会委员；选举丁辉为市人大城乡建设环境资源保护委员会主任委员，邓日成、周春芳、凌琪为市人大城乡建设环境资源保护委员会委员。

【市第十六届人大常委会第二次至八次会议】 市第十六届人大常委会第2次会议于2月12日在市人大常委会会议室举行。会议听取和审议《关于提请任命醴陵市第十六届人大常委会代表资格审查委员会组成人员的议案》《关于提请决定任免张国文等职务的议案》；接受赖洪、邓卫群请求辞去醴陵市第十六届人大常委会委员职务；接受黄振伟、甘毅、余汉平、欧阳未来请求辞去醴陵市第十六届人大代表职务。会议听取审议《醴陵市人大常委会代表资格审查委员会关于个别代表的代表资格的报告》《关于召开市十六届人大二次会议筹备工作情况汇报》《政府工作报告》《醴陵市人大常委会工作报告》《醴陵市人民法院工作报告》《醴陵市人民检察院工作报告》《关于醴陵市2016年国民经济和社会发展计划执行情况及2017年国民经济和社会发展计划草案的报告》《关于醴陵市2016年财政预算执行情况及2017年财政预算草案的报告》《醴陵市2016年环境状况和环境保护目标完成情况的报告》《中共醴陵市人大常委会党组关于市人大常委会2017年工作要点的报告》等报告。会议通过《关于批准市人民政府〈关于提请审议调整2016年财政支出预算的议案〉的决定》。

市第十六届人大常委会第三次会议于4月1日在市东风大酒店6楼举行。会议听取和审议《关于提请决定任免熊习军等职务的议案》《关于提请决定任命曾敏等职务的议案》《关于提请任免杨坚等职务的议案》《关于提请任命汤维和等职务的议案》，并进行表决和任免，举行新任命人员向宪法宣誓仪式。会议向市人民政府提交《关于市第十六届人大一次、二次会议代表建议、批评和意见的交办意见》。会议听取和审议《关于提请审议醴陵市病死畜禽无害化处理建设项目财政补助资金纳入相应年度财政预算的议案》，并通过《关于批准市人民政府〈关于提请审议醴陵市病死畜禽无害化处理建设项目财政补助资金纳入相应年度财政预算的议案〉的决定》。会议听取市教育局关于贯彻实施《中华人民共和国义务教育法》情况汇报以及市人大常委会教科文卫委的调查报告。

市第十六届人大常委会第四次会议于5月24日在市人大常委会会议室举行。会议听取市公安局关于全市禁毒及打击经济犯罪工作情况汇报和市人大法制委员会、市人大常委会内司委关于打击经济犯罪及禁毒工作情况的调查报告；会议听取和审议《关于提请审议加强禁毒工作的议案》，并通过《醴陵市人民代表大会常务委员会关于依法加强禁毒工作的决议》。会议听取市司法局关于全市法治宣传教育工作情况汇报，会议审议《关于提请开展第七个五年法制宣传教育的议案》，通过《醴陵市人民代表大会常务委员会关于开展第七个五年法治宣传教育的决议》。会议审议并通过《醴陵市人民代表大会代表履职管理办法》。

市第十六届人大常委会第五次会议于7月27日在市人大常委会会议室举行。会议听取和审议《关于提请刘望鸣等职务备案的报告》《关于提请黄晓军等职务备案的报告》，并通过《关于醴陵市人民法院、醴陵市人民检察院首批入额法官检察官职务报备和任命问题的决定》。会议进行人事任免，听取和审议《关于提请决定任命黄平伟职务的议案》，并进行表决和任免，举行新任命人员向宪法宣誓仪式。会议听取醴陵市上半年国民经济和社会发展计划执行情况报告。会议听取和审议醴陵市2016年财政总决算及2017年上半年财政预算执行情况的报告、2016年度财政预算执行及其他财政收支的审计工作报告，审查和批准醴陵市2016年财政总决算的决定。会议听取和审议《关于提请审议"官庄湖水系综合开发项目"等3个项目采取PPP合作模式并将政府付费或政府可行性缺口补助列入财政预算的议案》，通过《关于批准市人民政府〈关于提请审议将"官庄湖系综合开发"等3个项目采取PPP合作模式并将政府付费或政府可行性缺口补助列入财政预算的议案〉的决定》。

市第十六届人大常委会第六次会议于9月19日在市人大常委会会议室举行。会议听取市经济科技信息化局关于全市产业突围战贯彻落实情况汇报和市人大预算工作委员会、市人大常委会财政经济委员会关于全市2017年产业突围战贯彻落实情况的调查报告。会议听取市人民政府关于市第十六届人大一次、二次会议代表建议、批评和意见办理情况汇报和市人大常委会联工委关于市第十六届人大一次、二次会议代表建议、批评和意见办理情况的调查报告。会议进行人事任免，听取和审议《关于提请决定任免许君明等职务的议案》《关于提请免去易祖斌等同志职务的议案》《关于提请免去陈志高等同志职务的议案》，接受张水良、刘金堂、丁瑜请求辞去醴陵市第十六届人民代表大会常务委员会委员职务；接受朱思球、黎平华、肖国平、王林波辞去株洲市第十五届人民代表大会代表职务以及樊光群、余建明、孙勇、张卫根、邹培峰、邱红星、余波、宋午利请求辞去醴陵市第十六届人民代表大会代表职务，并进行表决和任免，举行新任命人员向宪法宣誓仪式。会议听取市人民检察院关于未成年人刑事检察工作情况汇报和市人大法制委员会、市人大常委会内司工委关于醴陵市未成年人检察工作的调查报告。

市第十六届人大常委会第七次会议于11月29日在市人大常委会会议室举行。会议听取和审议市审计局代表市人民政府作的审计意见整改落实情况汇报和市人大预算工作委员会、市人大常委会财政经济委员会关于财政收支审计查出问题整改落实情况的督查报告，市教育局、交通运输局、畜牧兽医水产局、高新集团负责人分别就审计发现问题整改落实情况进行汇报。会议书面审议市人民政府《关于河长制工作有关情况的报告》《关于官庄水厂建设有关情况的报告》《关于"三创四化"工作情况的报告》。会议进行人事任免，听取和审议《关于提请补选羊贵平等同志为株洲市第十五届人民代表大会代表的议案》，并经无记名投票表决的方式，通过补选羊贵平、邹展晖、宋喧、谢世军、余汉平、吴均成为株洲市第十五届人民代表大会代表，选举结果将报株洲市人大常委会代表资格审查委员会审查。会议集中学习中共十九大报告。

市第十六届人大常委会第八次会议于12月14日在市人大常委会会议室举行。会议听取和审议关于代表异动和补选代表的代表资格审查报告，关于召开市第十六届人大第三次会议的有关事项汇报。听取和审议政府工作报告、市人大常委会工作报告、市2017年国民经济和社会发展计划执行情况及2018年计划草案、市2017年财政预算执行情况与2018年财政预算草案、市环境保护工作报告、市人民法院工作报告、市人民检察院工作报告和市人大常委会2018年工作要点的起草说明。会议最后通过《关于召开醴陵市第十六届人民代表大会第三次会议的决定(草案)》。

【推进全市中心工作】 2017年，按照市级领导"五个一"活动方案要求，常委会主任、副主任分别牵头或协助参与市全域旅游、省道333项目建设、服饰产业发展、重点镇建设、“三创四化”、脱贫攻坚、企业帮扶等重点工作。经常深入基层调查研究，帮助基层和企业出主意、想办法、筹资金、搞协调，破解工作难题，市“三创四化”、全域旅游、项目建设等各项工作有序推进、亮点纷呈，呈现出面貌大改善、形象大提升、百姓大受惠的喜人局面。

【脱贫攻坚】2017年，市人大常委会在抓好办点镇面上扶贫工作的同时，分别指导和参与5个省级贫困村的脱贫攻坚工作。市人大机关紧扣市委精准扶贫的部署，严格落实“七个一批”“六大工程”相关要求，派出以年轻得力干部为主的帮扶工作队到枫林镇驻村帮扶，结对帮扶枫林镇贫困户44户149人。

【关注民生改善】2017年，市人大常委会以维护人民群众的根本利益为目的，开展一系列监督工作。一是聚焦卫生健康。要求市卫计部门坚持顶层设计，打造“健康醴陵”新格局，推动全市卫生计生工作提质增效。组织开展《中华人民共和国食品安全法》执法检查“回头看”活动。二是关爱弱势群体。主任会议专题听取《中华人民共和国残疾人保障法》贯彻执行情况的汇报，要求市人民政府及相关部门切实加大《中华人民共和国残疾人保障法》的宣传力度，继续实行优生优育政策，加大孕前检查力度，注重源头预防，减少先天性残疾人员数量；听取棚户区改造工作情况的汇报，要求拓宽筹资渠道，解决要素难题，加快项目进度，完成年度目标。三是关心青少年成长。常委会会议专题听取和审议市人民政府关于《中华人民共和国义务教育法》贯彻执行情况的汇报，提出保障教育投入力度，合理配置教育资源，促进教育均衡发展，全面普及义务教育的审议意见；常委会会议专题听取和审议未成年人检察工作情况的汇报，要求“一府两院”提升未成年人刑事检察队伍专业化水平，落实各项未成年人司法保护规定，完善未成年人刑事检察工作中部门衔接配合机制，为未成年人营造健康良好的成长环境。四是力促“河长制”实施。常委会会议专题审议渌江河保护和治理暨“河长制”的落实情况，加强对河道整治工作的指导、协调和督促检查，促进渌江河的保护与治理工作；截至年末，渌江河全线水质基本达到II类标准；审议《关于官庄水厂建设情况的审议意见》的落实情况。五是助力“三农”领域。主任会议分别专题听取全市封山育林工作、农业机械化发展情况的汇报，推动农村生态环境综合治理，促进“三农”工作的稳步发展；协助参与株洲市人大对脱贫攻坚工作的专项评议，推进全市精准扶贫工作上台阶。

【司法监督】2017年，市人大常委会认真开展规范性文件备案审查工作，对市政府及有关部门报送备案的26件规范性文件进行登记、备案、审查。继续组织人大代表开展听审评议活动，加强对司法机关诉讼活动的监督，规范司法诉讼行为，推进司法公开、公正。按照上级员额制改革精神，依法指导“两院”完成员额制改革，专门举行宪法宣誓，并现场监誓，促使76名员额法官、检察官牢记誓言，接受人民监督。继续开展“百案评查”“司法公正醴陵行”活动；配合参与株洲市人大开展的《株洲市城市综合管理条例》的立法调研。依法做好信访工作，全年接待人民群众来信来访54件163人次。

【代表工作】2017年，市人大常委会审议通过《醴陵市人民代表大会代表履职管理办法(试行)》，切实增强人大代表履职的使命感、责任感。一是多途径开展代表培训。采取以会代训、分组培训、集中培训、外出培训等多种方式，对各级人大代表进行学习培训，提高代表的政治素质、业务水平和履职能力。二是多形式组织代表活动。常委会组成人员及各级人大代表对“瓷城古韵·一江两岸”项目、渌江河防洪现状及排污口治理情况、市城乡网格化管理工作、中国醴陵陶瓷产业博览会、产业突围和项目建设情况的集中视察活动，积极为醴陵发展建言献策、鼓劲点赞。三是多层面督办代表建议。切实加大代表建议交办、督办力度，确保建议办理落实到位。在市第十六届人大一次、二次会议以来代表所提的124件建议中，选择《关于进一步完善和健全小区社会化管理的建议》等5件建议作为主任会议重点督办件进行督办，采取听取汇报、组织视察、现场督办等方式，督促承办部门提高办理效率、质量；其中代表提出的《关于加强“五彩社区”建设、规范社会事务管理的建议》，市政府投入8400万元，建成街道便民服务中心4个、“五彩社区”19个，把直接面对群众的75项职权下放到街道，整合直接服务群众的项目资金2.1亿元“打包”给社区，提升基层服务能力，方便群众就近办事。

【重大事项决定】2017年，市人大常委会围绕打赢“四大战役”、建设“四个醴陵”的工作大局，作出关于依法加强禁毒工作、关于开展第七个五年法制宣传教育等决议、决定和审议意见13项，认真履行宪法和法律赋予的各项职责，维护社会和谐稳定，促进经济社会发展，夯实人大工作基础，提高履职水平。修订、完善《醴陵市人大常委会讨论决定重大事项办法》，坚持把审议决定重大事项与全市经济社会发展紧密结合起来，围绕城镇提质、脱贫攻坚、“三创四化”、政府债务、全域旅游、环境保护、安全生产、教育、卫生等重大事项深入开展调研，结合组织代表视察等方式，依法对病死畜禽无害化处理、渌江河水系综合治理、城乡垃圾资源化处理等项目资金问题作出决定。

【人事任免】2017年，市人大常委会始终坚持党管干部和人大依法任免相统一原则，依法开展人事任免及任后监督工作。一是严格执行任前法律知识考试、任前发言和审议表决等程序，增强被任命人员的法律意识、监督意识和公仆意识。二是实行向宪法宣誓制度，进一步提高被任命人员忠于宪法、乐于奉献的思想觉悟。三是切实加强任后监督，增强被任命人员依法履职、为民服务的责任担当。全年依法任免国家机关工作人员75人次，特别是在市十六届人大常委会第三次会议上，26名新一届政府组成部门主要负责人均满票当选，并向宪法庄严宣誓，市委意图和人民意愿通过法定程序得到圆满实现。年内，及时补选和接受株洲市人大代表辞职10人次，依法审查代表辞职、补选、资格终止21人次。（龙　隆）

醴陵市人民政府

【概况】2017年，醴陵市以迎接、学习、宣传、贯彻中共十九大为工作主线，坚持“稳中求进、进中求快、快中求优”总基调，着力稳增长、促改革、调结构、惠民生、防风险，全面打响“四大战役”，加快建设“四个醴陵”，全市经济保持平稳健康发展，社会大局和谐稳定。全年实现地区生产总值607.2亿元，增长8.2%；一般公共财政预算收入54.1亿元，增长8.1%；固定资产投资441.9亿元，增长14.6%；社会消费品零售总额204.6亿元，增长11.4%；城乡居民人均可支配收入分别达36558元、24335元，增长8.3%、8.5%。县域综合发展实力位居全国百强县（市）第56位，前进17位；工业竞争力位居“中国工业百强县（市）”第86位，前进7位；首次进入中国县域成长竞争力50强，位居第45位。安全生产、计划生育、综合治理分获全省先进，是全省唯一获“大满贯”的县级市。

【产业发展】2017年，醴陵市出台《关于加快产业突围的实施意见》，推出园区招商、陶瓷产业、花炮产业、创新创业“四个十条”政策，支持实体实业发展，全年兑现奖励资金5600余万元。推动陶瓷产业智能化发展，完成陶瓷产业总产值708亿元，占世界陶瓷产业市场份额的15.3%；电瓷产业占世界市场份额的34.5%。先进陶瓷材料产业链被列入全省20个工业新兴优势产业链。推动花炮产业转型升级，启动烟花自动化生产线三年行动计划，5条生产线建成投产，获国家安全监督管理总局和省、株洲市的高度认可。整合1亿元资金，加快落后产能淘汰退出，烟花爆竹企业整合至199家。构建“一谷一城一园”发展格局，湖南醴陵经济开发区实现技工贸总收入662亿元，增长19%。成功入选国家农村综合性改革试点试验县（市），实施试点试验项目13个，总投资达7000万元。继续保持全省粮食生产先进县地位。推广“互联网+特色农产品”模式，实现“网货下乡”破千万元。成功举办2017中国醴陵国际陶瓷产业博览会，参观人数达46.2万人次，现场产品交易额1.2亿元、合同额6.5亿元，招商签约项目32个、合同额182亿元。着力构建“四点一谷一片”旅游布局，全年接待游客550余万人次，实现旅游收入58.47亿元。醴陵瓷谷成功创建国家AAA级景区，袁昌英纪念园建成开园。成功举办2017湖南醴陵房地产博览会和“送房下乡”活动，全年实现商品房销售额36.8亿元，增长49.7%。全市金融机构存贷款余额分别达343.3亿元、177.2亿元，增长6.9%、28.6%。实现进出口总额24.6亿元，增长13.1%。实现进出口业绩“破零”企业24家、“倍增”企业19家。

【项目建设】2017年，扎实推进中国陶瓷谷、渌江新城、“瓷城古韵”、“醴北人家”4个百亿工程，安排重点项目242个，其中株洲市重点项目67个。开展“三乡大行动”，积极对接广东醴陵商会、深圳醴陵商会等近20个异地商会组织，在外企业回迁、回乡投资率不断提高。大力招商引资，引进碧桂园房产开发、中盐红四方复合肥（湖南）生产基地等项目58个，合同引资370.2亿元。规范推广运用PPP合作模式，新增官庄湖水系综合开发、凤凰山城市中心公园等PPP项目4个；截至年末，共征集有8个PPP项目，投资总额约180亿元，其中6个项目被评为财政部或省级示范项目；PPP项目工作获财政部高度肯定，年内株洲市PPP项目现场会在醴陵召开。东富电力电瓷电器产业园、新妇幼、新三中等项目开工建设，东城大道、莲株高速等项目有序推进。强化项目土地供应，报批建设用地350.6公顷，完成征地401.07公顷，征拆房屋1600余栋（套），45个项目征拆清零。

【城乡治理】2017年，深入推进“三创四化”，全面推行“河长制”“路长制”，启动“五江六水”治理，官庄、望仙桥、雪峰山水库畜禽养殖和网箱养鱼全部退出，城区段渌江水质由Ⅳ类变成Ⅱ类。开展城区黑臭水体治理，污水处理厂二期工程开始试运行，所有镇污水处理厂完成选址，东富镇、白兔潭镇污水处理厂完成建设。瓷城古韵·一江两岸文化休闲项目示范段建成并投入使用，城区历史上首次没有发生内涝，市民自发给市委、市政府送来锦旗和感谢信。醴泉路、泉湖路、左权路、瓷城大道等126条大街小巷完成提质改造。新改扩建农村公路480余千米，完成农村公路安保设施建设257千米、危桥改造33座。大力开展“四治”行动，完成湘运汽车站整体搬迁和5000个停车位建设。扎实做好中央环保督察组交办的44个问题整改，顺利通过“回头看”。积极开展文明创建，市人民检察院、长庆示范区珊田村、姜湾小学分别获评全国第五届文明单位、文明村镇和首届文明校园称号。全面推进“农村道路提质”“农村环境整治”“农村水域治理”3个“三年行动计划”。白兔潭镇、枫林镇、船湾镇、东富镇成功入选株洲市特色小镇建设名单，白兔潭镇获评湖南省“美丽乡镇示范镇”。

【改革创新】2017年，深化“放管服”改革，全面推行“一门式”服务，积极推动“减证便民”，行政审批时限缩短50%以上。着力推行商事登记制度改革，积极推进“多证合一、一照一码”，商事登记实现“41证合1”。稳步推进公证体制改革，全面实现公证机构体制转轨。深化教育督导体制改革，获评第一批全国中小学校责任督学挂牌督导创新县（市、区）。深化医药卫生体制改革，推行家庭医生服务模式，县域医联体实现全覆盖，县域就诊率达92%。优化计划生育服务管理，计划生育管理八项制度在全省推介，获评全省计划生育先进单位。深化行政执法体制改革，白兔潭镇成为全省第二个具有相对集中处罚权的建制镇。创新创业氛围浓厚，设立1000万元产业引导基金，倡导大众创业万众创新，成功举办第二届创新创业大赛。组建陶瓷产业技术创新战略联盟，电商产业园、瓷城众创空间等创新创业平台基本成型。成功申报各项专利技术1200余项，15项市外成果在醴陵转化。实施“人才强市”战略，引进各类紧缺人才400余人。投资5000万元，建设人才公寓266套。“紧扣三个环节，激发县域人才活力”案例获评全国人才工作创新案例。

【民生事业】2017年，“民生100”工程全面完成，民生支出占财政总支出的73%，比2016年增加近7亿元。深入推进脱贫攻坚，全面落实“七个一批、六大工程”，全市15个省级贫困村全部退出，7130人实现脱贫。提前完成易地扶贫搬迁610户1819人，完成建档立卡贫困户农村危房改造568户。建成全长98.8千米“扶贫旅游专线”，带动7877名贫困人口增收。着力改善贫困村医疗卫生条件，完成17个省级贫困村卫生室标准化改造。持续开展“湘雅乡情·专家醴陵行”活动，有效缓解困难群众的就医难题。促进义务教育均衡发展，完成50所标准化学校建设和45所薄弱学校、35所大班额学校改造。高考本科二批以上上线率获株洲地区“四连冠”，连续七年被评为“株洲市高中质量建设先进县（市、区）”。省内第一所陶瓷大学——湖南工业大学醴陵陶瓷学院项目建设加速推进。市中（一）医院成功创建国家三级甲等中医医院并顺利授牌，市疾病预防控制中心成功升级甲级疾病预防控制机构，市妇幼保健计划生育服务中心获评“全国巾帼文明岗”。国家公共文化服务体系示范区创建顺利通过中期评估。积极促进就业，全年新增城镇就业近7000人、农村劳动力转移就业近4600人。社会保障体系不断完善，城乡低保月人均救助水平分别达286元、149元，养老保险、医疗保险、生育保险、失业保险、工伤保险等9项社会保险总人数达162.77万人次。东岗村获评首批全国农村幸福社区示范单位，市民政局获评“全国敬老文明号”。顺利完成第二次全国地名普查工作。全面实行封山育林，森林防火形势持续好转，森林覆盖率达55.17%。完成玉瓷路、白兔潭城中村等棚户区改造3509户、公租房建设1146套。

【社会管理】2017年，以“安全保卫战”为抓手，全面落实“党政同责、一岗双责、齐抓共管、失职追责”和“三个必须”要求，深入开展安全生产大检查，排查安全隐患1.3万余处，事故发生率同比下降60%。建立高危行业在线监控系统，烟花爆竹综合管理服务平台和全国第一家黑火药联合配送中心全面建成，安全监管水平不断提高。完善“打防管控”立体式社会治安防控体系，严厉打击各类违法犯罪，破案率显著提高。成立“网格化”管理中心，全面推行“三基一网”，搭建市、镇（街道、示范区）、村（社区）、基层网格“四级平台”，为群众代办各类事务8000余件，帮助困难群众1.2万余人次，群众满意率达99%。城乡社区“网格化”服务管理模式获“株洲市首届管理创新奖”。不断加大信访维稳工作力度，全年信访总量明显下降，特护期间实现“零登记、零非访、零事故”。嘉树镇获评2017年度全省十大“平安乡镇”。圆满完成270个村（居）两委换届选举工作，基层班子结构进一步优化。充分发挥“12345”市长热线平台作用，解决各类问题4000余个，群众满意率达95%以上。全力防范和打击非法集资，金融风险总体可控。市人民武装部积极参建参治，军民融合发展呈现新活力。 （胡 飞）

【市政府党组（扩大）会议】2017年11月1日，市人民政府召开市政府党组（扩大）会议，学习中共十九大报告精神，听取当前经济运行状况及重点工作进展情况。副市长、湖南醴陵经济开发区管理委员会主任分别汇报各自分管领域的重点工作，特别是株洲市“十个100工程”的进展情况，对照上级考核要求安排下阶段工作。

【市政府常务会议】2017年，市人民政府共召开17次市政府常务会议。

1月9日，研究2017年醴陵市重点项目及醴陵市列入株洲市重点项目、醴陵市农口单位公益性岗位人员待遇、接收中国农业银行醴陵地区剩余委托资产、兴达公司纯电动零排放公交车财政补贴、2017年中国醴陵国际陶瓷产业博览会筹备工作、2016年度人口和计划生育工作考核评估情况等有关问题。

1月20日，研究《2017年政府工作报告（送审稿）》、《醴陵市2016年国民经济和社会发展计划执行情况和2017年计划草案的报告（送审稿）》、《醴陵市2016年财政预算执行情况和2017年财政预算草案的报告（送审稿）》、“促进经济开发区招商引资的十条政策”、“促进陶瓷产业发展的十条政策”、“促进花炮产业发展的十条政策”、“促进大众创业万众创新的十条政策”、全市安全生产工作、醴陵市渌江古城之瓷城古韵（一江两岸）文化休闲带建设PPP项目招标等有关问题。

2月4日，研究全市三级干部会议暨产业突围战动员大会会议方案，醴陵市2017年“项目攻坚战”活动实施方案，醴陵市2017年“安全保卫战”活动实施方案，加强黑火药和引火线生产、经营、道路运输、存储、使用安全管理工作，醴陵市2017年“城镇提质战”活动实施方案，2016年度“工业十条”政策兑现等有关问题。

3月4日，研究全市环境保护工作、开展“醴陵陶瓷”产业集群区域品牌建设试点工作、加强涉毒特殊人员管理和服务工作、醴陵市瓷城大道人防平战结合工程、向市渌江集团和市高新集团派驻财务总监、醴陵市人民政府领导成员分工等有关问题。

3月24日，研究全面推行“河长制”工作，官庄、望仙桥、雪峰山等水库养殖污染治理工作，官庄湖游船运输及后续运营工作，加强招商引资工作，醴陵市创建全域旅游示范区工作，“三桥两洲一廊”亮化提质改造等项目，醴陵市垃圾焚烧发电项目，将城市外环线调整为四车道等有关问题；通报《关于提请决定任命曾敏等职务的议案》。

4月13日，研究2017年度“四个十条”首次政策兑现，《醴陵市集体土地上房屋拆迁补偿安置操作办法》，城镇提质战之旧城区停车位、小街小巷项目，城镇提质战之绿化拟建项目，官庄湖水系综合开发等5个项目，采用政府与社会资本合作（PPP）模式建设，《醴陵市政府和社会资本合作（PPP）项目管理办法》，解决湖南电力电瓷电器厂大集体分厂改制预留医疗保险费，2015年、2016年金融机构奖励补助资金，市供销合作总社综合改革，农贸市场提质改造，湘运醴陵汽车站整体搬迁工作，城区店招改造项目，湖南工业大学醴陵陶瓷学院建设，校车安全管理和校园安保，学校项目建设，全市卫计工作，近期文体工作，解决采编播设备升级改造专项资金等有关问题。

5月16日，学习《中华人民共和国环境保护法》，研究水利防汛和“河长制”工作、《醴陵市城市建筑垃圾管理规定（草案）》、市中小企业服务中心、2017年交通基础设施建设等有关问题。

6月16日，学习《中国共产党廉洁自律准则》；研究第二届中国醴陵国际陶瓷产业博览会筹备工作、醴陵陶瓷会展馆项目建设、申请促进会展业发展、醴陵陶瓷会展馆运营管理政策扶持，市产业发展基金有限公司与商业银行和深圳前海众微资本管理有限公司开展合作相关事宜，白兔潭镇污水处理工程项目，《湖南工业大学醴陵陶瓷学院联合办学协议（送审稿）》，青云学校办学，进一步推进户籍制度改革，《醴陵市国有土地上房屋征收补助和奖励暂行办法（送审稿）》，低保和社会保障兜底脱贫对象清理工作等有关问题。

6月22日，研究促进市服饰产业发展、《官庄湖水系综合开发PPP项目实施方案》、《渌江水系综合治理PPP项目实施方案》、醴陵窑核心区保护与利用工作、全市档案史志工作、市第二中学污水处理等有关问题。

7月13日，学习《中华人民共和国招标投标法》，通报环保部华南环保督察中心到醴陵调研环保工作有关情况，研究政务中心搬迁工作、落实有关政策文件解决被征地农民社会保障问题、白兔潭镇开展相对集中行政处罚权工作、全市治理车辆超限超载工作、对青云路立面等处亮化进行提质改造、追加公共照明电费预算、康体养生建设项目招商、智慧医疗云平台建设等有关问题。

8月15日，学习PPP项目合同法律风险防控知识，研究《醴陵市城乡生活垃圾资源化处理PPP项目实施方案》、进一步加强全市政府性投资项目公开招标工作、创建全国首批义务教育优质均衡发展县（市）、仙岳山文化景区核心区内危房易地新建、渌江新城公共租赁住房分配及管理方案中若干重要事项、"数字醴陵"二期工程建设项目、全市禁毒工作等有关问题。

9月20日，学习城乡规划相关知识，研究造纸行业淘汰落后产能整治工作、修订《醴陵市征地拆迁和房屋征收资金管理办法》、市农村综合服务平台建设、开展农村综合性改革试点试验工作、旧城区公共停车位建设项目停车楼及智慧停车系统建设、规划展示馆、公证体制改革和法治文化广场建设、信访工作、加强执纪审查标准谈话室建设、给予机关单位部分工作人员记功等有关问题。

10月16日，学习《中华人民共和国预算法》，研究市食品安全工作、制订《关于加快发展体育产业促进体育消费的实施意见》《醴陵市全民健身计划（2016－2020年）》、当前全市安全生产工作、中盐红四方醴陵项目、偿还华联瓷业垫资、收回华塘医院储备土地等有关问题。

11月16日，学习《中华人民共和国个人所得税法》，研究制订《关于大力发展养老服务业的实施意见》、制订《关于加强农村留守儿童关爱保护工作的实施意见》、提高全市城乡低保救助和农村分散特困供养救助标准、2017醴陵市房地产博览会、《城乡建设用地增减挂钩实施方案》、平汝高速公路耿祠互通项目建设、规范和加强全市政府性债务管理、市渌江水系综合治理PPP项目合同等有关问题。

11月24日，传达省委召开的市州委书记视频会议精神，研究中央环保督察交办问题办理情况、全市污水处理及黑臭水体治理工作、2017年株洲市政府交办的月度重点工作任务办理情况等有关问题。

12月14日，学习《湖南省城市综合管理条例》《株洲市城市综合管理条例》，研究推进新农村示范点建设工作、全市国有公司负责人薪酬管理和经营业绩考核、规范村务公开栏工作、2017年度"四个十条"政策三季度兑现、市公立医疗机构价格改革等有关问题。

12月19日，传达学习湖南省县（市、区）领导干部产业升级创新驱动专题培训暨励志示范班学习精神，研究《2018年政府工作报告（送审稿）》《关于醴陵市2017年国民经济和社会发展计划执行情况与2018年计划草案的报告（送审稿）》、市2018年重点项目编制、《关于醴陵市2017年财政预算执行情况和2018年财政预算草案的报告（送审稿）》、年终考核迎检工作、2018年工作谋划、安全生产、信访维稳、廉政建设等有关问题。

【市长办公会议】 2017年，市人民政府共召开3次市长办公会议。

1月6日，研究迎接株洲政绩考核准备工作、年初开局工作、安全生产工作、扶贫攻坚工作、全面小康工作、"四大战役"工作、农民工工资支付工作、2017年度财政预算编制、《政府工作报告》起草、政府系统工作规则完善等有关问题。

5月25日，研究项目推进工作、扶贫攻坚工作、安全生产工作、经济指标调度工作、防汛工作、"企业帮扶行动"第一批交办任务、市委党校提质改造、市长热线（信箱）平台建设、计划生育八项工作制度、醴陵窑核心区保护与利用项目工作、起草《醴陵市妇女发展规划（2016－2020年）》《醴陵市儿童发展规划（2016－2020年）》等有关问题。

9月7日，研究国务院安全生产委员会安全生产大检查督查组到醴陵督查安全生产大检查工作的各项前期准备工作、中共十九大特护期的信访维稳工作、中央环保督察交办问题及环保部华南环保督察中心到醴陵调研反馈问题的整改落实工作、脱贫攻坚工作、项目建设推进工作、企业帮扶工作、考核争先进位工作、督查督办工作、市渌江集团合并市自来水公司会计报表、市白兔潭镇城中村改造配套基础设施建设项目、"五彩社区"建设、现代农机合作社建设项目和农村机耕道新建维修改造项目配套资金等有关问题。

【市政府专题会议】 2017年，市人民政府共召开22次市政府专题会议。主要研究市泓信大市场储备地块历史遗留问题、市金泰房地产开发有限公司开发项目遗留问题、全市污水处理工作、国瓷加油站建设，2017年度全市环保工作、违规招投标项目自查自纠工作、110千伏五里牌输变电工程选址（选线）及工程建设、烟花爆竹企业违法用地、保障性安居工程跟踪审计发现问题和棚改问题、文化北路商业街项目、2017年度校车安全管理工作、市华强房地产开发有限公司开发项目、东岸小区项目、渌江新城学校建设、湖南升华科技股份有限公司信访投诉案件、迎接湖南省突出环境问题整改督办专项工作组到醴陵检查、迎接中央环保督察组督察有关工作和下阶段全市环保工作、青云学校综合楼搬迁、6号泵站污水管网项目建设、“瓷城古韵·一江两岸”PPP项目新增子项目、潜江至韶关输气管道工程醴陵段项目建设等有关问题。（丁鑫禹）

市人民政府办公室

【综合调研】2017年，市人民政府办公室共撰写年度政府工作报告、大会报告、领导讲话、典型发言、专项汇报等文稿材料300余篇。围绕安全生产、农业农村、产业发展、“互联网+”等领域，深入镇（街道）、龙头企业，走访相关部门单位，广泛开展调研，撰写《醴陵市烟花爆竹生产企业静电事故调研报告》《醴陵市互联网+陶瓷发展调研报告》《醴陵市农民专业合作社联合会改革发展情况调研报告》等调研报告，整理刊发《调查与研究》4期、《学习与交流》18期。全年在国家、省、株洲市主要新闻媒体刊物、网站上刊发领导署名文章10余篇，发表新闻稿件30余篇。（胡　飞）

【办文办会】2017年，市人民政府办公室严把公文处理“四关”，抓好文件的印发、管理、利用和文书立卷归档等流程。严格按照保密制度管理、规范三密文件，全年无被盗、失泄密事件发生。全年处理来文1286件，制发各类文件259件。组织市政府常务会17次，市政府党组会议1次，市长办公会3次，政府专题会议22次。（丁鑫禹）

【政务监督】2017年，市人民政府办公室围绕全面打好“四大战役”，加快建设“四个醴陵”目标，先后组织、参与重要工作督查60余次，办理市领导批示件100余件。认真承办株洲市政府督查室交办或转办的查办件，办结率100%。全年办理市人大代表建议124件、市政协委员提案136件，办结率、见面沟通率、满意率均达100%。（温立峰）

【信息工作】2017年，市人民政府办公室推进政务公开，及时更新、加载公开信息，主动上报株洲政务信息1832条，其中采用306条；向株洲市政府门户网站上报信息1558条，被网站《县市区动态》栏目采用293条。编印《政务参考》87期、编发《每日时事》161期。全市主动公开政府信息6876条，其中公开规范性文件信息52条，通过政府网站公开政府信息3886条、政府官方微博公开政府信息70条和官方微信公开政府信息2920条。

【应急管理】2017年，市人民政府办公室制订下发《醴陵市人民政府办公室关于推进基层应急管理规范化建设的通知》《醴陵市人民政府办公室关于进一步加强应急值守的工作规定》等文件，指导修订市级专项应急预案14个，协调建立各类应急救援队伍80余支、避难场所200余个、物资保障库40余个，开展各类应急预案演练、活动、知识讲座共150余场次，分发应急知识宣传单15万余份、宣传展板2000余块，值班人员严格落实24小时专人值班制度，接、打各类电话9000余个，发送各类会议通知400余次，处理明传电报600余个。

【市长热线】2017年8月，成立市长热线办公室，采用多人多台席的工作模式，白天开通3条热线，晚上开通1条热线，每周7天、每天24小时专人值班，不间断的为市民提供咨询、建议、投诉、求助等服务。自热线平台试运营以来，共受理市民反映的有效事件3026件，办结2974件，办结率为98.28%，在事件办理情况的满意度调查回访中，市民满意度达98.97%。市长热线平台于2017年10月21日对接110社会联动服务信息平台，截至12月31日，共受理公安推送事件367件。（肖　岚）

市政务服务中心

【概况】2017年，醴陵市政务中心按照“规范、优质、高效、便民”的政务服务宗旨，进一步简政放权、放管结合、优化服务，运用“互联网+技术”，深入实施“一门式”政务服务改革，全年办件量超2.8万件，按时办结率、群众满意率均为100%。

【“一门式”政务服务改革】2017年，启动联通全市所有职能部门的“互联网+政务”综合信息服务平台和面积超1万平方米的新政务中心实体平台建设，成功开发智慧政务手机APP和党政机关办公自动化（OA）系统。全年完成26个部门、581项行政审批和公共服务事项的梳理和清理。其中，“自然人”事项173项，确认纳入“互联网+政务”综合信息平台统一受理；“法人”事项112项，确认在市政务中心政务大厅通过物理流转方式实施管理。对“自然人”、“法人”办事进行分类管理，实现“自然人”办事场地向乡镇、街道（区）、社区延伸。年内，在全市建立政务服务点45个，按照“四个标准化”（场地标准化、事项标准化、流程标准化、申请材料标准化）建设，涉及市13个部门的173项事项；“法人”办事全部集中在市政务中心，政务大厅更名为“市建设投资项目审批服务大厅”。

【制度建设】2017年，建立健全组织生活会制度、廉政谈话制度、财务管理制度、首问责任制、限时办结制、服务承诺制、一次性告知制、投诉处理办法等40项规章制度。同时，中心各项制度与问责追究相结合，加大对工作人员工作纪律、事项办理、办事效能、服务态度和服务质量等督查力度，坚持监控系统日常监督检查、每月办件抽查核实和不定期明查暗访制度，对窗口工作实行每日考勤登记，每月考核通报，年度先进评比，实现管理规范化、标准化和制度化。（吴贝立）

信访工作

【概况】2017年，全市信访工作以信访源头治理为重点，夯实基层基础建设，加大领导接访处访力度，重点化解信访积案，健全完善各项信访机制，全市信访形势整体平稳可控。全年受理上访群众1386批、6568人次，受理群众来信371件；集中化解信访突出问题76件次，对12件信访问题进行复查，依法分类处理可查案例85件次。对突出的125件信访突出问题进行市级领导包案，对8名有特殊疑难信访问题的人员进行救助。

【领导接访】2017年，市委常委会、政府常委会先后4次听取信访工作情况汇报、5次召开信访联席会议，研究化解信访突出问题，下发《醴陵市关于进一步加强信访工作的实施意见》，明确和完善信访工作领导责任制、领导干部包案制、领导定期接访制、赴省进京接返劝返等相关制度。全年有30名市级领导参与值班接访，共接待群众208批、1786人次，重点解决信访疑难问题187件次；市委书记、市长带头接访包案，化解积案76件。年内，在株洲市开展的信访维稳“百日攻坚”专项活动中获第二名、信访维稳“百日攻坚”再行动中获第一名。

【特护期安全稳定】2017年，市信访局在省党代会、“一带一路”高峰论坛、中共十九大等特护期间，成立信访维稳安保工作战时指挥部，实行挂图作战、无缝对接，全市各镇、街道及部分市直单位均召开专题会议，制定维稳和接返方案，对重点对象均按“五包一”（包掌握情况、包思想教育、包解决困难、包稳控管理、包依法处置，一个包案领导、一个工作班子、一套化解方案、一份会办纪要、一套稳控措施）的要求进行责任分解，全年实现“零非访、零登记、零事故”的工作目标。（陈　娟）

档案史志

【概况】2017年，经市机构编制委员会办公室批准，市档案史志局在原有办公室、档案馆、业务法规股、党史资料征集编研办公室和市志、年鉴编纂办公室5个内设机构的基础上，增设市党史陈列馆，属正股级全额拨款事业单位，核定全额拨款事业编制4名。截至年末，市档案史志局实有在职干部15人；市综合档案馆有馆藏档案8大类、19万余卷（册）、资料4万册；全市设立档案全宗单位272个，进馆全宗单位197个。

【档案保护与开发利用】一是全面启动档案信息化建设。按照上级有关要求，制订数字档案馆建设方案并经市政府常务会议讨论通过档案信息化建设，计划用3–4年，分四期逐步完成“三网一库”（内网、专网、外网和数据库）建设任务，到2020年基本完成市数字档案馆建设；建成后能接收和保管全市各立档单位移交的电子档案，实现80%以上馆藏传统载体档案数字化转换。年内，启动一期工程建设，完成馆藏陶瓷相关档案的数字化加工。二是启动城市记忆档案和领导公务档案收集工作。全年拍摄城市记忆档案照片80组、共2000余张，收集整理市委书记个人公务档案。三是继续推进农村土地确权工作。全年派出20余人次，指导村、组确权业务。四是做好醴陵陶瓷档案抢救保护工作。醴陵陶瓷档案抢救保护工作是湖南省重点档案抢救保护与开发项目，是株洲地区唯一开展的省重点档案抢救保护与开发项目，全年完成原市瓷业总公司、湖南省陶瓷研究所、国光集团等陶瓷企业档案的收集、鉴定、数字化加工。五是档案查阅与利用。全年接待查阅利用档案人员400余人次，调阅档案3000余卷（盒）。剪辑反映醴陵情况的简讯、报道730余篇；接收浦口镇文书、婚姻等门类档案230余卷（盒），接收市委组织部移交的死亡干部（科级）档案近1000卷。完成原市瓷业总公司、国光集团、电瓷厂的山林定权、知青等档案31万页的数字化加工。

【“6·9”国际档案日宣传活动】2017年“6·9”国际档案日是第10个国际档案纪念日，围绕“档案——我们共同的记忆”宣传主题，组织开展一系列宣传活动。一是利用“醴陵发布”“醴陵组工”《今日醴陵》报等微信公众号和报刊等社交平台，向社会发布相关档案业务知识、法律、法规等内容，进一步扩大档案工作的社会影响。二是订购《档案与民生》宣传挂图、新版《中国的世界记忆遗产》宣传册、“档案与民生”宣传海报，于活动日前免费发放到有关单位张贴宣传。三是开展“档案——我们共同的记忆”征文活动。四是开展广场集中宣传。6月9日，在市步行街商业广场集中设立宣传展板20余块，向路人发放宣传资料1000余份，接待群众咨询200余人次，分管副市长石勇辉现场参与宣传活动。在市城区部分公共场所和有关单位电子显示屏中滚动播放档案相关的法律法规的宣传标语及有关条款。联合仙岳山街道，为帮扶企业开展企业档案管理宣传活动。

【档案业务指导】2017年，摸底清查各镇、街道办事处、市直单位的档案工作，共走访单位76家。在常规的档案执法检查中，发现档案违法行为并及时下发“档案执法检查通知书”12份，已全部整改到位。年内，仙岳山街道被纳入创建株洲市档案管理示范乡镇，重点强化组织领导、机构设置、责任落实和制度、基础设施、档案管理队伍建设；于10月通过株洲市档案局考核验收。

【党史工作】一是参与《株洲党史人物大典》编纂工作。在前期收集的600余名人物信息的基础上，经过核实、筛查，最终确定入典人物365名，年内完成60余名人物传记撰写。二是进一步梳理、核实醴陵将军名录。确定醴陵有国共两党将军合计295名，其中国民党将军250名，共产党高级将领45名（已授衔22名）。三是完成一批资料收集与撰写工作。参与《建军建政在株洲》编纂工作，完成株洲市交办的写作任务；根据中共湖南省委党史研究室关于做好《回忆录》第23辑“新时期湖南城市建设专辑（1978－2017）”编撰工作文件精神，撰写《醴陵：湘东名城》文章；与株洲市委党史办联合整理的文章《亲历胡耀邦1962年在醴陵作形势报告》在《湘潮》杂志刊登；配合株洲市委党史办收集有关耿飚在陕甘宁边区及罗学瓒、罗启厚等系列资料。四是参与秋收起义90周年和宋时轮将军诞辰110周年2个重大周年纪念活动。组织整理秋收起义在醴陵发展的相关史料，在“醴陵发布”“醴陵组工”等微信公众号连续推出，与湖南卫视、株洲电视台、醴陵市广播电视台联合推出秋收起义系列专题片，回顾、再现醴陵在秋收起义中的作用和贡献。9月10日，市政协副主席李忆湘、市档案史志局局长吴远香、枫林镇时轮村支部书记钟建冬，出席在北京举行的纪念宋时轮将军诞辰110周年活动。

【志鉴工作】一是启动名镇志编纂工作。市档案史志局根据《中国名镇志文化工程实施方案》要求，经中国地方志指导小组批准，醴陵市浦口镇、船湾镇和嘉树镇被确定为首批启动中国名镇志编纂工作的乡镇。年内，浦口镇率先开展《浦口镇志》编纂工作，完成篇目整理、审阅，进入志稿写作阶段。二是完成综合年鉴编纂。《醴陵年鉴》2017卷编纂工作自3月开始，文字稿经过三审四校，9月底交方志出版社，10月通过方志出版社出版审批意见，11月正式出版发行。全书约77万字，有彩版144幅，通过调整增加新条目、新内容，展示时代特色、醴陵特色和年度特色，亮点突出。三是配合做好省、株洲市年鉴编纂。分别向株洲市地方志编纂委员会办公室、湖南省地方志编纂委员会报送8000余字的醴陵部分的年鉴稿件。四是重视志鉴交流。与湛江市、赤壁市、抚州市等21个市县完成志鉴交换，更好地学习、吸收、借鉴各省市志鉴编纂的先进理念、方法。

（朱　斌）

醴陵市交通运输局

LI LING SHI JIAO TONG YUN SHU JU

湖南省交通运输厅厅长周海兵到醴陵调研“四好农村路”

株洲市交通运输局副局长崔旭艳到醴陵检查春运工作

湘运集团醴陵汽车老站搬迁暨中心站运营启动仪式

局党组书记、局长张有余现场调度东城大道建设工作

局干部结对帮扶贫困户

贫困村新建道路

北部旅游公路

醴陵市城市管理

LI LING SHI CHENG SHI GUA

市委书记胡湘之现场调研部署城市管理工作

开展太一市场集中整治

公开招录协管员

户外广告减量提质

城管在一线

城管执法培训

护卫“瓷博会”

和行政执法局

HE XING ZHENG ZHI FA JU

株洲市城管系统在醴陵开展看学议活动

精准扶贫工作

“七一”党员大会

城管换装仪式

醴 陵 市

LI LING S

湖南省农业委员会副主任兰定国到醴陵检查指导绿肥生产工作

湖南省土肥站站长姚正昌到醴陵指导休耕工作

中国科学院院士谢华安到王仙镇调研休耕工作

醴陵市新金富现代农业项目招商签约仪式

市农业局社会扶贫募捐启动仪式

全市土地确权工作推进会

农 业 局

ONG YE JU

市农业局传达学习市委十二届三次全体（扩大）会议精神

科技下乡

指导农户农业生产

局机关支部党日活动

明月镇田间学校

醴　陵　市

LI LING SI

株洲市人民政府副市长、副总河长、渌江河长顾峰，株洲市水务局党组书记、局长彭良平检查醴陵市“河长制”工作

株洲市委、市政府领导督查清水江河段安全工作

市委书记胡湘之督查水库防汛工作

市委副书记邹志超到周坊水库督查防汛安全工作

党组书记、局长甘毅率队到明兰水库进行防汛检查

党组书记、局长甘毅到板杉镇贫困村调研自来水工程

水　利　局

HUI LI JU

株洲市第二次总河长会议在醴陵召开

醴陵市防汛工作会议

水利系统 2017 年总结表彰大会

醴 陵 市

LI LING S

国家林业局森林公安局副局长柳学军到醴陵考察森林消防队

党组书记、局长 凌伟

四县（市）油茶（桐）收摘护林联防会议

全市松材线虫病除治工作会议

林 业 局

N YE JU

局务会议

开展贫困户油茶技术培训

油茶病虫害专业防治

廉政教育

湖南醴陵恒新林业科技有限公司醴陵分公司国外松基地

醴陵市商务

LI LING SHI SHANG W

株洲市人民政府副市长黄芳在第 22 届澳门国际贸易投资展览会上向客商推介醴陵陶瓷

市委书记胡湘之出席第三届湘赣边区域开放合作交流会

“全域旅游 · 魅力之旅”启动仪式

2017 中国国际旅游交易会上，市人大常委会主任贺小玲与参展人员合影

中国旅游融媒体“红色旅游扶贫湘东行”采访团到醴陵采风

提质改造后的太一市场效果图

旅 游 和 粮 食 局

YOU HE LIANG SHI JU

市委副书记、市人民政府市长康月林带队调研第122届广交会醴籍参展企业

市委副书记、市人民政府市长康月林调研招商企业

外贸政策业务培训会

市商务旅游和粮食局召开中共十九大精神宣讲会

党组书记、局长张永辉查看贫困户养蜂情况

局干部下乡扶贫

“旅游扶贫情系助学”走进均楚镇周坊村

醴陵市文体广电新闻出版局

LI LING SHI WEN TI GUANG DIAN XIN WEN CHU BAN JU

湘赣边（醴陵）首届桃花艺术节开幕式

醴陵世界陶瓷科普馆开放仪式

“关注安全·关爱生命”安全知识竞赛

组织局干部参观市廉政教育基地

醴陵市首届机关运动会开幕式

2018 全国新年登高健身大会湖南醴陵分会场

醴陵市首届成人游泳比赛暨株洲市十三届运动会游泳比赛选拔赛

醴陵市审计局

LI LING SHI SHEN JI JU

党组书记、局长　唐飞

领导班子

“两学一做”学习教育常态化制度化动员大会

全市经济责任审计联席会议

接收预备党员

政府债务审计进点会

醴陵市卫生和

LI LING SHI WEI SHENG H

湖南省卫生和计划生育委员会副主任易露茜到孙家湾镇卫计办指导工作

党组书记、局长　邓少仁

领导班子

2017 年醴陵市卫计系统中青年干部培训班开班典礼

市卫计系统“五问工作法”汇报会

计划生育局

HUA SHENG YU JU

全市卫生与健康大会

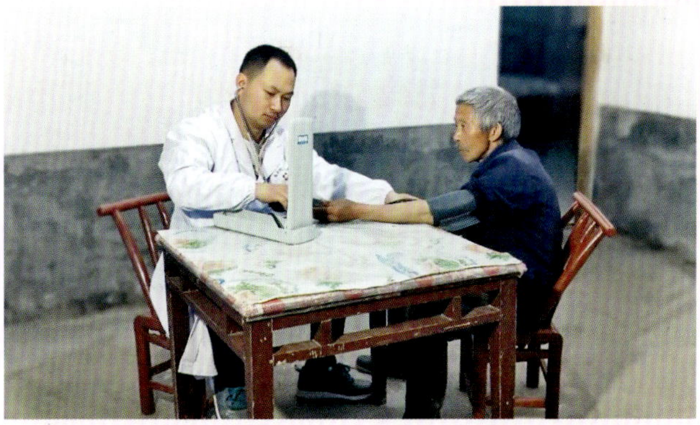
“第二届好医生、好护士”代表徐才为贫困患者体检

市中（一）医院与枫林镇枫林卫生院建立紧密型医联体

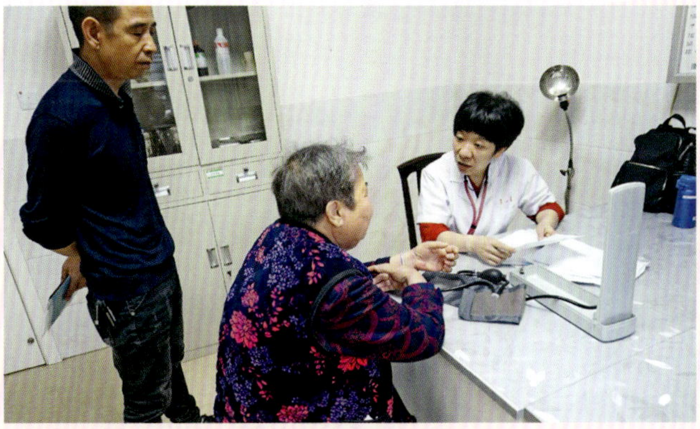
深化“湘雅乡情·专家醴陵行”活动，专家首次进社区坐诊

健康扶贫志愿者为贫困患者送温暖

孙家湾镇卫生院医务人员进村开展家庭医生签约服务

醴陵市安全生

LI LING SHI AN QUAN SHENG

国家安全生产监督管理总局监管三司副司长张兴林一行到醴陵查看中洲烟花自动化生产线

市委书记胡湘之督查花炮企业安全生产

李畋公祭

东富镇安监站开展计划执法

市安全生产委员会办公室组织开展校车安全专项督查

湖南科富花炮实业有限公司开展学习红军精神活动

产 监 督 管 理 局

CHAN JIAN DU GUAN LI JU

株洲市委副书记、市人民政府市长阳卫国到醴陵督查安全生产工作

安监人员检查企业安全生产台账

2017 年醴陵市烟花爆竹行业春节大联欢

湘赣两省烟花爆竹主产区四县市产业座谈会

2017 年度烟花爆竹生产、经营企业主要负责人业务学习培训班

市烟花爆竹视频监控中心

醴陵市食品药品工商质量监督管理局

LI LING SHI SHI PIN YAO PIN GONG SHANG ZHI LIANG JIAN DU GUAN LI JU

市委书记胡湘之到局调研

醴陵国家级出口日用陶瓷电瓷质量安全示范区授牌

扶贫工作，为结对帮扶对象送去鸡苗

“3·15”消费者权益保护日活动现场

元宵节前市场专项检查

高考期间，监管人员查看冷冻食品

全市创建省级食品安全市动员大会

推进“三创四化”，联合多部门沿街检查无证无照洗车修车店

醴陵市统计局

LI LING SHI TONG JI JU

局全体机关干部到预防腐败警示教育中心参观学习

局长刘育艳慰问贫困户

数据质量核查工作汇报交流座谈会

统计法颁布 34 周年广场宣传活动

开展传承雷锋精神 深化志愿服务活动

全市创国卫创国园民意调查

学习宣传中共十九大精神

醴陵市人民防空办公室

LI LING SHI REN MIN FANG KONG BAN GONG SHI

湖南省人民防空办公室领导到醴陵开展人防行政执法稽查工作

党组书记、主任潘应生率队参加“株防 -2017”跨区拉练活动

党组书记、主任潘应生在全市防空警报试鸣活动总控室指挥

在职党员开展敬老爱老活动

人防宣教室

在全市城区 6 所初级中学开展防空疏散演练（青云中学演练现场）

醴陵市国家税务局

LI LING SHI GUO JIA SHUI WU JU

湖南省国家税务局党组成员、副局长皮本固、株洲市国家税务局党组书记、局长傅淼河到局考察

党建帮扶述职大会

全局廉政知识测试

扶贫帮困

公益性阅览室

庆祝中国共产党建党 96 周年重温入党誓词

税法宣传

醴陵市烟花鞭炮管理局

LI LING SHI YAN HUA BIAN PAO GUAN LI JU

市委书记胡湘之到市烟花鞭炮管理局调研

组织观看中共十九大开幕式

市烟花鞭炮管理局局长胡兆霖带队赴浏阳市学习调研

花炮企业主格局提升培训班

“瓷博会”焰火燃放

花炮行业扶贫募捐活动

“花炮十条”奖补第二季度集中兑现

醴陵市政务服务中心

LI LING SHI ZHENG WU FU WU ZHONG XIN

湖南省人民政府督查组陈漫波一行到市政务服务中心督查

市委副书记邹志超检查便民服务中心建设情况

市委常委、市委办公室主任王志强到市政务中心监控室查看窗口工作人员纪律情况

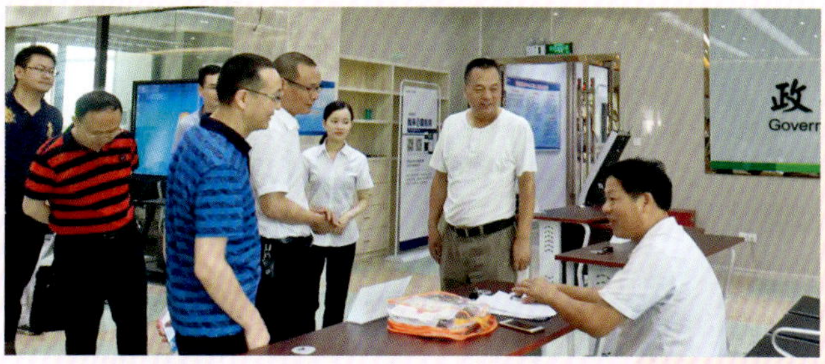

株洲市人大常委会内务司法委员会主任委员夏昌武一行到市政务服务中心调研

市委常委、常务副市长曾毅鹏调研市创新创业服务中心建设项目

党组书记、主任何平发讲党课

以晨会制度为抓手，推进政务大厅精神文明建设

醴陵市畜牧兽医水产局

LI LING SHI XU MU SHOU YI SHUI CHAN JU

总支书记、局长　孙平

局务会议

渌江河流域畜禽养殖污染治理工作会议

2017 年水生生物人工增殖放流活动

养殖产业扶贫技术指导

畜禽养殖技术指导服务

畜禽养殖技术指导服务

中国人民政治协商会议醴陵市委员会

【政协醴陵市第十四届委员会第一次常委（扩大）会议】 2017年2月13日，醴陵市政协第十四届委员会第一次常委(扩大)会议召开。会议听取审议，并以举手表决的方式通过《关于召开政协醴陵市第十四届委员会第二次会议的决定（草案）》。会议协商通过《政协醴陵市第十四届委员会第二次会议议程（草案）》《政协醴陵市第十四届委员会第二次会议日程（草案）》《政协醴陵市第十四届委员会第二次会议拟邀请人员名单（草案）》《政协醴陵市第十四届委员会专委会组成人员建议名单（草案）》，审议通过《政协醴陵市第十四届委员会常务委员会工作报告（征求意见稿）》。听取市人民政府2016年政情通报，并进行相关人事任免。

【政协醴陵市第十四届委员会第二次会议】 2017年2月19－21日，政协醴陵市第十四届委员会第二次会议在醴陵大剧院召开。江曙明代表政协醴陵市第十四届委员会常务委员会，向大会报告工作。大会通过《政协醴陵市第十四届委员会第二次会议关于政协醴陵市第十四届委员会常务委员会工作报告的决议》《政协醴陵市第十四届委员会第二次会议政治决议》。报告政协醴陵市第十四届委员会第二次会议提案审查情况。全体政协委员列席市第十六届人民代表大会第二次会议，听取政府工作报告。

【政协醴陵市第十四届委员会第二次常委（扩大）会议】 2017年7月28日，市政协第十四届委员会第二次常委（扩大）会议召开。听取市人民政府2017年上半年全市经济社会发展情况通报，协商审议部分政协机关干部任免职情况。市人民政府副市长陈佳通报上半年全市经济社会发展情况。市政协主席江曙明总结市政协上半年工作并对下半年工作进行部署。

【政协醴陵市第十四届委员会第三次常委（扩大）会议】 2017年12月26日，市政协第十四届委员会第三次常委（扩大）会议召开。会议宣读《2017政情通报》《政协醴陵市第十四届委员会第二次会议委员提案办理情况汇报》《关于政协委员届中调整建议人选情况的说明》。会议以举手表决的方式协商通过《关于召开政协醴陵市第十四届委员会第三次会议的决定（草案）》《政协醴陵市第十四届委员会第三次会议议程（草案）》《政协醴陵市第十四届委员会第三次会议日程（草案）》《政协醴陵市第十四届委员会第三次会议拟邀请人员名单（草案）》《政协醴陵市第十四届委员会第三次会议秘书处机构及负责人建议名单（草案）》《政协醴陵市第十四届委员会第三次会议选举办法（草案）》《政协醴陵市第十四届委员会第三次会议补选秘书长和常务委员总监票人、监票人建议名单（草案）》《市政协2017年度优秀委员活动小组、优秀组长、优秀委员、优秀提案名单（草案）》。会议还审议《中国人民政治协商会议醴陵市第十四届委员会常务委员会工作报告》《政协醴陵市第十四届委员会常务委员会关于第十四届第二次会议以来提案工作情况的报告》。

【协商议政】 2017年，市政协把产业发展作为经济建设的着重点，组织委员围绕传统产业突围升级、新兴产业成长壮大献计献策。组织召开陶瓷、花炮、防水新材料等产业发展专题协商会，提出建议17条。委员关于产业发展的建议和提案比重大幅增加。“四个十条”从制定到实施的过程中，众多委员热忱参与。开展义务教育优质资源均衡发展、发挥和扩大陶瓷产业博览会效应、城乡生活垃圾分类处理、农村农贸市场建设、农村贫困家庭合作医疗5个重点课题的专项调研并形成调研报告，其中《醴陵市城乡生活垃圾分类处理调研报告》获株洲市政协优秀调研报告一等奖。9名委员在政协醴陵市第十四届委员会第二次会议上作大会发言。

【民主监督】2017年，市政协探索完善集中委派民主监督小组工作机制，全年委派50名政协委员组成10个民主监督小组，入驻市公安局、市人力资源和社会保障局、市城市管理行政执法局等单位。市政协加强联系指导，监督小组认真开展工作；各小组寓监督于支持之中，提出合理建议47条。受派单位积极配合，主动邀请民主监督小组列席会议，参加相关活动，认真听取建议并积极回应。

【参政建言】2017年，市政协扎实开展“微建议”工作。启动仅1个多月就收到委员提交的微建议118条，其中“延长5路车运营时间”“取消乡镇快递不合理收费”等微建议，得到市有关部门的迅速回应和解决。加大提案办理力度，确保136件提案件件有着落、件件有答复，实现见面率、办结率、满意率三个100%。年内，将《我市电瓷企业做强做精绝缘子产品》《优化学校布局促进我市教育均衡发展》等5件提案列为重点，由市政协领导牵头督办，推动问题解决。全年编发《民情信息》6期，向市委、市政府及相关部门报送信息72篇。“醴陵窑保护与综合开发”“加强幼儿园监管”等建议，被市文体广电新闻出版局、市教育局等部门采纳并办理。（吴　军）

民主党派

中国国民党革命委员会醴陵市委员会

【概况】2017年，中国国民党革命委员会醴陵市委员会（以下简称“民革醴陵市委”）下设8个支部，有党员180人。党员中有株洲市人大代表3人，醴陵市人大代表8人（人大常委1人），醴陵市政协委员22人（政协常委4人）。年内，民革醴陵市委助力脱贫攻坚工作，党员为贫困户捐款4.4万余元，开展“送医下乡”义诊活动。加强统一战线工作，在泉湖小学开展“统战知识进校园”活动。关爱抗战老兵，走访慰问14名抗战老兵。参与社区建设，与来龙门街道、马放塘社区共建“同心社区”。全年，提交提案19件，社情民意50余条，有1篇信息被人民政协网采用、2篇信息被民革中央网站采用、10篇信息被民革省委网站采用、23篇信息被株洲政协网站采用、25篇信息稿被株洲民革公众号采用。撰写《关于推动我市陶瓷企业电子商务发展的建议》等调研报告。（丁　冰）

中国民主同盟醴陵市工作委员会

【概况】2017年5月，中国民主同盟醴陵市总支委员会撤销，下属的4个支部划归中国民主同盟株洲市委员会直属管理，另成立中国民主同盟醴陵市工作委员会，负责联系醴陵市教育、陶瓷、医卫、经济科技4个支部。年内新增盟员2人，储备入盟积极分子3人，共有盟员48人；召开工委（总支）委员会议6次、总支全会2次。组织开展“凝心聚力‘十三五’、助力发展新醴陵”为主题的“两学一助”教育活动和“学习中共十九大精神”专题会议；推荐盟员7人参加醴陵市委党校党外班学习，选派1人参加株洲市委党校培训班学习。组织主题学习和培训活动2次，开展“五四青年节”“九九重阳节”和春节团拜等多种盟务活动。完成专题调研课题2个，政协提案、人大议案12篇，社情民意多篇，信息报送10余篇。完成上级民盟和中共醴陵市委统战部布置的多项工作，与其他组织和单位开展相关业务活动6次。筹集资金近30万元，成立“民盟醴陵工委残疾人就业创新基地”，培训残疾人39人，帮助16名残疾人获得稳定收入。全年共募集扶贫资金5.45万元。（瞿孝林）

中国民主促进会醴陵市总支委员会

【概况】2017年，中国民主促进会醴陵市总支委员会（以下简称“民进醴陵总支”）下设4个支部；年内新增会员4人，共有会员62人，其中株洲市政协委员1人、醴陵市人大代表2人、醴陵市政协委员10人（政协常委2人），醴陵市人大民主监督员1人、醴陵市政协民主监督员3人，担任副科级以上行政职务3人。5月，民进醴陵总支选举产生第五届总支委员会，设委员9人，刘育艳当选为主委；合理化调整下属4个支部，选出支部负责人。全年会员主笔或参与撰写调研论文和提案建议15篇，其中《关于加快湖南工业大学醴陵陶瓷学院建设》的调研报告，获株洲市政协调研报告三等奖，会员耿又来撰写的《筑巢引凤，产业转移任重道远——在粤醴籍企业返乡创业需求情况调研》，得到醴陵市级领导关注。

【服务社会】4月，组织会员中湖南师范大学附属湘东医院医生，到马放塘社区开展义诊活动。7月，组织会员到沩山镇第一敬老院，开展“情系敬老院，爱心暖夕阳”活动，赠送价值4000元的水果、面条、牛奶等物品。组织会员中的优秀教师进校园开展心理辅导公益讲座，到农村薄弱学校开展送教下乡等活动。会员周查自费为白兔潭镇金牛居委会几十名老人购买意外保险，多年资助1名贫困学生。选派6名会员参与2017年中国醴陵陶瓷产业博览会的服务工作。在株洲市委统战部举办的“我新故我行”脱贫攻坚活动中，民进醴陵总支会员捐赠价值5000余元的爱心物品；在醴陵市委倡议的扶贫捐赠活动中，31名会员共捐款4万元。（陈　蒙）

九三学社株洲市委员会醴陵市工作委员会

【概况】2017年，九三学社株洲市委员会醴陵市工作委员会（以下简称“醴陵工委”）设3个支社；有社员51人，其中有株洲市人大代表2人、醴陵市人大代表3人、醴陵市政协委员12人(政协常委2人)。

【社员履职】7月，醴陵工委组织部分社员参观市重大项目巡礼活动建设工地。11月，接待广东省九三学社潮洲市支社一行21人到醴陵市考察学习。创建“醴陵九三”微信公众号，不定期发布九三学社及社员动态信息。支持省级贫困村板杉镇板杉村的“三创四化”和扶贫创建活动，组织板杉村干部和村民代表到浏阳市幸福屋场参观学习；组织艺术家创作大型壁画《爱莲说》，支持板杉镇主办的“为荷而来”旅游文化活动。5－7月，组织陶瓷支社10名艺术家捐献作品，开展“瓷艺同心”扶贫义卖活动，共筹资4万元，全部捐赠给市慈善总会。社员汪立奋、陈建林、凌小娟等组建的醴陵市绿心志愿者协会，多次捐款捐物，慰问困难群众。社员为枫林镇谭家冲患白血病的4岁女孩邹芊玉捐款献爱心，其中社员省陶瓷艺术大师黄龙将作品《古都天香牡丹写生》义拍所得款项全部捐赠。协助组织九三学社株洲市委员会举办的株洲市医疗系统专家教授到醴陵市福利院义诊活动。组织社员分赴茶陵县、常德市开展全域旅游调研活动，分小组对湖南清泥湾生态农业集团、株洲市环境保护局、醴陵市房产管理局、醴陵市住房和城乡建设局、醴陵市陶瓷烟花职业技术学校等单位进行课题调研，撰写《株洲市黑臭水体调研报告》《株洲市职业技能实训能力建设研究》《加快美丽乡村建设，助推农业供给侧改革》《加快发展株洲市农产品冷链物流建设》等调研报告9篇。全年在九三学社中央、湖南省委网站等发表反映九三学社党派活动的信息20余篇。（陈庆恩）

社会团体

市总工会

【概况】醴陵市总工会内设经济法律保障部、基层工作部、财务部、办公室和市困难职工维权帮扶中心，下辖市职工学校、市工人文化宫2家事业单位，有在编人员12人。年内新建工会19家，发展会员1150人。截至年末，全市有基层工会934家，会员11.15万人。其中行政事业单位工会188家，会员1.57万人；企业工会747家，会员9.55万人。

【基层工会】年内，完成行政板块25个工会联合会的基层工会法人资格登记、统一社会信用代码及开设银行专户工作。截至年末，全市有登记在册的社团法人135家。对全市镇(街道、示范区)、湖南醴陵经济开发区、卫生和计划生育局及教育局工会联合会，实施基本工作经费和按实绩计发工作经费相结合的办法，进一步激发基层工会活力。全市镇(街道、示范区)、湖南醴陵经济开发区工会联合会工作实行季度报表，卫生和计划生育局、教育局和10家株洲市属改制企业工会联合会工作实行半年度报表。全年完成工会经费收入775.67万元。严格执行《中华全国总工会办公厅关于加强基层工会经费收支管理的通知》精神和规定，加强对基层工会财务管理工作的检查指导，将基层财务管理工作情况纳入年终工会工作考核评比的重要内容，全年安排扶贫、服务职工资金近150万元。

【劳动竞赛】5月，在醴陵市举办株洲市“湘字号”传统技艺工匠竞赛暨手工制茶大赛，株洲地区30余人参赛。9月，在醴泉窑艺公司举办湖南省“湘字号”传统技艺工匠竞赛湘瓷竞赛决赛，全省13支代表队75人参加拉坯成型、陶瓷彩绘、陶瓷雕塑3个项目决赛。由醴陵市派出的17名瓷艺选手代表株洲地区参赛，在决赛中均进入前十名，其中来自三石斋瓷艺的黄彪获第一名。年内，全市27个行政板块和行业工会组织基层企事业单位，共开展技能竞赛800余场次，参与职工近7万人次。

【技能培训与竞赛】以园区企业为重点，广泛开展技术革新、合理化建议、岗位练兵、节能减排、职业技能竞赛等技术比武活动。依托全市5个教育培训基地，开展职工技能、下岗失业职工转岗等培训，培训职工6000余人；全市各级基层工会共投资125万余元，培训职工2.96万人次。推进“一户一产业工人”(城乡困难家庭，一户培养一名产业工人)培养工程，以陶瓷、烟花、服装产业工人及陶瓷烟花职业技术学校“自强班”培训为主攻手，全年举办培训班20期、培训人员1200余人。年内，市陶瓷烟花职业技术学校开设烟花产业管理学历班，其中100名专业管理人员采取“订单式”培训，与各用工企业签订委培协议，培训3年取得学历后，回企业管理岗位上班。以“建功‘十三五’、创新我先行”为主题，围绕“岗位创佳绩、技能上水平、创新出成果、文明家庭行”四大内容，在全市深入推进第八轮女职工“芙蓉杯”活动。与市委宣传部、市精神文明建设指导委员会办公室、共青团醴陵市委、市妇女联合会共同主办“醴陵市第四届道德模范”评选表彰活动，陈贤忙、麻志翔获评“敬业奉献模范”。

【劳动模范管理】2017年，全市有全国、省部级、株洲市三级劳动模范118人。春节前夕，慰问男性80岁以上、女性75岁以上的劳动模范16人,发放慰问金1.6万元。全年发放三级劳动模范低收入生活困难补助47.93万元。开展工人阶级宣传月活动，全年安排疗休养劳动模范11人。

【职工文体生活】“五一”劳动节期间，组织开展“三创四化”再宣传文艺晚会、市第三届“劳动最美丽”暨“送文化、惠职工”活动，向一线职工赠送电影票1万张，覆盖全市121个基层工会、1万名职工。“七夕”期间，与市妇女联合会联合举办“和谐醴陵、幸福一生”单身职工交友联谊活动，参与职工近200人，牵手成功17对。与市文体广电新闻出版局联合举办以“同心共筑五彩梦，健康醴陵赢未来”为主题的全市首届机关运动会，有33支篮球队、19支乒乓球队、25支羽毛球队、共700余人参加。组织职工参加株洲市2017年“华融湘江银行”杯职工乒乓球赛，获男单第三名、混合团体第七名。8月，在湘东医院职工活动中心开展全民健身活动，组织全市各工会80余人，参加健身气功八段锦培训。年内，为创建“慢性病综合防控示范区”，联合市文体广电新闻出版局出台《醴陵市机关、企事业单位开展工间操活动实施方案》。11月，在泉湖体育馆组织工间操培训，全市机关、企事业单位120余人参加。截至年末，全市各级基层工会开展文体活动84场次，覆盖职工7000余人。

【工会服务】一是深入开展工资集体协商。对全市25个行政板块工会实行“一订三年”的工资集体协商模式。全年区域性工资集体协商建制率达90%，50人以上企业签订单独工资集体协商协议80家。二是开展“情系职工送清凉”、安全生产大检查活动。全市各级基层工会共投入31.2万元，为高温作业岗位的3000余名职工送去降温物资。三是加强信访、劳动仲裁工作力度。年内，市总工会共参与劳动仲裁立案263起，立案受理98起，结案95起，涉案金额872.1万元。四是开展禁毒宣传教育活动。组织近1000名职工参观市禁毒教育基地，深入重点企业宣传禁毒工作、发放禁毒资料。五是推进母婴关爱室的建设。指导市卫生和计划生育局工会在阳三石街道社区卫生服务中心、长庆示范区社区卫生服务中心的公共场所设立母婴关爱室，对人人乐超市母婴关爱室进行跟踪督查。

【困难帮扶】市总工会开展春节送温暖活动，为全市414名困难职工发放慰问金23.31万元。开展“春送岗位”活动，联合市人力资源和社会保障局、市扶贫工作领导小组办公室、市妇女联合会举办“春风行动”现场招聘会4场，累计联系用工企业60余家，提供岗位1000余个。开展职工医疗互助活动，全市有170个行政事业单位申报参与株洲市第四期职工医疗互助活动，参与职工1.49万人，收缴会费95.84万元。全年发放职工医疗互助补助金9批、564人次，55.93万元。开展女职工特殊疾病保障活动，6名女职工获补助6万元。开展大病医疗救助活动，为57名患病职工发放救助金14.9万元。开展“金秋助学”活动，为452名大一贫困生发放助学金185.7万元。对全市65名本科上线的建档立卡贫困户学生实现资助全覆盖。开展“法律援助进企业”活动，免费为困难职工提供法律服务，聘请律师4名，全年办理困难职工劳动纠纷案件282件，为360余名困难职工追回拖欠工资、经济补偿金等278万余元。年内，支持市陶瓷烟花职业技术学校开设自强班2个，对14～18周岁的105名建档立卡贫困家庭子女免除学费、杂费、生活费。深入明月镇云岩居委会和筱溪村联系点的31户贫困户帮扶，全年投入扶贫资金46.25万元；有9户贫困户实现脱贫。（郭　媛）

共青团醴陵市委

【概况】2017年，共青团醴陵市委（以下简称“团市委”）机关有行政编制4名，工勤编制1名，实有工作人员4人（4人均为行政编制）。全市有35岁以下青年28.16万人，其中共青团员4.88万人。下辖一级团组织137个，非公企业和新社会组织团组织219家，联系青年社会组织7家。年内，团市委组织广大团员青年开展“特别的爱给特别的你”“常回家看看”“缤纷夏日,快乐童年”等活动。开展希望工程“一元捐”活动，共筹集善款2.61万元；开展“青春助力精准扶贫”之团干部“一对一”帮扶助学行动，共筹集、下拨扶贫资金25万元。利用“醴陵青年”官方微信公众号、“青春醴陵”新浪微博、共青团QQ群等网络交流平台，初步形成“互联网+共青团”的网格宣传格局，组建网络舆情引导队，人员由专职团干、基层团组织负责人和网络志愿者组成，人数达200人。6月，全市270个行政村（社区）团组织换届选举工作完成。

【青少年思想道德教育】2017年，团市委主办“传承革命精神，致敬不朽青春”清明祭英烈活动，协办株洲市“我的中国梦，清明祭英烈”活动启动仪式。召开醴陵市庆祝建团95周年总结表彰大会，全市200余名基层团组织负责人参加开展“醴陵青年@十九大，对党说句心里话”活动，记录全市青年在中共十九大背景下，想对党说的心里话。承办株洲市2017年“喜迎十九大——我向习爷爷说句心里话”少队会暨“情暖童心”中车株洲电力机车研究所有限公司爱心少队室捐赠仪式。12月27日，团中央宣传部文化体育处处长吕通义到醴陵市宣讲中共十九大精神。全年推荐7名优秀少先队辅导员赴江西省井冈山市参加培训。

【青年志愿服务】2017年，团市委结合脱贫攻坚、“三创四化”等中心工作，开展“醴陵青年暖冬行动”“青春助力精准扶贫”“我为创卫出把力”“三创四化走进‘瓷城古韵·一江两岸’风光带”等志愿服务活动150余场，参与活动志愿者达4000人。其中在2017中国醴陵国际陶瓷产业博览会中，设置服务岗位86个，参与志愿服务550人、共服务对象46万人次。

【青年创新创业】2017年，团市委联合市委人才办、市人力资源和社会保障局等单位，主办醴陵市第二届创新创业大赛，有10家企业共获奖金27万元，获得银信授信金额2650万元。推荐企业参加第四届“创青春”湖南省青年创新创业大赛，对地消隐供电保护装置项目获商工组二等奖；推荐企业参加第一届湘赣边创新创业大赛，日用陶瓷自动上釉线产业化项目获一等奖；牵头建设市创新创业项目发布平台。组织开展“湘赣边青年创业交流会醴陵站”活动，为醴陵市、浏阳市两地创业青年交流学习“牵线搭桥”；开展“无奋斗,不青春”创业故事分享会和“用匠心致敬初心”青年论坛活动。与市委组织部联合主办醴陵市2017年大学生暑期创业夏令营。

【青少年维权】2017年，团市委组织300名青年志愿者组成志愿小分队，长期开展爱心帮扶、法律援助、心理辅导、法制教育、自护教育等活动。联合市教育局、市卫生和计划生育局等单位共同开展醴陵市首届青少年健康教育暨关爱生命知识竞赛活动。组织150名青年志愿者组成志愿骑行队，开展禁毒防艾知识进校园、禁毒防艾志愿者骑行接力等活动。（胡小庆）

市妇女联合会

【概况】2017年，醴陵市妇女联合会（以下简称“市妇联”）以服务大局、服务妇女、服务基层为宗旨，以建设“坚强阵地”和“温暖之家”为目标，3月，在株洲地区率先完成基层行政村（社区）妇代会改妇联工作，加强市妇女联合会各项工作。共推选出村妇联主席270人、专兼职副主席570人，执委4290人。6月，完成24个镇、街道和示范区妇联换届选举工作，共选举产生专兼职副主席73人、执委600人；市妇联换届选举工作被株洲市作为典型在株洲地区推介。征订《今日女报》2556份，在潇湘女性网上报信息97篇、株洲女性网上报信息123篇，在《今日女报》上刊稿3篇、醴陵发布微信公众号上刊稿32篇、《今日醴陵》报上刊稿26篇。编印《醴陵巾帼》，并向全市免费发放。年末，市妇联获全省妇联系统“宣传工作表现突出单位”。市高新集团“妇女之家”参评株洲市级示范“妇女之家”，四塘社区“妇女之家”获评省级示范“妇女之家”。

【家庭建设】2017年，家庭建设牢牢把握家庭这一阵地，全年全市评选出“最美家庭”10户、“最美家庭”提名14户，并在全市庆祝“三·八”妇女节107周年暨总结表彰大会上予以表彰。联合市教育局开展“家风家训伴我成长”的主题征文赛，收到稿件300余篇；联合市纪委开展“家风家训家规大讨论”“一封家书”征集活动，并向全市市民发放倡议书。

【巾帼关爱】一是助推健康脱贫。开展“两癌”（宫颈癌、乳腺癌）免费检查、贫困母亲救助工作，全年“两癌”免费检查妇女2.16万余名，在株洲县市区中排名第一；不定期帮助、走访“两癌”贫困妇女，全年发放“两癌”救助金41.6万元，受惠妇女137人次。二是助推特色产业脱贫。对接女性创业就业引导基地，全年组织建档立卡的贫困妇女，免费举办月嫂（家政）培训班4期，共培训妇女172人，其中推荐50余人上岗就业；主办巾帼专场招聘会，提供就业岗位1100余个，有260人达成就业意向。三是助推社会扶贫。募集扶贫爱心捐款11万元。

【妇儿工作】2017年，妇儿工作力度进一步加强，制订并出台《醴陵市妇女儿童发展规划（2016－2020年）》；连续六年举办女干部能力素养提升班，培训优秀女干部41人，选送各级妇联干部28人次参加省、株洲市妇联系统培训班。全年推荐42名妇女申报小额担保贷款，共发放小额担保贷款金39.9万元。在东富中学创建农村留守儿童之家，配齐软硬件设施，携手社会心理工作者团队开展3期心理团辅主题活动。开展“爱心汇聚力量，真情共筑希望”心理团辅和“阳光行动爱在身边”惠民帮扶送爱心等活动，为留守儿童送去关怀和温暖。承办株洲市县市区稻花香秋季游学活动，组织开展“书香家庭心向党 学习践行十九大”主题教育活动。

【巾帼维权】以“三·八维权月”为契机，开展法律宣传主题活动，发放宣传资料2000余份，组织巾帼志愿者开展进街道、进社区、进企业、进学校等系列禁毒宣传主题活动。联合市教育局、市卫生和计划生育局、团市委，开展醴陵市首届青少年健康教育暨关爱生命知识竞赛活动；进一步完善市级妇女儿童心理维权咨询室及市、镇（街道、示范区）、村（社区）三级婚调委维权网络，畅通妇女维权绿色通道。全年，接待妇女维权诉求的来信、来访、来电98件，结案率为100%。

（贺陈淼）

市残疾人联合会

【概况】2017年，醴陵市残疾人联合会（以下简称“市残联”）内设党政综合办公室、财务办公室、教育就业办公室、康复办公室、组织宣传文体办公室和残疾人综合服务中心、残疾人辅具服务中心、残疾人劳动就业服务中心、残疾人权益维护中心；有在职人员13人。全市聘请残疾人专职委员293人，李畋镇、官庄镇、沩山镇、王仙镇通过“株洲市基层残疾人工作示范乡镇（街道）”验收，茶山镇长沙岭社区、嘉树镇杉仙村被湖南省残疾人联合会授予“全省无障碍社区（村）”称号。全年办理残疾人证2511本，其中肢体残1043本、视力残310本、听力残108本、言语残10本、智力残206本、精神残434本和多重残400本；残疾证遗失补办、残损换新405本；重新鉴定残疾人126人，审核不符合办证人员24人。开展“上户办证送服务”活动6次，为60余名生活不能自理、行动不便的建档立卡贫困残疾人免费办理残疾人证。落实残疾人“两项补贴”（困难残疾人生活补贴、重度残疾人护理补贴）政策，审核护理补贴对象7081人、生活补贴对象5076人，市财政累计发放“两项补贴”资金1015万元。接待来信来访120件（次），其中因困难救济问题来信来访占比70%，为3名残疾人提供法律咨询和援助，为327名肢体残疾人发放代步车燃油补贴8.5万元。年内，市残疾人康复中心建设项目被列入市人民政府重点项目，项目选址长庆示范区黄沙村，建设规划用地1.47公顷，建筑面积1.03万平方米，计划总投资2500万元；截至年末，完成项目的批复立项、用地规划选址、国土预审、环保初审等手续，市财政局设立建设资金专户，国家发展和改革委员会批复该项目。

【残疾人康复】2017年，市残联与市卫生和计划生育局、人力资源和社会保障局、扶贫工作领导小组办公室联合制订《醴陵市残疾人精准康复服务行动实施方案》，在全市确定康复服务定点机构8家。投资12万元，在茶山镇、枫林镇、泗汾镇设立精准康复辅助器具站，完善全市辅助器具机构二级网络建设，全年开展基本康复服务5269人（其中建档立卡贫困残疾人754人），其中提供辅助器具适配2410人。市残联超额完成承办的市“民生100工程”工作任务，投资57.3万元，为市250名智力、精神、重度肢体和视力残疾人提供居家托养服务（其中建档立卡贫困残疾人66人）；投资41万元，为市40户贫困残疾人家庭实施无障碍设施改造（其中建档立卡贫困残疾人26户）。

【残疾人就业帮扶】一是完成就业年审。认真贯彻《湖南省按比例安排残疾人就业规定》，对47家企事业单位、社会团体进行就业年审，核定残疾人上岗192人；市地税部门征收残疾人就业保障金400万元。二是加强残疾人技能、技术培训。全年免费培训残疾人实用技术、职业技能450人（其中建档立卡贫困残疾人240人）。借助阿里巴巴“云客服”平台，为残疾人提供创业服务，与市委统战部、民盟醴陵工委、深圳市残友集团联合成立“民盟醴陵工委残疾人创新创业孵化基地”，有11名残疾人被录用为阿里巴巴“云客服”工作人员。投资23万元，为16名城乡残疾人开展创业扶持。三是资助残疾人学生。全年投资3万元，资助残疾儿童10人；投资5.22万元，资助高中阶段残疾学生和贫困残疾人家庭子女37人；投资7.8万元，资助残疾人大学生23人；选送残疾人2人赴省特教中专就读。推荐11家盲人按摩店申报2017年“湖南省盲人按摩示范店”并获资金扶持。四是残疾人就业扶贫基地申报。大塘生态养殖基地被湖南省残疾人联合会确定为省级阳光增收示范基地，剑桥种养农民专业合作社、农家香蔬果种植农民专业合作社被株洲市残疾人联合会确定为阳光增收示范基地。

【扶贫解困】2017年，市残联向明月镇拨付党建帮扶资金9万元，向板杉镇板杉村拨付驻村帮扶资金6万元，向长庆示范区马脑村拨付帮扶资金5.1万元，对口帮扶21户残疾人发展生产。加大残疾人有关政策宣传力度，在市级有关网站、《今日醴陵》报中开设专栏，解读与残疾人密切相关的教育、就业、社保、医疗等惠民政策；印制《残疾人两项补贴申报说明》宣传单3000份，分发到各镇（街道）、村（社区），并在公开栏中张贴公示；开展社会扶贫资金捐赠活动，全年募集社会人士捐款5100元，单位捐款1万元；大塘生态养殖基地、剑桥种养农民专业合作社和湖南清泥湾生态农业投资发展有限公司3家残疾人星级企业，实施“贫困残疾人阳光增收计划”。投资65万元，帮助244名建档立卡贫困残疾人实现阳光增收，其中5户残疾人家庭人均实现年收入8000元，成为“阳光致富示范户”。

【残疾人宣传与慰问】2017年，市残联在春节期间，发动全市各单位走访慰问残疾人186人，发放慰问金及临时救助款11.2万元。第27次全国助残日期间，全市108家市直单位走访慰问特困残疾人432人，发放慰问金21.6万元。市委办、市政府办等单位慰问市特殊教育学校、添福残疾人托养所、均楚镇春晖残疾人托养所，共发放慰问金13万元。开展残疾人文化进家庭“五个一”（读一本书、看一次电影、游一次园、参观一次展览、参加一次文化活动）、残疾人文化周活动，其中杨仕林的散文，黄劲松、张虎希的书法，市特殊教育学校的绘画和小工艺品参评株洲市残疾人联合会组织的比赛。全年报送各类信息81条，有42条信息被各级网站、媒体采用，其中国家级采用6条、省级采用8条。6月，贫困残疾人家庭无障碍改造工作《认识无障碍，共享有通途》专题节目，在中央电视台《焦点访谈》栏目中播出。

【残疾人数据采集】2017年，完成全市持证残疾人基本服务状况和需求信息数据动态更新工作，更新18821名持证残疾人的信息数据，其中入户登记17568人、电话登记329人，入户率为98.16%。在调查对象中，查无此人51人、已搬迁112人、空挂户43人、外出126人、死亡注销592人；移动终端APP信息采集残疾人17582人，采集率为96.5%。（王　怀）

市科学技术协会

【概况】醴陵市科学技术协会（以下简称“市科协”）由学会、协会、研究会、基层科协组成，是科学技术工作者的群众组织，是党和政府联系科学技术工作者的纽带和发展科学技术事业的助手。2017年，市科协争取到省级“科普惠农兴村”项目1个，省级“科普惠民计划”1个，共获奖补资金20万元。全市有科技扶贫专家24人、3个农村专业技术协会、2个农民专业合作社参与科技扶贫工作，共安排扶贫资金9万元，年内市科协帮扶的11户贫困户顺利脱贫。

【科普宣教】2017年，科普宣教工作力度进一步加大，在孙家湾镇开展文化、科技、卫生“三下乡”活动，服务农民近1万人次，发放科学种植、养殖、中医养生等科普图书3万余册。组织开展“全国科普日”“防灾减灾日”、科普进社区活动，联合狮子坡社区开展安全知识进社区、重阳节关爱老人等主题科普宣传活动，发放安全、健康知识等宣传资料1万余份。年内，分别在市启航职业学校、左权镇永兴村，举办农业实用技术培训班2期，共培训农民600余人，发放培训资料2000余份。

【青少年科普】2017年，结合“4·26”知识产权宣传周活动，醴陵市科普进校园活动走进市实验小学，发放宣传资料1万册，制作展板20块，市好小子机器人学校进行机器人表演。在第38届湖南省青少年科技创新大赛中，张浩宇的“食品安全感应手环”获大赛科技创意项目二等奖，并代表湖南省参加在杭州举办的第32届全国青少年科技创新大赛。在2017年湖南省青少年科学调查体验活动中，肖镕澜的“绿色校园垃圾防护网”获“我爱绿色生活”优秀作品一等奖。

【科普基地建设】2017年，新培育科普示范社区2个，科普示范基地5个。年内，茶山科技扶贫专业技术协会、高林养殖农民专业合作社获株洲市“科普惠农兴村”项目。“科普闻道”信息化设备在国光、狮子坡、财源塔、胜利社区科普宣传以及政务公开等方面发挥作用。（叶典雅）

市工商业联合会

【概况】2017年，醴陵市工商业联合会（以下简称“市工商联”）有工作人员7人，常执委71人。全市有非公企业4839家，个体工商户24518家；有直属商会42个，其中省级商会2个、异地商会4个；有会员782人（家），其中团体会员42家（覆盖企业2867家）、企业会员470家、个人会员270人。全市工商联基层组织基本实现全覆盖，陶瓷、花炮、服饰、硅火泥四大传统和支柱制造产业实现商协会全覆盖，会员发展每年递增10%以上。市工商联与市司法局合作建设的醴陵市非公经济法律服务中心，固定每月15日为执业律师坐班日，由市司法局指派执业律师在中心办公室开展现场或电话咨询，为会员企业提供综合性法律服务。7月，与市人民检察院加强联系协作，创建“检企联合”综合服务中心，收集企业发展过程中法律问题，发挥市人民检察院的法律监督职能，助力企业发展。截止2017年8月，由市工商联冠名的慈善基金醴陵市工商联同心教育基金，自2014年8月成立以来，3年内共使用基金88.1万元，资助贫困学子409人、教育项目8个。

【制度化管理】2017年，市工商联通过换届和组织调整，加强领导班子配备，市工商联党组书记由市委统战部副部长担任。在原有“由市委副书记牵头，市政府副市长联系，统战部部长主管工商联工作，及时研究和解决工商联工作中的重大问题”的基础上，建立市委书记、市长每季度定期与非公企业代表座谈会商制度。出台《醴陵市工商联（总商会）会员发展及管理办法》《醴陵市工商联（总商会）会费缴纳及管理办法》《醴陵市工商联（总商会）常执委百分制考核实施办法》《醴陵市工商联（总商会）常执委分组活动实施方案》等管理办法和制度，推进新时期工商联工作制度化、规范化、常态化。

【非公经济学习交流】2017年，市工商联为更好地发挥非公企业在招商引资中的主体作用和行业商会、异地商会、在外醴籍人士在招商引资中的桥梁作用，输送非公经济人士5批23人次参加各类教育培训，组织8个商会分赴吉林省、广东省等地进行考察学习，与多个县市区商会结为友好商会。9月，通过深圳醴陵商会联系，在2017年中国醴陵陶瓷产业博览会招商引资签约仪式上，深圳市广信国际建设有限公司签订“醴陵市商会大厦建设项目”框架协议，项目总投资2亿元。（王玫丁）

军 事

人民武装

【概况】2017年，人民武装工作在株洲军分区党委和醴陵市委、市政府的正确领导下，围绕中心主业，狠抓工作落实，全市国防动员和后备力量建设取得新进步。年末，醴陵市人民武装部（以下简称“人武部”）被湖南省军区评为“全面建设先进团级单位”，被株洲市军分区评为“军事训练先进单位”“安全工作先进单位”“后勤管理先进单位”；6个基层武装部被株洲市军分区评为“先进基层武装部”。人武部部长李云星被湖南省省委、省政府、省军区评为省“抗洪救灾先进个人”，军事科长金山立三等功一次；6名基层武装部长被株洲市军分区评为“优秀专武干部”。

【思想政治建设】2017年，始终把思想政治建设摆在首要位置，不断筑牢干部职工和民兵预备役队伍的思想政治根基。开展“维护核心、听从指挥”“坚决服从改革、正确对待去留”专题教育，深入推进“两学一做”学习教育常态化、制度化落实，认真开展“坚决维护主席核心地位”专题理论学习。认真学习、贯彻落实中共十九大精神，积极参加省军区、株洲军分区组织举办的各类辅导授课，组织全体干部职工读学原文、讨论交流、撰写学习心得体会、手抄党章。开展民兵学习宣讲习近平新时代中国特色社会主义思想活动，坚持军地齐抓共管、融合互动，依托地方教育、宣传、网络、党建、文化、管理等平台和资源，探索创新民兵学习活动的新形式、新载体、新方法，完善、充实活动内容，总结切合醴陵市实际的民兵学习经验、做法和工作流程，通过株洲市民兵学习宣讲活动现场会的展示推介，为其他单位开展活动提供借鉴和参考。

【国防教育】2017年，国防教育成效明显，军地合署办公制度有效落实。开展“走访慰问立功受奖军人家庭，敲锣打鼓送喜报”活动，并在立功受奖军人所在村（社区）张贴“军功榜”。协助市委、市政府举办庆祝建军90周年暨表彰“最美现役军人”“最美退役军人”大会。推动国防教育“进机关、进企业、进学校、进社区”活动，先后在市委党校、部分学校中开展国防教育讲座6次；在部分党政机关、企业事业单位和学校中组织军训，有90余名机关干部、400余名企业事业单位员工和5所高中、1所职校的5000余名学生参与。

【军事训练】2017年，认真落实现役干部常态化训练，承担《军分区人武部军事训练大纲》中组织实施动员9个课目试训论证任务，完成试训“七个一”成果。3月，在地方人事调整后，人武部迅即组织开展全市专武干部集训，全面提高专武干部履职尽责能力。全年按照上级下达的民兵训练任务，分6个批次完成439人次的民兵训练。5月，针对辖区防汛形势，组织抗洪抢险分队民兵80名，开展为期10天的冲锋舟骨干集训，并进行汇报演练。下半年，先后组织开展防恐维稳、森林防火、公路护路、安全警戒、作战勤务、工程抢修、物资油料和交通运输等8类专业分队的骨干集训。

【兵役征集】2017年，进一步加大征兵宣传力度，兵役征集持续创优，突出大学生兵源这个重点，严把征选标准，严格征兵程序，扎实开展役前训练教育，筛选优质兵员。新兵到达部队后，迅即跟进回访，教育引导新兵矢志军营、安心服役。

【国防设施保护】2017年，市人武部与市绩效办、综治办对接，将国防设施保护工作纳入全市年度绩效考核内容和综治管理范筹。4月，协调市综治办开展国防设施安全执法检查。5月，联合省国防动员三级指挥网株洲维护站，在辖内4条国防光缆沿线，通过广播、标语、横幅、宣传单等形式，为周边群众普及国防设施保护常识。

【基层基础工作】一是全面规范抓基层。坚持“编为战、编为用”的工作指导，研究细化兵力编成，优化应急分队编组布局；深化拓展抓建基层典型单位建设成果，持续推进各镇（街道、示范区）武装部和村（社区）民兵营的达标建设，基层建设水平明显提高。二是提升效益强保障。认真拟制年度预算编制，严格预算执行，坚持经费向战斗力建设聚焦，加大战备训练经费投入，压减行政消耗性开支；深入开展经济责任自查、自审、自改，经费使用、账务报销进一步规范。三是强势推进保稳定。扎实开展安全大检查大整治、枪弹专项清查整治、迎接全军安全大检查、百日安全等活动，组织签订安全责任状，对临聘人员进行政治审查，核查登记营院内常驻外来人员，组织新聘民兵执勤人员的岗前培训，开展营院防暴防恐演练，确保营院安全。

【党管武装】2017年，将《全市武装工作要点》下发至各镇（街道、示范区）和市直单位，纳入各级党委学习议程。严格落实党管武装各项制度，召开市委议军会，组织各镇、街道党（工）委书记开展党管武装工作述职。坚持每季度向市委书记、市长、常务副市长汇报武装工作；坚持每月、周末，向市委办提交下月、周武装工作大项活动和会议安排，纳入市委、市政府工作计划安排。利用地方人事调整的有利时机，积极与地方有关职能部门协调，向市委推荐提升重用人武部部长4人、调整专武干部岗位16人；同时军地联手选拔一批学历高、素质好的年轻干部，充实专武干部队伍。

【参建参治】2017年，积极发挥武装工作对地方经济发展的“增值、减损、解困、助力”作用，号召和组织民兵预备役官兵积极投身建设“四个醴陵”工作，全力打好产业突围战、城镇提质战、项目攻坚战、安全保卫战“四大战役”，大力推进市明月峰路、国防综合训练基地等重点工程项目建设。帮扶市银和瓷业有限公司开发高新环保陶瓷；组织召开基层党建帮扶工作会议，指导市孙家湾镇理清工作思路，现场为10家联系企业答疑解惑，帮助解决实际问题。扎实开展“三创四化”工作，指导市国瓷街道横店村、石塅村开展文明、卫生城市创建活动。组织出动民兵400余人次，担负2017中国醴陵国际陶瓷产业博览会的维稳、安保、执勤任务。参加市委组织的走访慰问老党员、义务献血、义务植树等社会公益活动，妥善处置涉军维权事件16件。

【精准扶贫】2017年，协助株洲军分区在均楚镇大垅洲村等3个省级贫困村的扶贫办点工作，保障帮扶人员进村入户。牵头召开4次脱贫工作推进会，制定年度扶贫方案，组织后盾单位一把手现场研究、推进易地搬迁、路面硬化、水渠疏通、合作养殖等扶贫项目。在春节、清明节等节日中，组织后盾单位开展走访慰问，针对贫困户实际情况，捐赠生产、生活等物资和慰问金。（金　山）

预备役部队

【概况】2017年，湖南陆军预备役步兵师炮兵团榴炮一营（以下简称“部队”）组织和参加各类演训活动11期，参训149人次，完成训练量868人·天。调整人员15人，调整后退伍军人比例为74.5%、专业对口率为90.5%，兵员结构更趋合理。7月，部队出动人员30人（其中现役4人，预备役官兵26人）赴湖南益阳地区的桃江、赫山等地执行抗洪抢险任务，完成巩固堤坝、封堵管涌、清除障碍、封堵缺口等任务。

【安全管理】组织开展“争创安全年”“学法规、用法规、守法规”“六个严防”排查、转隶移交等活动，先后召开4次安全工作形势分析会议；结合迎接上级“四不两直”（不发通知、不打招呼、不听汇报、不用陪同接待，直奔基层、直插现场）检查和各时期期间安全工作要求，始终把人、车、枪、弹、密作为重点抓紧抓实，提高安全管理工作的针对性和有效性。严格车辆管理，结合陆军“禁酒令”的颁布，严禁私自出车、疲劳驾驶、酒后驾车、无证开车；军车出车前必须有“三证一令”和带车干部，必须对车辆进行安全检查。强化营部、泗汾训练基地管理，加强对物业人员、办公楼等场所的警戒，对外来人员严格盘查、登记，确保营院安全。结合上级检查和关停对外有偿服务点，每月对营部、泗汾训练基地进行安全隐患排查，对检查出来的安全隐患，严格要求具体单位、具体部位、具体人限期整改，确保部队安全稳定。（蔡　伟）

武警部队

【概况】2017年，武警株洲支队执勤二大队醴陵中队（以下简称“中队”）严格落实《军队基层建设纲要》《基层正规化管理规定》《军队党支部工作条例》，全年撰写论文10篇、读书心得70篇，部分论文在《解放军日报》《人民武警报》《株洲日报》上发表；在“武警局域网”“微信公众号”上刊稿100余篇。中队年度新闻报道工作名列武警株洲支队第二。全年完成押解勤务20余次，各类安保勤务10余次。开展“改革强军”“不忘初心、牢记使命”主题教育活动，与市烈士陵园、李立三故居革命传统教育基地联合开展“红色文化”育人活动。参与捐资地方“五保户”、义务献血、义务劳动、植树造林等公益活动，融洽警政警民关系。统筹安排好经费开支，加强与用兵单位的联系，努力改善物质生活条件。因地制宜地抓好种养业，饲养生猪、山羊和畜禽等；种植蔬菜0.2公顷、品种30余种，蔬菜供应基本自给。（陈 龙）

公安消防

【概况】2017年，醴陵市公安消防大队（以下简称“大队”）共有人员76人，其中干部13人、战士35人、政府专职消防队员及文员28人。下辖2个中队，共有执勤战斗车辆10台（其中压缩空气泡沫车1台、水罐消防车2台、水罐泡沫消防车2台、抢险救援车3台、云梯消防车1台、重型水罐消防车1台），可载水46吨、泡沫5.2吨，主要担负醴陵市各类火灾扑救、灾害事故抢险救援等工作。

【执勤训练】2017年，消防执勤训练以“练为战”为指导思想，全力打造现代化消防铁军队伍。深入开展执勤岗位练兵、等级战斗员达标训练活动，从实战出发，按照“科学施训、以练为战、以战促练”的目标，分阶段、分岗位、分项目进行实战组训和演练，狠抓官兵体能素质提高和执勤业务能力训练，不断提高部队的实战能力。全年共接警出动250次（含增援），出动车辆386台次、警力2339人次，营救被困群众46人、疏散被困群众226人。

【防火监察】2017年，大队以今冬明春火灾防控和夏季消防检查工作、消防安全社区和重点单位微型消防站创建、中共十九大会议的消防安保工作等专项行动为契机，全面开展火灾隐患大排查、大整治，检查全市各类场所、单位2962家次，发现火灾隐患或违法行为5769处，督促整改到位5740处，下发责令改正通知书2135份、行政处罚决定书51份、临时查封决定书46份，责令“三停”（停止施工、停止使用、停产停业）单位23家，罚款77.52万元。

【消防宣传】2017年，进一步加大消防宣传工作力度，切实把消防意识贯穿到生产生活的各个环节，把工作重点从事后处理转移到事前防范上来，让消防宣传进社区、进学校、进企业、进农村、进家庭。举办消防知识竞赛，深入各镇（街道、示范区）、社区普及消防安全知识。“醴陵消防”官方微信公众平台紧抓消防热点，实时传递消防安全知识；消防宣传“外包”单位及省消防协会双管齐下，深入各行业、部门开展消防知识讲座300余场次，制作、发放消防宣传手册1万册、宣传资料8000余份。（唐 莎）

人民防空

【概况】2017年，市人民防空办公室（以下简称“人防办”）内设综合股、工程股（行政审批股），下辖人防指挥信息保障中心；有在职干部职工9人、退休人员6人。全年全市人防工作认真贯彻“长期准备、重点建设、平战结合”的人防方针，坚持以“以收促建、以建为主”的原则，不断加大工程建设力度，提升指挥通信能力，拓展宣传教育手段，全市人防战备能力得到全面加强。

【工程建设】一是健全人防行政审批制度。制定行政审批会审制、首问责任制、承诺服务制、首接负责制、限时办结制等规章制度，切实加强结建防空地下室的建设管理，大力提升工作水平。二是依法开展行政审批工作。全年审批民用建筑报建项目35个，其中审批结合民用建筑同步建设的防空地下室项目3个、易地建设项目32个；综合结建率100%。三是切实维护人防工程。日常维修维护公共人防工程，督促检查单位人防工程安全情况，签订维护管理协议。

【指挥通信】一是坚持做好指挥通信体系的日常维护工作。采取“定人、定点、定责任”方式，坚持每月定期检查维护警报、电台等专业设备设施，及时做好检查检修记录，确保人防指挥通信系统保持良好使用状态。二是依法组织实施警报试鸣活动。试鸣前期，派出专业技术人员全面维护全市的防空警报设备，并以电视播放、报纸专刊、短信提示、通告张贴等形式，提前5天告知市民防空警报试鸣事项。11月1日上午9时30分，按照预先警报、空袭警报、解除警报3种信号依次实施鸣放，警报器鸣响率、完好率、覆盖率均达100%。三是结合警报试鸣开展疏散演练活动。试鸣期间，组织市城区初级中学学生和部分社区居民，开展防空应急疏散演练，讲解防空警报专业知识和防空袭保护措施，增强市民的国防观念和人防意识，有效提升民众防灾减灾、自救互救能力。

【宣传教育】一是抓好学校宣传教育。联合市教育局在城区6所初级中学开展人防知识“进学校”宣传工作，将人防知识纳入学校教学范围，经学校期末测试，学生成绩均合格。向市城区多所中小学分批次无偿配发《现代防空防灾》科普图书5000余册。二是加强企业法规宣传。将房产企业作为宣传重点领域，开展人防知识进企业活动，主要就人防工程建设政策、涉企行政事业性收费等内容进行专项宣传。三是提高宣教覆盖面。在“5·12”全国防灾减灾日、“11·1”全省防空警报试鸣日等重要活动期间，与相关单位联合开展人防宣传活动，共制作宣传短片3期，印发资料2万册，设置户外宣传栏2块，摆放展板25块，增设人防宣教展示柜2处。（江华林）

法　治

政法及综治

【概况】2017年，全市政法机关认真贯彻落实中央、省、株洲市政法工作会议精神和市委、市政府的决策部署，围绕全市工作大局，忠诚履职、克难攻坚，大力推进“平安醴陵”“法治醴陵”和过硬队伍建设，取得“三无、三降、三提升”（无重、特大恶性案件发生，无群体性事件发生，无重大涉稳舆情事件发生；杀人、抢劫等恶性案件分别比2016年下降12.1%，赴省、进京非正常上访大幅度下降，中共十九大特护期实现零非访、零登记、零事故记录，全市道路交通事故发案数和人员伤亡数分别比2016年下降9.6%和41.8%；市民对社会治安环境安全感满意度大幅提升，人民调解和“三调联动”职能优势进一步提升，政法队伍形象进一步提升）的成绩。年内，醴陵市网格化管理工作获株洲市首届“网格化管理工作创新奖”；株洲市网格化管理工作现场经验交流推进会在醴陵市召开。

【综合治理】2017年，市综合治理工作按照“先城区、后农村，树样板、全覆盖”的工作步骤，全面推行城乡、社区网格化服务管理，构建四级网格体系，建立健全“四时机制”，充分发挥政策的“宣传窗”、干群的“连心桥”、群众的“服务器”、社会的“平安港”作用。年内，全市820名专兼职网格员，走访群众10.03万人次，开展志愿者服务6175人次。各镇（街道、示范区）和村（社区）均建立综治中心，优先保障经费、配齐人员，集中民政、卫计、信访、司法、安全生产等部门联合办公，为群众提供“一站式”服务。广泛开展“平安文明家庭”“平安校园”“平安企业”等形式多样的平安创建系列活动，组织综治民意调查2次，共收集群众反馈的意见和问题3519个并完成交办。引入大数据理念，应用“雪亮工程”、PGIS警用地理管理等信息资源，逐步构建“空中有物防、街面有巡防、社区有民防、室内有技防”的全方位治安防控网络。全年全市综合治理工作成效显著，李畋镇麻石村综合治理的案例，得到省委组织部、政法委等上级单位的认可和推介，被多家新闻媒体公开报道。

【专项整治】2017年，继续保持打击犯罪高压态势，立现行刑事案2429起，破获各类刑事案件1183起，破案率48.7%，其中现行破案1031起，破案率42.4%，刑事打击708人，行政拘留1227人。坚持命案必破，深化打黑除恶，全年破获命案2起，连续11年命案破获率达100%。加大治安整治工作力度，严厉打击违法犯罪活动，在全市开展的扫黄禁赌、“春季扫毒”专项行动中，共破获涉黄涉赌案件23起，刑事打击57人，行政拘留301人。全市道路交通事故发案数比2016年减少66起（其中致人死亡案件比2016年减少4起5人），伤人数减少51人。市民对社会治安环境安全感满意度达91.72%，比2016年同期同指标上升4.1%。

【依法治市】2017年，市审判机关共受理各类案件8167件；审执结7522件，结案率为92.1%，审执结案标的6.54亿元，同比增长32.13%、67.12%和19.28%。市检察机关共批准逮捕各类犯罪嫌疑人247人，提起公诉531人，纠正审判活动违法2件、刑罚执行和监管活动违法196件，办理财产刑事执行监督8件，立案侦查职务犯罪案件13件21人。市司法机关共办理各类援助案件473件，为受援助人挽回经济损失356万余元；提供法律咨询268人次，化解涉法涉诉信访积案9起；开展各类法制宣传活动67场次，发放宣传资料4万余份。全年接待涉法、涉诉信访案件76件、125人次，成功化解涉法、涉诉信访积案18件，评查重点案件7件。制订并下发《关于开展2017年"项目攻坚战"活动治安环境专项整治工作方案》，对全市全年在建的重点工程项目、重点企业实行挂牌服务，严格实施责任分解，明确各个项目的责任领导、责任单位、责任民警，共调处涉企、涉重点项目纠纷208起，破获涉企、涉重点项目刑事案件4起，刑事拘留5人，查处行政案件20起，行政拘留21人，全面优化经济发展环境。加速警务机制改革，完成首批员额法官、检察官遴选工作，按照1∶1∶1的标准，完善人员配备。

【社会维稳】通过开展"维稳百日整治、信访百案化解""信访维稳百日攻坚再行动"等专项活动，向各镇、街道、示范区和市直单位交办信访积案125件，交办突出群体性问题21件，共化解积案78件。中共十九大特护期间，加大维稳工作力度，成立多个工作组，劝返各类信访对象26批98人次，实现"零登记、零非访、零事故"的工作目标。加大对重点领域、特殊敏感节点的排查力度，共排查各类不稳定因素68起，化解68起。通过一系列社会维稳工作的专项活动开展，有效维护全国"两会"、"一带一路"国际合作高峰论坛、"醴北人家"首届山地马拉松比赛、2017中国醴陵国际陶瓷产业博览会等重要活动期间全市社会稳定。

【见义勇为】2017年，全市在创建"平安醴陵"过程中，涌现出一批为保护国家、集体和人民群众生命财产安全，维护社会稳定的见义勇为先进典型，以实际行动维护社会正义和社会治安，捍卫国家和人民的利益，产生良好的社会影响，弘扬社会正能量。为表彰先进、弘扬正气，市人民政府授予刘仁、江艳"醴陵市见义勇为先进个人"称号。

刘仁，男，汉族，1980年7月14日出生，醴陵市孙家湾镇文家湾村下井组村民。江艳，女，汉族，1983年12月12日出生，醴陵市孙家湾镇文家湾村下井组村民。

2017年4月1日下午4时30分，家住市孙家湾镇文家湾村井下组的11岁男孩罗永晟，在家附近的水塘边玩耍时不慎落水，因不识水性，随时面临溺水危险。家住附近的村民江艳，听见水塘里的水声赶到现场时，发现罗永晟在水面挣扎，江艳跳入水塘欲将罗永晟救上岸，但因同样不识水性面临溺水危险。江艳的婆婆刘秀珍见状跑向附近的人家呼救，村民刘仁听见呼救后，跳入池塘，先救上了罗永晟，返回施救江艳时，由于体力消耗过大，且水塘坡度太陡，未能成功。此时下班路过此地的村民刘正雨，见此情形跳入水塘，与刘仁一起将江艳救上岸，并对罗永晟和江艳进行溺水后的紧急处理。因施救及时，罗永晟和江艳均无生命危险。（陈少东）

法治政府建设

【概况】2017年，市法治政府建设继续推行政府常务会议学法制度，把学法计划列为领导干部年度学习的重要内容，并认真组织实施。推行重大行政决策合法性审查制度和民主决策制度，在提交政府常务会议集体讨论前，由市政府法治办公室先行审查合法性。推行行政执法公示制度、行政执法全过程记录制度、重大行政执法决定法制审核制度。推行行政许可、行政处罚决定"双公示"专栏网上公布制度，在市政府门户网站上建立"双公示"专栏。推行行政执法责任制，开展行政执法案卷评查，对行政执法的不作为、缓作为、乱作为现象实施严肃追责。推行行政执法人员持证上岗和资格管理制度，未经执法资格考试合格的执法人员，不得授予执法资格、从事执法活动。推行"三清单一目录"（权力清单、责任清单、涉企收费清单，外商投资准入管理目录）及时清理制度。推行政府合同审查管理制度，制订《醴陵市政府合同审查管理办法》。

【权力清单】全年全市有涉及权力清单的单位40个，行政权力3666项。其中行政许可187项，行政处罚2821项，行政强制140项，行政征收37项，行政给付11项，行政确认48项，行政奖励17项，行政检查83项，行政监督102项，其他行政权力220项。

【规范性文件审查】2017年，市政府法制办共审核政府规范性文件42件、部门规范性文件14件，审核其他文件35件。全面清理现行的规范性文件，废止规范性文件29件，宣布失效规范性文件20件。

【依法行政】2017年，进一步加强依法办理行政复议、行政应诉案件制度的落实，全年市政府办理行政复议案件22件，市政府和部门共办理行政应诉案件108件，安排行政机关负责人出庭应诉46件。（陈　华）

公安工作

【概况】2017年，市公安局围绕“树品牌、铸名牌，创省优、争国优”的奋斗目标，全面启动“品牌警务发展”战略，以“基层基础加固升级、多点多线创建示范”为基调，着力推进大基层、大实战、大服务、大安全、大满意“五大工程”，为建设“四个醴陵”，创造和谐稳定的社会环境、公平正义的法治环境和优质高效的服务环境。

【侦破打击刑事犯罪】2017年，市公安局侦破和打击刑事犯罪工作力度进一步加大，流动推出“蓝剑一号”“蓝剑二号”等严打专项行动，始终保持对各类刑事犯罪活动的高压、进攻态势。全年全市共立各类刑事案件2671起，比2016年下降9.5%，比前三年平均值下降15.6%，刑事发案率连续5年稳步下降。全年破获各类刑事案件1169起，现行案件破案率达43.8%；移送起诉804人，比2016年上升1.5%；其中破获“八类”（放火、爆炸、劫持、杀人、伤害、强奸、绑架、抢劫）现行案件87起、破案率达78.4%。

【警务改革】2017年，市公安局围绕湖南省公安厅“4+X”（2016年11月，湖南省公安厅出台《湖南省公安厅警务改革“4+X”中心建设总体方案》，形成“党委管总、警种主建、中心主战、上下贯通、弹性灵活全域协同、整体作战”的“4+X”中心制警务运行体系，其基本架构是在省市县三级公安机关统一组建指挥情报、侦查实战、治安防控、新闻舆情“四大中心”，通过协同工作平台，实现中心与中心之间互联共通、对外开放共享。市、县两级可根据自身实际需要，差别化组建执法监管、警务保障、实战训练等若干个中心）警务改革的总体部署，按照实战化、专业化、扁平化的要求，积极探索警务改革的醴陵模式，明确“4+X”中心建设任务，通过进一步细化任务，明确责任，完善机制，协调推进，建立各部门在扁平指挥、动态布防、精准打击、新闻发布、舆情管控工作中无缝衔接的工作模式，侦查手段、资源进一步汇聚和共享，警务管理和实战效能得到明显提升，指挥情报体系不断完善，新闻舆情的引导和管控展现全新作为，打防管控开辟出全新阵地，推动公安各项工作由传统警务向现代警务的转型升级。

【服务发展】2017年，紧跟市“四大战役”步伐，对全市在建的重点工程项目和重点企业实行挂牌服务，不断优化经济发展环境，确保各项工程安全有序。开展“项目攻坚战”活动中的治安环境专项整治，走访市重点工程项目1406家次，共查处涉重点工程项目行政案件27起，行政处罚38人，其中行政拘留33人、罚款3人、警告2人；破获刑事案件10起，刑事拘留13人；调处涉重点工程项目引发的纠纷259起；为市重点工程项目服务出动车辆1086台次、警力1276人次。

【安全管理】2017年，安全管理工作坚持阶段性推进和常态化开展相结合，源头治理、集中排查、专项整治得到同步推动，切实提升安全生产监督管理能力和水平。全年查处涉危涉爆行政案件71起，行政拘留107人；破获刑事案件30起，移送起诉37人；破获非法采矿案件1起，移送起诉4人。开展全市民用爆炸物品使用单位安全检查412次，下发整改书38份，提出整改意见356条，清除安全隐患356起，实现民用爆炸物品安全管控；销毁废弃烟花爆竹产品4600余箱、礼花弹2000余发，引火线、亮珠、黑火药及化工材料近6吨，有药制品200余件，总药量约19吨。率先开发建设烟花爆竹监管服务平台，有效整合公安、安监、交通、质检等部门资源，确保生产、运输、销售企业和执法部门各流程工作数据的应采尽采，打造烟花爆竹生产、存储、运输、出入库、执法数据链，实现全时空、全领域的风险监管。（何文珏）

典型案例

【破获“2017－690”部督案】2017年8月17日，市公安局接到国家公安部全国“打拐”专项行动第2017-690号督办案件线索后，成立专案组对该案立案侦查。经过近半个月的走访摸排、比对分析，专案组民警确定多名犯罪嫌疑人的落脚点和活动轨迹，以及被拐卖妇女在醴陵市的准确居住地点。8月30日，专案组对全市范围内涉案人员展开收网行动，共抓获犯罪嫌疑人易某等8人，解救越南籍妇女5人。经调查，2016年7月以来，犯罪嫌疑人周某生、易某许多次前往云南，将其上线马某（另案处理）等人拐卖的5名越南籍妇女介绍给醴陵市郭某等人收买，并每次收取5000～10000元的费用。11月28日，犯罪嫌疑人易某许等人被依法逮捕。

【破获“2017－96”省督毒品目标案】2017年8月24日18时，市公安局禁毒大队接到群众举报，有一伙以刘某为首的制贩毒嫌疑人员，在醴陵市境内准备制造毒品。市公安局就此成立专案组进行侦查。9月23日23时，专案组实施收网行动，在市明月镇抓获涉案的刘某栋、刘某林、刘某红、杨某艳、贺某伟等主要制毒嫌疑人，并捣毁制毒窝点2个，当场收缴甲卡西酮液体30.6千克（含量13.3%、重4065克）、盐酸88.34千克和一批制毒原材料、工具。11月2日，在山西省长治县抓获另一名涉案嫌疑人王某。经调查，自2月以来，由犯罪嫌疑人刘某栋提供制造甲卡西酮技术指导，犯罪嫌疑人刘某林提供资金支持；两人从广东省东莞市购进氯代苯丙酮、盐酸、二甲苯等制毒原料和加热器、搅拌器等机械设备后，伙同刘某红、杨某艳、贺某伟，在市明月镇七星村刘某林、刘某栋的老家内，多次生产甲卡西酮，并将甲卡西酮在网上贩卖给王某等人。王某购进甲卡西酮后，贩卖给山西省长治县的吸毒人员。犯罪嫌疑人刘某栋、刘某林、刘某红、杨某艳、贺某伟等人被依法刑事拘留。

【破获“1·28”专案】2017年1月28日1时，市公安局110指挥中心接到报警，晏某祥位于市王仙镇三狮村的房屋和屋内财产被人炸毁。市公安局成立专案组侦办此案，经走访调查、比对分析，锁定嫌疑对象张某树。2月4日，专案组对张某树的住宅进行搜查，在其家中找到制作炸药的原材料。经审讯，犯罪嫌疑人张某树交代，因与晏某祥存在矛盾纠纷，积怨很深，产生加害、报复想法。1月27日晚，张某树在老式农药喷雾器的桶内装上银粉等混合物，安放在晏某祥家门口，插入引线，点燃引爆后逃离现场。3月9日，犯罪嫌疑人张某树被移送起诉。

【破获“5·20”苏某沅故意杀人案】2017年5月20日20时，市公安局110指挥中心接到报警，市茶山镇长沙岭辉泰电子厂发生1起持刀伤人刑事案件。经调查，犯罪嫌疑人苏某沅，因怀疑受害人汤某伟一家人欲加害于他，于5月20日19时，携带准备好的尖刀，驾驶摩托车前往市茶山镇长沙岭辉泰电子厂，闯入汤某伟一家居住的2楼办公室内，将汤某伟的妻子肖某、外甥易某涵杀害，将汤某伟的外甥易某然、女儿汤某婧捅伤，又将赶至该房间的汤某伟及母亲捅伤后逃离作案现场。21日，市公安局办案民警在犯罪嫌疑人苏某沅家中将其抓获。经审讯，苏某沅如实向市公安机关交待犯罪事实。6月30日，犯罪嫌疑人苏某沅被依法逮捕。

【破获“8·18”张某华故意杀人案】2017年8月18日，市公安局110指挥中心接到报警，罗某（女,45岁）与其丈夫张某华（男，47岁，有精神病史）在自家卧室内发生口角，过程中罗某被其丈夫张某华手持铁锤击打头部，当场死亡。8月19日，市公安局办案民警在犯罪嫌疑人张某华位于市县阳路的家中将其抓获。经审讯，张某华对杀害妻子罗某一事供认不讳。9月15日，犯罪嫌疑人张某华被依法逮捕。

【破获系列盗窃摩托车案】自2016年1月起，市区发生多起盗窃市民摩托车案件，作案对象、手法相似。市公安局合成作战中心运用警综、情报、网上作战等平台和现勘等专业系统深度研判，共串并未破案件38起，确认盗窃摩托车的犯罪嫌疑人，进行慎密布控。2月17日晚上6时，办案民警在市城南大道，将驱车前来作案的犯罪嫌疑人黎某抓获。通过分析黎某的手机话单，抓捕为黎某销赃的涉案人员4人，通过销赃人员提供的线索，追回9辆被盗摩托车，为群众挽回经济损失近3万元。3月28日，犯罪嫌疑人黎某被依法逮捕。

【破获生产、销售伪劣产品案】2016年7月，市公安局网安大队在工作中发现，已判缓刑的罪犯肖某平仍从事假烟贩卖活动，且涉案价值达20余万元。网安大队对肖某平展开侦查，掌握肖某平贩卖假烟的违法证据。2017年2月12日，网安大队对肖某平展开收网行动；民警分赴福建省云霄县，湖南省长沙市、株洲市、株洲县，醴陵市城区和白兔潭镇等地实施抓捕。2月20日，各组民警按照收网行动方案同时出击，共抓获肖某平在内的犯罪嫌疑人8人，其中在长沙市某物流公司内扣押假烟40余件。经调查，犯罪嫌疑人李某，从福建省云霄县的上线吴某远处购进假烟后，由吴某将假烟销售给李某卫、吴某权、李某、肖某平、肖某祥等人。另查明，该团伙还涉嫌开涉赌场、非法经营（POS机套现）等犯罪活动。3月30日，犯罪嫌疑人吴某、李某、吴某权、吴某远被依法逮捕。

【破获跨省盗窃团伙案】自2016年11月以来，市城区连续发生10余起盗窃摩托车案件。针对连续发生的盗窃摩托车案，市公安局刑侦大队成立专案组，通过2个余月的走访摸排和视频侦查，该盗窃团伙组织结构逐渐清晰，主要成员江某及其他涉案人员浮出水面。2017年4月8日，刑侦大队开展收网行动，抓获犯罪嫌疑人江某等8人。经调查，该盗窃团伙自2016年11月以来，在市城区盗窃汽车、摩托车、电脑、电视机等财物40余起。犯罪嫌疑人江某、黎某辉、黎某红、钟某、林某、周某军被依法逮捕，李某斌、兰某军被依法取保候审。

【破获系列跨省技术开锁入室盗

窃案】2017 年 5 月 18 日，市公安局刑侦大队、侦查实战中心破获系列跨省技术开锁入室盗窃案，抓获犯罪嫌疑人 2 人。3－4 月，市城区连续发生多起技术开锁入室盗窃案，作案时间均选择在凌晨 2 时左右。刑侦大队通过多起案件情况和作案特点分析，判断该系列入室盗窃案件应该为同一团伙所为，遂采取并案侦查。办案民警通过分析走访、监控视频情况，锁定犯罪嫌疑人 3 人并摸清其作案规律。5 月 18 日，办案民警在怀化市发现袁某、袁某军踪迹，在怀化市警方的配合下，将袁某、袁某军抓获归案（袁某琴在逃）。袁某、袁某军被抓获后，对伙同袁某琴在醴陵市、江西省萍乡市盗窃作案 20 余起的犯罪事实供认不讳。犯罪嫌疑人袁某、袁某军被依法逮捕。

【破获黄某文组织、领导传销案】2017 年 6 月 16 日，市仙岳山派出所和市公安局刑侦大队、侦查实战中心、巡特警大队共同破获一起传销案，捣毁传销窝点 4 个，刑事拘留涉嫌组织、领导传销活动的犯罪嫌疑人 11 人，解救落入传销组织人员 21 人。经调查，自 3 月以来，该团伙头目黄某文等人，在市城区租房后，通过网络散布虚假招聘信息，诱骗受害人落入传销窝点，采取殴打、威胁和非法拘禁等方式，强迫受害人骗取亲戚朋友的钱财，以购买所谓的“产品”，达到非法获利的目的，涉案金额达 10 余万元。犯罪嫌疑人黄某等 11 人被依法刑事拘留，被解救的 21 名受害人被送往市救助部门安排返乡回家。

【破获系列抢夺案】2017 年 7 月 29 日，市公安局刑侦大队、侦查实战中心抓获一个飞车抢夺团伙，共有犯罪嫌疑人 3 人，破获现行抢夺案件 14 起。5 月下旬以来，全市多个路段相继发生 10 余起飞车抢夺、抢劫金项链案件。刑侦大队抽调警力，成立专案组进行侦破。通过近 2 个月的摸排调查，采用特情协助、技术支持等多种手段，逐步摸清该系列案件的作案规律及犯罪嫌疑人的落脚点。7 月 29 日凌晨，专案组民警兵分三路，分别在市沩山镇东堡村、国瓷街道姜东村和华塘村先后将犯罪嫌疑人文某、张某、钟某抓获归案。经调查，自 5 月下旬以来，犯罪嫌疑人钟某、汤某（在逃）、张某、文某，通过事先约定，采取一人驾驶摩托车、一人实施抢夺的方式，先后在阳三石街道企石村、王仙镇、浦口镇、白兔潭镇、李畋镇、左权镇和枫林镇等地作案 14 起，主要夺取受害人脖子上的黄金项链，涉案价值达数万元。犯罪嫌疑人钟某等 3 人被依法逮捕。

（何文钰）

交通警察

【概况】2017 年，醴陵市公安局交通警察大队（以下简称“大队”）有在岗民警 84 人，交通协管员 165 人。年内，大队增设重点车辆安全监管中队 1 个内设机构，女子中队更名为第七中队；内设机构调整后，大队共下辖车辆管理所、办公室、政工监督室、科技所、安宣中队、事故中队、法制中队、重管中队、道路交通事故救助基金管理中心、特勤中队和一、二、三、四、五、六、七中队，其中车辆管理所为副科级机构。截至年末，全市有道路通行里程 3181.8 千米，机动车 164437 辆，驾驶员 201129 人。

【交通安全】2017 年，大队紧扣市“安全保卫战”工作部署，以春雷行动、百日会战、百日行动等专项行动为抓手，联合市公安、交通等 12 个相关部门，开展道路交通安全的联合执法行动；联合市交通、城管、农机部门，开展危化品、工程运输车和变型拖拉机的专项整治行动；定期向市交通、教育、安监、商务、城管、公安危爆等部门，抄告重点车辆交通违法情况，提升监管针对性、有效性。围绕市“三创四化”“城镇提质”重点工作目标，全力维护交通环境，对市城区 27 条提质改造的主次干道，以大队领导包片、中层干部包段、民警辅警包点的方式，开展全程交通维护服务。开展“城镇提质”的交通违法整治行动，移动、抄牌 20264 起、手动抓拍 15284 起，处罚占道机动车摊档 63 起。认真落实全域旅游示范区创建、环境保护工作职责，有序推进“黄标车”淘汰、限行、噪声治理等工作，提前完成全市 955 辆黄标车淘汰任务。全年开展交通安全宣传活动 57 次，受教育人数近 20 万人次。全年大队接处警 12610 起，其中交通事故接处警 10377 起；亡人交通事故数量比 2016 年下降 18.8%，死亡人数比 2016 年下降 20.4%，伤人数比 2016 年减少 102 人；未发生死亡 3 人及以上的道路交通事故。

【交通执法】2017 年，交通执法力度进一步加强，开展打击严重交通违法行为的“百日会战”“蓝剑”“路面防控战”行动，对超员超速、酒驾毒驾、涉牌涉证等严重交通违法行为，保持高压打击态势。全年查处交通违法行为 144961 起，其中查获酒驾 174 起、超速 11559 起、闯红灯 17641 起、重点车辆未年检 1321 起、报废车上路行驶 51 起；查获大中型客车违法 748 起、校车违法 128 起、重中型货车违法 6069 起、工程运输车违法 3616 起、渣土车违法 3378 起、低速载货车违法 444 起。全年交通违法记满分 1452 人，行政拘留 37 人，立刑案 82 起，刑拘 15 人，移诉 70 人。

【交通管理服务】2017 年，完成清明、五一等节假日，“醴北人家”首届山地马拉松赛、“中美篮球对抗赛”、乡村文化节、湘赣边桃花节等节庆活动，中国醴陵国际陶瓷产业博览会、服装服饰论坛、中巴友谊竹移栽等政治、经贸、文化活动的交通疏导任务 223 起。全年办理机动车注册登记 19455 辆（其中小型汽车以上 9842 辆），考取机动车驾驶证 5881 本，完成机动车驾驶证科目一考试 18018 人次。

【事故处理】2017 年，快速侦破“3・12”“7・14”等 4 起致人死亡交通肇事逃逸案件，破案率达 100%。快速、稳妥处置“4・13”“5・15”等道路交通事故。全年调解一般以上交通事故损害赔偿案件 712 件，其中行政调解 93 件、人民调解 359 件、司法调解 85 件；司法判决 175 件。积极筹措事故救助基金，为 54 人实施交通事故医疗垫付和救助，共垫付医疗、救助费用 60.9 万元。

【基础设施建设】年内，大队四中队的业务办公用房进入实质性建设阶段。在市兴商路实施机动车停放限制措施，在市建成区实施“黄标车”禁行措施，在市左权北路实施单向行驶管制措施，将重中型货车限行区域由市滨河路、胜利路扩大至城区主要道路；完善市体育路、左权路、瓷城路、国瓷南路等新改造道路的交通标志、标线等相关交通设施。与城市道路提质改造建设工程同步，完善城市道路的信号灯、交通标志、标线、标牌等交通设施，新增电子警察 11 处、交通标志 366 套、交通标牌 750 块，新划补划交通标线 2400 平方米，施划停车泊位 2585 个、摩托车停车位 4525 个。全年排查道路交通安全隐患 41 处，治理醴陵大道梧桐路路口等路段的交通安全隐患。加强民警、协警执勤安全防护设施和健康管理，为全队警员配发新型防护服、荧光指挥棒、执法记录仪等警用装备。（张　勇）

检察工作

【概况】2017 年，根据国家监察体制改革的有关精神和要求，经市纪委收编和侦防部门转隶市监察委员会后，醴陵市人民检察院内设机构由原有的 17 个调整为 14 个，分别是办公室、技术科、控申科、案管中心、监所科、侦监科、公诉科、民行科、监察室、法警大队、未检科、林检科、政工科、政治研究室；有检察专项编制 82 个，在职干警 58 人。年内，为进一步健全行政执法与刑事司法衔接工作机制，加强检察机关与相关执法部门的协调配合与监督制约，形成打击犯罪合力，先后在市环保局、市食品药品工商质量监督管理局和市公安局，挂牌成立派驻检察联络室；联络室主要负责监督移送涉嫌犯罪案件、立案监督、提前介入、督促履职、案件咨询、双向沟通协调、业务指导和调研等工作。

【职务犯罪预防与侦查】2017 年，开展职务犯罪预防警示教育 14 场次，办理行贿犯罪档案查询 2992 次。全年立案侦查职务犯罪案件 16 件 23 人，其中贪污贿赂案件 12 件 17 人，渎职侵权案件 4 件 6 人。参与办理中航湖南通用航空发动机有限公司朱某某系列受贿案、省公安厅禁毒总队原总队长唐某某贪贿案、省“9・27”专案和株洲市 2 家公司骗取林业贴息贷款案背后的吕某某等人涉嫌滥用职权、玩忽职守案等系列大案要案。从严查办市泗汾镇荷田村 6 名村干部侵吞国家定销返粮补贴涉嫌贪污犯罪案。依法办理“9・23”交通事故背后的渎职犯罪案，并就事故中渣土车运营监管的问题，督促市有关部门整章建制。

【刑事检察】2017 年，共批准逮捕各类刑事犯罪嫌疑人 301 人，起诉 722 人；依法决定不批捕 80 人，不起诉 112 人。6 月，按照株洲市人民检察院《轻微刑事快速办理机制》的要求，稳妥推进轻微刑事快速办理机制的实施，共依法办理危险驾驶、交通肇事等刑事案件 113 件 122 人，在保障当事人合法权益的同时，有效缩短办案时间，提高办案效率。切实履行法律监督职能，全年监督立案 14 件，监督撤案 4 件；纠正漏捕 14 人、漏罪 36 人、漏犯 21 人，纠正侦查活动违法 28 件、审判活动违法 4 件。打击破坏环境资源犯罪案件 9 件 15 人，案件数和涉案人数分别比 2016 年上升 125% 和 275%。依法打击食品药品领域刑事犯罪案件 7 件 14 人。

【未成年人刑事检察】2017 年，继续深入推进和巩固柔情化办案、常态化帮扶、立体化预防未成年人刑事检察工作模式。全年办理附条件不起诉案件 3 件，向 3 名涉案未成年人发放司法救助金 1.8 万元，为 13 名贫困学子提供帮扶资金 1.3 万元；分赴 12 所中小学校，开展青少年法治巡讲，受教育师生达 1.5 万余人。年内，促成省级“未成年人法治教育基地”落户市陶瓷烟花职业技术学校，该教育基地为株洲市首家。

【控告申诉检察】2017 年，控告申诉检察工作力度进一步加强，构建依法导入纠错、司法救助、律师参与化解和代理申诉案件的信访工作新模式，全年接待来访群众284人次，成功化解矛盾纠纷53起。在检察长每周二接访日中，共接待来访群众84人次。院领导包案办理信访案件8件，均实现息诉息访、案结事了。

【监所检察】2017年，开展社区矫正人员出入境证件、判实刑未交付执行刑罚、财产刑执行专项检察“回头看”活动和暂予监外执行专项检察等10余项检察活动，共纠正刑罚执行和监管活动违法案件17件，办理财产刑执行监督17件，开展羁押必要性审查5件。

【民事行政检察】2017年，共办理民事支持起诉案件10件、审判活动违法行为监督案件1件、执行监督案件8件、督促履职案件4件。年内，针对化工污染、废水滥排、渌江河非法采砂等问题，向相关行政执法单位发出检察建议4份，督促依法履职。

【服务非公经济发展】2017年，着力践行“让检察机关、检察工作成为良好发展环境的重要组成部分甚至标志”的理念，充分发挥检察职能作用，保障和服务非公经济发展。出台《保障和帮扶企业发展工作制度》，每季度重点安排走访27家龙头企业；会同市工商业联合会，组织市68家企业开展“法律服务零距离”帮扶活动，共帮助解决企业司法诉求29个。认真落实株洲市人民检察院“除虫护花”“依法容错”机制，开展涉企案件是否影响社会稳定、经济发展和企业经营的风险评估，并对5名涉企犯罪嫌疑人慎用侦查手段或强制措施，探索和运用“依法容错”机制，办理在产业转型升级中因执行政策偏差而导致工作失误的涉企案件1件。

【“两法衔接”平台建设】2017年，为促进依法行政，强化法律监督，市人民检察院率先在株洲市探索并建立“两法衔接”（行政执法与刑事司法）信息共享平台。信息共享平台将市交通警察大队、食品药品工商质量监督管理局、环境保护局、安全生产监督管理局、国土资源局、卫生和计划生育局、林业局、农业局、住房和城乡建设规划局、烟草专卖局、水利局、交通运输局、财政局、城市管理和行政执法局、国家税务局、地方税务局、公路局、人力资源和社会保障局、商务旅游和粮食局、文体广电新闻出版局共20家行政执法单位，纳入平台监管范围，配备专人对平台进行实时监控。9月，“两法衔接”信息共享平台建成并投入使用；督促各行政执法单位录入行政执法信息2100余条，通过平台监督移送涉嫌犯罪案件14件26人。“两法衔接”信息共享平台的经验及做法，在全省人民检察系统内借鉴推广。

【“五进”活动】2017年，为践行市委、市政府“马上就办、真抓实干”精神和要求，进一步密切检民关系，拓宽检察监督空间，组织开展检察官“五进”（进学校、进企业、进社区、进机关、进农村）活动。在活动中，院领导班子带头走访学校、企业、社区、机关、农村近400余人次；倾听民意，讲好检察故事，传播检察正能量。发放宣传资料袋2万余个、海报100余张、挂历近1万份、《醴陵检察》2万份、《致学生家长的一封公开信》1万余份，青少年法制宣传手册5000余份；开展法治讲座近30场次、预防职务犯罪讲座22场次。年内，市人民检察院在2017年度全省综治工作民意调查中，名列株洲地区政法系统第一。

【公益诉讼工作】2017年，市人民检察院控索性开展公益诉讼工作，在生态环境、资源保护和国有财产保护等领域，立案公益诉讼案件7件，发送诉前检察建议4份；其中办理望仙桥水库被违法倾倒渣土，水资源遭受破坏的行政公益诉讼案件，并督促有关职能部门，责令违法人员清除渣土。

【检察改革】2017年，根据省、株洲市人民检察院司法部署安排，认真落实各项重大改革任务。初步完成司法责任制改革，共选任员额检察官31人、检察辅助人员27人、司法行政人员8人。完成员额检察官、检察官助理、司法行政人员三类人员的职务序列和工资制度改革，分类管理体系基本形成；针对不同业务类型，明确新的组织形式、办案权限和司法责任。按照“两个独立”（独立办案、独立承担责任）的原则，入额的院领导和其他员额检察官均做到独立办案、独立承担责任。年内，按照国家监察体制改革有关要求，完成侦防部门12名涉改人员整体转隶市监察委员会管理的相关工作。（唐　芳）

法院工作

【概况】2017年，市人民法院内设刑事审判庭、民事审判一庭、民事审判二庭、民事审判三庭、行政审判庭、林业审判庭、未成年人案件审判庭、立案信访局、执行局、执行裁判庭、非诉执行局、司法技术室、政工科、办公室、监察室、司法警察大队、审判监督庭、审判管理办公室18个部门和板杉人民法庭、茶山人民法庭、泗汾人民法庭、白兔潭人民法庭。全年受理各类案件9314

件，审结案件8669件，结案率93.07%，分别比2016年上升34.73%、65.66%、17.37%；收案数和结案数排名株洲市法院系统第一，并跻身全省法院系统先进行列。年内，在收案数大幅上升的情况下，存案数下降至645件，比2016年同期下降61.61%。员额法官人均结案数141件，比2016年增加41件；其中结案数超过200件的有10人，最多的个人结案数达303件。

【刑事审判】2017年，刑事审判工作坚持宽严相济的刑事政策，审结刑事案件607件，对780名被告人判处刑罚，其中判处3年以上有期徒刑44人。依法惩治严重影响人民群众生命财产安全的犯罪，审结故意伤害、抢劫、盗窃、诈骗等犯罪案件123件170人。探索适用刑事速裁程序，建立繁简分流、集中换押、集中审判的快速审理机制，审结案件112件159人。严格落实市委反腐败协调小组的决策和部署，依法惩处贪污、贿赂、私分国有资产等职务犯罪案件4件9人。依法严惩组织领导传销活动犯罪，审结黄某某等7人组织、领导传销活动案件，对犯罪集团首要分子黄某某依法判处有期徒刑6年6个月，并处罚金5万元。坚持罪刑法定、疑罪从无、非法证据排除等法律原则，依法保障当事人陈述权、辩护权和申诉权，保障律师阅卷、会见、辩护权利，依法为26名盲人、聋哑人和未成年人指定辩护律师。

【民商审判】2017年，共受理民商事案件4474件，审结4141件，分别比2016年上升88%和22%。全年以调解、撤诉方式结案2254件，案件调撤率达54.43%。进一步畅通劳动者维权绿色通道，切实保护劳动者的正当权益，审结劳务合同、劳动争议等案件687件。高效审理市某花炮厂拖欠员工工资案件，帮助76名员工追回劳动工资200余万元。妥善调处农村相邻关系、农村土地承包经营权、宅基地等纠纷案件132件，促进农村社会和谐稳定。

【行政审判】2017年，市人民法院依法监督与支持行政机关行使职权，受理行政案件109件，审结95件。其中，一审确认行政行为违法、撤销行政行为、判决履行法定职责31件，一审驳回原告诉讼请求24件。加大行政争议协调力度，协调化解行政案件16件，促进行政争议实质性化解。推动行政审判与行政执法良性互动，提出司法建议6条。

【执行工作】2017年，深入开展“规范执行年”“百日攻坚”专项执行等活动，共受理执行案件3341件，执结3067件，实际执结率为48.76%，实际执结到位标的1.77亿元。强化执行威慑，充分运用强制手段，拘传215人，拘留110人。向最高人民法院网络，录入失信“老赖”503人，以拒不执行判决、裁定罪追究刑事责任4人。

【司法服务】2017年，市人民法院立足全市发展大局，深入开展调查研究，积极服务市委、市政府中心工作，出台《服务征地拆迁和房屋征收非诉行政执行工作意见》,开展服务“三创四化”“百日攻坚”等专项行动，为“一江两岸”“陶瓷博览园”“瓷城古韵”“渌江新区”等重点工程项目建设提供有力的司法保障。全年执结行政非诉执行案件366件，协助各项目部完成征地拆迁57户,进入司法强拆程序拆迁11户，通过做拆迁户思想工作，有7户拆迁户自行拆除，另4户拆迁户仍处执行过程。积极助推供给侧结构性改革，依法处置“僵尸”企业，受理企业破产清算类案件2件。深入开展“金秋亮剑·服务金融安全”专项活动，注重防范化解金融风险，全年审结金融借款、民间借贷、保险合同纠纷等案件927件。

【司法为民】一是推进便民利民服务。加速诉讼服务中心建设，推行完善立案登记、咨询查询、诉前调解、信访接待等“一站式”服务，方便群众诉讼，导诉平台累计接待当事人1.3万人次。落实立案登记制，立案准确率达100%，当场立案率达95%。发挥4个派出法庭前沿阵地作用，开展巡回审判活动36场次，方便群众参与诉讼。关怀弱势群体，完善司法救助机制，为139名当事人缓交、减免诉讼费102万元，为64名生活确有困难的当事人予以司法救助39万元。开展精准扶贫工作，对均楚镇大垅洲村、泗汾镇荷田村等7个村的43户贫困户，实施“一对一”结对帮扶，累计投入帮扶资金30余万元，帮助9户贫困户脱贫。二是化解涉诉信访。继续实行每周四“院长接访日”制度，坚持院领导包案责任制，化解信访积案8件，全年无省、株洲市交办和督办信访案件，进京上访实现零登记。落实信访工作责任制，安排专职人员在立案大厅全天候值班接访，保证来访群众的诉求及时得到答复和处理，累计接待信访群众216人次，及时化解苗头性信访问题34个。加强源头治理，强化判后答疑和释法明理工作，通过上门、电话回访等方式，回访案件当事人1200人次，收集、解决问题32个。建立网上信访办理机制，通过网上受理流转、网下复查办理、网上答复化解等方式，及时化解信访案件5件。建立健全信访联动机制，加强同人大、政府、上级法院及相关部门的沟通协作，化解10年以上信访老案2件。三是延伸审判职能。完善矛盾纠纷多元化解机制，加强与社区、村、镇、工会、妇联、行业协会及市政府相关部门的诉调对接，司法确认人民调解协议59份。积极开展“法官五进”活动，组织干警进农村、社区、学校、企业、机关宣讲法律21场次，免费发放宣传资料2000余份。协助有关部门完成村居“两委”候选人资格审查工作，共审查村居各类候选人1586人。未成年审判工作坚持教育、感化、挽救方针，通过判后回访、社区矫正、结对帮教等方式，帮助5名未成年罪犯改过自新、回归社会。

【司法改革】一是司法体制改革取得新进展。推进以法官员额制为核心的人员分类管理改革，严格按照法官员额比例和入额标准，完成首批45名员额法官的遴选工作。法官员额制改革后，入额法官的平均年龄为43岁，本科以上学历占95.56%，法官队伍的年龄、知识结构有效优化。落实司法责任制，以“让审理者裁判、由裁判者负责”为目标，推动审判权运行行政化，改革裁判文书签署制度，在一般情况下，院、庭长不再签发本人未参与案件审理的文书。落实院、庭长办案制度，明确院、庭长的办案数量，全年院、庭长共收案1983件、同比增长15.69%，结案1878件，同比增长26.04%，分别占全院总收、结案数的21.29%和21.66%。深化审判委员会工作机制改革，缩减审判委员会讨论案件的范围，倒逼合议庭、独任法官依法独立履职，审判委员会讨论决定案件27件、占全年结案数的0.31%。二是司法公开工作取得新成效。依托审判流程、裁判文书、执行信息三大司法公开平台，全方位向社会公开法院信息。全年上网公开裁判文书8356件，审判流程信息和执行信息13565条。规范涉诉资产拍卖工作，在株洲市法院系统率先开展网络司法拍卖，共拍卖51件次，总成交额365万元。加强基础设施建设，完成5个数字法庭的改造升级，截至年末，市人民法院有数字法庭10个，所有法庭庭审工作，实现全程同步录音录像，并刻录光盘附卷存档。加强醴陵法院网、官方微博、微信等新媒体建设，携手新浪网开通庭审网络直播，网上现场直播开庭庭审案件4件、向社会发布审务信息162条，发布微博信息367条、微信86条。三是审执绩效管理取得新突破。完善审判权运行监督制约机制，建立院、庭长权力清单，规范院、庭长审判监督权限，做到放权不放任、监督不缺位。建立健全以工作业绩为导向的绩效考核评价体制，提高法官工作积极性。年内案件平均审理时间为62.82天，在案件大幅增加的情况下，仍比2016年缩短1.62天，法定审限内结案率为100%，无超审限未结案件。开展庭审、裁判文书、案件质量“三评查”活动，提高法官庭审驾驭、释法明理能力。全年评查案件169件、裁判文书150份，一审裁判发改率为0.55%，同比下降1.34%。落实案件质量终身负责和错案责任倒查问责制，确保案件处理经得起法律和历史检验。

【队伍建设】一是自觉接受各界监督。坚持在市委的领导下依法开展工作，及时向市委汇报重点工作和重大事项。自觉接受市人大及其常委会的监督，主动向人大及其常委会报告工作。完善与市人大代表、政协委员联络机制，邀请市人大代表、政协委员旁听、见证审判、执行案件21件56人次。充分保障市人大代表依法履行监督职责，高度重视和认真办理代表建议，办结代表建议1件。主动接受市政协民主监督，及时向市政协通报法院工作，走访政协委员26人次。依法接受市检察机关法律监督，办理抗诉案件3件。加强人民陪审工作，促进司法民主，全年陪审员参审案件2643件，一审普通程序参审率达100%。二是全面提升队伍素质。扎实开展“两学一做”学习教育活动，组织开展民主生活会、中心组学习、讲党课、支部学习研讨等活动65场次。加强教育、培训工作，组织全院干警分2批次赴厦门大学集中培训，组织干警参加审判执行业务、审判管理、司法警务等培训活动21次，培训干警60余人次。强化能力建设，邀请市第一中学语文教师，专题剖析裁判文书写作中存在的语法问题，提升干警文书制作和辨法析理能力。深入推进业务研讨工作，开展优秀庭审、优秀文书、优秀论文评比活动，在市级以上刊物发表论文86篇。三是持续强化作风建设。全年组织现场观摩警示教育3次，观看廉政教育片5场次，群发廉政短信26条，廉政提醒谈话16人次。持续开展“守纪律、讲规矩、转作风”和队伍纪律作风整顿的专项活动，确保法官清正、法院清廉、司法清明。 （黄怡康）

司法行政

【概况】2017年，全市司法行政工作深入贯彻落实上级有关司法行政工作会议精神，围绕醴陵市中心工作，以满足人民群众日益增长的公共法律服务需求为出发点、落脚点，以社区矫正中心及公共法律服务中心为依托，充分发挥法律保障、法制宣传、法律服务三大职能作用，突出重点、主攻难点、打造亮点，全年目标和任务全面完成。

【人民调解】2017年，人民调解工作力度进一步加大，调解员队伍素质和能力进一步加强，调解效率明显提高。开展“三调联动解纠纷、防控风险促发展”“矛盾纠纷大排查”等专项调解活动，发挥人民调解在化解矛盾纠纷、维护社会稳定的“第一道防线”作用。健全矛盾纠纷化解机制，推进人民调解组织专业化、行业化发展，有序开展湘赣边界矛盾纠纷联防联调工作。落实人民调解案件“以奖代补”经费规定，调动人民调解员的工作积极性。9月，市司法局组织全市535名调解员参加人民调解培训，规范人民调解员队伍，提高全市调解员队伍的素质和能力。全年排查、调处各类矛盾纠纷1308件、调处成功率99.6%，未出现因调解不及时而引发民转刑、群众性上访、群体性械斗等事件，有力维护全市社会稳定。

【社矫安帮】2017年，加强社区矫正工作管理，推行分类管理、教育，注重心理、个案矫正，提升监管能力和执法水平。加大日常监管教育工作力度，开展社区服刑人员行为规范教育活动。9月，组织12个镇、街道的200余名社区服刑人员，在市陶瓷烟花职业技术学校进行集中教育培训；在全市23个镇、街道和长庆示范区，组织开展分片、镇（街道）的分散式教育培训，提升社区矫正教育改造质量。规范社区矫正中心运行，落实社区矫正监管安全分析月例会制度，抓好“重大节日”“敏感时段”社区服刑人员的监管工作，按要求组织社区服刑人员每月集中学习及开展社区服务，全年组织社区服刑人员集中学习6140人次，集中社区服务活动6077人次。创新社矫安帮工作机制，吸收社会力量参与社区矫正工作，年内与市陶瓷烟花职业技术学校签订《政府购买社区矫正服务协议》，有效解决社区矫正中心人员不足问题。累计接收矫正对象3057人，解除矫正2391人；截至年末，全市有在册社区矫正对象666人，无一脱管、漏管，无一重新犯罪。

【法制宣传】一是抓龙头。以领导干部和公务员学法用法为重点，建立领导干部年终述法制度，提高依法管理和服务社会水平。全年全市举办各级领导干部法治培训讲座10余次，在市委党校培训副科级以上干部500余人次，在学法考法系统中，导入学法人员8414人。二是抓重点。推进“七五”普法实施，贯彻落实“谁执法谁普法”责任制，全面启动“全民普法”三年计划，开展“法律六进”（进机关、进乡村、进社区、进学校、进企业、进单位）活动，推动农村“法律明白人”培训，加快“法治醴陵”建设。配合市“三创四化”、安全生产、企业帮扶等中心工作和重大部署，开展系列法制宣传活动；9月，在全市23个镇、街道及示范区中，开展平安创建法治宣传活动，有效提高全市广大干部群众的法律意识。三是抓亮点。稳步推进法治长廊建设，全力打造法治文化广场。9月，市法治文化广场建设项目，通过市政府常务会议审核，决定由市司法局、住房和城乡建设规划局统筹规划，将市珊田广场打造成具有醴陵特色的法治文化阵地；年内设计规划已完成，预计2018年建成并投入使用。推动“法润三湘”公共法律服务，打造“公益+法律服务”模式，强化新媒体、新技术在普法工作中的运用，落实媒体公益普法制度。四是抓热点。深入开展“法治镇（街道）”“民主法治示范村（社区）”等系列基层创建活动，重点推进“五个一”（一个法治宣传专栏、一场法律学习宣传活动、一个公共法律服务体系、一个法律图书室、一支法治宣传志愿队伍）建设，营造学法、守法、用法氛围，有效预防和减少违法犯罪。全年开展各类法律宣传活动79场次，发放宣传资料4万余份。

【法律服务】组建法律服务团队，主动为市扶贫攻坚、重点工程项目、重点企业等中心工作，提供优质、高效的法律服务。推行政府、企业法律顾问制度，实施“中小微企业免费法律体检”，不断提高综合服务保障能力，帮助企业破解难题。推动实施“一村一法律顾问”工作，47名律师为215个行政村提供免费法律顾问。完善律师参与化解和代理涉法涉诉信访案件制度，全年化解涉法涉诉信访积案9起。巩固、扩大、落实律师行业党建“两覆盖”（党的组织、党的工作）工作，进一步发挥律师事务所党组织作用。推动并落实公证体制改革，市政府下发《关于印发〈醴陵市公证体制改革方案〉的通知》，确保公证事业健康发展。加快推进公证机构规范化、标准化、信息化建设，开展公证质量检查，有效提升服务质量和水平。湖南醴源律师事务所成功创建“湖南省规范管理示范律师事务所”。全年律师办理案件856件；公证处办理各类公证2819件，其中涉外及涉台港澳公证458件；办结企业参加招投标公证800余起。

【法律援助】一是降低援助门槛，简化受理程序，扩大援助范围。落实法援值班律师制度，推动律师“点援制”；加大对涉及农民工、企业职工劳动报酬和劳动合同关系等领域的法律援助工作力度，为市某出口花炮厂44名农民工和市某瓷业有限公司215名农民工，办理追索劳动报酬案等；其中对市某瓷业农民工追索劳动报酬纠纷中提供的法律援助案，被中国司法行政（法律服务）案例库采用。二是加强监督管理，实现援务公开。将日常管理、听庭、回访等工作制度进一步常态化和长效化，自觉接受群众监督。年内，法律援助中心共办理各类援助案件489件，为受援助人挽回经济损失377万余元，完成率达163%，全面完成省、株洲市年度法律援助民生工程的目标任务，实现法律援助社会效果和法律效果的有效统一。

【公共法律服务平台建设】 2017年，公共法律服务平台建设力度进一步加大，集中整合法律咨询、法律援助、公证服务、法治宣传等司法行政主要服务职能，高质量、高标准打造“两个中心”（公共法律服务中心、社区矫正中心），为群众提供全天候、全流程、一站式法律服务；稳步推进“法润三湘”公共法律服务志愿点建设，市、乡、村三级公共法律服务中心（站、点）基本实现全覆盖。充分利用“如法网”构建“线上线下”无缝对接体系，打造醴陵“互联网＋公共法律服务”新模式。完善网上办事大厅、网站的查询功能，方便公众获取相关信息。部署开展法律服务志愿者招募活动，经前期招募、注册，市公共法律服务大队有400余人，已发展成为一支涵盖各行各业优秀人才的社会组织。健全志愿者法律培训工作机制，全年组织举办志愿者法律培训3期，促进志愿者活动有效开展。

【司法所标准化建设】 开展“司法所规范化建设年”活动，推进全市司法所业务用房“五室一庭”（司法所长室、社区矫正室、法律服务室、人民调解室、档案资料室和人民讲解庭）标准化建设。推行司法所长例会制度，制定下发《2017年度司法所工作目标考核办法》，落实每个司法所1万元的业务培训、年度考核经费及2.2万元工作经费。年内，来龙门、板杉、官庄、枫林、船湾、孙家湾、东富、嘉树镇等10个司法所达到“五室一庭”标准。加大招考力度，夯实基层基础，年内公开招录公务员15人，补充到编制人员不足的基层司法所。

【规范执法行为】 开展“双随机一公开”法律服务，规范执法检查行为，有效提升法律服务质量。建立健全各项执法、责任追究制度，确保全市司法行政工作的全面开展。推行权利清单制度，推进政务、执业信息公开，完善执法执业公开、公示制度，促进依法履职。严格落实合法性审查，切实防范和化解法律风险。充分利用执法人员自身法律优势，定期组织开展法律服务有关案卷检查。6月，制定并下发《关于印发2017年度执法质量（业务）案卷评查工作方案的通知》，评选出优秀、合格、不合格三类案卷；自查自纠，整改不合格案卷。组织局班子成员及各业务股（室）长，参加市行政执法资格考试，加强对司法行政执法人员的业务培训。 （焦 玉）

综合经济与管理

发展和改革

【概况】2017年，醴陵市发展和改革局进一步当好全市经济建设和社会发展的参谋，贯彻落实市委、市政府发展和改革工作的决策和部署，努力提高全市经济工作的前瞻性和统筹能力，注重加强经济运行分析，坚持“一月一分析、一季一研判”制度，准确把握宏观经济走势，及时提出解决全市经济社会发展问题的建议，为市委、市政府科学调控经济和运行提供重要参考。全年实现地区生产总值607.2亿元，增长8.2%；完成一般公共预算收入54.1亿元，增长8.1%；实现规模工业增加值371.1亿元，增长7.5%；完成固定资产投资441.9亿元，增长14.6%；完成社会消费品零售总额204.6亿元，增长11.4%；全市城乡居民人均可支配收入达30664元，县域经济综合竞争力位居全国百强县（市）第56位。

【项目建设】2017年，全市以中国陶瓷谷、渌江新城、瓷城古韵、醴北人家“四个百亿工程”为重点，共安排株洲市和醴陵市级的重点工程建设项目242个，其中中国陶瓷谷、渌江新城等新建重点工程项目133个；总投资达876.8亿元，年度计划投资202.8亿元。年内各项目工程全部开工建设，有64个重点工程建设项目竣工，续建重点工程建设项目进展顺利，年度内计划投资任务全部完成。在重点建设工程项目中，列入株洲市级重点建设工程项目共67个，总投资400亿元，年度内计划投资113亿元，实际完成投资114.5亿元，为年度计划任务的101.3%；其中新建项目44个，开工项目41个，竣工项目14个,竣工项目中的“1915”陶瓷特色街区为2018年计划竣工项目，于年内提前竣工。全年全市项目建设工作各项指标位居株洲市五县（市）第一，在株洲市年度“项目攻坚年”活动中被评为先进单位。

【投资管理】2017年，始终贯彻落实“首问负责制”“政务一次性告知制”“限时办结制”，将所有投资项目纳入湖南省投资项目在线审批监管平台中受理（除土地报批外），监管平台申报、办理项目业务工作位居全省市、州、县第5位。年内，企业报批备案342项（含土地报批），总投资169.1亿元；项目审批、核准229项，总投资226亿元；招标核准项目115项。全年有在库项目854项，完成投资441.9亿元，同比增长14.6%，其增长速度位居株洲市五县（市）第一。

【“放管服”改革】2017年，深入推进“放管服”改革，市场活力不断释放。一是严格价格收费管理。贯彻落实国家有关价格收费管理减负政策，全年全市取消收费项目41项。按照上级有关价格收费管理的规定程序，召开价格听证会，积极主动做好公立医院价格改革工作，出台公立医院价格微调方案；推进涉及民生的水、电、气和医疗服务价格改革。二是切实做好市场价格监管。全年立案查处价格违法案件8起，罚没款上缴市财政30.58万元；受理价格咨询件69起、“12358”电话价格举报投诉78件（其中市长热线转办件27件）。全年案件办结率、准确率、群众满意率均为100%，无一复议案件。三是妥善完成价格认证工作。全年市价格认证中心共受理公、检、法、税务等部门提出的价格认定200余件，出具价格认定结论书200余份，认证金额5000余万元。

【易地扶贫搬迁】2017年，全面落实工作责任制，按照时间表和路线图，把易地扶贫搬迁各项工作抓实、抓细、抓牢。充分统筹新型城镇化、全域旅游的发展和承载力，尊重贫困户意愿，实行集中安置和分散安置相结合的原则，落实“镇村两级干部+帮扶责任人”服务监督体系，对每户贫困户，均安排1名镇干部、1名村干部、1名帮扶责任人担任服务监督员，确保落实按图施工、面积合格、老宅拆除、宅基地交还等工作,确保搬迁贫困户达到“搬得出、稳得住、有事做、能致富”的目的。全年完成易地扶贫搬迁610户1819人。（张志方）

国土资源管理

【概况】2017年，醴陵市国土资源局有办公室、人教股等内设机构17个,下辖事业单位21个（含11个国土资源中心所、分局），有在编人员169人。全年报批建设用地55宗、面积350.6公顷，实施增减挂钩项目用地面积111.18公顷；启动征地、拆迁项目80个，完成征地401.09公顷、拆迁房屋400余栋；出让土地84宗、面积146.3公顷，成交总价款14.38亿元，实现纯收益4.8亿元；新增储备土地面积88.32公顷，有效保障市重点工程项目、基础设施建设和民生工程建设的用地需求。

【耕地保护】2017年，全市有耕地保有量面积52.77千公顷、基本农田保护面积44.66千公顷，均超过国家下达的指标。全年全市建设用地占用耕地面积35.44公顷，均按国家“占一补一”（占1亩水田补1亩水田）的原则实行占补，共补充水田面积35.44公顷，连续18年实现占补平衡。全年实施土地整治项目12个、面积1.42千公顷，总投资3129.07万元，推动实现耕地数量、质量、生态“三位一体”保护。

【执法监察】2017年，执法监察工作在全面完成上年度土地卫片违法图斑执法监察工作的基础上，突出解决烟花鞭炮企业违法用地问题，全年全市有168家烟花鞭炮企业主动接受执法行政处罚，共收缴罚款1417.52万元，全部纳入市政府扶持企业发展基金，扶持产业做大做强。开展打非治违专项行动49次，配合有关镇人民政府联合执法，扣押非法开采设备18台，拆除违法建筑18栋，立案查处非法采矿案件2宗；通过加大打非治违专项行动的力度，维护企业的安全管理制度和秩序。

【地质灾害防治】编制《醴陵市2017年度地质灾害防治方案》，更新完善全市地质灾害群测群防网络。6－7月，因长时间强降雨导致全市发生30余起灾情，灾情处置方面做到预警预报及时，应急措施果断，排巡查和监测到位，未造成人员伤亡，最大限度地保障人民群众的财产安全。积极筹集资金，为王仙镇大屏山村上冷水组滑坡治理项目工程，争取省地质灾害综合防治体系建设资金（中央补助）200万元，其他新发生地质灾害点的治理工作稳步开展。

【矿政管理】2017年,《醴陵市矿产资源总体规划（2016－2020年）》获湖南省国土资源厅批复，是全省首批9个县（市）之一。矿山监管动态巡查力度进一步加强，巡查面覆盖全市所有矿区，全年下矿山巡查308人次，开展矿山“超深越界”检查4次。全面完成全市各类保护区内探矿权、采矿权的清理工作，注销6家逾期不办理延续及注销登记手续的矿山企业采矿许可证；清理湘江流域露天非金属矿采矿权。完成石亭镇管家冲砂石英砂岩矿挂牌，全年收取采矿权价款563万元。

【领域改革】2017年，在株洲地区率先实现房屋交易职能整合，完成现阶段不动产统一登记改革任务，发放不动产房屋证书6509本、登记证明1.04余万份。大力实施增减挂钩项目，破解用地指标瓶颈。以改善农村生产、生活条件为目标，开展“美丽乡村”建设试点工作，探索城市建设支持农村发展新机制，打造国土政策助力脱贫攻坚新亮点，其经验在全省推介。

【脱贫攻坚】2017年，市国土资源局推动国土资源项目和资金向贫困村、贫困群众倾斜，安排帮扶资金120余万元，做好46名帮扶对象的脱贫工作。从主动服务、保护耕地、节约集约等方面入手，推进易地扶贫搬迁工作，集中和分散安置贫困人口1819人，完成用地审批10.24公顷。积极开展社会扶贫募捐活动，号召全局干部职工及社会人士参与爱心扶贫工作,筹措善款及物资22万元，其中市国土资源局干部职工捐款10万元。（李　剑）

审计管理

【概况】2017年，醴陵市审计局内设办公室和法制、财政金融审计、行政事业审计、基建外资审计、经济责任审计6个股室，下辖市重点建设项目审计中心1个副科级事业编制二级机构。年末，有在职人员23人，人事代理6人，外聘专职审计人员4人。全年完成财政预算执行、财政财务收支、经济责任审计和审计调查项目27个，提交审计报告、专项审计调查报告27份，查出违纪违规和管理不规范金额83286万元，处理处罚金额6876万元；完成工程结算审计项目261个，出具工程结算审计报告261份，审核建设资金9.75亿元，核减工程支出953.51万元；处理处罚上缴财政金额38万元。向醴陵市、茶陵县纪检机关移送审计问题线索3条并被受理，发出审计整改函10份，有39条审计建议被采纳。市中（一）医院收费审计、民政专项资金审计计算机审计成果、方正春元行（功能经济往来）等3个项目，分别被省审计厅评为审计技术成果应用奖、鼓励奖、优秀奖;1人被评为市“两学一做”学习教育“扶贫帮困先锋”。

【财政审计】2017年，在同级财政审计中，坚持以推进公共财政体系的健全和完善、维护财政安全为目标，进一步深化财政绩效审计，重点加强对积极财政政策的贯彻落实、存量资金盘活、专项资金事例和统筹使用、财政支出绩效情况的审计。注重审计对象的选择、审计重点的把握和审计内容的全覆盖，审计对象涉及市财政局、地方税务局、交通运输局、畜牧兽医水产局、高新技术产业发展集团有限公司等部门和单位。年内，为进一步深化预算执行审计，采取将部门预算审计、专项资金审计调查、重点工程建设审计横向纵向相结合的方式，努力揭示国家政策措施执行、财政预算管理中存在的突出问题和重大违法案件线索，对经济社会中的突出矛盾和风险隐患，从体制、机制、制度层面分析、查找原因，提出有针对性的审计建议。促进政府预算体系健全、统一、完整，有效提高预算管理水平和绩效，推进经济社会持续、稳定、健康发展。在预算管理中，主要突出对财政预算收支平衡和资金平衡真实性的审计。在财政财务管理中，主要突出关注国家稳增长、促改革、调结构、惠民生、防风险等政策和措施落实情况的审计，有效促进建立统一完整的政府预算体系、规范预算分配和执行、促进财政资金分配公平公正、提高财政资金管理水平与绩效、有力推动和深化市财政管理改革。在政府债务中，围绕“摸清家底、揭露问题、促进发展”的总体目标，开展有关政府债务审计，审计湖南醴陵经济开发区高新技术产业发展有限公司的资产负债损益情况。在税收征管中，重点审计执行税收政策是否到位、有无制定或变通执行税收政策、乱开减免税口子、变相扩大或增加减免税范围或项目、改变税率、侵蚀税基等影响税法统一的现象。在部门预算管理中，重点关注部门“三公”经费支出、部门参与管理的专项资金使用情况和财政资金年底结转结余或突击拨款等问题。

【经济责任审计】5月，在市委党校集中召开全市领导干部经济责任审计工作联席扩大会议，总结2016年经济责任审计工作，全面部署2017年工作。会上，市委副书记、市长康月林结合经济责任审计和党风廉政建设工作，就市政府系统如何强化责任担当，提出具体要求。会议总结2016年度完成的9个经济责任审计项目，共查出违规收费、报销不符合规定的发票、大额使用现金、违规发放津贴、补助等违纪违规金额2929.83万元。根据审计法律法规有关规定，共责令归还原资金渠道金额166.81万元，扣回个人应负担的住房公积金、医疗保险金等金额35.91万元，调整账务金额42.13万元，处罚上缴财政资金29万元；界定领导干部应负领导责任金额2929.83万元，出具审计结果报告9个、综合报告1个，就有关问题提出审计建议32条。

【投资项目审计】2017年，全面加强政府投资项目的审计，实现对投资项目结算审计的全覆盖。在审计中，重点把握工程造价中高估冒算问题，全年完成工程结算项目审计261个，审核建设资金9.65亿元，核减工程支出金额953.51万元。对审计中发现的有关部门把关不严、超付工程款等现象，进一步规范和整改，下发审计整改函。

【内部审计】2017年，全市有内审机构9个，共完成审计项目65项,查出损失、浪费资金952万元，促进增收节支1430万元，纠正违规违纪资金612万元，提出合理化建议和意见34条。

（凌志良）

统计管理

【概况】2017年，醴陵市统计局内设办公室、法规股、综合核算股、工业能源股、贸易服务业股、投资股、人事教育股，下设考核办、普查中心、调查中心3个副科级事业单位和数据管理中心，有在职人员32人。年末,获评《中国信息报》宣传工作先进单位，株洲市统计系统红旗单位。

【队伍建设】2017年，为适应新时期统计工作步伐，加强全市统计队伍业务和素质建设，建立一个分管、一个股室、一个片区的网格化责任体系，实现以村（社区）为单元、到位到点到人的统计工作网格化管理。年内，为缓解基层统计队伍人员不稳定状况，向社会公开招聘专职统计员，有200余名大学生报名应考，从中录用优秀人才30人，分配至各镇（街道）统计站，充实基层统计队伍。

【统计业务】一是聚力农业普查。继续完成全国第三次农业普查有关工作，严格按照农业普查方案和各项工作细则、流程的要求，及时完成入户登记、PDA录入上报、数据处理、数据排错等主体工作，确保普查有序推进和数据安全，顺利通过上级普查办的普查检查、验收。二是助力项目攻坚。组织全市“四上”（规模以上工业企业、资质等级建筑业企业、限额以上批零住餐企业、限额以上服务业企业）企业申报入统工作，全年全市有115家“四上”企业通过上级审批，超过株洲市绩效考核下达任务数16家，完成总量居株洲市10县（市）区第一、占株洲市总量比重的20%。三是发力统计重点考核。围绕全面小康监测、为民办实事、镇（街道）经济工作考核等重点工作，牵头做好主要指标责任分解，按月进行数据采集、认定、评估、报送工作。四是做优民调平台。按照市相关部门交办的工作任务，组织访问员、监听员、审核员，完成全年综治民调和考核调查工作，配合市扶贫开发领导小组办公室开展每月1次的精准扶贫民意调查。

【统计服务】一是精准化服务经济发展。围绕冲刺全国县域经济“五十强”的战略目标，主动加强与中郡县域经济研究所、中小城市经济发展委员会等机构进行对接，深入开展评价体系研究，加强对全省前三强县市、全国百强县市的数据收集，创新、高效地开展资料对比分析和研究，为服务醴陵市经济发展和评价认定提供应有的统计保障。二是精准化服务领导决策。牵头对醴陵市GDP支撑指标进行责任分解，为各经济部门实现工作目标明确努力方向。每月编发《主要经济指标月卡》《领导专报》等专刊，呈送市主要领导，为市委、市政府科学决策提供参谋服务。年内，全局撰写《从数据看醴陵市县域经济发展—湖南“县域四强”简析》《醴陵市文化产业现状调查分析及建议》等调研分析报告40篇、重点调研课题5篇，其中文章《陶花盛开 瓷博天下》在《中国信息报》上发表。三是精准化服务绩效考核。根据年初株洲市对各县（市）区绩效考核方案，牵头制定醴陵市小升规工作方案，明确各部门和镇（街道）的责任。加强地区生产总值、第三产业增加值和金融业增加值等数据与上级部门的对接，召开每季度统计联席会议，做好指标测算和说明；加强与市各部门的协作，强化中期绩效评估指标中经济指标分析，及时掌握全市和其他县（区）指标完成情况。（贺中云）

社会经济调查

【概况】国家统计局醴陵调查队（以下简称“醴陵调查队”）内设办公室、业务股和专项调查股，承担统计调查行政职能，为参照公务员管理的正科级单位。2017年，醴陵调查队深入贯彻国家对统计工作的重要指示批示精神，围绕“稳中求优、优中求实”的工作目标和“提能力、强保障、促规范、重质量”的工作主线，优质高效地完成上级业务部门和醴陵市委、市政府交办的各项工作任务。4月，湖南国家调查队系统基层基础工作现场经验交流暨培训会议在醴陵市举行。全年完成13个居民收支调查小区的样本轮换工作，并有效推广电子记账模式。

【居民收支调查】居民收支调查是以城乡居民家庭为对象，以抽样调查为手段，以取得有关社会经济资料为目的的一项综合性社会经济调查。年内，通过对醴陵市130户记账家庭（其中城镇居民66户、农村居民56户、空宅和举家外迁居民8户）现金和实物收支的经常性登记，获取家庭的生产、收入、消费、积累和社会活动情况等数据，全面、真实地反映城乡居民的收入、生活质量的变化，监测居民全面小康和脱贫攻坚的进程。

【县级粮食产量抽样调查】2017年，醴陵市县级粮食产量抽样调查有15个样本村，调查主要通过卫星遥感和无人机测量等高新信息技术手段，对农作物面积、产量等进行遥感测量，调查内容主要有面积核实、估产、抽选调查地块和样本、实割实测、非实测作物产量调查估算等。通过粮食产量抽样调查，准确掌握农情信息，为市政府推进粮食生产稳定增产提供重要参考依据。

【规模以下工业调查】2017年是规模以下工业调查工作开展的第二年，按照规模以下工业调查方案的步骤和安排，年内的调查工作是在上年度调查的基础上，主要对市大障兴旺水厂、市城区精瓷机械厂等7家调查样本目录企业，市众鑫花纸厂、市瑞和红木家具厂等7家调查样本非目录企业和市富里镇麻石村、大草坪村等12个样本村实施调查。调查主要收集和反映规模以下工业的基本情况、总量和规模以下工业企业的生产经营状况及面临的突出问题，并将有关调查情况及时提供给市有关领导和主管部门，为市规模以下工业调整和决策提供准确、可靠的依据。

【畜禽监测调查】2017年，醴陵市主要畜禽监测调查对象有大型生猪规模养殖户7户、调查村16个、中小型调查户123户，大型家禽规模养殖户2户、中小型调查户7户，散养调查点10个。年内，为完成全市主要畜禽监测调查工作，确保调查程序到位、数据真实、准确可靠，及时准确反映市畜牧业生产发展情况，醴陵调查队在每个散养小区均配备1名辅助调查员协助调查，在规模养殖户（单位）中，采取由调查监测工作人员分镇包干负责制的方式开展调查。

【农民工监测调查】农民工监测调查是通过定期收集农民工相关信息，准确反映农民工数量、流向、结构、就业、收支、生活、社会保障及创业等情况，从宏观上把握农民工发展变化情况，为制定科学的农民工政策、加强和改善农民工工作提供科学依据。年内，醴陵市的农民工监测调查主要有神福港镇神福港村等8个调查小区，每个小区有调查户10户。

【农民工市民化进程动态监测调查】农民工市民化进程动态监测调查是通过科学的随机抽样和入户访问调查，定期收集农民工在输入地的就业生活相关信息，全面及时反映农民工就业创业、劳动保障权益落实、城镇基本公共社会服务均等化、城镇落户以及社会融合等方面情况，客观准确监测在新型城镇化建设中农民工现状、变化以及与输入地城镇居民的一致性，为科学制定农民工政策、加强和改善为农民工服务工作提供可靠依据。年内，醴陵市是全省4个农民工市民化进程动态监测调查县（市）之一，调查网点主要分布在市来龙门街道四塘村、王仙镇司徒村等3个调查小区。

2017年醴陵市住户收支与生活状况调查主要指标表

表3

主要指标	单位	总计	城镇	农村
一、基本情况				
1. 调查户数	户	122	66	56
2. 常住人口	人	468	258	210
3. 劳动力人数	人	313	179	134
4. 百户耐用消费品拥有情况				
洗衣机	台	108	115	100
电冰箱（柜）	台	103	108	98
空　调	台	166	197	129
热水器	台	67	79	89
摩托车	辆	119	100	141
家用汽车	辆	33	39	27
固定电话	线	39	59	14
移动电话	部	305	292	320
彩　电	台	166	102	170
家用计算机	台	71	86	54
二、人均居民收入情况				
可支配收入	元	30664	36558	24335
①工资性收入	元	1194891	15173	8485
②经营净收入	元	9744	9594	9906
其中：第一产业经营净收入	元	2105	1188	3089
第二产业经营净收入	元	2938	2486	3422
第三产业经营净收入	元	4701	5919	3393
③财产净收入	元	2290	3785	685
④转移净收入	元	6680	8004	5257
三、人均居民支出情况				
消费支出	元	19596	22746	16214
①食品烟酒	元	4956	5558	4310
②衣着	元	1177	1508	821
③居住	元	3747	3795	3695
④生活用品及服务	元	1479	1792	1143
⑤交通通信	元	2409	3098	1668
⑥教育文化娱乐	元	3591	3919	3239
⑦医疗保健	元	1621	2111	1095
⑧其他用品和服务	元	613	962	239

（谢　薇）

市场和质量监督

【概况】2017年，根据《醴陵市机构编制委员会办公室关于市市场和质量监督管理局更名事项的通知》文件精神，原醴陵市市场和质量监督管理局（醴陵市食品药品监督管理局、醴陵市食品安全委员会办公室）更名为醴陵市食品药品工商质量监督管理局（醴陵市食品安全委员会办公室）；自3月1日起，启用新的印鉴。年内发放食品经营许可证800本、食品生产许可SC证28本、食品生产小作坊证13本。截至年末，全市核发食品经营许可证2043本、食品生产许可SC证109本、食品生产小作坊证47本。年内新增个体工商户3786户、企业1516家，其中公司972家、农民专业合作社292家、其他252户。截至年末，全市共有经济户口40701户，其中个体工商户32638户、各类企业8063家，有6600家企业办理"多证合一"营业执照；全市大中型企业中，注册资本大于等于1000万元的有759家，大于等于5000万元的有167家，大于等于1亿元的有50家。

【优质窗口服务】一是加快推进"多证合一、一照一码"［2015年9月20日，全省推行"三证合一、一照一码"（营业执照、税务登记证、组织机构代码证，执照加载统一社会信用代码）；2016年9月20日，整合社会保险登记证和统计登记证，实行"五证合一，一照一码"；2016年12月1日，实施个体工商户营业执照和税务登记证"两证整合"改革，将工商部门、税务部门分别核发营业执照、税务登记证的制度，改为工商部门核发加载统一社会信用代码的营业执照；2017年9月28日，按照《湖南省人民政府办公厅关于加快推进"多证合一"改革的实施意见》，整合20个部门30个涉企证照项目，全省全面实施"多证合一"登记改革］登记制度改革，大幅度缩短企业从筹备开办到进入市场的时间，为符合"四个十条"政策的企业开辟绿色通道。根据国家工商总局的规定和要求，自2017年3月1日起，全面实行企业简易注销登记。全年简易注销公告企业161户，办理企业简易注销59户，办理"多证合一"企业6053户。二是进一步优化窗口服务流程。继续参与"一门式"政务服务平台建设，行政审批股按照市政府安排，在市政务中心统一办公；全面缩减办事时限，提高办事效能。推行"互联网＋政务服务"工作机制，加快实现"多证合一"网上办理，逐步实行登记备案全程电子化。11月，全市第一本电子营业执照颁发。工商企业登记实现零纸张、零跑路、零费用；在原优惠政策的基础上，全面免收信息检索费、复印费，并停止强制计量器具检定收费，为企事业单位减免费用共计190余万元。

【个私经济监管】一是大力做好企业帮扶工作。落实企业帮扶"五个一"（开展一次宣讲、参加一次劳动、走访一家贫困户、做好一件实事、同吃一顿农家饭）任务，加大"产业突围""四个十条""项目攻坚"等政策宣传力度，支持企业发展电子商务，加强网络商品交易市场监管，指导企业开展"两型"建设，为醴陵电商产业园提供优质服务，组织专题培训。注重发挥职能优势，加强和改进新形势下的非公经济组织党建工作。10月20日，中共醴陵市非公有制经济组织综合委员会正式挂牌成立。二是帮助企业解决融资难题。全年为企业办理股权质押63件，协助企业融资8.76亿元；为企业办理动产抵押登记32起，协助企业融资6925万元；监督拍卖交易会10起，成交额2694万元。

【品牌战略】2017年，结合"世界知识产权日"等活动，进一步强化宣传引导，继续加大企业商标注册指导力度，帮助企业提升品牌价值。全年指导企业新注册商标21件、马德里国际商标3家。"质量品牌"推荐工作效果明显，已培育12家企业申报株洲名牌产品，推荐18家企业申报湖南名牌产品。加大商标侵权行为打击力度，查办商标侵权案件15件、案值约10万元。

【质量标准化发展】一是醴陵陶瓷产业发展新增平台。醴陵市国家级出口日用陶瓷电瓷质量安全示范区通过国家质量监督检验检疫总局考核，11月正式授牌。2月，由市食品药品工商质量监督管理局牵头、市陶瓷协会组织起草的《醴陵釉下五彩瓷器》地方标准，获省质量技术监督局批准并发布；6月，醴陵市就此召开专题新闻发布会。二是注重做好加油机、水、电、气等民生计量器具的日常监督。加强车检机构的监督检查，联合市消防大队开展消防器材专项检查，配合省质量技术监督局对陶瓷产品进行监督抽查及后期处理工作，对不合格陶瓷产品立案3件。指导、帮助4家企业制定标准，指导企业网上自我声明230项、占整个株洲地区完成情况声明项目的90%；为30家企业无偿办理商品条形码，并获评全省条码工作优秀单位。三是继续推进烟花爆竹产品质量提升工作。配合国家质量监督检验检疫总局、省质量技术监督局，监督、抽查烟花鞭炮产品及后期处理工作，专项监督、检查"进京烟花"生产企业的生产情况。参与配合市政府统一组织的烟花鞭炮打非专项工作，共检查烟花爆竹生产经营企业、个体户 313 家（户）和黑火药生产企业 17 家，立案查处 30 家（户）。

【消费维权】一是扎实开展各类产品商品质量检验检测工作。全年完成食品监督抽查 560 批次，食品委托检验 210 批次、食品“你点我查”重点抽检 182 批次。抽检服装 32 批次、日化用品 10 批次、钢材 10 批次、铝合金型材 9 批次、眼镜 22 批次、纸制品 6 批次、装饰装修材料 12 批次、液化石油气 5 批次、鞋类 7 批次、酒店一次性用品 8 批次、一次性餐具 8 批次、妇婴用品 7 批次、地板 6 批次、床上用品 3 批次、成品油 33 批次、防水材料 12 批次、烟花机械产品 14 批次、瓦楞纸箱 24 批次、石膏制品 4 批次、烧结普通砖 12 批次、硅火泥 3 批次、琉璃瓦 5 批次。检定燃气表 9160 块、气体流量计 363 台次、燃气报警器 48 台、出租车计价器 440 台（含攸县 260 台）、压力表 8060 块、数显仪 261 个、电子台秤 563 台、加油机 920 台次、血压计 450 个、心电图机 28 台、汽车衡 49 台、衡器 426 台、B 超机 32 台、X 光机 15 台、验光机 20 台、焦度计 20 个、镜片箱 20 个。二是切实维护消费者权益。组织开展“3·15”国际消费者权益保护日、“3·31”食品药品投诉举报、“4·26”知识产权日、食品安全周、安全用药月、保健食品科普知识进社区“护老行动”等大型现场宣传活动，发放各类宣传资料 103 种、7.2 万余份，制作宣传展板 35 块，义务修理 17 户，提供义诊服务 300 余人次，接受各类咨询 2243 人次，受理投诉 43 起。全面畅通“12315”“12331”“12365”等电话投诉举报维权网络，及时处理各类消费者投诉举报 1323 件，为消费者挽回经济损失 88.11 万元。

【监管与执法】一是加大对各类扰乱市场秩序违法违规行为的查处力度。围绕社会关注、群众关心的热点、焦点问题和制约全市经济科学发展的关键环节，开发“监管神器”的预警功能；不断完善“互联网 + 政务”网格化监管体系，实现线上线下互动。深入开展食品药品安全、特种设备、广告、知识产权、烟草市场、假冒伪劣、农资、传销等领域的整治工作，严厉查处各类扰乱市场秩序的违法违规行为，全年一般程序案立案 482 件、结案 305 件。“两法衔接”有新突破，全年移送司法机关各类案件 4 件（含经营不合格食品案件 1 件、非法经营药品案件 2 件、商标侵权案件 1 件），申请法院强制执行案件 17 件。8 月 31 日，市人民检察院驻市食品药品工商质量监督管理局检察联络室正式揭牌成立。二是突出信用监管，继续大力推进年报公示工作。加大年报宣传力度，全市企业、个体工商户、农民专业合作社 2016 年度年报报送率分别达 90.35%、95.4%、96.07%。全面推广“双随机”抽查机制，实现市场监管由巡查制向抽查制的转变。开展“守信用、重合同”活动，推荐 33 家企业参加省级 2016 年度“守信用、重合同”企业评选。8 月，组织召开全市涉企信息统一归集公示工作会议，强调推动信用信息系统平台建设，增强各类市场主体信用意识，构建“一处违法、处处受限”的失信惩戒格局。三是扎实做好信访维稳、禁毒、社会网格化、打击传销等综合治理工作。全面压缩传销活动的生存土壤，与市公安局经侦大队开展联合行动 6 次，遣送传销人员 21 人次。11 月，组织召开全市打击传销工作联席会议和为期 1 个月的打击传销集中宣传活动，加大网络传销查处工作力度，立案查处网络传销案件 1 件，涉案资金 3 亿元，涉案人员 4 万人，对当事人作出 510 万元的行政处罚罚款。

【食品安全监管】一是加大宣传力度。全面铺开食品安全示范店、示范街创建，有奖举报，“你点我查”等重点工作。印制宣传手册 4000 本，印发各式宣传资料 6 万余份，悬挂横幅 260 余条，制作宣传展板 48 块。“两会”期间，邀请市人大代表、政协委员线下参与第一期食品“你点我查”活动，获得广泛好评。10 月，全市 39 家餐饮服务单位、41 家食品流通单位，通过食品安全示范店创建的综合验收并集中授牌。二是开展专项整治行动。开展年夜饭、两节两会、校园周边、禽类市场、幼儿园、饮用水、无证无照突击月、建筑工地食堂等各项食品、餐饮安全专项整治活动，全面启动“放心肉菜示范超市”创建工作，突出做好“两会”、“醴北人家”山地马拉松比赛、高考等重大活动中的餐饮食品安全驻点保障工作。在 2017 中国醴陵陶瓷产业博览会期间，强化举措，提前介入，安排食品安全监管人员 81 人，在全市 27 个定点接待单位中，实行 24 小时全程驻点、现场监督。三是扎实开展中小学校及周边“食品安全护苗”行动。组织各责任部门检查中小学、幼儿园食堂 513 家，学校及周边各类生产经营单位 732 家；责令整改 38 家，规范引导办证 52 家，取缔食品摊贩 8 个。四是加大食品安全宣传、培训活动力度。组织开展食品安全进校园、进企业、进单位等系列宣传培训活动，聘请专业机构人员培训食品安全管理员 1100 余人次。约谈米粉生产企业 28 家。五是加强食品安全监督抽检工作。按照省级食品安全城市创建标准，加大食品安全监督抽检工作的力度，全年完成食品、农产品抽检 1460 批次，抽检合格率为 98.85%。

【特种设备安全监管】2017年，特种设备安全监管工作坚持底线思维，落实重大事故隐患治理“一单四制”制度，以隐患排查为重点，开展电梯、电梯维保、压力容器、锅炉、大型游乐设施、气瓶充装等整治工作，确保全年无特种设备安全事故。全年检查辖内特种设备使用单位395家，特种设备767台，下达责令改正通知书、安全监察指令等执法文书98份，立案14起，消除安全隐患64处，查出一批已停用的设备，其中54台设备已申报停用。联合省特种设备检验检测研究院株洲分院，对全市锅炉、厂内机动车辆等设备进行集中检验，共检验锅炉85台、厂内机动车辆63辆。

【药品医疗器械化妆品监管】2017年，开展面膜类化妆品、医疗用氧、疫苗、避孕药械市场、牙科诊所、含麻黄素类药品、角膜塑形用硬性透气接触镜、易制毒化学品、药品器械质量安全等专项检查，共检查涉药涉械化妆品单位1356家次，下达责令改正通知书60份，立案21件。对在辖内从事Ⅱ类医疗器械经营单位实行备案管理，审核备案73家。核发药品经营许可证27本、医疗器械许可证16本，办理药店变更登记120起，上报化妆品不良反应报告33例、药品不良反应报告628例、器械不良反应报告199例。

【“红盾护农”】深入开展“红盾护农”行动，切实维护农资市场秩序。以农民群众投诉突出、新闻媒体披露、进货渠道不明、信誉差的农资商品和经营者为重点，有计划地开展农资商品质量监测工作。全年检查市场127个次，检查企业、个体工商户586户次，抽检肥料样品共12个；立案5件，结案5件，罚没入库12.27万元。为加强对市场主体的行政指导，鼓励和引导经营者加强自律，进一步创新监管方式，与市农业局、农业机械管理局联合开展农资和农机市场专项整治行动3次，宣传活动1次，发放宣传资料1000余份。统一规范门店的招牌广告，货柜摆设，进销货台账及制度等。对农资商品的购进、储存和销售全程实施规范管理。定期走访市种粮大户，传授农药、种子、肥料的真假简易识别方法、购买注意事项和农业机械的操作使用技能等知识，为农业生产提供服务。

【烟草市场整治】2017年，进一步加大烟草市场专项整治工作力度，与市公安开展联合执法行动，主要查处无证无照经营烟草制品和未受烟草部门委托的擅自超计划印制商标标识的违法行为，共检查烟草经营户621户，取缔无证经营户32户。

【“三创四化”】2017年，按照市委、市政府“三创四化”工作部署，重点开展主干道洗车、修车、水泥经营、废品收购、冥品店的专项整治；多次召开专题会议进行研究部署，发放《致洗车、修车行业业主的一封公开信》等。全面清理排查市主干道两侧水泥经营户3户、洗修车户83户、废品收购户11户、冥品店12户，其中对23户无照经营户进行退出处理（立案调查2户）。（匡　勇）

市场管理

【概况】2017年，醴陵市市场服务中心（以下简称“中心”）辖管市城区湘东摩托车市场、阳三石农贸市场、新市场龙盛商业街3个国有市场和市枫林镇、左权镇2个国有农贸市场。有在职干部职工29人，其中在编干部13人。全年实现市场管理收入130万元，为年计划任务的108.33%。支付党建帮扶、社区创建资金20万元；开展各类慰问送温暖活动5次，发放慰问金1.7万元；募集慈善“天天捐”爱心款5200元，发动干部职工为扶贫户捐款6900元。

【市场监管】一是常态化抓好消防安全。消防安全按照“一岗双责”要求，中心建立健全每日由市场安全员例行检查，每周由安全股重点排查，每月由分管领导专项巡查和“谁检查、谁签字、谁负责、谁落实”的常态化管理工作机制，确保所辖市场的繁荣稳定。全年开展市场安全专项排查9次，举办安全生产专题培训2次，投入近40万元资金整改市场安全隐患3处。二是协同化抓好食品安全工作。为配合市重大疫情防治指挥部做好春季H7N9禽流感防治，在阳三石农贸市场采取“一日一清洗消毒、一周一大扫除、一月一休市”等防控措施，有效地防范H7N9禽流感疫情的发生。在重大节假日中，主动配合市场和质量监督管理局完成阳三石农贸市场出售商品的抽检工作，并及时将抽检结果在市场醒目位置予以张榜公示，严把食品安全关。三是网格化抓好综治维稳。以市场划分网格，采取“人防＋技防”模式，实现上下联动、分片包块、共创和谐的社会管理新局面，为广大消费者提供安全购物环境。

【市场改造】2017年，为配合市创建工作的顺利开展，中心筹资65万元，提质改造城区3个市场。一是统一规范新市场龙盛商业街门店招牌。二是完善湘东摩托车市场卷闸门门帘，在广场绿化带种植季节性花草2万余株，摆放观赏性较强的景观石。三是加固阳三石农贸市场的晴雨棚，更换破损的彩钢瓦，防腐处理生锈顶棚，翻新改造市场周边的排水系统等设施。积极争取市委、市政府领导的重视，按照小街小巷道路改造提质标准，完成湘东摩托车市场道路路面、路灯、下水道及停车位等项目改造，使市场的对外形象和经营环境得到较大改善。

【专项整治】一是开展乱停乱放专项整治。针对湘东摩托车市场因车位有限、管理不到位，货运车辆乱停乱放的现象，在广场两侧规划出 15 个专用停车位，并明确 1 名市场管理员负责引导；配合渌江社区工作人员多次劝导货运车主文明停放车辆，最终解决市场货运车辆停放问题。二是开展出店经营专项整治。4 月，联合来龙门街道城管中队，重点对市新市场龙盛商业街出店经营行为，开展为期 1 周的专项整治，共收缴经营户占道摆放的模特模型和灯箱招牌 6 个，批评教育 10 人次；为巩固工作成效，来龙门街道城管中队坚持不定期对市场进行动态巡查，严防出店行为再次反弹。三是开展马路市场专项整治。12 月，针对阳三石农贸市场周边存在的占道经营、私搭乱建等问题，中心抽调 15 名市场管理员，与阳三石街道、社区、城管中队、媒体等有关部门，在做好宣传、劝导工作的同时，连续开展为期 3 天的集中整治，共拆除摊贩违规搭建的摊棚 42 个，取缔占道经营摊点近 200 个，有效净化市场周边环境。（卢明耀）

安全生产监管

【概况】2017 年，全市发生安全事故 10 起，死亡 5 人、受伤 20 人，直接经济损失 52.8 万元，分别比 2016 年下降 58.3%、50%、56.5%、77.1%。全年未发生较大及以上生产安全事故，其中市安全生产监督管理局（以下简称“市安监局”）监管的烟花爆竹、煤矿、非煤矿山、危险化学品等行业实现“零死亡”，各项指标均为历史同期最好。市安监局获评全国安全生产监管监察先进单位、湖南省 2017 年度安全生产工作优秀单位。

【安全监管】一是推行计划执法。全面推广使用行政执法软件，开展分层级、分类别、全对接的计划执法，全年计划执法企业 1644 家次，排查安全隐患 3406 处，监管行业计划执法完成率达 100%。二是规范执法检查。率先在全省开展烟花爆竹“双随机、一公开”（随机抽取检查对象和检查人员，及时公开执法检查和处理结果）执法检查，全年开展此类执法检查 5 次。落实“两法衔接”,实行执法“六项制度”（一是建立领导干部干预安全生产监管执法、插手具体案件处理记录制度，坚决做到不执人情法、不办关系案；二是建立“四不两直”和“双随机”抽查机制，确保执法效果；三是建立向公安机关、检察机关案件移送制度，克服有案不移、有案难移、以罚代刑现象；四是建立重大行政处罚案件合法性审查和听证制度，做到公正、公平、文明、廉洁执法；五是建立行政处罚决定书公示制度；六是建立企业安全生产信用记录制度）。三是加大执法力度。配备村级网格管理员 620 人，构筑市、镇（街道、示范区）、村（社区）和企业“3+1”全覆盖的监管体系。在全省率先建成市、镇、企业三级联网视频在线监控系统。以“企业主体责任年”为契机，认真落实“四个一律”（对非法生产经营建设和经停产整顿仍未达到要求的，一律关闭取缔；对非法生产经营建设的有关单位和责任人，一律按规定上限予以经济处罚；对存在非法生产经营建设的单位，一律责令停产整顿，并严格落实监管措施；对触犯法律的有关单位和人员，一律依法严格追究法律责任）“五个一批”（依法严厉打击惩处一批违法违规行为，彻底治理一批重大事故隐患，关闭取缔一批违法违规和不符合安全生产条件的企业，联合惩戒一批安全生产失信企业，曝光一批严重违法违规和重大隐患典型案例）执法措施，全年立案处罚企业 139 起，处罚金额 243.2 万元。四是严格事故查处。及时准确上报各类安全事故信息，无瞒报、漏报、迟报事故行为。配合完成“3·19”“9·23”等安全事故的调查处理，依法追究有关单位和人员的责任。五是加强特护期监管。在元旦、春节、清明、“五一”、汛期、高温停产、“瓷博会”、中秋国庆、中共十九大等特护期间，开展系列安全生产大督查，确保全市生产安全稳定。

【安全生产专项整治】一是强化风险防控。推进、防范、遏制重特大事故措施试点，建立健全安全生产“五大体系”（安全生产预防、隐患排查治理、监管执法、应急救援、安全生产责任体系）。在烟花爆竹等领域，推行风险分级管控，实行烟花爆竹分级管理，评选 A 级企业 61 家。二是开展安全大检查。以“三大行动”（安全生产大排查、大管控、大整治）为主线，做到全社会动员、全领域覆盖、全过程监管、全责任落实，并取得显著成效。共组织安全生产检查 229 次，检查企业 627 家，责令停产整顿企业 28 家，实行“黑名单”管理企业 2 家。三是铁腕打非治违。全面推动企业安全生产隐患自查自改全覆盖，共排查安全隐患 3930 处。落实责任片区网格实名制，保持打非治违高压态势，全年刑事拘留 36 人，行政拘留 105 人。四是深化专项整治。以“安全保卫战”为统领,分时段集中开展“春雷”“打非清剿”“百日闪电”“三大行动”“安全大检查”“亮剑”等专项整治行动，做到每季度有部署、每月有重点。五是淘汰烟花爆竹生产企业落后产能。严把“三大关”（生产入口关、监管执法关、打击处理关），完成 95 家烟花爆竹生产企业退出，将 117 家企业兼并整合为 52 家，完成省政府年计划淘汰、退出的指标任务；制定“一带三片多点”自动化推广方案，全面推进“机械化换人、自动化减人”进程，全市烟花爆竹生产企业机械化应用率超 80%。

【宣传培训】一是全面宣传、贯彻《中共中央国务院关于推进安全生产领域改革发展的意见》。5 月，邀请国务院安全委员会办公室第三宣讲团到醴陵集中宣讲《中共中央国务院关于推进安全生产领域改革发展的意见》精神，全市有 860 人参加宣传贯彻会议。二是加大宣传力度。开展“大安全、大和谐、大醴陵”系列安全宣教活动。播出《安全在线》栏目专题 66 期，发送安全短信 107.2 万条。三是加强安全培训。举办“三项岗位”（主要负责人、安全管理人员、特种作业人员）培训班，共培训人员 4.9 万人。推出全员免费培训、微信在线考试、全日制花炮订单班、“一厂一大”等系列安全精品工程。四是强化社会监督。推进每月 19 日“企业安全教育日”活动，企业从业人员的安全意识大幅提升。完善“12350”电话举报热线，全年兑现奖励金额 25.8 万元。定期曝光违法违规行为，全民参与的安全生产格局基本形成。（王肖红）

烟花爆竹质量监督检测

【概况】农业部烟花爆竹质量监督检验测试中心（湖南省烟花炮竹产品安全质量监督检验醴陵授权站）（以下简称“中心”）有建筑面积 6600 平方米，实验室面积 4560 平方米，公共实验燃放场地 20 万平方米，多媒体会议（培训）大厅 1200 平方米；有设备齐全的检测服务大楼、实验大楼和培训中心，拥有检测检验、研发设计等各类仪器设备 105 台（套）；拥有各类烟花爆竹产品和花炮机械专利 14 项，制定《烟花爆竹禁限用药剂定性检测方法》国家标准和《烟花爆竹烟火药氯酸盐定性检测方法》《烟花爆竹作业场所机械电器安全规范》等 8 个行业标准。2017 年，中心有干部职工 21 人，其中高级职称 5 人、中级以上技术职称 7 人、安全评价师 4 人。全年检验烟花爆竹出厂产品 680 万箱，接受委托送检样品 320 个，完成委托导静电设施检测 319 家。年内，中心被湖南省经济和信息化委员会认定为“湖南省中小微企业核心服务机构”，被国家工业和信息化部认定为“国家中小企业公共服务示范平台”。

【防静电安全抽查】2017 年，中心加强烟花爆竹生产企业防静电安全生产的管理力度，先后完成云南省、贵州省 12 个市（地、州）30 个县（市、区）的 75 家烟花爆竹生产企业的 1857 个检测点位和湖南省 5 个市（地、州）8 个县（市、区）的 102 家烟花爆竹生产企业的 1495 个检测点位的静电抽查任务。检测范围主要涵盖企业涉药机械设备接地、工作台面和地面导静电材料及其接地、涉药工具（器具）材质、人体静电导体和静电检测装置情况等项目。

【静电检验和技术指导】2017 年，结合烟花爆竹企业高温停产复工和企业换证的安全需求，为醴陵市 200 余家烟花爆竹企业和攸县、宁乡市、祁阳县等市县 100 余家烟花爆竹相关企业，提供全面的防静电技术指导和严格的检测检验服务，确保企业安全复工生产和及时换证，促进烟花爆竹行业整体生产安全系数的提高和产业转型升级。

【防止静电标准制定】2017 年，结合烟花爆竹安全生产工作，致力于烟花爆竹生产作业场所导静电防范与治理工作，参与 AQ4115《烟花爆竹防止静电通用导则》标准的修订，年内成功立项，完成标准草案。该标准的修订，对规范烟花爆竹生产作业场所导静电工作，提高生产安全系数和全面实行烟花爆竹自动化生产具有重要意义。

【重点工业产品抽查】通过加大对烟花爆竹产品质量检出抽查工作的开展，为加强质量安全监管，提升产品质量水平，打击假冒伪劣产品，维护消费者合法权益提供支撑和帮助。2017 年 4－6 月受湖南省质量监督管理局的委托，承担并完成醴陵市 53 家企业 100 个批次的烟花爆竹产品抽查任务；11－12 月，承担并完成醴陵市 54 家企业 100 个批次产品的抽查任务。11－12 月，受醴陵市食品药品工商质量监督管理局的委托，完成醴陵地区 50 家烟花爆竹生产及原材料生产企业的 60 个批次产品抽查任务。

【服务平台建设】2017 年，为更好地服务烟花爆竹中小企业，进一步完善醴陵市烟花爆竹产业集群窗口服务平台建设，拓展检测检验、新产品研发设计、技术推广、管理咨询、人才培训、市场开拓、产学研合作等产业服务项目。全年线上累计注册服务机构72家，发布服务项目161条，注册企业486家，组织服务活动66次，服务企业2207家次，发布服务信息2901条。（梁　杰）

株洲市公共资源交易中心醴陵市分中心

【概况】2017年，株洲市公共资源交易中心醴陵市分中心（以下简称“中心”）完成全市各类招投标项目216宗，交易总金额71.45亿元。其中建设工程项目135宗，交易金额24.2亿元，节约财政资金4.95亿元；政府采购项目60宗，交易金额41.38亿元，节约财政资金8.07亿元；土地矿产交易14宗，交易金额5.87亿元；主要污染物排污权交易7宗，交易金额37.91万元。

【机构改革】2017年，中心根据湖南省公共资源交易管理委员会办公室《关于抓紧落实整合撤销县级公共资源交易平台的通知》、株洲市公共资源交易管理委员会《关于转发湖南省公共资源交易管理委员会办公室〈抓紧落实整合撤销县级公共资源交易平台〉的紧急通知》精神和要求，各县（市、区）及各类园区的公共资源交易活动一律按规定进入上级公共资源交易平台中心。自12月18日起，不再受理任何新项目的入市交易；于12月22日正式摘牌、撤销。

【基础工作】2017年，中心加强工程建设项目招投标、政府采购、土地交易等交易活动的管理，确保各类交易阳光、高效、有序进行。一是优服务，促进工作效能提升。按照“能快则快、能简则简、能优则优”的原则，主动服务重大项目建设，对所有进场项目做到“主动办、现在办、马上办”，建立和完善重点工程、民生工程项目的“绿色通道”制度，扎实推进项目的进场交易和顺利完成。重新制订《建设工程类交易流程表》，指导招标人、代理机构、投标单位按制度办理交易事项，优化办事流程，提高办事效率。二是定制度，规范交易行为。严守保证金保密纪律，及时按程序收、退保证金，重新制订《交易保证金管理办法》；召开各招标代理机构座谈会，听取代理机构提出的合理化意见和建议；制订《代理机构考评制度》，定期对代理机构进行打分、考核，用科学的制度规范代理机构在整个交易中的行为。制订《建设工程类评标专家管理办法》《评标专家抽取办法》。三是抓管理，打造阳光交易平台。中心邀请株洲市公共资源交易中心专家库技术人员到醴陵市进行业务指导，对中心专家库技术人员，按照上级有关标准进行清理；完善电子视频监控设备，全程见证和监控开、评标过程，做到开标前开启、评标后关闭、音像同步、及时备份影像数据。修订《视频监控管理制度》，进一步规范视频监控管理。（周　礼）

农　业

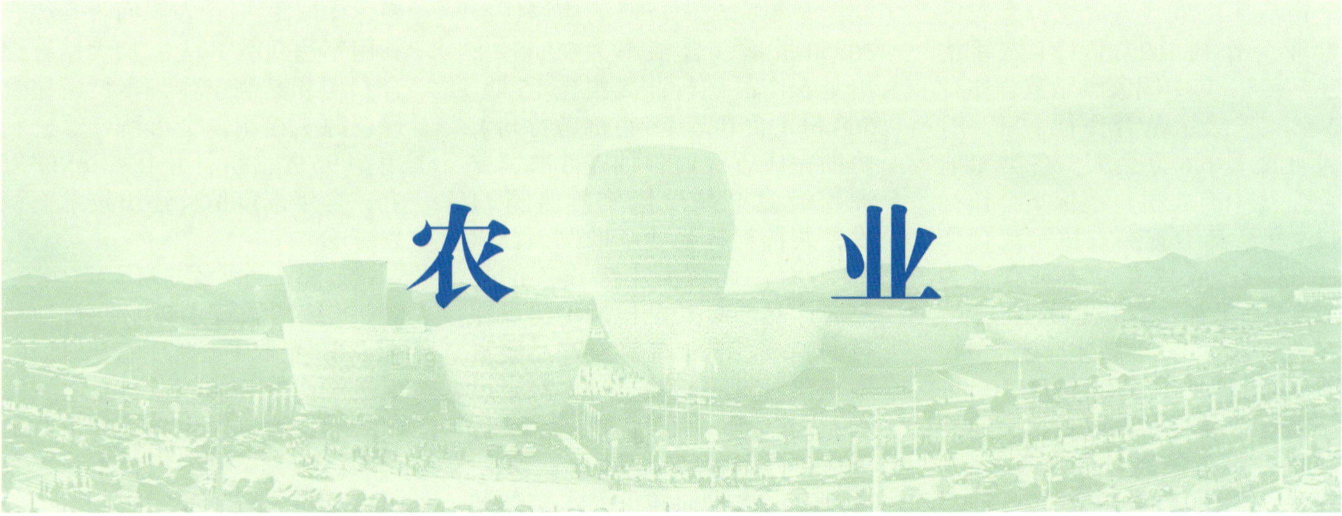

综　述

【概况】2017年，全市农业工作以推进农业供给侧结构性改革为主线，以农村美丽、农业增效、农民增收为目标，不断加强科技创新引领，加快结构调整步伐，推行绿色发展方式，加大农村改革力度，加快培育农业农村发展新动能，开创农业现代化建设新局面。全年实现农林牧渔业总产值81.1亿元，增长4.2%。全市农作物播种面积为109.4千公顷，增长2.6%；其中粮食作物种植面积72.7千公顷，粮食总产量51.3万吨。新增农村劳动力转移就业4577人，实现农村居民人均可支配收入24335元，增长8.5%。年内，粮食生产继续保持全省先进地位，市农业局被国家杂交水稻工程技术研究中心评为2017年度湖南省“超级杂交稻‘种三产四’丰产工程先进示范基地”，醴陵市再次获评“湖南省粮食生产标兵县”。市枫林镇隆兴坳村获评2017年度全省美丽乡村建设示范村。“醴陵玻璃椒”通过国家农业部地理标志产品认证。

【脱贫攻坚】2017年，认真落实省委、省政府和株洲市委、市政府关于脱贫攻坚工作的系列部署，倒排时间节点，量化工作任务，强化工作举措，实化工作责任，全党动员、全民参与，全力推进，脱贫攻坚各项工作均实现预期目标。对贫困村和贫困人口在200人以上的面上村派出驻村工作队59个、156人（含株洲派驻6个、20人）。有38名市级领导联点帮村，121个部门单位成为驻村帮扶后盾单位，4172名干部成为结对帮扶责任人，实现驻村、结对“两个帮扶”全覆盖。实践以“十、百、千、万、亿”[“十”，遴选10所贫困户劳动力转移就业培训挂牌学校（机构）；“百”，遴选100家农业产业扶贫挂牌企业（经济组织、基地、大户）；“千”，遴选100家农业产业扶贫挂牌企业2017年度新安排贫困户劳动力就业人数1000人以上，且须签订3年以上的就业合同，确保人均年工资净收入在2万元以上，此项为贫困户年增收总额2000万元以上；“万”，10所贫困劳动力转移就业培训挂牌学校年培训完成1万人次以上，流转贫困户承包土地666.67公顷以上，土地流转为贫困户增收总额500万元以上；“亿”，100家农业产业扶贫挂牌企业吸纳贫困户入股资金（含政策性金融信贷资金）1亿元以上，入股分红为贫困户年净增收总额800万元以上］产业扶贫工程为抓手，认真落实“四有四百”（市有统筹安排、镇有特色园区、村有专业合作社、户有致富门路，百企帮百村、百村建百社、百员联百村、百社扶万户）行动，推动产业扶贫“四跟四走”（资金跟着穷人走，穷人跟着能人走，能人跟着产业项目走，产业项目跟着市场走）模式。在株洲市组织召开的产业扶贫和易地扶贫搬迁现场推进会、健康扶贫主题月活动、脱贫攻坚突出问题集中整改电视电话会上，醴陵均作典型发言；在全省教育助学扶贫电视电话会和全省产业扶贫工作推进会上，醴陵均作典型发言。社会扶贫工作高效推进，社会扶贫APP各项数据全省各县（市、区）领先。12月，在株洲市扶贫开发领导小组办公室《关于醴陵市2017年度贫困退出的核查意见》中，认定醴陵市综合贫困发生率为1.64%，错退率为零、漏评率为零，群众认可度达99.7%，15个贫困村达到退出标准，1919户7130名贫困人口达到脱贫标准。

【新型经营主体培育】截至年末，

全市有家庭农场356家；有农民专业合作社1625家（年内新增267家），其中国家级示范合作社2家、省级示范合作社9家，有入社成员6.6万余人。各类专业合作社中有农机、植保类合作社136家，其中省级农机示范合作社53家；农机总动力拥有量为97.95万千瓦，农机总数达15.62万台（套），其中高速插秧机210台、收割机890台、烘干机130台、小型无人植保机140台；高速插秧机、烘干机数量居全省第一。农机综合化水平达75.2%以上，居全省前列。年内，全市创建万亩高产示范片17个，面积20千公顷，比2016年增加5.33千公顷；全市超级杂交稻"种三产四"（用3亩耕地产出用常规技术种植的4亩耕地的粮食）丰产工程种植面积30千公顷。水稻"早加晚优"绿色高产高效创建示范项目面积27.72千公顷。在市泗汾镇实施南方现代粮油示范工程，示范面积达666.67公顷。全市有休闲农业企业89家，实现产值1.2亿元。年内新增湖南新金富现代农业发展有限公司、市洛塘生态农业发展有限公司、市显和氏农牧有限公司等株洲市级农业产业化龙头企业7家，新增湖南湘洲食品有限公司、湖南指上美食品有限公司等省级龙头企业4家，醴陵市级龙头企业20家。组织有关休闲农业企业参加国家、省、株洲市农产品展销展示会4次、56人次；其中醴陵唐丰生态农业和株洲将军山生态农业等企业在各类展会上受到消费者喜爱。

【农产品质量监管】2017年3月，市农产品质量检测中心通过"双认证"（省质量技术监督局组织的检测机构资质认定评审、省农业委员会组织的农产品质量安全检测机构考核现场评审）验收；5月，获"双认证"证书。农产品质量安全监管体系建设不断健全，全年完成例行监测速测任务30850批次，合格率为99.85%；出具农产品例行监测报告15期、560份（含春节专刊、高考特刊）。协助完成省级监督抽查6次、株洲市级农产品质量例行监测11次，共抽检样品500批次，合格率100%。完成由中央投资的县级农产品质量安全检测站建设项目的验收。全年开展农产品质量安全监管专项整治行动5次，出动执法车辆216台次、行政执法人员502人次，检查农资门店588家次，抽样检测水稻品种108批次（合格率99%）、农药130批次（合格率96%）、肥料25批次（合格率100%），检查种子、肥料、农药标签共计1012张，查处案件14件、货值达12.9万元，有力维护农资市场公平竞争、诚信守法经营的良好市场秩序。调解农资纠纷16起，为农民挽回直接经济损失30余万元。大力宣传新修订的《农药管理条例》，发放《农药管理条例》读本1800本，张贴宣传标语1000张，悬挂宣传横幅50条，发送手机短信1.5万余条，培训农药监督管理人员140人次。

【面源污染控制】年内，全市新增农村沼气用户533户，太阳能光伏产品面积2240平方米；新建区域服务站5个，每站聘请了5～6名农村能源技术员。成立"一控两减三基本"（控制农业用水总量，化肥、农药减量使用，畜禽粪便、农膜、农作物秸秆基本得到资源化、综合循环再利用和无害化处理）工作领导小组，在市白兔潭镇余溪村实施农村面源污染防治工程。全市测土配方施肥技术覆盖率达95%以上，推广测土配方施肥面积69.07千公顷、各类作物专用配方肥11385吨，主要农作物化肥利用率提高3～5个百分点；农作物病虫害绿色防控覆盖率达30%以上，农药利用率达40%以上；农膜回收和综合利用率达90%以上；加大秸秆综合利用和禁烧工作，实行属地管理、源头控制，全市秸秆综合利用率95%、秸秆还田率65%以上，全年推广秸秆还田技术面积13千公顷。

【种植结构调整】2017，耕地治理采用"企业＋基地＋农户"形式，引进湖南桑知源农业科技发展有限公司、醴陵东生瓜蒌种植有限公司、醴陵潇湘名贵树木培育有限公司等企业（合作社）。瓜蒌种植示范片产业链建设项目通过省级核查验收。农业标准化建设、品牌战略加快推进，全市有"三品一标"（无公害农产品、绿色食品、有机农产品，农产品地理标志）14个，农产品标准化示范基地新增面积133.33公顷。

【植保植检】加强二化螟和南方水稻黑条矮缩病防控，全年提供植保技术咨询2000余次，深入田间现场技术指导服务500余人次，共挽回稻谷损失9万吨，挽回经济作物损失3.94万吨，为农民增加收入3.6亿元。全市161家种子生产经营主体完成网上备案。

【耕地质量】2017年，建设高标准农田666.67公顷，共种植绿肥10千公顷；采购深翻耕服务2.21千公顷；在均楚镇金山村新建13.33公顷的伴矿景天套种花生或油葵移除技术示范区。进一步落实耕地占补平衡，近5年全市共新开耕地800公顷，其中306.67公顷得到有效培肥，占新开耕地总数的38.3%。经过后续培肥，新开耕地土壤熟化明显加快，有机质含量平均提高0.5个百分点。

【"美丽乡村"建设】2017年，重点创建沩山镇沩山村、王仙镇李山村等5个省级"美丽乡村"建设重点村；创建枫林镇枫林市村

"民生 100"为民办实事村，创建官庄镇横江村、枫林镇时轮村和隆兴坳村等 10 个株洲市级"美丽乡村"建设重点村。加快 10 个醴陵市"美丽乡村"示范村、20 个省人居环境整治重点村建设和醴北枫林镇"美丽乡村"整域推进工作，形成一批"村民富、村庄美、村风好"宜居宜游美丽乡村。

【土地确权】全市土地确权颁证工作于 2015 年 8 月启动，年内进入数据汇交和权证试发阶段。完成摸底指界的有 7862 个组，完成率 99.53%；完成第一轮公示的有 7856 个组，完成率 99.46%；完成或正处第二轮公示的有 7351 个组，占全市村组总数的 93.06%。土地确权颁证工作共分四个技术标段，二、三、四标段除身份证信息录入外，基本完成本标段的数据汇交工作。在市船湾镇玉堂村仕洲组、板杉镇八步桥村胡家坪组、仙岳山街道书院社区，开展土地经营权证的试发工作。

【农民负担监管】2017 年，农民负担监督管理工作力度进一步加大，开展涉农乱收费乱摊派的专项治理，组织各镇（街道、示范区）涉农部门，依据各自职责，集中力量对涉农乱收费问题较多的领域开展治理，违规收费文件一律撤销、违规收费项目一律取消、违规收取费用一律退还。全年共清退违规收费 6.05 万元，其中清退农民建房测绘费 4.85 万元，清退超标杂志订阅费 1.2 万元。开展减负惠农政策落实情况检查，健全监管机制，确保各项惠农政策落实到位，切实维护好广大群众的合法权益。

【财政扶持】2017 年，财政扶持保障资金及时到位，及时足额发放耕地地力保护补贴资金 7540 万元，对 2016 年农业支持保护补贴资金发放工作成绩突出的 32 个行政村（居委会）分别给予 1 万元奖励。对 2017 年被认定的家庭农场、规模经营主体发放补贴资金 102 万元，市农机部门发放农机购置补贴 1500 余万元，有力地促进全市社会化服务水平的提高。为解决规模经营主体在发展中的"融资难、融资贵"难题，开展"惠农担粮食贷"业务，由省农业信用担保有限公司醴陵办事处对符合贷款条件的规模经营主体贷款进行担保，市财政补贴利息 50%。截至年末，全市发放贴息担保贷款 28 户 1393 万元，其中 8 户 850 万元的贷款发放到位。争取粮食产能规划田间工程、大型沼气综合利用工程和现代农业循环经济产业园项目等各级项目建设资金 7328.19 万元。

【土地流转】2017 年，全市有 2 公顷以上规模种粮大户、家庭农场、农民种植专业合作社组织等规模经营主体 7641 户（个），运用各种形式共流转耕地 24.13 千公顷，占全市耕地总面积的 64.8%。初步形成市仲裁委员会、镇调解委员、村调解小组的三级调解仲裁体系，市级设立办公场所，配备调解仲裁工作人员，全年调解矛盾纠纷 10 起，有力地维护农民土地承包权益和农村的社会稳定。

【抗灾自救】2017 年 6 月，市域内连降暴雨，部分农田被淹、家园被毁，全市农作物受灾面积达 4.66 千公顷，成灾面积 1.95 千公顷，直接经济损失 3000 万元以上。洪灾后，全力开展生产自救工作，全面组织生产恢复，共发放农业救灾资金 1000 万余元，其中为受灾严重的石亭镇下拨 40 万元，用于恢复农作物生产。市财政紧急筹集农业救灾资金 148 万元，帮助受灾农民购买种子用于改种晚稻，补种面积达 913.33 公顷。

【农业科技服务】2017 年，农业科技服务采取"以田定格、以格定人、以乡定员"的"田长制"管理办法，组织技术服务组，以水稻集中育秧、全程机械化增产技术为中心，深入各村组户头、实地技术指导。开展科技下乡"四大工程"（万名农业科技人员服务现代农业工程、科技入户工程、科技特派员工程、党旗飘田间工程），编印《粮食生产简报》6 期、《病虫情报》8 期、《农业技术简报》专刊 2 期，发挥短信群发平台作用，免费为村组以上干部和种粮大户提供农技服务信息 20 余万条。举办各类技术培训班 20 余期，参训农民骨干达 2.6 万人次。通过宣传、培训等举措，有力提高科技入户率、到田率。全年培育新型职业农民达 1300 人，新型职业农民培育"醴陵模式"在全省推广。年内，全市 10 个农技站在农事季节关键节点，分别举办田间学校培训 1 ~ 4 期。开拓"稻蛙共生"生态养殖的高效农业种养模式，市东富镇东富村的"稻蛙共生"高效种养模式面积达 23.07 公顷，亩产产值达 1.72 万元，每亩利润达 9309 元；全年接待学习借鉴经验的农业生产人员 3000 余人次。

【农村电商发展】2017 年，努力推广"互联网 + 特色农产品"电商模式，解决农产品难卖问题。新建 1500 平方米的农村淘宝醴陵市服务中心，招募农村淘宝合伙人 73 人、淘宝帮手 36 人，新建村级服务网点 100 余个；实现"网货下乡"销售收入 4928.59 万元，上行农产品销售 759 万元。举办市首届农村淘宝电商扶贫农产品展销会，共有 200 名贫困户、78 家特色优质农产品生产加工企业和农民专业合作社参展。（廖 莉 廖作军）

种植业

【概况】2017年，全市粮食作物播种面积72.7千公顷，增长0.3%；完成早稻集中育秧大田示范面积23.33千公顷，比2016年增加2千公顷，其中早稻专业化主体集中育秧面积达5千公顷，合格率100%；以玉米、薯类为主的旱粮种植面积5306.67公顷，比2016年增加40公顷；优质稻种植面积和品种进一步扩大，通过试验示范，筛选出适合推广种植的“吉优390”“兆优5455”“泰优390”“天龙两优140”水稻品种；粮食总产量达51.3万吨，其中稻谷48.6万吨。蔬菜播种面积15.8千公顷，实现产量79.4万吨，产值7.8亿元；完成80公顷蔬菜基地提质增效项目建设。经济作物种植面积9千公顷，实现总产值4亿余元；其中种茶面积达400公顷，6.67公顷以上规模种茶基地数量超过10个，实现产值2800万元，葡萄和西瓜种植总面积均稳定在333.33公顷，花卉苗木种植面积400公顷，瓜蒌、金银花、广东紫珠、百合、玄参等中药材种植面积466.67公顷。引进湖南新金富现代农业发展有限公司瓜蒌种植、加工及新型农业项目，总投资2.2亿元。全市规模以上农产品加工企业达152家，实现农产品加工增加值5.26亿元，比2016年增长16.5%。

【行政执法】2017年，开展水稻品种、农资门店等专项整治行动5次，出动执法车辆216台次、行政执法人员502人次，检查农资门店588家次，抽样检测水稻品种108批次（合格率99%）、农药130批次（合格率96%）、肥料25批次（合格率100%），检查种子、肥料、农药标签共1012张；查处违法案件14件，其中种子案件3件、数量620千克、货值51514元，农药案件11件、数量947.4千克、货值77350元。全年调解农资纠纷16起，其中水稻除草剂药害4起、经作药害3起、非种子质量纠纷9起，为农民挽回直接经济损失30余万元。在醴陵市2017年度行政执法案卷评查中，市农业局获评2017年行政执法优秀案卷单位；1个案卷被评为全省“农业行政执法优秀案卷”；

【科技服务】一是加强病虫害防治。全市有专业化防治面积20千公顷、占播种面积的30%；水稻和蔬菜绿色防控面积达2千公顷。年内，在市粮食主产区泗汾镇、均楚镇，分别建立水稻病虫害绿色防控技术示范基地，其中核心示范区面积达666.67公顷，主要推广灯光诱杀、昆虫性诱剂诱杀技术；在市浦口镇、李畋镇分别建立蔬菜绿色防控示范基地。通过积极防控，全市挽回粮食损失7.3万吨、蔬菜和经济作物损失2.3亿元。开展稻水象甲等检疫性有害生物的专项普查，普查面积达36.67千公顷，执行产地检疫面积达133.33公顷，调运检疫植物产品5批11万余千克。二是开展新型职业农民培育。全年新认定新型职业农民900人，其中高级11人、中级117人、初级772人。醴陵市获评2017年湖南省新型职业农民培育工程示范县、新型职业农民培育工程互联网线上培育示范县。三是实施万名农业科技人员服务现代农业工程。遴选粮油、蔬菜、水果、茶叶、生猪、黑山羊、肉牛、鸡、水产品、经济林、用材林等作为服务产业，确定示范片、产业园、扶贫点、种养大户作为服务主体。从省、株洲市专家服务队和市农业、林业、畜牧等部门抽调人员240人，组建服务队10个，服务队对扶贫点采取对口服务模式，对种养大户、家庭农场、合作组织、农业企业、农业园区等新型农业经营主体采取定点科技服务模式开展服务。

【科技示范】2017年，科技示范力度进一步加强，农业科技化水平不断提高，全市超级杂交稻“种三产四”丰产工程面积达24.67千公顷，水稻“早加晚优”绿色高产高效创建示范项目，示范面积26.67千公顷，亩平可节本增效200余元；全市集中育秧可插大田面积达23.8千公顷，其中早稻专业化主体集中育秧可插面积5千公顷。连续10年被国家杂交水稻工程技术研究中心评为“种三产四”丰产工程项目实施先进单位。年内，为确保市双季稻种植持续稳定发展，夯实全省粮食生产先进县（市）地位，在市泗汾镇枧上村建立“桃优香占”绿色优质生产示范样板，面积86.67公顷，主要推广绿色生态高效栽培技术，每亩可减少施药2次、节约成本70余元；在市泗汾镇符田村建立“泰优390”高产高效栽培示范样板，面积10公顷，主要推广免耕抛栽为主的轻简栽培、专业化统防统治等生产技术，粮食亩产达600千克，产值1752元，比普通晚稻亩产增值310.4元；在市泗汾镇石湾村建立“华润2号”产业化开发示范样板，面积166.67公顷。探索“互联网+”规模经营模式，实现田间至餐桌的一条龙服务，建立“稻－稻－肥”万亩示范片、“稻－稻”一年两熟“早加晚优”绿色超高产百亩示范片、“稻－稻－油”一年三熟百亩高产高效示范片和稻田养鱼示范片等4个粮油绿色高产高效种养模式示范基地。

【耕地修复】2017年，耕地修复

坚持“因地制宜、分类指导”原则，运用“VIP+n”[采用低镉水稻品种（V）、淹水灌溉（I）和施用石灰等调节土壤酸度（P）组合的水稻降镉生产技术模式；“n”指施用土壤调理剂、叶面阻控剂、集中育秧、翻耕改土和病虫害统防统治等降镉修复技术手段]先进技术，优化种植结构。做好市重金属污染耕地治理安全利用区治理第三方工作，对安全利用区533.33公顷轻度污染耕地实行修复措施承包，推广“VIP”修复技术模式；对安全利用区1400公顷中度污染耕地实行修复效果承包，推广“VIP+n”修复技术模式。全年完成土壤调理剂晚稻撒施面积1.3千公顷，共撒施土壤调理剂2454.1吨，全面完成晚稻撒施任务。在全市开展耕地农业品投入品、土壤、农产品采样检测和灌溉水质监测，采样监测区域包括优先保护区面积8.18千公顷（其中试点内面积2.97千公顷、试点外面积5.21千公顷），试点轻度污染区面积0.53千公顷，试点中度污染区面积1.4千公顷，试点重度污染区面积0.93千公顷，试点原替代种植区面积0.57千公顷,共采集样品2933个。全年全市绿肥播种面积10.2千公顷，比2016年增加1.53千公顷、增长17.7%；其中新建示范片42个、总面积2.17千公顷，千亩示范片7个；绿肥长势良好，为培肥地力、增加土壤有机质、提高农产品产量和质量奠定良好基础。年内，全市落实治理式休耕面积2.06千公顷，超额完成省下达的年度计划任务，各项休耕措施实施到位。（李丽丽）

养殖业

【概况】2017年，全市养殖业生产总体保持平稳健康发展势头，全年发展生猪225.04万头，出栏生猪120.68万头，分别同比增长2.3%、3.8%；发展牛3.3万头，出栏牛1.58万头，分别同比增长0.3%、3.95%；发展山羊71.57万只，出栏山羊37.45万只，分别同比增长3.84%、1.7%；发展家禽1804.05万羽，出笼家禽849.03万羽，分别同比增长2.21%、2.8%；肉类总产量11万吨，同比增长1.6%；水产品总量2.6万吨，同比增长4.4%；养蜂8803箱。实现牧业产值32.3亿元，增长4.6%；渔业产业3.8亿元，增长8.4%。

【标准化养殖】年内，醴陵市畜牧兽医水产局（以下简称“畜牧局”）以养殖业供给侧结构性改革为抓手，全面促进养殖业转型升级。一是招商引资建设标准化示范场，促进生猪产业升级。引入湖南佳和农牧公司投资1亿元，在泗汾镇新建生态环保农业产业园；引入株洲唐人神公司投资5000万元，在东富镇新建扩繁场；引入长沙天心公司投资5000万元，在船湾镇新建生态养殖场。二是优化养殖结构。在稳定发展生猪产业的基础上，着力发展黑山羊、肉牛、鮰鱼等地方特色产业，推进汇泉公司南方草地畜牧业发展，扩建和改造东泽牧业石笋尖肉牛养殖基地、鮰鱼良种场，改造嘉树镇泉水湾热带鱼养殖基地。三是开展示范创建。不断优化服务，培植典型，搞好示范带动，推动养殖由粗放型向标准化发展，全年共创建明德、林茂、再来、花海等4家省级畜禽标准化示范场；湘天凤特禽养殖被中央电视台军事农业频道“致富经”栏目宣传报道，并获湘赣边创新创业大赛优胜奖；唐丰公司获醴陵市第二届创新创业大赛三等奖。

【动物防疫】一是突出基础免疫。在春秋两季集中免疫期间，继续推行“双责地毯式”集中免疫，按照“政府保密度、部门保质量”的总体要求，由村组干部带路，动物防疫员逐村逐户开展“地毯式”集中免疫，口蹄疫、H7N9禽流感等重大动物疫病免疫密度达100%，实现应免尽免的工作目标。二是突出疫病免疫效果评估。开展H7N9禽流感、小反刍兽疫等动物疫病的流行病学调查和免疫效果评估，对16个镇、38个养殖场的423份畜禽血样（其中猪血样238份、鸡血样150份、羊血样30份、牛血样5份）进行免疫抗体检测；春秋两季口蹄疫、猪瘟、小反刍兽疫、新城疫和禽流感免疫抗体检测合格率均达70%以上，符合国家规定要求；醴陵市兽医实验室检测能力顺利通过省级验收。三是科学应对监测阳性事件。7月，检测发现石亭镇长岭村山泉组孙卫国的饲养场有一例山羊疑似小反刍阳性病例，畜牧局立即组织有关人员前往调查处理，将其饲养场的226只羊进行扑杀和无害化处理。11月，检测发现茶山镇石均塘村楼子组文立新的饲养场出现羊只死亡情况，经畜牧局有关人员的临床诊断，疑似小反刍兽疫病例，立即对文立新饲养场136只羊实施深埋无害化处理。通过全面落实各项防控措施，确保全市全年未发生区域性重大动物疫情。醴陵市“双责地毯式”集中免疫模式,在2017年全省农村工作会议、省委农村工作会议和全省养殖业工作会议上分别予以典型推介。市动物疫病预防控制中心被列入全省动物疫情测报站。

【畜禽水产品监管】一是加强抽样检测。开展“瘦肉精”监测工作，抽检全市603家畜禽养殖场，共抽检1050批次，检测结果均为阴性；全年生猪产地检疫“瘦肉精”抽样检测共10648个、屠宰检疫“瘦肉精”抽样检测共2719个，结果均为阴性。二是加大执法力度。全年检查兽药店105家次，其中在7家兽药店内共发现17种假批准文号的兽药，全部立案查处；开展生猪定点屠宰“扫雷”行动，出动执法人员704人次，联合执法40次，收缴“白板肉”886斤，罚没金额1000元；对动物饲养场、屠宰场、交易市场开展动监执法检查878人次，共查处违法案件36件，立案22件，结案10件；监督处理屠宰环节和乱抛乱弃病害动物产品11吨、乱抛乱弃病死动物596头。三是严格实施动物检疫。全面推进产地检疫年活动，完善电子检疫出证系统，添置便携式打印机118台、智能手机126部，改造市石亭镇、明月镇、泗汾镇等产地检疫申报点3个。全年产地检疫生猪32.47万头、家禽710.96万羽，屠宰检疫生猪5.02万头。四是开展无公害产品认证。石笋尖牛肉、湘天凤鸡蛋通过无公害农产品产地认定和产品认证。截至年末，全市有无公害农产品6个。

【养殖污染治理】一是完成畜禽网箱退养工作。市官庄水库、望仙桥水库、渌江河城区段等饮用水源地的畜禽网箱退养全面完成。全年全市共投资4511.7万元，退养生猪3.98万头、牛151头、羊1677只、家禽3.78万羽，拆除畜禽栏舍4.86万平方米，拆除网箱15.83万平方米；渌江河水质稳定保持在III类以上，官庄水库水质可视度由原0.2米提升至2米以上。二是整改养殖场粪污处理设施。全面落实养殖场的主体责任、镇政府的行政责任、畜牧和环保部门的技术责任，制作畜禽养殖污染治理责任公示牌2200块。组织办点干部和专职动物防疫员逐场逐户进行整改，下达畜禽养殖污染限期整改通知书2140份。通过整改，全市存栏生猪50头以上的有2143家规模养殖场，共建沉淀池9.35万立方米、沼气池9.54万立方米、化尸池1.37万立方米，配套种植面积1586公倾，改造排污管道13.56万米、暗沟16.97万米、干粪棚6238平方米。三是推进畜禽粪污资源化利用。成功申报全国畜禽粪污资源化利用试点县项目。10月，在醴陵市召开全省畜禽粪污资源化利用现场会议，市生态养殖发展模式被国家农业部、省农业局肯定并推广，其中醴陵湘醴人家农业发展有限公司的“工程蝇＋农业”项目，获全国农村创业创新项目初创组银奖。四是配合中央环保督察工作。5月，中央环保督察组交办醴陵市投诉案件共44件，其中涉及畜禽养殖污染问题2件，占总投诉案件总数的4.5%，远低于全省15%的平均水平；截至11月，市畜禽养殖污染交办件全部整改完成，共退养育肥猪560头、能繁母猪41头。五是完成病死畜禽无害化处理中心建设。总投资2760万元的市病死畜禽无害化处理中心建设项目全面完成，处理中心采取PPP模式，由浙江百奥迈斯公司承建和运行，市级财政每年补贴170万元；年内，处理中心进入试运行阶段。

【养殖扶贫】一是加大结对帮扶和技术服务。全年派出37名驻村和结对帮扶干部，分别驻市板杉镇板杉村、明月镇天华村帮扶，结对贫困户33户，年内有13户37人实现预脱贫。派出农业科技人员93人，对全市贫困村、贫困户进行产业技术指导，共指导946人、1573人次。二是加大资金投入。全年共投入扶贫资金635.66万元，涉及9个贫困村129户；其中镇村扶贫工作经费、贫困户慰问金、发展产业资金共计55.5万元，贫困村、贫困户粪污设施建设资金580.16万元。三是实施产业帮扶。认真落实“四有四百”行动和“十、百、千、万、亿”产业扶贫工程，大力开展“产业扶贫星级挂牌企业”创建活动，全市25家养殖企业共安排贫困户劳动力就业197人，年纯工资收入140万元。全年养殖业共有25家产业扶贫企业被授予“产业扶贫星级挂牌企业”，其中协力、吉泰、鸿湘景盛等3家企业被评为五星企业，唐丰等8家企业被评为四星企业，再来、湘江源等14家企业被评为二星、三星企业。吉泰公司、协力公司分别获得株洲市脱贫攻坚产业基金4000万元、3000万元入股支持。

【渔业资源养护】一是加大宣传力度。在市域内河堤、水坝、桥梁、水库等地域，喷刷“严禁电鱼、炸鱼、毒鱼”宣传标语200条，竖立宣传牌10块；印发《致渔业捕捞人员的一封信》《告渔业捕捞人员书》《鱼类人工增殖放流知识宣传手册》各300份册。二是开展增殖放流活动。6月，在渌江亲水平台开展以“增殖鱼类资源，保护生态环境”为主题的2017年渌水鱼类人工增殖放流活动，共放流草、鲢、鳙、鲤、鲫、鲴鱼夏花200万尾，成鱼3吨约300万尾。三是加大执法力度。全年共接“市长热线”交办、电话举报等电打鱼投诉52起，在渌江河开展电鱼专项整治行动45次，出动冲锋舟15艘，现场执法批评教育人员30人，现场拆除15艘渔船的电鱼设施，拆除灯管诱捕设施20起，没收电鱼机3台。责令4家经营电鱼机商店整改，检查鱼苗鱼种场10个，均未发现使用禁用渔药的行为。（蒋枚丰）

农 机

【概况】2017年，全市拥有农机总量15.42万台（套），总动力97.95万千瓦，比2016年增加0.2万千瓦，农机综合化水平达75.2%以上。全年机插面积20.13千公顷，机耕、机收基本实现全覆盖。年内，醴陵市农业机械管理局（以下简称“农机局”）秉持“守底线、保稳定，促发展”的理念，固守安全生产底线，扎实推进“平安农机”创建活动，农机各项工作取得新成效。严厉打击农业机械违法违章行为，全年组织开展农机安全生产执法检查138次，出动检查执法人员596人次，检查农业机械1608台次，纠正违章256次，排查单位安全隐患1253项，查处安全隐患354次。开展农机安全互助保险工作，确保农机事故的善后保障，全年办理农机互助保险单994份，收取互助保险金48.48万元，互保总量在全省位居前列。办理农机购置补贴1000.67万元，机具628台（套），受益农户315户，拉动投资3298.79万元；发放报废更新补贴74.2万元，有力保障农机购置补贴资金安全，确保国家强农惠农政策落到实处。年内，市嘉树镇成功创建省级“平安农机”示范乡镇，市石湾农机合作社成功创建省级安全示范农机合作社。

【队伍建设】一是确保干部队伍稳定。全局干部职工实行百分制绩效考核，完善相关管理制度，坚持以制度管人管事，着力打造政治坚定、业务精湛、作风过硬、人民满意的农机队伍。针对各二级机构的实际情况，向上争取项目资金，解决实际困难。二是确保困难企业稳定。针对农机局劳动服务公司、市农机公司2个困难企业的实际情况，帮助解决下岗职工生活困难。拨款帮助市农机公司拆除闲置的40余间煤屋，水泥硬化地面，新建绿化带，修缮围墙，完善企业部分生活设施，稳定下岗职工情绪，缓解信访维稳压力。三是确保基层农机员队伍稳定。争取政策支持，逐步提高乡镇农机员待遇，协调安排农机员进入镇政府工作等；通过各种渠道，为基层农机员排忧解难、解决实际困难，使农机员扎根基层农机事业，杜绝怠工、上访等现象。

【农机服务】在全市水稻机械化生产中，机耕、机插、机植保、机收、机运、机烘六大环节全部推广到位，水稻全程生产机械化率比2016年提高1.8%。扶持、新建现代农机合作社16家，截至年末，全市有省级现代农机合作社54家，其中获评国家级示范社1家、省级示范社4家。全年农机作业服务总面积达219.47千公顷，农机作业服务年收入6.74亿元，农机合作社成为市农业生产的主力军。年内，株洲市现代农机合作社建设工作现场会在醴陵市召开，分管副市长在会上作典型发言，推介醴陵经验。切实抓好农村机耕道路摸底、规划、申报、建设、验收和资金管理等各项工作，超额完成上级“民生100”农村机耕道路建设项目的任务，全年新建、维修、改造农村机耕道路总里程达950.7千米。

【“三减量”行动】开展农机“三减量”（飞防减药、深施减肥、转化减污）行动，打造绿色乡村。4月，在泗汾农场举办全市水稻生产全程机械化暨农机“三减量”行动现场演示会，全市新增无人植保飞机30架，在水稻生产中发挥巨大作用，累计完成飞防面积14.53千公顷，减少农药使用量13.1吨；全年推广精量施肥机32台，发挥着示范引领作用，精量施肥作业水平不断提升；推广使用干湿分离机35台，日处理畜禽粪便能力达390.2吨以上；干湿分离机的推广使用，对破解畜禽养殖业污染难题,促进市“三创四化”工作具有重大意义。

【扶贫培训】2017年，为助推小康乡村建设，加大扶贫培训力度。充分发挥推广培训中心的自身优势，与市扶贫工作领导小组办公室联合举办贫困户农机技能培训班2期，培训建档立卡贫困户179户。（王 为）

林 业

【概况】2017年，醴陵市林业局内设办公室（林业信息中心）、人事教育股（行政审批股、法规股）、计划财务股、造林绿化股（绿化委员会办公室）、资源管理股，下设森林资源管理保护站（野保森防站、森林病虫害防治中心）、林场森工管理站、生态公益林管理站、林政监督管理站、林业技术推广中心、木材检查管理总站、森林防火办公室、林业调查规划设计队、水口山国有林场、樟仙岭国有林场、苗圃、仙岳山森林公园管理局和9个林业中心站等24个二级机构，其中森林公安局、山林纠纷调处办公室、林业综合执法大队为副科级单位；全系统有直接从事林业工作人员310余人。

【造林绿化】2017年，全市完成人工造林2.6千公顷，为年计划任务的101.2%；其中完成用材林造林1733.33公顷，“三边”（城边、路边、水边）及裸露山地造林333.33公顷，油茶造林533.33公顷。组织开展全民“四旁”（路旁、地旁、水旁和宅旁）和市直机关及驻醴单位义务植树、各镇6.67公顷生态示范林样板基地建设、“美丽乡村”建设等活动，共义务植树210万余株。截至年末，全市有林地面积12.4万公顷，森林覆盖率达55.17%，活立木总蓄积量达287万立方米，年增长率为4.5%。

【林政管理】 2017年，严格封山育林，加大资源管护力度，开展“2017利剑行动”“火案清零行动”等专项整治行动，依法打击乱砍滥伐林木、乱捕滥猎野生动物、乱征滥占林地、野外违规乱用火等破坏森林资源的违法犯罪行为。全年刑事打击犯罪21人，林业行政处罚33人，其他处理3人，有效遏制毁林违法犯罪势头，保护森林及资源安全。全年成功调解山林纠纷案件15件。

【森林防火】 2017年，全市共投入森林防火资金800万元，采取强化组织领导、加大宣传力度、落实防火责任、狠抓火源管理等措施，森林火灾受害率控制在1‰。先后下发《关于切实做好春节期间森林防火工作的通知》《关于切实做好清明节期间森林防火工作的通知》等文件，在市各村组张贴《关于秋季森林防火的通告》《关于野外违规用火查处情况的通报》，及时曝光违规野外用火典型案件，充分发挥其警示和震摄作用。

【林业有害生物防控】 2017年，全市林业有害生物发生总面积2174公顷，其中病害发生面积80公顷、虫害发生面积2094公顷；实施监测面积124千公顷，监测覆盖率达100%。完成松材线虫病春季普查，释放赤眼蜂防治油茶病虫害面积353.33公顷。开展世界野生动植物日、爱鸟周等宣传活动，发放宣传单5000份。快速处置突发松材线虫病危害，对发生松材线虫病危害的170公顷、约1200余株枯死、濒死松木和衰弱木进行严格监管，有效控制松材线虫病的传播，减缓疫情扩散速度，降低病害损失。森林病虫害防治率达90%以上，成灾率控制在3‰以内。

【生态扶贫】 一是开展企业星级产业扶贫。全市有林业星级扶贫企业17家，第一批挂牌15家，赠股或捐款支持贫困户发展产业17.5万元，流转160户贫困户土地356.7公顷，免费培训贫困户劳动力447人次，安排贫困户劳动力就业122户，吸纳125户贫困户入股资金300万元。二是落实林业生态扶贫。全市聘用贫困户为森林防火护林员27人，按每年5000元/人补助，发放到位6.75万元；林业职业技能免费培训贫困户147人次。

【党风廉政建设】 一是加强对干部的管理和监督。制定《2017年“治陋习、树新风”专项整治工作要点》《“雁过拔毛”式腐败问题专项整治实施方案》，严惩顶风违纪行为，重点查处和纠正发生在群众身边、损害群众利益、群众反映强烈的涉林不正之风和腐败问题。全局10名副科级以上干部均填写“干部个人事项报告表”，全年有7人严格履行婚丧喜庆事宜操办报告手续。全年核实移送市纪委各类线索4条，党内警告处分3人，诫勉谈话3人。二是抓好节假日执纪监督。紧盯春节、“五一”等重要时间节点，开展明察暗访73次，其中局机关37次、9个林业站共计27次、2个林场共计6次、苗圃共计3次。三是从严坚持思想建设。制定《关于推进“两学一做”学习教育常态化、制度化的实施方案》《2017年局党组中心组理论学习计划》等，具体安排党员干部政治、业务学习内容。各党支部依托QQ群、微信群等平台，开展丰富多彩的党建活动。全年组织党员集中学习4次，局党组中心组召开“两学一做”专题研讨4次，下属的9个党支部每月分别集中学习1次。

【林业重点项目】 2017年，市林业局完善林业重点项目推进机制，实施项目负责和跟进制度。完成2017－2018年茶油大县、农业综合开发油茶丰产林示范基地建设、现代农业特色产业园、林业科技创新等项目申报工作。其中茶油大县项目以全省第一的得分申报成功。加快推进官庄湖水系综合开发PPP项目，在市发改、财政、住建、国土、环保、水利等部门的支持配合下，完成用地红线图、建设用地预审、用地蓝线图、选址审批意见、环境评估初审、立项等相关工作，并委托市咨询公司编制项目实施方案。

（周　鑫）

水　利

【概况】 2017年，全市水利工作紧扣建设完善“水利网”主线，夯实农村水利、加强城市水利、注重生态水利，圆满完成各项工作任务。全年除险加固小Ⅱ型病险水库13座，新建农村饮水工程33处，解决8.5万农村人口饮水不安全问题。年内，市水利局获湖南省2017年度“芙蓉杯”水利建设考核优秀单位，株洲市2017年度抗洪抢险工作先进集体，醴陵市2017年度办理人大代表建议和市政协委员提案先进单位。

【“河长制”工作】 2017年，根据湖南省全面推行河长制暨水利工作会议、株洲市水利局局长会议的有关精神和要求，召开醴陵市河长大会，下发《醴陵市全面推行河长制实施方案》，成立河长制工作委员会，共设立市级河长12人、镇级河长76人、村级河长270人，辖内所有河流和207座水库全部落实具体责任人，构建市、镇、村三级河长制管理体系；制定《醴陵市河长制工作考核办法》《醴陵市2017年河长制工作考核细则》，开展联合执法监管和联合督查，组织各级河长实地考察，全市完成交办任务事项454项。以开展“三创四化”为抓手，精心组织畜禽退养、垃圾清理、河道保洁、排污整治行动和非法采砂洗沙打击行动，全面推动境内主要河流生态保护及综合治理工程，河道面貌改善，水质得到明显提升。10月，株洲市第二次总河长会议在醴陵召开。12月，通过株洲市人民政府对醴陵市河长制和湘江保护治理工作考核验收。

【水利基础设施建设】2017年，水利建设力度进一步加大，积极向上级部门、市级财政汇报，争取建设项目，投入资金抢时点、抓节点、理重点、破难点。在冬、春水利建设中，全市共完成投资1.53亿元（其中省级以上资金4300万元），兴建各类水利工程400余处，完成土石方17.5万立方米。全市财政“五小”（小水窖、小水池、小泵站、小塘坝、小水渠）水利工程奖补资金达880万元，激励引导群众投入水利建设资金近1760万元。年内，水利重点项目有序推进，投资2200万元治理长塘保护圈河堤4.3千米，投资3400万元治理清水江河河道10千米，13座小II型病险水库除险加固工程开工建设。

【农村饮水工程】2017年，株洲市下达给醴陵市的“民生100”工作任务中有涉及农村饮水工程事项，需解决农村5.02万人饮水问题，其中包含建档立卡贫困人口0.8万人。市水利局把握扶贫攻坚和开展“河长制”的有利契机，始终把农村饮水安全摆在突出位置。经市政府常务会议决定，市财政补助农饮建设资金1500万元。全年总投资3282万元，兴建农村安全饮水项目33处，解决84256人饮水问题，其中建档立卡贫困人口10348人，超额完成指标任务。

【抗洪抢险】2017年汛期（4－9月），全市降雨量累计达1044.4毫米，与历年同期相比偏多14.9%。6月，降雨量达519.3毫米，为历年同期的194%；其中，6月22日20时至7月2日12时，累计降雨量332.3毫米，为历年同期的336%，渌江大西滩、澄潭江潼塘持续多次出现洪峰。期间，市水利局加强抗洪抢险工作力度，全体人员坚守在抗洪抢险工作第一线，连续4个昼夜吃住在单位进行防汛调度；技术人员深夜赶赴大塘尾水库冒雨抢险；各个督查组分赴各镇检查汛情，现场指挥，确保安全渡汛。市水利局甘毅被评为“湖南省抗洪救灾先进个人”，彭龙、朱旭峰被评为“株洲市抗洪救灾先进个人”。

【安全监管】2017年，共消除重点安全隐患6处，修复渔潭洲防洪堤滑坡、拆除重建官庄灌区漆家坳渡槽、拆除望仙桥灌区书堂渡槽、除险加固鸭塘水库罗冲副坝和杨剪塘水库放水设施、除险枫林镇双井花炮厂西南侧山体边坡挡土墙坍塌。其中漆家坳渡槽是遗留10余年的涉及地方和铁路的重大安全隐患。年内，经国家安全生产监督管理总局督办，在各部门的配合下，总投资900万元，从勘测、设计到投入使用，仅用3个月时间完成全部预定目标。

【涉水事务管理】一是涉水审批规范化。清理、规范水行政审批，保留许可审批事项8项。规范水行政执法，依法收取水资源费、水土保持设施补偿费。严禁索拿卡要，杜绝乱收费、乱罚款、乱集资、乱摊派现象。全年受理行政许可40件，评审、批复40件。二是加强水资源管理。突出取水许可、入河排污口的管理。严格按照“严控增量、消化存量、加强监管”的原则，对已发取水许可证进行清理，对新增的取水许可证从严审批，取水许可管理逐步规范。编制《望仙桥水库、渌水三刀石饮水水源保护区达标建设方案》和望仙桥水库饮用水水源地安全保障达标自评估。三刀石取水口和官庄、望仙桥、雪峰山水库综合整治效果明显，水质明显提升，经省水文水资源勘测局的水环境监测评价，水质全部达标。三是水行政执法长效化。编制醴陵市河道采砂方案，为合理规划、有序管理，开发市河砂资源并做好有关前期工作；加强河道城区保洁巡查，河道保洁效果明显；加大望仙桥、官庄水库等饮用水源的治理和保护力度，确保饮用水安全。联合镇政府和市环保、畜牧、国土等部门，对水库周边的采矿、农家乐、生猪养殖、水箱养殖、水上游船开展专项整治。完成中央环保督察组交办的问题、环保部华南环保督察中心到醴陵调研反馈的问题和市环境保护委员会交办的问题整改工作；结合市环保督查突出问题的整治，加大河道、水域执法巡查和非法采砂船只、洗砂场整治力度。全年上锁采砂船25艘，拆除洗沙场2个，查封洗沙场16个，下达涉及水土流失整改通知单25份。（何春雪）

移民开发

【概况】2017年，醴陵市水库移民开发管理局设办公室、后扶股、财务股，有在职干部13人。全市共有大中型水库移民18825人，其中三峡移民375人；库区和移民安置区涉及19个镇（街道）、281个村（居）、1888个村民小组。年内，举办移民培训班6期，培训移民356人；其中实用技术培训239人，就业技能培训56人，转移就业移民61人。

【移民产业】年内，投入资金300余万元，完成移民产业基地提质改造任务；其中新建油茶基地2处4.87公顷，茶叶基地2处26.67公顷，黄桃、葡萄等水果基地3处35.33公顷，蔬菜基地2处20公顷。扶持官庄大坝移民生态旅游产业园，投资120万元，完成一期13.33公顷的基地建设。

【扶贫攻坚与新农村建设】全年向8个省级重点贫困村投入项目资金200余万元，重点解决基础设施建设差、安全饮水难等实际困难，受益移民达4000余人。投入移民资金350万元，重点推进柏太、沩山2个移民村的村级基础设施改造升级和绿化、亮化、安全饮水、移民活动中心、村容村貌等方面建设。采取产业增收扶持、异地扶贫搬迁、避险解困搬迁、教育、医疗保障、增强自身动力、社会帮扶脱贫和民生兜底保障等措施帮助，为703名贫困移民脱贫解困。

【移民安置】协调处理株洲航电枢纽工程移民安置遗留问题，投入97万元，为淹没范围内的均楚镇黄田村3个组新建公路1.8千米、水利设施4处，补偿因水位升高无法耕种未列入征收范围的农田1公顷。稳定了库区群众，为株洲航电枢纽工程移民安置验收奠定基础。

【避险解困与计生工作】截至年末，落实避险解困对象304户797.5人（在国家提倡1对夫妻生育1个子女期间申领了《独生子女证》或《独生子女父母光荣证》家庭和农村生育2个女孩家庭分别按增加1人和增加半人的标准发放建房补助费），实施完成279户651人，拨付资金515万元。切实做好了计生综治工作，落实各项优惠政策，发放计生奖励资助贫困学生5人1.5万元、计生手术综合症补助11人1.1万元，避险解困增加补助指标92户343人。

【移民资金管理】在落实省、株洲市管理制度及管理办法的基础上，根据自身实际，相应制订了移民资金分配、拨付、使用管理、监督等规范性制度，实行专户管理、规范程序。深入开展移民资金自查自纠专项活动，配合完成了移民资金株洲市的内审和全省重点审计，对内审和自查自纠中查出的8项问题，已整改落实到位。

【移民维稳工作】认真落实信访维稳工作责任，接信接访97人次，及时做好说服教育劝导工作；完善移民维稳信息网络建设，畅通维稳信息渠道，排查发现矛盾和问题苗头31起，落实处理措施，问题得到解决。全年安置移民中未发生赴省进京上访事件和群体性、非正常上访事件。（吴湘玲）

气　象

【概况】2017年，醴陵市气象局有机关干部13人，在职职工8人，外聘人员5人。主要承担全市气象综合观测，开展天气预报、气候预测、重大气象预报预警服务、农业气象服务、专业气象服务、人影、防雷安全监管等工作。全年地面测报无错情，31个区域自动气象站运行情况稳定，国家级站数据资料传输及时率达99.9%，定时数据无缺报，各项基础业务指标均达到或超过省、株洲市局考核目标。年内，在参加株洲市举办的县级综合业务技能竞赛中，有2人分获二、三名；在株洲市气象系统目标管理考核中排名第一。

【气象服务】2017年，市气象局除做好重要节日期间的天气预报外，针对“两会”“瓷博会”、高考等重大活动，提供准确、及时、优质的气象服务，为市各级领导科学决策提供依据。全年编发各类气象服务材料50期、2000余份，预警信号21次，各类预报、预警短信服务人群超过50万人次。年内，在市孙家湾镇、李畋镇安装农田小气候观测仪等设备，努力打造标准化现代农业气象示范乡镇。在全市范围内开展双季稻农业气象“直通式”服务，分析调研蔬菜、经济作物等推广的气候适应性，听取水稻蔬菜种植大户的服务需求和意见。与市农业部门联合召开春播期天气农事会商，成立气象农业专家联盟，定期开展下乡调查和农作物气象灾害调查评估，指导农户开展灾后自救。

【气象灾害预警】2017年，完善气象灾害预警信息发布手段和流程。通过电视、手机短信、网络、电子显示屏、警报系统等气象服务信息发布平台，及时发布最新天气预报、重要天气报告、预警信息，使信息覆盖面不断扩大，时效性不断增强。全年向公众发布气象灾害预警信号27次，其中汛期发布地质灾害气象风险预警 21 条，为市防汛单位、各镇（街道、示范区）负责人、决策用户提供实况预警 6 次。

【气象科普宣传】一是结合“3·23”世界气象日、“5·12”防灾减灾日、“6·16”安全生产日等活动，开展气象科普宣传，宣传咨询做到“四有”（有宣传展板、有现场解答、有资料分发、有志愿者参与）。加强安全生产宣传，利用气象短信、DAB 预警系统和 LED 电子显示屏等各类宣传载体，宣传气象防灾减灾和安全生产工作，细心讲解气象灾害防御知识，使市民了解天气气候与人类生活的密切联系，进一步增强防灾减灾意识和应对气候环境变化的能力。二是加快推进乡镇气象信息服务站建设和培训。全市有乡镇气象信息服务站 19 个，气象协理员 19 人、信息员 380 人。全年举办乡镇气象信息员培训班 3 场次，重点推广气象为农服务 APP，使气象信息员能第一时间接收气象信息，为及时应对气象灾害、采取防御措施争取时间，同时有利于气象部门收集灾情，提高防灾减灾、应急响应、信息报送效率。

【防雷安全生产监管】2017 年，为认真履行防雷安全监管职能，市气象局制定《2017 年安全生产大检查工作方案》《2017 年安全生产大排查大管控大整治百日行动方案》，先后与市商务旅游和粮食局、教育局联合制定防雷安全监管检查方案，下发联合检查文件。加强加油加气站、学校等人员密集场所的防雷安全监管力度，全年在市重点企业、易燃易爆场所、人员密集区域中，开展防雷安全生产大检查 190 余次，出动检查人员 400 人次，下达整改意见书 179 份，实施“一单四制”有重大安全隐患的企业 9 家，年内全部销号。全年全市未发生防雷安全生产责任性事故。

（陈刘庆）

水　文

【概况】2017 年，醴陵水文水资源局（以下简称“水文局”）辖大西滩、潼塘、泗汾、枧头洲、清水江 5 个水文站（其中大西滩水文站为国家重要水文站，潼塘、泗汾、枧头洲、清水江 4 个水文站为省级重要水文站）、1 个水位站，设有 5 个常规水质监测断面、1 个省界河流监测断面，15 个农饮水水质监测站点、65 个排污口水质监测站，66 个雨量站，3 个高山中继站和 14 个水情自动测报站。水文局机关有职工 12 人，退休职工 2 人。

【内业工作】2017 年，全市降雨总量为 1480.1 毫米，较 2016 年同期偏少 11.2%，较历年同期均值偏少 0.3%（全市 2017 年降水量的统计数据，由醴陵市水文资源局采用自有口径测量）。降雨时空分布不均，北部比南部稍多，渌水中、上游流域较其他地区多。降雨集中期在 4–6 月，占汛期总降雨量的 67%；旱涝较明显，降雨集中期结束后，受副高控制，天气以晴热高温为主，全年共有 5 次洪水，分别出现在 3 月、6–7 月。受降雨影响，渌水大西滩水文站发生超警洪水 3 次，其中 7 月 2 日水位为 52.62 米，超保证水位 0.12 米。年内，渌水干流大西滩水文站降雨天数为 146 天，年降雨量为 1425 毫米，最高水位 52.62 米、最大流量 1870 立方米 / 秒（均发生在 7 月 2 日），最低水位 46.02 米、最小流量 6.9 立方米 / 秒（均发生在 11 月 2 日）。铁水泗汾水文站全年降雨天数为 159 天，年降雨量 1546.5 毫米，最高水位 55.65 米、最大流量 1020 立方米 / 秒（均发生在 6 月 29 日），最低水位 50.76 米、最小流量 8.24 立方米 / 秒（均发生在 2 月 13 日）。南川水潼塘水文站全年降雨天数为 146 天，年降水量 1593.7 毫米，最高水位 97.97 米、最大流量 977 立方米 / 秒（均发生在 7 月 2 日），最低水位 93.13 米（历年最低）、最小流量 0.17 立方米 / 秒（均发生在 12 月 29 日）。

【水情服务】2017 年，醴陵市降雨量较历年同期均值偏少，且降雨时空分布不均，渌水大西滩站共发生 5 次洪水过程，超警戒水位 3 次。针对年内水情特点，水文局水情科加强 24 小时值班，“一把手”亲自坐阵指挥，及时掌握雨水情报信息，加强分析和预测预报，提前发布预测预警信息。全年编制水情分析与预报 15 期，水情快报 48 期，水情、旱情分析与总结 5 期，发布水情短信 1 万余条，制作洪水预报 3 站次，预报等级优良率 100%；充分发挥水文情报、预报在全市防汛抗旱工作中的耳目和参谋作用。

【水资源管理】一是主要江河水质状况。渌水有南北两源，干流总长 166 千米。南源出自江西省萍乡市（称“萍水”），北源出自江西省万载县(称“南川水”或“澄潭江”)；萍水和南川水在市双河口汇合后称“渌水”。渌水水质代表站有三刀石、大西滩、漂沙井、双月、渌水河口及支流上的望仙桥水库。水功能一级分区为渌水醴陵开发利用区（渌水双河口至大西滩水文站）、渌水醴陵至株洲县保留区（大西滩水文站至株洲县渌口水电站）、渌水株洲县开发利用区（渌口水电站至渌水河口）、望仙桥水库开发利用区，渌水评价河长 67.5 千米。汛期水质除渌水株洲县工业用水区水质为Ⅳ类，其他水功能区水质均为Ⅲ类，渌水非汛期和全年水质均为Ⅲ类。二是省界河流水质状况。渌水南源萍水发源于江西省萍乡市杨岐山千拉岭南麓，流经萍乡市，于金鱼石进入醴陵境内，流经9.6千米后至双河口与北源汇合，水功能分区为渌水赣湘缓冲区，水质代表站有醴陵的金鱼石水质站。金鱼石至双河口河段水功能一级分区为渌水赣湘缓冲区，评价河长9.6千米。萍水在汛期、非汛期和全年期水质均为Ⅲ类，水质良好。栗水从江西省的塘坊进入醴陵境内，流经4.5千米后注入南川水，水功能分区为上栗河赣湘缓冲区，水质代表站为塘坊站，水质评价河长4.5千米。栗水在汛期、非汛期、全年期水质均为Ⅲ类，水质良好。（黎常煌）

工　业

【概况】2017 年，全市完成工业总产值 1192.3 亿元，比 2016 年增长 12%；实现工业增加值 325.7 亿元，比 2016 年增长 7.1%。其中规模以上工业企业 580 家，完成产值 1067.8 亿元，比 2016 年增长 15.4%。工业经济拉动 GDP 增长 4.2 个百分点，对经济增长贡献率达 51.5%。工业增加值占地区生产总值比重为 53.6%，比 2016 年下降 4.7 个百分点；园区规模工业增加值占全部规模工业增加值比重为 72.8%，万元规模工业增加值能耗降低 7.3%，高新技术产品增加值占工业增加值比重为 65.7%。工业固定资产投资总额 196.9 亿元，比 2016 年增长 23.2%。年内，陶瓷、花炮两大传统支柱产业产值分别达 708 亿元、202 亿元，比 2016 年增长 13.5%、3.4%。全年生产日用陶瓷 109.9 亿件，比 2016 年增长 11.6%；工业陶瓷 147.7 万吨，比 2016 年增长 11%；花炮 5349 万箱，比 2016 年增长 2.9%。

（周慧敏）

园区经济

【概况】湖南醴陵经济开发区（以下简称“经开区”）由中国陶瓷谷、渌江新城、东富工业园三部分组成，总规划面积 100 平方千米，核心区面积达 65 平方千米。经开区是湖南 10 个特色产业园区之一，是制造强省重点领域 20 个新兴优势产业链（先进陶瓷材料产业链）的重点产业基地。是“国家新型工业化产业示范基地”“陶瓷出口转型示范基地”“省高新技术产业示范基地”“省科技成果转化示范基地”。有企业 325 家，其中规模企业 265 家、高新技术企业 34 家；拥有 211 项国家专利、10 个中国驰名商标、33 个中国名牌产品和 1 家国家级企业技术中心，有产业工人约 6 万人；有陶瓷，玻璃、电子和新材料，交通装备制造三大主导产业。年内，机关内设党政办公室、产业发展局、招商合作局、规划建设局、社会事务管理局 5 个正科级机构和财政所（副科级机构）；受市委、市政府委托管理市陶瓷研究中心，市高新技术产业发展中心 2 个正科级机构，市高新技术产业发展集团有限公司全面承担园区建设和开发任务；市国土资源局在经开区设立派驻机构。2017 年，经开区实现技工贸总收入 662 亿元，同比增长 19%；园区规模工业增加值 229.1 亿元，同比增长 17.2%，占全市规模工业增加值比重达 72.8%；固定资产投资 227.43 亿元，同比增长 24.8%；高新技术产品产值 388.94 亿元，同比增长 18.2%；上交税金 18.11 亿元，同比增长 22.2%。新开工项目 20 个，为年度计划任务的 133.33%；标厂引进企业 30 个，为年度计划任务的 120%；征拆土地 66.67 公顷，为年度计划任务的 125%；招商引进 7 个 5 亿元以上的产业项目，为年度计划任务的 350%；新增资产 30.2 亿元，为年度计划任务的 100.67%；新建标厂面积 21.17 万平方米，为年度计划任务的 141.13%。

【总体规划】2017 年，经开区聘请国内设计团队，优化和调整园区规划布局。完成中国陶瓷谷控制性详规、城市设计大纲、策划及修建性详规等三大规划编制以及产业、旅游、海绵城市、五彩陶瓷特色小镇等四大专题研究；与国务院发展研究中心签约并开展“中国陶瓷谷国家战略课题研究”，加快中国陶瓷谷从概念到规划层面的落实。渌江新城完成核心区竖向规划、电力专项规划、土方调配等设计方案，完善控制性详规，增强综合承载能力，形成“产城融合、互动发展”的新局面。东富工业园完成控制规划调整、竖向专项规划、排水工程、电力电瓷电器产业园修建性城市设计等规划，有效推进东富工业园从模糊轮廓到基础建设的落地。三大片区共完成24项、25.16平方千米的1:1000地形图测绘，填补经开区测绘资料的空白，为全面构建园区现代化、高精度测绘基准体系奠定基础。

【项目建设】2017年，中国陶瓷谷被列入全省首批230个省级重点项目。8月，总投资20.33亿元的中国陶瓷谷核心子项目——陶子湖项目建设工程启动建设。总投资9.8亿元的中国陶瓷谷国际会展中心项目，历时8个月完成主体工程施工，历时16个月完成项目工程竣工并交付使用，创造醴陵项目建设的新速度，在2017年第十届中国会议产业大会上获评“2017中国最佳服务会展中心”。年内，2017中国醴陵国际陶瓷产业博览会主要配套场馆全部按期完工交付；9月，博览会在中国陶瓷谷国际会展中心举办；醴陵中国陶瓷谷被国家旅游局列入国家工业遗产旅游基地。渌江新城建设有序推进，创新创业服务中心和渌江产业服务中心主体工程封顶；湖南工业大学醴陵陶瓷学院一期工程进入结构施工阶段，二期工程开始桩基施工；新城医院（新妇幼项目）、新城学校（新三中项目）等项目开始土方施工，梧桐山公园完成可研、立项及规划设计。6月，东富工业园总投资30亿元的醴陵电力电瓷电器产业园项目启动建设，申请入园企业29家，4家首批入园企业全面开工。国家级电瓷电器检验检测中心同步启动建设，并与西安高压电器研究院有限责任公司达成合作运营意向。经开区路网进一步健全，三大片区互联互通、高效快达初具规模。全年经开区共征地150.04公顷，腾地122.41公顷，拆迁房屋243栋；完成株洲市“五个一批”（储备一批土地、启动一批项目、引进一批企业、建设一批标准厂房、做强一批园区公司）工业用地拆迁任务66.67公顷，完成率125%。完成土地报批项目26个，总面积256.73公顷；完成19宗土地挂牌出让前期工作，面积56.73公顷；划拨建设用地5.8公顷，办理林业用地手续22.2公顷。年内，经开区在全省园区集约节约用地工作中，获湖南省一等奖，并获20公顷用地指标。

【产业发展】一是主导产业优势凸显。出台《醴陵市关于加快产业突围实施意见》，设立产业扶持资金，有效提振企业信心。全年发放企业帮扶奖补资金1510万元，奖励企业5家。全年陶瓷产业实现产值468亿元，同比增长17.5%。华联瓷业稳居全国日用陶瓷领军地位，获评“中国轻工业百强企业”。全年玻璃新材料产业实现产值85亿元，同比增长23%。旗滨玻璃实现产值16亿元、税收1.7亿元。升华科技锂电池正极材料产量位居全国第二，实现产值10亿元、税收1亿元。轨道交通部件产业实现产值72亿元，同比增长16%。时代金属成为动力机车核心部件制造商。二是转型升级步伐加快。陶瓷光纤插芯和套管、环保陶瓷膜、陶瓷手机面板、陶瓷刀具等陶瓷新材料产品不断拓展国内外市场，电瓷电器产品不断向特高压、超高压产品升级换代，陶瓷特色产业形成全产业链。年内，经开区被授牌“国家级出口日用陶瓷质量安全示范区”和“国家级出口电瓷质量安全示范区”，被列入湖南省先进陶瓷材料产业链重点产业基地。湖南华联瓷业股份有限公司、醴陵市精陶瓷业有限公司、醴陵陶润实业发展有限公司等企业实现自动化和智能化生产，湖南正阳精密陶瓷有限公司新材料扩产项目竣工试产。湖南华联瓷业股份有限公司、湖南恒茂高科股份有限公司完成股改，进入上市辅导期。以湖南恒茂高科股份有限公司为龙头的电子信息产业园有序推进。三是新兴产业势头强劲。物流、电商、会展经济、旅游等产业崛起，“3+X”（“3”指陶瓷、玻璃、交通装备制造三大主产业，“X”指新能源、新材料、物流、电商、会展经济等新兴产业）产业体系进一步培育壮大。物流产业园进入前期筹备阶段，安迅物流中心及标准化仓库主体工程竣工验收。电商产业园实现销售收入10.61亿元。2017中国醴陵陶瓷产业博览会成功举办，为园区会展产业的快速健康发展提供积极探索；进一步完善陶瓷产业发展平台，对打造区域品牌，加强对外经贸交流与合作发挥重要的意义。

【招商引资】2017年，经开区制定招商引资十条政策，有效增强园区比较优势；全年招商签约项目45个，其中入驻标准厂房项目30个、用地项目15个；合同引资59.8亿元。引进中国500强企业、中国地产三强企业——碧桂园集团，项目总用地26.67公顷、总投资30亿元，实现销售收入6亿元、土地收入1.7亿元、税收3000余万元。11月，金东陶子湖房产开发项目开工。中盐红四方（湖南）生产基地项目建设启动，项目总用地20公顷、总投资7亿元；项目建成投产后，年产值可达20亿元，税收可达1亿元。总投资108亿元的高铁片区整体综合开发项目、总投资4.68亿元的兆富集团轨道交通创业园项目、总投资5.25亿元的中南大学高速列车研究中心及试验平台项目分别签订框架协议。年内，通过与深圳市醴陵商会对接，筹建醴商创新创业园，主要承接珠三角地区产业转移；项目总投资约3.25亿元，投产后可实现年产值4.5亿元，解决就业人口1700人，年内已有6家公司返乡创业。

【公司经营】2017年，高新技术产业发展集团有限公司新增资产30.2亿元，总资产达115.86亿元，净资产67.86亿元，信用等级为AA级。一是拓宽争资引项渠道。全年共争取特色园区公共服务平台、重大基础设施建设等政策性专项资金2.52亿元，实际到位资金1650万元。按照结构多元化、模式多样化原则，以银行贷款融资、资本市场发债融资、债权融资、股权融资等方式，全力推进融资工作，全年完成融资签约35.72亿元，实际融资到位资金17.88亿元，形成盘活固定资产和激活民间资本投入的良性互动局面。二是增强投资经营效果。全年安排项目48个，年度项目总投资32亿元，土地报批92.87公顷。涉足资本市场，探索参与产业子基金的设立和运营，推动地产公司、建筑公司开展经营活动，推进企业上市跟投和定向增发，拓宽公司经营渠道和获利通道，增强公司资本运作能力。把扶植产业发展作为重要投资方向，采取入股等形式投入1.1亿元。三是完善风险防控措施。完善内部审计管理制度，强化工程审计，严格控制成本，全年完成30万元以内项目结算三级审计108项。分别成立风险防控、投资决策委员会，完善工作机制、审核程序和决策流程。增强投资风险识别，降低决策风险，规范投资行为，提高资金运作效益，保障投资安全。

（余　里）

经济科技信息化

【概况】2017年，全市完成工业总产值1192.3亿元，比2016年增长12%；完成工业固定资产投资196.9亿元，同比增长23.2%。陶瓷、花炮、服装、玻璃、汽配分别完成产值708亿元、202亿元、55亿元、16.5亿元和3.05亿元，分别比2016年增长13.5%、3.4%、21.8%、17.5%和21.4%。上缴工业税收16.27亿元，比2016年增长43.1%；其中工业增值税7.7亿元，比2016年增长47.8%。

【产业突围】2017年，全市打响“产业突围战”，落实“四个十条”，实施季度兑现新模式，全年共有426家次企业及90人获奖励，共兑现奖补资金5636万元。陶瓷区域品牌建设试点工作强力推进，大力实施陶瓷产业智能制造行动计划，自主研发省级以上首台（套）设备1台（套），引进国内外先进设备5台（套）。东富电瓷产业园区开工建设，4家企业入驻施工；红四方复合肥生产基地和船湾服装集中区筹备开工建设。关停存在环保问题的造纸企业15家，淘汰落后生产线116条、落后产能12万吨。新增规模以上工业企业51家。加快陶瓷、花炮等传统产业转型升级步伐，引导企业实施一批自动化改造、节能减排、技术创新等技改项目，大力推进“机器换人”，提高生产效率。全年实施技改项目325个，完成工业技改投资138.5亿元。

【技术创新】2017年，加快推进创新平台建设，加速完善平台功能。截至年末，全市众创空间总面积近6万平方米，引进高层次人才100余人。先进陶瓷材料产业链被省委、省政府列入湖南省20个工业新兴优势产业链。年内新增高新技术企业24家，重大科技成果转化13项，全市高新技术产品增加值占GDP比重达35.27%。

【企业帮扶】2017年，扎实推进企业帮扶活动，推行“一单四制”新模式，收集各类问题333个，其中上报株洲的193个问题全部办结，满意率达98.5%。新建的醴陵中小企业服务平台，被省经济和信息化委员会认定为2017年省级实体窗口平台。全年申报上级资金项目102个，争取资金6000余万元。承办中国硅酸盐学会陶瓷分会2017年学术年会，200余名专家、教授到醴陵开展学术交流、讨论。积极开展助保贷等新模式，全年为企业担保融资近3亿元。

【安全生产】2017年，市经济科技信息化局积极履行市安全生产委员会成员单位职责，积极参与安全保卫战，对安全生产做到“早部署、早动员、时刻不放松”。下属的电力行政执法大队全年依法依规组织电力行政执法活动47次，参与现场整治216人次，检查生产经营单位电力安全53家，下达执法文书39份。配合市环保、国土、水利等部门联合执法，关闭污染纸厂15家、非法采砂场4处。清除因施工危及高压铁塔的安全隐患7起，制止在高压线下建房4处。

（周念农）

国企改制

【概况】2017年，驻醴株洲市国有企业改革办公室推进驻醴株洲市属国有企业管理及改革工作，妥善处理株洲市移交企业的遗留问题，服务基层，关注民生，维护社会稳定。春节期间，争取株洲市总工会等政府部门的困难职工“送温暖”慰问金和相关物资近200万元，受益职工6400余人。办理醴陵电瓷厂、石膏粉厂、建材炉料总厂、陶瓷机械厂4家已改制企业职工退休手续121人，复核拟移交的200余名党员名单、电话号码、党员档案交予社区管理，对系统内124名缺失党员档案的党员，分赴市民政局、档案史志局、人力资源和社会保障局等单位调查取证，走访相关人员300余人，出具证明材料，按相关程序确认党员身份。全年报送改制企业癌症绝症病人劳动能力鉴定11人，申报退休人员死亡抚恤费55人。（谢甘霖）

陶瓷工业

【概况】2017年，全市共有陶瓷企业669家，其中生产企业455家；主要生产日用陶瓷、工业陶瓷、建筑陶瓷和工艺陶瓷4大类、4000余个品种的产品。全年陶瓷产业完成工业总产值708亿元，比2016年增长13.5%；实现税收5.47亿元，占全市税收比重的19%。陶瓷产业安排从业人员16.9万人，其中规模以上陶瓷企业安排从业人员15.1万人。全年生产日用陶瓷109.9亿件、比2016年增长11.6%，其中出口日用陶瓷36.2亿件、增长9.1%；生产工业陶瓷147.7万吨、比2016年增长11%。全市209家规模以上陶瓷企业完成工业总产值525亿元，比2016年增长17%。（周慧敏）

花炮工业

【概况】2017年年末，全市有烟花爆竹生产企业199家，实现年产值202亿元，同比增长3.4%；完成税收1.51亿元，同比增长17.73%；有花炮机械生产制造企业70余家，实现年产值超过5亿元。全市烟花爆竹产业主要聚集在东乡片，呈放射状沿106国道发展，东乡片的李畋镇、白兔潭镇、浦口镇、王仙镇及南乡片的东富镇5个主产镇，集中全市80%以上的烟花爆竹生产企业和90%以上的产值。

【烟花爆竹企业分类管理】2017年，醴陵市烟花鞭炮管理局（以下简称“市花炮局”）参照《醴陵市烟花爆竹生产企业分类管理实施办法》，以烟花爆竹生产企业的生产规模、市场竞争能力、安全生产标准化等级及安全状况、财税和社会贡献率、产品质量、机械化率和科技创新能力、银行信用等级、社会参保、全员培训率等情况为划分标准，对参评的167家烟花爆竹生产企业进行综合评定，评出一类企业41家、二类企业67家、三类企业59家，并于年末根据第四轮行政许可换证和兼并整合的进展情况开展补充分类，将全市取得烟花爆竹生产许可证的企业纳入分类管理。

【拓展出口市场】2017年，市政府出台《关于促进花炮产业发展的十条政策》，以加速整合提升、支持拓展市场和拓宽融资渠道为核心，以行政审批、平台建设、科技创新、人才服务、品牌宣传、规范化建设和完善产业链等为内容，采取主动调整产能结构和市场模式，提升企业的市场竞争力和赢利水平，以促进花炮企业迅速做大做强，引导花炮产业转型升级。年内,依托花炮产业的“十条政策”，全市花炮出口额增加，一季度有7家企业申报兑现奖补资金113.8万元，二季度有35家企业申报兑现奖补资金567.3万元，三季度有35家企业申报兑现奖补资金361.6万元，四季度有37家企业申报奖补资金560.7万元。

【科技创新】2017年，市花炮局根据市委、市政府以推广自动化生产为切入点，提升烟花爆竹生产的科技水平和创新能力，推动从花炮制造向花炮智造升级发展的部署，重点围绕打造李畋镇凤形山烟花自动化生产示范片和完成科富爆竹自动化生产线国家验收的目标，推广自动化生产。年内，李畋镇凤形山烟花自动化生产示范片有7条组合烟花自动化生产线完成建设，科富爆竹自动化生产线筹备调试验收。

【行业人才培训】2017年8月7－9日，市花炮局联合市公安局、市花炮总商会、湖南岁富科技有限公司，在市东风大酒店举办“理想 理性 理念”醴陵市烟花爆竹企业主格局提升班培训，全市108家一、二类烟花爆竹企业的128名学员参加为期3天的集中培训。年内，市陶瓷烟花职业技术学校开设的2个花炮产业班完成专业设置、报批等工作，招录新生100余名。

【花炮产业文化宣传】2017年，市花炮局在李畋诞辰纪念日期间，组织公祭花炮祖师、日景烟花燃放、舞龙灯等文化活动，采用广播电视新闻、纸质传媒发布、微信平台、微信祭祀等方式，吸引社会各界参与。联合市花炮总商会多次组织花炮沙龙、产区交流等活动，活跃产业文化交流。2017中国醴陵国际陶瓷产业博览会期间，举办中国陶瓷谷·五彩新醴陵音乐焰火展演活动，为海内外嘉宾和全市群众呈现了一场视觉盛宴。（郭争光）

电力工业

【概况】2017年，国网湖南省电力有限公司醴陵市供电分公司（以下简称“供电公司”）内设综合管理部、党建工作部等10个部门，下设输配电运检班、调控运行班等7个班组和9个供电所、4个运检所，有在职人员183人、离退休人员111人和农电人员402人。供电公司担负着全市2157平方千米区域的供电任务，供电区域人口达105万人。截至年末，醴陵电网共有变电站22座，其中有滴水井、横店村2座220千伏变电站，主变3台，主变容量420兆伏安；110千伏变电站7座，主变12台，主变容量440.5兆伏安；35千伏变电站13座，主变25台，容量133.6兆伏安。有10千伏五里墩开关站1座，110千伏线路共13条、135.83千米，35千伏线路24条、235.27千米。全年完成售电量14.23亿千瓦时，售电均价721元/千千瓦时，电费回收率为100%，综合线损率为6.92%，优质服务承诺兑现率达100%，投诉控制在80起内。

【供电安全】2017年，供电公司坚持贯彻各级安全工作部署，开展“本质安全实践”活动，以严抓严管统领安全生产，不断提升本质安全水平。确保公司电网正常与异常方式下的安全稳定运行，完成2017中国醴陵国际陶瓷产业博览会等重要节会和活动的保电任务；坚持高强势、高态势的反违章，确保对所有的现场100%稽查到位，全年公司领导班子下现场监督把关389人次，各级管理人员现场监督把关548人次，实现作业现场全管控。加强电网科学调度，创新电网运行手段，完成58条10千伏线路的带电合解环试验。强化低电压投诉管控与整治，自行开工解决低电压问题54处3600余户。6月，为全面支撑国网湖南省电力有限公司株洲供电分公司安全生产工作，率先开展国网湖南省电力有限公司系统内首次大面积停电应急演练；9月，代表国网湖南省电力有限公司接受国家电网公司安全性评价。

【营销服务】2017年，开展供电服务“百日攻坚提升”专项活动，落实“管专业必须管服务”宗旨，制定标准更高、考核更严的优质服务奖惩实施细则，提升全体员工管控投诉的意识和责任。全面深化“网格化”服务，建立“四级”微信群和生产营销服务联动机制，完善公司立体化服务管控格局。完成关口计量改造项目，实现全市所有专变采集全覆盖。建立常态化监控机制，按照日、周、月频度实行分级监控，形成派单、回单、销单的“日事日毕、日清日高”的闭环管理和考核机制。加强电费回收管控和电价执行力度，全面推广远程实时费控，持续做好线上缴费宣传推广工作，为客户提供多种快捷缴费方式，积极引导客户“先购后用”，确保电费结零，周期性开展用电检查，确保电价执行到位，全面完成年度各项经营指标。

【电网规划建设】2017年，供电公司大力开展电力扶贫工程，克服贫困村工期紧、协调难、施工难度大的困难，与省、株洲市公司协调，邀请省公司领导现场指导，在保证贫困村改造到位的前提下，灵活设计变更，减轻施工难度，确保工程进度。继续推进配电网建设，克服中心村寸土寸金变压器位置难落地问题，与镇政府、村民沟通协调，宣讲改造必要性等，确保中心村攻坚战的全面完成；克服施工单位无技术、无队伍、无诚信、履约能力严重不足问题，全力协调监督施工单位，确保工程的顺利推进，全年配电网建设投资4080万元，新建、改造配电线路251千米。完成35千伏桥湾变电站扩建工程，解决北乡片区供电能力不足的问题。开展湖南醴陵经济开发区主网优选排序工作，结合园区“一谷一城一园”规划，将110千伏东富变、黄沙变新建项目纳入国网湖南省电力有限公司株洲供电分公司内部储备项目，提前开展变电站选址等前期工作。组织220千伏横店村变电站、35千伏均楚变电站扩建和110千伏老龙井变电站新建等主网项目工程的前期工作。（钟文丽）

服装工业

【概况】2017年，全市有服装企业319家，其中规模以上企业34家；完成工业总产值53.4亿元，其中规模以上企业产值42.8亿元；安排从业人员1.4万余人，全市70%的服装企业集中在船湾镇。服装工业主要产品以公、检、法、司、工商、税务等系列标志服为主，有多家执法行业标志生产企业获准省、部级定点生产单位。拥有服装注册商标40余个，30余家企业通过ISO9001

质量体系认证，涌现出“新姿”“帅欧”“韶峰”“亚西欧”等国内旗舰标志服品牌；其中“韶峰”服饰获评“中国驰名商标”“国家免检产品”“湘派服饰十大品牌”“湖南省著名商标”，“帅欧”服饰获评“湖南省著名商标”“湖南省名牌产品”。（周慧敏）

建材工业

【概况】2017年，全市建材产品主要有玻璃、防水材料、耐火材料、砖瓦砂石等；全年建材工业实现总产值近32亿元。全市以“东富工业园区”为中心，把玻璃深加工作为产业开拓重点，适度引进玻璃产业配套项目，探索“陶玻一体化”特色之路，计划用5~10年时间，打造中南部具有影响力的玻璃制造、研发、出口基地。年内，株洲醴陵旗滨玻璃有限公司5条生产线相继建成投产，年产值达16.5亿元。水泥预制构件、轻质建材、耐火建材、装饰材料等生产单位迅速发展，涌现出“帅旗”“神舟”“橡胶”“海豹”等规模建材生产企业。年内，在醴陵注册资质等级企业共完成防水施工产值7亿元。（周慧敏）

机械工业

【概况】2017年，全市机械工业主要有陶瓷、花炮、包装三大类机械产品。全市共有机构制造企业127家，其中陶瓷机械企业20家、花炮机械企业79家、其他机械企业28家。全年机械工业实现工业总产值近27亿元，安排就业人员8400余人。年内，湖南元创机械有限公司、湖南坜丰、湖南全盛等汽车零部件厂家共实现产值4.2亿元。（周慧敏）

采掘工业

【概况】醴陵境内矿种丰富，主要有金、银、铜、铁、锡、锑、铀、铅、锌、莹石、煤、高岭土、硅火泥、白泡石、矿泉水等30余种。其中煤炭、高岭土储量丰富，高岭土储量在1亿吨以上；高岭土、煤炭、黄金、铅、锌、莹石、石灰岩、耐火石、硅火泥等矿产开采量较大。2017年，全市有采矿企业54家，其中规模企业7家。全年采掘工业实现工业总产值19.4亿元，安排从业人员5300余人。（周慧敏）

食品工业

【概况】2017年，全市有食品工业企业59家，其中有湘洲、仙都酱鸭等4家规模以上企业。全年食品工业企业实现工业总产值12.6亿元，安排从业人员3100余人。主要产品有肉食、粮油、糖果糕点、酒、调味品、方便面等17个门类、2000余个品种，拥有“旺依”“青泥湾”等品牌。全市完成“三品一标”认证14个，新增农民专业合作社267家、市级农业产业化龙头企业7家，创建农业标准化生产基地12个。“玻璃椒”获评国家地理标志产品。（周慧敏）

化学工业

【概况】2017年，全市化学工业以橡胶制品、塑料制品、碳酸氢铵、碳素、金水、颜料、涂料、蚊香等为主要产品，主要分布在城区、茶山镇、东富镇、李畋镇、孙家湾镇等地域。全市有化工企业56家，其中颜料企业27家。全年化学工业企业实现工业总产值14.3亿元。（周慧敏）

其他工业

【概况】2017年，随着全市陶瓷、花炮两大支柱产业的快速发展，相关产业也迅速成长，冶金、窑炉热工、造纸、印刷、包装和其他加工行业大量兴起，在花炮业集中的乡镇发展尤为明显。其中造纸业集中在王仙镇、均楚镇，主要产品有机制纸、箱板纸、宣纸、土纸、再生纸等品种；印刷业向彩印、瓷用纸发展，包装业有纸箱、复合包装、塑料袋等。全年其他工业实现工业总产值123.3亿元。（周慧敏）

工业企业选介

醴陵市金利来烟花有限公司

【概况】醴陵市金利来烟花有限公司（以下简称“公司”）位于市李畋镇，始建于2001年，2002年开始投产；辖2个生产工区和1个全资控股工厂。在醴陵市的工厂拥有固定资产近1亿元，总占地面积200公顷；有在职员工1600余人、专业管理人员120余人、研发人员18人；年产能2亿元以上。产品有礼花弹、组合盆花、地面礼花、玩具烟花、鞭炮等大类近500个品种，公司工厂均通过ISO9001：2008国际质量体系认证和安全生产标准化认证。公司积极推动“机械化换人、自动化减人”，历时8年成功研发全国第一条组合烟花自动化生产线；该生产线仅需11个工人操作（其中涉药人员4人），减少涉药工序人员90%以上，节约涉药工序用地80%以上，产能相当于4条传统生产线，基本实现人机、人药分离隔断，有效降低人员伤害安全事故风险。

【打造花炮企业集团】2017年，为有效推进烟花自动化生产示范园区建设，公司计划用3年时间打造醴陵本土最大的花炮企业集团。一是组建醴陵李畋花炮集团。以公司为核心新建烟花自动化生产线10条以上，同时采取投资入股、技术合作等方式，推广自动化生产线10条，建成年产组合烟花15亿元以上的自动化生产基地。二是开展多元化经营。以李畋花炮集团为依托，通过收购、控股、参股等形式，整合一批爆竹、小型烟花生产企业和黑火药、引火线企业，设立技术研发中心、仓储物流中心，建立相对完整的配套产业链。三是打造“李畋”花炮品牌，与中洲烟花现有品牌进行区别定位，组建独立的营销团队和渠道体系，策划开发和推广利用李畋文化，打造行业内具有领导地位的优秀品牌。四是实施全球化布局。在争取将李畋花炮集团打造为上市集团公司的同时，整合集团内高鹏实业等花炮出口企业做大花炮出口，与外销公司进行深度合作，拓展海外市场，实施内外混销，进一步发挥“李畋”花炮在国际上的品牌效应。（郭争光）

湖南省醴陵市吉利鞭炮烟花有限公司

【概况】湖南省醴陵市吉利鞭炮烟花有限公司（以下简称“吉利烟花”）成立于1997年，占地面积7.3万平方米，拥有固定资产5216.23万元，有员工近100人。旗下拥有“传奇”“黑蝎子”两大品牌。吉利烟花为保障销售商经营利润的持续性和产品的创新优势，按照国际标准投资建立烟花研发检测中心，聘请知名烟花专家担任产品顾问，并配备有经验丰富的专业技术人才，专业化研究中国烟花产品的创新。公司产品涵盖大型烟花和小型烟花，品种有日景烟花、地面礼花、火箭、冷光烟花、爆竹、花筒、旋转升空、手持类、吐珠筒等，共计2000余个品种，包含30余个国家专利产品、1个美国专利产品。（郭争光）

湖南省科富花炮实业有限公司

【概况】湖南省科富花炮实业有限公司（以下简称“公司”）位于市李畋镇，厂区占地面积200公顷，是一家集烟花爆竹产品研发、生产、销售、燃放于一体的大型烟花民营企业，是国家科技支撑计划课题等重点项目的承担单位。公司下设烟花爆竹生产工厂6家、造纸厂1家，控股多家烟花爆竹专营公司，有从业人员1200余人，年生产能力达200万箱。主要产品有1600余个品种，通过ISO9001国际质量管理体系认证，并由中国财产保险公司提供质量安全保险。“科富”注册商标被评为中国驰名商标、湖南省名牌产品，产品销往全国30余个省市和地区。公司具备A级焰火燃放资质，承办大型烟火燃放活动200余场次。

【爆竹机械化生产示范线】2017年4月，国家爆竹机械化生产示范线项目选址公司，该项目的推广运用，将改变传统爆竹生产劳动密集型的生产形式，在混药、装药等危险工序实现无人化，在线药量由5公斤降至0.8公斤以下，通过改进药粉回收装置节约原材料药物成本15%以上，引入在线干燥技术简化工序同时也避免大量引线积存，大幅降低安全事故风险，基本杜绝人员伤亡。年内，该项目主体工程建设完工，工房、机械等设施设备完成建设和安装，主道路路面硬化、水沟、沉淀池等配套工程建设完工。（郭争光）

醴陵彩丰烟花有限公司

【概况】醴陵彩丰烟花有限公司位于市长庆示范区双江村，占地面积13.33公顷，其中建筑面积2.7万平方米；有车间6栋、仓库30栋，有职工90余人、专职安全管理人员3人、管理人员20余人。主要从事组合类烟花等产品包装生产和出口业务，年产量约40万箱，产品均为符合国际标准的安全烟花，无任何接触药物的工序，产品销往美国、英国等多个国家。（郭争光）

醴陵恒达烟花有限公司

【概况】醴陵恒达烟花有限公司（以下简称“公司”）位于市孙家湾镇，主要生产喷花型产品，拥有独立的技术研发中心，有各项发明专利23项，年产值5000余万元。2017年，公司有员工300人，其中管理人员48人、工艺美术大师4人。（郭争光）

醴陵市北塘出口花炮制造有限公司

【概况】醴陵市北塘出口花炮制造有限公司有北塘、长塘2个生产工区，占地面积66.67公顷，建筑面积1.5万平方米；有职工300余人、专业技术人员10人；拥有固定资产500余万元。主要产品有高空火箭、混合烟花、旋转升空类、地面旋转类、喷花类、

玩具类等 500 余个品种，年出口烟花 10 万箱以上。（郭争光）

醴陵市东富出口烟花厂

【概况】醴陵市东富出口烟花厂位于市东富镇，占地面积 25.33 公顷，建筑面积 1.2 万平方米；有职员 88 人，其中专职安全员 2 人、技术员 2 人、特种作业员工 18 人。是市安全生产管理 A 级企业、市烟花鞭炮行业一类企业和安全生产标准化Ⅲ级企业。主要生产烟花类、礼花类（球型小礼花，单筒药量小于 70 克，B 级）产品。产品定位于"高端、精细、安全、创新"，全部销往美国，在美国市场有较好口碑和回购率。（郭争光）

醴陵市明维鞭炮烟花出口有限公司

【概况】醴陵市明维鞭炮烟花出口有限公司创建于 1989 年，占地面积 13.33 公顷，建筑面积 1.8 万平方米；有技术人员 8 人、管理人员 40 余人、职工 200 余人。拥有固定资产 2400 余万元，其中机械设备 30 余台。有大、中、小型鞭炮烟花品种 100 余种，年产鞭炮烟花近 20 万箱。（郭争光）

醴陵市宏远出口烟花制造有限公司

【概况】醴陵市宏远出口烟花制造有限公司（以下简称"公司"）位于市李畋镇大草坪村，占地面积 6.67 公顷，建筑面积约 4800 平方米。有工程技术人员 3 人、专职安全管理人员 2 人、特种操作人员 9 人、管理人员 8 人；专业生产花炮线香类产品，产品主要销往日本、欧美市场。公司严格按照国家烟花爆竹企业建厂标准设计、施工，工房布局合理，管理机构健全、管理制度完善、安全生产设施配套齐全。年内，公司获评市"烟花爆竹安全管理 A 级企业"。（郭争光）

醴陵神马花炮有限公司

【概况】醴陵神马花炮有限公司（以下简称"公司"）成立于 1979 年，下辖神马发展、燃放公司、花炮研究所和 4 个分厂，占地面积 86.67 公顷，有员工 600 余人。公司建立完整的质量保证体系，有 5 个产品获国家、省优产品奖，"马恋牌"获评"湖南省著名商标"。公司主要生产 A、B、C、D 类烟花爆竹，产品达 2400 余种，外销美国、日本等 20 余个国家和地区，内销北京市、天津市、大连市等地。公司曾主持、参与 30 余部行业法规和标准的起草、修订、审定；与国防科技大学、长沙理工大学、日本芳贺火工有产学研和技术合作。公司拥有发明专利 3 项和实用新型、外观专利 40 余项。公司研制的安全鞭炮，机械感度降低 80%，鞭炮生产过程中安全事故减少 90%，此项专利技术在全国 98% 以上的鞭炮生产企业中应用。（郭争光）

湖南电力电瓷电器有限公司

【概况】2017 年，湖南电力电瓷电器有限公司（以下简称"公司"）为中国能建装备有限公司旗下全资子公司，注册资金 1 亿元，占地面积 26 公顷，拥有固定资产 2.4 亿元；有职工 600 余人，其中高中级工程技术人员 80 余人。公司具备年产高压电器 5000 台组、智能配网产品 1000 台组和年产值 5 亿元的生产能力。公司是全国高压、超高压、特高压直流输变电和其他电工产品的规模化制造基地，主营业务涵盖输电、配电、变电设备研发、制造、销售、安装、修理及维护，同时可承接电力业务扩充及检修工程。主导产品为 35 千伏及以上电压等级电流、电压互感器、穿墙套管、变压器套管、隔离开关、氧化锌避雷器、棒形支柱绝缘子、电器瓷套和 10 千伏及以上电压等级的户外真空断路器、550 固体小型化中置柜、KYN28 中置柜、有源电力滤波器和无功补偿装置等智能配网产品。主要产品被列入全国城乡电网建设与改造设备推荐使用目录，各种型号互感器被列为 600 兆瓦机组推荐使用产品，并获得 KEMA 试验认证。公司主要业务板块集中在两大电网市场，在国家电网和南方电网集中规模招标中，持续保持市场排名前二位；产品广泛应用于国家电网高岭背靠背换流站、晋东南－南阳－荆门 1000 千伏特高压交流示范工程和中国南方电网云南—广东 ±800 千伏换流站等国家重点工程项目。年内，公司国际市场签约率增加，在印度尼西亚、罗马尼亚等国家的电网项目中中标。在巩固与安徽电力检修公司业务合作的同时，开拓电源市场，在大唐国际发电股份有限公司、中国国电集团和中国华能集团有限公司等电源市场取得突破。

【产品研发与技术创新】2017 年，公司加速智能配电网产品开发，主要有 10 千伏开关柜类（含中置柜、SF_6 气体环网柜、固体环网柜）和 10 千伏柱上断路器、分界开关、负荷开关系列（ZW20、ZW32、SPG）两大类产品。均通过型式试验资质和国家电网资质证明。年内，公司完成中国南方电网公司广州供电局带电监测智能互感器研究与应用项目研发、试验和项目验收，有 3 台产品挂网，获发明专利 1 项、适应新型专利 2 项；完成智能互感器型式试验报告 2 项、性能测试报告 1 项。公司筹划与清华大学开展技术合作，进一步推广应用该项目，

旨在一体化互感器和运行中互感器在线或带点监测改造上打开新市场。（高喜梅）

湖南阳东磁电股份有限公司

【概况】湖南阳东磁电股份有限公司（以下简称"公司"）是以原醴陵阳东电瓷电器有限公司为基础成立的一家民营股份制企业。主要从事电瓷电器产品、微波生物质燃气炉、生物质能源、有机肥及土壤改良剂的生产、销售，高新材料开发、微波技术研发等。公司位于市阳三石街道阳东村。有湖南阳东电瓷电气股份有限公司1家控股子公司，湖南阳东微波科技有限公司、湖南阳东生物洁能科技有限公司2家全资子公司。公司是湖南省新材料企业、"守合同重信用企业"和"中国质量诚信企业"，是湖南省电瓷电器行业商会副会长单位和湖南省稀土行业协会会员单位。年末，公司拥有总资产22742.96万元、净资产14246.92万元。全年实现销售收入14761.66万元、利润1346.4万元。

【生产成果】2017年7月，公司超、特高压绝缘子生产线项目建设启动；该项目分三期工程建设，预计总投资2亿元，在醴陵电力电瓷电气产业园征地8.8公顷，旨在打造一个国际领先水平的支柱绝缘子专业生产厂区，计划新建1个自动配送料制泥中心、1条超高压支柱产品专用半自动等静压生产线、2条湿法生产线、1条复合绝缘子芯棒等静压生产线、2条特高压复合绝缘子生产线，并配建设生物质燃气站。9月，生物质天然气在陶瓷产业应用项目获醴陵市第二届创新创业大赛一等奖。11月，农林废弃物资源化、无害化处理成套技术及装备，通过中国机械工业联合会组织的科技成果鉴定，结论为"该成果关键技术达到国际先进水平"；绝缘子检测实验室完成升级改造验收，成为湖南省内棒形支柱产品电压等级最高、实验项目最全的检测实验平台。12月，"CLD"牌110千伏及以上电瓷支柱绝缘子产品获评"湖南省名牌产品"；农林牧废弃物资源化处理成套技术装备被工业和信息化部列入《首台（套）重大技术装备推广应用指导目录（2017版）》，并被湖南省长株潭"两型社会"试验区管理委员会推荐为2018年湖南省"两型社会"建设清洁低碳技术推广示范项目。（刘桂平）

湖南华联瓷业股份有限公司

【概况】湖南华联瓷业股份有限公司（以下简称"公司"）主要从事日用陶瓷、艺术陶瓷、新材料陶瓷和电瓷研发与生产，注册资金1.89亿元，拥有"华联""红官窑""火炬"驰名商标等39件商标、74件专利，年出口额达7000万美元，是国家技术创新示范企业、国家认定企业技术中心、国家知识产权优势企业、高新技术企业、中国陶瓷工业协会副理事长单位、轻工商会陶瓷分会副理事长单位、湖南省陶瓷协会会长单位。公司参与《出口商品技术指南－日用陶瓷》《日用陶瓷安全生产规范》（QB/T 4792–2015）《日用炻瓷》（DB43/T 604–2010）等国家或省级标准和规范文件的制定。2017年6月，公司中标中央人民政府采购订单5700万元。8月，完成厂区亮化提质改造。10月，向中国证券监督管理委员会递交上市申报材料。11月，玉祥智能制造车间主体建成。12月，智能制造等静压自动生产线以及窑炉投产使用。全年实现销售收入7.3亿元，实现利润6150万元。（赖玉姣）

湖南正阳精密陶瓷有限公司

【概况】湖南正阳精密陶瓷有限公司（以下简称"公司"）成立于2005年，位于醴陵陶瓷科技产业园，占地面积1.6公顷，注册资金2000万元。公司专业从事注射成型高性能纳米氧化锆结构陶瓷异型件的研发和生产制造。拥有30余台注射成型机、420套成型模具、12条窑炉生产线、8条排胶生产线。具有每月生产陶瓷光纤套管3000万支、光纤插芯1000万支及少量的氧化锆陶瓷结构件的生产能力。公司有员工116人，其中中级以上专业技术人员12人、技师以上专业技能人员26人。年内，公司申报的"一种粉末注射成型用粘结剂制备方法及其应用方法"获国家发明专利。（喻永红）

湖南泰鑫瓷业有限公司

【概况】湖南泰鑫瓷业有限公司（以下简称"公司"）成立于2000年，公司注册资金2000万元。主要生产精细炻瓷、中高档陶瓷酒瓶、化工陶瓷、结构陶瓷、釉下五彩艺术瓷。是一家集生产、科研、设计、开发、贸易于一体的民营科技型企业、国家高新技术企业、湖南省新材料企业和科技创新试点企业。公司有在册职工1049人，拥有固定资产1.5亿元。日用瓷产品年出口量达2000余万件，实现出口创汇1亿元。产品主要销往美国、德国、以色列、日本、俄罗斯等30余个国家和地区，与非洲、东欧、中东、南美洲、东南亚等地区的50余个国家建立出口贸易往来关系。公司生产的新材料高性能结构陶瓷在石油钻采、原煤加工、环保设备、精密医疗电子设备、高纯化工原料研磨、分散等领域应用成熟。公司拥有4个商标，其中"taisun"牌商标先后被评为"湖南省著名商标”“中国驰名商标”，并在国际知识产权组织中注册。2017年，公司的发明专利《高强度、高耐磨锆铝硅复合自释釉陶瓷材料及制造方法》（专利号ZL200910308294.3），获湖南省发明专利奖二等奖。（刘桂平）

醴陵华鑫电瓷科技股份有限公司

【概况】醴陵华鑫电瓷科技股份有限公司成立于2003年，位于市浦口镇，占地面积21.3万平方米，建筑面积8.5万平方米；拥有资产总额近3.8亿元。有员工836人，其中高级职称18人、中级职称108人、工程技术人员168人。电瓷年生产能力3.5万吨以上，主要产品有$SF_6$35千伏-1000千伏互感器瓷套，$SF_6$10千伏-1000千伏断路器瓷套、35千伏-1000千伏电容式变压器套管用瓷套、35千伏-1000千伏避雷器瓷套等十大系列2000余个品种，并可根据用户需要制造各种类型的瓷绝缘子。2017年，公司实现销售收入3.56亿元，完成税收2858万元。全年重点研发1000千伏无机粘接出线瓷套，投资3000万元研发的GIS（SF_6气体绝缘全封闭式组合电器）套管，在批量生产能力的基础上扩大产能，形成新的效益增长点。

（刘桂平）

帅欧服饰有限公司

【概况】湖南帅欧服饰有限公司（以下简称“公司”）始建于1981年，专业生产“帅欧”牌系列执法制服、职业装和西服等产品。拥有固定资产1.26亿元，厂房总面积近3万平方米。有职工600余人，其中专业技术人员68人、管理人员18人、科研人员20人。拥有从日本、德国、美国引进的CAD制版系统、自动吊挂系统、全电脑高速平缝机、自动上袖机、自动开袋机、自动锁眼机、自动钉扣机和成套高端整烫等设备500余台（套）。年产行业服装50万套（件）、西服30万套（件）、其他服装10万套（件）。具备交通部、农业部、国家林业局定点生产行业服装资格。公司连续20余年被湖南省工商行政管理局评为省级“守合同、重信用”企业和银行资信等级“AAA”企业。2017年，公司实现产品销售收入3224万元、加工收入256万元、其他收入7.35万元。（刘桂平）

湖南省韶峰服饰有限公司

【概况】湖南省韶峰服饰有限公司（以下简称“公司”）主要从事制服、西服、校服等服饰制作。2017年，公司注册资金1.51亿元；由小规模纳税人升为一般纳税人，纳税300余万元；被评为产品质量监督抽查连续合格企业，继续获评湖南名牌成品称号。年内，公司以全国城管制服换装为契机，业务量有效增长。通过数字化生产，脱离原有的人工制版模式，产能产品品质均有提升。

（廖　磊）

株洲醴陵旗滨玻璃有限公司

【概况】2017年，株洲醴陵旗滨玻璃有限公司（以下简称“公司”）生产各类优质浮法玻璃2286万重量箱，完成工业总产值16.25亿元，比2016年增加2.23亿元，增幅达15.91个百分点；销售玻璃2301万重量箱，产销率达100.66%；实现工业增加值6.35亿元，同比增长48.36%；上缴税收2.06亿元。年内，公司根据市场需求变化，改造升级第五条生产线。7月，公司被认定为2017年“湖南省新材料企业”，并获“鼓励企业创新升级”奖补金20万元。10月，公司获批为“省级企业技术中心”。12月，公司在2007-2017年株洲“两型”十年系列评选活动中获“十大两型项目”。公司采用设计先进的熔窑、锡退、退火炉等设备，有效降低能源消耗20%～30%；工艺冷却用水采用循环水，提高循环水水质，提升脱硫效率，降低生石灰用量，年节约用水13.14万吨，节约水费30.3万元；采用余热发电技术，充分回收烟气余热，每月可发电430万千瓦，占公司生产总用电量的30%，实现企业内部能源高效综合利用。

（陈　勇）

湖南帅旗防水有限公司

【概况】湖南帅旗防水有限公司（以下简称“公司”）成立于1992年，持有防水防腐保温工程专业承包施工资质，通过ISO9001：2008质量管理体系认证、ISO14001：2004环境管理体系认证。公司占地面积3.33公顷，拥有防水卷材、防水涂料系列等标准化生产线。全年生产防水卷材1000万余平方米、各类防水防腐涂料近2万吨。公司科研所实验室设备齐全，研发、实验、检测手段达到同行业领先水平。公司长期与万科地产、万达集团、恒大地产、碧桂园等上市企业合作，与株洲华晨房产为多年的战略合作伙伴。参与毛主席纪念堂、京九铁路、宝成铁路复线、成昆铁路电气化改造等项目的防腐防水工程，其中包含国投新疆罗布泊钾肥有限责任公司年产120万吨钾肥项目及扩能工程。2017年，公司实现产值7600余万元，上缴税收390余万元。

（刘桂平）

株洲时代金属制造有限公司

【概况】2017年，株洲时代金属制造有限公司（以下简称“公司”）完成销售收入3.6亿元。在巩固和拓展轨道交通市场的同时，开辟国家电网、通讯、汽车行业等市场，开发CAF、许继集团、北京鼎汉检测技术有限公司等16家优质客户，实现对国家电网和通讯行业从零到批量交货，入股上海道生天和公司、湖南南车电器，以资本运作的方式进入风力发电、母排市场。10月，公司株洲基地土地交付工作完成，注册全资控股公司湖南浩宏科技发展有限公司，于12月动工建设。公司研究院和2个技术中心，完成并开发中国标准动车“复兴号”、西成高铁、巴基斯坦拉合尔、澳大利亚墨尔本项目等新产品，新项目共计454项。完成有限元分析仿真计算67项。参展中国（长沙）国际轨道交通博览会。

【基础设施建设】2017年，公司将材料、半成品仓库搬迁至车间，物料交接、产品运输更加方便快捷；新建涂装生产线，改造旧食堂，新增员工车位80个。检测中心通过CNAS扩项评审，丰富检测中心检测项目。公司通过IATF 16949汽车行业质量管理体系、D6701粘接体系审核、检测中心CNAS扩项评审。10月，ERP系统正式上线试运行，实现信息化管理。（李 啸）

醴陵中油燃气有限责任公司

【概况】2017年，醴陵中油燃气有限责任公司（以下简称“公司”）为市天然气利用项目业主，合法承担开发建设及经营市天然气利用项目的权利与义务。内设经营管理部、工程管理部、客户服务中心、运营管理部（下设母站、门站、调度中心、维抢修队、湘醴支线、巡检队）、安全监察部、财务资产部和综合办公室等部门；有员工157人，其中中共党员15人、共青团团员78人。年内，公司共计投运场站30座，其中门站1座、LNG气化站1座、CNG母站1座、西二线连接线首末站各1座、区域调压站25座；累计投资并完成铺设高压管线16.4千米、次高压管线123.56千米、中压管线350.6千米、庭院管网824千米；累计开发居民用户88666户、工业用户322户、商业用户632户。年供气量达2.5亿立方米，累计输送和销售天然气约14.8亿立方米；城区居民气化率达90%以上，全年实现零安全事故。（彭 芝）

湖南升华科技有限公司

【概况】湖南升华科技有限公司（以下简称“公司”）成立于2008年，是专业从事锂电池正极材料研发、生产和销售的国家高新技术企业，位于湖南醴陵经济开发区，在醴陵市、株洲市、长沙市和江西省宜春市分别建有生产、研发基地，拥有大型锂离子动力电池正极材料湖南省工程研究中心，通过IATF16949：2016质量管理体系认证、ISO14001环境体系认证。公司法人代表彭澎，具有英国诺丁汉大学硕士学位，为湖南省第十二届、第十三届人大代表。公司主要产品为新一代锂离子动力电池正极材料磷酸铁锂和镍钴锰复合氧化物，广泛应用于电动汽车电池、通信基站储能电池等领域。公司研发的镍钴锰复合氧化物（三元正极材料）属于国家高技术研究发展计划（863计划）、国家重点基础研究发展计划（973计划）重点支持领域。2017年，公司实现产值15亿元、税收1.2亿元；正极材料磷酸铁锂产量位居全国同行业第二。（刘桂平）

湖南恒凯通信息科技有限公司

【概况】湖南恒凯通信息科技有限公司（以下简称“公司”）是专业从事光通信无源器件和有源器件研发、生产、销售的高新技术企业，位于市泗汾镇，有员工260余人，厂区占地面积4公顷，厂区采取园林式规划设计。公司拥有先进的光纤连接器、适配器、转换器、衰减器等光无源器件产品生产线，采用国际先进的ISO9001质量管理体系。拥有美国Norland的光干涉仪、Westover端面清洗机及光纤端面检测仪和日本NTT插回损一体化测试仪等尖端的检测仪器设备，产品符合ROHS要求，覆盖移动中心机房、广播数字电视传输、光纤以太网、宽带接入、三网融合等信息领域，并通过国内外权威机构认证；是中国电信集团公司、中国移动通信集团公司、中兴通迅股份有限公司、江苏亨通兴电有限公司、长飞光纤光缆有限公司等企业核心光连接产品采购供应商。年内，公司获评2017年株洲市中小企业100强等称号。（刘桂平）

贸易·旅游

商贸旅游

【概况】2017年，全市实现社会消费品零售总额204.6亿元，比2016年增长11.4%；在株洲地区10县市（区）中排名第一。完成外贸进出口总额24.6亿元，比2016年增长13.1%；新批进出口企业32家，拥有自营出口权企业297家。全年对外投资中方合同投资总额为5300万美元，比2016年增长32%，对外承包工程和劳务合作营业额为4500万美元，比2016年增长36%。引进外资2.09亿美元，比2016年增长13.5%；内联引资49.3亿元，比2016年增长16.8%；在株洲市5县（市）中排名第一。

【"瓷博会"】2017年9月28日，2017中国醴陵国际陶瓷产业博览会（以下简称"瓷博会"）在醴陵市"中国陶瓷谷"国际会展中心开幕。此次瓷博会由国务院发展研究中心指导，中国陶瓷工业协会、湖南省商务厅、中国国际贸易促进委员会湖南省分会、株洲市人民政府联合主办，醴陵市人民政府承办；以"中国陶瓷谷·五彩新醴陵"为主题，活动期为3天（9月28－30日）。共设立6个展馆、1350个展位，展区面积达3万平方米。有参展企业（个人）569家，包括俄罗斯、美国、英国、澳大利亚、加拿大等25个国家和香港、台湾地区的参展企业（个人）89家，广东省佛山市、河北省邯郸市、江西省景德镇市等国内15省(直辖市、自治区）30个陶瓷产区参展企业（个人）250家，醴陵市参展企业（个人）230家。参展展品有日用陶瓷和艺术陶瓷等五大类、10万余件，涵盖日用陶瓷、艺术陶瓷、电瓷、陶瓷新材料和陶瓷装备等。瓷博会共组织策划20项系列活动，中国硅酸盐学会陶瓷分会2017学术年会等7项活动先期启动，开幕式等13项活动集中在9月28—30日举行，展览展销等活动持续到10月8日。其中，在9月28日下午举行的2017中国醴陵国际陶瓷产业博览会重大项目合作签约仪式上，共有32个项目签约，合同金额182亿元。瓷博会期间，有全国陶瓷主产区的党政领导、陶瓷专家、签约代表等1342人参加，吸引国内外客商2.1万人、游客46.2万人次。

【招商引资】2017年，接待客商193批次，5人以上的考察团队21批次；组织筹办和参与港洽周、珠三角项目签约和企业家年会等10余次重大招商活动；全市签约招商项目58个，其中制造类项目43个、一产类项目4个、三产类项目8个、基础设施类项目2个；合同引资370.2亿元，亿元以上投资项目28个；签约项目履约率为71%，开工率为64%。高铁片区整体综合开发、中南大学轨道交通醴陵研究院、中国陶瓷谷国家战略课题研究等一批重大项目、产业前沿研究型项目签约。年内，"迎老乡、回故乡、建家乡"活动成效显著，活动中醴籍人士签约投资项目38个，占签约投资项目总数的67%。

【消费增长】2017年，新增入统商业"四上"企业13家,入统"小升规"（企业主营业务收入不足2000万元的规模以下工业法人企业，主营业务收入首次达到2000万元及以上，符合工业企业规模标准，并纳入省统计局联网直报调查单位库的企业）企业16家。全年全市有18家电子商务认定企业和65家电商产业园企业，共完成电子商务交易额20.8亿元，比2016年增长24.6%。年内，牵头举办醴陵市第十一、十二届汽车文化节，销售汽车420辆。指导图兰朵酒店举办泰国美食节、圣诞美食节；联合市广播电视台组织举办第三届家居建材博览会，实现销售额1.5亿元。

【外经外贸】2017年，全市有24家企业实现进出口业绩“破零”，19家企业实现进出口业绩“倍增”。春秋广交会中，全市有107家日用陶瓷企业签约订单1.38亿美元，比2016年增长16.5%。先后组织企业参加德国法兰克福消费品展、香港环球资源展、第22届澳门国际贸易投资展览会等重大展会。借助阿治曼“一带一路——湖南主题展”活动，指导新亚瓷业在迪拜设立151陶瓷经贸平台。发展埃及、伊朗、以色列等12个国家的陶瓷销售市场。主动对接中国自贸云外贸高端平台，探寻外贸发展新平台。举办外贸业务培训班，培训外贸业务骨干近200人。

【全域旅游】2017年，全市共接待国内外游客554.91万人次，比2016年增长24.36%；实现旅游综合收入58.47亿元，比2016年增长38.65%。“醴陵瓷谷”入选国家首批工业遗产旅游基地，袁昌英纪念园开放接待游客。设置全域旅游交通标识标牌45块，21座厕所被纳入国家旅游厕所管理系统。利用湖南卫视广告、媒体踩线、自媒体宣传、高速路口设置高炮广告等方式，提升醴陵旅游知名度，研发新醴陵八景陶瓷冰箱贴、陶瓷保温杯、陶瓷加湿器等旅游商品。成功举办“醴北人家”山地马拉松、湘赣边桃花艺术节、枫林清荷旅游节、浦口杨梅山汽车露营帐篷节、水上乐园嘉年华等旅游主题活动，通过多种旅游主题活动，进一步扩大醴陵旅游的影响力。

【粮油收储】2017年，共收储粮食8.7万吨，超年度初计划任务指标2.2万吨。其中国有收储2.3万吨，非国有收储6.4万吨。引导俏麦湘面业、金桥生态林农实业等企业，创建绿色生态食品品牌。年内，评定出株洲市放心粮油点1家，醴陵市放心粮油点5家。入统的粮油饲料企业完成粮、面、油、饲料加工销售22.1万吨，实现销售额7.43亿元。协调解决夏粮收购政策性贷款，与市渌江集团合作开发的土株岭粮库洽谈项目有序推进。

【“三创四化”】2017年，提质改造太一、城东等21个城乡农贸市场，27个社区便民服务示范菜店挂牌运营，太一市场蔬菜批发功能成功剥离。改造城区加油站公厕18个，开展绿化整治。推进A级景区创建，督促中国陶瓷谷、新世纪艺术馆、李立三故居等完成公厕整治，完善景区标识标牌，实现景区大提质。

【商务综合执法】2017年，强化安全生产责任，与182家大型商场超市、成品油、旅游和粮食企业签订安全生产责任状，落实“一单四制”制度，加大安全隐患治理力度，开展行政执法检查462次（其中联合执法检查15次），检查企业182家；行政处罚6起、罚款2.7万元；下达整改通知书16份。重点整治加油站行业的安全生产问题，协调解决鑫泰广场提质改造工程引发的安全问题。

（谭金秀）

口　岸

【概况】2017年，全市铁路口岸运行总体平稳，检验检疫出入境产品5864批、1.88亿美元；其中出境5848批、1.86亿美元，入境16批、0.02亿美元。检验出入境产品中包含包装鉴定2340批、362万件，签发各类原产地证书4173份、金额1.02亿美元。全年全市自营进出口企业货物总值为3.52亿美元，其中出口3.47亿美元、同比增长7.1%，进口0.05亿美元、同比增长30.1%。醴陵至盐田港五定班列完成14339标箱运输任务，货运总量为38.72万吨。

【口岸服务】一是坚持深入单位企业，走访调研常态化。在确保服务一线企业的基础上，协调、解决企业出口过程中的问题，真正做到问题有回复、解决有时限、事后有回访。二是坚持收集信息，统计报送常态化。完善统计信息的收集和报送制度，围绕口岸运行、服务决策的工作要求，与醴陵国检、海关驻醴办事处、五定班列运营公司、外运公司等相关单位建立信息通报制度，使铁路口岸运行的统计数据实现及时、准确报送。三是坚持勤政廉政，作风建设常态化。推进党风廉政建设，贯彻落实党中央“八项规定”，踏踏实实改进全员思想、工作作风。建立健全职责清晰、运转协调、行为规范、奖惩分明的工作制度，狠抓落实，有效提高口岸工作效率，增强口岸工作的执行力。（何立志）

检验检疫

【概况】2017年，湖南检验检疫醴陵办事处（以下简称“办事处”）共受理出入境检验检疫5864批、1.88亿美元，其中出境5848批、1.86亿美元，入境16批、0.02亿美元；包装鉴定2340批、362万件，签发各类原产地证书4173份、金额1.02亿美元。年内，抽样检查辖区内出口烟花爆竹生产企业

42家、180批次，检查不合格烟花爆竹6批、硫酸锌1批。持续、认真落实供港活大猪禁用药物检疫的监管要求，全年无出口通报、退运情况。与市食品药品工商质量监督管理局联合开展流通领域进口食品质量执法检查，共抽样检测样品194组。

【外来有害生物监测】 进一步加强外来生物入侵的监控和防治，在全市水果集散地和批发市场、进口粮食储存和加工场所、水果和蔬菜出口基地或其相关场所，开展实蝇、外来杂草监测工作。全年在辖区内布设检疫性实蝇监测点47个、外来杂草监测点10个。

【业务培训】 2017年，利用醴陵出口日用陶瓷、出口电瓷质量安全示范区培训平台，组织、举办多场出口产品质量安全分析、应对国外技术贸易壁垒和自由贸易区政策应用等培训和业务知识讲座，累计培训450余人次。3月，举办"全国检验检疫网上申报系统"培训，有进出口102家企业、132名企业代表参加。6月，开展"全国检验检疫系统无纸化"培训，有71家企业、77名报检人员参加；在市商务旅游和粮食局组织的外贸出口业务培训会上，宣讲自贸区原产地证书利用业务知识。

【质量安全示范区】 5月，在醴陵市召开的国家出口工业品质量安全示范区展示平台服务需求研讨会上，为全国示范区互联平台创建工作，介绍醴陵陶瓷以示范区创建培育竞争新优势的工作经验。11月，"醴陵出口日用陶瓷质量安全示范区""醴陵出口电瓷质量安全示范区"正式授牌；其中"出口电瓷质量安全示范区"为全国首家；"出口日用陶瓷质量安全示范区"为全国第二家，也是湖南省仅有的2个国家级出口工业产品质量安全示范区。

【质量安全宣传】 3月，在"3·15"主题宣传活动中，开展进出口产品"三同"（同线、同标、同质）宣传活动，宣传和普及进出口食品"三同"等相关知识。6月，参加市食品安全委员会组织开展的食品安全宣传周启动仪式。

【检测工作】 全年共出具检测报告1912份，检测样品3208组，检测项目8205个，分别同比增长5.1%、1.1%、3.8%。完成湖南检验检疫局法检目录外监督抽查43组陶瓷制品的检测，同时接受铅、镉、钴、铬、镍、铝6种重金属抗热震性、吸水率检测。5月，检验检疫实验室顺利通过CNAS复评审和扩项的现场审核，这是分支机构实验室实行垂直管理后首次通过CNAS审核。（刘　献）

海　关

【概况】 2017年，株洲海关驻醴陵办事处（以下简称"醴陵办事处"）有工作人员4人。全年贯彻实施"简政放权""通关一体化"等改革政策和措施，以"提量、提质、提速、提效"为目标，依法履职把好国门，各项业务指标均大幅增长。征收税款21万元，接受进出口报关申报838份、集装箱1795个标箱，企业注册备案累计达312家。

【外贸进出口】 2017年，醴陵地区进出口货物总额为3.52亿美元，增长7.36%；其中出口3.47亿美元、进口0.05亿美元。出口产品主要有日用瓷、烟花、陶瓷绝缘子、"以太网路"交换机、箱包等。其中出口日用瓷总额2.1亿美元，增长7.1%；出口烟花总额3502万美元，增长1.2%；出口陶瓷制品的绝缘子总额5007万美元，增长25.8%；出口以太网路交换机总额2841万美元，增长6.2%；出口箱包总额1071万美元，下降35.8%。在外贸企业中，民营企业进出口总额为2.62亿美元，增长13.5%，占外贸出口总额的74.4%；外商投资企业进出口总额为8967万美元，下降7.6%，占外贸出口总额的25.5%；民营企业进出口和外商投资企业进出口总额之和，占全市外贸出口总额99%以上。出口欧洲总额为1.33亿美元，增长25%，占出口总额的38.3%，为醴陵市出口第一大贸易伙伴；出口北美总额9646万美元，下降0.8%，占出口额的27.8%；出口亚洲总额8842万美元，下降6.9%，占出口总额的25.5%；欧洲、北美、亚洲三大市场，占全市外贸出口总额的90%以上。

【服务地方经济】 一是促进开放型经济发展。醴陵办事处联合株洲海关办公室成立调研课题组，开展实地调研，撰写醴陵外向型经济发展调研报告，为全市开放型经济发展出谋划策。二是组织企业培训。6月，联合市商务部门，开展企业外贸知识专业培训，共有100余家进出口企业、200余人次参加。三是支持醴陵重点产业发展。撰写陶瓷产业统计分析文章3篇，为醴陵陶瓷出口建言献策；针对部分出口烟花企业产品出口受阻事宜，积极与口岸、海关和商检部门协调，助力烟花企业产品顺畅出口。四是支持企业快速发展。深入企业走访、调研，为企业提供"点菜式""一对一"的个性化培训服务，全年走访企业30余家次；通过与企业座谈，为企业解决因不了解通关知识、报关程序不合理等难题6个。（童　宁）

供销合作

【概况】2017年，醴陵市供销合作总社（醴陵市行业办公室）(以下简称“社办”）坚决贯彻落实市委围绕“保稳定、促发展、稳增长、惠民生”基本点，锐意进取，主动作为，规范管理，各项工作取得明显成效。全年完成土地托管面积1514.2公顷，为年度计划任务的175%。认真落实扶贫攻坚任务，采取发动职工献爱心和节约工作经费等方式，筹集扶贫资金20余万元，立足行业优势，引导市金桥惠农服务有限责任公司等参与扶贫工作，扶持沩山镇、石亭镇的4个行政村60户贫困户，主要用于光伏发电产业、养殖业和改造基础设施建设，年内有14户贫困户实现脱贫。

【信访维稳】一是突出源头治理，抓基础。采取前置信访窗口、巩固和完善联络员制度、排查矛盾纠纷和网格化管理等措施，确保供销系统和谐稳定。全年接待上访人员375人，收到书面上访函件12件并全部回复,未发生赴省、进京的上访事件。二是突出合力维稳，抓联动。建立全员维稳制度，加强与市维稳办、相关街道和社区等部门的工作联系，联合解决矛盾纠纷。三是突出优化服务，抓作风。实行人文关怀，在传统节日前，集中走访困难职工、离退休干部60余人；推出个性化服务举措，工作人员发扬“马上就办”的工作作风，坚持按照“三心”（静心、尽心、净心）标准为办事群众服务。

【供销合作社综合改革】为认真贯彻落实中央、省、株洲市深化供销合作社综合改革的精神，市委、市政府高度重视，把推进供销合作社综合改革作为全市全面深化改革的重要内容，快速推进。一是出台深化供销合作社综合改革有关文件。5月，成立由市委副书记任组长，分管副市长任副组长，市相关部门为成员的深化供销合作社综合改革领导小组。市委、市政府下发《关于深化供销合作社综合改革的实施意见》，醴陵市深化供销合作社综合改革领导小组制订《醴陵市关于深化供销合作社综合改革的实施方案》，树立到2020年全市基本构建起供销合作社市、镇、村完善的基层组织体系的工作目标。二是推进惠农综合服务体系建设。根据《醴陵市关于深化供销合作社综合改革的实施方案》的要求，社办积极搭建农业社会化服务平台，成立醴陵市供销惠农服务有限公司。年内，按照突出特色、科学布局、有序推进的原则，在总结推广板杉镇改革经验的基础上，凭借市农村合作经济组织联合会的平台优势，新建枫林镇双井村等15个惠民服务网点，打造区域样板。三是夯实农村合作经济组织联合会基础。4月，按照《醴陵市农民专业合作社联合会章程》等规定，市农民专业合作社联合会召开换届选举大会并完成换届选举工作；大会通过“醴陵市农民专业合作社联合会”更名为“醴陵市农村合作经济组织联合会”提议，丰富联合会工作内涵，扩大为农服务范围，为适应供销发展新常态、顺利推进供销合作社综合改革提供组织保障。年内，通过精心培育，共发展吸收农民专业合作社等农村合作经济组织9家。

【资产管理】2017年，社办开展安全生产检查19次，其中专项行动8次；发现安全隐患121次，下发整改通知35份。实现安全事故零发生，确保供销系统近2亿元资产的安全。一是严格落实制度。出台《消防安全网格化管理工作实施方案》等10余个安全生产管理规定、制度和方案。严格落实企业主体责任，与各网点的法人签订安全生产责任状和承诺书300余份。通过完善制度、压实责任，形成一级抓一级、层层抓落实的安全生产机制。二是严格安全生产检查。加密检查次数，加强检查力度，严格排查安全隐患，按照安全生产“一单四制”原则，做好安全生产隐患整改工作。三是严格合同管理。实行公开、阳光招租,严格执行合同规定，采取强制措施收取拖欠门面租金。全年实现租金收入750万元，为年度计划任务的125%。四是提供优质服务。按照市“三创四化”要求，发扬“马上就办”精神，及时处理突发问题，安排专业人员抢修60余处。（付　旺）

盐务管理

【概况】2017年，醴陵市盐务局（湖南省轻工盐业集团有限责任公司醴陵支公司、湖南盐业股份有限公司醴陵市分公司）设综合科、仓储科、营销科；有在职干部职工16人，退休人员16人。全年购进各类盐4362吨，销售各类盐4576吨，各类盐库存560吨；实现销售非盐商品收入115万元。

【购销服务】2017年，坚持“分解大户、服务中户、占领小户”的策略，与市邮政集团达成战略合作协议，利用邮政物流配送能力和终端渠道资源，开展终端配送营销服务，确保“雪天”品牌盐的市场占有率。为扩大市场销售能力，积极响应上级公司“双百”活动，签订300家高端盐及非盐销售客户。在全市各个小区、镇、人流量较多的集市，开展CP活动，为店铺发放印有“雪天”商标的工作褂、保温杯，有效提升“雪天”品牌盐的知名度。

【盐改整治】年内，面对盐改初期市场出现的混乱现象，加强盐改检查和整改力度，出动执法人员100人次、车辆30余台次。封存扣押“中盐皓龙”“中盐舞阳”等“脚臭盐”；对“益盐堂”“盐小厨”等渠道进购的违规盐品，约谈厂方代表，责令厂家召回。通过联合整治，有效净化市场，进一步确保“雪天”品牌盐的市场主导地位。（张志军）

石油供应

【概况】2017年，中国石化股份有限公司湖南株洲醴陵石油分公司因上级公司重组，更名为“中国石化销售有限公司湖南株洲醴陵石油分公司”（以下简称“公司”）。公司内设综合办公室、财务室、直销批发配送中心和业务大厅，有IC卡发卡网点5处，IC卡充值网点10处，IC卡加油站24座；有员工151人，其中正式员工17人、劳务工134人；有在营加油站24座，其中城区和城郊加油站7座、国道加油站6座、农村加油站11座。全年销售各类成品油70157吨，其中零售汽油40813吨、柴油17344吨，直批1.2万吨；上缴国家税收430万元，比2016年增加80万元；实现安全零事故。

【规范管理】2017年，为提升加油站整体管理水平，公司将各项规章制度认真落到实处，加大检查、排除加油站各项安全隐患力度，成立以经理、书记为组长的督导小组，以《中国石油化工集团公司加油站管理规范》《中国石油化工集团公司加油站规范化管理工作标准》及省、株洲市分公司制定的相关管理条例、办法为督导依据，坚持每月对各加油站进行不定期不定时的随机抽查；坚持每季度对各加油站进行全面督查，对督查中发现的安全、资金、服务等问题，严格按定条、定人、定时原则，要求各加油站按有关规定整改完成。

【加油站升级改造】2017年，以市“三创四化”工作为契机，加大加油站站容站貌的整治力度。针对部分加油站因使用时间长，设备设施老化和整体形象较差等问题，在全市系统内开展老旧加油站形象整治行动，投资改造老旧加油站。年内，东乡片的青云加油站建成开业，升级、改造林园站、醴泉路站等4个加油站，升级城东站、江源站等3个加油站的设施设备。通过强化加油站形象，促进加油站由单一的油品销售服务向综合服务功能转化。

【人才培训】年内，公司在系统内开展站长竞聘，升职和调整现有在岗的加油站管理员。选派24名加油站安全管理人员，参加市安全生产监督管理局等职能部门组织的各类安全管理培训班；对52名加油站安全员进行HSE管理专项培训，开展新员工入职安全教育培训。坚持季度例会制度，每季度召开一次“不忘危机、不忘初心”员工大会，鼓励员工向公司提出各种建议和意见，加强交流。

【安全生产】年内，公司开展以应急预案演练为重点的班组安全教育活动，在“安全生产月”工作中，公司和各加油站，积极响应上级公司号召，每月定期组织安全预案演练，有针对性地开展防盗、防抢、防冒等综合预案演练。在公司所属的24个站点共开展综合应急预案演练180次，员工参与率达100%。通过演练，加深员工对安全生产工作重要性的认识，提升加油站员工应急处置突发事件和自身防护能力。（刘　越）

烟草专卖

【概况】2017年，醴陵市烟草专卖局（湖南省烟草公司株洲市公司醴陵分公司）（以下简称“分公司”）内设办公室、综合室、专卖监督管理股、内管派驻组、市场服务分部、株洲烟草物流醴陵中转站6个职能股室和基建办1个临时机构；有在册在岗职工70人，离退休职工23人。全年销售卷烟4.38万箱，同比下降0.16%；完成税收8471万元。年内分公司评选出优秀共产党员6人、优秀党务工作者3人，发展入党积极分子2人，预备党员按期转正1人。全年投入各类扶贫资金20万元，组织干部职工爱心捐款2.4万余元，个人自发组织慰问困难零售户20人次。结对帮扶贫困户17户，年内15户贫困户实现脱贫。

【市场监管】2017年，市场烟草专卖监管工作力度进一步加大，持续保持打私打假的高压态势，强化与市公安、工商等职能部门的联合协作打假打私机制，依托“大数据”平台，加大对互联网及物流寄递环节的打击力度。查处涉烟案件585件，其中假烟案件524件；查获各类卷烟290.74万支，案值462.56万元；破获假烟国际网络案2起、烟丝国际网络案2起，刑拘15人，逮捕13人。全面落实“双随机、一公开”监管要求，进一步提升行政执法水平，全年无行政诉讼、复议案件。简化办证流程，强化烟草专卖许可证后续监管，全年新办零售许可证184本、清理许可证531本。

【营销服务】一是优化品牌布局。持续跟踪价格、库存、动销等指标情况，精准采集市场信息，积极与株洲市烟草专卖局营销中心沟通，协调适销货源，增加有效供给，消化社会库存。二是拓展品牌需求。及时关注消费群体、特类市场潜力，开展“最美零售客户”“拆零有礼”和打造“瓷谷初心品牌一条街”等个性化活动，满足差异化消费需求。完善营销机制，按时保质指导零售客户熟练使用新商盟网上订货平台，依托省级营销平台，全方位维护客户基础信息。三是搭建零售客户“微服务平台”，覆盖率达85%，强化沟通效率。稳步推进自律互助小组建设，开展价格自律督查35次；新建“小组之家”2家，70个自律互助小组运转良好，覆盖零售客户1310户。

（全学齐）

商贸企业选介

中国外运长航集团湖南外运醴陵市有限公司

【概况】2017年，中国外运长航集团湖南外运醴陵市有限公司（以下简称“公司”）下设办公室、财务部、仓储业务部、安保部等5个部（室），有在岗职工16人。公司成立于1984年4月26日，位于市阳三石路135号，占地面积5.9万平方米，拥有仓库面积1.2万平方米（其中危险品仓库1400平方米）、集装箱堆场1.5万平方米、铁路专线1.36千米，专线月台可全天候作业；拥有完善配套的装卸设备，取得烟花爆竹经营（批发）许可证、危险化学品经营许可证和危险化学品运输资质，是经南昌铁路局批准的唯一烟花鞭炮铁路整车发运点，是商检、海关同时设立监管点的监管企业。全年公司通过火车中转烟花鞭炮60余个车皮。

（汤　希）

湖南安迅物流运输有限公司

【概况】湖南安迅物流运输有限公司（以下简称“公司”）是国家AAAA级综合服务型物流企业和多式联运甩挂运输试点企业。主要经营普通货运、仓储配送、货物中转、装卸搬运、集装箱甩挂联运国内零担整车、国际快递代理、信息咨询等业务。公司始建于2004年2月，注册资本1539万元，拥有集装运输车辆80台。在长沙市、株洲市、湘潭市、醴陵市、衡阳市、浏阳市和广东省韶关市、江西省萍乡市等地均设有分公司和办事处，服务企业300余家，年运输量150万吨。公司专注发展公、铁、水多式联运，与盐田、宁波等沿海港口紧密合作，实现与沿海港口的无缝衔接，建立湖南及赣西地区进出口贸易运输出海通道，为市外贸企业提供经济、快捷的物流服务。

（刘桂平）

城建·环保

城市管理

【概况】醴陵市城市管理和行政执法局（以下简称“市城管局”）内设7个股室，下设环卫处、执法大队、查违大队与数字城管监督指挥中心4个二级机构；全系统有干部职工416人，其中编制内人员184人、其他人员232人。2017年，全市城市管理工作紧扣“城镇提质”“三创四化”工作主题，以“建设法治、自信、数字、全民‘四个城管’，打造干净、有序、精致、宜居‘四个城市’”为工作思路，坚持“721”（70%的问题用服务手段解决、20%的问题用管理手段解决、10%的问题用执法手段解决）工作法，推行《城管一线工作法》《“温暖城管”十条》工作制度，推进城管换装，开展强基础、转作风、树形象活动；市城管局连续4年在株洲市所辖县市城市管理工作考核中名列第一，在醴陵市年度绩效考核中被评为一类单位。

【户外广告管理】2017年，市城管局重点对存在安全隐患、许可逾期、违规设置和陈旧破损的劣质广告牌进行集中拆除，历时7个月，安全拆除各类劣质广告2000余块、面积3万平方米。按照“上下一条线、凸出一个面、收口要一致、图文个性化”的标准，改造门店招牌6000余块、长度2万余米。

【“牛皮癣”治理】2017年，市城管局运用建立微信工作群、语音追呼系统、合理设置粘贴栏、涂刷防粘贴油漆、开展清理行动、依法处理违法当事人等综合手段，语音追呼号码1978个，追呼次数达1.7亿余次，设置小广告张贴栏113个，发出违法张贴小广告警告600余份、处罚231起。

【渣土管理】2017年，出台《醴陵市城市建筑垃圾管理规定》，成立专业渣土运输公司7家，淘汰老旧渣土车38台，更新智能环保车30台，提高清洗平台标准，建立渣土管理GPS监控体系，强化工地抑尘措施，加大执法力度，有效遏制渣土对城市环境卫生和空气质量的不良影响，全年城市空气优良天数达314天，优良率达86.3%。

【环卫保洁】2017年，进一步推进环卫保洁精细管理，提升“扫、洗、清、冲、运”的作业标准，加强“人、车、物、站、厕”的动态监管，对城市环境卫生进行全时段、全方位、无缝隙的深度保洁，基本实现街面见原色、路面见底色、标线见本色。对城区公厕、垃圾收集点、垃圾压缩站、变电箱、果皮箱、垃圾桶、环卫车辆等进行形象设计，融合城市文化，匹配城市风貌，全面美化升级。

【市容整治】2017年，市容整治力度进一步加大，拆除渌江桥桥面算命棚亭27个，对算命人员集中疏导安置，还原渌江桥历史风貌。取缔在瓷城大道占道经营数十年的少数民族流动摊点32个，搬迁太一市场蔬菜批发功能至黄沙农贸市场。整治一批夜宵烧烤摊点，期间上门走访100余户、召开座谈会60余次、开展整治行动50余次，共拆除夜宵棚亭100余个，疏导90余个，取缔夜宵摊点87个。

【查违控违】2017年，有效处理违法建设举报80余起，查处新增违法建设288户、面积6.4万平方米；开展大型拆除行动70余次，共拆除违法建设224户、面积5.7万平方米；拆除空心破败房27户、面积0.61万平方米；拆除乱搭乱建 45 户、面积 0.84 万平方米。

【数字城管】年内，市城管局完成与市社会治理网格化中心的对接联网和数据交互，形成社会治理网格化中心、市城管局、街道办事处、社区四级数字化管理链条，实现人员共享、视频共享、流程共享、地图共享、信息共享和扁平化指挥。市城管局通过数字城管平台获得的城管业务信息，共立案 2045 件，处置案件 2000 件；现场巡查督办案件 661 件，调取涉及渣土、环卫、广告、治安等案件证据 50 余件次。（詹 婷）

城市环境卫生

【概况】2017 年，醴陵市环境卫生管理处（以下简称“市环卫处”）内设办公室、考评股等 11 个股室，有环卫工人 1000 余人；主要负责清扫保洁城区 3 余平方千米的主次街道，清运城区约 30 平方千米范围内的生活垃圾，日均收集清运城镇生活垃圾 360 余吨；监管城市生活垃圾无害化处理场，生活垃圾无害化处理率达 100%；管养城区 42 座垃圾收集点、14 座压缩式垃圾收集站和 25 座公厕，维护城区数千个果皮箱、垃圾桶。

【城区路面保洁】2017 年，城区路面保洁工作按照《醴陵市城区环卫作业质量考核办法》，实行全天候无空档对城区 7 家保洁公司环卫作业质量进行巡查考核；加强早上普扫、晚班作业及交接班的查处力度，确保每天清扫保洁无空档、工作质量无反弹；每周不定期对公司作业质量进行明查暗访，将结果纳入每月公司的考核排名。派专人对保洁公司人员、车辆管理及安全作业进行指导，实地教学作业人员如何快捷处置突发垃圾等问题，培训新进环卫员工清扫、清洗等方面的作业规范动作等。指导并督促升阳升清洁服务有限公司根据路况不断改进清洗作业方式，白天增加城郊路面冲洗次数和城中洗扫车台班次数，提高道路机械化清扫率；加强专业车辆对交通标志线的清洗，对油渍污染路面采用去渍剂反复冲洗，确保主次干道路面见底色，标线见本色。

【安全管理】2017 年，安全责任落实按照“谁主管，谁负责”原则，强化监督检查，各股室（队）分别递交安全责任承诺书，对主次街道保洁公司及首创垃圾综合处理公司分别下发《关于治理车辆交通安全隐患的督办函》，组织安全生产大排查、大整治，要求所有无牌、无证、手续不齐的环卫作业车辆不得上路行驶。加强交通法规、安全生产工作知识的培训学习，加装测速仪，增加车队安全员；加强对环卫作业车辆安全隐患的排查，确保车况性能完好，正常使用。

【重大节日、活动期间保洁】一是春节期间保洁。在春节期间，针对市民燃放烟花爆竹、游人倍增的情况，市环卫处每天全员上阵，主要领导亲临一线指挥督导；在主要路段、重要交通路口增设保洁人员巡回清扫保洁；所有环卫清运车辆全部出动，采取车不休人轮流上岗的超常规作业方式，做到日产近 500 吨垃圾及时收集清运进压缩站，再转运至垃圾场进行无害化处理；清洗采取机械和人工相结合方式，对城区主次街道全天候巡回清洗，加大机械化扫洗力度；设备维修班人员 24 小时在岗，保证作业车和压缩设备正常运转。春节期间共清运处理生活垃圾 4000 余吨。二是瓷博会期间保洁。市环卫处在 2017 中国醴陵国际陶瓷产业博览会期间，重点部署城区主要道路、桥梁、广场路面、会场及周边的清扫保洁、垃圾收集和清洗工作，将全体机关干部和收费执法工作人员分成多个小组加入清洁队伍，根据路段人流车流情况，分路段轮流清洗，确保路面、会场周边卫生整洁。因在展会期间工作表现突出，杨勇刚被评为“2017 中国醴陵国际陶瓷产业博览会先进个人”，钟飞跃记三等功。

【抗洪救灾】2017 年 6－7 月，醴陵市暴发洪涝灾害。市环卫处及时启动抗洪应急预案，做好抗灾部署，组织应急队伍和环卫工人 1000 余人，分成 8 个组开展抗洪救灾工作。洪灾期间，城区日均清理灾后垃圾近 500 吨，巡回清洗城区受灾面积 40 万平方米，确保全市灾后环境卫生干净整洁；紧急抢修滨河路被洪水浸泡损坏的垃圾压缩站和公厕。

【基础设施建设】2017 年，市环卫处更新阳三石交管站、市房产管理局、江源、西山大桥、姜湾码头 5 座垃圾站压缩设备，更新垃圾中转车 10 台，在凤凰大道、会展馆等周边新投放垃圾箱 20 个、果皮箱 200 只，在左权中路、瓷城大道等路面提质区域新装果皮箱 829 只。推进多机位垃圾转运站、环卫停车场、污水提升泵旁垃圾中转站、瓷谷公厕、火车站公厕等的选址和建设，其中污水提升泵旁垃圾中转站、瓷谷公厕于年内建成并接管投入使用。

（魏小平）

住房和城乡规划建设

【概况】醴陵市住房和城乡规划

建设局（以下简称“市住建局”）内设办公室、纪检监察室、人事教育股、计划财务股、总工室、法规股、监管股、行政审批股、规划用地股、规划工程股、建筑业管理股、基础设施股、公用事业股、村镇建设股、规划建设执法稽查队、城建档案馆、工程事务管理办公室和市燃气管理办公室18个部门，下设自来水公司、园林绿化管理局、建设工程质量安全监督站、灯饰管理所、市政工程管理处、市政建设工程公司、规划测绘院、规划设计院8个二级机构；局机关有在职在编人员69人，其中行政编制35人、事业编制34人。

【城市规划】2017年，完成创建国家园林城市的《城市绿地系统规划》《城市绿道建设规划》等11项规划编制，制订《醴陵市城市绿线管理办法》等15项办法和制度。编制完成“一江两岸”子项目、中国陶瓷谷、渌江新城公共服务设施项目规划设计，编制完成仙山公园二期提质改造工程设计、李立三故居周边风貌整治规划、袁昌英纪念园规划设计、醴陵窑国家考古遗址公园规划。年内，凤凰山城市综合公园、寨子岭公园等公园规划及“一山两湖”（沩山、官庄湖、望仙桥水库）风景区旅游概念规划，形成初步方案。

【镇村规划】因2016年全市乡镇区划调整，相应的需对原各层次规划进行完善和补充；年内完成白兔潭镇、左权镇、枫林镇、王仙镇、明月镇、船湾镇、李畋镇、茶山镇总体规划，并报株洲市人民政府审批。为促进总体规划实施和强化乡镇规划建设的法律依据，在2016年乡镇行政区划调整后，215个村庄规划中有184个村庄规划需要重新编制。以白兔潭镇、左权镇为示范，加快其他镇“多规合一”（将国民经济和社会发展规划、城乡规划、土地使用规划、生态环境保护规划等多个规划，融合到一个区域上，实现一个市县一本规划、一张蓝图，解决现有各类规划自成体系、内容冲突、缺乏衔接等问题）规划编制，统筹城乡发展。

【规划管理与服务】2017年，市住建局对全市89个公开招投标项目进行行政监督，核发选址意见书25项、建设用地规划许可证58项、建设工程规划类许可证398项（其中私房318项）、临时建设工程规划许可证6项、建筑工程施工许可证40项、城镇污水排入排水管网许可证2项、乡村建设规划许可证7项，行政审批准确率达100%。加大对违法违规行为的打击力度，立案调查涉及建筑领域未办理施工许可、建筑质量安全、燃气安全的违法案件40件，行政处罚违法案件38件，配合街道办事处、市查违大队开展拆违行动25次。完善《优化办事程序细则》《行政审批项目流程告知书》，修订《醴陵市住房和城乡规划建设局行政审批工作手册（试行）》；在全市行政机关中，率先推行行政审批“容缺受理”制度，推行“边审核边补充资料”的项目推进机制，实现项目审批提速。

【城乡建设】2017年，市住建局按照“城市双修”（生态修复、城市修补）要求，完成滨河路、瓷城大道、左权路立面美化亮化及道路提质，完成27条城区主次干道的路面、排水、路灯和97条小街小巷的提质改造任务。为解决停车难、交通拥堵等问题，新建停车位3200余个；在玫瑰园、桎木嘴、左权路等地段，新建“口袋公园”20余个、面积3.4万平方米，新建南站、国瓷小游园等5个精品街旁游园；新增公园绿地面积1.5万平方米，绿化建成区空坪隙地3.4万平方米。通过城区主次干道亮化提质，“三桥两洲一廊”亮化建设、仙山公园200盏轮廓灯建设、33处高层楼宇亮化、3000余盏冷光源灯更换，“世界和瓶”“和平女神”标志性雕塑的景观亮化，极大地丰富城市夜色。瓷城古韵·一江两岸PPP项目南岸的一、二号段工程建设完工并对外开放。

【集镇建设】2017年，根据市东、南、西、北片区各镇的产业现状，分别打造花炮产业、玻璃产业、服饰产业、现代农业、长株潭产业转移承接地、旅游产业6个集镇组团，形成以市区为中心的“一心六组团”聚集发展模式，进一步增强产业发展动力。市住建局多次组织开展白兔潭、枫林、船湾、东富4个特色小镇前期的策划和规划构思，从各镇产业特色、自然环境、人文资源等要素着手进行特色打造。全面推进集镇“七个一”工程建设，重点增强集镇功能，不断提升小城镇发展后劲。

【建筑产业发展】2017年，市住建局审核报建项目47项（已发施工许可证）、建筑面积91万平方米，总投资20亿元、比2016年增加2.04亿元。全年办理施工图审查备案30项，总面积55万平方米；办理施工合同、监理合同、劳务分包合同备案36项，总造价13亿元。全市建筑业实现增加值27.2亿元，增长3.4%；有资质等级的总承包和专业承包建筑企业28家、劳务分包企业14家，完成产值72.8亿元，增长15.2%；有工程技术人员3000人，施工作业人员达3万余人。年内，全市所有建筑项目均按国家有关建筑节能的法律法规及规定进行建筑节能设计，全年建筑节能设计面积93.79万平方米，设计阶段的实施率为100%，建筑节能施工面积40万平方米，项目施工阶段节能强制性标准实施率达97.25%。推广应用绿色建筑技术，大型公共建筑均按绿色建筑标准设计,其中市陶瓷会展馆申评“绿色建筑”，通过株洲市住房和城乡建设局立项，并申请湖南省住房和建设厅评审。

【民生工程】2017年，为加快推进农村危房、危旧土坯房改造工作，市住建局牵头召开全市各镇镇长、分管负责人和相关部门分管负责人参加的集镇建设工作、百日攻坚等专题调度会8次，将农村危房改造和农村危旧土坯房整治工作作为会议的主要内容进行安排和部署，与各单位分别签订工作责任状，确保工作到位、责任到位，严格按照上级时间节点要求督查验收。全年完成863户农村危房、1785户农村危旧土坯房改造任务，并通过株洲市为民办实事、脱贫攻坚考核组考核和湖南省脱贫攻坚考核组现场检查。

【燃气供应】2017年，全市有天然气企业2家；有汽车天然气加气站1家，日供气1.5万立方米；有液化气企业5家，年销售液化石油气5000余吨。全市有天然气高压管线14.5千米、次高压管线123千米，中压管线340.5千米，庭院管网806千米；管网遍布醴陵市辖内的4个街道、13个镇、长庆示范区和湖南醴陵经济开发区。全市天然气气化率达80%以上，其中城区居民用户城区天然气气化率达90%以上，乡镇集中区域居民天然气气化率达30%以上。全市有天然气居民用户8.2万户，用气2627万立方米；有工业用户314户，用气1.98亿立方米；有公用和商业用户604户，用气692.7万立方米；全市日用气量超过80万立方米。（李　优）

城市供水

【概况】2017年，醴陵市自来水公司（以下简称“公司”）有1个省级水质监测站，12个二级机构，1座水厂，城区设有1个服务大厅和4个缴费网点；拥有固定资产1.06亿元，职工253人；为国家IV类供水企业。截至年末，全市供水管网总长762千米，供水面积24平方千米；有自来水用户88878户,供水人口30万人。

【供水设施建设】2017年，管网设施建设紧跟城市发展步伐，配合大街小巷、样板街、“一江两岸”等重点工程建设，协助320国道改造改线工程等，保证各重点供水工程建设的进度。完成建设西路与滨河路交汇处DN600砼管、旗滨大道与龙源冲交汇处DN400球管、桎木嘴至华联314DN300水泥管等地段改线。完成市东富大道DN600球管、工业园寨南路DN400球管、滨河路南段DN300－DN400球管改造，渌江桥DN150不锈钢管改造等400余个给水安装业务；新华联、尚阳景城、国瓷壹号、新都俪景、台北城、“1915”文化特色街、旗滨公园里和瑞和嘉园等房产小区给水工程；立新村、国光瓷业集团、陶瓷研究所、丁家坊等处给水改造工程。

【水质监管】2017年，严格执行国家新颁布的水质检测标准，由省城市供水水质监测网醴陵监测站负责检测，每天检测源水、出厂水感观性状等9项指标，每月2次抽取10个管网末梢点水样，检测指标7个，每月对水源水、出厂水、管网水进行常规全分析，检测106项指标，确保管网水质安全，出厂水水质综合合格率达100%。

【狮子坡水厂提质扩容改造】狮子坡水厂提质扩容改造建设项目是湖南省“两供两治”（供水设施提质改造工程、管输天然气设施建设工程，污水治理工程、垃圾治理工程）工程的组成部分，并被列入株洲市、醴陵市2016年重点工程项目，计划投资6046万元。项目主要建设内容为保留厂区内原有的日产2万吨制水系统、日产4万吨制水系统的常规处理设施，拆除厂区内部分建筑物，新建一组日产4万吨制水系统。项目建成后水厂占地2.32公顷，可达日产10万吨的制水规模。截至年末，狮子坡水厂提质扩容改造项目完成可研批复、环境评价，正式立项，签订设计施工、监理合同，完成厂区清表、土方外运、护坡浇注、围墙砌筑等工作。

【水费缴纳服务】公司水费缴纳有现金缴费、网上缴费、银行代扣、银行托收和微信支付5种方式，另在营业网点增设POS机刷卡服务，降低现金流通风险。综合前台收费人员的建议和广大用户的需求，在微信公众号缴纳水费的基础上，通过与软件开发公司的多次沟通与调试，增设前台微信扫码支付功能。截至年末，公司微信公众号关注人数达2.4万人，其中1.9万人绑定用户编号和用户名称，每月微信支付业务达5000笔、金额60万元。服务热线24小时不间断在岗，共计接听各类电话3650个。通过短信平台发送短信110余万条，其中计划停水、故障抢修、宣传等短信15万条。回复市长热线100余次、政协微建议8次。

（邹婧滢）

园林绿化

【概况】2017年，醴陵市园林绿化管理局（以下简称“市园林局”）内设综合股、绿化股、绿线管理股和园林科研所，为负责城市绿化规划、建设、维护和管理的副科级事业单位，有干部职工199人，其中高级工程师1人、工程师12人、助理工程师25人、技师2人。截至年末，全市建成区绿地总面积999.25公顷，公园绿地面积223.25公顷，人均公园绿地面积9.02平方米，绿地率32.87%，绿化覆盖率37.02%，城市道路绿化达标率80.54%；有省、株洲市级园林式单位68家、园林式小区17家。

【园林建设】2017年，完成仙山公园提质改造项目，新建渌江广场、桎木嘴游园、国瓷游园、青云北路（车顿桥）游园、四塘游园、阳东游园等各类“口袋公园”近20个，建设“瓷城古韵·一江两岸”示范段、渌江书院一期工程、陶瓷艺术城屋顶花园及周边、左家洲、陶瓷会展馆、1915陶瓷特色街、袁昌英纪念馆和渌江沿河驳岸等绿化项目，年内新增绿化面积29.58万平方米。按照国家园林城市标准，完成《醴陵市城市绿地系统规划》《醴陵市城市绿线规划》《醴陵市建成区绿化卫星遥感航测图》《醴陵市城市绿道建设规划》《醴陵市城市历史风貌保护规划》《醴陵市海绵城市专项规划》《醴陵市生物多样性保护规划》《醴陵市城市绿地系统防灾避险规划》《醴陵市风景名胜区总体规划》《醴陵市湿地资源保护规划》《醴陵市步行、自行车交通体系规划》共11部规划成果汇编。出台《醴陵市城市绿线管理办法》《醴陵市城市公园管理办法》《醴陵市城市绿地认建认养管理办法》《醴陵市城市绿线管理办法实施细则》《醴陵市实施城市“绿色图章”制度的规定》《醴陵市城市庭院绿化管理制度》《醴陵市园林绿化工程竣工验收交接管理制度》《醴陵市控制大树、古树名木移栽的制度》《关于规范城市树木移植砍伐和绿地占用审批管理的通知》《醴陵市园林绿化建设管理制度》《醴陵市园林绿化养护管理技术标准》《醴陵市园林绿化养护管理质量标准》《醴陵市城市“绿色图章”制度》《醴陵市园林绿化工程施工和验收规范》《关于开展节约型园林绿化建设工作的意见》《醴陵市城乡苗木种植技术规范》共16个城市园林绿化法规、标准、制度。年内，全市61家园林式单位、11家园林式小区，通过省住房和建设厅、株洲市绿化部门的复查验收；12家单位、小区提交园林式单位（小区）创建资料。

【园林管理】一是绿化养护再提标。配合市“三创四化”工作，绿化养护管理实行“六个一”（清除绿带垃圾不超过1天、损绿处理及应急抢险不超过1天、修剪不超过10厘米、死缺株补植不超过10天、侧石景观灯健身器材修复不超过1天、设计审批把关不超过10天）标准，并按部门职责进行考核，维护城市园林景观市容市貌。二是绿线监管再加力。与住建、城管、交警等部门联动，规范全市绿化项目施工，通过手机微信平台、热线投诉、联合绿化一线职工等方式，形成园林动态监管网络，打击损绿毁绿现象。（翁　勇）

市政工程管理

【概况】2017年，醴陵市市政工程管理处有人员61人，其中在职35人、退休26人。主要承担城市建成区范围内主次干道的道路、桥梁、排水等市政设施的养护与管理工作。截止年末，城区道路总长325.5千米，道路总面积360.4万平方米，排水总长149千米，有桥涵36座。

【市政设施管理】2017年，完成油路维护2.4万余平方米，人行道维修3.6万余平方米，侧平石维护1.3万余米，盲道增设4500余米，排水维护7.8万余米，窨井维护750余座次，防坠网维护1600个，检测城区主要桥梁8座。加大市政设施安全隐患的步巡监察力度，全年排除设施安全隐患209处，制止损毁设施292人次，查处损毁设施事件168件，整治基建占道231次。

【城市创建】2017年，提质主次干道27条，提质改造小街小巷47条和寨子岭北路、瓷城大道人行道。刷漆翻新桥梁及沿河护栏、迎瓷博市政设施维护和上级交办的其他创建任务。

【应急服务】2017年，健全应急分队13个，调配应急车辆12台，完善应急服务预案，增加应急资金投入，细化应急出动奖罚制度。全年抢修“城市陷井”441座（次），排水疏通出动人员560人次，提供市民生活性服务帮助273人次，迎检应急整治与施工489人次。

（宋鑫巍）

建设工程质量安全监督

【概况】2017年，醴陵市建设工程质量安全监督站（以下简称“质监站”）内设综合办公室、财务室、监督室和检测中心，负责全市管理范围内的各类建设工程质量安全监督管理及相关工程检测；有事业编制20人、人事代理11人、临聘人员4人,其中工程师17人、助理工程师8人。全年累计受监在建项目45个，其中房建项目37个、建筑面积约146万平方米，主要有陶瓷会展馆、1915陶瓷特色街、狮子坡水厂提质改造、东富污水处理厂、醴浏棚改项目、珊田安置区、公交南站建设项目、湖南陶瓷技师学院新校区建设、市创新创业服务中心、渌江产业发展中心、老祖殿及官庄、沩山、王仙、浦口、均楚、白兔潭易地扶贫搬迁项目等市重点建设项目；市政工程项目3个，为仙山公园提质改造项目、一江两岸项目、小街小巷提质改造项目；技术指导服务项目5个，为左权路和李畋路样板街改造项目、临时停车场建设项目、瓷城大道立面亮改造项目、状元洲提质改造项目。验收竣工项目11个，办理竣工验收备案项目10个；安全生产标准化考评83项，合格率97%。

【质量安全监管】2017年，质监站针对全市建筑工程安全生产存在的突出问题和隐患，开展节后复工安全排查、季度质量安全综合执法检查、扬尘治理专项检查、工程建设领域突出问题专项治理、安全生产“春雷行动”、工地食品安全工作、十九大特护期间专项检查和建筑起重机械设备等安全专项整治，强化对在建项目施工过程的大排查、大整治、大督查工作。重点开展对项目部关键岗位人员的到岗履职和安全文明措施费落实情况的检查及脚手架和支模架、深基坑和高边坡、建筑起重机械、临时用电等安全隐患的日常巡查。加强项目日常监管信息录入管理，督查建筑起重机械备案、使用登记信息、项目监管信息、违法违规项目的查处信息；完善建筑起重机械设备台账、质量安全隐患台账、安全考评台账、重大危险源监控台账等，对项目管理实行隐患建档、整改、消档制度。开展对市区在建保障性住房工程安全专项检查和季度安全生产检查，全年共排查项目500余项次，下发停工整改通知14次，督促整改落实安全隐患3367处，对检查中存在重大安全隐患的工程一律停工整改。

【扬尘防治】2017年，加强对建筑施工渣土、扬尘的治理，制定《关于加强建筑工地扬尘防治工作的通知》，重点整治施工现场出入口、洗车平台、场地硬化、施工围挡、建筑垃圾。多次组织扬尘治理及渣土整治的专项检查，下发整改通知单117份、停工通知单6份。通过整治，全市建筑工地文明施工水平提高，扬尘现象减少。

【打非治违】2017年，配合市住房和城乡规划建设局执法部门，打击各类非法违法建筑施工行为，整顿和规范全市建筑市场秩序，开展“打非治违”专项行动。一是对重点整治的各种非法违法施工行为，组织各施工单位、监理单位开展自查自纠；二是通过开展日常巡查，对发现的重大安全违法违规行为和安全生产隐患，通过停工整改、行政处罚等方式，督促相关责任主体单位及时整改到位，共下达停工通知书12份、上报处罚建议14份。

（谢　翔）

城市建设投资开发

【概况】醴陵市渌江投资控股集团有限公司（以下简称“渌江集团”）有注册资本20亿元，为市政府设立的全市规模最大的国有独资公司。设董事会、监事会、经理层等高层管理机构及党委、纪委、工会等组织，下设纪检监察室、综合管理部、计划财务部、资产经营部、规划建设部、企划投资部、审计法务部和人力资源部8个职能部室；下辖国有资产经营有限公司、渌江文化旅游投资开发建设有限公司、渌江新城投资开发建设有限公司、保障性安居工程开发有限公司、新型城镇化投资开发建设有限公司、渌江永昌商业保理有限公司、市政建设工程公司、自来水有限公司、渌江赛石投资建设有限责任公司9家全资子公司和市振兴车辆检测有限公司、公共交通有限公司、官庄山水投资开发建设有限公司、搏创汽车服务有限公司、交通建设投资有限公司、渌江置业投资有限公司、新型城镇化投资开发建设有限公司白兔潭分公司7家全资二级公司，控股基础设施建设投资有限公司、陶瓷3D打印研究所、渌源房地产管理有限公司，参股醴陵千汇实业公司、开元醴陵投资有限责任公司、株洲瓷城管网建设有限公司、众微创新创业投资基金合伙企业（有限合伙）、株洲市产业扶贫投资基金合伙企业（有限合伙）、渌江城发投资有限公司、渌江兴旺投资有限责任公司、渌江兴华投资有限公司、渌江嘉荣项目管理有限公司、渌江嘉裕项目管理有限公司、醴陵农村商业银行和沪农商村镇银行醴陵支行。主要负责市城乡基础设施、道路、桥梁建设的投资和经营，保障性住房、商品房建设开发、销售；城市自来水、公共交通、污水处理、垃圾处理、加油（气）站、砂泥采挖、户外广告、地下管网等公用事业建设和经营，土地前期整理、开发；国有资产、资源及股权投资、产业投资及经营，机动车辆检测服务，现代物流仓储、运输等投资、经营，城市金融服务等工作。截至年末，渌江集团资产总额 220 亿元，同比增长 18%；净资产 92 亿元，同比增长 11%；资产负债率 58%，比 2016 年末增加 1 个百分点；实现主营业务收入 7 亿元，利润总额 1.2 亿元。渌江集团主体信用等级评定维持为 AA。

【项目建设】2017 年，渌江集团承建全市重大项目 78 个，其中株洲市重点项目 26 个、醴陵市重点项目 26 个；完成投资 95.6 亿元。沪昆高铁站（醴陵）连接线新建工程获评“湖南省优质工程奖”，渌江书院获评“株洲市优质工程神农奖”，创新创业服务中心申报“湖南省绿色建筑创建项目”，渌江集团获评“醴陵市片区攻坚年活动先进单位”“醴陵市项目攻坚红旗单位”。样板街建设项目一期、二期工程和醴泉路提质改造等项目竣工并投入使用，陶瓷文化特色街区、仙山公园提质改造等项目进展顺利，一江两岸、东城大道等续建项目建设进度良好，档案馆、博物馆、玉屏安置区等项目前期推进有序。年内，渌江集团共拨付“三创四化”相关资金 2 亿余元，保障示范路、样板街等项目有序推进。在所属工地开展“示范工地创建年”活动，统一施工围档、清洗平台等；组织开展“全民义务大清扫”、“文明我先行”活动，营造良好创建氛围。

【招商融资】2017 年，渌江集团继续围绕保障资金供给、优化融资结构、控制融资成本等主题，开展融资招商活动，招商融资到位资金 65.19 亿元。一是选取西部证券为主承销商，经国家发展和改革委员会审批，于 4 月 21 日在上海证券交易所公开发行“17 醴陵渌江债”11.2 亿元。二是积极对接国家开发银行等政策性银行、农业银行等大型国有银行及华融湘江银行等商业银行，共计实现融资 20.84 亿元。三是接洽北京市、上海市、广州市、深圳市等地的融资租赁公司、信托机构、基金公司，组织专人到深圳市等地考察学习、融资招商，共融资 28.4 亿元。四是参与市 PPP 项目合作招商洽谈工作，与中国五矿二十三冶等企业多次对接，签订 PPP 合作协议，达成首批 4 个 PPP 项目总投资 118.59 亿元，渌江集团计划出资 5.48 亿元，参与和监管项目公司运营。

（刘海军）

城市重点建设工程

【渌江书院改扩建】渌江书院改扩建项目是醴陵四个“百亿工程”之“瓷城古韵”的子项目之一。渌江书院以其“敢为人先”的湖湘文化底蕴、“重教兴学”的优良传统和“名流掌教、英才辈出”的人文价值，承担着延续醴陵精神、传承历史文脉的重大使命。项目总投资 2.8 亿元，规划用地面积 7.33 公顷，建设用地面积 6.66 万平方米，总建筑面积 1.34 万平方米，计容建筑面积 1.14 万平方米，其中文物本体面积 4123 平方米、推荐历史建筑修缮面积 481 平方米，新建、重建建筑面积 6792 平方米，不计容建筑面积 1964 平方米，建筑占地面积 8169 平方米，道路广场面积 7200 平方米，园林景观面积 4.5 万平方米，建筑密度为 12.27%，容积率为 0.17，设置停车位 68 个。

【新都俪景项目】新都俪景项目位于市长庆示范区珊田村，是渌江集团下属合资子公司渌江置业开发建设有限公司依托市渌江新城拆迁安置而投资兴建的宜居小区。作为“醴陵国企第一盘”，新都俪景项目毗邻创新创业服务中心、渌江产业服务中心、新城学校、医院等核心综合功能区域，联通市高铁片区、沪昆高速等交通要隘，是承载渌江新城开发建设恢弘规划的新城区地标性建筑。该项目一期工程（A 区）共有住宅 84 套、总面积 1.5 万平方米，商业面积 3.35 万平方米，设置停车位 1282 个；7 月，项目一期工程竣工并达到交房条件。项目二、三期工程，计划建筑面积 35.46 万平方米，其中住宅面积 31.93 万平方米、商业面积 3.53 万平方米，设置停车位 2074 个。（刘海军）

房产管理

【概况】2017 年，醴陵市房产管理局内设 6 个职能股室，辖 13 个下属机构；有干部职工 178 人，其中在岗 112 人；设局党总支，下辖 4 个党支部，有党员 101 人。年内，先后举办第二届“送房下乡”活动和湖南醴陵房地产博览会，活动期间实现房屋交易 4216 套，总成交面积 55.45 万平方米，总成交金额 29.2 亿元。截至年末，全市有房地产开发企业 46 家，完成房地产开发投资 28.3 亿元，增长 11.8%；商品房施工面积 227.3 万平方米、增长 8.9%，竣工面积 14.7 万平方米、下降 40.8%；销售房屋面积 73.8 万平方米，增长 19.7%；实现销售额 36.8 亿元、增长 49.7%，其中住宅销售额 30.4 亿元、增长 48.5%。

【房产开发】2017 年，全市有在

建开发项目25个，开发总量近200万平方米，其中玉瓷俪景、金色锦城、碧桂园一期、瑞景佳园、国瓷新城、五环星城、阳三安置区和嘉诚汽贸城8个项目为年内新开工项目，面积为68.4万平方米。全市商品房库存30.22万平方米，年内净减6.78万平方米，去化周期不到6个月，低于9~16个月的合理区间，受商品房销售增长影响，全市商品房库存持续下降。商品房销售均价为4726元/平方米。

【房屋征收】2017年，市政府出台《醴陵市国有土地上房屋征收补助和奖励暂行办法》，进一步规范征收流程。在全市征拆“百日攻坚”行动中，市房产管理局配合各街道办事处，完成全市国有土地上房屋征收任务800栋（套）、总面积7.55万平方米，分别同比增长167%、215%。

【住房保障】2017年，共发放住房租赁补贴资金267.77万元，惠及全市1193户低收入住房困难家庭。全年完成棚户区改造项目3509户。完成公租房续建项目6个、707套，包括浦口公租房84套、泗汾工业小区18套、南桥卫生院24套、华瑞兴邦公租房180套、新华联项目135套和渌江新城公租房项目266套。全部竣工并投入使用，其中渌江新城公租房作为市人才公寓于9月底分配入住。年内，市房产管理局因公租房续建工作被省住房和城乡规划建设厅评为2017年度单项工作成效明显单位。

【物业管理】2017年，全市有物业管理企业27家，从业人员3000余人，有400余万平方米的小区实施专业化物业管理，另有10余个老旧楼盘在市房产管理局物业办和社区共同指导下实行自治管理。全年办理物管用房核定、变更等业务33宗，指导和监督前期物业招投标8宗，监督5个小区业委会筹备、成立和换届；指导湖南电力电瓷电器有限公司、醴陵陶瓷研究所等国有企业家属区的水、电、暖和物业管理职能，从国企剥离转由社会专业单位实施管理；处理各类物业电话咨询、投诉67起，回复市长信箱、微信问政等投诉15起；参与协调五环都会、财富广场小区物业管理等遗留问题10余次。

【公房管理】2017年，市房产管理局第一、第二房管所共小修直管公房185处、面积9800平方米，使用修缮资金12.5万元；处理危险房屋4处、面积500平方米，使用修缮资金8.8万元；大、中修房屋23处、面积2000平方米，使用修缮资金48.5万元。全年完成租金收缴280万元。

【白蚁防治】2017年，完成白蚁防治防预施药151宗，面积41万平方米；灭治54宗，面积约9万平方米；签订防治合同236份，回访复查212宗，合同签订率达100%，服务对象满意率达100%。

【房屋测量】2017年，完成房屋测量业务761宗，办理房屋测量面积222.36万平方米，其中实测面积85.71万平方米、预测面积136.65万平方米。

【太一市场】2017年，按照市“三创四化”工作要求，全面升级改造太一市场。联合相关部门加强对市场及周边的整顿，提升市场管理水平，实行统一领导，建立长效管理机制。年内，太一市场被省精神文明建设指导委员会办公室评为2017年省级文明集市。

（向　前）

环境保护

【概况】2017年，醴陵市环境保护局（以下简称“市环保局”）设办公室、计划财务股、行政审批股、污染控制股、政策法规股、总量股、生态股，下辖环境监察大队、环境监测站2个二级机构；有干部职工112人，其中离退休人员22人，在职人员中有高级工程师4人、环评工程师5人、工程师10人。全年全市环境空气质量优良天数达315天，优良率为86.3%；地表水水质总体保持稳定，6个水质监测断面中，三刀石、星火、望仙桥水库和官庄水库水质基本符合地表水Ⅱ类水质标准，金鱼石、仙井监测断面水质基本符合地表水Ⅲ类水质标准；城区声环境质量达Ⅱ类标准。

【总量控制】2017年，完成108家工业企业污染排放及处理利用情况统计、1家大型畜禽养殖场废弃物产生及处理利用情况统计；完成城镇污水处理厂、生活垃圾集中处置场运行情况统计。严把企业年检换证总量核定关，完成排污权确权和交易收费300家，共计148万元，市场交易率100%。

【建设项目环保审批】2017年，建设项目环保审批严格执行《中华人民共和国环境影响评价法》等环境管理法律法规，立足促进全市经济发展和工业强市大局，把服务理念贯穿到项目建设全过程。全年审批建设项目168个，其中报告书11本、报告表157本，否决不符合城市发展定位和环境保护要求的项目11个；建设项目环境影响评价和环保“三同时”（建设项目中防治污染的设施，应与主体工程同时设计、同时施工、同时投产）执行率 100%，严把环境准入关，有效遏制污染增量。

【污染减排】2017 年，从源头控制高污染、高能耗企业的新建或投产，实行控制减排；继续加强污染治理，推进治理减排；全面加强环境管理，落实管理减排。制定 2017 年度主要污染物减排计划，明确减排项目，加强对重点减排项目的跟踪落实，年内 COD 减排 874.9 吨，氨氮减排 52.1 吨，二氧化硫减排 600.72 吨，氮氧化物减排 488.37 吨。

【污染防治】一是开展“碧水蓝天”行动。深入推进《株洲市湘江保护和治理“第二个三年行动计划”》，加快二圣河、西岸河、西排渠等黑臭水体治理工程进度；重点落实饮用水源保护，取缔饮用水源保护区内农家乐和违规建筑，对畜禽养殖实行退养；完成 19 个建制镇农村饮用水源保护区划分技术报告 35 处，水污染防治工作取得成效。出台《醴陵市大气污染防治实施方案》，推广使用清洁能源，开展炉窑清洁能源改造及烟囱拆除工作，全年拆除烟囱 23 根，改造、拆除燃煤窑炉 4 座，注销黄标车 898 台；印发《关于限期开展餐饮油烟污染专项整治的通知》等文件，加强对建筑工地、道路扬尘的监管，环境空气得到有效改善。二是开展“青山净土”行动。印发《醴陵市土壤污染防治工作方案》，形成“政府主导、企业担责、公众参与、社会监督”的多元化土壤污染防治体系；出台《醴陵市 2017 年危险废物规范化管理专项整治工作方案》，市病死畜禽无害化处理中心竣工并投入运行；主动将农村环境综合整治与扶贫攻坚工作有机结合，完成水井保护 200 口、垃圾中转站主体工程 2 个、贫困村农环扶贫工程建设 17 个；按计划推进麻石人工湿地工程，农村环境综合整治整体工程完成 70% 的建设任务。

【环境监管与督查】2017 年，创新环境监管方式，落实环境监管责任，强化环境风险管理。修订、完善《2017 年醴陵市环境监察网格化管理工作实施方案》及相关考核办法，按照“明情况、抓重点、定责任、强监管”的工作目标，在全面掌握辖区内重点污染源、环境风险源等环境监管对象信息的基础上，科学划分网格，建立“三清三到位”（区域清、底数清、职责清，监管到位、互通到位、服务到位）的立体环境监管机制，在全市建立纵向到底、横向到边的网格化责任管理体系。年内，在中央第六环保督察组对湖南开展的环保督察中，共反馈交办醴陵环保问题 44 个，环保部华南环保督察中心到醴陵开展专题调研，反馈四大类、25 个问题。市环保局对交办的问题逐一整改落实并销号，责令 28 家企业停产整治，环保部门立案 28 件，对 17 家问题企业采取断电（下高压）措施，下达处罚金额 30 余万元，移送公安机关行政拘留 2 人。

【污水处理】2017 年，加大对污水的收集和治理力度，雨污分流及管网修复改造 A 线、B 线管网建设、6 号泵站管网接入工程、西岸河截污干管工程基本完成并投入运行，市污水处理厂二期工程投入运行。湖南醴陵经济开发区 A 区污水处理厂实施提质改造，安装在线监测设备；B 区污水处理厂投入运营。19 个建制镇污水处理厂及配套管网建设纳入渌江流域治理 PPP 项目，其中东富镇污水处理厂完成土建工程和设备安装，白兔潭镇污水处理厂完成主体工程建设，李畋镇、浦口镇、沩山镇、王仙镇等渌江上游集镇均完成立项、规划选址等前期工作；其他 13 个镇完成土地、林地、规划等报批工作。

【垃圾处理】城市垃圾填埋场垃圾无害化处理率保持 100%，日处理垃圾 366 吨，全年无害化处理生活垃圾 13.35 万吨，处理垃圾渗漏液 3 万余吨，废水处理后排放达标。不断加大投入力度，规划推进农村垃圾处理设施建设，推进农村环境根本好转。

【环境执法】2017 年，市环保局开展环保“飓风行动”、监管大执法、隐患大排查、专项大整治、信访大化解、档案大清理等系列专项行动，加大环境执法力度，确保环境安全。全年，审查环境违法案件 77 起，下达处罚决定 58 起，其中按日连续计罚 2 起、查封扣押 2 起、停产限产 4 起、行政拘留 6 起，罚款 180 余万元，有效打击环境违法行为。

【污染纠纷处理】畅通群众诉求渠道，安排专人负责受理投诉案件，对来信来访人员做到“热情接待、认真登记、迅速处理、及时回复”。全年，受理环境信访案件 443 件，其中市长热线 245 件、来访 34 件 58 人次、红网投诉 25 件、省信访系统转办 4 件、来电 123 件、微信平台转办 11 件、来信 1 件，来信来访案件受理、处理率均为 100%，满意率达 98.5%。

【环境监测】一是加强环境质量监测。对城区大气质量（2 个点位）、降水水质（1 个点位）、渌江河水水质（4 个断面、8 个点位）、饮用水水源水质（3 个点位）、交通噪声（14 条道路、26 个点位）进行全面监测。二是加强污染源监测。按时完成全市 24 个重点污染源的监督性监测任务，完成排污许可证年检换证监测、环评本底值监测、"三同时"及污染治理设施竣工验收监测等10余项监测；完成明月镇石灰坡养殖场等各类应急监测近100次，为污染事件或污染投诉的处理提供科学依据。（杨莹芝）

城市创建

【概况】2017年，醴陵市城市创建工作领导小组办公室参照国家卫生城市、国家园林城市、省级文明城市标准，结合3个创建工作方案，推进对标创建工作。创建国家卫生城市方面，城市建成区生活垃圾无害化处理率100%、国家病媒生物密度控制水平标准C级达标、慢性病示范区创建通过省级评审验收，沈潭镇获评省级卫生镇，嘉树镇、孙家湾镇获评株洲市卫生镇，阳三石街道企石村等12个村获评省级卫生村，仙岳山街道河西村等26个村获评株洲市卫生村，市人民防空办公室等3个单位获评省文明卫生单位，市卫生和计划生育局等10个单位获评株洲市无烟管理示范单位；黄沙农贸批发市场顺利承接太一市场的批发业务，太一市场提质改造基本完成。无害化厕所改造1000座，被湖南卫视作典型报道。创建国家园林城市方面，完成凤凰山城市主题公园选址，制定《城市绿地系统规划》《海绵城市专项规划》《城市历史风貌保护规划》等11项规划。加大古树名木和后续资源保护，全面实行封山育林，开展湘江保护和治理，森林植被日益丰茂，野生动物种类和数量明显增多。完成首次建成区绿化遥感方案评审。仙山公园绿化季相分明，与"一江两岸"、渌江书院山水相依。陶瓷艺术城周边以海南风情为主题打造，整体提升艺术城景观效果。完成玫瑰园、桎木嘴加油站、左权路北路等20个"口袋公园"建设，新增绿化面积3.4万平方米；对市城区300平方米以下的空坪隙地、菜地进行植绿补绿，新增绿化面积3.4万余平方米，硬化面积2.6万余平方米，城区绿化品质逐步提升。创建省级文明城市方面，以"十大文明行动"（文明城管、文明餐桌、文明网络、文明旅游、文明校园、文明交通、文明单位、文明社区、文明家庭、文明乡村）为指导，在全市网络、餐饮、城市管理等领域，重点进行文明劝导和整治，倡导文明交通、文明餐桌、文明校园等文明行动，营造健康向上、文明有礼的社会氛围。组织开展第10届"书香醴陵——全民阅读""学习和争做美德少年""关爱孤儿——点亮未来"慰问帮扶、第四届道德模范评选表彰等文明创建活动。年内，市人民检察院获评全国文明单位，长庆示范区珊田村获评全国文明村镇，姜湾小学获评全国文明校园。

【城市提质】2017年，完成城区7条样板街、27条主次干道的灯饰亮化、道路绿化、市政设施修补、店招提质、立面美化、"六乱"整治等提质改造任务。完成97条小街小巷的油路和排水改造，绿化补植、路灯修复和补装，解决城区居民"家门口"问题。检修、加装瓷城大道、醴陵大道、左权路等主干道两旁高层楼宇亮化设施，提质"一江两岸"风光带、仙山公园、高铁站等重要地域的景观亮化设施，改变原单一的亮化格局，实现楼宇景观亮化与道路路灯亮化相结合，亮化效果得到进一步提升。

【市容环境整治】一是河道整治。在渌江河上游设置水面垃圾集中打捞点，增加打捞设备及配套设施；加大水域保洁力度，严格监督、严厉打击沿河企业排污行为，对禁养区范围内的畜禽养殖场实行全部关停，有效控制二圣河等黑臭水体污染。二是脏乱治理。重点抓好主次干道、背街小巷、机关、企业、学校、小区等区域的环境卫生，整治占道经营、乱搭乱建等现象，对环卫车、垃圾箱、垃圾桶、果皮箱、公交站台、公交车辆等设施进行日常清洁维护，清除"牛皮癣"广告近100万处和违章搭建门店、雨棚、报刊亭等3万余处，整治出店经营、占道乱堆杂物2万余处，脏乱现象得到有效遏制。三是交通疏导。加大对乱停乱放等交通违法行为的整治力度，组建交通劝导员队伍，在重点时段、重点路段开展交通引导。年内，城区新增停车位5000余个，有效缓解交通乱象。

【农村环境综合整治】一是加强道路沿线卫生整治。重点整治106国道、老320国道、醴官线、桎马线等交通要道沿线卫生，通过清理沟渠、清除垃圾、补植苗木等措施，实现路面干净整洁，路旁无乱搭乱建、残垣断壁、乱堆乱放现象，可视范围无垃圾，沟渠排水畅通无杂物，行道树整齐有序。二是整治集镇环境。各镇在镇区打造一条示范街，完善环卫和基础设施，规范设置广告店招9743米，新铺设下水道约8472米、人行道约5300米，新增路面铺油3100米，新增果皮箱、垃圾桶等环卫设施1300余个；加大镇区常态保洁力度，街面干净整洁，无浮土、无积水、无散放垃圾、无乱放杂物、无污染物；落实"门前三包"（包卫生、包绿化、包秩序）责任制，整治"六乱"现象，脏乱现象明显好转。三是提升村民环境意识。各镇通过发放宣传资料、广播、宣传栏、板报、标语等宣传方式，加强宣传工作力度，印发宣传资料200余万份，竖立固定标语、广告1000余幅，宣传覆盖农村60余万人；组织开展“河道义务打捞队”“老年文明劝导队”“小手拉大手”“迎瓷博盛会”环境卫生大扫除等活动，完善村（居）生活垃圾的分类、分散、减量、回收处理链条；开展卫生单位、卫生庭院、清洁家庭创建活动，农户房前屋后卫生保洁意识增强。（杨冬伟）

交通·邮政·通信

交通运输

【概况】2017年，市交通运输局内设办公室（加挂政策法规股、行政审批股）、人事教育股、财务审计股、计划基建股、运输综合股（安全股）、农村公路管理股6个股室，下辖市公路局（正科级）、市道路运输管理所（副科级）、市交通行政综合执法大队和市航道管理站4个二级机构，有在职人员126人。主要职能为贯彻、执行国家和省有关交通的政策、法规，组织制定全市道路、水路、码头、站场及配套设施建设发展规划和交通科技发展规划并组织实施，负责道路、水路交通行业管理及行业安全管理，对客货运输市场、车船修造、搬运装卸、运输服务和交通基础设施建设市场进行监督管理；负责营运车辆驾驶员技术等级考试、考核，汽车维修行业管理、培训，全市公路、桥梁、站场及配套设施、码头、渡口、地方航道建设、维护、造价控制和质量监督的管理，组织交通重点工程建设，实施路政管理和航道航政管理。全年全市交通运输完成投资18.05亿元，比2016年增长148%；其中重点交通工程投入15.39亿元，农村公路建设投入1.64亿元，农村公路大中修及养护投入1.02亿元。

【交通运输项目建设】2017年，交通运输网络更趋完善，交通枢纽优势更加凸显。莲株（醴陵莲花冲至株洲）高速公路路基建设工程完成，计划启动路面建设工程；醴娄（醴陵至娄底）高速公路（60国道复线）项目工程建设正式实施；平汝（平江至汝城）高速隆兴坳的互通项目工程成功落地，为醴陵市争取湖南省先期补助资金3000万元。干线公路建设进展顺利，市东城大道331省道沿线桥梁下部结构完工，路基、防护建设工程完成80%工程量。333省道老关至铁河口公路的水稳摊铺工程完成，起点段的建设工程启动。105省道株洲市云龙楠山铺至醴陵市塘坊公路、209省道长株攸快速公路、205省道挫断坳至大障公路、城市外环线（王仙至龙源冲）的前期工程有序推进。

【民生实事工程】2017年，完成新改扩建农村公路480余千米；其中，村组联通公路375千米、窄路加宽公路27.11千米、“边界路、断头路”公路44.86千米、大中修公路33.04千米。截至年末，全市乡镇和建制村全部实现通沥青（水泥）路。完成农村公路安保工程建设257千米，超额完成省年度计划任务数。改造危桥33座，超额完成株洲及醴陵市年计划任务数。完成双江口的渡改桥工程和猫形潭、枧头洲的渡改桥前期工作，启动并推进界陂、化龙港的渡改桥前期工作。改造渡口码头4处，启动官庄水库库区码头工程建设。新建农村客运招呼站40个。完成渌江航道改造一期工程的规划、工可评审等前期工作。沪昆高铁醴陵东综合客运枢纽站项目已纳入全省“十三五”中期调整规划。

【北部旅游专线建设】“枫林印象、黄乡民居、官庄水库、沩山古窑”醴北人家北部旅游专线是醴陵市委十一届六次全会提出的重点建设项目，旨在醴陵市北部打造以旅游产业为支撑的集镇组团。该项目全长约98千米，由“一连、一环、三支”（“一连”为枫林路，“一环”为枫林互通至耿传公祠，“三支”为耿传公祠经葡萄坳至沩山镇新安村，枫林镇双井村经樟仙岭至丫株岭，丫株岭至王仙镇李山村）组成，主要涉及枫林镇、官庄镇、沩山镇和王仙镇。年内，北部旅游公路建设有序推进，丫株岭至王仙李山段道路路基工程完工；“官庄山水”至“沩山古窑”路段的道路建设完工，带动沿线12个省级贫困村、9500余名贫困群众年均增收1500元以上，辐射周边40余个行政村，直接受益群众达9万余人。

【交通扶贫工程】2017年，完成全市贫困村道路建设23.1千米，危桥改造3座，相继开通醴陵至枫林镇隆兴坳村、王仙镇李山村、沩山镇泉水村3条农村客运班线。市交通运输局全年累计为贫困村拨付交通项目资金231万元，帮扶资金21万元，物资10万余元，贫困群众尽享交通扶贫“红利”。

【农村公路管养】2017年，农村公路管养工作力度进一步加大，扎实推进农村公路养护体制改革，养护模式由镇村养护转变为市场化运作，大中修工程采取政府购买专业化养护队伍服务方式，建立养护质量与计量支付相挂钩的工作机制。始终坚持“可持续发展”理念，扎实推进“四好农村路”建设，加强农村公路管养，农村公路列养率达100%，路面质量指数PQI中等以上比例为89%，农村公路绿化率为85%。创建枫林镇、孙家湾镇等5个管养示范镇，隆兴坳村、茅坪村等69个管养示范村。年内，农村公路养护工作位列株洲地区年度综合考核第一，被株洲市推荐创建省“四好农村路”示范县。

【交通运输服务】2017年，整体搬迁湘运汽车站，全市所有长途和东乡片客运班车、南乡片部分客运班车进驻湘运醴陵汽车中心站集中运营；有效解决湘运醴陵汽车中心站建站10年不能搬迁的问题。搬迁公交（客运）新南站，改变南乡片区农村客班车与城区1路公交车拥堵停放及城区5路公交车无处可停的脏、乱、堵现象。全年实施行政许可311件，特许经营权1件，首次签订城市公共汽电车线路特许经营协议。新增客运班线3条，行政村通客班车率达100%；新开通6路公交线路；淘汰公交“黄标车”39台，更新新能源公交车41台，投入城区的1、3、4路公交线路运营，更新新能源客车27台投入市北乡片区客运。推进甩挂运输试点工作，推广铁海联运、公铁联运模式。截至年末，全市共有营运客车372台、城市公交车128台、出租车400台、义渡船17艘、营运货车2411台。

【行业监管】一是全面实施道路运输企业日常管理考核。对全市道路运输企业的安全主体责任落实、营运车辆及驾驶员管理、经营环境、服务质量等日常管理内容，实行每季度12分考核制。推进互联网技术在交通运输安全管理领域中的融合运用，“两客一危”（从事旅游的包车、三类以上班线客车，运输危险化学品、烟花爆竹、民用爆炸物品的道路专用车辆）、城市公交、出租车监管平台运行正常。二是深入开展“隐患清零”行动，认真落实安全隐患“一患一档”制度。全年排查整改安全隐患43起，收购“黑校车”5台。三是加大“打非治违”力度。开展危险化学品和烟花爆竹运输、官庄水库的打非治违，客运市场秩序整治等联合执法行动，终止2艘船舶的非法经营行为，查处非法经营“黑车”45台。

【车辆超限超载治理】2017年，进一步加强车辆超限超载治理监管力度，开展“春雷行动”，采取深入企业驻守、重点路段设卡、流动执法监管等方式，加大路警联合执法和科技治超力度，有效治理全市车辆超限超载现象。全年检测车辆13万余台，查处超限超载运输车辆406台，卸载货物5375吨，超限超载率控制在0.1%以下。治超工作在株洲地区年度考核中获评优秀。（朱小军）

交通建设质量安全监督

【概况】2017年，市交通建设质量安全监督局受理质量安全监督申请书43份，实施窄路加宽建设工程27.11千米、农村危桥改造6座，修建“边界路”“断头路”44.17千米、农村安保畅通工程205.12千米。全年开展工程质量安全综合监督和专项检查80余人次，发现质量、安全隐患和问题12项，下达整改停工各类指令8份，实现农村公路质量安全监督全覆盖，安全事故发生率为零。（黄其林）

公路管理

【概况】2017年，市公路局内设办公室、工务股、财务股、政工股、法规安全股、纪检监察室6个股室，下辖市路政管理大队、养护应急中心2个副科级二级机构，有在职在编人员162人、退休人员93人。主要负责管养全市境内公路230.91千米，其中106国道53.33千米、313省道43.73千米、9条县道133.85千米，桥梁53座。年内完成332、205、331、335省道和097、103县道6条线路的安全生命防护工程，总里程57.37千米。

【公路养护和路政管理】2017年，公路养护工作围绕市“三创四化”建设目标，以开展“雨季养护竞赛”“专项活动月”为抓手，狠抓公路日常养护，注重预防性养护，对巡查发现的路面病害工程实行24小时内处置制度。全年境内国省干线路况优良率达92.25%，支线路况优良率达85.52%。年内，在株洲市国省干线公路综合检查中排名第一。加强路政管理和整治力度，全年开展综合整治行动3次、清障整治行动6次，消除安全隐患100余起，有效整治路容路貌。办理日常路政案件16件，案件查处结案率达100%，确保市境内公路的整洁、通畅、安全、美丽。年内，被株洲市公路管理局推荐为省交通行政执法评议受检单位。

【夏坪桥危桥改造】夏坪桥村危桥位于市板杉镇夏坪桥村境内的320国道线K1117+833处，此改造工程属市年度重点工程项目，由市发展和改革局批准建设，项目业主为市公路局。新桥设计全长52.84米、宽8.5米，时速每小时40千米，总投资197万元。市公路局将夏坪桥危桥改造工程列入全年工作重点，以工程质量、进度、安全为主线，严抓工程建设的各个环节，改造工程自2017年7月启动，进展顺利，于年内完工并通车运行。

【公路治超】2017年，公路超载限载治理工作力度进一步加大，通过多次开展多部门的联合整治行动，有力整治公路超限行为。全年检查车辆36468台，处理超限车辆422台，卸（驳）货物6583吨，处罚款217.4万元。市渌江超限检查站站点超限率控制在0.1%。（黄科虎　龙春林）

铁路运输

中国铁路南昌局集团有限公司宜春车务段醴陵车站

【概况】中国铁路南昌局集团有限公司宜春车务段（以下简称“醴陵车站”）是南昌局集团有限公司宜春车务段辖内的三等车站，兼管东冲铺站（无人站）。中心里程为沪昆线K1060+748.9，东端与灯芯桥车站相连，西端与东冲铺车站为邻。2017年，醴陵车站设客运、运转2个班组，有在岗职工102人，其中女职工27人，主要办理客运业务和客、货列车的接发作业。有正线2条、到发线4条，信号楼1个；其中信号楼设有调度集中系统（CTC）车务终端，信号设备采用EI32-JD计算机联锁。客运站房设有候车室、贵宾室、售票厅、行包房、出站口和广播室，其中候车室面积783平方米、售票厅面积177平方米；有旅客乘降站台3个、面积1.45万平方米；有雨棚3座、长957.2米；有行人地道、行包地道各1座；有售票窗口4个，自动售、取票机3台。年内，醴陵车站全面实现微机联网电脑售票；接发营业列车106对，其中旅客列车33列；发送旅客65.5万人次，实现客运收入3958.67万元。（朱武媚）

中国铁路广州局集团有限公司醴陵东站

【概况】中国铁路广州局集团有限公司醴陵东站（以下简称“醴陵东站”）位于市王仙镇清潭村，是沪昆高铁进入湖南省境内的首个高铁站，也是沪昆高铁在株洲地区的唯一停靠点，最高集聚人数可达800人，占地总面积17116平方米。内设2个站台、4条轨道，站房上下两层分为售票厅、候车厅、出站通道和站台雨棚4个建设区段，有垂直电梯2台、扶梯4台、进出站检票闸机7台。2017年，醴陵东站办理营业动车组列车38趟次，发送旅客67.43万余人次，同比增长18%；到达旅客69万余人次，同比增长27%。（王庆国）

邮　政

中国邮政集团公司湖南省醴陵市分公司

【概况】2017年，中国邮政集团公司湖南省醴陵市分公司（以下简称“分公司”）内设综合办公室、市场营销部，下辖王仙、白兔潭、南桥、浦口、泗汾、清水江、大障、船湾、嘉树、神福港、均楚、黄獭嘴、阳三石支局和仙霞、板杉、解放路、火车站、车顿桥、渌江所19个支局（所），共有从业人员226人。全市有汽车邮路20条、全程489千米，投递段道52段，农村投递线路总长3476千米；有邮储网点16处、邮政营业处4处、邮政报刊图书销售点19处、邮政信报箱群27处、邮政信筒信箱490个、信报箱格口1120个、邮政妥投点3618个，新增空白乡镇网点12个。全年完成业务收入8106.79万元，为年计划任务的105.77%，比2016年增加1741万元、增长27.2%。其中代理金融类收入5617.21万元，邮务类收入942.36万元，速物类收入1547.22万元。积极探索普惠金融商业可持续发展之路，以“信送到哪里，邮政金融就服务到哪里”为目标，构建满足客户需求的金融便民服务圈。2017年，分公司金融总资产达33.42亿元，其中新增资产6.66亿元、增长24.89%。邮政储蓄余额达32.46亿元，其中年内新增余额4.99亿元、增长18.17%；净增规模排名全省邮政系统第25位。年内，代理保险业务快速增长，累计实现保费收入1.49亿元，点均产能936.68万元，排名全省第6位；在全市银行代理保险业务渠道中，业务量稳居第一。

【农村电商服务】2017年，分公司以邮政综合便民服务平台为基础，加大建设力度，创新构建市、县、镇三级农村电商服务体系。在市仙岳山街道五里墩村境内新建4000平方米的大型物流配送、仓储服务中心，为全市境域内提供便利的物流配送，为各级电商提供仓储服务。以县级电商公共服务中心为枢纽，以多个镇、村服务站点为载体，融合线上线下功能，不断延伸拓展，提供各项邮政服务。镇、村级电子商务公共服务站点以邮政、政务、便民、电商、“三农”、金融服务等六大服务类为主，叠加近30项业务种类，成为“工业品下乡”“农产品进城”的主要渠道。利用邮政具有的实物流、资金流、信息流“三流合一”的独特优势，通过建设城市社区服务站、报刊亭、农村便民服务站等实体渠道，构建功能日趋完备的综合性便民服务平台，为广大城乡居民提供“普遍服务、政务服务、三农服务、金融服务、电商服务、便民服务”；在农村区域内构建“五个不出村”（购物不出村、销售不出村、金融不出村、生活不出村、创业不出村）。截止年末，全市有各类电商公共服务站点570个。年内，通过“邮三湘”“邮乐网”网络平台，先后上线多种县(市)特色农产品，成功运作醴陵瓷器、醴陵红薯干、贺家桥剁辣椒等多个项目，实现农产品返城销售额40余万元。

【邮件快递业务】2017年，分公司升级改造邮运干线能力和组织模式，优化邮路组织，加密县乡邮路；推出省内快递邮件“次日递”服务，确保省内县城以上的快递邮件次日送到用户手中。依托品牌信誉、运营网络、安全保障等优势，加大邮政通信网络和基础设施建设，加快邮件传递速度，开展优质服务工作，确保邮政普遍服务和特殊服务水平的稳步提升。城区投递实行周七班，每天投递2个频次；农村投递镇政府所在地不低于周五班，一般行政村实行周三班，偏远和交通落后的地方实行周二班投递。实现村村通邮，确保农村的信报邮件妥投到户，通邮率为100%。扎实做好机要通信服务工作，全年安全传递机要邮件2万余件（袋），满意率达100%。

【服务地方文化产业】深入挖掘地方传统、集邮文化素材，通过邮票的发行和具有地方特色邮品的开发，有效提升醴陵的知名度、美誉度，展示地方文化特色，促进地方经济发展。利用数据库营销，创新发展日常封片卡业务，挖掘封片卡在文化、旅游、商品、服务推介和政务民生等领域的功能与作用。创新形式，推广以村志、书信文化、励志儿童剧演出等为代表的主题活动。在市渌江中学建立集邮主题邮局，使集邮文化在校园中得以传播和推广。在2017中国醴陵国际陶瓷产业博览会中，设立集邮展柜，以明信片、邮资封、集邮产品等形式，展现醴陵瓷器、全域旅游文化，得到市政府肯定。（汤　瑜）

通　信

中国电信股份有限公司醴陵分公司

【概况】2017年，中国电信股份有限公司醴陵分公司（以下简称“分公司”）内设综合部、渠道销售部、网络部，下设城市支局4个、农村支局11个；有在职合同制员工103人、劳务派遣员工87人、退休员工87人。年内，开通4G基站373个，城区信号实现全覆盖，农村信号覆盖率达98%以上；市内首家实现沪昆高铁沿线4G信号全覆盖。市城区光纤到户率为100%，农村行政村年光纤到户率为99%。为市民提供光纤100M以上接入、4K高清电视入户的优质信息网络服务。

【队伍建设】一是加强装维员工的业务素质培训。履行用户至上、用心服务的理念，打造一支技术、作风过硬的智慧家庭工程施工队伍。二是全面提升服务规格。分公司在城区、农村相继推出光纤宽带/ITV用户“6项服务承诺”（一天装机、慢必赔，一天修障、慢必赔，真宽带、真速率、低必赔，老用户免费提速，新装用户免费调测无线Wifi，24小时在线服务）。三是全面落实国务院通信提速降价的有关政策。优化产品体系，推出手机不限流量套餐，让市民尽享优质的“三网融合”（电信网、广播电视网、互联网）服务。四是为市政府、企事业单位推出各种信息化服务业务。年内，在湖南醴陵经济开发区中推出“云业务”服务并实现有效应用。（易武林）

中国移动通信集团湖南有限公司株洲市醴陵市分公司

【概况】2017年，中国移动通信集团湖南有限公司株洲市醴陵市分公司（以下简称“分公司”）内设综合部、市场部、网络部，有员工104人。年内投资约1500万元，建设、开通宽带行政村107个、宽带小区22个，全市215个行政村实现网络覆盖，市境内主要交通干线实现网络连续覆盖，城市内重点区域基本实现室内覆盖，客户总数达40余万户。有移动通信一级网点285家。分公司主动适应移动通信的发展需求，认真贯彻集团、省、株洲市公司有关通信服务工作的战略部署，深入开展诚信服务、满意100等服务活动，认真贯彻落实国家工业和信息化部通信“降费提速”的要求，推出超低资费套餐，有效降低宽带使用门槛，逐步构建以客户为导向的服务管理体系，切实解决客户最关心、最直接、最现实的利益问题。全年通过产业链拉动，直接或间接创造就业岗位1300余个。

【通信扶贫】 2017年，分公司累计投资2000余万元，组织开展精准通信扶贫活动，共发放扶贫手机、扶贫卡7200台（张），实现村组网内所有人员，可统一使用短码互拨电话，节省贫困户的通话费用。年内，在贫困村新建并开通2G、4G基站25个和家宽小区13个，有效解决贫困村的通信问题。（周　萍）

中国联合网络通信有限公司醴陵市分公司

【概况】 2017年，中国联合网络通信有限公司醴陵市分公司（以下简称“公司”）下设支撑中心、市场营销部、建维部、集团部；在市东、南、西北片区的3个镇分别设有营销部，共有员工100余人。年内，公司坚持以市场为导向，以服务为中心，统一规划网络建设，合理利用资源，保持持续、健康的快速发展；新增4G基站200余座，基本实现市城区、乡镇4G信号全覆盖；宽带业务覆盖市城区及大部份乡镇。（丁晓芬）

财政·税务

财　政

【概况】2017年，醴陵市财政局内设20个股室，下辖4个全额拨款事业单位和24个财政所，全系统有在编干部207人。全年全市完成公共财政预算总收入54.1亿元，比2016年增长8.1%；完成税收收入28.8亿元，比2016年增长18.2%。全市一般公共预算支出75.3亿元，比2016年增长11.7%。

【财政改革】一是启动农村综合改革。7月，醴陵市入选国家农村综合性改革试点试验县（市）。具体在枫林镇、官庄镇和沩山镇实施改革试点，主要探索健全村级集体经济发展，完善乡村治理，构建农民持续增收，建立农村生态文明发展的体制机制建设。二是PPP项目推陈出新。继续推动渌江新城核心区、城市外环线及地下综合管廊、东城大道、“瓷城古韵·一江两岸”4个PPP项目，出台《醴陵市政府和社会资本合作（PPP）项目操作办法》，开展4个PPP项目执行情况的绩效评价。稳步推进渌江水系综合治理、官庄湖水系、城乡生活垃圾资源化处理、凤凰山城市中心公园的4个PPP项目。三是产业基金初见成效。与深圳基金合作人组建全省县级首家通过中国私募基金协会备案的产业基金，第一期基金规模为10亿元。风险补偿基金新增市邮政储蓄银行、市沪农商村镇银行，继续深化与湖南醴陵农村商业银行股份有限公司的合作。四是深入推进国库集中支付改革。继2014年乡镇实现国库集中支付后，年内教育系统全面实现国库集中支付——“预算到校”，减少资金积压沉淀，提高利用效率。

【财政管理】一是加强对财政资金的监督管理。开展财政扶贫资金、农业保险资金、湘江保护和治理“一号重点工程”等专项资金检查。推进“互联网+监督”模式，实现财政监督转型，提升财政监督效能。人员经费、运转经费和项目重点支出区别感增强。二是节约评审、采购资金。全年完成项目评审758个，送审投资额68.92亿元，审定金额58.14亿元，审减各项不合理资金10.78亿元，审减率为15.64%。严格按照《中华人民共和国政府采购法实施条例》组织政府采购，规范采购体系，全面梳理标准。全年审批政府采购项目889个、总额4.12亿元，节约财政资金7011万元、节支率为14.53%。三是推进财政资金绩效评价。在全市各预算单位自评的基础上，市财政重点对扶贫、“河长制”、畜禽退养等资金和市住房和城乡规划建设局、文体广电新闻出版局、农业局、水利局、卫生和计划生育局等单位运行情况进行绩效评价，提高绩效评价结果应用水平。四是加强资产管理。清查全市行政、企事业单位的土地、房屋等国有资产，摸清家底，绘制国有资产布局图，防止国有资产流失。

【人才招录与培养】一是充实财政系统干部队伍。年内通过湖南省公务员考试招录公务员20人，全部安排至镇财政所工作，充实基层人员。通过笔试、面试和考察，公开遴选3名优秀财政所干部到局机关工作。二是培养一批会计人才。举办助理会计师和会计师培训班，全市有73人取得助理会计师职称、19人取得中级会计师职称。三是开展“周五财政大讲堂”活动。安排市财政局各股室和下辖单位的业务骨干为干部职工授课，促进学习交流。

2017 年度醴陵市一般公共预算收支总表

表 4　　　　单位：万元

预算科目	决算数	预算科目	决算数
一、税收收入	143672	一、一般公共服务支出	99985
增值税	55975	二、外交支出	
企业所得税	10314	三、国防支出	529
个人所得税	5493	四、公共安全支出	24164
资源税	683	五、教育支出	93002
城市维护建设税	9712	六、科学技术支出	14442
房产税	5745	七、文化体育与传媒支出	26012
印花税	1815	八、社会保障和就业支出	92396
城镇土地使用税	6792	九、医疗卫生与计划生育支出	66875
土地增值税	25034	十、节能环保支出	10722
车船税	1881	十一、城乡社区支出	136356
耕地占用税	4005	十二、农林水支出	77636
契税	16223	十三、交通运输支出	18056
烟叶税		十四、资源勘探信息等支出	52553
其他税收收入		十五、商业服务业等支出	2308
二、非税收入	253267	十六、金融支出	25
专项收入	9850	十七、援助其他地区支出	
行政事业性收费收入	6469	十八、国土海洋气象等支出	4913
罚没收入	8679	十九、住房保障支出	15125
国有资本经营收入		二十、粮油物资储备支出	342
国有资源（资产）有偿使用收入	224659	二十一、其他支出	5
其他收入	3610	二十二、债券付息支出	17712
		其中：地方政府一般债券付息支出	17613
		二十三、债务发行费用支出	
本年收入合计	396939	本年支出合计	753158

（黄俊博）

农业综合开发

【概况】2017 年，醴陵市农业综合开发办公室（以下简称“农开办”）设综合股、土地治理项目股和产业化项目股，有干部职工 13 人，其中专业技术人员 3 人。全年申报产业化项目 5 个，申请财政资金 210 万元；代表株洲市首次成功申报优势特色农业产业园项目，申请财政资金 1000 万元。

【综合开发】一是完成沩山镇高标准农田建设项目的扫尾和验收工作。从 2016 年下半年开始实施的国家农业综合开发醴陵市沩山镇高标准农田建设项目（第一、第二批）涉及沩山、东堡、漏水坪、大林、泉源、老鸦山、望仙桥、新庵、土埠桥、赤竹、大塘坳村，完成总投资1513.43万元，共计衬砌渠道21.62千米，新修拦河坝15座，扩建加固小型蓄排水工程16座，新修、维修机耕路6.59千米。建设高标准农田740公顷。年内，项目通过株洲市农业综合开发办公室验收。二是实施浦口镇高标准农田建设项目。该项目年度建设任务为600公顷高标准农田，工程招标资金1215万元，共9个标段，于9月动工建设。12月，在浦口镇召开的株洲市2017年度农业综合开发土地治理项目现场交流会上，株洲市各县市的农业综合开发办公室主要负责人和技术人员参观了浦口镇高标准农田建设项目现场。

（张水良）

国家税务

【概况】2017年，醴陵市国家税务局（以下简称“市国税局”）内设12个行政科室，有稽查局1个直属局，下辖5个税务分局；有在职人员178人，离退休人员71人。负责全市增值税、消费税、企业所得税、个人利息所得税和车辆购置税的征收管理。全市有一般纳税人2276户、小规模纳税人15744户，全年税收入库17.03亿元，比2016年同期增加6.11亿元、增长56.11%。年末，市国税局被湖南省国家税务局评为“营改增工作先进单位”、“法治税务示范基地”。

【税收政策】2017年，市国税局落实国务院“1+4+6”系列减税政策（“1”是指简并增值税税率政策，“4”是指扩大享受企业所得税优惠小微企业范围、提高科技型中小企业研发费用税前加计扣除比例、开展创业投资企业和天使投资个人有关税收政策试点、推广商业健康保险个人所得税税前扣除试点等4项新增所得税减税政策，“6”是指物流企业大宗商品仓储设施城镇土地使用税优惠政策、对有线电视收视费免征增值税、金融机构农户小额贷款利息收入免征增值税、重点群体创业就业扣减增值税、退役士兵创业就业扣减增值税、新疆国际大巴扎项目免征增值税等6项延续减税政策），累计为纳税人减免税金2.6亿元，办理出口退税3.5亿元。进一步推进营业税改增值税，组织建筑业、房地产业、金融业、生活服务业纳税人开展“营改增”点对点培训30余场次，主要解读税收优惠政策，试点纳税人税负“只减不增”。遵循依法治税原则，进一步完善行业税收管理办法，开展“百日千户”专项行动，加大税务稽查力度，打击税收违法行为，规范税收秩序；全年入库评估税款5000余万元，稽查税款2000万元。

【纳税服务】2017年，市国税局落实国家税务总局“简政放权”“放管服”的部署，着力推进“多证合一”、个体工商户营业执照和税务登记证“两证整合”等商事制度改革，104项涉税审批平均提速40%以上；执行纳税服务规范，推行“一人一窗”办税服务模式，加快国、地税服务深度融合，全年互派人员4人、互设窗口3个，共建办税服务厅已进入搬迁准备阶段。开展“纳税服务年”活动，推行“流动税校”“掌上办税”“电子税务局”等服务举措，完善“一站式”服务流程，推行全职能窗口服务，实施免填单服务22项，有效精简办税流程，涉税事项办理平均提速13%。

2017年醴陵市国家税务局税收分行业完成情况一览表

表5　　单位：万元

项目	累计入库				
	税额	为计划的（%）	2016年同期	比2016年同期	
				增加额	增长（%）
各项收入总计	169934	105.09	108927	61007	56.01
一、两税合计	151066	105.64	91161	59905	65.71
中央级	78961		55221	23739.5	42.99
省　级	18026		8986	9040.38	100.61
县　级	54079		26957	27122.13	100.61
1. 增值税	144211	106.04	84947	59264	69.77

续表 5-1 单位：万元

项目	累计入库				
	税额	为计划的（%）	2016 年同期	比 2016 年同期	
				增加额	增长（%）
其中：一般纳税人	122628		68843	53785	78.13
纺织品	1		3	–2	–66.67
纸制品	826		901	–75	–8.32
服装	1970		1644	326	19.83
化学化工产品	912		764	148	19.37
非金属矿物制品	16349		5678	10671	187.94
陶瓷制品	40076		27492	12584	45.77
其中：日用瓷	24268		16479	7789	47.27
其他瓷	15808		11013	4795	43.54
机械制造	1717		1843	–126	–6.84
鞭炮烟花	4873		3908	965	24.69
煤炭	214		145	69	47.59
供电	2463		2650	–187	–7.06
商业	22691		14294	8397	58.74
其中：批发业	9545		7460	2085	27.95
零售业	13146		6834	6312	92.36
橡胶制品	230		255	–25	–9.80
营改增	43414		15971	27443	171.83
其　他	8475		9399	–924	–9.83
2. 消费税	6855	97.93	6214	641	10.32
酒	0		0	0	0.00
鞭炮烟花	6792		6106	686	11.23
贵重首饰	28		31	–3	–9.68
二、企业所得税	18868	100.90	17766	1102	6.20
其中：陶瓷	4235		3502	733	20.93
鞭炮	15		21	–6	–28.57
商业	2315		2408	–93	–3.86
房地产	672		656	16	2.44
三、个人所得税	0		0	0	0.00
四、车辆购置税	7821		6763	1058	15.64

续表 5-2 单位：万元

项目	累计入库				
	税额	为计划的（%）	2016 年同期	比 2016 年同期	
				增加额	增长（%）
附注：					
鞭炮税收合计	11680		10035	1645	16.39
其中：内销	5014		4839	175	3.62
外销	6666		5196	1470	28.29
工业税收	91562		63287	28275	44.68
免抵增值税	23435		10442	12993	124.43
出口退增值税	35209		22689	12520	55.18
出口退消费税	3707		4189	–482	–11.51
文化建设事业费收入	128		157	–29	–18.47

2017 年醴陵市国家税务局税收分税种完成情况一览表

表 6 单位：万元

项目	增值税					消费税				
税额 / 单位	年度计划	累计完成	上年同期	为计划（%）	同比（±%）	年度计划	累计完成	上年同期	为计划（%）	同比（±%）
全局	13600	144211	84947	106.04	69.77	7000	6855	6214	97.92	10.31
管理一科		40752	31148		30.83		0	0		0.00
管理二科		37359	19246		94.12		3835	3326		15.29
王仙分局		5984	4028		48.56		2521	2436		3.48
泗汾分局		7921	5678		39.49		221	80		176.94
板杉分局		12661	6257		102.35		124	124		–0.21
渌江分局		19425	9438		105.82		119	210		–43.29
四塘分局		18383	8167		125.10		33	37		–10.12
稽查局		1727	984		75.52		2	1		100.00

续表 6-1 单位：万元

项目	两税合计					企业所得税				
税额 / 单位	年度计划	累计完成	上年同期	为计划（%）	同比（±%）	年度计划	累计完成	上年同期	为计划（%）	同比（±%）
全局	143000	151066	91161	105.64	65.71	18700	18868	17767	100.9	6.20
管理一科		40752	31148		30.83		4224	2858		47.78

续表 6-2 单位：万元

项目	两税合计					企业所得税				
单位 \ 税额	年度计划	累计完成	上年同期	为计划（%）	同比（±%）	年度计划	累计完成	上年同期	为计划（%）	同比（±%）
管理二科		41194	22572		82.50		12371	13111		–5.65
王仙分局		8505	6464		31.57		32	24		33.49
泗汾分局		8142	5758		41.39		115	44		158.36
板杉分局		12784	6381		100.35		359	231		55.24
渌江分局		19544	9648		102.57		825	393		110.09
四塘分局		18416	8203		124.50		749	479		56.62
稽查局		1729	985		75.55		194	627		–69.06

（付　瑶）

地方税务

【概况】 2017 年，醴陵市地方税务局（以下简称“市地税局”）内设办公室、人事教育科、监察审计室、税政法规科、征管和科技发展科、收入规划核算科、财务管理科；下辖办税服务中心、信息中心、稽查局 3 个直属机构和 5 个税务分局；有在职干部职工 134 人。主要担负全市 5604 户企事业单位、13121 户个体工商户的地方税收征收管理工作。年内，全市累计入库地方税收、两个附加、残疾人保障基金及水利建设基金 12.52 亿元，比 2016 年同期增收 2428 万元、增长 1.98%，为调整后湖南省地方税务局收入调整目标口径 13.03 亿元的 96.1%；累计入库地方税收和教育费附加、地方教育附加 12.41 亿元，为市政府年度计划目标 11.7 亿元的 106.12%。累计征收企业基本养老保险基金收入 1466 万元，代征工会经费 776 万元；累计征收各项税费（金）12.75 亿元，比 2016 年同期同口径增收 2460 万元、增长 1.97%。全年稽查纳税户 35 户，查补税款 1500 万元，其中查处大要案件 2 起、查补入库税收 358 万元；与市国家税务局联合办案 2 起。

【税收征管】 2017 年，以“金税三期”税收管理信息系统工程为平台，推动征管转型。一是风险管理成效显现。设立风险管理办和纳税评估分局，以风险应对为导向，以强化数据比对分析为抓手，加大纳税评估、巡查调查和催报催缴力度。全年完成风险任务应对、调查巡查、纳税评估 3475 户次，入库税款 1.45 亿元。二是国地税合作不断深化。与市国家税务局共建办税服务厅，推行“一窗一人办税”服务模式，提升办税效率，优化办税服务；开展联合清理单管户、联合欠税公告、注销、定税等合作。三是综合治税持续完善。强化综合治税平台信息利用，按季度推送预警数据。通过“金税三期”纳税评估模块评估全市 22 户平台公司，评估入库税款 418 万元。

【税政管理】 一是加强对外籍个人、房地产、电瓷行业销售人员等重点、高收入人群和股权转让的个税监管。全年受理 12 万元以上个人所得税申报 906 人，申报人数和应补税额均实现两位数以上的增长。二是推动全市行政事业单位代扣代缴个人所得税工作。开展专项检查，印发宣传资料，邀请专家对全市行政事业单位财务人员、教育系统人员进行税法知识培训 450 余人次。年内，全市所有行政事业单位完成扣缴义务人登记，入库税款 960.5 万元。三是开展房产税、土地使用税清理。核查新增房产、土地税源 307 户，补缴税款 3000 余万元。四是认真开展环保税开征工作调研。了解和掌握费改税前全市排污费征管现状、征收行业分布特点等情况，预测费改税后税收效应，分析问题和困难并提出建议，撰写调研文章，向市委、市政府作好汇报，对接财政、环保部门做好接收工作。

【纳税服务】 2017 年，市地税局继续开展“便民办税春风行动”，不断推出便民办税新举措，落实办税事项“二维码”一次性告知，推动“互联网 + 纳税服务”，推行网上申报为主、自助申报为辅、实体厅办税兜底的纳税申报模式。加大错峰提醒力度，分批量主动预约纳税人错峰申报，全年“12366”平台发送短信 8000 余条。

2017 年醴陵市地方税收收入分税种完成情况一览表

表 7　　　　单位：万元

项　目	年度累计	较 2016 年同期		年度计划	为年度计划（%）
		增加额	增长率（%）		
地方税收合计	116584	2928	2.58		
1、增值税	373	-745			
2、营业税	4683				
3、企业所得税	17967	6427	55.69	11540	155.69
4、个人所得税	18679	11440	158.03	9894	188.79
5、资源税	910	-141	-13.42	1051	86.58
6、城市维护建设税	9567	-598	-5.88		
7、房产税	5745	1357	30.93		
8、印花税	1815	36	2.02		
9、城镇土地使用税	9702	4484	85.93	5218	185.93
10、土地增值税	25034	-16739	-40.07		
11、车船税	1881	230	13.93		
12、契税	16223	-6098	-27.32		
13、耕地占用税	4005	-1408	-26.01		

备注：此表剔除 2016 年营业税入库基数，其中 2016 年 1-12 月累计入库营业税 18812 万元

推行同城通办，实行国地联合办税。开展“问需求、优服务、促改革”活动，走访企业、问需问计，收集意见、建议 30 余条。在税收宣传月中，围绕“深化税收改革助力企业发展”宣传主题，与市国家税务局联合开展“诚信税收助力发展”之书香润税系列活动，送税法进企业、进书院、进校园、进瓷谷，发放税收宣传资料 3000 余份；接受二手房交易纳税、国地联合办税等税收政策咨询 300 余次。贯彻落实各项税收优惠政策，全年减免税费（金）约 1.9 亿元。完成 2016 年度纳税信用等级评定和各级人大代表、政协委员及有关候选人的涉税信息核查工作。（苏珊珊）

住房公积金管理

【概况】2017 年，株洲市住房公积金管理中心醴陵管理部以扩大公积金制度覆盖面、提供优质服务为主题，提升业务技能，优化服务质量，借助媒体宣传住房公积金新政策，进一步推进住房公积金归集、扩面工作。全年归集住房公积金 2.9 亿元，新增缴存人数 3102 人，发放个人住房贷款 401 户、1.14 亿元，个人提取住房公积金 2978 笔、1.31 亿元。

（陈丽莎）

湖南建业会计师事务所有限公司醴陵分所

【概况】2017 年，湖南建业会计师事务所有限公司醴陵分所有各类从业人员 15 人，其中有 10 人具备执业注册会计师、6 人具备执业资产评估师资格，2 人具备注册税务师资格，2 人具备注册土地估价师资格。全年完成各项业务 100 余项，其中审计业务 39 项、专项审计业务 14 项、验资业务 11 项、咨询业务 7 项、资产评估业务多项。年内，协助办理醴陵渌江投资控股集团有限公司和醴陵高新集团的资本金增资、年度报表审计、项目资本金审计、注入资产评估等融资项目 20 余个。办理小企业升规模企业代理 30 余户。配合市政府提高公共资金使用效果，办理畜禽退养专项资金和文体、医卫等单位的整体支出绩效评价。配合全市公车改革，办理全市行政事业单位处置公车评估项目 10 余个。

（谭　娟）

银行·保险

银　行

中国人民银行醴陵支行

【概况】 2017年，中国人民银行醴陵支行（以下简称“支行”）设人秘、国库会计、货币信贷与统计、货币金银、保卫和外汇管理6个股室；有在职干部职工25人。年内，支行强化支付结算、国库、发行、调统、外汇管理工作，扎实推进金融改革，继续抓好金融监管，进一步改善金融服务，努力强化内部管理，有效促进辖内金融业的平稳、健康发展。截至年末，全市金融机构各项存款余额343.3亿元，比年初增加22.2亿元、增长6.9%；各项贷款余额177.2亿元，比年初增加39.4亿元、增长28.6%。支行获评省级文明卫生单位、醴陵市工会工作先进单位，人民网以《醴陵支行真抓实干 工作出色 争创优异成绩喜迎党的十九大》为题进行报道。

【货币信贷】 2017年，支行继续加大对民生工程、基础设施、产业项目和“三农”经济的信贷投入，不断优化信贷结构，信贷总量合理增长。组织项目融资推介，对接“一江两岸”棚改、陶瓷会展馆、瓷城古韵等10余个重点项目和园区企业。推动3家银行与市政府签订《产业基金风险补偿贷款合作协议》，设立风险补偿基金6000万元，助推产业突围升级。加大对“三农”和小微企业支持力度，相继推出“小微快贷”“出口退税贷”“集体土地抵押贷款”等信贷产品，共50余家企业获得支持，中国金融新闻网以《湖南醴陵“惠农担—粮食贷”助力粮食生产》为题进行报道。

【维护金融稳定】 2017年，在全市金融机构中推行“两综合两管理一报告”（综合执法、综合评价，开业管理、营业管理，重大事项报告）制度，加强对金融机构日常合规性监管，对违规机构实施行政处罚4笔、罚金6.36万元，强化辖区金融机构依法合规经营和风险意识。完善地方法人金融机构风险监测框架，监测对象扩大到银证保及小贷公司、融资性担保公司等影子银行。开展存保评级和核查，全面、客观、审慎的对法人机构2017年度风险状态进行评价；开展“三农”信贷政策效果评估，全面评估金融服务“三农”发展的基本情况与总体成效。落实《中国人民银行关于加强支付结算管理防范电信网络新型违法犯罪有关事项的通知》文件精神，打击电信网络新型违法犯罪活动。加强法人监管，严格落实中国人民银行反洗钱3号令，执行大额交易和可疑交易报告制度。加大对民间金融监测力度，协助市政府打击、处置非法集资行为。建立社区诚信文化教育示范基地，推进“诚信醴陵”建设，维护金融稳定。

【精准扶贫】 2017年，根据市“精准扶贫”工作的精神和要求，落实各项工作任务，支行的扶贫小额信贷覆盖面和增量分别为省级考核任务的154.8%和231.5%。“三站合一”（金融扶贫、助农取款、农村电商服务站融合共建）工作取得实效，全面完成9个试点，部分完成8个试点的融合共建工作。做大产业扶贫贷款规模，依托扶贫产业项目库和农业生产合作社等现代农业生产经营主体，新增扶贫贷款7.92亿元。推进易地扶贫搬迁贷款政策落实，支持610户1819人建档立卡贫困户人口搬迁。

【金融服务】 一是保持辖区合理

现金供应。全年办理出入库业务1235笔、金额82.84亿元，确保辖区内流通中人民币的整洁和现金的合理供应。开展反假货币示范区建设，召开反假工作联席会议，建立反假货币工作站，推动反假货币工作不断深入，全年收缴假币2984张、面额28.17万元。二是发挥经理国库职能。全年业务量352605笔，其中预算内收入268590笔、预算内支出38433笔、收入退还1060笔。全年预算内收入业务量增加16263笔，预算内支出业务量增加9111笔。组织发行储蓄国债18期，实现销售额1981.5万元，比2016年同期增加1389.42万元。三是为外向型企业提供外汇服务。抓好各项外汇政策宣传和落实，联合商务部门和市工商银行股份有限公司醴陵支行举办外汇政策业务培训班2期，辖内123家进出口企业共300余人参加培训。走访涉外企业25家，开展“送政策上门”活动，做好外汇指导。办理27家出口企业名录登记，累计登记企业名录237家。开展外商投资企业外方权益抽样调查8次。办理辖内国际收支统计业务14303笔，金额3.29亿美元；办理跨境人民币业务收入1686万美元，同比增长46.5%。

（朱云霓）

中国工商银行股份有限公司醴陵支行

【概况】2017年，中国工商银行股份有限公司醴陵支行（以下简称“支行”）内设综合管理部、业务营销管理部，辖解放路支行、阳三石支行、新街支行、支行营业部和胜利路分理处5个对外营业网点，设青云路和湘东医院2个自助银行，有在册员工81人。全年实现营业利润5669万元、净利润4307万元，交纳各项税收1931万元。截至年末，支行各项存款余额252103万元，较年初增加9121万元；其中储蓄存款余额206020万元，较年初增加9537万元，对公存款余额46083万元，较年初减少316万元。支行各项贷款余额199746万元，较年初增加60832万元；其中公司贷款余额86039万元，较年初增加66851万元，个人贷款余额112965万元，较年初减少6511万元，票据贴现余额742万元。年内，支行新增“e支付”4253户、“工银e生活”188户，开通“融e联”9032户、“融e行”6390户，新增信用卡2405张，拓展二维码商户89户、一键支付4253户，完成个人理财40961万元，代理保险1285万元，新增三方存管1703户，完成国际结算业务1500万美元。

（黄　烨）

中国农业银行股份有限公司醴陵市支行

【概况】2017年，中国农业银行股份有限公司醴陵市支行（以下简称“支行”）内设综合管理部、公司业务部、个人金融部、财会运营部和风险管理部，下辖支行营业部和白兔潭、王仙、泗汾、火车站、国泰、城南、城东、瓷城9个营业网点，有在职员工136人。全年实现营业收入1.77亿元，各项支出1.01亿元，实现账面利润7538万元，交纳各项税收887万元。截至年末，支行各项存款余额39.84亿元，各项贷款余额29.34亿元；国际结算量8665万美元，比2016年增加986万美元，国际结售汇7760万美元。支行被中国农业银行总行评为安全生产“三化三达标”（标准化、制度化、精细化，物防达标、技防达标、人防达标）先进单位，被中国农业银行湖南省分行评为一级支行经营管理先进单位。

【金融服务】2017年，支行围绕全市金融工作重点，以“强力营销调结构”为发展主线，助力城乡建设全面发展。一是关注民生工程，推动文明城市创建。全年贷款投入10亿元，重点投放渌江书院扩建、渌江防洪水利工程等项目建设。二是支持实体经济建设。株洲市分行首笔境外汇款4500万美元在支行落地。支行灵活运用“湘汇贷”产品，助力小微企业和大中型陶瓷企业发展，信贷余额占比较上年提高11个百分点。三是助力精准扶贫，发展乡村产业。全年投放精准扶贫富农贷、养老贷、惠农担粮食贷等贷款9000万元，发放惠农直补卡4875张，新增惠农卡有效客户7040张。

（贺约煌）

中国建设银行股份有限公司醴陵支行

【概况】2017年，中国建设银行股份有限公司醴陵支行（以下简称“支行”）内设业务部、营业部，下辖中心街、火车站支行，有在职员工42人。截至年末，支行一般性存款余额27.6亿元，比年初增加1.95亿元；信贷余额12.72亿元，其中公司贷款余额8.31亿元、个人贷款余额4.41亿元。全年发放贷款4.05亿元，不良贷款余额1016万元，比年初增加45.26万元；其中公司不良贷款866万元，不良率为0.8%。

（何亦卿）

中国农业发展银行醴陵市支行

【概况】2017年年末，中国农业发展银行醴陵市支行（以下简称“支行”）各项贷款余额14.71亿元，较年初增加5.87亿元；其中渌江集团整体城镇化建设贷款8.02亿元，安居公司棚改贷款6亿元，商粮局挂账贷款0.69亿元；各项存款余额10.92亿元，存贷比为106.39%，日均存款10.55

亿元、较年初增加 0.15 亿元。营销财政性存款 20879 万元，实现中间业务收入 4.15 万元，实现外汇结算 345 万美元、比 2016 年同期增加 173 万美元。各项收入 6049.35 万元，各项支出 1355.25 万元，实现利润 4694.05 万元。国际结算业务总量 345 万美元，比 2016 年同期增加 173 万美元。其中华鑫电瓷实现结算 265 万美元，占支行业务量的 76.81%。不良贷款继续保持为零。

【会计结算业务】一是继续做好农业发展的重点建设基金业务。全年上划基金投资收益 262 万元，加大基金使用力度，助力地方陶瓷产业和重点企业转型升级。二是实现“营改增”新旧税制平稳转换。聘请资深解读员解读税收政策和讲授操作规程，组织员工参加系统内外培训。按照国家税务局的要求做好信息登记，完善业务设置，配合做好“金猴工程”二期系统改造上线运行工作。全年支行的综合业务系统运行稳定，实现系统工作零差错。

【信贷业务】2017 年，支行为改善因上年债券置换 11.95 亿元而导致贷款基数较低的状况，抢抓政策机遇，营销棚改项目 2 个，贷款审批金额 11.58 亿元。其中“一江两岸”棚改项目贷款 4.98 亿元，截至 12 月累计发放贷款 4 亿元；玉瓷路棚改项目贷款 6.6 亿元，截至 12 月累计发放贷款 2 亿元。截至年末，支行中长期贷款项目余额由年初的 8.84 亿元增至 14.02 亿元。

【基金管理】2017 年，支行有基金客户 4 家，金额 1.89 亿元；其中湖南醴陵釉下五彩城开发有限公司 7000 万元、湖南华鑫电瓷 3600 万元、湖南轻工高级技工学校 1900 万元、株洲时代金属 6400 万元。基金项目涵盖陶瓷文化、陶瓷人才培养、高压电瓷和轨道交通装备制造，均为市十大重点和产业项目。截至年末，支行基金累计支付资金 6892.43 万元。

【储粮监管】一是加强与市政府、市商务旅游和粮食局、中国农业发展银行株洲市分行及营业部的沟通，配合完成县级储备粮贷款申报和发放工作。二是按照四方协议要求，认真履行职责，加强库存异地监管，严格落实定期查库制度，督促企业严格执行储备粮库存监管制度。三是督促市商务旅游和粮食局与市政府修订、出台《醴陵市县级储备粮管理办法》，明确粮食轮换、动用产生的费用和价差亏损补贴。

【易地扶贫搬迁资金】2017 年，全市易地扶贫搬迁实施对象共有 610 户 1819 人。支行按照易地扶贫资金相关要求，完善资金支付资料。实行严格审核流程，做到专款专用。开设支付绿色通道，做好金融服务工作，建立资金使用台账。截至年末，支行收到建档立卡贫困户搬迁报账资料金额 3008 万元，实际支付 3008 万元。

（钟灵毓秀）

中国银行股份有限公司醴陵支行

【概况】2017 年，中国银行股份有限公司醴陵支行（以下简称“支行”）内设综合保卫部、营业部，下辖上正街、瓷城大道、青云南路支行；有干部职工 63 人，其中新分配合同制员工 2 人。截至年末，支行实现税后利润 4500 余万元，各项存款余额突破 30 亿元，各项贷款近 11 亿元。在株洲市系统全辖的 31 个单位绩效考核中位列第五，支行团支部被评为醴陵市“五四红旗团支部”。

【业务发展】2017 年，支行人民币各项存款余额 298769 万元，较年初减少 943 万元；其中公司存款余额 114121 万元，较年初减少 7576 万元；个人存款余额 184648 万元，较年初增加 6633 万元。外币储蓄存款余额 793.69 万美元，较年初增加 242.05 万美元；外币公司存款 761.31 万美元，较年初减少 135.03 万美元。各项贷款余额 109908 万元，较年初增加 11279 万元；其中公司贷款余额 27725 万元，较年初减少 2568 万元，实际新投放 22916 万元；个人贷款余额 75568 万元，较年初增加 14411 万元，实际新投放 25070 万元；银行卡透支 3525 万元，较年初减少 539 万元，票据贴现余额 1732 万元、较年初减少 253 万元。非应计贷款余额 1358 万元，较年初增加 228 万元。全年实现净收入 7295 万元，中间业务收入 965 万元。年内，支行参与渌江古城之瓷城古韵（一江两岸）文化休闲带建设项目的银团贷款，完成全部贷款手续的申报，拟融资 5 亿元。

【精准扶贫】2017 年，支行对官庄镇瓦子坪村的 12 户贫困户开展对口帮扶，支出扶贫资金 8 万元。其中协助危房改造、易地搬迁 5 户，支持资金 6000 余元；利用产业帮扶 4 户，支持资金 2 万余元，实行医疗救助 3 人，支持资金 3000 余元。与 9 个帮扶单位共出资 50 余万元，帮助瓦子坪村兴办光伏发电项目，该项目投产后每年可为该村增加收入 4 万余元。发动员工捐款 1.33 万元，用于慰问贫困户。支持贫困户的农产品销售，向贫困户购买蜂蜜 10626 元。（刘宏玉）

中国邮政储蓄银行股份有限公司醴陵市支行

【概况】2017 年，中国邮政储蓄银行股份有限公司醴陵市支行

（以下简称“支行”）内设综合管理部、三农金融部和公司业务部，下辖 4 个二级支行；有在职员工 61 人，其中正式员工 53 人、劳务派遣员工 8 人。截至年末，支行各项存款余额 15.07 亿元，较年初增加 0.58 亿元；其中个人存款余额 9.18 亿元，较年初增加 0.84 亿元，对公存款余额 5.89 亿元，较年初减少 0.26 亿元。各项贷款余额 10.92 亿元，较年初增加 1.77 亿元。年内，支行为烟草、石化、电信、电力等企业及全市商贸流通企业，提供营业资金归集、销售货款电子结算、集团现金管理、代收客户费用、POS 收单、聚合支付、电子银行等服务，为市财政、社保、教育、住房公积金等单位，提供代理非税、集中支付、代发工资、代发补贴等服务。开展“金融知识进千村入万户”活动，通过召开金融产品推介会、银企对接会、理财沙龙、投资者座谈会等形式，提高服务“三农”的能力。先后开发集体土地抵押贷款、医院贷、税货通、烟草贷、助保贷、产业基金贷款、烟花鞭炮行业等贷款新产品，支持地方经济力度不断加大。（林　英）

华融湘江银行股份有限公司醴陵市支行

【概况】2017 年，华融湘江银行股份有限公司醴陵市支行（以下简称“支行”）内设综合室、公司业务部、零售业务部和营业部，有在职员工 15 人，实现营业利润 3188 万元，交纳各项税费 411 万元。截至年末，支行各项存款余额 12.68 亿元，较年初增加 7896 万元；其中储蓄存款余额 2.3 亿元、较年初增加 4425 万元，对公存款余额 10.3 亿元、较年初增加 3472 万元。支行各项贷款余额 8.4 亿元，较年初增加 3.9 亿元；其中公司贷款余额 6.9 亿元、较年初增加 3.5 亿元，个人贷款余额 1.5 亿元、较年初增加 3763 万元。年内，支行向枫林镇樟仙村和浦口镇拨付扶贫资金 4 万元，爱心助学捐款 3.3 万元，组织员工为贫困户捐款 4100 元，发放走访慰问金 2000 元、扶贫贷款 6 笔 16.2 万元。（阳　敏）

湖南醴陵农村商业银行股份有限公司

【概况】2017 年，湖南醴陵农村商业银行股份有限公司（以下简称“公司”）内设 12 个职能部门，下辖 1 个营业部、29 个支行、16 个分理处；营业网点遍布城乡，有“全国五星级服务网点”“全国四星级服务网点”各 1 个，新增离行式自助银行 20 个；有员工 503 人，其中中共党员 291 人。截至年末，公司各项存款余额 118.79 亿元，较年初增加 14.7 亿元，增长 14.13%；各项贷款余额 58.37 亿元，较年初增加 8.99 亿元，增长 18.22%；存贷款市场份额分别为 34.6%、32.95%，存款新增占比 66.29%。年内，公司获评“湖南省农村信用社绩效考核先进单位”“新一代业务系统建设组织推动先进单位”“株洲银行业综合办公及声誉风险管理先进单位”，有 1 人入选湖南省金融写作协会。

【金融创新】2017 年，公司开展“随机立减”扫码支付、“一元观影”贷记卡刷卡优惠等营销活动，推广“天天掌柜”党费缴纳、车辆违章缴纳功能。设立助农金融服务点 25 个，农民“足不出村”即可办理业务，打通惠民便民金融服务“最后一公里”。拓展国际结算、贸易融资、外币存贷款等国际业务，9 月，公司成为湖南省农信系统第二家、株洲市农信系统第一家获批外汇业务的农村商业银行，填补公司外向型企业国际业务服务空白。建立城区、渌江、白兔潭 3 个商户贷款中心，推出“金商贷”，满足小微企业主“短、频、快”资金需求，打造一站式信贷服务平台。（谭芳园）

长沙银行醴陵支行

【概况】2017 年，长沙银行醴陵支行（以下简称“支行”）有在岗员工 30 人；下设营业部、市场营销部、综合保卫部和醴陵白兔潭二级支行、醴陵荟萃社区支行和醴陵财富社区支行，其中醴陵财富社区支行、白兔潭二级支行为年内新设网点。截至年末，支行各项存款余额 16.01 亿元，比年初增加 3.51 亿元，增长 28.05%；其中储蓄存款 6.36 亿元，比年初增加 2.02 亿元、增长 46.52%；各项贷款余额 6.47 亿元，比年初减少 1.27 亿元。支行全年实现经济增加值 4905 万元，上缴地方税收 359.67 万元。年内，支行被长沙银行总行评为优秀一级支行，获株洲分行最佳经营奖。（田国富）

中信银行株洲醴陵支行

【概况】中信银行株洲醴陵支行（以下简称“支行”）是中信银行长沙分行在湖南区域的第 32 家网点，标志着中信银行完成湖南区域的“中国百强县”布局。2017 年，支行下设公司部、零售部、营业部，有在岗职工 18 人。年末，支行各项存款余额 12.25 亿元，其中对公存款 6.65 亿元、零售存款 5.6 亿元；各项贷款余额 4 亿元。（阳志鹏）

保　险

中国人民财产保险股份有限公司醴陵支公司

【概况】2017 年，中国人民财产保

险股份有限公司醴陵支公司下设车险部、非车险部、营销部、农险部、理赔分部、三农服务部和综合部，有在编员工46人、营销员78人。主要提供机动车辆保险、企业事业单位财产保险、农业保险、工程保险、家庭财产保险、国内及远洋货物运输保险、各种责任保险、人身意外伤害保险、短期健康保险等保险服务。全年完成保费收入6800万元。

（晏莉莎）

中国人寿保险股份有限公司醴陵支公司

【概况】2017年，中国人寿保险股份有限公司醴陵支公司（以下简称“支公司”）有在编员工31人，专职代理人1500人；内设综合部、个险部、银保部、团险部和客户服务部，全市范围设有10个营销服务部。开办养老、医疗、意外、理财等五大类保险，在全市率先开展老年人保险、村干部保险、学生险及计划生育家庭等惠民保险业务，支公司保险业务量占比全市整体市场份额的60%。全年实现保费收入3.22亿元，其中寿险新单保费8383万元；各项业务指标完成率在全省系统内排名前列，其中个人营销和小额贷款业务绝对量排名县域第一。年内，支公司获评全省系统先进县支公司，连续多年被总公司评为“一把手”培养基地。

【诚信便捷服务】2017年，支公司继续保持高效率理赔，对资料齐全且无争议的满期及理赔在3~10天内给付；全年理赔2730起，日理赔件数超过7起，赔付金额近1261万元；其中为43名建档立卡贫困户支付大病补偿、意外死亡和医疗金29万元。支公司为客户推出E宝账、微回访、微回执、微理赔等全自助电子化服务的应用系统，客户可通过电脑网页、手机APP、微信等方式实现公共服务、查询服务、交费服务、保全服务、理赔服务、柜面e服务等6大类49项服务，让客户足不出户就能办理相应的保险业务。

（黄　涛）

民政·社保

民　政

【概况】2017年，市民政局有在编人员78人，其中行政编制18人、事业编制60人。内设办公室、法规股（行政审批股、信访室）、计划财务股、社会救灾救助股、社会福利和社会事务股（老龄办）、基层政权股（地名办）、纪检监察室（政工股）7个股（室）；下设市慈善办公室、退役军人服务中心、市社会救助服务中心、市婚姻登记处、市福彩销售管理中心、市烈士陵园管理所、市社会福利中心、市殡仪馆、市军队离退休干部休养所、市救助管理站10个事业单位。主要负责全市城乡困难群体最低生活保障、救灾救助、退役军人接收安置、优待抚恤、双拥、婚姻登记、基层政权建设、社区建设、行政区划、勘界、地名、社团、老龄、社会福利、殡葬、流浪救助、收养、“五保”供养等各项社会保障和社会管理工作。

【社会救助】2017年，社会救助工作进一步加强，全面完成农村低保和兜底保障对象的认定、清理、整顿工作，全市农村低保对象由清理之前的15541户30381人减少至10187户19526人，社会保障兜底对象由清理之前的2333户5716人减少至1258户2933人。进一步提高困难群体救助水平，社会保障兜底脱贫标准由每人260元/月提高至每人280元/月。农村低保由人均救助135元/月提高至149元/月。全市共有城镇低保对象14623人，发放城镇低保金4461.59万元；发放农村低保金5679.55万元。城乡医疗救助力度不断加大，制订并实施《醴陵市城乡医疗救助制度实施补充细则》，对全市符合医疗救助条件的1261户救助对象实施救助，发放救助金411.64万元。积极推动“救急难”试点工作，集中力量解决群众急难问题，救助2166人次，发放救助金220万元。10月，开启城乡医疗救助“一站式”（符合医疗救助条件的城乡社会救助对象在定点医疗机构看病就医，在得到城镇居民基本医疗保险报销或新型农村合作医疗补偿的同时，医疗救助费用由定点医疗机构垫支，民政部门定期结算）结算服务。主动做好流浪乞讨人员救助工作，在“瓷博会”期间，开展“夏季送清凉”救助专项行动。全年累计救助流浪乞讨人员1362人次（其中男性1078人次、女性284人次）、未成年人27人次，医疗救治174人次；护送返乡182人次，其中跨省护送45人次、跨省接领13人次、接领返乡26人次。

【救灾救济】2017年，救灾救济力度进一步加大，修订并发布《醴陵市自然灾害应急预案》，强化灾害应急管理，切实加强灾情上报工作。开展冬春期间生活救助工作，及时下拨冬令春荒救助金392万元；在“6·14”洪涝灾害期间，共发放救灾金204万元、棉被1000余床，救助困难和受灾群众1265人次，帮助因灾倒房户39户房屋重建。组织开展全国第九个“防灾减灾日”宣传周活动，发放宣传挂图40余套、手册2500份、防灾减灾无纺布购物袋500余个，受教育群众数千人。年内，市阳三石街道渌江社区成功创建“湖南省综合防灾减灾示范社区”，并申报为“国家综合防灾减灾示范社区”。

【特困供养】2017年，拨付资金700万余元，用于敬老院改扩建工作。截止年末，全市有敬老院35所，有集中供养床位3566张。全市共有农村特困供养人员

7606人，其中分散供养5459人、集中供养2147人；分散供养标准由每人300元/月提高至每人317元/月，全年发放特困供养金3350.8万元，发放丧事一次性补助费用60万元。

【福利事业】2017年，全市新增福彩投注站点4个、福彩旗舰店2个、中福在线国瓷南路销售厅1个，销售金额达9500万元。加大对残疾人的帮扶力度，全市共有重度残疾人6991人，困难残疾人4829人，全年共发放残疾人“两项补贴”（困难残疾人生活补贴、重度残疾人护理补贴）721万元。加强留守儿童关爱保护工作，出台《加强农村留守儿童关爱保护工作的实施意见》，建成“留守儿童之家”13家，为133名孤儿发放生活费98万余元。年内，市社会福利中心与西藏山南扎囊县“五保”集中供养中心结为友好单位，加强两地的交流与沟通，促进两地福利工作的共同发展。

【优抚安置】2017年，优抚安置工作进一步加强，成立醴陵市退役军人服务中心，为全市10万余名退役军人搭建服务平台；成立醴陵市双拥工作领导小组，制定《醴陵市双拥工作机构建设方案》；成立区、街道（镇）、社区（村）三级双拥工作机构，开展双拥政策宣传、信息联络、安抚疏导。组织开展大走访维稳活动，共走访、慰问市困难优抚对象1.2万余人，发放慰问金480万余元；开展“爱心献功臣”活动，全市121家单位为545名功臣献爱心；开展市首届“最美退役军人”评选活动，在庆祝建军90周年大会上，表彰获奖退役军人10人。年内，全市新增烈属、伤残、参战、参试、带病回乡、老烈子、年满60周岁的老兵等优抚对象742人。全年发放各类优抚对象定期抚恤补助金4900余万元，为413人次重点优抚对象发放住院医疗补助金76万元。全年接待退役军人来信来访1万余人次，接收退役士兵246人。举办年度退役士兵的职业教育和技能培训班4期、参培192人，培训获证率为100%。完成市退役士兵的安置任务，年内有符合安置条件的退役士兵34人，除1人选择自谋职业外，其余人员均带编安置在市信访局、市城市管理和行政执法局、市安全生产监督管理局及各镇（街道、示范区）等23个机关事业单位。为399名2016年的退役士兵，发放自主就业一次性补助金418.9万元。

【陵园管理】2017年，加强陵园烈士纪念设施和环境的保护管理。完成陵园全覆盖数字监控系统建设和烈士纪念馆立面改造。配合完成烈士褒扬工作，首次开展免费为群众提供鲜花祭扫烈士活动；规范烈士墓地管理，增设墓地排号标示牌，方便群众祭扫。协助市委、市政府完成“9·30”烈士公祭活动。全年陵园共接待游客10万人次。

【慈善事业】2017年，认真贯彻落实《中华人民共和国慈善法》《国务院关于促进慈善事业健康发展的意见》文件精神，充分利用媒体、网站、户外广告、微信等平台，开展慈善宣传活动，公布慈善募捐、救助信息和《慈善资金收支审计报告》，提升慈善公信力。通过“天天一元捐”和定向扶贫、助学等形式，共募集善款2620万元。组织开展“春节慈善送温暖”“慈善助医”“关爱地贫儿童”“金秋助学”等救助活动，发放各类救助金1592万元。搭建救助平台，新建社区慈善超市6家，为低保、贫困家庭提供无偿或低价日常生活用品。

【区划调整】2017年，开展全国地名普查工作，共采集地名11大类、60小类、28301条，其中陆地水系类地名32条，陆地地形类地名3598条，群众自治组织类地名8283条，非行政区域类地名2076条，居民点类地名445条，交通运输设施类地名1015条，水利、电力、通信类地名5812条，纪念地、旅游景点类地名666条，建筑物类地名95条，单位类地名6279条。拍摄各类地名照片5.67万张，采集地名标志信息513条。年内，全国地名普查工作通过省、株洲市成果验收，准备接受国家验收。

【社区建设和社团管理】2017年，完成全市270个村（居）委会的换届选举工作。全面规范村务公开，加速推进农村社区建设试点工作。完成茶山镇东岗村“全国农村社区示范点”的申报、考核评估工作；完成城市7个“五彩社区”新建申报等工作。做好社会组织的成立、年检和新证换发工作。年内新登记社会团体20家、民办非企业单位12家。截至年末，全市共有社团组织141家、民办非企业单位333家。

【老龄工作】2017年，大力倡导“尊老、敬老、爱老、助老”服务理念，加大医养结合工作力度，新建远恒老年养护院医养结合养老示范点、居家养老服务站7个和日间照料中心12家；全市新增养老床位1823张，累计有养老床位6048张，每千名老人拥有养老床位35张，提前3年完成小康任务指标。年内，为27461名老人购买老年人意外伤害险，保费达267万元；为303名老人支付理赔金167.38万元。为2435名90岁以上老人发放高龄津贴187万余元，办理老年人优待证7037本。

【婚姻登记】2017年，不断加强

婚姻登记队伍建设，树立窗口单位良好形象，积极创造条件，申报创建“国家3A婚姻登记机关”。全年办理结婚登记5745对、离婚登记2234对，补发婚姻证件1872对，办理收养登记31例，接待查询婚姻档案1854人次，整理2006年婚姻档案9000余份。

【殡葬管理】2017年，共火化遗体602具，殡仪治丧215场次，销售公墓279座。全年完成非税收入626万元，免除困难群众基本殡葬服务费用91人次，合计16.3万元。（刘　双）

人力资源和社会保障

【概况】2017年，市人力资源和社会保障局（以下简称“人社局”）内设办公室、计划财务股、基金监督股、仲裁股、公务员管理办公室、事业单位人事管理股、工资福利股、工伤认定股、信息中心、劳动人事档案管理股、城乡居民医保股11个行政股室，下设市劳动就业管理局、工伤保险局、社会劳动保险局、城乡居民医保管理服务中心、人力资源服务中心（干部考试培训中心）、劳动监察队6个副科级全额拨款事业单位和城乡居民社会养老保险中心、绩效评估委员会办公室2个正股级全额拨款事业单位，共有在职在编人员89人。全年人力资源和社会保障工作紧扣“民生为本、人才优先”的工作主线，遵循“讲党性、守规矩、重公平”的工作纪律，围绕“人有所事、老有所养、病有所医、伤有所治、失有所保、规范用工”的总体工作目标，完成省、株洲市下达的各项目标任务，为全市经济社会发展做出贡献。

【公务员管理】2017年，全面完成机关事业单位10260名工作人员2016年度的考核奖惩工作，评选出优秀等次公务员1300人；公务员和参照公务员管理人员连续三年考核优秀记三等功的38人，基本称职6人，不称职12人，不定等次20人；办理公务员辞职3人，调动手续151人次，及时登记公务员队伍异动情况。年内，按照上级军转干部及家属安置的有关精神和要求，安置8名军转干部及家属。承办提请市人大常委会决定的人事任免事项3项、市人民政府决定的人事任免事项4项；完成全市机构改革人员划转、调整安置工作。完成2017年公务员考录计划申报、考察和分配等工作，申报计划职位17个，通过笔试、面试、体检、考核等程序，共录用公务员和参照公务员管理人员82人。

【事业单位人事管理】2017年，市事业单位人事管理工作进一步加强和规范，严格执行《湖南省事业单位公开招聘人员试行办法》，事业单位公开招聘率达100%。首次主办市教育、卫生系统事业单位工作人员的招考工作，公开招聘市教育系统工作人员257人、卫生系统工作人员64人、市直事业单位工作人员64人、“三支一扶”（大学生在毕业后到农村基层从事支农、支教、支医和扶贫工作）支农岗位人员4人。

【工资福利】2017年，依托网络薪资系统，对全市机关事业单位工作人员的工资实施动态管理，办理各项工资异动业务5万余例，其中审批退休480例，审批死亡抚恤金及遗属困难补助130例。办结新录用人员转正定级手续670例，认定工龄450例。全程参与机关工作人员公务用车补贴审批，完成市人民法院、市人民检察院员额工资制度改革、机关单位津贴补贴和事业单位绩效工资水平调整、职教幼教退休补贴调整和机关事业单位工资统计等工作，协助完成人才统计工作，牵头组织市公立医院薪酬制度改革试点工作。

【人才培训】2017年，举办第四期中层干部执行力提升培训班，培训中层干部49人。组织初任公务员、新聘事业单位工作人员91人进行入门培训。对150名专业技术人员，开展以保密意识和保密常识教育为主题的公需科目培训。

【人才管理和服务】2017年，办理人才档案管理业务5000余人次，新增人才管理档案1375份，办理人员流动手续500余人次。全年举办“春风行动”系列招聘会等各类招聘会17场次，为2万余名求职者提供就业服务，其中达成就业意向3740人，基本实现服务就业、服务产业、服务发展的工作目的。年内，依托醴陵人力资源和社会保障网（原醴陵人事人才网）日点击率达1000余人次的资源优势，优化网上招聘与求职平台。固定每月20日，在市人力资源市场面向求职者举办招聘会。

【民生实事】2017年，全市有新增城镇就业人员6800人、新增养老床位69张、城区棚户改造3509户和特困移民解困避险拆迁安置636人等湖南省民生实事指标12项，新增农村中小学校舍防雷工程23所、贫困人口脱贫6771人和实现“零就业家庭”动态援助100%等株洲市民生实事指标55项，新增农村劳动力转移就业人员4500人和城乡居民基本医疗保险参保率达95%等醴陵市民生实事指标33项。为完成各项民生实事指标和任务，按照“年初动员交办、年中督查

醴陵市供销合作社联合社

LI LING SHI GONG XIAO HE ZUO SHE LIAN HE SHE

湖南省供销合作总社理事会党组成员、副主任杨利凯到醴陵调研

湖南省供销合作总社理事会党组成员、副主任杨利凯一行到茶山镇东岗村供销惠农服务社调研

株洲市供销社联合社党组书记、理事会主任郭敏祥到醴陵调研

党组书记、主任王宇参加 2018 年株洲市供销系统工作会议

市供销合作社联合社获评 2017 年株洲市供销系统综合业绩考核一等奖

沈潭镇夏星社区供销惠农服务社

醴 陵 市 公 安 局

LI LING SHI GONG AN

市委书记胡湘之慰问执勤交警

维护道路交通秩序

交通安全宣传教育

强化队伍建设

服务经济社会发展

交通警察大队

.O TONG JING CHA DA DUI

领导班子

精准扶贫工作

文明交通志愿服务

醴陵市水务集团

LI LING SHI SHUI WU JI TUA

市委书记胡湘之考察冰冻期间供水状况

公司正门

水厂面貌

供水服务走进社区

公司扶贫专干为官庄村贫困户解决用水难题

（醴陵市自来水公司

LI LING SHI ZI LAI SHUI GONG SI）

公司窗口人员“内化于心，外化于形”培训现场

公司信息与客户服务中心“微笑服务”

供水综合服务大厅

“弘扬雷锋精神，深化志愿服务”主题活动

湖南省工人先锋号颁奖现场

醴陵市渌江投资

LI LING SHI LU JIANG TOU

领导班子

党委书记、董事长黄小勇与贫困户交谈

项目巡礼

集团 2017 年度总结暨述职述廉大会

控股集团有限公司

ONG GU JI TUAN YOU XIAN GONG SI

公司年会

“瓷城古韵”之一江两岸项目效果图

望江楼

醴陵市重点项目——渌江书院改造工程

李立三故居

醴陵国际陶瓷文化特色街区效果图

醴陵市高新技术产业

LI LING SHI GAO XIN JI SHU CHAN Y

董事长 易勇

株洲市委副书记雷绍业、醴陵市委书记胡湘之调研陶瓷会展馆项目建设

市委书记胡湘之到东富工业园调研

市领导调研东富电力电瓷电器产业园建设情况

集团组织学习习近平总书记关于进一步纠正“四风”加强作风建设重要批示精神

到东富寺参观学习

发展集团有限公司

A ZHAN JI TUAN YOU XIAN GONG SI

扶贫工作

趣味运动会

高新鼎盛铭城鸟瞰效果图

陶子湖项目效果图

中国陶瓷谷国际会展中心实景

醴陵长庆示范区

LI LING CHANG QING SHI FAN QU

市委书记胡湘之现场调度黄沙农贸市场工作

市人大常委会主任贺小玲调研“三创四化”工作

湖南醴陵经济开发区纪工委书记刘高飞调度精准扶贫工作

湖南醴陵经济开发区纪工委书记刘高飞深入重点企业走访调研

长庆示范区
CHANGQING DEMONSTRATION ZONE

党工委书记　汤文

主任　凌伟

查违专项整治行动

河道巡查

醴陵市来龙门

LI LING SHI LAI LONG ME

湖南省委副秘书长、省机构编制委员会办公室主任魏旋君，株洲市委副书记、市人民政府市长阳卫国到马放塘社区考察

市委书记胡湘之到来龙门街道办事处调研

市委常委、市委办主任王志强到来龙门街道检查安全生产工作

党工委书记彭亿安走访贫困户

党工委书记、主任姚武为玉瓷路拆迁户解读拆迁政策

组织基层党组织、"两代表一委员"开展结对帮扶活动

街道办事处

JIE DAO BAN SHI CHU

开展与文明同行党日活动

开展村居“两委”集体谈话和宣誓活动

开展文明劝导活动

开展玉瓷路棚户区改造集体签约活动

召开“一江两岸”棚户区搬迁安置摸号、选房现场会

醴陵市阳三石

LI LING SHI YANG SAN SI

市委常委、常务副市长曾毅鹏到辖区企业开展帮扶工作

街道党工委书记孙平接待来访群众

对辖区学校开展教育督查

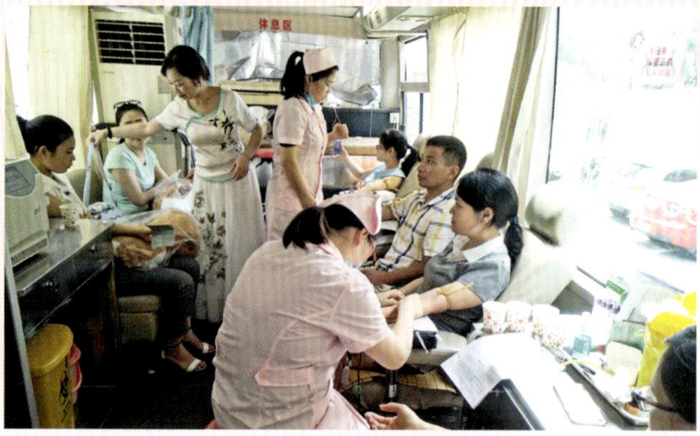

机关干部无偿献血

辖区群众参与社会扶贫募捐

帮扶责任人走访贫困户，宣传扶贫政策

街道办事处

JIE DAO BAN SHI CHU

组织辖区企业参展 2017 中国醴陵国际陶瓷产业博览会

组织辖区企业参加醴陵市第二届创新创业大赛

召开宏观物流园项目推进会

到东莞市圣吉川工业自动化设备有限公司考察，促成立体车库项目落地

拆除违法建设，为企业排忧解难

醴陵市仙岳山

LI LING SHI XIAN YUE SHA

党工委书记　周细平

党工委副书记、主任　宋恒

全体班子成员、优秀党务工作者、优秀党员合影

街道办事处

E DAO BAN SHI CHU

办公楼

庆祝中国共产党建党 97 周年暨“红色初心 · 仙岳传承”主题晚会

醴陵市国瓷

LI LING SHI GUO C

湖南醴陵经济开发区党工委委员、副主任，
国瓷街道党工委书记（兼） 赖洪

党工委副书记、主任 易志红

班子成员

退休老人办理社保年审服务

查违行动

街道办事处

E DAO BAN SHI CHU

市委书记胡湘之现场调度玉瓷路及棚户区改造项目

机关工作人员集中观看中共十九大开幕式

开展“喜迎瓷博 全民大清扫”活动

机关工作人员参加“学雷锋活动月”启动仪式

机关工作人员开展义务植树活动

醴　陵　市

LI LING SH

湖南省委副书记、省人民政府省长许达哲考察李畋镇烟花鞭炮自动化生产线

李畋镇政府机关大院

李畋镇便民服务中心

李畋镇

TIAN ZHEN

国家安全生产监督管理总局领导到镇调研

麻石村

醴陵市黑火药联合配送中心

中洲烟花金利来礼花弹厂

湖南省科富花炮实业有限公司

醴陵市

LI LING SHI

湖南省人口和计划生育委员会副主任易露茜到镇调研卫计工作

市委书记胡湘之到镇烟花爆竹企业检查

召开千人党员大会，庆祝中国共产党成立 96 周年

企业界爱心人士座谈会

醴陵市 2017 年度烟花爆竹行业宣教系列活动安全知识竞赛白兔潭赛区

白兔潭镇第五届篮球联赛

白 兔 潭 镇

BAI TU TAN ZHEN

市委副书记、市人民政府市长康月林调研扶贫基础工作

中央电视台《非常传奇》栏目组拍摄“星子灯”表演

铂金水岸开发项目开售

建党立卡贫困户易地搬迁入住仪式

白金路两厢项目建设

白兔潭镇投融资平台建设

玄武路示范街

醴 陵 市

LI LING SH

国家煤监局行管司司长辛广龙等领导到镇督查安全生产工作

株洲市委常委、组织部部长羊贵平到镇督查安全生产工作

新华联集团董事局主席兼总裁傅军到浦口镇光荣敬老院查看建设情况

农业综合开发项目

浦口镇

U KOU ZHEN

市委副书记、市人民政府市长康月林到镇指导工作

新华联集团董事局主席兼总裁傅军回乡

全市第一家引火线协会成立

兼并重组后的烟花爆竹企业

镇村支两委换届选举工作推进会

镇网格化建设

醴 陵 市

LI LING SH

市委书记胡湘之指导王仙镇示范街创建工作

市委书记胡湘之指导王仙镇网格化工作

市人民政府副市长、市公安局局长何忠明慰问王仙镇困难党员

党委书记郭中阁督查村级换届选举工作

党委副书记、镇长文庆带队开展河道巡查

王　仙　镇

VANG XIAN ZHEN

党委书记　郭中阁

党委副书记、镇长　文庆

班子成员和新一届村支两委成员集体宣誓

走访贫困户

开展马路市场清除行动

醴陵市沩山镇

LI LING SHI WEI SHAN ZHEN

市委书记胡湘之到镇调研脱贫攻坚工作

中国旅游日·醴陵旅游扶贫公益活动走进沩山镇

“金秋助学助力学子梦”活动

湖南网络媒体新春走基层活动——走进沩山镇

易地搬迁安置区整体入驻仪式

沩山村获评湖南省经典文化名村

调度、年底考核验收”的工作思路，扎实稳步推进各项民生实事工作，民生工作执行力不断提升，各项指标均全面完成或超额完成年度目标任务。其中残疾人无障碍改造、农村适龄妇女（35 ~ 64岁）“两癌”免费检查、分级诊疗等成为亮点工程。

【社会保险】2017年，企业养老保险新增扩面单位33家，参保66512人，实现基金收入79497万元。机关事业养老保险参保单位81家，参保13190人，实现基金收入17296万元，为7391名离退休人员累计发放离退休养老金18267万元，离退休人员养老金按时足额发放，养老金社会化发放率达100%。失业保险参保28810人,实现基金收入545万元，为失业人员发放失业保险金270万元。基本医疗保险参保单位634家，参保8.45万人，实现基金收入1.04亿元，支付医疗保险费11494万元。城镇居民医疗保险参保840201人，实现基金收入3507万元，支付医疗保险费2954万元，住院费补偿率达70%以上。新型农村合作医疗参保74.6万人，实现基金收入48130万元，支付医疗保险费43063万元。生育保险参保24850人，实现基金收入788万元，支付生育保险待遇费804万元。被征地农民养老保险基金收入5257万元，基金支出3870万元。工伤保险参保单位1060家，参保人数72150人，实现基金收入3710万元，支付工伤保险待遇费3885万元。城乡居民基本养老保险参保人数40.13万人，实现基金收入21807万元，为符合发放条件的14.8万人发放养老金15143万元。

【就业创业】2017年，新增城镇就业人员6968人，新增农村劳动力转移就业人员4577人，失业人员再就业3416人。新建就业创业保障平台7个，零就业家庭动态援助率达100%，城镇登记失业率控制在3.4%以内。年内，创业培训体系进一步健全，扶持高校毕业生微创业40人，提供免费创业培训392人。

【技能培训】2017年，技能培训以产业结构调整和用人单位用工需求为出发点，围绕市“脱贫攻坚”重点工作，开设家禽饲养员、农作物植保员、保安员、森林防火员等各类技能培训班75期，参培3769人次。年内，参加职业技能鉴定2021人，其中1919人获得技能资格证书，合格率达95%以上。

【劳动仲裁】2017年，劳动人事争议仲裁机构处理各类劳动争议案件305件，立案率、结案率、准确率均达100%。依法认定工伤756起。劳动监察队共受理投诉案件139件，受理来电来访咨询或投诉举报案件139件，涉及人数945人、工资217万余元。年内，联合市公安、住建部门在市在建工程项目中，开展农民工工资支付的专项检查行动，对全市“四小”（小煤矿、小非煤矿山、小危化生产企业、小烟花爆竹生产企业）企业的用工情况开展拉网式排查，教育或责令整改违规违法企业，对情节严重者予以处罚。

【基金监督】2017年，基金管理力度进一步加强，开展各险种基金的收支、管理、运营等环节的专项治理和现场监督。严格贯彻执行内控制度，有效堵塞基金管理漏洞，全市社保基金的规范运作率、安全完整率均达100%。全市年度社会保险基金总收入19.75亿余元，支付各类待遇17.47亿余元，基金累计结余9.97亿余元。（乔馨玉）

教 育

综 述

【概况】2017年，全市有中小学校267所，其中小学213所（含71个教学点）、初中44所、高中9所（其中普通高中5所、职业学校4所）、特殊教育学校1所；有公办、民办幼儿园369所（含小学附属学前班65所）。有在校学生、在园幼儿共148918人，其中中学生（含中职学生）44844人、小学生65148人、在园幼儿38772人、特殊教育学校学生154人。有学校、幼儿园教职工10428人。2017年高考，全市参考人数为3333人，上线人数为3323人，上线率为99.69%。其中本科一批上线627人，比2016年增加10人，上线率达21.2%；本科二批及以上上线1826人（不含职高对口升学133人），比2016年增加83人，上线率达61.8%。

【优化教育结构】一是学前教育普惠发展。重新评估遴选普惠性民办幼儿园165所，争取财政资金400万元，用于向普惠性民办幼儿园购买服务。全市公办园（32所）和普惠性民办园的数量占全市幼儿园总数的65%，在园幼儿数占全市在园幼儿总数的72%。学前3年毛入园率95%、学前1年入园率100%。二是义务教育均衡发展。统筹推进县域内城乡义务教育一体化改革发展和教育公共服务资源均等化，缩小校际之间、城乡之间的教育差距。启动全国首批义务教育优质均衡发展县（市）创建工作，争取市委、市政府重视，成立以市长为组长、相关部门负责人为成员的创建工作领导小组，市委办公室、市政府办公室联合印发《关于开展全国首批义务教育优质均衡发展县（市）创建活动的通知》。探索集团化办学试点，将五里牌小学更名为姜湾小学五里牌校区，发挥名校资源优势，带动区域教育整体提升，促进教育均衡公平。小学巩固率100%、初中巩固率99.89%、小学毕业生初中直升率100%。三是高中教育转型升级。加强高中教育指导管理，深化课堂教学改革，推进高中生综合素质评价。加强高中创新人才培养，探索新高考改革背景下的育人模式改革，试点“选课走班”教学模式。普及高中教育，高中阶段毛入学率100%，普职分流比为1.01 ：1。四是职业教育提升内涵。坚持“以服务为宗旨、以就业为导向”，深化产教融合与校企合作，努力为县域经济发展培养实用型人才，为学生发展构建成才立交桥。在国家、省、株洲市职业院校技能竞赛中有65人次获奖，在全国中等职业学校“文明风采”竞赛中有6人获奖；株洲市中职学校语文、数学课程教学质量抽测和专业抽测合格率、优秀率均为株洲地区前列。中职学生巩固率97.5%、就业率100%、专业对口升学率98.3%。五是社区教育全民共享。把发展社区教育作为创建文明城市、创新社会管理、建设学习型社会的重要抓手，开展形式多样的社区教育活动。充分发挥职教中心作用，加大对职业培训统筹力度，促进农科教结合，全年组织职业培训44360人次。退休教师汪运佳获评2017年湖南省“百姓学习之星”，株洲广播电视大学醴陵工作站获评湖南省示范性县级电大教育机构。六是高等教育成功开启。创建省内第一所陶瓷大学——湖南工业大学醴陵陶瓷学院，签订联合办学协议，年内学院主体大楼封顶。首批招录2个专业130名本科新生（在湖南工业大学校区），聘请25名醴陵学者专家担任客座教授，

500余名湖南工业大学毕业生到醴陵实习。

【教育保障】一是提质改造薄弱学校。投入6000万元，全面改善农村义务教育薄弱学校45所，“全面改薄”工作进入收官阶段，五年规划项目全部完成，全市义务教育学校均达国家20条底线要求。二是全面建设标准化学校。投入5800万元，建设南桥小学等标准化学校50所、校舍面积1.69万平方米，维修改造校舍2.4万平方米，购置设施设备1300万元。三是扩容改造“大班额”学校。投入2900万元，改扩建浦口镇天符小学、王仙镇王仙小学等21所城镇“大班额”学校，恢复阳三石街道荆潭小学、浦口镇荣坪小学，新增学位5165个。年内，全市中小学起始年级全部消除“大班额”，“大班额”率下降2个百分点，“超大班额”率下降到0.7%。四是加快推进重点项目建设。总投资8.2亿余元（采用PPP模式），在渌江新城规划建设1所高中、1所初中和1所小学，项目总占地面积21.47公顷，校舍建筑面积14.2万平方米，总学位7020个（其中义务教育学位4020个）。年内，新三中（渌江新城学校）项目建设启动。提质改造市第一、第二中学等4所高中学校，新改扩建教学楼、运动场和学生宿舍，部分项目完工。五是提升教育信息化水平。学校宽带接入率100%，新增1G光纤与株洲教育城域网连接，70%的学校与株洲教育城域网高速互访。实现35%的学校校园无线网络全覆盖，90%的学校办公区域无线网络覆盖。完成772个教学班的班级终端建设，全市累计有2375间普通教室配备班级终端设备，配备率达100%，校园网覆盖率达80%。教师利用空间的教学教研率为88.75%，初中及初中以上学生空间建设率为100%。组织开展数字校园和教育信息化试点，以点带面，整体提升全市教育信息化水平，获评株洲市信息技术与教育教学深度融合创新典型案例1个、株洲市数字校园试点校1所和株洲市教育信息化应用项目1个。开展“一师一优课、一课一名师”活动，应晒课3481节，实际晒课4883节，超额完成株洲市下达的任务。

【教师队伍建设】一是补充教师数量。全年招聘或引进教师347人，其中研究生等高层次人才11人，开辟绿色通道到高校招聘优秀毕业生47人、向社会公开招聘208人，从市外选聘优秀醴籍有编教师26人、接收回醴陵市的定向培养师范生55人。二是教师全员培训。全年完成国家、湖南省、株洲市和醴陵市级培训项目共18个，参培人数6260人，培训合格率为100%。三是教师轮岗交流。推进义务教育教师队伍“县管校聘”管理体制改革，分校实施岗位聘任制度。通过职评制度改革、重新划定农村艰苦地区中小学类别、分档设置义务教育学校教师奖励性绩效工资、提高山区教师补助等激励措施，引导校长、教师轮岗交流。全年交流教师255人、校长44人（不含镇、街道内部交流），交流的教师、骨干教师分别占符合交流条件的教师、骨干教师的17.65%、23.7%。四是关爱教师。乡镇及以下学校的在职在岗教师一律纳入乡村工作补贴范围，全年发放补贴1462万元。为条件特别艰苦的偏远学校的校长、教师，发放山区教师补助、乡村校长绩效工资68.89万元。为乡村教师缴纳人身意外伤害保险金50万元。组织教师开展两年一次的健康体检，市财政承担体检费120万元。五是教师梯队建设。根据《株洲市中小学骨干教师队伍管理办法》，制定《醴陵市中小学教师队伍管理办法》，建立省级特级教师、株洲市学科带头人、醴陵市学科带头人、醴陵名师、校级学科带头人管理体系，涵盖学前、义务、高中教育等各个学段，基本形成以名优教师、学科带头人、青年骨干教师为主的中小学教学团队。

【教育精准扶贫】全年资助幼儿、学生47353人次，资助金额4190.5万元，其中建档立卡户学生、幼儿15892人次，资助金额1684.65万元。为448名大一新生发放资助金184.5万元，建档立卡户学生实现全覆盖。对全市6680名建档立卡户学生，开展“一对一”帮扶活动和“三帮一”（1名教师、1名村干部、1名家长或监护人帮扶1名辍学学生）劝返复学行动，既关注学生生活，也关注学生的学业表现，更关注学生的心理健康，实现扶贫与扶智扶志的深度融合。投资2500万元，改扩建省级贫困村小学10所、省级贫困村幼儿园6所，全面改善贫困村办学（办园）条件。开设“2017届自强班”，为全市101名“两后生”（初、高中毕业后未能继续升学的贫困家庭中的富余劳动力）提供全日制全免费中职教育。年内，在全省教育扶贫工作电视电话会议上，市教育局就“一对一”帮扶模式工作经验作典型发言。《湖南日报》《中国教育报》等媒体多次报道醴陵市教育扶贫工作的做法和成效。

【教师节表彰】2017年9月，醴陵市创建全国首批义务教育优质均衡发展县（市）动员暨第三十三个教师节表彰大会在醴陵大剧院召开。市委书记胡湘之在会上作重要讲话，市委副书记、市长康月林作主题报告。会上表彰了“重教兴学功勋人士”24人、“教书育人楷模”26人、“百优教师”100人和“立德树人先进集体”。（汤向荣）

醴陵市陶瓷烟花职业技术学校

【概况】2017年，醴陵市陶瓷烟花职业技术学校（以下简称“学校”）有全日制在校学生3445人、教师279人（其中专任教师200人、兼职教师17人），有省陶瓷艺术大师6人、省高级工艺美术大师3人、株洲市核心专家1人、“双师型”教师108人；开设陶瓷工艺、花炮生产与管理、工艺美术、汽车运用与维修、电子商务、机械制造技术、旅游服务与管理、计算机平面设计和音乐等15个专业，其中花炮生产与管理专业为省特色专业，陶瓷工艺专业群为省示范性特色专业群，陶瓷工艺专业被评为全国民族文化传承与创新示范性特色专业。年内，学校被评为全国青少年校园足球特色学校、湖南省未成年法治教育基地、株洲市十佳平安校园，承办教育部——中国联通职业院校骨干教师“网络学习空间人人通”培训、株洲市中职信息化大赛和中小学平安校园创建现场推进会等活动。

【校企合作】2017年，学校进一步推进校企合作共建共管的生产性实习实训基地建设，设有陶瓷、花炮、汽修、机电、酒店服务和电子商务6个生产性实习实训基地，实训实习工位数达1689个。新增醴陵经天纬地网络科技有限责任公司、湖南新世纪陶瓷有限公司、醴陵振美艺术陶瓷有限公司和中山市一声喊照明灯具有限公司等合作企业，与湖南醴陵釉下五彩城开发建设有限公司签订校企共建官立瓷业学堂战略合作协议和“瓷城”众创空间项目共建协议。成立以行业精英、专家为主要成员的专业建设指导委员会，参与专业建设、课程和教学模式改革，开设陶瓷工艺大师试点班。成立株洲市首家众创空间，落户“醴陵瓷谷”，为社会创新创业者和学校师生提供发展平台。与市委组织部合作，创建人才公寓“众空间”，为青年人才搭建交流平台；与合作企业开展“新醴陵八景”“纪念汤飞凡”纪念瓷创作。

【师生培育】学校坚持升学和就业两手抓，与益阳工美、汽车工程职院、湖南安全职院、湖南化工职院进行中高职衔接，与市第四中学联合开办“普职融通”试点班，与市48家花炮企业共同培育花炮生产与管理人员89人。全年对口升学高考参考104人，本科二批一次性上线47人；学生参与各项活动1.34万人次，创作各类参赛作品1013件，获各类奖项2763人次、优秀集体奖52个。教师队伍实力增强，获各类奖项189项，其中教师科研成果、教学竞赛奖35个、国家级奖项8个；获奖论文40篇，其中国家级奖5篇；2名教师获评全国中职“文明风采”竞赛优秀指导教师，5名教师获全国青少年五好小公民主题教育读书活动优秀指导奖，教师瞿蓓获“一生一空间，生生有特色”职业院校网络学习空间中职教师组全国二等奖，教师郭平凡等5人的网络学习空间获全国优秀奖，教师廖维的网络学习空间被评为“名师空间”，并成为全国空间应用专家。

【项目建设】2017年10月，投入2000万元的国家发展和改革委员会产教融合项目——陶瓷综合实训楼开工建设。“湖南省陶瓷工艺示范性特色专业群”“湖南省花炮生产与管理特色专业”和“湖南省中小企业发展专项资金”3个湖南省“十二五”规划省级项目成功验收。“移动互联网+空间教学模式探究”“陶瓷工艺专业高素质宽基础应用型人才培养”“对接陶瓷产业，开展现代学徒制试点”3个项目通过株洲市验收。“基于工匠精神培养的技能竞赛常态化实践与研究”“中职社团活动与文明风采大赛‘双驱’育人模式探究”和“中职学校陶瓷工艺大师梯度培养模式探究与实践项目”被立项为湖南省职业教育与成人教育学会“十三五”规划课题，“中高职衔接汽车运用与维修专业项目”被立项为株洲市重点建设项目。

【教学改革】2017年，学校完成“智慧校园”第一阶段建设，开展湖南省基于微课开展的课堂教学改革教育信息化应用试点工作，深度融合信息化应用与教育教学。首创国家培训点，举办教育部“网络学习空间人人通”专项培训，向上海市、浙江省、江苏省的职教同行推出公开展示课。承办2017年株洲市信息化大赛。截至年末，学校共建立专业教学资源库12个、科室资源平台5个，开发陶瓷工艺专业微课107集。完成《汽车认识工作页》《百日冲刺训练（计算机）》《英语抽考题库》《花炮制作基础》《烟花爆竹技术文件》《烟花爆竹法律法规》《烟花爆竹安全生产概论》等9本教材编修工作。

【教育扶贫】2017年，学校发挥职业教育在教育脱贫中的优势，扎实推进精准扶贫工作。形成国家、社会、学校三级资助网络。上学期为3242名贫困在校生落实国家免学费政策，共减免学费389.04万元；国家助学金受助人数408人，其中建档立卡贫困户学生116人，资助金额42.8万元；下学期为3405名贫困在校生落实国家免学费政策，共减免学费408.6万元，国家助学金受助

440 人、资助建档立卡贫困户学生 184 人，总资助金额 44 万元。创办“自强班”，通过免学费、杂费、生活费和包推荐就业等方式，整合社会力量；开展一对一帮扶，解决 105 户建档立卡家庭“两后生”子女上学难问题，其经验做法分别在《湖南日报》、《株洲日报》、中国扶贫网、华声在线、今日关注等媒体网络中报道。帮扶的船湾镇四方居委会 27 户贫困家庭中，有 9 户实现脱贫。结合当地经济发展特色，在东富镇、船湾镇、石亭镇等地举办技能技术培训班 7 期、培训贫困人口 600 人。

醴陵市陶瓷烟花职业技术学校 2017 年教师获奖及论文发表情况一览表

表 8

姓 名	竞赛（作品）及论文（课件）名称	获奖及发表情况	颁奖或发表单位
张 艺	论文《研究中职音乐课程改革的方法》	发表	《西江文艺》
廖 维	论文《现代美术平面设计与传统文化的结合分析》		《世界家苑》
杨晖红	论文《语法填空动词教学对策》		《高考》
付雪峰	论文《含英咀华 探情索意——谈古典诗词鉴赏》		
侯岳峰	论文《实训基地建设案例》		《课程教育研究》
瞿 蓓	中央电化教育馆“一生一空间、生生有特色”职业院校网络学习空间征集评优活动	二等奖	中央电化教育馆
郭平凡		优秀奖	
朱树桃			
廖 维			
朱 虹			
胡 莎			
黄小芳	课题《拉坯法案例——给多肉植物造个家》 2017 年湖南省职业院校信息化教学大赛	一等奖	湖南省教育厅
漆 骥	课题《平面与直线所成的角》 2017 年湖南省职业院校信息化教学大赛	二等奖	
凌欣颖	课题《庆“六一”主题墙饰的设计与制作》 2017 年湖南省职业院校信息化教学大赛		
甘炫汝	课题《即席发言》 2017 年湖南省职业院校信息化教学大赛		
胡国坤	课题《烟花主题手提袋设计》 2017 年湖南省职业院校信息化教学大赛	三等奖	
洪昌任	《对接陶瓷产业，开展现代学徒制试点》	验收	
李 华	《高素质宽基础应用型人才培养改革试点项目》		
瞿江林	《移动互联网＋空间教学模式探究项目》		
朱树桃	《以学生发展为中心的中等职业学校质量评价指标体系建设与研究》	结题	
徐 峰	《中职陶瓷工艺专业群建设研究》		
朱 虹	湖南省职业教育名师空间课堂项目《陶瓷彩绘技术》	合格	湖南省教育科学研究院
瞿 蓓	湖南省职业教育名师空间课堂项目《陶瓷装饰技法》		
文 宇 喻 池	课件《我爱这土地》	一等奖	湖南省职业技术教育学会
常 锋 廖 维	课件《烟花主题手提袋设计》		
贺建英	课件《努力做遵纪守法的好公民》		

续表 8-1

姓　名	竞赛（作品）及论文（课件）名称	获奖及发表情况	颁奖或发表单位
陈　敏	课件《Unit4 I’ ve tried all the means of transportation》	一等奖	湖南省职业技术教育学会
	课件《一般过去时态》		
刘忠辉	课件《Word 2010 文本选择方法》		
刘　琦	课件《直线与平面垂直》		
贺建英	课件《爱岗敬业　立足岗位成才》	二等奖	
邓　龙	课件《cs by denglong》		
	课件《夜宴》		
曾雅平	课件《Unit 3 Reading》		
黎丽萍	课件《unit 7 Traditions and customs》		
张　卉	课件《Would you like to order？》		
胡　莎 黄可夫	课件《编辑演示文稿对象（说课课件）》		
匡　丽	课件《unit 8 How can I get to the nearest bank（1）》		
刘重知	课件《交通信号灯 程序设计》		
李　博	课件《机油和机油滤清器的更换》		
林芳媛	课件《等比数列的应用举例》		
张　艺	课件《感恩》		
吴小姣 林芳媛	课件《直线与平面所成的角》		
匡　丽	课件《unit 8 ask for and give directions》		
常　锋 廖　维	课件《指针程序设计》		
李美华	课件《中职英语宾语从句（1）》		
朱　虹	课件《牡丹花白描勾线》		
瞿　蓓	课件《白描花卉》		
郭平凡	课件《中国著名工艺品参赛作品》		
唐　坤	课件《铣削加工简介》		
黄莉芬	课件《阅读理解解题技巧》		
贺　丹	课件《Unit 8 That’ s how most accidents happen》		
黎丽萍	课件《Why was it built》说课课件		
李艳枝	课件《 Unit 3 Holiday（travel）》		
聂　辉	课件《情境说话》		
肖海祥	课件《列车上的偶然相遇》		
	课件《推荐一本好书系列之〈活着〉》		

续表 8-2

姓　名	竞赛（作品）及论文（课件）名称	获奖及发表情况	颁奖或发表单位
喻　池 文　宇	课件《荷花淀》	二等奖	湖南省职业技术教育学会
张旖旎	课件《Unit 5 What's your hobby？》		
何　丽	课件《时间介词 in 和 on 的用法》		
瞿　蓓	课件《叶的写生变化》		
龙闪闪	课件《首因效应》		
王艳红	课件《铃儿响叮当》		
谢菲菲 常　锋	课件《导游讲解技巧》		
张　艺	课件《窗边的小豆豆》		
朱　江	课件《writing a notice》		
赖志炎	《三相负载的星形联结》 2017 年湖南省中职学校加工制造类专业教学设计大赛		湖南省职业教育与成人教育学会
唐　坤	《车床基本技能训练》 2017 年湖南省中职学校加工制造类专业教学设计大赛		
彭小平	课件《介词》	三等奖	湖南省职业技术教育学会
李资陵	课件《汽车分控开关的检查与维修》		
瞿江林	课件《函数的奇偶性》		
常　锋 陈锡珍	课件《结构体操作》		
林芳媛	课件《正弦函数的图象与性质》		
侯岳峰	微课《汽车发电机车上检测与更换》		湖南省汽车职业教育集团
贺三华	《外径千分尺》 2017 年湖南省中职学校加工制造类专业教学设计大赛		湖南省职业教育与成人教育学会
瞿　蓓	《用花的变形图案装饰圆环》 2017 年湖南省中职学校加工制造类专业教学设计大赛		
黄小芳	《拉坯法案例——给多肉植物造个家》 2017 年湖南省中职学校加工制造类专业教学设计大赛		
颜小梅 文　宇	论文《根植产业，构建中职校行业大师梯度培养模式》	一等奖	株洲市教育科学研究院
杨晖红	论文《语法填空难点分析与对策》		
常　锋	论文《浅谈中职师资队伍建设》		
漆　骥	课题《平面与直线所成的角》 2017 年株洲市中职学校“创新杯”信息化教学说课大赛		
胡国坤	课题《手持烟花手提袋设计》 2017 年株洲市中职学校“创新杯”信息化教学说课大赛		
侯岳峰	论文《从收手机看信息化教学的应用》		

续表 8-3

姓　名	竞赛（作品）及论文（课件）名称	获奖及发表情况	颁奖或发表单位
瞿　蓓	论文《工匠精神进课堂——浅谈陶瓷工艺专业学生工匠精神的培养》		株洲市教育科学研究院
甘炫汝	课题《雨巷》 2017 年株洲市中职学校“创新杯”信息化教学说课大赛	二等奖	
汤　虎	论文《浅谈如何促进青少年足球人才的培养》		
贺明霞 黄　刚	论文《学生干部当家作主 做轻松的“指挥家”》		
喻　池	论文《礼仪素养植沃土　魅力“陶花”朵朵开——浅论农村中职学校礼仪教育探究与实践》		
陈细平	论文《基于一次开学工作督导所引发的几点思考》		
林秀兰	论文《浅析个性化教育在中职语文教学中的应用》		
张旖旎	论文《浅谈中职学校班干部队伍建设》		
杨湘钧	论文《浅谈我的班主任工作》		
易　彤	论文《提升前厅服务与管理实训课课堂职业素养的举措探讨》	三等奖	
胡牡丹	论文《浅谈班主任工作》		
李　博	论文《青年教师的成长》		
彭水根	论文《组合烟花的设计和制作》		

（瞿志军）

市第一中学

【概况】2017 年，醴陵市第一中学（以下简称“学校”）以教育教学为中心，以深化课程改革为动力，不断强化工匠、责任和危机意识，着力加强教师队伍建设，加大常规管理力度，抓紧抓实教育教学质量，扎实有效地开展各项工作，教育事业呈现出科学、持续、协调、均衡发展的良好态势。2017 年高考，学校参考 966 人，本科二批以上一次性上线 797 人，本科一批一次性上线 408 人，其中 600 分以上 75 人；学生付熙卷面分数 677 分，获株洲地区理科第一名，被清华大学录取；学生瞿艺玲卷面分数 666 分（其中数学 150 分满分），获醴陵市文科第一名。年内，学校与市青云中学初步达成有限托管协议。市青云中学由学校于 2002 年创办，后因政策变化，于 2006 年转制为民办中学，有限托管的实现，可为学校输送更多优质生源，提升学校品牌。学校获评“全国啦啦操实验单位”“空军招飞优秀生源中学”“湖南省教育科学研究者协会先进会员单位”“湖南省学校心理健康教育先进单位”“株洲市教育局高中教育质量建设先进单位”“株洲市教育局高中学业水平考试先进单位”和“株洲市‘五四’红旗团委”等 20 多项省、株洲市级荣誉称号。

【优化校园环境】2017 年，学校着力打造“美丽·和谐·节约”校园，投资 1000 余万元，用于学校发展建设和改善办学条件。12 月，为实行新高考改革而筹建的新教学楼，土建作业工程启动。补漏教室、学生寝室、厕所 140 余间，清运校园垃圾 60 余车。投入 80 余万元，全面清除校内树木枯枝，为绿化补栽补植、修剪造型。

【教育扶贫】2017 年，学校班主任、党员干部利用休息日走访全校 37 名贫困学生家庭。完成湖南省“喜生”慈善基金、醴陵“同心教育基金”、国家助学金等扶贫助学项目的摸底、审核、推荐和助学金发放工作；资助建档立卡、残疾、低保、特困供养四类学生 136 人。全年各项资助金达 183.7 万元，其中国家助学金 93.4 万元、社会助学金 90.3 万元，受助学生累计达 1535 人次。年内，学校获评“醴陵市教育精准扶贫一等奖”。

【师资建设】2017 年，学校加强新高考研究，整体提升一线任课教师高考研考能力，提高课堂教学效益，稳健推进学校“高效课堂”建设。年内，组织教师赴湘乡一中、长郡中学、株洲二中等学校参观学习。4-5月，联合市第二中学、市第四中学赴武汉市、长沙市、湘潭市招聘应届大学本科毕业生11人，通过市人力资源和社会保障局统一组织考试招录硕士研究生5人。12月，教师刘建辉通过湖南省特级教师评选。截至年末，学校教师中有特级教师1人，高级教师82人，硕士研究生19人。

【学科竞赛】2017年，学校有40多名教师在各级各类教学竞赛中获一、二等奖。教师张睿智代表株洲市参加2017年湖南省中学物理青年教师课堂教学大赛，获高中组一等奖。教师朱丹参加湖南省2017年历史教学竞赛获一等奖。教师指导的学生学科竞赛中，8人次在“十三届中国青少年创造力大赛全国总决赛中”获金奖，学校获评“全国创新型学校”；5人次在“第23届中华圣陶杯中学生作文大赛”中获奖;2人次在“中央电视台‘希望之星’英语风采大赛”中获二等奖。

市第一中学2017年教师获奖及论文发表情况一览表

表9

姓 名	竞赛（作品）及论文（课件）名称	获奖及发表情况	颁奖或发表单位
杨金球	《如何通过实验来提高高中化学教学效率初探》	发表	《教育》
易李平	精彩优质课堂我做主——《模式识别快乐学习之旅》磨课体会		2017年1月《教育信息化》
李克月	《黄河落日》阅读与仿写		《作文周刊》2017年2月17日 总第6855期
王水英	《高考语法填空题应对策略》		《英语周报》第40期 总第991期第4版
钟胜昔	《高中地理高效教学，理应重视结课环节》		《中华少年》2017年9月上第25期
郭光新	《浅谈高中地理教学中学生核心素养的培养》		《环球人文地理》2017年03期
苏罗生	《论高效课堂的教学策略》	一等奖	中国写作学会中小学写作教学专业委员会
易李平	微课《PPT动画的四种类型》		中央电化教育馆 教育信息资源开发部
	微课《字符串提取函数的使用》	二等奖	
瞿孝云	微课《精彩台球》	三等奖	
易李平	《巧用教学机智，闪光信息课堂——〈用智能工具处理信息〉教学案例及分析》	一等奖	湖南省教育科学研究院
王林波	《拨开云雾见青天——青少年自我同一性危机干预个案》		
张睿智	2017年湖南省中学物理青年教师教学竞赛		
朱 丹	2017年湖南省中学历史教学竞赛		
刘正再	《现代信息技术在中学田径训练中的应用》		湖南省电化教育馆
钟胜昔	《善用电子地图 为高中地理教学“导航”》	二等奖	
曾妞妞	《遮罩动画教学中的“深入浅出”》		
张 维	《让政治课堂教学“慢下来”》		湖南省教育科学研究院
曹小芳	《提升自身综合素养 实现教师角色转换》		
申彬彬	湖南省第二届微课大赛基础教育组个人赛		湖南省教育厅
王 丽	湖南省第二届微课大赛基础教育组个人赛	三等奖	

续表 9-1

姓　名	竞赛（作品）及论文（课件）名称	获奖及发表情况	颁奖或发表单位
黄　琼	《例谈信息技术环境下高中语文课堂教学比较法的应用》	三等奖	湖南省电化教育馆
李彩平	《文学类文本阅读——小说探究性试题》教学设计	三等奖	湖南省电化教育馆
黎友贵	《怎样提升学生的解题能力》	三等奖	湖南省教育科学研究院
谢　丹	《例谈高中英语阅读微技能的培养》	三等奖	湖南省教育科学研究院
郭光新	《浅谈高中地理教学中学生核心素养培养》	三等奖	湖南省教育科学研究院
罗　静	《音乐高考专业器乐类作品选择之我见》	一等奖	株洲市教育科学研究院
李彩平	《高中语文单元整合教学的思考与实践例说》	一等奖	株洲市教育科学研究院
黎中伏	《海水稻》原创题	一等奖	株洲市教育科学研究院
谢　丹	2017 年株洲市高中“用英语讲中国故事”英语教学比武	一等奖	株洲市教育科学研究院
刘卓卓	微课《Inversion - 倒装》	一等奖	株洲市教育局
王　丽	《优美的汉字——汉字构造法》	一等奖	株洲市教育局
曾妞妞	《触发器动画的制作》	一等奖	株洲市教育局
刘建辉	课题《实施中学化学绿色教育的应用研究》 株洲市教育教学改革研究优秀成果	一等奖	株洲市教育局
易李平 瞿孝云	2017 年高中信息技术骨干教师培训对象课堂教学比赛	一等奖	株洲市教师培训中心
周雄艳	2017 年株洲市高中化学新课程优质课评比	二等奖	株洲市教育科学研究院
周流金	《圆与圆的位置关系教学的探索与思考》	二等奖	株洲市教育科学研究院
李雪华	《由一般到特殊的升华，提升学生的核心素养——以苯酚的教学设计为例》	二等奖	株洲市教育科学研究院
刘春芳	《让阅读教学和作文教学相辅相成》	二等奖	株洲市教育科学研究院
易李平 瞿孝云	《巧用半成品，IT 课堂效率自提高》	二等奖	株洲市教育科学研究院
吴丹荔 肖兰辉 彭菊芬 黎友贵 杨颖敏 陈名亮 陈　英 夏　聪	株洲市 2017 年度“一师一优课、一课一名师”优课评选	二等奖	株洲市教育局
唐　英 李和平 曾妞妞 陈　英 邓海兵	株洲市 2017 年优秀网络学习空间教师个人学习空间评选	二等奖	株洲市教育局
张　维	株洲市 2017 年度“一师一优课、一课一名师”优课评选	三等奖	株洲市教育局
宋智勇	株洲市 2017 年优秀网络学习空间教师个人学习空间评选	三等奖	株洲市教育局
瞿孝云	健康游戏，快乐学习——浅谈游戏教学法在 Flash 动画设计教学中的应用	三等奖	株洲市教育科学研究院

（江　哲）

市第二中学

【概况】2017年，醴陵市第二中学（以下简称“学校”）有52个教学班，学生2935人，教职员工222人，教师中有特级教师1人、高级教师68人、硕士研究生14人、株洲市学科带头人8人、株洲市骨干教师15人和醴陵市名师5人。年内，学校成功创建“株洲市历史课程基地”，制定并落实青年教师成长计划,组建5个《教育杂志社》“十三五”湖南省课题研究团队。2017年高中学业水平考试合格率达98.6%，排全市高级中学第二名。2017年高考，本科二批以上上线490人，比2016年增加61人；其中本科一批上线127人，比2016年增加29人；本科二批以上上线率为59.8%，比2016年提高近10个百分点，录取540人。承办醴陵市教育督导工作述职会，副校长瞿孝林在大会上介绍督导工作经验。在株洲市公立高中学校年度督导工作中排名第三。获评株洲市2017年教学质量突出贡献单位。6月，老校门征地工作取得湖南省人民政府颁发的土地报批单，为学校扩建打下基础。完成田径场和高三教学楼的改造工程。全年累计为426名学生减免学费、发放国家助学款20余万元。

【基础设施建设】2017年，学校基础设施建设得到进一步加强，被评为省级园林式单位。聘请专业园林公司定期养护学校绿化区域，升级改造校园主干道两侧庭院和三、四栋教师宿舍间的绿化。投入300万元，在田径运动场周边建设雨污分流项目，改造高三年级教学楼和2栋教师宿舍窗户；投入10万元，添置心理咨询室设备。在食堂、田径场旁分别修建校园高考诗词文化墙，在U型楼道路墙体上设置社会主义核心价值观标语。争取市水利局资金8万元，在校门外设置户外电子显示屏。完成学校扩容蓝线图绘制等前期工作，前期100万元资金全部付出，138万元征拆资金拨付到位。

【德育工作】一是强化德育队伍建设。注重建设以班主任为主体的德育管理队伍，每月召开一次班管交流例会；注重培养学生干部，选举产生新一届学生会和团委会。二是强化校园安全建设。学校宿管处对学生住宿情况做到日评日公开，每月开展文明寝室评比，优化学生居住环境。三是开展形式多样的德育活动。组织学生看望敬老院老人，每周进行一次有思想性、针对性和时效性的国旗下讲话，组织校园足球联赛，通过各类社团活动为学生搭建才能展示平台。四是帮教转化后进生。结合各班实际，制定后进生帮教措施。实行全员育德导师谈话制度，登记重点学生导师辅导谈话。帮助学生解决学习生活中的各种困惑，缩小差异和解决矛盾。

【艺体教育】2017年，学校组织或参加形式多样的艺体活动，在株洲市“三好杯”运动会中，获男子团体总分第二、女子团体总分第三；在学校艺体处、团委组织的“开明杯”校足球联赛高一年级比赛中，学生积极参赛，活动氛围热烈。10月，举办校园好歌手大赛和高一、高二年级8人制足球赛等活动。11月，在学校举行的第十四届校园科技艺体节中，节目会演采用声光电舞美技术，舞台视觉效果变幻多彩。2017年高考，有音、体、美、播音主持、舞蹈等专业参考学生153人，本科二批以上专业上线119人，综合文化成绩上线90人；其中体育专业参考79人，本科二批以上专业上线71人，综合文化成绩上线53人。

【教学科研】一是开展青蓝工程。组织“师徒结对”，做好“传、帮、带”工作。通过青年教师和指导教师相互听课，青年教师的教学成绩与指导教师的考评挂钩等方式，曾鹏、谢江林、刘琴、王媛媛、吴丽梅、杨柳、童贝平、卿燕林、廖彩霞、王宁香等一批青年教师教学能力明显提升。二是推进课题申报。语文组教师瞿明斓主持的《农村示范性高中深度教学对语文素养的培养研究》《农村示范性高中语文作业改革实践研究》，历史组教师郭颖峰主持的《以循环课堂思维推高中历史教学变革的研究》，综合组教师杨袆主持的《不同家庭教养模式下高中生学业成绩和主观幸福感的关系研究》，体育组教师潘伟主持的《生态体育视域下农村高中体育与健康课堂开展定向运动的实践研究》被纳入省级“十三五”课题，其中语文组教师瞿明斓主持的《农村示范性高中深度教学对语文素养的培养研究》被评定为重点课题。三是加强学术交流。组织全体高三教师参加株洲市2018届高三复习教学研讨会。学校开展2018届高三“学先进、赶先进、大反思、大讨论”活动。高一、高二年级与浏阳市三中、攸县二中、醴陵市第四中学进行教学教研交流。

市第二中学2017年教师获奖及论文发表情况一览表

表10

姓　名	竞赛（作品）及论文（课件）名称	获奖及发表情况	颁奖或发表单位
梁维若	《高中历史课堂教学有效性的探索》	发表	《教育》
宋庆宇	《理清脉络，聚焦主题——“分析概括小说的主要情节和主题”答题指要》	发表	《当代中学生报》第35期
兰铁军	《正确理解意识形态》	发表	《当代中学生报》第26期
易昭良	《用三种史观解读新航路开辟》	发表	《当代中学生报》第35期
钟雪军	《实施“分层学导式”教学，搞好初高中数学衔接》	发表	《当代中学生报》总第370期
钟雪军	《高中数学“课堂作业和周练”结构调整的尝试》	发表	《当代中学生报》总第372期
钟雪军	《农村高中高三文科数学复习的一些体会》	发表	《当代中学生报》总第368期
钟雪军	《例析几种不同的排列方法》	发表	《当代中学生报》总第391期
刘和平	《化学学习兴趣培养之探讨》	发表	《育才报·华夏理科周刊》第10期
刘和平	《实验教学在化学教学中的应用》	发表	《育才报·华夏理科周刊》第23期
刘和平	《浅谈普通高中化学教学策略》	发表	《育才报·华夏理科周刊》第44期
刘和平	《乙烯和苯的重要有机反应》	发表	《当代中学生报》第31期
刘和平	《缩聚反应的类型及化学方程式的书写》	发表	《当代中学生报》第35期
钟凯君	《音乐减压　笑容绽放》	发表	《杂文月刊·教育世界》
钟凯君	《为音乐特长生备考抓住牛鼻子——高三乐理复习备考的几点想法》	发表	中学课程辅导·教师教育编辑部
江来香	《浅析如何提高高三政治课堂教学效率》	发表	《育才报·华夏文科周刊》第30期
陈立文	《不等式高考精析》	发表	《当代中学生报》高三数学·理科（A）第12期
彭唤新	《高中地理课堂教学中学生创新能力的培养》	发表	《教育》学术教育编辑部
戚月红	《论述类文本阅读答题方法指津》	发表	《当代中学生报》高三语文·文科（A）第13期
瞿明斓	《诗意地栖居——“诗意生活”主题美文阅读》	发表	《当代中学生报》高三语文·文科（B）第7期
瞿孝林	《为推优质教育“出城”促进城乡教育一体化发展》	发表	《株洲日报》
汪光辉	《洋流对地理环境的影响》	一等奖	湖南省基础教育学会
刘万里	《价值的创造与实现》	一等奖	湖南省基础教育学会
刘万里	《价值与价值观》	二等奖	湖南省基础教育学会
王建林	《教育改革的基点在于教师教育品质的提升——浅谈高中学校教师队伍建设》	二等奖	湖南省基础教育学会
汤雪斌	《关于新高考改革的几点思考》	二等奖	湖南省基础教育学会
欧阳中艳	《漫谈高考地理复习中提高迁移能力的策略》	一等奖	株洲市教育局

续表 10-1

姓 名	竞赛（作品）及论文（课件）名称	获奖及发表情况	颁奖或发表单位
钟雪军	活用“教材资源”演绎“魅力课堂”——《直线和圆的位置关系》（复习课）同课异构教学比较和反思	一等奖	株洲市教育局
曾韶林	《如何当好学校督导室主任》	二等奖	株洲市人民政府教育督导室
王 钰	株洲市创新与实践技能大赛	优秀指导教师	株洲市教育局
文婉南	株洲市网络学习个人空间建设	二等奖	株洲市教育局
彭唤新	地理体验式教学的几点尝试	三等奖	株洲市教育局

（黄福卫）

市第四中学

【概况】2017 年，醴陵市第四中学（以下简称“学校”）有 3 个高中年级，每个年级有 18 个班，共有 54 个成建制班级，有学生 2878 人；有教职工 281 人，其中高级教师 84 人、中级教师 166 人。2017 年高考，学校本科二批以上上线 476 人，上线率 53.4%，比 2016 年提升 7 个百分点。年内，学校新学生宿舍楼开工建设，建筑面积达 1.39 万平方米，可解决 1300 余名学生在校住宿。学校获评湖南省食品安全示范学校、湖南省禁毒教育基地、湖南省学校心理健康教育先进单位和醴陵市教育工作先进单位。

【团队建设】2017 年，学校团队建设坚持校长办公会、行政会例会制，在暑假期间举办为期 3 天的行政干部封闭培训；每半月召开一次为期 2 天的教育教学工作专题研讨会，会议主要研讨课时化管理的精度、课堂督导的力度、教学教研的效度、奖惩机制的信度、优生辅导和临界生辅导的强度、过关检测的密度、艺体专业生培养的准度等内容。每周组织学术委员研讨，内容紧贴教育教学、教师专业成长实际；每月编刊一期教研简讯，总结提炼教育科研成果。5 月，举办“正·青春”青年教师美文诵读比赛。年内，株洲市特级教师工作站落户学校，省特级教师、首批中学正高级教师郭智任站长。在市委人才工作政策指导下，全年招聘研究生 7 人、本科生 13 人加入教职工队伍。6－7 月，开展中层干部换届竞聘选举，通过宣传发动、自我报名、资格审查、竞聘演讲、民主投票、测评公示等环节，一批年富力强、德才兼备、充满活力的骨干教师走上学校中层处室管理岗位。8 月，组织举办为期一周的新教师入职培训、综合素养提升班，45 名新教师和 35 岁以下的青年教师参加培训活动。

【学科建设】一是规范办学行为。在高一年级中，启动数学、英语课程“选课走班”模式。健美操、合唱入门、中国民族舞蹈艺术、书法教程、速写入门等艺体系列课程在株洲市首届中小学优秀校本教材评选中获一等奖。二是重点抓教学质量。举办高考一、二轮复习讲座 20 余场、辅导讲座 10 余场，行政人员担任副班主任主持主题班会 80 余节、召开班级教师联席会议 160 余次；为帮助边缘生圆梦高考，开设物理、化学、文理数学追梦班 4 个，授课 9 周，培训学生 150 余人。三是提升高二学业水平考试整体质量。实行学困生导师制，各教研组以任课老师为中心，点对点地负责学科内的学习困难生 3 ~ 5 人，帮助学科通关。年内，学校完成湖南省教育科学“十二五”规划课题《基于生命教育开展高中心理健康教育实践研究》《基于高效课堂的“五环教学法”实践研究》结题鉴定申报，现场结题鉴定为良好。四是开展株洲市第七届、醴陵市第五届学科带头人选拔工作。经选拔，曾立霞、彭秋瑾、荣海艳、冯高 4 名教师入选株洲市学科带头人，尹玲娟、陈金南等 9 名教师入选醴陵市学科带头人。全年举办各种形式的校本培训班 12 次，有 186 人次参加计算机信息技术能力提升工程培训，10 名青年骨干教师参加株洲市学科青年骨干教师培训。年内，针对新高考，开展一、二轮复习教学研讨活动和学术委员示范课、教研组长观摩课、一人一课等校本课堂研究，共推出示范课 12 堂、观摩课 36 堂、研讨课 21 堂，助推复习教学的提质。

在“一师一优课，一课一名师”活动中，有 201 人次参与晒课，共晒课 210 余节。

【艺体特色教育】2017 年，学校以“和谐、经典、激情”为主题，举办第十五届艺体科技节、第四十三届田径运动会，共有 200 余人次获单项奖励，80 余个班次获集体奖。在艺体专业高考中，体育、音乐、美术、书法专业分别有 61 人、53 人、29 人、23 人上线；学校被湖南师范大学、湘潭大学、湖南科技大学、长沙理工大学等一批省内重点大学定为“优秀生源地”。继续实行艺体课“选课走班”模式，变小课堂为大课堂，共推出音乐、美术、体育选修课 18 门，满足学生个性发展和选课需要。学生张紫良、龚卓轩入选国家队并出征“第三届亚洲中学生越野锦标赛”，获团体总分第二名。学校参加第九届“小荷风采”全国舞蹈展演湖南选拔展演暨第二届湖南省青少年舞蹈大赛并获银奖；参加全国中学生田径锦标赛，1 人获金牌、2 人达国家一级运动员水平、7 人获高考保送资格；参加湖南省青少年田径锦标赛，获 2 金 2 银 1 铜；参加湖南省第二届中学生运动会，获 4 银 3 铜和男子团体总分第二名；参加株洲市“三好杯”田径运动会的 27 个单项中，获 23 个单项冠军和男、女团体总分第一名。强化对渌江中学等 20 个艺体教育基地的指导，送培、送训到基地学校，全年 10 余次指导基地学校开展文艺节目排演和对竞技体育生的培训，进行课堂教学示范，帮助基地学校提高艺体教学水平。

市第四中学 2017 年教师获奖及论文发表情况一览表

表 11

<table>
<tr><th>姓　名</th><th>竞赛（作品）及论文（课件）名称</th><th>获奖及发表情况</th><th>颁奖或发表单位</th></tr>
<tr><td>宋欣欣</td><td>《也谈课堂提问的艺术》</td><td rowspan="7">发表</td><td>《速读杂志社》</td></tr>
<tr><td>李屏泉</td><td>《高中地理教学中提问的有效性探析》</td><td rowspan="5">《中学课程辅导》</td></tr>
<tr><td>谢德华</td><td>《导学式五环教学法在化学中的实施》</td></tr>
<tr><td>曾祥平</td><td rowspan="3">《以导学案为载体，五环教学模式的构建与实施》</td></tr>
<tr><td>彭秋瑾</td></tr>
<tr><td>欧阳永</td></tr>
<tr><td>彭秋瑾</td><td>《美好生活的向导教学设计研究》</td><td>《教育科学》</td></tr>
<tr><td>荣海艳</td><td>《Making a poster about the dangers of drugs》</td><td rowspan="10">一等奖</td><td>中央电化教育馆</td></tr>
<tr><td>朱文清</td><td>《太阳方位时钟的建立与运用》</td><td>中国地理学会</td></tr>
<tr><td>武伟云</td><td rowspan="6">全国中小学生新课程英语语言能力竞赛</td><td rowspan="6">中国外语教育研究中心</td></tr>
<tr><td>宋欣欣</td></tr>
<tr><td>王莉芳</td></tr>
<tr><td>吴江南</td></tr>
<tr><td>瞿　意</td></tr>
<tr><td>周勇辉</td></tr>
<tr><td>宋欣欣</td><td rowspan="9">全国青少年英语口语能力竞赛</td><td rowspan="9">全国青少年英语口语能力竞赛湖南省组委会</td></tr>
<tr><td>张芳兰</td></tr>
<tr><td>瞿　意</td><td rowspan="4">二等奖</td></tr>
<tr><td>陈莉明</td></tr>
<tr><td>吴江南</td></tr>
<tr><td>张芳兰</td></tr>
<tr><td>邓水莲</td><td rowspan="3">三等奖</td></tr>
<tr><td>陈莉明</td></tr>
<tr><td>吴江南</td></tr>
</table>

续表 11-1

姓　名	竞赛（作品）及论文（课件）名称	获奖及发表情况	颁奖或发表单位
张芳兰	全国青少年英语口语能力竞赛	三等奖	全国青少年英语口语能力竞赛湖南省组委会
龙水良			
黄梅芳			
荣海艳	《Making an action plan 教学设计》	特等奖	湖南省教育厅
谢琼英	《夯实基础 迎战高考》	一等奖	湖南省教育学会
彭辉平	《周记——实施心育的良好通道》		
杨柳青	《以生命影响生命》		
易　辉	《陪伴与守候》		
谢年华	《母爱的自省》		
谢德华	《积极心理学理论指导下的化学学习兴趣培养策略》		
林爱平	《利用作业批语，走进学生心灵》	二等奖	
朱国辉	《改善青春期亲子关系的点滴尝试》		
刘春英	《老师，你是我的心灵鸡汤》		
李正勇	《在一次学生心理健康成长公益活动中读给女儿听的一封信》		
瞿　意	《知恩于心，感恩于行》		
武伟云	《好习惯，美好生活的开始》		
谢琼英	《对“观察根尖分生组织细胞有丝分裂实验”的三点改进》		
钟水泉	《班级管理哪有那么难》		
陈莉明	《一个疑似舞弊成瘾学生的转变》		
谭兴和	《音乐与影视艺术》		湖南省电化教育馆
汤　检	湖南省中学生物教师实验技能竞赛	三等奖	湖南省教育学会
武伟云	《2016 全国卷阅读语篇分析与语篇教学建议》		
	《好习惯，送给孩子最好的礼物》		
	《家访，走进孩子真实的世界》		
朱国辉	《浅谈调整高三学生心态的几点体会》		
林爱平	《高三成人仪式上给儿子的一封信》		
谢冰彬	《赶跑学生自卑心理的诀窍》		
孔淑梅	《关于家庭教育中言传和身教的思考》		
李正勇	《学生如何养成考试时从容自信的心态》		
周勇辉	《浅析增强学生自信提高英语表达能力》		
瞿　意	《巧化师生矛盾 构建和谐校园》		
文果力	《高中生心理障碍调查及排解办法》		
彭　罡	《耐心，教育的最美修行》		

续表 11–2

姓　名	竞赛（作品）及论文（课件）名称	获奖及发表情况	颁奖或发表单位
陈金南	《浅谈如何培养孩子的非智力因素》	三等奖	湖南省教育学会
钟水泉	《让优秀成为一种习惯》		
龙海江	《积极心理学理论指导下的高中地理学困生转化策略》		
陈春玲	《心病还要用心医》		
何新梅	《牛顿第三运动定律教学设计》		湖南省电化教育馆
刘春英	《牛津高中英语 M2U2 词汇复习课教学案》		
杨白云	《教育信息化，要求严把质量关》		
陈　鑫	湖南省高中学生化学竞赛		湖南省中学化学竞赛委员会
王　辉	《卤代烃》		湖南省教育厅
江雪军	《网络学习空间》	一等奖	株洲市教育局
曾立霞	《方程的根与函数的零点》		
王莉芳	《反意疑问句》		
孔淑梅	《螺旋测微器的读数》		
汤　检	《体液免疫》		
汤　琼	《宗法制》		
陈　君	《国家垄断资本主义》		
郭智健	《椭圆的定义》		
颜杨果	《联系的客观性》		
文果力	株洲市中小学电脑制作活动		
欧阳永	《职业兴趣岛》	二等奖	株洲市教育科学研究院
武伟云	《Welcome to the unit》		株洲市教育局
钟水泉	《人民代表大会：国家权力机关》		
彭　琛	网络学习空间		
瞿　意			
林爱平			
何新梅			
陈平文			
屈明华			
刘　玲	《定语从句中介词 + 关系代词》		
汤　峤	《系动词》		

续表 11-3

姓 名	竞赛（作品）及论文（课件）名称	获奖及发表情况	颁奖或发表单位
汤 检	《生态系统的能量流动》	二等奖	株洲市教育局
	《生物体维持 PH 稳定的机制》		
	《大跃进》		
吴江南	《名词性从名中连接词 that 和 what 的用法区别》		
陈莉明	《that 引导的定语从句和同位语从句区别》		
林爱平	《利用助动词变肯定句为否定句》		
谭 雄	《同分异构体的书写》		
袁跃雄	《水果电池的制作及其电动势与内阻的测量》		
殷盛雯	《表达技巧之虚实结合》		
瞿 意	《过去完成时》		
陈 鑫	株洲市高中学生化学竞赛		株洲市中学化学竞赛委员会
林海宏			
刘章林	株洲市中小学电脑制作活动		株洲市教育局
张芳兰	《Word power:UNESCO world heritage》	三等奖	
潘耀武	《网络学习空间》		
周勇辉			
汤 检	《检测生物组织中的还原糖　绿叶中色素的提取和分离》		
陈觉明	《生物体维持 PH 稳定的机制》		
罗雪辉	《生态系统的能量流动》		
武伟云	《直接引语变间接引语的人称变化》		
周勇辉	《定语从句中 that 和 which 的用法区别》		
杨柳青	《文言实词词义对称推断法》		
张良清	株洲市高中学生生物竞赛		株洲市中学生物竞赛委员会
谢 婷			
谭水英			
陈 鑫	株洲市高中学生化学竞赛		株洲市中学化学竞赛委员会
谭 雄			
谢德华			
杨玉环			

（何开思）

湖南轻工高级技工学校

【概况】湖南轻工高级技工学校（以下简称“学校”）占地面积24.8公顷，建筑面积20.6万平方米；主要开设陶瓷产业、机电工程和现代服务3个专业教学系、26个分支专业工种，分设预备技师、高级技工、中级技工3个层次学历教育。2017年，有全日制在校学生3852人、在编在岗教师222人，完成各级各类职业技能培训4698人。学校获评“国家级阳光排舞进校园五星级示范学校”“湖南省排舞推广工作先进单位”。

【教学教研】2017年，学校探索中职学生参加高考升学的培养模式，普职兼容对口升学人数再创新高，本科二批以上上线73人，上线率达30.9%。进一步推进一体化教学课程改革，推行“工学交替”，实现“校内学习与企业实践结合，工作与学习结合，学习与就业结合”的全新培养模式。申报智能机器人、航拍摄影2个专业，成功申报陶瓷工程预备技师专业。学校编撰校本教材20余本，教师撰写论文60余篇，其中10篇论文入选湖南省职业教育工匠精神论文集；组织申报5个省级教科研课题，其中以“大师导师制非遗学校传承模式构建路径”为题编写的专业教育材料被合肥工业大学出版社出版的《匠心如歌》收入。组织参加株洲市电视技能大赛，有20余人获奖；组织参加株洲市职业院校技能大赛，有19人次获二、三等奖；学校代表株洲市组队参加世赛网络布线和电气装置省级选拔赛，获团体三等奖和2017年株洲市“技能天下”团体第一名。

【教师队伍建设】学校坚持推进“人才强校”战略，学校教师资源中，有国家级陶瓷艺术大师1人、省级陶瓷艺术大师8人，享受国务院特殊津贴1人、省政府特殊津贴1人，省和株洲市级品牌教师7人。年内，安排教师深入企业顶岗实践，选派1名学校领导赴德国培训、1名优秀中层干部参加“清华班”学习，多名教师参加人社、教育系统多个项目的省、株洲市级培训。学校注重丰富教职工业余文化生活，成立排舞、摄影等9个文体协会，组织教职工篮球队参加2017年醴陵市机关篮球赛并获第六名，教职工气排球队参加全市教育系统气排球赛获季军，在2017年“给力新湖南、献礼十九大”湖南省直单位职工书画摄影比赛中，有14人次获各类奖项。

【合作办学】2017年，与湖南工业大学开展合作办学，以学校为依托成立的湖南工业大学醴陵陶瓷学院，年内招收陶瓷材料、陶瓷艺术设计2个本科专业、4个行政班，共招生140人，完成陶瓷艺术本科、陶瓷设计与工艺和陶瓷材料工程技术专科的申报，选聘25名陶瓷大师为学院客座教授，遴选11名客座教授作为兼职硕士生导师。以“湖南醴陵釉下五彩国瓷研究所”等醴陵陶瓷科研资源为基础，组建湖南工业大学陶瓷研究院，深入研究陶瓷材料、陶瓷设备、陶瓷设计、陶瓷检测、标准制定、陶瓷鉴定、陶瓷艺术品展示交流拍卖等内容。进一步推进“陶瓷工程材料研究检测中心”工程建设。

湖南轻工高级技工学校2017年教师获奖及论文发表情况一览表

表12

姓　名	竞赛（作品）及论文（课件）名称	获奖及发表情况	颁奖或发表单位
汤其泉	株洲市2017年地理原创题竞赛	一等奖	株洲市教育科学研究院
颜志康	挂盘《琼楼系列》	银奖	湖南省陶瓷行业协会
	瓷瓶《唐大明宫图》		中国工艺美术协会
	瓷瓶《云林探幽》	铜奖	
	纸画《云岩深处》	优秀奖	湖南省直单位职工文化体育协会
罗　金	挂盘《秋水长》	铜奖	湖南省陶瓷行业协会
	挂盘《野趣》	优秀奖	中国硅酸盐学会
林　威	书法《少年中国说》	一等奖	湖南省直工会

续表 12-1

<table>
<tr><th>姓 名</th><th>竞赛（作品）及论文（课件）名称</th><th>获奖及发表情况</th><th>颁奖或发表单位</th></tr>
<tr><td rowspan="2">林 威</td><td>职业技能大赛陶瓷装饰职工组</td><td>第一名</td><td>株洲市技能天下职业技能电视大赛组委会</td></tr>
<tr><td>书法《少年中国说》</td><td>优秀奖</td><td>株洲市总工会</td></tr>
<tr><td>金彩霞</td><td>陶瓷《鹭鸶迎祥》</td><td>银奖</td><td>第七届中国北流国际陶瓷博览会</td></tr>
<tr><td rowspan="3">盛 敏</td><td>省直单位书画摄影展</td><td>二等奖</td><td>湖南省直单位职工文化体育协会</td></tr>
<tr><td>株洲市职工书法展</td><td>三等奖</td><td>株洲市总工会</td></tr>
<tr><td>长沙市职工书法展</td><td>优秀奖</td><td>长沙市总工会</td></tr>
<tr><td>刘 森</td><td>陶瓷《仕女图》</td><td rowspan="3">铜奖</td><td rowspan="2">第七届中国北流国际陶瓷博览会</td></tr>
<tr><td>兰 莉</td><td>陶瓷《相守》</td></tr>
<tr><td>付峦奇</td><td>陶瓷《漓江春晓》</td><td>广西陶瓷行业协会、工艺美术协会</td></tr>
<tr><td rowspan="4">李瑞生</td><td>书法《行书联》</td><td>一等奖</td><td>湖南省职工书画协会</td></tr>
<tr><td>书法《隶书联》</td><td>三等奖</td><td>株洲市职工书法家协会</td></tr>
<tr><td>陶瓷《甲骨心经》</td><td rowspan="5">优秀奖</td><td>湖南省陶瓷行业协会</td></tr>
<tr><td>书法《隶书联》</td><td>株洲市文学艺术界联合会</td></tr>
<tr><td>蒋丽娥</td><td>陶瓷《春天三步曲》</td><td rowspan="2">第七届中国北流国际陶瓷博览会</td></tr>
<tr><td>王 群</td><td>陶瓷《紫云显翠》</td></tr>
<tr><td>兰 欢</td><td>纸画《十月桂花香》</td><td>省直书画摄影大赛</td></tr>
</table>

（肖 逸）

市机关幼儿园

【概况】 2017年，醴陵市机关幼儿园有大中小班级14个、幼儿530人、教职员工68人。全年完成“六一”儿童节活动、教职工运动会、结队帮扶官庄瓦子坪幼儿园、资助走访家庭困难幼儿等中心工作，通过株洲市示范性幼儿园复评，承办株洲市学前教育“幼儿园游戏与环境”研讨会。

【基础设施建设】 2017年，搬迁幼儿园高压线，改造升级教学楼、走廊、户外等园内基础设施；重新设计运动场，建造悬浮地板近1000平方米，新增绿化面积500平方米；用轮胎、树桩铺设彩色攀爬坡、梅花桩，新设水彩、粉笔涂鸦墙和户外彩色洗手池，将原仓库改建为陶艺馆和图书馆。

【幼儿安全管理】 2017年，幼儿园的幼儿安全工作以预防为主、教育为重，明确园长为安全工作第一责任人，认真落实“党政同责”“一岗双责”和安全工作七项制度，将安全综治工作列入年终目标考核内容，全面提升安全工作管理水平。5月，在醴陵召开的株洲市综治安全工作暨基层应急管理规范化建设现场会，机关幼儿园作为醴陵市教育系统承办的参观点之一，接受来自株洲地区各分管局长、安全股长、市直学校分管校长（园长）、安全科（处）长共68人的参观指导；在经验交流会上市机关幼儿园园长作题为“让爱与责任为孩子保驾护航”的典型发言。

【教学教研】 2017年，为提高教师的专业技能和综合素质，提高幼儿教育质量，以学科带头人为龙头，积极营造良好的学习氛围，定时定点开展业务学习和教育科研，通过以点带面的业务培训活动，新老教师业务水平得到有效提升。坚持科学保教，开展丰富多彩的活动和教育科研工作，营造良好的学习氛围，教师参赛、师幼节目、幼儿作品等多次获得省、株洲市的奖项，其中案例分析《斌斌有礼》在株洲市“我有好习惯《三岁看长》”案例著书上发表，案例分析《快乐分享》《自主活动中的规则》和社会活动《陪伴是最好的爱》等获株洲市级奖项；多位教师获得优秀教师、优秀班主任、先进个人等称号。完成“教师资格认定注册”“教师信息技术应用能力发展测评”“教师职称评定”等工作，教师在各项国培项目中表现突出。充分挖掘醴陵本土文化，设立“五彩陶瓷”“五彩烟花”“五味醴陵”等特色主题课程体系，打造隐性教育环境。

【卫生保健】2017 年，卫生保健工作进一步加强，每日坚持晨检和卫生消毒，做到一周一小扫、一月一大扫，平日时时扫。均衡合理安排幼儿膳食，幼儿伙食账由专人负责，每周由保健医生制定带量食谱，做到品种多样、搭配合理，并及时向家长公布；每月进行营养分析，召开膳委会，讨论改进措施，广泛听取教师、厨房人员、家长的意见，适当调整幼儿食谱。制定全年健康教育工作计划，各班每周进行健康教育活动，园内每月更换健康教育知识专栏，向家长、幼儿宣教保育保健知识。

【结对帮扶】2017 年，根据市教育局扶贫工作要求，市机关幼儿园建立结队帮扶长效机制，启用教师跟岗、顶岗、置换三步曲，提高幼师的教学质量，对帮扶园所进行全面帮扶，为建档立卡户贫困幼儿送去慰问金、学习用品。年内，为官庄瓦子坪幼儿园争取食堂改造资金 10 万元，解决寄宿师生的饮水和生活用水需求。

【引领示范】2017 年，市机关幼儿园实践教育引领示范新模式，以幼儿园一日活动的各环节为切入点，以园所诊断、骨干示范、跟班指导一条龙为引领，充分挖掘骨干教师的示范引领作用，定期到结对帮扶的山区幼儿园送教下乡。重视城区学前教育的发展与引领，重点指导城区中心幼儿园的幼小衔接工作。深入 30 余所镇（街）幼儿园，进行幼教督查指导，防止与纠正农村幼儿园的“小学化”倾向。年内，泗汾镇幼儿园接受株洲市级和醴陵市级学科带头人参加的督导评估。（凌　云）

市德才职业学校

【概况】2017 年，醴陵市德才职业学校（以下简称“学校”）有教职工 64 人，其中专任教师 47 人；专任教师中有中学高级教师 11 人，中学一级教师 6 人，中学二级教师 30 人；开设 17 个教学班，有在籍学生 886 人；设立商务英语专业，学制 3 年。年内，有应届毕业生 202 人，其中直接就业 105 人、升学 71 人，就业率、升学率均为 100%。9 名教师撰写的教学研究论文分获株洲市一、二等奖。学生参加株洲市专业、文化基础课程抽考的合格率、优秀率，排名株洲市中等职业学校前列；学生参加全国公共英语二级考试，过级率达 68%，参加全国信息化办公 office 考试，过级率达 100%。高二学生黄警楠英、胡悦珍代表株洲市参加湖南省职业院校技能竞赛，获省级商务英语技能竞赛三等奖。学校首次组团参加株洲市职业院校“文明风采”竞赛并获多项奖励。年末，教师陈敏被市教育局评为“教育工作先进个人”，教师吴小红被市教育局评为“优秀班主任”，C112 班被市教育局评为“优秀班集体”。（顾美玲）

文化·体育·传媒

文 化

【概况】2017年，醴陵市文体广电新闻出版局（以下简称“文体广新局”）围绕市委、市政府战略部署和文化体育建设总体目标，实现文化事业和文化产业新发展、新提升，满足群众日益增长的精神文化需求，完成年度工作目标任务。全年全市举办大型文化体育活动165场次，送戏下乡171场，送电影下乡4092场；结合乡镇综合文化站建设，开展“一周一乐、半月一赛”系列活动90场次；市文化馆、图书馆、博物馆、毛泽东考察湖南农民运动醴陵纪念馆和乡镇综合文化站全部实现免费开放。

【文化民生工程】2017年，文体广新局按照《全民健身条例》规定，积极向上级争取全民健身经费财政支持；严格按照《体育彩票公益金管理使用办法》，加强基础设施建设和全民健身活动的经费投入；推广政府和社会资本合作模式，引进湖南省体育产业集团五环时代全民健身中心项目，计划投资1.3亿元，建设醴陵五环时代全民健身中心；争取湖南省公共体育普及工程2018年相关项目。全年投入480万元，在全市19个镇、221个村，落实农村广播“村村响”工程，共安装1750个点、3500个高音喇叭，覆盖率100%；安装后，通过检查60%的镇村，“村村响”设备运行良好，声音清晰；顺利通过县（市）级验收。在农村新建无线电视节目发射基站3个，经测试佛子岭基站信号可覆盖东富镇、孙家湾镇、泗汾镇以及市城郊大部分区域，樟仙岭基站信号可覆盖枫林镇、官庄镇、板杉镇，仙霞岭基站信号可覆盖左权镇、茶山镇、石亭镇。全市无线电视节目农村覆盖率达100%，村民可收看无线电视节目47套。

【示范创建】2017年，按照国家“十三五”规划蓝图、株洲市“创建国家公共文化服务体系示范区”标准和市委、市政府工作要求，深入开展全市公共文化建设工作。年内，初步完成市图书馆新馆的整体建设，2018年上半年可完成建筑内外装修工程和搬迁工作；增建醴陵世界陶瓷科普馆、醴陵中国陶瓷历史文化名城馆2家博物馆；全市23个镇（街道）均建有300平方米以上独立设置的综合文化站，建成率为100%；在全市270个村（社区）中，建成或在建的村（社区）文化服务中心覆盖率达85%，比2016年提高15%。

【文化群体队伍】2017年，不断强化全民健身服务和管理人才队伍建设，逐步形成以社会体育指导员为主体，裁判员、全民健身工作者、全民健身教师、全民健身专业学生和社会热心人士参与的全民健身志愿服务队伍。全市有登记协会组织22家、会员1.5万余人，社会体育指导员2000余人。多次组织市文化馆、文化协会、文艺团队专业人员为基层团队培训、辅导，不断提升全市文艺团队的整体素质。

【文艺创作】2017年，全市文艺界创作节目在多个赛事中获奖。《舞动瓷城》《思情鬼歌》入选“中国美·夕阳红全国艺术交流活动”（春晚海选），获参演荣誉金奖。新星舞蹈艺校群舞《异域风情》，在湖南卫视国际频道“红旗飞扬全国青少年春节联欢晚会”上获金奖。群舞《走在山水间》《劳动最光荣》和朗诵《我骄傲我是中国人》《我长大了》，在“青春中国全国大型文艺系列活动大赛湖南赛区总决赛”中获金奖。群舞《大山支教》《雏鹰展翅》在“北京党旗下的盛世中国，我爱祖国青少年文艺展演比赛”中获全国总赛区金奖。湖南陶瓷技师学院（湖南轻工高级技工学校）在2017年全国“舞动中国·排舞联赛”总决赛中，获中学生甲组大集体团体总冠军、规定曲目第一名、串烧曲目第一名。12月，五彩艺术团代表中国排舞团赴美国参加“2018UCWDC世界排舞锦标赛”，其中市人民政府选送的《五彩神韵》、文体广新局选送的《美丽的神话》获Team Cabaret项目冠军。

【文化惠民】2017年，为丰富群众的精神文化生活，充分调动群众参与的积极性，组织举办“我们的中国梦·湖湘文化进万家”“2017醴陵文化团年饭”、“欢乐潇湘·五彩醴陵”湘赣边（醴陵）首届桃花节文艺演出、第十届“书香醴陵·全民阅读”系列大型活动30余场次；承办醴北人家首届山地马拉松比赛、中美国际男子篮球对抗赛等国际级赛事，湖南省醴陵市仙岳山自行车邀请赛等省级赛事；组织实施市级比赛和健身活动30余场次，直接参与全民健身人数达50万人次；组织参加省级比赛和健身活动3次。全民健身氛围浓烈，醴陵市获评“全国健身球操之乡”。“民生100”工程项目不断满足群众的精神文化需求，全年完成公益演出168场次，农村免费放映公益电影4092场次。

【全域旅游】2017年，文体广新局启动李立三故居全国AAAA级景区创建工作，全年游客量达22万人次，比2016年增加4万人次；完成渌江书院陈列布展并对外开放，全年游客量达34万余人次，比2016年增加14万人次；通过打造“醴北人家”精品步道、“醴陵窑”申报中国历史文化名村等景区点建设项目。年内，在船湾镇清水江村举办湘赣边（醴陵）首届桃花艺术节，吸引游客20万人次，实现收入300万元；在板杉镇举办为期1个月的醴陵市首届乡村旅游节，吸引游客近15万人次。通过开展各类大型文体活动，助力全域旅游事业的发展。

【新闻出版管理】2017年，文体广新局加强对出版权的有效监管，出台一系列版权管理制度；对所负责年度核验的发行单位统一换发出版物经营许可证，将图书、报纸、期刊、电子出版物、音像制品经营单位的许可证号统一排序，并规范许可证内容填写；对全市77家印刷复制企业进行年度核验。根据湖南省、株洲市及市文体广新局统一部署，结合市“扫黄打非”办“净网”“护苗”等专项行动，严厉打击各类侵权盗版行为。

【非物质文化遗产保护】2017年，文体广新局配合省文化厅关于认定第四批省级非物质文化遗产代表性项目（花炮制作技艺）保护单位的有关工作，完成非物质文化遗产申报片拍摄工作。举办2017年株洲市非物质文化遗产保护工作传承人培训班。初步完成文化部办公厅开展的2017年度国家非物质文化遗产保护专项资金申报工作，其中渌江书院展示利用项目、渌江书院白蚁防治项目、“醴陵窑”保护项目、渌江桥维修工程和李立三故居防雷、安防及消防项目，共计争取资金5000余万元。年内，收集整理并逐级申报非遗新项目16个；完成东富寺和起元塔维修招投标工作，进入施工阶段。

【文化扶贫】2017年，文体广新局是全市文化扶贫工程牵头单位，全年共争取市财政专项资金204万元，其中投入贫困村文体广场建设75万元、舞台建设17万元、宣传栏建设5万元，购置文化活动室电脑等设备28万元、购置文化器材37万元、健身器材18万元、体育器材24万元。截至年末，全市15个贫困村均建成达标，每个贫困村均设有农家书屋，配套建设完成率为100%。（杨小春）

文化市场执法

【概况】醴陵市文化市场综合执法大队（以下简称“执法大队”）为市文体广电新闻出版局下属全额拨款副科级事业单位，核定编制15人，领导职数1人。主要担任全市文化、广播影视、新闻出版、“扫黄打非”等综合执法工作。内设办公室、计财股和执法一中队、二中队、三中队（政策法规股）5个职能股室。全市共有各类文化经营场所400余家，相关经营单位众多。

【文化市场监管】2017年，执法大队以春节、“两会”等特护期为重点排查时段，开展文化市场专项检查，对全市范围内的网吧、歌舞娱乐、图书音像店、影院等人员密集场所进行集中检查，为重大活动的顺利开展保驾护航。加强娱乐场所内的禁毒宣传教育，通过悬挂横幅、扫描公众号、播放禁毒影片、参观禁毒教育基地等方式，经常性地在消费者中开展预防毒品的宣传，防止娱乐场所成为吸、贩毒分子活动的场所。以中小学校园周边为重点区域，以寒暑假、周末及中午晚间等学生放学时间为重点时段，与市公安、消防等部门联查联动，对文化市场经营场所违规接纳未成年人、超时营业现象实行错时检查、反复巡查。推进“文网卫士”全覆盖，增强远程监控执法能力。全年开展联合执法行动8次，出动执法人员5340人次，检查文化经营场所1830家次，立案查处文化市场违规经营行为42起，检查场所包括网吧、演出娱乐、广播影视、印刷、出版物市场、音像等6个领域，与市公安部门协同执法，取缔黑网吧2家、停业整顿3家，行政拘留违规业主3人。全年排查消防通道堵塞、应急预案不完备、电器线路老化等安全隐患68处，并督促限期整改落实到位。

【“扫黄打非”工作】2017年，执法大队先后组织开展扫黄打非“清源”“净网”“秋风”“护苗”专项行动，加强对全市印刷企业的排查监管，加大广播电影电视播出传输管理力度，从源头上防止危害青少年身心健康的非法出版物流入市场。围绕净化网络视听和荧屏声频环境，协同市公安网警等部门，加强对网络视听节目的有效监管，严查通过互联网非法传播视频视听节目行为，预防和减少淫秽色情、凶杀暴力等网络不良信息对青少年的危害。深入开展“扫黄打非”进基层工作，组织全市镇、街道召开“扫黄打非”进基层工作会议，安排部署相关工作，培植阳三石街道渌江社区、茶山镇东岗村2个省级示范社区。（王美玲）

文物管理

【概况】2017年，醴陵市文物局践行《中华人民共和国文物保护法》，妥善化解文物保护与城市建设矛盾，完整有序保护好境内的各级文物保护单位和重要遗迹，完成有价值的文物产品的转化和利用，确保文化遗产有序传承。扩充陶瓷产业展示平台，新开辟醴陵世界陶瓷科普馆、醴陵中国陶瓷历史文化名城馆，陶瓷产业展示平台展览面积达1.5万平方米，展示文物3000余件(套)，全年接待游客60万人次。深耕全市厚重的名人文化，打造袁昌英纪念园、病毒学家汤飞凡生平业绩展2个主题展览，使全市名人文化展涵盖生物医药、文学、戏剧、翻译等领域。推进文物保护重点工程项目建设，成功申报渌江书院展示利用、白蚁防治，渌江桥维修工程和李立三故居防雷、安防、消防项目，共争取经费2700万元，有力支持全市文物保护工作。（卢珊珊）

醴陵市文学艺术界联合会

【概况】2017年，全市有文学艺术界联合会会员2000余人，其中国家级、省级会员100余人，国家级陶瓷艺术大师20余人。有作家、舞蹈家、美术家、书法家协会和书画院、历史文化促进会等文艺协会（团体）14家。年内，市文学艺术界联合会（以下简称“市文联”）加强对全市文学艺术界协会的引导和管理，重视协会会员发展和培养工作，出台相关管理办法，明确会员入会条件，为充分发挥公安民警文艺力量，筹备组建市公安系统“文学联合会”。

【文艺活动】2017年，市文联多次与镇（街道）、社区组织开展“三创四化”“全域旅游”等文艺展演活动，先后承办或协办“千年古邑，美丽瓷城”醴陵游记征文活动、纪念汤飞凡诞辰120周年书画展、“清风醴陵”廉洁文化创作征集活动和“世界瓷典·醴陵瓷博”摄影大赛，举办花鸟画、山水画高研班2期，为全市100余名陶艺名家提升创作能力。下属的市作家协会、市舞蹈家协会、市诗词楹联协会，坚持每月举办采风、创作、表演等各类文艺活动，多次在全省、全国性大赛中获奖；历史文化促进会完成社团登记注册手续和章程制定，编辑出版醴陵渌江书院文化丛书第一、二辑。

【协会活动】2017年，市舞蹈家协会主席率团亲临各镇、社区，重点培训教练团队，开展丰富多彩的文艺惠民活动；参加“欢乐潇湘五彩醴陵来龙门杯”醴陵市第五届舞蹈大赛，有13个舞蹈节目获一等奖；指导排练的特殊教育学校排舞，在全国比赛中获一等奖。市书法家协会举办全市首届书法临摹展，共展出作品170余幅，会员冯高、李智的作品分别入展全国草书展、隶书展。市音乐家协会会员创作大量的歌曲歌词音乐小品，其中歌曲《梦回故乡》《趟鹰飞翔》等作品在全国、省级音乐活动中获奖。市美术家协会主席率团组织会员周发根、陈树斌、肖飞跃等，参加清风株洲美术书法作品展，其中5人获奖；组织会员邓健波、叶湘鸿、刘仕园、宋华清等10人，参加广州的“艺博会”；会员徐建创作的“农耕故事”百幅图瓷画，获社会业界关注。市摄影家协会参加醴陵房地产博览会“瓷城摄影展”，多名会员获奖。12月30日，市诗词楹联协会《醴泉雅韵》发行大会在市姜湾小学举行，刊出《瓷韵诗林》专版。（肖晓菲）

醴陵市作家协会

【概况】2017年，醴陵市作家协会（以下简称“协会”）有会员494人，新发展会员19人，协会主席当选为株洲市文学艺术界联合会委员。年内，协会开展“潭醴一家亲”两地文学交流和美田桥、茶溪、老鸦山等地大型采风、文学沙龙等活动28场次，主办的《文笔峰》杂志年发行量达5000份。协会所辖的《文笔峰》杂志社由环卫新村28号搬迁至解放路63号101处，杂志社编辑部增设发行部，办公设施配备齐全。全年会员在省级刊物上发表作品7篇，会员肖邦祥的第六部个人作品《两面照妖镜》筹备出版；在2017年“千年古邑，美丽瓷城”醴陵游记征文活动中，会员获得各类奖项，协会获“最佳组织奖”。（屈继元）

2017年醴陵市主要文艺作品一览表

表13

<table>
<tr><th>作品名称</th><th>作　者</th><th>获奖大赛（刊载期刊）</th><th>获奖（发表）情况</th></tr>
<tr><td rowspan="2">传记《桂之秋荣，灼灼其华》</td><td rowspan="2">屈继元</td><td>《湖南报告文学》2017年4期</td><td rowspan="8">刊发</td></tr>
<tr><td rowspan="2">第16届“和谐之声”《共和国骄子》</td></tr>
<tr><td>杂文《脱贫路上》</td><td>田标兵</td></tr>
<tr><td>散文《我读肖业武》</td><td>桂新华</td><td>《鸭绿江》2017年4期</td></tr>
<tr><td>散文《南社才子沈宗畸》</td><td>刘　涛</td><td>《湘渌》2017年1期</td></tr>
<tr><td>短篇小说《陈先生的玩具店》</td><td>文李鑫</td><td>《红网》——小说天地（评论）</td></tr>
<tr><td>《邓立平诗词》</td><td>邓立平</td><td>《参花》2017年1期</td></tr>
<tr><td>《雨巷（组诗）》</td><td>巫晓红</td><td>《风雅》2017年32期</td></tr>
<tr><td>长篇小说《空碑》</td><td>李　陵</td><td>纪念长征胜利80周年征文（长篇类）</td><td rowspan="2">二等奖</td></tr>
<tr><td>散文《回归的红鸟唧》</td><td>江剑阁</td><td>《我与株洲县》征文</td></tr>
<tr><td>《两面照妖镜》</td><td>肖邦祥</td><td>江西美术出版社</td><td>出版</td></tr>
<tr><td>书法作品《岳阳楼记》</td><td rowspan="4">冯　高</td><td>全国第四届草书作品展</td><td>人气作品奖</td></tr>
<tr><td>书法作品《高适七绝》</td><td>湖南省首届中青书法篆刻作品展</td><td>提名优秀奖
人气作品奖</td></tr>
<tr><td>书法作品《诗歌里的湖湘记忆》</td><td>香港荣宝斋“湘情港韵·湖南书画作品”香港展</td><td rowspan="2">入展</td></tr>
<tr><td>书法作品《古诗四首》</td><td>“中韩济州·湖南省书法作品”韩国展</td></tr>
<tr><td>书法作品《廉吏铭》</td><td>王泽民</td><td rowspan="2">第一届“清风株洲”廉洁文化创作活动书法展</td><td>三等奖</td></tr>
<tr><td>隶书勤政美德联</td><td>汤耀文　易　武</td><td>优秀奖</td></tr>
<tr><td>行书山谷题跋数则</td><td>易　武</td><td>全国第二届行书作品展</td><td>入展</td></tr>
<tr><td>隶书创作</td><td>钟　伟</td><td>正大气象——纪念胡问遂诞辰100周年国际书法大展</td><td>优秀奖</td></tr>
<tr><td>草书古文三则</td><td>周述龙</td><td rowspan="2">“学习十九大·逐梦新时代”株洲市职工书法大赛</td><td>三等奖</td></tr>
<tr><td>书法作品《归园田居》</td><td>王艳梅</td><td>优秀奖</td></tr>
<tr><td>行书苏轼教战守则</td><td>帅志春</td><td>全国第五届“中国梦想”杯书画大赛</td><td>银奖</td></tr>
<tr><td>行草书咏兰四季歌</td><td>帅志春</td><td>纪念汤飞凡诞生120周年书画作品展</td><td>优秀奖</td></tr>
<tr><td>声乐作品《梦回故乡》</td><td>杨武建</td><td>中央人民广播电视台</td><td>征用</td></tr>
<tr><td>摄影作品《强身健体》</td><td>王界明</td><td>株洲市首届体育书法摄影展</td><td>三等奖</td></tr>
</table>

（肖晓菲　屈继元）

图书发行

【概况】2017年，湖南省新华书店有限责任公司醴陵市分公司（以下简称“公司”）以社会效益为先，着力推动“书香醴陵·全民阅读”活动，积极履行社会责任。公司经营项目主要有中外文图书、教材、音像制品、电子出版物、文化用品、数码产品等。年末，公司被省国家税务局、地方税务局分别评为“纳税信用A级单位”。

【教材及政治理论读物发行】2017年，公司继续贯彻落实国务院关于义务教育阶段学生全部享受免费教科书的政策，严格兑现“课前到书，人手一册”承诺，免费送书上门。为及时解决因学生人数增减而产生的课本余缺，在新华园仓库特设课本零售点，提供课本零售一站式服务，以保证学校正常的教学秩序。全年开展“书香进校园”摆摊售书活动34场次，为师生提供多渠道购书上门服务。年内，发行《读有所得》、中共十九大学习资料等政治书籍，充分发挥出版发行主渠道、主阵地作用，宣传党的路线、方针、政策。

【第10届“书香醴陵·全民阅读”系列活动】4月26日，醴陵市第10届“书香醴陵·全民阅读”系列活动启动仪式在渌江书院举行。市委副书记、市长康月林出席启动仪式，红网、醴陵电视台等媒体跟踪报道。此届“书香醴陵·全民阅读”系列活动由市委、市政府举办、市委宣传部承办、全民阅读组委会成员单位协办、公司策划，活动设置启动仪式、书香满校园、智慧书城送书、“爱心无限、共享阅读”爱心公益、农家书屋社会实践、渌江书院公益文化和阅读嘉年华七大主题活动，活动遍布城乡，时间贯穿全年，形式新颖多样，内容丰富多彩。（汤海珊）

体育

【概况】2017年，醴陵市文体广电新闻出版局按照《全民健身条例》规定，增加全民健身经费投入，完成农民健身工程15套、全民健身路径70套；引进省体育产业集团五环时代全民健身中心项目，“江、湖、山、道”醴北人家健身步道和“一县一品”水球项目均具成效。承办国际级比赛醴北人家首届山地马拉松比赛、中美国际男子篮球对抗赛和省级比赛湖南省醴陵市仙岳山自行车邀请赛。参加湘、赣周边县（市）乒乓球巡回赛、“健康中国湖南行 重走红军路 徒步大湘西”万人穿越大湘西活动、湖南省第二届县域经济强县（市）篮球赛等。组织实施地球日环渌江骑行活动、醴陵市首届机关运动会等比赛、健身活动30余次，直接参与全民健身活动人数达50万人次。进一步强化全民健身服务和管理人才队伍建设，形成以社会体育指导员为主体，裁判员、全民健身工作者、教师、专业学生和社会热心人士参与的全民健身志愿服务队伍。截至年末，全市登记全民健身协会组织21家、会员1.5万余人、社会体育指导员800余人。

【“醴北人家”首届山地马拉松比赛】2017年5月20日，“醴北人家”首届山地马拉松比赛开幕；有1500余名选手参赛，其中有来自美国、英国、俄罗斯、利比里亚等国家的24名外籍选手；比赛分设竞技组和体验组，赛道全长约22千米，起点设在耿传公祠，终点为官庄镇咀子湾，比赛线路是醴北扶贫旅游专线中的一段，位于北乡片区“醴北人家”生态旅游休闲圈内，途经彰仙村、横江村、官庄村3个省级贫困村，山地海拔为110~400米，最陡坡度达30度。经过角逐，来自长沙市的18岁男选手陈定心最先到达终点，用时1小时14分58秒；来自株洲市的42岁女选手吴叶萌获得女子组冠军，用时1小时36分29秒。

【中美国际男子篮球对抗赛（醴陵赛区）】2017年5月23日，中美国际男子篮球对抗赛（醴陵赛区）在市体育馆开幕。赛事由湖南省篮球协会主办，市文体广电新闻出版局承办，市全民健身指导中心和市明日文化传播有限公司联合协办。参赛队伍为湖南勇胜篮球俱乐部和美国海浪职业明星篮球队，湖南勇胜篮球俱乐部为全省首支职业篮球队，美国海浪职业明星篮球队是由乔·所罗门组建的一支职业明星球队，曾出访过中国、智利、德国等国家。经过角逐，湖南勇胜篮球俱乐部获得比赛胜利。（杨小春　韩芳子）

传媒

广播电视

【概况】2017年，醴陵市广播电视台（以下简称“电视台”）设有电视频道、《今日醴陵》报、广播电台、《醴陵发布》官微、醴陵手机台5个媒体平台，主要承办醴陵新闻网、手机报的日常运行和维护工作，有声屏广告、全媒体产业2个运营公司，有干部职工177人。年内，电视台获评株洲市无烟管理示范单位，中共十九大株洲市广播影视安全播出工作先进集体。

【电视宣传】2017年，电视台电视频道播出《醴陵新闻》300余期，发稿3000余条；推出《产业突围巡礼》《四大战役》《全域旅游·大美醴陵》等多组主题报道；播出《特别关注》《法治正前方》《安全在线》《瓷城房产》等专题栏目200余期；摄制《大美醴陵》《致敬新时代，逐梦新醴陵》《夜·瓷城》等汇报片、宣传片、形象片近30个；推出中国梦、社会主义核心价值观、禁毒、计生、安全生产、《文明城市 有你有我》等公益广告；承办、参与2017醴北人家首届山地马拉松比赛、2017中国醴陵陶瓷产业博览会、2017湖南·醴陵首届房地产博览会等大型活动，完成《奋斗，新醴陵——2018两会特别报道》。6月15日，《醴陵新闻》栏目采编的全市助残工作的稿件登陆中央电视台《焦点访谈》栏目。9月30日，在央视“喜迎十九大”特别节目《还看今朝·湖南篇》中，醴陵市成为株洲地区3个直播点之一入镜，现场直播时长近5分钟。《醴陵新闻》全年在国家和省、株洲市等上级电视媒体发稿97条，其中在央视发稿4条，在湖南卫视、经视等省级主要媒体发稿37条，在《株洲新闻联播》《直播株洲》株洲市级综合类媒体发稿56条。在年度“株洲广播电视奖”作品评选中，电视台选送的社教专题《孙氏“五杰”，瓷艺“初心”》获一等奖，新闻述评《千年“花火”路，敢问在何方？》获二等奖，社教专题《十载助学大爱如山》《触摸阳光》、短消息《醴瓷再登国宴》、播音主持作品《妈妈的唠叨》获三等奖；《孙氏“五杰”，瓷艺“初心”》同时获“湖南新闻奖三等奖”。在“放歌新时代——株洲市广播电视台庆祝第十八个中国记者节主题活动日”中，电视台周文琪获“好记者讲好故事”演讲比赛一等奖。举办第六届“文明醴陵·爱心助考”大型公益活动，联手市安监部门举行历时2个月的全市烟花爆竹行业“大安全·大和谐·大醴陵”系列安全宣教活动，举办“安全在我心”演讲比赛6场、“关注安全 关爱生命”知识竞赛6场，有160余万人次线上参与活动，10万人次线下参与活动。

【新媒体发展】电视台新媒体由醴陵手机台和《醴陵发布》官微组成。《醴陵发布》微信公众号主要发布政务信息，关注新鲜有趣民生时事，设有《今日头条》《重点关注》《醴陵城事》《教育风采》等栏目，全年推送稿件近1800条。醴陵手机台是以“互联网+新闻+生活”为主要模式的手机客户端，设有多个APP，信息容量大，推送速度快，直播各类活动，是全市政务、民生服务便捷的媒体通道。全年总访问量达480万次，其中推送的《大美醴陵》宣传片，第一天点击量超10万次，3天突破18万次。在2017中国醴陵陶瓷产业瓷博会期间，醴陵手机台3场视频、图文直播点击观看率均在10万次以上，一周总点击率居全国200余家轻快平台第一，获“年度影响力手机台直播”奖。

【有线网络】湖南有线醴陵网络有限公司成立于2001年，2013年划归为上市公司湖南电广传媒的全资子公司，是广播电视节目传输唯一的合法单位、全市广播电视节目传输的唯一通道。2017年，全市有线网络基本完成数字化平移、光纤到户升级改造，全年传送数字电视节目169套，有城乡数字电视用户11.71万户；全市电视综合覆盖率为100%；数字广播实现“村村响”，广播综合覆盖率为100%。

【广播电台交通生活频道】FM102.7醴陵交通生活频道由市广播电视台承办，是全市唯一一家官方电台媒体。频道集交通路况、整点新闻、天气预报、娱乐等信息于一体，开设有《1027路路通》《好车好房》《下班GOGOGO》《警方时空》《法院在线》《交警直播室》《港港醴陵事》等栏目。其中《交警直播室》在市瓷博会、房博会等全市大型活动期间，提前发布交通管制公告，做好了相关路段的交通管制、通行疏导等准备工作。（杨纬华）

《今日醴陵》报

【概况】2017年，《今日醴陵》报发行120期，突出深度报道、典型人物、重大活动，开设《喜迎十九大》《砥砺奋进的五年》《开展“三创四化”，建设美好家园》《“三创四化”曝光台》《生活与健康》《大美醴陵，开启全域旅游新时代》《醴陵，不止于瓷》《德耀瓷城》《2017，我们这样走过》《政府工作报告解读——2018，撸起袖子再出发！》等多个专版专栏。全年在上级纸质、网络媒体共发稿157条，其中在中国网、新华网等国家级网络媒体发稿8条，在《湖南日报》等省级主流媒体发稿7条，在《株洲日报》等市级媒体发稿74条，在湖南红网发稿68条。（杨纬华）

卫生·计划生育

市卫生和计划生育局

【概况】2017年年末，全市拥有各级各类医疗卫生机构692个，其中驻醴医疗卫生单位2个、市直医疗卫生单位6个、民营医疗卫生机构8个、乡镇卫生院19个、卫生院分院14个、街道社区卫生服务中心5个、村卫生室521个、诊所109个、厂矿和企事业单位医务室8个。有执业（助理）医师1881人、执业护士2315人，每千人口拥有医生1.93人、护士2.38人；有床位5705张，每千人口拥有5.88张。有基层公卫专（兼）职专干287人，其中妇幼专干56人、防疫专干36人。全市新型农村合作医疗农民74.6万人，参合率95.10%；累计补助25.24万人次，补助金额4.19亿元，统筹地区政策范围内补偿率75.03%。

【卫计队伍建设】2017年，市卫生和计划生育局（以下简称“市卫计局”）规范管理5家中心卫生院、7家建制镇卫生院的岗位设置工作，建立160名卫计系统局管干部电子信息档案。全年卫计系统引进高层次人才21人，公开招聘医卫专业技术人员43人，公开遴选基层卫生院副院长5人。举办卫计系统首届中青年干部班，采取分片区的方式对基层卫计工作人员进行集中业务培训，23人通过高级职称理论考试，1名医护人员入选株洲市卫生人才“135”工程的第三批培养对象。组织开展首届“好医院、好医生、好护士”“最美乡村医生”“喜迎十九大征文”评选活动，全市尊医重卫的氛围浓厚。年内，市卫计局获评株洲市文明建设先进单位，市中（一）医院谭海彦获评全国卫生计生系统先进个人。

【项目建设】2017年，长庆示范区社区卫生服务中心、阳三石街道社区卫生服务中心、石亭镇卫生院等项目投入使用，湖南师范大学附属湘东医院门急诊综合大楼暨全科医生临床培养基地完成主体竣工验收；新妇幼保健计划生育服务中心的整体搬迁、智慧医疗云平台、福田健康医养中心等项目加速推进；智慧医疗设备生产基地、爱尔眼科、民生骨科等项目落户醴陵。

【卫计执法】2017年，梳理卫计权力清单86项、责任清单56项，审批再生育申请295例，发放再生育证295本，审批医疗机构执业许可8例。查处“两非”（非医学需要的胎儿性别鉴定、非医学需要的人工终止妊娠）典型案例5例。全年日常卫生监督检查医疗机构600余次，244家学校、247家托幼机构建立卫生监督档案，抽检学校自备供水水质样品294份。

【医政管理】2017年，市卫计局深化“平安医院”创建工作，在城区二级以上医疗机构设立“医疗纠纷第三方调解委员会”工作室。全年开展医疗卫生机构审查4次，规范合理检查、合理用药、合理治疗行为。制定中医药发展规划，创新实施中医药发展“211”（每年配套200万元发展基层中医药事业，培养100名基层中医适宜技术人员，基层中医服务区建设率100%）工程，打造名院、名科、名医、名方、名药“五名工程”。全市实现中医药收入116.78万元，在全市药品收入中占比27.12%，基层卫生院普遍建成高标准的中医馆。圆满完成“两会”“瓷博会”“醴北人家”马拉松等全市大型活动和特护期的医疗保障任务，做好“4·12”仙山公园交通事故应急救援工作。深入开展“湘雅乡情·专家醴陵行”活动，专家邀请范围扩大至中南大学湘雅二医院、三医院和湖南中医药大学第一附属医院，专家人数增至67人，惠及群众2万余人。年内，市卫计局获株洲市突发急性传染病防控、突发中毒事件处置团体二等奖。王仙镇中心卫生院、明月镇中心卫生院、嘉树镇卫生院、船湾镇卫生院成功创建全国群众满意乡镇卫生院。

【健康扶贫】2017年，全力推进脱贫攻坚工作，健康扶贫“321”（推进住院“全免”、就诊“绿色通道”、报账服务“一站式”，强化健康全管理和就医全兜底，发放精准健康扶贫医疗救治手册）模式在全省推介。全面实行健康扶贫“四个一”（每一个贫困村都有一个标准化的卫生室，每一个贫困村卫生室都有一个敬业爱岗的村医，每一个贫困户都有一个管理到位的家庭医生，每一个贫困患者都有及时精准的医疗服务）工作模式。全市医疗机构先行垫付资金250万元，享受医疗救治1.63万人，兜底救治7420人次。市卫计局扶贫工作在全市脱贫攻坚季度考核中连续排名第一。

【公共卫生】2017年，累计建立居民健康档案81.62万份，建档率83.37%。发放健康教育宣传资料25万余份，群众基本公共卫生项目知识知晓率为91.37%，群众满意度为93.11%。加强对6.42万名65岁以上老年人等特殊人群的动态管理，救治救助贫困的严重精神障碍患者141人。组建118支服务团队，开展家庭医生签约履约服务，完成一般人群签约30.7万人、重点人群签约22.7万人、贫困人口签约3.93万人，其中贫困人口签约率达100%。全市新建数字化预防接种门诊2家，实行结核病、艾滋病定点诊疗，国家免疫规划“六苗”（卡介苗、乙肝疫苗、脊髓灰质炎疫苗、百白破疫苗、麻疹疫苗、流脑疫苗）全程接种率达99.33%。醴陵市成功创建省级慢性病综合防控示范区，首次进入全省基本公共卫生服务先进单位行列，全年全市未发生传染病爆发流行和突发公共卫生事件。

【医药改革】2017年，医药改革坚持“基层首诊、双向转诊、急慢分治、上下联动”原则，建立城区“两核心”［湖南师范大学附属湘东医院、市中（一）医院］、片区“四中心”（东南西北片区各打造1个医疗中心）、建制镇卫生院、村卫生室的四级架构服务体系。8家二级以上医院、33家基层医疗机构和2家民营医院，共同建立9个紧密型、31个松散型医联体和4个专科联盟，区域医联体实现全覆盖。建立影像诊断中心、心电诊断中心等8个医疗中心，实现优质资源共享最大化，促进“小病不出镇、大病不出市”，醴陵市级就诊率提高至92%，比2016年提高4个百分点。全力推进公立医院综合改革，全员实行岗位绩效工资制度，工资总额控制在总收入的25～35%以内。实施国家基本药物零差率销售，推进药品供应“两票制”，议价低价药760个品规，老百姓用药经济负担明显减轻。白兔潭镇中心卫生院获评全国百佳乡镇卫生院，市二医院、市精神病医院、市四医院成功升格为二级医院。

【基层医疗财务核算】2017年，对34个基层医疗卫生机构财务进行集中核算，设置会计组、银行支付组、审核组，配备专职人员8人。出台《基层医疗卫生机构人员工资管理的指导意见（试行）》，加强基层医疗卫生机构收费、报账、固定资产等财务管理，基层医疗卫生机构“三公”经费同比下降4.6%，退回不合规报销金额60万元。

【卫计服务管理】2017年，圆满完成计划生育考核目标任务，醴陵市获全省计划生育先进单位。全市人口自然增长率为6.8‰，符合政策生育率为97.14%，出生性别比为107.52。投入40余万元，为270个村（社区）卫计专干配备“村直报”手机终端，村级综合信息直报率达92.84%。全员人口数据记录完整率为100%，逻辑准确率为99.99%，信息更新及时率为97.11%。严格执行计划生育“一票否决”制度，全年计划生育审查4768人次，否决164人次，审查单位85个，否决单位2个。

【爱国卫生】2017年，以市“三创四化”工作为契机，不断完善爱国卫生组织管理机制，全市新增省级文明卫生单位3个，株洲市文明卫生单位9个，省级卫生镇1个，株洲市卫生镇2个，省级卫生村12个，株洲市卫生村26个，株洲市无烟管理示范单位10个。坚持城区公共环境除“四害”（苍蝇、蚊子、老鼠、蟑螂）工作市场化、专业化，实施以环境治理为主的综合预防控制策略。改建农村无害化卫生厕所1000个，醴陵市“厕所革命”工作经验获人民网、湖南新闻联播、《湖南日报》等主流媒体专题推介。

【妇幼健康服务】2017年，创新妇幼健康服务管理方式，主动融入全市网格化管理，实现妇幼健康服务网格全覆盖、服务零距离。建设智慧医疗云平台，实时掌握高危孕产妇动态，为高危孕产妇的分级诊疗、家庭医生签约服务等提供技术支持。免费婚前医学检查率逐步提升，婚检率达90.75%。年内，完成国家免费孕前优生健康检查8108对，达成指标任务；完成“两癌”免费检查 21635 例，完成率 100.63%；完成孕产妇免费产前筛查 1.2 万例，完成率 100%；叶酸服用率为 97.38%，叶酸服用依从率为 89.49%，均超额完成省级年度指标任务。全市孕产妇死亡率控制为零，5 岁以下儿童死亡率为 4.74‰，出生缺陷发生率为 95.01/ 万人，均优于省平均水平。全年全市无违反《计划生育技术服务管理条例》事件发生，无一例手术差错事故发生。

【计生家庭】2017 年，深入推进计划生育家庭发展政策，确认农村奖扶对象 10477 人，特扶对象 773 人，独生子女保健费对象 4052 人，城镇独生子女父母奖励对象 13617 人；发放奖励扶助资金 2781.31 万元。开展计生特殊家庭走访慰问活动，为其购买计生特殊家庭对象综合保险、住院护理津贴保险，为 188 户计生特殊家庭对象落实集中供养、低保、公共租赁住房、农村危房改造等政策。

【计生宣传】2017 年，全面铺开卫生计生宣传教育工作，在高速公路、国道、省道等主干道旁设立大型计划生育公益广告牌 100 余块。醴陵健康微信公众号发布信息 800 余条，转发量、点赞量达 100 万人次。年内，市卫计工作在省级以上媒体宣传报道 27 次，株洲市级媒体宣传报道 30 余次。《中国人口报》头版头条推介醴陵“小病不出镇、大病不出市”分级诊疗模式和防控出生缺陷工作经验。湖南新闻联播 2 期推介醴陵市卫计工作管理服务。《湖南日报》整版推介醴陵市妇幼健康管理经验。

【流动人口管理】2017 年，反馈处理全市流动人口各类信息 16542 条，信息反馈及时率达 100%。办理流出人口电子婚育证明 216 份，免费提供流入人口均等化服务 4000 余人次。全市流入人口健康建档率达 98%，流入孕产妇、0 ~ 6 岁儿童综合服务管理率达 100%。年内，市卫计局与相邻县市签订流动人口区域协作协议，开展农村留守儿童关怀关爱、绿色健康骑行等活动，免费发放学习用品 1000 余件。

【计生协会】2017 年，市计划生育协会组织业务培训 12 次，利用“5·29”“7·11”等主题日，组织开展内容丰富、形式多样的关怀关爱活动。切实开展计划生育“三结合”（把计划生育工作与农村经济相结合，与群众勤劳致富奔小康相结合，与建设文明幸福家庭相结合）项目。醴陵市成功创建省级基层群众自治示范市、省流动人口计生协示范市，获评省计生协会模范单位、株洲市计生协会先进单位。

【红十字会】2017 年，市红十字会认真组织无偿献血工作，全市无偿献血 4891 人次，献血量 170 万毫升，全市医疗机构临床用血全部来自无偿献血。推进造血干细胞和人体器官组织的无偿捐献工作，收到人体器官捐献志愿者申请登记表 5 份。组织免费白内障筛查，15 名老人经免费手术后重见光明。推进救灾救助工作，19 户贫困家庭享受省红十字会每户 5000 元的人道救助，4 名白血病患者申请到中国红十字基金会小天使基金。年内，中国红十字会总会到明月镇贺家桥敬老院进行捐赠慰问。（柳　叶）

市中（一）医院

【概况】2017 年，醴陵市中（一）医院（以下简称“中医院”）设有 1 个全国基层名老中医药专家传承工作室，心血管病科、肛肠科、康复科、中医骨伤科、脑病科、经典科 6 个湖南省中医重点专科，疼痛科、经典科、治未病科、康复科、国医馆 5 个特色专科；有 27 个临床病区，10 个医技科室，20 个职能科室和 3 家分院，开放床位 1000 张；有在职在岗职工 1080 人，其中卫生专业技术人员 870 人、湖南省名中医 1 人、株洲市名中医 5 人、株洲市首届中青年知名医师 2 人和醴陵名医 10 余人。中医院是中南大学湘雅医院定点指导双向转诊医院和株洲市中心医院对口支援双向转诊医院，湖南中医药大学教学医院、长沙医学院等 9 所高等院校实习医院。年内，实现业务总收入 3.3 亿元，比 2016 年增长 32%；实现医疗服务收入 1.15 亿元，比 2016 年增长 72.6%，其中门诊收入 7480.85 万元，比 2016 年增长 33%；实现住院收入 2.56 亿元，比 2016 年增长 32.4%。全年收治住院患者 3.6 万人次，比 2016 年增长 15.1%；完成门急诊 29.47 万人次，比 2016 年增长 24.4%；实施手术 8315 台次，比 2016 年增长 22%。群众满意度由 2016 年的 96.3% 上升至 97.14%。

【优质护理】2017 年，中医院优质护理服务示范病区覆盖率达 100%，骨伤一科、心血管病一科、重症医学科被评为株洲市优秀护理团队。全年邀请上级医院的专家到院授课、现场指导 2 次。开展“9S”（整理、整顿、清扫、清洁、节约、安全、服务、满意、素养）精益管理、温馨病房和最美护士评比，全年评选出最美护士 120 人次。许愿墙、照片墙、爱心墙、小天使广播、改良手术衣、病号服、自制 T 管护理包和收纳袋等护理创新举措达 100 余种。制作图文并茂的宣教彩页 10

余种，举办医护一体化的健康教育讲座50余场次。

【医院建设】2017年，中医院成功创建“国家三级甲等中医医院”，成为湖南省第二家县级三甲医院。脑病科通过中国卒中中心联盟认证，中医院加入中国医疗自媒体联盟和湘中医医疗联盟，成功申报胸痛中心建设单位。中医骨伤科、脑病科、经典科成功申报湖南省中医重点专科。谭海彦获评“全国卫生计生系统先进工作者”，郑永红获评“醴陵市第二届好医师”，兰沙丽获评“醴陵市第二届好护士”。年内，中医院引进1名医学博士，新建职工食堂和人才公寓，成立老年活动中心，打造“国医馆”。

【学科建设】2017年，中医院以“打造特色品牌学科为突破口，带动和促进其他学科发展”为方向，落实院领导与职能科室一对一支持外一科、心血管病科、疼痛科、康复科、肛肠科5个学科，以品牌特色带动全院发展。开展椎间孔镜治疗腰椎间盘突出、桡尺骨骨折、小儿肱骨髁上骨折克氏针微创治疗、全髋关节置换术和显微镜下颅内动脉瘤夹闭术等学科新技术20余项，立项省级科研课题2个。新建胸痛中心、卒中中心，其中胸痛中心于6月建成并投入使用，年内共收治心肌梗塞患者400余例，DtoB达到区域领先，最短时间为30分钟。分批派遣各临床、医技科室主任和骨干分赴上级医院进修轮训，脑病科、心血管病科、肾病糖尿病科、肺病科、肿瘤科、儿科、疼痛科、康复科等长期聘请上级医院专家指导，提升学科业务能力。谭海彦入选全国优秀中医临床人才培养计划，全年引进副高以上职称及硕士研究生22人。

【分级诊疗】“湘雅乡情·专家醴陵行”活动是醴陵市一项以“乡情为纽带”的柔性引才工程，在市委推动下，由市委组织部和市卫计局牵头组织，活动开展近2年时间，截至年末，共有70余名中南大学湘雅医院醴籍专家周末轮流坐诊，问诊400余人次，开展基层扶贫义诊5场，举办各类医学学术讲座38场，科内查房讲课200余次，示范大型手术40余台次，培训医务人员5000余人次，受益群众达万余人。为提升基层医疗机构服务能力，中医院与中南大学湘雅医院等12家省内知名医院建立合作指导关系，对口支持科室20个。株洲市中心医院下派6名主治医师以上职称人员对中医院的妇科、麻醉科等科室进行为期半年的对口支援。区域内15家医联体合作运转有序，中医院分别派驻管理、医疗、医技、药事等业务骨干，以常驻、定期等形式帮扶，派遣配备心电图、B超及主治以上专科医师进行义诊活动，全年派驻帮扶专家近300人次，并对合作内上转病人采取优惠自付费用10%的措施。年内，中医院派出主治医师3人，对枫林镇、船湾镇、均楚镇3家卫生院进行对口支援帮扶。

【中医特色】2017年，加强中医药人才多层次、多渠道培养，支持中医传统疗法、中医适宜技术和中医护理项目的开发和应用，打造“治未病”中心，在全院开展中医特色诊疗服务项目60余种，中医优势病种69个，中医临床路径23个，围手术期中医干预11个，开展中医适宜技术28项，新引进盘龙灸、脐疗、平衡罐、五行经络彩罐4项中医技术。发挥中医药龙头作用，加大对基层医疗机构中医药技术的指导，定期组织中医专家义诊。年内，承办市基层中医适宜技术培训班，为全市100名基层医务人员进行理论、实践操作培训。完成全国基层名老中医药传承工作室阶段性考核和省级第一、二批老中医药专家学术经验继承结业考核。开展名老中医指导下级医师进行中医诊治，对疑难、特殊病例组织全院中医大会诊，推广中医新技术“无饥饿禁食疗法”。

（曾　丽）

醴陵市妇幼保健计划生育服务中心（醴陵市妇幼保健院、醴陵市儿童医院）

【概况】2017年，醴陵市妇幼保健计划生育服务中心（醴陵市妇幼保健院、醴陵市儿童医院）（以下简称“中心”）有在岗人员358人，其中高级职称19人、中级职称101人，专技人员占比86%。全年实现总收入1.02亿元，其中医疗收入8153.08万元。中心设有孕产保健部、妇女保健部、儿童保健部和计划生育技术服务部，主要有产科、妇科、内儿综合科、新生儿科和小儿外科等科室，拥有乳腺钼靶、进口数字化X线摄影（DR）和安珂乳腺微创旋切系统等医疗设备150台件。年内，中心为营造整洁安全的诊疗环境，优化患者就医体验，引进“6S”（整理、整顿、清扫、清洁、素养、安全）精益管理，举办“6S”精准管理基础培训5场次，打造科室33个、区域186个、亮点1123个，达到科学化、规范化、精细化管理目标。年末，中心获评全国巾帼文明岗，全国预防艾滋病、梅毒和乙肝母婴传播工作优秀集体和湖南省儿童早期发展示范基地。

【新妇幼整体搬迁项目】2017年，为解决中心现址基础设施滞后，布局狭小，交通拥堵，妇幼健康服务的能力不能满足群众刚需的问题，市委、市政府召开专题会议，研讨新妇幼整体搬迁项目；6月，新妇幼整体搬迁项目启动。项目地址位于市长庆示范区马脑村，南临长庆路，西临云盘山路，北临醴陵大道；总投资5.93亿元，总用地面积8.05公顷，净用地面积6.59公顷；总建筑面积9.3万平方米，其中医疗综合楼3.28万平方米、住院楼3万平方米、行政后勤楼0.62万平方米、地下建筑面积2.4万平方米，设置地下停车位835个；有编制床位500张。

【医疗质量】2017年，中心抓好医疗质量与安全管理，临床救治能力不断加强，接收危重病人810人，转院24人。产科分娩3220人次，产后出血43人次，出血量大于2000毫升病例仅1例，抢救成功率100%。全年无抢救不成功转院病例，无产后出血切除子宫病例，未发生重大医疗事故。新生儿科救治30～31周、出生体重1.2～1.7公斤的早产儿3例，应用肺表面活性物质并救治成功早产儿4例。妇科在中南大学湘雅医院教授指导下，开展筋膜外子宫全切+卵巢动静脉高位结扎术治疗子宫内膜癌1例，诊治上皮样滋养细胞肿瘤患者1例，开展宫颈癌根治术3例，救治三型切口妊娠患者2例和自发性子宫破裂、失血性休克患者1例，诊治子宫肌瘤合并皮肌炎患者1例，开展宫颈环扎术5例。内儿综合科上转病例21人，无严重医疗不良事件，实现零赔偿；小儿外科、乳腺外科开展乳腺癌根治术3例和乳腺微创旋切术43例，改进包皮环切术为套扎法57例。

【群体保健】2017年，全市孕产妇系统管理率达93.82%，孕产妇无一例死亡；7岁以下儿童系统管理率达94.98%，5岁以下儿童死亡率4.67‰。完成“两癌”免费筛查21635人次，为年计划任务数的100.63%。确诊宫颈癌16例、乳腺癌12例，病人手术治疗后恢复情况良好。年内，醴陵市被国家疾病预防控制中心妇幼保健中心确定为宫颈癌检测项目县和湖南省“HPV”检测试点项目县。免费产前筛查孕产妇1.2万人次，筛查阳性率15.89%，阳性随访率100%。全市出生缺陷发生率为95.01/万，比2016年下降8.48%。叶酸服用率为97.38%，婚检率为90.75%，孕前优生健康检查覆盖率为100%，早孕随访率和妊娠结局随访率均为100%，新生儿疾病筛查率为100.66%。

（周伊嫚）

市疾病预防控制中心

【概况】2017年，醴陵市疾病预防控制中心（以下简称“中心”）贯彻“预防为主，防治结合”的疾控工作方针，成功创建县级甲等疾病预防控制机构和省级慢性病综合防控示范区。在株洲市医疗卫生机构卫生应急技能竞赛活动中，获团体二等奖2项、技术标兵二等奖1项、个人二等奖1项、个人三等奖3项，邓平获评2017年度“湖南省饮用水监测工作先进个人”。年内，中心清理规范一批行政事业性收费，从4月1日起，停止疾控部门卫生检测（涉企行政事业性收费）和预防性体检（涉及个人等事项的行政事业性收费）收费。

【疫情管理】2017年，全市共报告法定传染病22种，发病数3319例，死亡5例，死亡案例中艾滋病3例、结核病1例、人感染H7N9禽流感1例，报告发病率、死亡率分别为319.13/10万、0.48/10万。全年无甲类传染病报告，乙类传染病报告17种2118例，无传染性非典型肺炎、脊髓灰质炎、登革热、炭疽、流脑、白喉、新生儿破伤风、布病、血吸虫病病例报告，丙类传染病报告5种1201例。报告发病数居前三位的传染病为肺结核876例、手足口病681例、乙肝507例，共计2064例，占传染病发病总数的62.18%。在法定传染病漏报率调查、法定传染病报告现状调查中，抽查传染病病例840例，漏报率为零。

【急性传染病防控】5－10月，完成霍乱内外环境采样监测3次，共检索江河水系、生活污水、医院排污水、养殖水等水样30份；对水产品的采样监测中，完成检索60份，其中甲鱼样本36份，均未检出霍乱弧菌。1－5月、11－12月，人禽流感防控外环境监测采样39份，检出H7N9阳性结果7份，联合相关部门采取健康教育、采样监测、清扫消毒、停业整顿等防控措施，监测重点人员无禽流感病例发生。及时排查重症不明原因肺炎病例5例。做好钩体病防控监测工作，采集重点人群血清100人份，检出阳性血清1份；监测野鼠50只，经培养检测均未检出阳性结果；监测青蛙肾、猪肾各50份，均未检出阳性结果。手足口病监测共采集送检病例标本60份，经株洲市疾病预防控制中心检测反馈阳性结果30份。全年全市各预防接种门诊接种狂犬病免疫球蛋白1129人，对2706名狂犬病暴露人员接种狂犬病疫苗。有效处置1起人感染H7N9禽流感病例，完成流行病学调查、环境消毒、40名密切接触者医学观察、死亡患者尸体处理等工作。调查处置家庭聚集性手足口病疫情1起，有效处置市左权镇某中学暴发流行性腮腺炎疫情（共发现 29 例流行性腮腺炎），均未造成不良影响。

【免疫规划】 2017 年，继续加强疫苗和冷链管理，及时安全配送各类疫苗，下发一类疫苗 15.29 万支，确保全市各项常规接种工作稳步开展。9 月，二类疫苗执行零差率销售，组织并实施网上平台采购方式。按要求开展适龄儿童疫苗接种率调查，现场抽查适龄儿童 300 人，建证、建卡率均为 100%，卡证相符率为 92.67%，“六苗”全程接种率为 99.33%，安全注射率为 100%。在全市开展麻疹类疫苗查漏补种活动，摸底登记儿童 7.54 万人，应补种 2533 人，实际接种 2483 人，补种率达 98.03%。全年上报 AEFI 病例 84 例，其中一般反应 83 例、异常反应 1 例，上报麻疹疑似病例 25 例，其中确诊 4 例、排除 21 例，均按要求及时进行病例的个案调查和疫情处理。

【结核病防治】 2017 年，中心贯彻落实上级业务主管部门关于结核病和艾滋病防治分离的要求，通过充分调研和多方协调，顺利将结核病、艾滋病治疗移交至市定点医院。做好学校结核病防控工作，严格按照《学校结核病防控工作规范》要求，开展学校结核病筛查工作，共筛查学生密切接触者 198 人。全年全市结防门诊接诊初诊病人 1888 人，免费摄片 1561 张，查痰 4568 人次，系统管理病人 706 例；其中新发涂阳肺结核 106 例，治愈率达 96.7 %。筛查阳性病人密切接触者 117 人，筛查率达 100%。网络追踪结核病人到位率为 92.5%，总体到位率为 91.6%。全球基金耐多药项目痰培养 118 例，发现耐多药病人 3 例。

【艾滋病防控】 2017 年，全市新发现艾滋病感染者或病人 84 例，累计报告 330 例，死亡 71 例，艾滋病发病呈明显上升趋势。新增抗病毒治疗 64 人，累计治疗 265 人，治疗率 91.1%；完成外展工作 12 次，累计干预教育失足妇女 855 人次，检测 402 人次。美沙酮新入组 3 人，累计入组 332 人，在治 65 人，平均每天服药 38 人。不定期深入看守所、社区干预和检测吸毒人员 556 人次。对监管场所羁押人员进行抗体检测 763 人。完成自愿咨询 579 人次，筛查 HIV15 例，梅毒 27 例。全市 8 家医疗单位共检测 HIV17 万余人，筛查阳性 98 人，确认阳性病例 60 例；所有感染者及病人均建立个人档案，完成个案调查、首次流调、结核筛查；接收规范化抗病毒治疗比例为 90.1%，随访检测率为 94.6%，抗病毒治疗病人病毒载量检测比例达 100%，开始治疗 12 个月时病人依然存活并仍坚持治疗的比例为 94.3%，符合治疗条件的病人服用预防机会性感染药物的比例为 100%，艾滋病病毒感染者、病人的配偶、固定性伴 HIV 抗体检测率为 94.3%，社区美沙酮维持治疗年保持率为 85.5%。

【职业病防治】 2017 年，中心将职业病危害较为严重、具有代表性的企业作为职业健康监护工作重点，共对 179 家企业 4031 人进行职业健康检查，筛查出疑似职业病人 212 人、职业禁忌症 149 人、其他临床异常 2755 人。开展重点职业病监测与职业健康风险评估工作，对 19 家厂矿企业 1271 名生产作业工人开展职业健康检查，筛查出疑似职业病 169 人、职业禁忌症 42 人，收集年度内确诊的 16 名职业病人工伤保险待遇落实情况，年内完成信息数据收集、录入并统计与分析，撰写重点职业病监测与职业健康风险评估报告并上报。

【公共卫生检验与监测】 2017 年，中心加强实验室内部质控和生物安全管理，通过二级实验室生物安全备案，全年实验室未发生安全事故，实验室能力验证艾滋病和梅毒抗体、病原微生物检测、职业中毒铅和氮氧化物等结果均为优秀。全年完成食品安全风险监测 80 份，各类水质检测 730 份，消毒餐具检测 386 份，碘盐监测 300 份，钩体老鼠、青蛙和猪肾监测 150 份，钩体人血清抗体检测 100 人份，霍乱内外环境样品检测 90 份，医疗及托幼机构消毒检测样品 50 份，麻疹、风疹监测 20 份，采集手足口病例标本 60 份，高致病性禽流感标本 39 份；处理突发事件 2 起，采集检测标本 12 份。临床检验完成梅毒检测 1020 份，丙肝检测 978 份，狂犬抗体检测 1232 份，疟原虫 74 份；老人体检 588 人，儿童体检 319 人，职业体检 4031 人，艾滋病抗体检测 2337 人，肝功能检测 12798 次。完成学校饮用水检测样品 314 份、城市市政供水六项分析 132 份、城乡饮用水 156 份，其他社会送样水质监测 116 份；累计完成食品监测样品 80 份，食源性疾病病例监测审核 354 例，规范处置食源性疾病暴发事件 1 起。完成预防性体检 9093 人（其中免费体检 5790 人、自费体检 3303 人），职业卫生参保人员体检 4031 人。

【慢病管理】 2017 年，全市建立居民健康档案 78.77 万份，居民健康档案建档率为 80.5%；65 岁以上老年人免费体检 7.02 万余人，体检率为 70.8%；管理高血压患者 5.33 万余人，管理率为 34.77%；管理糖尿病患者 1.91 万余人，管理率为 24.18%。开展疟疾监测工作，对疟疾、疑似疟疾和发热原因不明病人血检疟原虫 733 例，完成全年计划任务的 126.4%；检出阳性病例 1 例，为输入性恶性疟。全年报告死亡病例 5852 例，辖区居民粗死亡率为 5.97‰。开展全市生活饮用水水碘含量调查，在 19 个镇、4 个街道共采集样品 337 份，检测结果水碘含量在 0.1 ~ 104ug/L 之间，水碘中位数为 3.1ug/L；在 5 个镇抽取 8 ~ 10 岁学生 200 人、孕妇 100 人，进行碘缺乏病病情监测，各项工作指标达到全国消除碘缺乏病标准。

【健康教育】2017 年，中心利用市健康教育工作 QQ 群、网站等平台，上下联动开展健康教育宣传，有力促进全市健康教育工作深入开展。结合卫生宣传日，开展主题宣传活动 15 次。定期群发健康知识手机短信 5.02 万条，受众 2.51 万人次。各镇卫生院、社区卫生服务中心，共开展健康讲座 360 场次、培训 1.31 万人次。全年接受公众咨询 387 次、3.04 万人次，更新宣传栏 562 块。完成对城乡职工（居民）、门诊及住院病人共计 600 人的"两率"调查，总体健康知识知晓率为 82.21%，健康行为形成率为 72.83%。

（王　婷）

市卫生计生综合监督执法局

【概况】2017 年，醴陵市卫生计生综合监督执法局（以下简称"市卫计执法局"）内设办公室、财务室、公共场所卫生监督股、医疗卫生监督股、综合股、计划生育监督股 6 个股室，有在编人员 30 人。承担市所辖区域的公共场所卫生、传染病防治、学校卫生、职业放射卫生、生活饮用水卫生、消毒机构、医疗机构、母婴保健机构及计划生育技术服务机构等的卫生计生执法监督，担负计划生育违法违纪案件查处、依法打击"两非"行为，做好计划生育社会抚养费征收、管理和社会抚养费征缴系统的运行、监测、管理。年内，市卫计执法局获评 2017 年株洲市卫计系统行政处罚案卷评查一等奖、三等奖，汪泽南获评湖南省打击"两非"工作先进个人。

【卫生行政许可】2017 年，市卫计执法局对全市旅店业、文化娱乐场所、公共浴室、理发美容店、游泳场所等公共场所实施卫生行政许可。全年受理卫生行政许可申请 171 户，其中公共场所卫生许可 157 户、二次供水 10 户、放射诊疗许可 4 户，发放健康证、卫生知识培训证 1.65 万余本。

【医疗机构监管】2017 年，监督检查医疗机构 585 家，对检查中发现的违法医疗行为予以及时纠正，责令整改，依据相关法律法规做出行政处罚 27 起，受理投诉举报案件 6 件，取缔非法行医场所 3 处，查处非法行医 1 例、违规行医 2 例。

【公共场所卫生监督】2017 年，市卫计执法局以市"三创四化"工作为核心，监督检查全市 380 余家公共场所、单位，卫生监督覆盖率、量化分级率均达 100%。年内，开展无证无照专项整治，住宿业、美容美发业、游泳场所专项检查和监督抽检计划等 5 次专项行动。按照《公共场所卫生管理条例实施细则》要求，对无卫生许可证擅自营业、从业人员无健康证上岗等违法经营的 24 家单位，实施警告、责令整改和罚款等行政处罚。

【饮用水卫生监督】2017 年，全市有市政供水单位 1 家、自建供水单位 1 家、"千吨万人"规模农村集中式供水单位 14 家。对各类供水单位实行监管与服务并重的管理模式，加强部门沟通与合作，健全各项供水卫生管理制度，加强制水消毒设施和自检能力建设。年内，通过省卫生和计划生育委员会 A 级供水单位复审，水质合格率保持在 100%；农村自来水厂卫生管理水平有较大提升，水源卫生防护得到加强，制水、消毒、自检设施更加完善，全年水质抽检合格率达 86%。

【学校卫生监督】年内，联合市教育局、市食品安全委员会办公室等 5 家单位，开展校园"食品安全护苗行动""学校结核病防控"专项督查，下达卫生监督意见书和协管督导意见书 1507 份，建立和完善市教育机构个体纸质档案，卫生监督综合评价学校 10 所。上半年抽检学校自备供水水质样品 214 份，下半年复查（上半年水质检查不合格）学校 110 所，查处违反《生活饮用水管理办法》规定，擅自安装使用管道直饮水的学校 9 所。

【餐饮具消毒监督】2017 年，全市有餐饮具消毒企业 38 家。按照市创建"省级食品安全示范市"的要求，开展餐饮具集中消毒单位整治，整合单位 7 家，办理案件 6 件，抽检集中消毒餐具 310 份。年内，顺利通过市食品安全委员会对"创建省级食品安全示范市"工作的考核。

【卫生监督协管】2017 年，全市共有卫生监督协管单位 30 家（其中社区卫生服务中心 5 家、卫生院 25 家），卫生监督协管员 60 人；开展各类协管巡查 5435 家（次）。通过加强对协管员公共场所、医疗卫生、生活饮用水、学校卫生等监督知识的培训，协管员的履职能力得到进一步提升。

【计生监督】2017 年，全市立案

违法生育1898起，自查投诉举报违法生育案件36件，移送法院进行财产保全案件505件。全年征收社会抚养费1998万元，列入金融征信系统黑名单14人次；查获“两非”案件线索50余条，查处“两非”案件5件。

（周玲红）

市精神病医院

【概况】2017年，醴陵市精神病医院（以下简称“医院”）有职工192人，其中高级技术职称以上人员39人；设有开放病区、老年病科和精神科男、女封闭病区等9个临床科室，开设床位500余张。全年门诊治疗2.2万人次，住院治疗2891人次，分别同比增长6.6%、20.6%；新型农村合作医疗门诊报销5067人次，补助金额274.67万元，住院报销2655人次，补助金额1994.96万元。实现医疗业务收入3308万元，比2016年增加252万元、增长8.2%。9月，医院通过二级专科医院认定；12月，成功创建省级文明卫生单位。

【医疗服务】一是抓好医护质量。组织全院护士开展噎食、自缢等应急演练2次，“三基理论”（基础理论、基本知识、基本技能）考试4次，技能操作考核4次，进一步强化护理人员的风险防范意识，提高识别和处理风险的能力。医务科举办综合素质培训12期，每2月组织临床医师、功能科室开展“三基理论”考试，规范病历书写，坚持每月督导检查各科室的住院病历1～2次，建立相应的检查台账，发现问题及时解决。二是提升服务水平。加强对精神病患者和老年患者的人文关怀，投资3万元更新娱乐治疗项目，新设病人娱乐室，增加象棋、扑克等娱乐设备，开通病区电视节目互动点播频道，定期组织病区歌唱比赛，开展篮球、羽毛球、朗诵诗歌等娱乐活动。年内，医院组织患者对医疗服务的满意度调查4次，调查项目1538项，调查结果显示满意项目1466项、不满意项目72项，平均满意度达95.32%。

【重性精神病防治】2017年，全年质控严重精神障碍患者健康档案1200余份，电话随访患者600余人。通过国家重性精神疾病基本数据分析系统录入患者4293人，管理患者4129人，管理率为95.32%，规范管理率为91%。依据《醴陵市2017年“严重精神障碍患者救治救助项目”实施方案》，排查走访重性精神疾病患者家庭260余户，初步落实救治救助对象144人，其中医院救治救助贫困重性精神疾病患者104人，救治救助项目总医疗费用118.1万元。年内，市基层卫生医疗机构上报疑似严重精神障碍人员230余人，其中确诊175人、排除57人。积极配合市残疾人联合会等部门，做好残疾精神病人精准康复工作，认定救助对象294人，发放免费救助治疗药物，进行心理康复治疗。

【健康扶贫】2017年，为打好脱贫攻坚战役，做好健康扶贫工作，对到院治疗的建档立卡贫困精神病患者，实行“先诊疗、后付费”“一站式”结算，建立贫困患者绿色通道，广泛宣传健康扶贫政策，签订告知书，建立台账。全年接待到院治疗贫困精神病患者1745人次，建档立卡728人（其中门诊494人、住院234人）；除报销金额外，医院共兜底精准扶贫住院患者52人、费用13.11万元。

（谭　钢）

株洲市中心血站醴陵分站

【概况】2017年，株洲市中心血站醴陵分站流动采血车足迹遍及市区繁华街道和各乡镇，采集无偿献血4920人次，采血量171.03万毫升（8551.67单位）；供应血红细胞10334单位、血浆4549单位，单采血小板275治疗量，冷沉淀1670.5单位，手工血小板126单位。醴陵分站站内无偿献血报销85人次、4.8万元。年内，醴陵市被株洲市献血领导小组评为“2017年度无偿献血绩效考核优秀县市区”。

（陈　媛）

湖南师范大学附属湘东医院

【概况】2017年，湖南师范大学附属湘东医院（以下简称“医院”）为湖南师范大学临床医学硕士学位点，湖南省住院医师规范化培训和全科医生临床培训基地。设有39个临床医技科室、中心，10个教研室，2个研究室，1个临床技能培训中心和心血管研究室、危重症急救医学实验室2个湖南师范大学重点实验室；有职工1400余人，其中高级职称人员150余人、硕士研究生导师19人、博士和硕士研究生50余人；有编制床位1000张。

【内部管理】一是抓好三级甲等医院创建工作。制定创建三级甲等医院工作方案与考评办法，召开动员大会，各部门、科室及全院职工全员参与，将创建标准贯穿日常管理和医疗服务中。二是抓好医院综合改革。投入300万元，参与市智慧医疗云平台建设，市心电、放射、超声、病理等远程会诊中心落户医院，与市二、三、四医院和王仙镇、船湾镇卫生院等单位组建医联体，成为全市最高转诊中心。推进药品购销体系改革工作，严格执行药品购销“两票制”。三是抓好门急诊综合大楼项目建设。在提前实现门急诊综合大楼主体封顶的基础上，按程序与进度，抓好幕墙、内部装修装饰及相关配套工程的建设，年内按计划开展普通区域安装、装饰装修和配套的弱电智能化、污水处理、直饮水、医气、室外给排水、绿化等工程。四是抓好临床教学认证。从临床教学的硬件、软件建设入手，针对前期预评专家提出的意见，认真落实整改，挖掘临床教学的亮点与特色，最终临床医学专业认证工作得到教育部专家组的肯定。五是抓好绩效方案改革。引进专业绩效方案设计公司为医院打造绩效考核方案，主动应对医改给医院所带来的新局面，对原有的绩效方案进行局部调整与完善，发挥绩效考核在鼓舞、激励、监督职工等方面的作用。六是抓好人才培养引进。制定并落实《医院招聘高层次人才暂行规定》，公开招聘医护技等专业毕业生60人。做好职称晋升与申报和优秀人才推荐工作，全年推荐32人入选省教育厅人物志，24人入选株洲市高层次人才，3人被评为醴陵市第二届好医生、好护士。七是抓好医用耗材整治。采取排查、整治、规范相结合的工作方式，对全院所有医用耗材进行全面摸底，以重点产品、重点科室、重点问题线索为突破口，在医院内部形成职责明确、重点突出、各负其责、协调联动的医用耗材使用过程监管体系。

【健康扶贫】2017年，医院对口帮扶的38户贫困户，有10户成功脱贫，10户完成易地搬迁。落实健康扶贫贫困户免挂号费、优先就诊、先诊疗后付费等政策。作为全市建档立卡贫困户重大疾病救治和管理定点医疗机构，医院组织多场大型的健康扶贫义诊，承担起贫困户大病救治、管理和转诊任务。医院被中国流动眼科手术车“复明10号”、湖南省光明扶贫工程确定为醴陵市唯一定点合作医院，全年免费为100余名贫困白内障患者实施复明手术。

【落实核心制度】2017年，医院在继续修订完善医疗制度体系的基础上，着重抓好临床18项核心制度的落实，坚持每周一次的业务查房，不定期进行医疗质量管理的检查与监督，抓好医疗质量的每一个环节。严格实施奖惩制度，全程监督和管理医疗质量与安全。坚持每季度进行一次全院性的医疗质量分析会，指出存在的问题，总结经验教训，部署下一季度的质量控制重点。年内，卒中、胸痛中心的挂牌成立，有效提高医院急危重患者的抢救能力和水平。举办以脑血管疾病、重症医学为主题的区域学术会议，提升专业学科的影响力。举办法律法规及沟通能力培训，提升医患沟通能力与技巧。组织多场纠纷、疑难危重病例讨论会，进一步规范诊疗行为。抓好与汝城县人民医院、君山区人民医院的结对帮扶工作，采取选派医生与免费培训相结合的方式，促进受援医院技术水平提升。

【护理服务】2017年，在门急诊、手术室等科室开展优质护理服务，实现优质护理服务全覆盖。实施护理目标管理，在护理人员架构图、新入职人员培训、业务学习、护理查房、电话回访、工休会、抢救车、仪器设备、高危药品、环节质控管理、满意度调查、三级查房等方面实现全院同质化、常态化，护理工作得到省卫生和计划生育委员会优质护理督查专家组肯定。落实责任制整体护理，为患者提供全程、连续的身心护理服务。落实人文关怀，深化“以病人为中心”的服务理念，尊重和保护患者隐私，给予患者心理支持。强化护理能力培训，选派ICU、PICC、肿瘤等专业的专科护士外出学习培训，同时加强专科护士在院内的培训督导和管理，逐步提高护理人员整体水平。举办护理技能操作比赛，进一步提高护士专业技能。开展护理教学查房，提高护士对患者的评估、病情观察、康复指导的能力。

【教学科研】2017年，按照住院医师规范化培训管理实施方案，加强住培基地、老师和学员的管理。医院有3人被聘为省住培临床实践能力结业考核考官，1人入选省住培专家委员会专家库。完善临床技能训练中心的各项硬件设施,设立“人机对话”考试中心。选派2人参加湖南师范大学举办的附属医院2017年青年教师课堂教学竞赛，分获一等奖和三等奖。获批省教育厅、卫生和计划生育委员会课题4项。全年承担湖南师范大学医学院临床、预防等专业共163人的临床理论教学、见习、实习教学任务，安排其他医学院校实习生83人，接收其他医院选送的进修人员18人。邀请省内一批专家教授到院讲学，共组织各种讲座16场次。选送23人外出进修，选派46人次参加各类专业学术会议与业务培训。

【后勤保障】2017年，制定《安全生产教育培训计划》，积极开展安全生产培训活动，全年举办安全生产教育培训11场次。组织火灾等突发事件应急培训与演练，通过培训和演练，进一步提升医院的应急管理与处置能力。按市食堂标准化建设要求，改造食堂。投入1300余万元，按程序招标采购输尿管软镜、血滤机等中大型医疗设备20余套件。与省红十字会签订价值3000余万元的设备捐助协议，其中西门子64排CT年内投入使用。完成新放疗中心的规划、立项、设计及一期工程的招标、报建等工作。投资近1000万元，完成PACS系统的上线并成功运行，升级改造部分信息化设备和系统，提升医院信息化、数字化水平。

【文化建设】2017年，按照医院“十三五”发展规划的总体部署，启动医院文化建设项目，完成项目考察、招投标等工作。汇编医院2017年新闻报道精选集，完成宣传画册前期设计、编排等工作。建立多种对外媒体工作网络，提升医院整体形象；在全国医院摄影比赛中，医院推送的《“男”丁格尔》稿件获优秀奖。年内，与醴陵电视台合作，制作6期宣传专栏，将医院的优秀事迹、临床新技术及时传递给社会；将院刊升级改版为院报，改版后的院报报道容量增大，新闻推送更及时。加强工会组织、制度建设，坚持职代会议事制度，全年召开专题职代会2次。组织开展职工气排球混合团体赛、职工羽毛球混合团体赛，邀请市人民法院等5个单位开展“博爱杯”男子篮球友谊赛。发挥职工文体协会作用，举办钓鱼比赛、羽毛球友谊赛等活动，丰富职工文化生活。动员职工参加无偿献血等献爱心活动，有85名职工参加无偿献血活动，献血2万余毫升，20人成为中华骨髓库捐献志愿者。举办“快乐暑假，健康成长”急救夏令营活动2期，免费为210名中小学生培训急救知识。（周　明）

南华附二醴陵兆和医院

【概况】南华附二醴陵兆和医院（以下简称“医院”）是一家集医疗、保健、康复、社区卫生于一体的二级综合医院，有病床450张；有职工400人，其中高级职称35人、中级职称73人，有本科及以上学历（含研究生）206人。有门诊大楼、医技、住院综合大楼1栋（15层），中风康复专业治疗大楼1栋（5层），后勤辅助楼2栋；医疗业务用房近2.2万平方米，楼内采用中央空调，净化直饮水和智能电子系统。2017年，医院开设内分泌科、呼吸内科、心血管内科等20余个临床和医技科室；下辖长庆示范区社区卫生服务中心、黄沙分院2个基层医疗机构。（程　洁）

泰安医院

【概况】2017年，醴陵市泰安医院（以下简称“医院”）有职工278人，其中高级专业技术人员18人（正高职称4人、副高职称14人）、享受国务院政府特殊津贴专家2人、市首届“十大名医”2人、市“好医师”1人。年内，医院将原门诊大楼改造为门诊、阳三石街道社区卫生服务中心服务大楼，其设计充分考虑门诊和社区功能，为辖区近5万人提供更优质的基本医疗、预防保健、康复、健康教育、计划生育指导等13项公共卫生服务，为争创省级示范社区卫生服务中心打下基础。年内，医院再次获评全国诚信民营医院，技术托管的浦口卫生院在全市卫生系统中获公卫工作第三名，医院党支部被评为市先进党支部，医师王太秋被评为醴陵市“好医师”。

【强化医疗服务】2017年，医院不断加强基础建设，合理布置病房和科室，美化群众就医区域，营造温馨的就医环境。一是便捷就诊。设立导诊咨询台，引导帮助患者就医。配齐候诊椅、轮椅、应急电话，免费提供直饮水、笔、纸等便民生活用品，在病房安装网络电视、空调、无线WIFI等设施。二是简化服务流程。适时增加服务窗口，简化挂号、就诊、检查等流程，形成门诊收费、医保、城乡居民入出院结算“一站式”服务。三是合理检查。对患者以科学诊治为原则，以合理为核心，以规范行为为目的，以降低费用为目标，在诊治过程中重点对医疗费用影响较大的检查、用药、耗材及治疗措施制定考核制度，分层级制定最佳救治方案，切实减轻患者经济负担。四是合理用药。在确保医疗质量的前提下，通过竞价采购方法，减少中间环节，降低药品入库价，下调药品零售价，使患者用上质优价廉的放心药。加强对抗菌、辅助、营养和大额处方药物使用的监控，严格控制医保目录外药品使用和自费药品使用率。加强高值耗材采购、保管，强化效果评价、不良事件报告等环节控制，形成可追溯性全过程的综合管理。五是合理收费。自觉公开服务项目、价格和收费标准，严格执行物价收费政策，及时向患者提供费用清单，做到透明、公开、合理收费。（杨胜求）

区·街道·镇

长庆示范区

【概况】醴陵市长庆示范区（以下简称“示范区”）是国务院批准的长株潭城市群“两型”社会建设综合配套改革试验区（黄泥坳片区）的重要组成部分，是规划建设的4个城乡统筹示范区之一；2010年6月，经株洲市机构编制委员会办公室批准成立，属于醴陵市政府派出机构，设立党工委、管理委员会；2012年9月，经湖南省两型办批复，示范区被列为全省统筹城乡发展改革试点。2017年，示范区托管珊田、马脑、黄沙、长庆寺、清潭、双江6个行政村，有179个村民小组，总人口20134人。示范区区位优越，交通便利，沪昆高速、320国道、106国道，沪昆高铁、浙赣铁路复线贯穿南北，醴陵大道、长庆大道、沪昆高铁站醴陵连接线、梧桐路和年内通车的云盘山路共同组成示范区的核心路网。年内，示范区被纳入市“一城一区一园”发展蓝图,抓住“打造千亿工业园、创建国家级经开区”的机遇，按照“统筹城乡、两型示范”的要求，努力推进征地拆迁、项目建设、环境优化等工作，成为统筹城乡发展的一大亮点。示范区坚持“生态、宜居、休闲”原则，围绕“城市客厅、行政办公、商务会展、生态宜居、休闲娱乐”功能定位，以核心路网、创业创新服务中心、陶瓷技师学院、渌江产业发展中心、老祖殿、长庆公交站、碧桂园、新城学校、新城医院等重点项目为助力，全力打造“两型”社会建设统筹城乡发展的先导区。

【党建工作】一是党建常规工作有序推进。年内，升格5个符合条件的党支部为党总支，完成6个行政村的村支“两委”换届选举；培养入党积极分子13人，按计划发展党员7人，转正党员6人；结合建党96周年纪念活动，慰问生活困难党员、老党员18人次，发放慰问金0.9万元。二是“两学一做”活动成效明显。示范区党工委班子成员围绕“两学一做”学习教育活动开展学习讨论4次，每名班子成员结合本职工作,将“23+X”列为学习重点，对学习心得体会进行记录。组织各支部党员干部，通过培训、集中学习、专题讲座、听取报告会、观看警示教育片等形式，开展相关的专题学习讨论。三是创新党员管理机制。以全国党员管理系统、智慧党建平台、“一网一云”为依托，建设基层党建信息化管理平台，实现党务管理智能化、数据统计维护精准化和党员管理服务个性化。健全农村党员积分管理制度，增强党员教育管理力度，实行党员积分管理制度，提高农村党员素质。四是注重党风廉政建设。认真履行党风廉政建设第一责任人职责，按照“谁主管、谁负责”的原则，全面落实示范区党风廉政建设责任制的各项任务和要求，自愿接受村干部的监督。严格遵守领导干部廉洁自律“五个不许”（不许违反规定收送现金、有价证券和支付凭证，不许跑官要官，不许放任、纵容配偶、子女和身边工作人员利用领导干部职权和职务影响经商办企业或从事中介活动谋取非法利益，不许参与赌博，不许借婚丧嫁娶之机收钱敛财），确保在重点工程建设项目中不插手工程承包。

【综治维稳】一是开展“平安家庭”示范户创建活动。有200个家庭被授予“平安家庭”示范户，各行政村宣传、推广“平安家庭”创建的事迹和经验。二是高度重视民意调查。通过民调契机了解百姓诉求、倾听百姓心声，推动示范区广大党员干部改进作风，认真履责，提高服务群众意识。三是积极调处矛盾纠纷。全年开展矛盾纠纷排查47次，共调解矛盾纠纷45起，调解率95%；接待信访件42件，接待来访信访人员120余人次。四是推进网格化工作。高规格配备各村网格化办公设施，成立网格化中心，对16名网格员培训和分工。网格员通过口头宣传、实地走访的方式，全面宣传网格化工作，制作标志性的宣传栏、广告牌，将“致居民的一封信”“网格员便民联系卡”送至每户。截至年末，网格员共采集人口信息1800余户、门店信息380余户、企事业单位信息100余家，并完成平台录入。

【安全生产监管】一是领导高度重视。示范区党政主要领导主持召开安全生产、食品药品安全管理工作会议14次，亲自带队检查安全生产工作20次，深入参与排查安全隐患，发现问题及时整改。二是加强宣传，组织培训。设置大型、永久性宣传栏3处，制作宣传横幅50幅、标语100余条。组织辖内烟花爆竹企业、人口密集型企业作业人员进行安全生产集中培训、实地消防培训，培训200余人次。三是严格履行“一岗双责”制度，层层抓好落实。年初签订各类安全生产目标责任书，全面检查企业35家。四是严密监督。组织开展“打非治违”、闪电行动等集中执法行动56次，出动执法人员353人次，检查生产经营单位88家，排查发现安全隐患27处（其中已整改到位26处），取缔非法生产经营建设单位1家，抓捕涉嫌犯罪人员3人。全年未发生安全生产事故。

【卫计工作】2017年，示范区卫生和计划生育工作坚持每月计生例会制度，定期总结和安排工作。加强计生政策宣传教育，发放宣传资料6000余份。全年示范区落实享受计生家庭奖励扶助183户、计生家庭特别扶助6户、独生子女保健费111户，完成国家免费孕前检查162对，依法处理16对违法生育夫妇。

【查违控违】2017年，示范区进一步加大查违控违力度，坚决维护新区总体规划，保障城市核心利益，认真落实查违控违工作责任制，加大日常巡查监控力度，始终保持高压态势，重拳打击违法抢建行为。全年依法强制拆除违法建设74处，强拆建筑面积1.16万余平方米，有效控制辖内的违法建设。

【精准扶贫】一是基础工作牢实。组织召开精准扶贫工作推进会，发放结对帮扶卡和手册122户，报送信息40余篇。设立示范区、6个行政村的扶贫工作站和脱贫攻坚作战室。走访示范区内所有贫困户，为180户建档立卡贫困户填写脱贫收益卡。拟定60户167人的清理名册，完成人口自然增减工作。核实新型农村合作医疗保险缴费人员，示范区共计327人49050元，均收回票据、造好名册，资金及时退回贫困户手中。二是帮扶措施精准。完成3634名爱心人士、468名贫困人口注册，并帮助贫困户发布需求，给予贫困户关注和爱心。在市开展的社会扶贫募捐活动中，组织辖内各企业、全体机关干部、爱心人士开展社会扶贫募捐活动，共筹集捐赠扶贫资金18万元。三是健全脱贫奖励机制。根据每个村的报送信息，评选出“脱贫之星”，分别给予脱贫奖励，以激发贫困户积极性和自信心。截至年末，示范区完成29户101人的脱贫退出认定工作。全年金融扶贫贫困户90户450万元，为106名贫困户购买老年人意外伤害险，社会保障兜底29户59人，改造危房户8户。

【农业工作】一是加强基础设施建设，改善农业生态环境。筹资新建森林防火带，确保示范区全年无重大森林火灾事故发生；抓好各项水利工程的建设和管理，确保农业生产用水；“河长制”全面推进，成立“河长制”办公室，开展专项整治行动5次，打捞河道内垃圾320余吨。二是推行会计委派制，规范农村财务管理。委派专人专项负责农村财务审计工作，健全农村票据管理制度、会计及出纳职责和理财小组权限等制度，做好村组财务公开。三是建设阳光三农网，打造网络平台。细化工作任务，安排专人负责，确保阳光三农网成为示范区农民群众的“政策直通车、信息公开栏、三农服务站”。

【重点项目建设】2017年，示范区有征拆任务项目27个、拆迁208户、征地135.66公顷、腾地270.73公顷，年内启动征拆项目19个。示范区以市“百日攻坚”征地拆迁活动为契机，建立“每周一调度、半月一小结”的调度机制，确定目标、挂图作战；加强征拆队伍建设和培训，推行阳光征拆，全面统筹推进重点项目建设。截至年末，签订拆迁协议93份，拆除房屋101栋，征地20公顷，腾地100公顷；示范区已完成长庆公交站、山峰拟建设用地、长庆大道、碧桂园、福田养老中心、老祖殿、彰仙岭路和陶瓷学院8个重点项目建设的征拆任务。

【创建工作】一是开展春季爱国卫生运动。动员400余人参与，清理村民乱倒垃圾点36处、河道3.5千米，疏通水渠6条，整治废品回收点4家，使用灭蚊喷剂10箱，发放灭蟑螂药物400盒、灭鼠药物440千克。二是开展早摊点、夜市专项整治。重点整治早摊点、夜市占道经营、乱停车辆、乱丢垃圾。三是开展渌江河沿河整治。5月，开展为期6天的渌江河沿线垃圾清理行动，共出动船只26次、300余人次，清理垃圾12车。四是开展“瓷博会”期间环境卫生整治。共拆除广告牌152块，改造门店招牌840米，刷白房屋立面墙1.36万平方米，修补道路、人行道800米，道路两旁裸露黄土砌墙800米，高铁连接线补绿近2000平方米。五是持续开展106国道沿线整治活动。拆除清潭村的加水棚屋、长庆寺村的废品回收站。六是兴建黄沙农贸综合大市场。黄沙农贸市场基础设施建设顺利推进，于11月各项工程建设竣工并投入使用。（林晓园）

来龙门街道

【概况】2017年1月，根据市委、市政府的统一安排，将国瓷街道的五里牌、国光、车顿桥、姜湾、八里庵5个社区成建制委托来龙门街道管理，5个社区面积7.23平方千米，有9188户、30512人。来龙门街道境内有行政机关、金融保险、医院、学校、建筑房产、商业服务等单位231个，陶瓷、服装、食品、农产品等专业市场7个，大型超市6家，私营企业、个体工商户8276家，先农坛博物馆、文庙、东禅寺、三刀石、文笔峰、陈明仁故居名胜古迹6处。全年来龙门街道实现规模工业总产值24.15亿元，工业固定资产投资6.08亿元，限额以上商业营业收入64.41亿元，重点服务业营业收入7.84亿元。新增规上工业、限上商业、重点服务业企业11家，到位资金8.5亿元，是年度计划任务的136%。完成税收5.06亿元，为年计划任务的102.4%，实现高基数下的高增长。

【基层换届选举】2017年，来龙门街道严格按照基层换届选举办法，依法依规依程序完成东岸村和四塘、狮子坡、北门等13个社区的“两委”换届选举，选举产生11个党委、3个党总支，有新一届党委（总支）委员会成员61人，其中女党委（总支）书记8人；选出村（居）民委员69人，其中女委员52人。5月，来龙门街道组织104名新当选的村（居）“两委”班子成员，集体就职宣誓。在抓好村（居）“两委”换届选举工作的前提下，严格按照党建带妇建、团建的要求，配套做好了妇联、团委的换届选举工作。

【党员队伍管理】一是扎实推进“两学一做”学习教育常态化、制度化。通过召开动员大会、书记讲党课、十八届六中全会和中共十九大精神微宣讲等形式，深入学习中共十九大精神、习近平总书记重要讲话及市委、市政府的重大决策，推动“两学一做”学习教育融入日常、抓在经常。二是建立街道社区“大工委制”“兼职委员制”实体化运作机制。投资500万余元，升级改造马放塘、北门2个“五彩社区”。三是全面推行网格“1+6”（落实好基层党建工作责任制，抓好基层党建“六基本”建设）工作模式。通过推行网格“1+6”工作模式，打通服务群众“最后一步路”。四是不断丰富主题党日活动内容。组织开展“保护仙山渌水——让我们与文明同行”“扶贫，党员在行动”等系列党日活动，筹资及物资近5万元，开展走访慰问老党员、生活困难党员活动，充分发挥共产党员的先锋模范作用。五是开展党员“进社区”活动。辖内有23个单位、1000余名在职党员，分赴社区报到并开展工作，共征集困难群众“微心愿”270余个，认领“微心愿”260余个，受到广大困难群众的好评。六是进一步规范发展党员程序。组织35名入党积极分子参加市建党对象培训班，全年发展新党员12人，预备党员转正22人；民主评议党员2400余人，其中不合格党员5人、劝退党员1人。七是全面推行党员积分制管理。不断提升党员日常管理的精细化、规范化、科学化水平。

【产业转型】2017年，坚持数量质量并重，切实推进产业转型，全面打响“产业突围战”，认真落实产业突围“四个十条”政策，大力发展第三产业，建立党政领导班子成员联系重点工程、重大项目和重点企业制度，以主动、周到的服务积极为企业发展解难，为产业发展助力。采取宣传版报、标语、现场政策解答等多种形式，联合市委办、市财政局、市政务中心等单位，组织村、社区和辖内60余家企业，开展“企业帮扶年”主题活动2次，帮助企业现场解答解决问题27个，进一步促进企业帮扶工作的顺利开展。

【环境整治】2017年，来龙门街道以“三创四化”活动为抓手，以迎“瓷博会”召开为契机，全面实行办点干部包村包社区，机关、村、社区干部包小街小巷的“街长制”管理；组织开展“六个一”（一个好的领导班子、一个健全的社区综合服务体、一套完善的管理制度、一个良好的社区环境、一个配套齐全的活动场所、一个多元共治的社区协商机制）示范创建活动。一是提质改造主次干道。提质改造瓷城大道东、西段和李畋路等辖内16条主次干道，开展集中整治行动75次，共拆除违规棚亭832个、劣质广告和破旧店招1923块，清理“牛皮癣”3.4万余张，清理乱堆杂物（含出店经营）2733处；规范定点擦鞋、早点摊贩300余处，取缔流动摊点400余处。清理沿河岸两旁的卫生死角30余处、河岸垃圾100余吨，突出抓好醴泉路、国瓷南路、李畋路示范街和样板街建设，规范安装醴泉路、李畋东路、滨河路、国瓷南路等路段的门店招牌，美化江源大桥两侧的房屋立面。完成瓷城大道、李畋路、国瓷南路、青云北路等主干道两旁门店1246张破旧卷闸门刷漆工作，启动瓷城大道、青云北路路口的文明劝导活动，清理小区、路边“僵死车”49台次。完善第一批健康社区资料台账，设置各类宣传栏15个，认定健康家庭17979户；在辖内国瓷路、醴陵大道等主次干道两侧建筑工地、储备土地、断头路口、荒地及残垣断壁等处新建和美化围挡1万余米。二是开展河道管护，明确街道党政主要领导为辖内河道管护第一责任人，在河道旁分别设立街道、村级“河长制”公示牌，街道河长按每旬1次、村级河长按每周1次、村级河道巡查按每周2次的方式进行巡河；每10天组织机关、村、社区干部，开展一次大型清扫保洁活动。清理河道内及取水口周边种菜行为120余处、1600余平方米，拆除取水口上游1000米范围内洗车场1个，在取水口上游1000米、下游100米范围内进行青苗补种。配合市国土、环保等部门，拆除三刀石取水口保护范围内藕塘边的饭庄、猪舍。投资80万元，巩固、清淤东岸新中江和五里牌西岸河河堤；完成西岸河截污管网工程设计，进行测量、青苗补偿预算等工作。配合市住建部门、渌江集团，完善市城区污水管网和6号污水泵站工程建设。

【查违控违】2017年，来龙门街道严格按照“立即停、坚决拆、严格管、综合治”的工作要求，突出查违控违，提升城市形象，对辖内符合建房条件，但未取得合法手续的建房户，积极协调有关职能部门补办手续；对未取得建房手续的违法户，一经发现立即下发停工通知，严厉查处；对不听劝阻，顶风作案的违法户实行强制拆除。全年组织集中强制拆除行动68次，出动铲车35台次、人员1400余人次；控违拆违71户，其中控违面积9987.8平方米，拆违面积1388平方米；办理老旧危房拆建手续40户。通过采取强有力的查违控违措施，有效控制违法建设的增长势头。

【项目攻坚】2017年，来龙门街道以征地拆迁“百日攻坚”活动为抓手，如质如量完成市“项目攻坚战”的有关资料报送任务。全年辖区有国瓷新城1个新开工项目，莲株高速改扩建、旗滨“公园里”、五彩台北城、东城一品等项目进展顺利。在扎实做好市玉瓷路棚户区改造公私产摸底工作的前提下，采取集中签约方式，10天内签订玉瓷路棚户区改造协议328户，年内签订346户。新签订“一江两岸”文庙片区一期征拆协议153份，拆除房屋170栋（套）；签订北门社区搬迁协议22户，并完成拆除；签订金色锦城项目新增工矿贸易公司拆迁户拆迁协议41户，并全部拆除；签订李畋中路项目征拆协议3户，倒栋4栋104栋（套），近2万平方米；签订国瓷新城和2010年储备土地C块项目拆迁协议21户，拆除房屋9栋，腾地5.33公顷。启动市姜湾农贸市场建设工程征拆工作，签订征拆协议34户，完成原社区办公楼住户搬迁工作；签订醴泉路、东岸村和实验小学房屋拆迁协议4栋（套）。320国道与醴陵大道平交路口的工程项目腾地完成验收。完成丁家坊胶辊厂、出口花炮厂及丁家坊储备土地中的房屋拆除、青苗补偿、土地清表、围墙修建等工作，筹备实施五里牌储备土地、东岸安置区项目征腾地工作。

【安全维稳】一是推行网格化治理模式。来龙门街道投入60万元，完成街道网格化分中心和14个村、社区网格化工作站建设。采取以道路、街巷等易于识别的边界为界限或封闭式小区等网格划分方法，科学分类划分网格78个，每个网格约400户、1500人。将在市网格中心统一招聘的80名网格员，安排到每个网格中，全年采集信息7.84万条，系统录入5.83万条，收集社情民意260余件，解决168件，其中调解矛盾纠纷36起，代办居民相关业务100余件。二是抓实信访维稳。组织开展“两会”“瓷博会”、中共十九大期间的安全维稳大排查活动，建立健全领导信访值班、大接访、包案制度，针对每个信访人员的不同诉求，扎实做好个案信访人员的化解工作。严格实行“五包一”工作办法，做好涉军群体、重点人员的教育转化稳控工作，办点干部、社区干部分别走访、慰问家庭条件困难的涉军人员，力所能及地帮助他们解决实际困难，确保涉军群体稳定。三是加大社会治理力度。以开展“蓝剑”行动为契机，配合市公安机关开展集中清查整治行动7次，抓获各类嫌疑人37人；通过多种形式清查和整治，辖区内发案率明显下降，群众安全感、满意度明显提升。积极开展不稳定因素和矛盾纠纷的排查化解工作，全年调处各类矛盾纠纷77起，调处成功率98.6%，调解履行率100%。四是抓严安全生产工作。组织开展“安全保卫战”“春雷行动”“百日闪电行动”“两打三治”“安全生产月”“亮剑行动”等集中执法行动36次，检查辖内137家宾馆和酒店、6家大型超市、15家茶餐吧、35家公共娱乐场所、31所医院和学校、23家大型工贸企业、7家大型商场、3家危险化学品经营单位，排查发现安全隐患67处，落实整改安全隐患67处。加大安全生产工作宣传力度，制作大型宣传栏4处，悬挂宣传标语（横幅）115条，张贴宣传画15张，出黑板报15期，发放宣传资料5000余份，出动宣传车14台次，参观安全宣传图片展览人员约2400人次。建立安全分类评估长效机制，提高企业安全生产意识，发挥企业主体责任；强化生产经营企业安全分类评估考核，确保安全生产形势持续稳定。

【政务服务】2017年，来龙门街道致力效能提升，不断优化政务环境，以开展“马上就办”活动促进整体工作。建立接待登记制度，全年接待群众咨询323人次、来电来访216人次，落实“首问首办”登记38件，限时办结37件。进一步加强督办事项的落实，严格按照时间节点上报工作进度，全年办结事项15件38小项，跟踪督办事项4大类14小件。开设便民服务中心，率先完成“一门式”政务服务改革，全年便民服务中心办理各项业务1.7万余件，多次接待株洲市芦淞区、株洲县、攸县等县（区）参观学习人员。

【民生事业】一是卫计服务有效提升。继续开展“卫生计生基本公共服务均等化试点”活动，严格控制违法生育，提高符合政策生育率。全年上报出生870人，其中政策内出生863人，符合政策生育率达99.2%；落实长效避孕节育措施209例，补救措施73例；组织410对夫妇进行国家免费孕前优生健康检查，检查对象中早孕、妊娠结局随访率达100%；完成“两癌”筛查1697例，超额完成年度“两癌”筛查计划任务。二是就业创业成效明显。成功创建株洲市公共就业创业服务示范平台，全年新增就业人员3800人，新安置下岗失业人员再就业1900人，其中就业困难对象520人。全年新增养老保险扩面人员210人，缴纳城乡居民基本养老保险3363人、城乡居民医疗保险32505人，征缴工伤保险金310.76万元。申报“零就业”家庭9户，实现“零就业”家庭100%消除，困难家庭就业援助跟踪服务到位。完成企业退休人员人脸建模2100人，视频年审1.12万人。审验行政机关、事业单位养老保障金领取资格1700余人次，年审失地农民最低生活保障400余人。三是民政救助落实到位。年内，辖内有71人完成“五保”“三无”（由民政部门收养的无生活来源、无劳动能力、无法定抚养义务人或法定抚养义务人丧失劳动能力而无力抚养的公民）人员年检、评估；有享受城镇居民最低生活保障2063户3579人，发放保障金1284万元；农村低保户113户216人，发放低保金41.4万元；分散供养“五保”老人11人，供养资金3.6万元；兜底户3户5人。全年落实伤残、优抚对象246人，发放补助金77万元；有享受90岁以上高龄补贴243人，发放补助金17.5万元。冬春救助摸底工作落实救助户428户1229人，实际救助266户320人，发放救助金16万元。全年发放重度残疾人护理补贴344人次20.6万元，发放困难残疾人生活补贴298人次17.9万元；爱心助残12人，捐助资金0.6万元，发放二代残疾人证45本。（黄远水）

阳三石街道

【概况】2017年，阳三石街道位于市城区东南部，辖8个行政村、3个社区，设党委4个、党总支7个、党支部71个和非公企业党支部28个，有中共党员1789人。街道辖内有各类法人单位500余家、企业3000余家，其中规模以上企业43家；湖南泰鑫瓷业有限公司标准化泥釉模配制中心产品固定销往全市30余家陶瓷企业，并打入国际市场；湖南电力电瓷电器有限公司被省经济和信息化委员会认定为“省级企业技术中心”，湖南阳东磁电股份有限公司挂牌新三板。阳三石街道资源优势明显，县级海关、商检、市湘运汽车站等坐落辖内，泉湖体育馆、渌江广场全面开放，“瓷城古韵·一江两岸”项目南岸二号段于春节前建成并开放，李立三故居提质改造完工，东富大道全线拉通，投资100亿元的醴娄高速启动在即，并在辖内设立互通口，阳三石棚户区改造、楚东桥建设项目进展顺利。阳三石街道全年完成财政税收31379万元，为年计划任务的102.33%；其中完成国税24979万元，为年计划任务的99.51%，完成地税6760万元，为年计划任务的114.32%。新增“四上”企业5家。完成固定资产投资额29.13亿元；完成规模以上工业产值119.31亿元，增长19%；完成限额以上商业服务业营业收入15.1亿元，增长25.1%。

【城乡建设】一是项目攻坚稳步推进。全年拆迁房屋115栋(套)，征地33.58公顷，腾地37.07公顷；其中立三故居风貌改造项目工程仅用时15天，征地7.47公顷，拆迁房屋11栋。二是城乡建设规范有序。严格私房审批程序，全年受理村（居）民建房申请126户，上报并批准61户。及时制止并拆除新增违法建设23处，面积4361平方米，有效遏制辖内违法建设现象。

【脱贫攻坚】2017年，阳三石街道有建档立卡贫困户182户642人；年内，完成26户87人的脱贫退出任务。截至年末，共脱贫123户455人，未脱贫59户187人；其中脱贫人数占比建档人数的70.8%。坚持每月不少于1次的自我电话调单，实现调单对象全覆盖；全力推广“社会扶贫网”APP，动员各方力量筹措社会扶贫款42万元。协助完成16户贫困户小额贷款47万元，3户危房改造对象的改造工程完工并通过验收。立三村贫困户张建军被评为全市三星级“脱贫之星”。

【民生保障】2017年，新增就业2027人；实现1013名失业人员、329名就业困难人员、2户“零就业”家庭的再就业。完成46名特困人员和24名1～2级残疾及“三无”人员的政府代缴，为1600户2828名城乡低保户、“五保户”和341名优抚对象发放民政救济金1177.05万元。

【社会事业】一是教育事业取得长足发展。创建禁毒展示馆，城南中学成功申报“株洲市毒品预防教育示范基地”，阳东小学获醴陵市素质教育先进单位，立新小学获株洲市示范家长学校。二是开展系列卫计服务活动。将“诚信计生”创建作为街道计生协会亮点工程，泉湖村被省计划生育协会作为“基层群众自治”的典型和宣传阵地模板给予推介。

【综治工作】2017年，阳三石街道综治工作大局持续平稳，中心学校、城南中学被授予“法治学校”。辖区网格化服务管理工作全面铺开，50名网格员全部配齐到位，网格员积极作为，切实解民忧。渌江社区网格工作站被作为全市示范点，多次迎接省、市、县等领导检查，均得到高度认可，新试点的泉湖村网格工作站建设规范。（刘　琼）

仙岳山街道

【概况】2017年，仙岳山街道下辖6个行政村、4个社区和172个村（居）民小组。辖内有市直行政事业单位38家，企业45家（其中规模企业27家）。全年完成财政税收1.89亿元，新增小升规企业5家。完成工业总产值73.36亿元，同比增长9.52%；规模工业实现总产值53.35亿元，同比增长7.79%；商业服务业完成产值5.5亿元，同比增长6.5%。

【产业发展】2017年，仙岳山街道贯彻落实市产业突围“四个十条”政策，引导协助市新世纪、千汇、三塘、楚华、龙窑、三达电子等公司争取奖补资金共152万元。旅游业日渐兴旺，渌江书院、状元芳洲、一江两岸成为醴陵城市名片和市民休闲中心，袁昌英纪念园建成开园。房地产市场稳健发展，银山御园（二期工程）、蔚蓝国际、瑞景家园等房产项目进展顺利。引进德欣医院、燕园生态休闲农业有限公司，为辖区经济发展注入动力。

【城市建设】2017年，实施重点项目工程14个，完成征地13.2公顷，签订房屋拆除协议207栋（套），拆除房屋189栋（套）；污水处理厂、仙山公园望江楼等19个征拆项目清零。大力推进“三创四化”工作，提质改造左权路样板街，实现绿化、美化、亮化、数字化。全面整治乡村、城区环境卫生，城市个性化更为突出，农村宜居程度明显提高。投入水利资金60万元，整修山塘、渠道13处，水泥硬化农村道路3.2千米，农业基础设施更加完善。加强执法巡查和环境治理，集中治理二圣河、西排渠，河道环境面貌显著改观。

【民生工程】2017年，实现贫困户脱贫23户77人，全面完成工伤保险、城乡居民医疗保险征缴任务，计生服务不断优化，社会保障水平不断提高。实行“一单四制”制度，打非治违取得实效，安全生产形势持续稳定。社会治理网格化建设全面铺开，街道网格分中心和村（社区）网格站阵地建设完工，社会管理综合治理全面加强。

【基层党建】2017年，仙岳山街道以“红色初心、仙岳传承”为主题，创建城市基层党建示范点。扎实推进“两学一做”学习教育常态化、制度化，圆满完成10个村（居）“两委”换届选举，公开选聘党建专干6人。投资1000万元，新建5个村（居）党建阵地。落实“一岗双责”，进一步明规矩、严纪律、强约束；深入开展“雁过拔毛”式腐败问题和“治陋习、树新风”专项整治，完善街道纪检监察室、谈话室、监控、资料室建设，从严治党全面推进。（罗海娟）

国瓷街道

【概况】2017年，国瓷街道辖玉瓷、华塘、石塅、古城、土株岭、横店、姜东7个行政村、246个村民小组，总户数5671户，辖区总面积48.5平方千米，有耕地面积590公顷，山林面积2010公顷、森林覆盖率达42%。辖区有村级党总支7个，支部16个，有中共党员786人；有非公企业党支部6个、联合支部3个，中共党员57人。年内，完成村支"两委"换届选举工作，依法产生村支"两委"成员36人，其中支委25人、村委22人，交叉任职11人。辖区交通便利，320国道、醴潭高速、上瑞高速贯穿境内，凤凰大道、国瓷路、玉瓷路、东城大道、株醴路等构成辖内城区主体交通网络。辖区拥有市湖南港鹏实业有限公司、醴陵环宇瓷业有限公司、市瑞祥瓷业有限公司等规模以上企业18家；国家级工业旅游景点——"红官窑"、醴陵·世界陶瓷艺术城成为醴陵标志性景点，釉下五彩瓷、巫家拳被列为株洲市非物质文化遗产项目。截至年末，国瓷街道完成税收6766万元，其中国税4937万元、地税1829万元，超额完成年计划税收任务；有工业固定资产投资项目36个，计划投资9亿元，实际完成投资21.06亿元；实现规模以上工业产值12.58亿元，限额以上商业服务业营业收入11.9亿元。有工业企业114家，批发零售、住宿餐饮、娱乐等有证服务企业和个体工商户73家，其中线上批发零售、住宿餐饮服务联网直报企业3家。年内，姜东彩绘厂、同裕瓷业、道迅陶瓷工业和醴陵名厨、聚贤山庄餐饮业完成"小升规",引进养老公寓、化工机械设备生产经营、新型建筑材料生产等项目，实际到位资金约3亿元，湖南巴鲤岛生态农业综合项目进入洽谈阶段。

【项目建设】2017年，市委、市政府征拆工作"百日攻坚"行动部署，下达国瓷街道征拆任务项目26个、征地54.67公顷、腾地141.54公顷和拆迁房屋470栋（套）。年内，国瓷街道实质开展征拆项目16个，完成征地37.43公顷、腾地63.21公顷，签订征拆协议129户，拆除房屋85栋；其中橡胶制品生产基地、标厂、瓷器口文化街、高档酒店用瓷生产线及配套建设、醴陵陶瓷会展馆项目、福硕新泰、"1915"醴陵国际陶瓷文化特色街区（一期工程）、东城大道补征地、石塅安置区（二期工程）、姜东村储备用地、日用瓷姜东村地块、景观大道、横店安置区（三期工程）13个项目征拆任务顺利清零。在整个拆迁过程中，没有发生一起群体性事件和安全责任事故，实现拆迁速度、质量、效益"三统一"，获得群众、社会、政府"三满意"效果。

【精准扶贫】年内，国瓷街道对申请新增对象和233户已建档立卡贫困户进行逐户甄别，确认新增贫困户3户、返贫1户，删除"四项人员"（有住房、有私家车、有退休养老金、有注册公司的人员）和识别不准确对象户58户。截至年末，国瓷街道有建档立卡贫困户178户653人，其中38户145人年内顺利脱贫。按照脱贫"一户一策"要求，逐步落实"七个一批"帮扶措施。为85名贫困学子申报"雨露计划"并获助学金，为2名贫困人口申请市陶瓷烟花职业技术学校"自强班"定向培养，为1名新录大学本科贫困学生办理"泛海行动"相关手续。为5户贫困户改造危房。借助市高新技术产业发展集团有限公司平台，与77户贫困户签订金融贷款协议，共向信用社申请金融贷款385万元，贫困户每户可年分利约4000元。宣传"春风行动招聘会"等就业活动，为50名贫困人员安排就业。完成中国社会扶贫网注册、发布、对接工作，APP注册贫困人口452人、爱心人士3367人，贫困人口需求成功对接率超85%。全年募集社会扶贫善款42万元，捐赠智能手机120台。

【"三创四化"工作】一是资金投入有保障。投资28万余元，在辖内主要路口制作大型户外宣传展板16块；投资500万余元，改造辖内主干道两厢围墙和建筑立面；投资60万元，改造陶瓷会展馆周边建筑立面；投资180万元，修建辖区主干道围墙；投资100万余元安装路灯。二是集中整治有成效。全年开展集中整治行动13次,下达整改通知124份，取缔烧烤、夜市摊点23家，整治出店经营74处，拆除违规搭建棚子27个，清除各类"牛皮癣"广告3600余条。全年拆违拆旧116处，拆除面积3.04万平方米，依法取缔非法采砂洗砂场4个。三是宣传发动有氛围。组建一支58人的文明劝导员队伍，坚持每天2个时间段轮班执勤，在中国陶瓷谷附近路段进行文明劝导和秩序维护。除每周五例行的"全民清扫日"活动外,开展"城市创建、从党员做起、向党员看齐""喜迎瓷博会、全民大清扫"的主题党日活动，机关干部、村组长、党员、志愿者共计400余人参与。四是基础建设有质量。全年拓宽道路10.2千米，水泥硬化道路10.38千米；清淤渠道9.4千米，新修支渠500米、水圳千米，修缮山坪塘8口，改造水井1口；安装涵管100米、自来水143户、天然气40户；改造危房5户、旱厕100户；安装路灯207盏，增设变压器3台。

【企业帮扶】一是深入企业宣传帮扶政策。2月，成功引导创佳烟花产业转型，退出鞭炮烟花行业，转向新型建筑材料生产项目；鼓励辖内企业进行智能化生产线的转型升级，市华联玉祥瓷业智能化生产线及相应的厂房配套设施处于加紧建设中。二是鼓励企业主动掌握政策详情，积极申报项目。年内，湖南港鹏实业有限公司通过企业创新升级，获省级高新技术企业奖3万元，主动开拓海外市场，参加国际重大展会获补助2.82万元。醴陵友立特种陶瓷有限公司、醴陵红玉红瓷有限责任公司、湖南醴陵湘瑞电力电器有限公司分获省级高新技术企业奖5万元，醴陵振美艺术陶瓷有限公司获补助20万元，醴陵紫瑞祥瓷业有限公司获补助3.13万元，醴陵市精陶瓷业有限公司获补助2.76万元。

【农业工作】2017年，国瓷街道进一步加大森林防火工作力度，设立固定宣传标语18块，悬挂宣传横幅24条，出动宣传车15台次。加强对护林员的管理，尤其在春节、清明节前后2个时段，加大防火巡查力度、密度，安排护林员全天候巡查，国瓷街道不定期抽查，未发生野外用火情况。进一步强化农业技术指导，在蔬菜种植片注重提高土地复种率，控制土地抛荒。重点抓好省道313旁的双季稻示范长廊建设，沿线共种植双季稻100公顷。抓好防汛安保工作，紧跟市防汛指挥部步伐，开展渌江堤防、7个水库及骨干山坪塘的防汛安全检查，确保水利工程安全渡汛。对辖内畜禽开展集中免疫接种，防疫率达100%。在禽流感期间，严格禁售活禽，在各大市场及重点地段张贴防疫告示，并开展巡查。对河道沿线范围内的487户养殖户6427头生猪全部执行退养，并加强后续监管，阻止畜禽返养。

【环境保护】一是交办任务圆满完成。据环保督察组交办件反映，市大家庭洗涤公司废水未经处理直排泸港，并长期冒黑烟。据此，国瓷街道十分重视，成立专项调查组进行调查、取证、落实；经实地的调查核实，企业污水处理设备正常运转，排污口所取水样化验分析指标均在正常范围内，属正常排放。二是取缔“黄标车”。通过“电话联系、走访入户”等方式，报废辖内“黄标车”20余辆。三是加强监管机砖企业。市杉板镇真空机砖厂因“陶子湖”项目建设征拆已停产，福星机砖厂、横塘基机砖厂、板杉第二页岩机砖厂均通过环保改造和相关部门验收，办理排污许可证，脱硫塔处于24小时启动状态。四是依法打击非法采砂。5月，联合市工商、国土、水利、环保等相关部门组建联合执法队，共出动执法人员67人、吊车1台、挖机2台、货车4辆，拆除4处非法采砂洗砂场设备，清理采砂现场，恢复当地环境。五是水污染治理有成效。建立健全河道长效管理机制，将渌江、石塘庵水、姜湾港、柳家湾4条河流流域由原街道级河长管理延伸至村级管理，实行分级分段管理，明确责任区域，共设立河长公示牌14块。组建8名巡查员、17名保洁员组成的河道巡护队，及时掌握河道情况。开展河道垃圾清运行动，共清理垃圾300余吨。

【民政社保】2017年，民政社保统筹推进，城乡低保应保尽保，发放走访慰问特困户、“五保户”等对象资金32万余元和临时救助对象资金5.5万元。完成救助对象核查工作，其中兜底16户34人、低保352户545人。申报残疾人护理补贴17人、生活补贴13人，发放残疾人精准康复辅助器具61件；落实城乡低保、特困人员医疗救助24人；申报90周岁老人高龄补贴15人、农村60周岁退役士兵补贴7人。按市人力资源和社会保障局和农业银行推出的“养老贷”购买被征地农民养老保险模式，积极宣传，上下协调，为82名失地农民争取贷款名额。全年新型农村合作医疗保险参保人数20730人，其中代缴3042人、缴费344.82万元，参保率位列全市第一。

【安全监管】一是注重安全生产环境。继续扶持、培育一批规模较大的企业，充分发挥龙头企业带动作用，深入企业走访调查，为企业发展搭建平台并提供强有力的后方保障和支援，全年未发生因生产或周边环境问题而影响企业停产停工事件。二是注重安全生产宣传。与辖内各企事业单位、村分别签订安全生产责任状62份，明确职责和权限。新设24平方米的固定安全生产宣传栏，悬挂宣传横幅15条、设立宣传展板6块、印发宣传手册1500份，张贴“醴陵安监微信公众号”宣传牌100张。开展安全生产主题宣传活动2次，组织消防安全知识巡讲1次，举办安全生产集中培训4次、培训400余人。三是注重安全生产检查。全年开展安全检查活动227次，对辖内高危、重点工贸企业进行专项督查，共下达执法文书158份，消除安全隐患192处。以“专项整治”为突破口，强化行业安全，开展以建材、轻工、陶瓷生产企业、工贸企业附属污水处理系统为重点的企业有限空间作业条件确认、企业职业健康的专项检查，共检查企业21家，下达整改通知17份。进一步加强食品药品监管工作力度。全年发放食品药品宣传资料1000余份，在辖区15所学校（幼儿园）、45家企事业单位的食堂、50家小餐馆和小商店中，开展检查活动20次。开展食品药品安全培训活动4次，组织村级集体聚餐人员免费体检17人次。

【综治维稳】一是强化宣传，营造氛围。推动"平安创建""无毒国瓷""网格管理""反邪防邪"等建设，进一步调动社会各界和广大人民群众参与维护社会治安的积极性、自觉性。悬挂宣传横幅100条，张贴标语3000余张，更新宣传栏40块，发放宣传资料2000余份，摆放宣传展板30余块，现场解答群众咨询80余人次。二是主动排查，及时化解矛盾纠纷。开展矛盾纠纷排查调处活动，共排查各类不稳定因素和隐患200余起，其中重大纠纷和不稳定因素21起。处理来信来访128起，其中网上信访6起，化解和稳控率均达100%。加大对"禁毒、反邪、非法集资"等违法犯罪活动的打击力度，确保辖区的社会稳定、大局平稳可控。三是多措并举，整体推进。坚持每月定期召开综治维稳工作例会，通报各类工作情况、分析形势、查找工作薄弱环节及存在问题。在特护期间，要求各村严格实行"一日两报"制度，随时掌握重点群体的动态及位置，确保信息及时畅通；在"瓷博会"期间，主要领导全程带队巡逻值守，针对活动期间可能出现的各种突发情况，安排工作人员分别对会展馆、瓷谷、瓷器口（渌职）、"1915"特色街等地域全天值守；在中共十九大期间，国瓷街道党政主要领导干部主动走访约谈，重点解决涉及重点人员和敏感信访问题，安排工作人员分别在火车站、高铁站等重要地段值守，有效防范大规模群众集体上访和群体性事件发生。四是建立网络管理体系。根据《醴陵市城乡社区网格化服务管理工作方案》，及时召开网格化管理工作专题会议；合理划分辖区基础网格，建立以街道、村、网格为单位的三级管理网络体系，7个村共划分网格16个，按照网格"1+1+4"（"1"：注重制度设计、总体推进，形成诚信社区建设的一系列举措；"1"：坚持扎根社区、客观公正，建立社区绿丝带"爱心银行"服务平台、打造一支志愿服务队伍；"4"：整合联动社区层面各类资源，"四位一体"支撑诚信社区建设）模式配备人员。在街道境内醒目地段，张贴宣传标语、设立宣传广告牌，推介工作情况，提高群众知晓率、支持率、参与率。建立健全网格长、网格员、网格"四员"（管理员、网服务员、调解员、维稳员）工作职责，打造横店村试点工作样板点。截止年末，共走访村（居）民2268户，采集并录入房屋信息2584条、企事业单位信息57条、人口信息14438条。

【组织建设】年内，确定入党积极分子13人，发展党员10人，预备党员转正5人；收缴党费6.31万余元，完成党组织、党员的基本信息采集工作。完成86名在职村干部、89名离任村干部每季度的补贴录入和发放工作。通过面向社会公开招考，选聘村级党建专干4人，并举办为期1周的培训和跟班学习。全面推行党员积分管理制度，根据积分结果，评选出优秀党员33人。开展"三个一"（召开一次专题组织生活会、组织一次走访慰问活动、开展一次主题实践活动）活动，在专题组织生活会中，对照"四讲四有"（讲政治、有信念，讲规矩、有纪律，讲道德、有品行，讲奉献、有作为）、"四个合格"（政治合格、执行纪律合格、品德合格、发挥作用合格）标准，开展批评与自我批评；在走访慰问活动中，对辖内26名（含原5个社区）困难党员进行慰问，发放慰问金1.71万元；在主题实践活动中，组织全体党员重温入党誓词，进一步增强宗旨意识。（唐莉敏）

李畋镇

【概况】李畋镇位于市东北部，地处湘赣两省和浏阳市、醴陵市、萍乡市交汇处，是花炮祖师李畋和爱国将领陈明仁故里。镇政府驻地南桥村，距市城区30千米。2017年，李畋镇下辖2个居委会、14个行政村，总人口6.83万人，总面积122平方千米。镇产业特色明显，以烟花爆竹及相关配套产业和黄金矿产开采为主，是全市烟花爆竹企业最多、集聚度最高的镇；有涉危企业96家，其中烟花爆竹生产企业75家、烟花鞭炮机械制造企业7家、加油站8家、造纸印刷企业3家、非煤矿山3家，有高危产业从业人员3.5万余人。年内，李畋镇共启动花炮文化景观大道、裕民示范村和麻石湿地公园等重点建设项目11个，计划投资1.9亿元，实际完成投资1.1亿元。

【产业发展】一是实行企业分类管理，坚持退乱退弱、并小并散。建立醴陵花炮商会分会和军工硝、引线、花炮机械等行业协会，成立黑火药配送中心，分条分块进行引导管理。二是实行扶优扶强，坚持科技化、规模化发展。境内市中洲烟花自动化生产线、科富鞭炮自动化生产线、和兴的注引机、宏远花炮厂线香类产品工艺等产业的科研项目技术水平位居全国同行业企业前列。市金利来烟花有限公司10条组合烟花自动化生产线建设已启动，计划投资1亿元，拟打造一个以中洲烟花为核心的"中国花炮智造谷"。

【安全生产】2017年，安全监管力度进一步加大，推广"五包一"责任制、安监员绩效考核制、安全员例会制、企业季度考核制，层层压紧压实安全生产责任。推广分类管理法，将安全隐患和企业分别划分为A、B、C三类，逐级增加管理强度。截至年末，有30家烟花爆竹生产企业申领第四轮安全生产许可证，有5家烟花爆竹生产企业申请退出，有6家烟花爆竹生产企业完成退出。出台鞭炮、烟花、黑火药、引火线企业的管理办法，细化管理措施。开展“安全保卫”“春雷计划”“大排查、大整治、大管控”“复工复产安全大检查”等安全生产专项整治行动，共检查企业368家，下发现场检查记录266份、现场处置决定书191份，限期整改指令书75份，立案2起；排查安全隐患698起，整改到位688起、待整改完成10起，其中移交市有关部门处理2起。举办“一单四制”、安全宣教等培训，提高干部与民众安全素养；建立事故隐患治理“一单四制”，实施“智慧安监”工程，引进第三方机构，提升安全管理水平。

【村镇建设】2017年，李畋镇大力开展新农村建设，开展示范庭院示范户、文明卫生之星、示范机关庭院等建设，组织30家企业集中绿化改造，劝退30家养殖场，引进工程蝇+农业项目，与养殖户签订免费处理猪粪协议；督促38家烟花爆竹生产企业签订环保检测评价意向报告。新增手推垃圾车、厢式垃圾运输车等垃圾清运车辆69辆，新设立垃圾中转站2个；重点治理106国道沿线、河道、集镇的卫生垃圾，日处理垃圾14.5吨；快速处理潼塘集镇沿河路段的原生活垃圾场，补种300棵樱花树，集镇面貌大为改观。

【综治维稳】一是加快落实网格化管理。成立网格员队伍，配备28名网格员；健全市、镇、村三级矛盾排查化解和治安防控机制，划分管理网格和职责。二是开展“七星评比”（平安家庭之星、爱心公益之星、孝亲敬老之星、爱岗敬业之星、模范党员之星、文明卫生之星、平安企业之星）平安创建活动，评比采取群众网上投票方式，实行公开评选。就此次活动，各村（居）召开户主会、小组会议300余次，宣传发动村民投票，共同参与活动，投票通道的网络累计访问量达310万人次，根据李畋镇主管部门统计得出的结果，共评选出爱心公益、孝亲敬老等优秀个人、家庭和企业70个。三是建立“璀璨李畋”公众号平台。向群众发布工作动态，及时收集群众意见。四是持续开展“平安醴陵”“无毒醴陵”创建活动。启动强制隔离戒毒所建设，严厉打击各类刑事犯罪。全年接收信访件33件，排查解决矛盾纠纷10起，其中涉及金额40万元以上的经济纠纷2起。

【民生实事】一是开展系列民生工程。投入600余万元，改造潼塘澄潭江混凝土渡改大桥，桥长120米、宽8.5米，便利麻石、潼塘村交通。富里医养结合项目投入200万元，将富里敬老院搬迁至原富里镇政府机关大院，与富里卫生院结合，共提供房屋36间、床位72张，为45名“五保”老人提供舒适生活环境。将李畋镇自来水管网建设延伸至车上、富里、利群、塘坊、华埠、麻石等村，新建自来水主干网40千米，可解决5万余人的安全饮水。二是积极开展扶贫帮困。开展“七个一批”措施帮扶，全年发放小额信贷130万元，改造贫困户危房45户，完成易地搬迁户19户，为682名贫困人口全额缴纳合作医疗款共计10.23万元。带动社会各界人士扶贫募捐30.5万元，移动公司为贫困户免费发放手机177台。指导贫困户通过中国社会扶贫网发布需求信息1667条，对接成功1340条。通过与辖内企业法人代表、股东、贫困户协调，有75家烟花爆竹生产企业的154名法人代表及股东与建档立卡贫困户成功“拉手”，参与扶贫工作。

【党建工作】一是基层组织更强。组建村级干部队伍111人，其中女性22人、男性73人。严把党员出入关，全年发展党员20人，评选优秀党员50人。二是干部作风更实。全年查办党员违纪案件1件、违法案件3件，全部结案。李畋镇纪检监察部门约谈镇村干部5人次，接受群众来电咨询169人次。（李亚莉）

白兔潭镇

【概况】白兔潭镇位于醴陵市东北部，镇域面积71.3平方千米，辖10个行政村、2个居委会，总人口5.16万人，其中集镇人口2.5万人。镇党委下辖党组织15个，有中共党员1373人。境内有个体工商户2100余户，规模以上企业90家。2017年，白兔潭镇被纳入株洲市特色城镇培育对象，被湖南省住房和城乡建设厅评为省级美丽乡镇示范镇。

【基层党建】年内，通过村级换届选举，村居“两委”班子素质和年龄结构得到优化。定期举行各类培训班，组织集中学习，提高镇村干部政治理论水平。通过公开招考，选聘村级党建专干12人。加强阵地建设，以佘溪村为标杆，完成金牛居委会、白市居委会、黄甲村的村级农村综合服务平台改扩建工作，山水村、田心村的改扩建工程处于建设中，长庆、峤岭、柏大等村列入2018年村级农村综合服务平台建设计划。开展“涉矿”专项整治，结合“八项规定”开展整治违规购买白酒等专项行动。全年按照党纪党规办结案件20件，其中自办案件8件、协办案件12件。

【产业升级】年内，中国醴陵花炮大市场项目启动，白兔潭镇完成一期28.93公顷土地征拆协议的签订工作。白兔潭镇境内市华宝电瓷电器有限公司与长沙佳诺公司共同成立湖南合林釉彩科技有限公司，投资4000万元，租赁华宇电瓷电器有限公司厂区内空地，新建年产8000吨的搪瓷瓷釉生产线，年内完成合作、签约、产品研发、申报专利等工作并投产成功。

【项目建设】一是玄武大道项目持续推进。项目秉承老街刘家大屋湘东民居建筑风格，项目东起文化路，西接新106国道，全长850米。道路两侧第一期工程8万平方米的店铺销售完毕，建设中的第二期工程集特色美食街、教师小区和易地搬迁安置三大项目于一体。二是文化路提质改造项目启动。文化路提质改造工程立项后，积极对接中央棚改项目资金，委托市渌江投资控股集团有限公司新型城镇化公司组织建设。项目全长1千米，包含雨污管网分流、道路改性沥青铺设、绿化、路灯亮化、人行道铺设等项目。年内，雨污管网、天然气管网、改性沥青路面铺设启动施工。三是天然气管网工程成功对接中油燃气公司。项目总投资1000万元，年内完成居民房屋结构、户数摸底、实地勘查、图纸设计等工作。四是污水处理厂落地洙塘村。项目规划占地面积1.09公顷，覆盖集镇及周边6.6平方千米的生活污水和雨水处理，总投资2700万元。年内项目征地拆迁工作已完成，主体工程处于建设中。五是铂金水岸工程持续推进。年内，白金路开发项目新增投资2000余万元，规划升级铂金水岸开发项目，项目建成后将提高居住品质，可与白兔潭镇后期沿江风光带的开发实现规划上的统一。六是紫阳广场项目规划先行。项目占地6.67公顷，规划为白兔潭镇的行政和金融中心，年内完成土地预审、土地报批、修建性详规等工作，征地拆迁处于前期摸底阶段。

【农业发展】一是修缮水利设施。投资60余万元，加固山坪塘8口，新修和改造水渠8千米。除险加固油麻冲水库、黄甲板皮坝、余溪防洪堤。柏大村、荷田村启动农村安全饮水工程建设。二是实施农业产业化规模化战略。全镇建有73.33公顷水稻高产示范基地2个。通过绿旺、绿野等农业专业合作社带动，发展有机大棚蔬菜种植业。三是整修和复垦宅基地。余溪村、长庆村共整修、复垦宅基地3.33公顷。四是抓好土地流转工作。峤岭村流转土地13.33公顷，建立沉香种植基地。五是启动封山育林。全年完成人工造林面积173.33公顷，白兔潭镇森林覆盖率达50%以上。六是畜牧业实现规模化标准化发展。16户养猪大户使用干湿分离机科学处理生猪粪便，实现资源循环利用。

【城镇建设】2017年，白兔潭镇严格贯彻落实《株洲市农村村庄规划建设管理条例》，出台《关于加强农村村（居）民建房管理规定》，为新型城镇化建设提供有力政策保障。提质改造白市居委会文仪路，分别投入150万元、350万元，改造田心村、柏大村年代久远、路面坑洼不平、雨污水溢流的村道，铺设沥青路面，改善通行条件。开展“三创四化”活动，发放宣传资料1.8万册，实行“门前三包”，配备环卫垃圾清理车2辆，村级将垃圾桶发放到户。洙塘村、余溪村、白市居委会、金牛居委会共拆除乱搭乱挂阳雨棚和招牌800余处。田心村实现垃圾无害化处理，荷田村、柏大村水库环境治理成效明显。长庆村成立河道专业打捞队。整治黄标车27辆，新增树苗栽种面积33.33公顷。关闭金牛、洙塘、达连造纸厂，湘宏纸厂实行半退（须环保达标后复工复产）。年内，根据中央环保督察组交办的问题，白兔潭镇境内金辉石矿、金牛压模厂污染问题全部整改到位并销号。

【安全生产】一是扶优强、撤散乱。坚持“扶优扶强”原则，全面推进镇域企业发展，龙塘花炮厂、荣兴出口花炮厂等8家企业，跻身全市烟花爆竹安全生产A级企业。坚持“并小并散、退乱退弱”原则，全年退出烟花爆竹企业8家，全镇烟花爆竹生产企业经兼并整合剩余27家，有效净化烟花爆竹产业发展环境。二是保安全抓落实。全年开展打击“转包分包”等专项检查执法行动532次，排除安全隐患300余处，下达整改通知书86份，立案16起，处罚金28万元。打击烟花爆竹非法生产窝点19家，刑拘6人，治安拘留13人，刑事立案3人；销毁烟花鞭炮成品350件、半成品730件和药物310公斤，拆除烟花鞭炮非法工棚5栋、14间，机械设备16台。三是精准指导、提供服务。年内，举办企业负责人安全生产教育和裸药工序人员业务培训班，提高从业人员安全意识。分区分厂指导烟花爆竹企业第四轮行政许可换证工作，确保镇域内27家烟花爆竹企业按时换证。年末，白兔潭镇获评株洲市安全生产示范镇。

【民生事业】加强特殊困难群体的救助帮扶，全年发放低保金70万元；临时救助230人，发放救助金20万元。集中供养“五保”老人87人、分散供养189人，发放“五保”供养爆竹金145万元。发放残疾人补助金32万元、慰问金1.3万元。交纳老年人意外伤害保险金8万元。教育基础设施设备建设力度不断加大，投入近1000万元，新建田心、荷田、水口、洙塘学校教学楼和余溪学校综合楼等学校基础设施，更新课桌600余套，新增图书3000余册，资助600余名学生解决生活困难。年内，镇党委召开专题奖教议教工作会议，并召集镇域企业爱心人士为奖教、敬老活动捐资24.49万元。

【精准扶贫】2017年，白兔潭镇进一步推进精准扶贫工作。充分利用电视台、微信平台、横幅标语、电子显示屏等媒体广泛宣传，在各村境内醒目位置竖立大型广告牌5块，涂刷大型扶贫宣传标语150条、横幅1000余条。推广社会扶贫APP，完成爱心人士下载注册2610人、贫困户注册1120户，成功对接856起；发动社会爱心人士通过微信、线下和义赛募捐等方式，筹集扶贫善款50万余元。全年通过各种产业帮扶，共帮助贫困户205户313人就业，其中3家三星级挂牌帮扶合作社共带动贫困户36户，带动贫困户人均增收9500元。协助易地搬迁户搬迁68户219人，其中白兔潭镇15户56人，李畋镇17户55人，官庄镇36户108人。改造贫困户危房32户，减免新农合参合资金27万余元；帮助70余户贫困户获得小额信贷253万元，实现贫困户户均增收4000元。山水村代表白兔潭镇顺利通过省级扶贫考核第三方评估，余溪村在国家扶贫办交叉检查中，以零问题顺利通过，取得阶段性成果。截至年末，白兔潭镇共投入扶贫资金91.8万元；全镇有建档立卡贫困户447户1635人，其中已脱贫贫困户259户989人，未脱贫贫困户187户640人；返贫贫困户1户6人。（吴佳昊）

浦口镇

【概况】浦口镇位于醴陵市东北部，东临白兔潭镇、西接王仙镇、南与东富镇毗邻、北与李畋镇接壤。镇政府驻天符村，距市城区23千米。浦口镇交通便利、区位优越，106国道横跨东西，冷金公路纵贯南北，西距沪昆高铁醴陵东站15千米。2017年，浦口镇辖12个行政村、4个居委会，有480个村民小组，总人口5.83万人，镇域面积78.5平方千米。全年全镇完成税收9360万元，比2016年增长12.3%；规模工业实现总产值95.5亿元，比2016年增长9.8%；固定资产投资额17.4亿元，比2016年增长9.1%。镇境内有行政机关、卫生院、学校、建筑房产、商业服务等行政企事业单位21个，专业市场2个，大型超市1个。工业结构合理、门类齐全，形成电瓷电器、烟花爆竹、建筑建材、机械制造四大支柱产业，是全国三大电瓷生产基地之一。农业基础好，形成早熟黄瓜、优质水稻、蔬菜育苗、葡萄等四大种植基地和生猪养殖基地。

【工农业生产】一是烟花爆竹产业重组。为振兴小礼花弹产业的传统优势，浦口镇推动湖南环球烟花有限公司与南阳花炮厂等5个花炮企业联合重组，年内成功申领小礼花弹B级安全生产许可证，有力促进传统烟花爆竹企业的发展。二是电瓷产业蓬勃发展。按照扶优汰劣、靠大联强、抱团发展的产业发展思路，以创建全国电瓷产业名镇为抓手，全力打造世界领先的电瓷产业基地。年内共投资4.5亿元，先后扶持华鑫集团开发特高压输变电设备用绝缘电瓷产业项目、浦口电瓷制造有限公司电瓷智能制造转型升级项目、华高电瓷生产线扩建项目。通过企业项目开发、转型升级和改扩建等举措，有力促进“电瓷制造”向“电瓷智造”转型。年内，在株洲市百强中小企业排名中，镇域华鑫集团等3家企业跻身百强。三是特色农业发展迅速。各种农民专业合作社相继成立，有效推动农业向高产、优质、高效、生态方向发展，荣坪村的育苗、三铺村的果蔬种植均扩大了浦口镇农产品知名度，产品远销广东省、广西省等地。四是服务业有新突破。打造杨梅节、帐篷节等旅游品牌，引资近2000万元，新建全市规模最大的中和水上乐园，有效带动镇域第三产业发展。

【党建工作】一是党组织基础全面夯实。2017年，浦口镇完成16个村居“两委”班子的换届，共选举产生新一届村支“两委”班子成员91人，其中新进班子成员19人，下派1人，有4名大学生村官挂职。二是党建力量全面充实。采取公开招聘方式，聘用党建专干15人，充实到党建力量比较薄弱的村级党组织。三是基层党组织硬件设施进一步完善。投资300余万元，新建和改扩建村级活动场所5个。

【集镇建设】一是加大集镇建设投资力度。投资6000余万元，启动示范街项目建设和冷金线拓宽提质工程。年内完成集镇区域内的门店招牌改造、冷金线道路沥青铺设和下水道改造工程。二是农村环境治理成绩突出。全年投入城乡环境建设与管理经费380余万元，添置垃圾桶、环卫车等设备。按照领导包片、村居包段的工作要求，开展各类环境专项整治行动22次；其中在106国道、冷金线共计15千米道路沿线乱搭乱建、占道经营等行为的专项整治行动中，共拆除工棚3200余处。投资180万元，亮化、绿化106国道沿线，建立健全道路沿线的环境卫生长效保洁机制，将106国道浦口段打造成镇域示范路。三是城乡配套功能更加完善。为推动农田高标准建设、国土综合整治等项目的开展，全年修复渠道24条、近3000米，修复山坪塘12口，水圳10千米。推动农电改造项目建设，共安装变压器9台，改造电网10千米，四是“十村连片”项目全面完成。各村统筹谋划、精心设计、周密实施，争取财政奖补资金400余万元，共安装路灯3000盏，绿化道路17千米，有效改善人居环境。

【民生民利】一是精准扶贫工作成效显著。全年组织帮扶责任人进村入户走访贫困户5000余人次，全面采集建档立卡贫困户信息。帮助贫困户421户1560人发展产业，劳务输出565人，易地搬迁10户35人,危房改造34户，健康扶贫建档一、二、三类对象438人，低保兜底贫困户115户281人。年内实现贫困户脱贫60户232人。二是救助救济工作力度加大。全年发放农村低保、大病救助、抚恤救助、医疗补偿等救助救济资金600万余元，惠及群众2600余人次。三是教育事业有新进展。投资2000万元，改扩建王坊中学、浦口公立幼儿园和联盟、保丰、仙石、荣坪等小学，改善教学环境。四是老人生活条件有改善。投入500万元，完成光荣敬老院改造项目，新建老年公寓1栋，建筑面积1475.7平方米，有床位56张。五是雪峰山水库治理成效显著。以雪峰山水库退养工作为重点，集中整治雪峰山水库网箱养鱼、生猪饲养，共拆除网箱养鱼户38户、网箱869个，支付网箱养鱼退养资金560万元，水库周边生猪退养工作全面铺开。

【安全管理】一是加强烟花爆竹企业安全监管。为做优做强烟花爆竹企业，淘汰落后产能，积极宣传企业退出政策，一对一与企业进行谈话，有6家企业达成退出协议，整合企业7家。截至年末，全镇拥有烟花爆竹安全生产许可证的企业从55家减至25家，退出率达54.5%。二是创新行业管理，强化行业自律。为强化引火线管理，成立以湘祥引火线经营有限公司为主体的醴陵市引火线企业协会，有30多家企业或工区参与。协会的成立，实现原材料供应、配方、生产工艺、生产标准、产品包装、流向码、标识、计量标准等的统一，提升引火线产品的质量，确保引火线运输及使用安全。三是严厉打击非法生产。坚持铁决心、铁纪律、铁措施原则，严厉打击非法生产鞭炮烟花、采矿行为，全年开展各类非法生产检查160余次，共查获非法生产户9户，销毁各类非法生产成品、半成品600余箱（件），治安拘留11人，刑事拘留3人。四是加大安全生产执法力度。以煤矿、加油站、校车安全管理等为重点，建立联合执法机制，协调派出所、供电、工商、国土等执法部门，开展安全生产联合执法检查，拆除取缔非法采砂厂4家、非法塑料加工厂1家。

【生态保护】一是实现产业与环境的全面发展。以三铺村、贯古居委会为示范点，持续加强产业扶持力度，大力加强“美丽乡村”“两型村庄”创建，促进农村基础设施、生态文明、人居环境建设。通过培育乡村新行为、新习惯、新风尚和建设生态宜居新农村等工作的开展，贯古居委会被评为省级“两型村庄”示范村，浦缘合作社被株洲市评为“两型示范合作社”，浦口镇机关被评为株洲市“文明卫生机关”，三铺村被评为株洲市“美丽乡村”。二是环境治理成效显著。以国家环保督查为契机，加大对污染产业的治理力度，对境内污染较大的采砂、石矿开采及造纸等行业，开展污染专项整治，共取缔污染企业6家。三是“河长制”全面落实。按照“统一领导、分级管理、明确责任、集中考核”的原则，成立保洁打捞队，建立河道管理“河长制”管理制度，明确河道管理责任，充分发挥“河长”在河道整治、水污染防治、水环境水生态保护等方面的作用。全年投入140万元，综合整治澄潭江、洋川水、雪峰河沿岸违法采砂、违章倾倒垃圾、畜禽喂养等问题。（尹　鹏）

王仙镇

【概况】王仙镇位于醴陵市东部，距市城区12千米，106国道、上瑞高速、沪昆高铁贯穿境内；镇域面积85.9平方千米，有耕地1546.67公顷；辖10个行政村，2个居委会，总人口4.78万人；有党组织67个，中共党员1440人；有中小学校9所，幼儿园5所，医院3所。2017年，王仙镇实现工业总产值66.48亿元，完成国地两税收入6409万元。

【产业发展】2017年，王仙镇产业转型升级力度持续加大，整合传统爆竹烟花产业，原37家爆竹烟花企业整合为23家。以第四轮行政许可证换证工作为契机，按照“创优质企业、诚信企业、平安企业”工作要求，清退“散、小、差”企业，推动传统烟花爆竹产业向高新产业发展转型。在市产业突围“四个十条”奖补政策的指引下，大力开展企业帮扶，引导辖内新亚陶瓷、湖南仙凤瓷业和北塘、新华、北泰烟花鞭炮厂5家企业获得奖补资金300余万元。年内，湖南仙凤瓷业总产值比2016年增长50%，外销产值增加近1亿元；高力特电瓷企业承接国家国网投标项目6个，实现产值翻番。

【安全生产】2017年，王仙镇以安全保卫战为抓手，深入开展安全生产大检查行动，全力排除安全隐患，狠抓企业、安全员的管理和培训；对高温后恢复生产的企业，开展全面的安全生产大检查“回头看”行动，严肃查处企业在生产过程中的“三超一改”（超范围、超定员、超药量，改变厂房用途）“三违”（违章指挥、违章作业、违反劳动规程）行为；重拳打击非法生产、经营、储存烟花爆竹行为，全年捣毁非法生产烟花爆竹窝点3处，刑拘1人，行政拘留2人。年内，会同市公安局危爆大队、王仙镇派出所，开展道路运输“零点”行动，共查处非法运输车辆6台次，行政拘留7人。加大打击违法犯罪力量，确保镇域社会安全稳定，全年综治维稳案发率比2016年下降52%，社会治安明显好转，辖内未出现重大治安案件，无赴省进京上访事件发生。

【社会事业】一是深入推进网格化管理。成立网格化管理队伍，全年通过网格员走访，化解各种矛盾纠纷50余起，处置环保事件10件，收集建议意见160余条。二是开展“平安创建”系列活动。举办“平安创建杯”拔河比赛，评选出镇级“平安家庭模范户”12户，成立文明劝导队等。三是开展“扫盲清零”百日行动。广泛宣传交通安全法规知识，在106国道两旁、村级主干道、货运源头企业中，悬挂宣传横幅，张贴宣传标语，营造交通安全氛围。修复境内危险路段11处。开展客运车辆、校车等突击安全检查6次，处罚违规违章车辆5起。四是民政救济工作常抓不懈。全年投入民政救济资金20余万元，共救济400余户困难群众。筹集残疾、慈善帮扶资金和物资共计10万元，组织困难家庭妇女参加月嫂培训班，鼓励再就业。全镇共清退低保户560户951人，截至年末，全镇共有低保户558户1131人。五是计生政策落实到位。组织妇女611人参加“两癌”筛查。发放独生子女奖励203人。

【城镇建设】2017年，王仙镇深入开展“七个一”活动，城镇建设力度进一步加大，在集镇区域内打造1条较高标准的“样板街”，水泥硬化街道路面、统一规范街道两侧门店招牌。完成李山村“卫生示范村”创建，年内李山村被评为湖南省“卫生村”。全年种植9.33公顷生态公益示范林。集镇农贸市场建成并投入使用，解决老106国道两侧马路市场问题。继续加大农村道路基础设施建设力度，全年水泥硬化村组道路17.6千米，提质改造集镇道路3条，新增路灯280余盏，疏通道路两旁排水沟3.4千米。深入开展“三创四化”工作，治理店香河河道，组织党员群众义务投工投劳参与高坝整修、干渠硬化、渠道清淤等工作。

【脱贫攻坚】2017年，王仙镇有贫困户591户2097人。一是开展企业结对帮扶。发动镇域内58家爱心企业，分别与58户237名预脱贫贫困户结对帮扶。二是开展转移就业脱贫。以贫困初中、高中毕业生为培训重点，举办多批次技能培训，分别安排到王仙镇各类企业或广东省和浙江省等地企业中就业。三是完善政策济贫。推行新型农村合作医疗、大病意外保险，防止因病致贫、因病返贫。落实优抚安置政策，申请贫困户危房改造10户，易地搬迁贫困户31户92人。四是实现合力助贫。建立行政机关、企事业单位干部职工、人大代表、政协委员对口帮扶贫困户制度，共同参与“一对一”帮扶到户的“个案管理”。

【农业生产】2017年，积极推进土地流转，加快土地确权颁证，引导瑞禄园等7个农民专业合作社流转水田200公顷；打造香水村、大屏山村、申熙村、温泉村、灌冲村5个双季稻、再生稻高产创建示范片。提高农业生产科技含量，引进和推广新农业生产机具，全年新增农机13台，完成农机购置补贴2.96万元；在香水村新建6.67公顷的水稻、油菜全程机械化生产示范片。投资20万余元，修复水损山坪塘、水坝12处，抢险山体滑坡6处，修复水损道路4.2千米。（谭　铮）

沩山镇

【概况】沩山镇位于醴陵市北部，地势北高南低，属丘陵地貌，总面积86平方千米。镇政府驻新东堡村黄土坳组，距市城区仅6千米。下辖7个行政村，257个村民小组、5640户，总人口2.05万人。全镇有耕地面积708.4公顷，其中水田面积632.5公顷；有山地面积6784.5公顷，森林覆盖率达71%。106国道穿境而过，有1座中型水库望仙桥水库，为市城区居民饮用水源。辖内沩山村曾是古代道教重要活动地，名为“沩山古洞天”，是道教36小洞天之一。沩山镇是醴陵瓷业的发祥地，境内有丰富的瓷泥、耐火石等矿产资源。全镇工业经济主要依托矿产资源，形成以陶瓷、采矿等为主的经济支柱产业。农业生产以种养殖业为主，无公害蔬菜、老鸦山蜂蜜、新安奈李、沩山豆腐初具规模。第三产业以旅游发展为主线，沩山村、东坑村、赤竹村休闲旅游产业发展迅速。年内，沩山镇完成村委会换届选举工作，选出村民代表435人，其中妇女代表152人，占比34.9%，村干部男女比例得到优化。

【农业生产】一是建立蔬菜种植基地。推广“政府+超市+基地+农户”模式，在漏水坪村、新庵村、泉源村等建立蔬菜种植基地，帮助群众拓宽增收途径。截至年末，全镇有果树蔬菜示范基地4个、面积20余公顷，有科技示范户120户、面积153.33公顷。二是抓好“一村一品”建设。继“天然蜂蜜”品牌后，沩山镇“一村一品”建设坚持以市场经济为利益导向，以引导成立农民专业合作社为契机，在漏水坪村、老鸦山村成立养蜂专业合作社，对蜂蜜进行标准化生产，发挥集聚效应，让更多的群众走上致富之路。三是发展特色种植业。沩山村高山茶业、原东坑村油茶林、原赤竹村杉木及油茶林等特色种植项目，带动经济发展，促进农户增收。

【脱贫攻坚】一是落实扶贫工作例会和督查制度。沩山镇扶贫办每周召集各村扶贫专干召开扶贫例会，2个贫困村召开周调度会；召集所有驻村工作队、后盾单位及镇村干部共同商讨扶贫工作。建立脱贫攻坚组织机构，选配镇机关干部、村扶贫专干，组成4个专门督查组，定期对年度内180户预脱贫户进行交叉检查，逐户上门走访。二是落实帮扶责任。对全镇新增的50户贫困户，确定帮扶责任人和联系人，完善一户一档资料，核算贫困户收益。三是沩山镇扶贫工作取得实效。沩山镇率先在全市启动新村部建设，并办理建房手续。率先以分贷统还方式，超额完成小额信贷任务。率先超额完成社会扶贫APP注册、对接任务和社会扶贫捐资任务。危房改造对象率先通过市级验收。

【安全生产】一是设置全镇安全防线。先后开展“春节停产”“打非清剿”“春雷行动”“安全保卫战”等专项整治行动，全年集中执法、联合执法90次，检查生产经营单位126家次，排查并整改安全隐患145处，取缔烟花爆竹非法生产经营户10家、非法矿山非法开采点4处。二是着力重点安全领域。在烟花爆竹企业管理中，按计划完成恒润花炮厂、山水引线厂检查。古城花炮厂退出烟花爆竹行业工作进展顺利，厂区及残余药物全部处理完毕，并在原厂址内新建占地约0.67公顷的恒华电瓷厂。非煤矿山管理中，默然塘尾矿库治理工程运行良好。

【综治维稳】一是重视信访调处。全年排查不稳定因素和矛盾纠纷20余件，其中成功调处10余件；处理来信来访15件，做到小事不出村、大事不出镇。二是加强网格化阵地建设和管理。年内，沩山镇政府及辖内7个村的网格化办公室全部建成并投入使用，硬件设施齐全，管理制度完善；网格化管理员经统一培训后上岗，架起村镇综治的新防线。三是营造稳定社会环境。在“瓷博会”和中共十九大会议期间，先后组织召开安全维稳调度会等会议，安排部署各项安全维稳工作，确保辖内重大活动期间的社会稳定。四是加大“平安创建”力度。开展以“平安沩山”为主题的平安创建活动，活动评选出“平安家庭户”348户，“平安家庭示范户”22户。

【水库环境保护】2017年，加大对望仙桥水库环境保护的工作力度。辖内望仙桥水库是市城区的主要水源地，为确保水库水质和环保要求达标，沩山镇开展系列专项整治行动，针对水库周边环境治理问题，共拆除水库周边违法房屋2栋、面积700平方米，拆除更衣室2个、烧烤架26个，清理农家乐招牌3个；摸底调查水库及入库干流周边500米内禁养区的农户，与15户禁养区内规模养殖户签订畜禽退养协议，补偿功能性设施拆除金76万余元；高温期间，制作禁泳宣传栏20余块、横幅标语30余条，联合市纪委、市广播电视台等有关部门，开展禁泳行动3次；沩山镇针对市督查组反映的土方占用水域问题，对已占用的水域开展还林复绿工作，全年还林0.08公顷、植树50棵。

【基础设施建设】2017年，沩山镇投资500万元，以沩山村扶贫旅游环线为主干，新修东堡村、漏水坪村等村组道路4.7千米；投资30万元，安装路灯330盏。在沩山村新建全市首个易地搬迁集中安置区，22套安置房竣工并完成验收入住。新建泉水村、沩山村、漏水坪村村部，快捷窗口更加便民利民。集镇建设方面，新建示范样板街，全长495米；投资35万元，统一改造集镇区域道路两侧门店招牌80余家；投资4万元，粉刷翻新临街厂区外墙，在主墙壁绘制120平方米具有沩山特色的沩山古窑壁画。

【社会事业】2017年，全镇新增“五保”人员15人，申报高龄老人补贴4人，申请农村籍退役士兵补贴4人，临时救助25人次，慰问残疾人16人次。开展“金秋助学”活动，共募集爱心款6.63万元，资助62名贫困学生完成学业。认真贯彻落实市扶贫攻坚工作有关精神和要求，组织发动帮扶后盾单位责任人、镇村走访干部，走访贫困户329户，发放大米329袋、食用油658桶，慰问金及物资10万余元。（刘　沙）

东富镇

【概况】东富镇位于醴陵市东南部，地处湘赣边界，距市城区5.6千米，总面积80.4平方千米。辖10个行政村、1个居委会，有355个村民小组、1.03万户，总人口3.96万人。2017年，东富镇完成财政税收4162万元，为年计划任务的106.75%。辖内有规模以上工业企业27家，实现年产值48亿元；引进企业7家，共引资20亿元。

【项目建设】2017年，东富镇项目建设全面推进，共有9个征地项目，其中8个征地项目征地工作完成，累计征地82公顷、腾地40.33公顷，拆迁房屋67栋。三电产业园A区建设进展顺利，华鑫电瓷等4家电力电瓷电器企业处于全面建设阶段，东富大道竣工通车，东富污水处理厂建成。三电产业园B区、朝阳花园、莲旗花园、红四方复合肥项目、东富寺提质改造项目、城市外环线、莲株高速、朝阳路和北冲一路等10余个项目均有序推进。

【精准扶贫】一是加大产业发展力度，采取“企业+农户”模式，东富寺生态农业有限公司、明鑫农场等5家企业，安排贫困户就业32人。二是以“流转土地、赠股分红”形式，流转贫困户土地23.07公顷，每年可为贫困户增收3000～5000元。三是认真贯彻落实合作医疗等有关政策，贫困户一律免缴新型农村合作医疗保险费，并为贫困户购买“扶贫特惠保”。四是通过社会扶贫APP募捐医疗资金22万元、危房改造资金19万元。五是为263人次申请“雨露计划”，争取助学金50余万元。六是通过金融产业扶贫，为317户贫困户增收128.82万元。2017年，全镇有建档立卡贫困户498户1467人，贫困人口占镇总人口的3.74%。年内实现贫困户脱贫67户235人，易地搬迁33户，26户危房改造户申请资金70万元。

【农业生产】2017年，全镇拥有家庭农场10家，种植合作社10家，市级优秀种粮大户2户。全年完成早稻种植面积333.33公顷，在东富、枧头洲、横新、森冲、芷泉5个村，建立粮食高产示范片，总面积达120公顷，集中育秧面积13.33公顷，流转土地800公顷。全年植树造林99.47公顷，种植杉树5万余株、国尾松4万余株、油茶46.67公顷。年内，莲石村开发改造油茶基地66.67公顷，东富村建立义务植树基地，组织镇村组干部群众植树10公顷。

【基础设施建设】2017年，东富镇投资500余万元，提质改造岔路口集镇，全面改造示范段长1.1千米道路两旁的商业门店招牌、天然气管网、人行道排水沟、透水砖、路沿石、路面、后期植绿、路灯亮化、交通标志等10个项目。投资476万元，新修村组道路16.7千米，窄路加宽8.3千米，改造危桥1座；新建整修除险加固骨干山坪塘40口，修复受损山坪塘7口、水渠12处，新修维修改建机埠。投资50万元，建立镇综合文化站，开展各类文化生活。

【平安创建】2017年，东富镇以群众推、村级选、镇上评的形式，开展“五个模范”评选，共评选出平安家庭模范、文明卫生模范、农村美德模范、党员先锋模范、职业道德模范50人（户）；评选活动中发放倡议书3000余份、“致全镇居民一封信”1万余份，短信平台发送平安创建信息2万余条。全年排查调解矛盾纠纷24起，实现小纠纷不出组、大纠纷不出村、重大疑难纠纷不出镇的目标；在“两会”、十九大等特护期间，及时化解多起涉军群访和个案独访。

【安全生产】2017年，安全生产工作力度进一步加大，重点针对烟花爆竹生产企业，深入开展“大排查、大监控、大整治”行动，严格执行高温停产要求，确保整个高温停产期间，安全生产零隐患、零事故。全年对辖内的14家烟花爆竹生产企业下达执法文书180余份、整改指令39份、现场处置决定书61份，立案处罚2起，行政处罚5.9万元。聘请第三方机构岁富公司，对全镇烟花爆竹企业开展安全隐患排查，查处的安全生产问题均整改到位。年内，东富镇分别接受湖南省安全生产监督管理局、国家安全生产监督管理总局的检查，得到各级检查组认可。

【卫计服务】2017年，全镇新增计划生育奖励扶助对象70人、特别扶助对象2人，全年发放独生子女保健费177人，慰问各类计生困难家庭45户，发放慰问金2.5万元。开展卫计政策宣传活动，每月出动宣传车4台次；举办各类公众健康教育咨询活动和健康知识讲座10余次，发放宣传资料1万余份，印刷永久性计生宣传标语120条。

【党建工作】2017年，东富镇共有基层党组织51个，其中镇党委1个、机关党支部1个、机关退休党支部1个、村级党总支11个、村级党支部26个、非公企业党委1个、非公企业党支部10个；有党员1195人，其中正式党员1185人、预备党员10人。全年党建工作以提升党组织的凝聚力、战斗力、服务力为工作目标，狠抓党风廉政建设，开展“雁过拔毛式”专项整治行动。进一步夯实基层党建基础工作，每村选聘1名党建专干，配备1名党建指导员，设立党建工作日，制定党建清单；实行党员积分制考核，分季度积分，并进行公示，严格奖惩。年内完成10个村、1个居委会的村支“两委”换届选举工作。投资100余万元，新建村级便民服务中心5个。开展党员“六个先锋”推荐评选活动，共评选出“产业突围、项目攻坚、安全保卫、城镇提质、服务群众、扶贫帮困”6个先锋单位和个人。（丁 尧）

孙家湾镇

【概况】孙家湾镇位于醴陵市南郊，距市城区7.5千米，镇域面积52.8平方千米；辖文家湾、观前、龙虎湾、孙家湾、李家山、西岸6个行政村，有199个村民小组，总人口2.27万人；有基层党总支6个，党支部37个，中共党员878人。境内106国道、湘东铁路、醴茶高速纵穿南北、333省道(城市南环线)横贯东西。境内工业发达，形成陶瓷、花炮、防水、彩印、贸易五大产业，有注册企业93家，其中规模以上企业21家，有就业职工9000余人。年内，孙家湾镇完成村支“两委”换届选举工作；共产生村党总支委员19人、总支书记6人，村委委员19人、村主任6人。

【农业工作】一是开展土地流转。全年全镇实施土地流转面积820公顷，土地抛荒率控制在2‰。培育种粮大户合作社，有市级种粮大户14户、“家庭农场”种粮户38户，省级种粮大户邬亚平全年流转土地面积133.33公顷，是全市流转土地最多的种粮大户。二是加强生猪养殖环保管理力度。摸底调查境内饲养生猪50头以内的养殖场（户），对饲养环保不达标的下发整改通知责令限期整改。全镇动物疫病防治率达100%。三是认真落实农机具补贴。全年补贴农机具10台、13.1万元；补贴生猪养殖户8户、20万元。

【重点项目建设】2017年，孙家湾镇重点项目建设力度进一步加大，城市南环线333省道项目建设工程有序推进。南环线道路全长25.1千米，途经孙家湾镇4个行政村、47个村民小组，长14.44千米。项目建设期间，集中协调和解决村民矛盾纠纷20余起，打通二坊湾组、长塘组2处施工难点地段，无一例阻工。

【脱贫攻坚】2017年，在全市率先开展“党建+”帮扶模式，对建档立卡贫困户开展“一帮一”结对帮扶。结合“企业+”帮扶模式，发动境内45家企业参与扶贫帮困；先后投资30万余元，帮助贫困户解决各类困难，安排贫困户就业人员80余人。推出“农业合作社+”帮扶模式，有条件、有步骤吸收贫困户入股农业合作社，以增加贫困户家庭的经济收益。全年实现贫困户脱贫35户130人。

【安全生产】一是重点加强高危企业监管。对境内高危企业实行重点监管，强化企业负责人的安全意识，重点突出企业“时段、部位、生产环节”的监管。二是开展工贸企业安全普查。对境内所有企业开展“地毯式”安全隐患大排查，将责任分解到人，并进行督促、整改、验收。三是重视交通安全管理。在境内主要交通路口、危险路段设立交通警示标志，完善交通设施；聘请专职城管队员3人，主要负责集镇的日常交通保畅；组建交通志愿者队伍，开展节日交通疏导，力保市南乡片的交通要道畅通。四是加强校车、厂车监管。重点加强检查和监管司机的驾驶证、健康证、车辆证件、保险和行驶路线，确保道路交通安全。五是开展食品药品“四查”（食品药品主体大普查、风险大排查、执法大检查、问题大清查）行动。组织机关干部、“两代表一委员”，对企事业单位的食堂、经营餐馆、商店、药店和农村“一条龙”酒席等进行专项检查。六是抓森林防火和汛期安全。坚持广泛宣传提高村民意识，坚持日常巡逻及时警醒，坚持特殊时段、重点地段专人值班值守。全年未发生火灾，实现安全生产零事故，森林防火工作排名全市第一。

【综治工作】一是聚焦信访维稳。全年化解积案4件，调处各类矛盾纠纷1起，无赴省进京上访事件。二是强化“平安创建”。投入近70余万元，高标准新建镇综治中心、网格化中心、便民服务中心、人民调解委员会联合调处中心。评选出“道德模范标兵户”60户、“平安创建模范户”600户、“平安创建先进单位”6个；文家湾村江艳被推荐为醴陵市“道德模范见义勇为标兵”。三是着力化解矛盾纠纷。成功化解城市南环线333省道项目建设中的拆迁和征地矛盾及纠纷，确保项目顺利推进。四是加强城郊结合部综合治理工作力度。坚持“违法露头就打”的原则，有效治理黄、赌、毒行为；通过反复宣传发动，形成群防群治的氛围。五是实施网格化管理。出台孙家湾镇网格化服务管理实施办法，成立网格化分中心和6个村级网格服务站；将全镇划分为18个网格，每个网格平均覆盖村民319户1270人；将党支部建在网格上，实现“人在网上走、事在格中办”。每个网格明确“一专三长多员五支队伍”，形成以“村党总支为核心、村民积极参与”的村级网格化管理模式。打造网格化管理工作信息平台，将综治维稳、安全生产、脱贫攻坚、防汛抗旱、卫生计生、民政救助等工作纳入网格，实现“网格巡查全覆盖、网格动态全掌握、社情民意全了解、重点人群全关注、惠民政策全解读”的网格化服务和管理新模式。

【计生服务】 一是“家庭医生”工作落到实处。年内，孙家湾镇创建“家庭医生”服务模式，凡是镇域内孕产妇，只要签约“家庭医生”，便可在家中进行孕检，享受医护人员上门服务。二是加大公共卫生服务工作力度。在各村和企业中，分别建立卫计站，实现健康教育进村、进企业，方便村民和企业员工。三是开展卫生计生宣传教育服务活动。深入宣传卫生计生的有关政策和法律法规、公共卫生和妇幼保健知识，使卫生、计划生育政策深入人心。四是积极开展“5·29”“7·11”“生育关怀”等活动。全年救助计生特殊困难对象120余人，发放救助金6万余元；加强全镇0～6岁儿童的健康系统管理，建立预防接种证、接种卡，管理率和预防接种建证建卡率均达90%以上。全年上报传染病病例11例，无错报、漏报、迟报现象，无重大传染病及突发公共卫生事件。

【社会事业】 一是做好民政工作。开展低保清查工作，制订工作方案，召开低保清查工作专题会议和村民小组会议，镇办点干部和村干部，上门摸底落实低保户有关情况，并及时予以公示。年内，省民政厅低保清查座谈会在孙家湾镇召开；在醴陵市低保清查工作会议上，孙家湾镇代表作典型发言。二是加快教育发展。全镇2所中学、6所小学中，办学条件均达到“标准化、规范化、示范化”要求，镇域办学条件位居全市前列；教育教学质量逐年提高，学生初考和中考成绩均排名全市前列，其中孙家湾中学排名全市第三、榱木岭中学排名全市第四；镇中心学校获评市“中考教学质量红旗单位”“初中教学质量管理、小学教学质量管理先进单位”。年内，新成立“教育资金理事会”，有8家企业给予大力支持。三是加强人民武装建设力度。严格按市人民武装部民兵训练计划和要求，积极组织民兵参加各种军事训练；开展国防教育活动，组织学习有关国防教育的法规和规定，定期学习《中国民兵》《国防报》等刊物中有关国防教育内容。11月，孙家湾镇在参加株洲市民兵学习宣讲习近平新时代中国特色社会主义思想活动推进会上，作题为《学新时代思想　树新时代标杆》的典型经验发言。

【“三创四化”工作】 一是加大创建力度。全年投入集镇基础设施、农村环境卫生、环境保护建设资金230余万元，完成集镇一期工程建设，完善和统一集镇街道两旁的门店招牌，铺设街边石。强化环卫队伍建设，投资40余万元，购置垃圾清运车2台，设置垃圾桶300余个。二是提质改造镇农贸市场。疏通农贸市场沟渠，更换顶棚不锈钢瓦砾，新建公共厕所、停车场、围墙，水泥硬化市场道路路面，加装透明瓦、铁丝网，隔离食品区和服装区等。通过农贸市场的提质改造，有效改善市场面貌，规范占道经营行为，确保集镇道路畅通。三是成立镇城管队。有效加强镇区商铺出店经营的统一管理和“六乱”现象的整治。四是建立“河长制”巡查长效机制。统一制作、下发孙家湾镇“河长制”督查记录本，对河道保洁、毁损、污染情况等及时记录和反馈；建立河道管理督查档案。全年组织开展清洁、疏畅行动14次，共有380人次参与，清洁、疏畅境内铁河等2条河流和大塘、跃进等7个水库；通过集中整治，河道、水库周边卫生环境、水况、生态得到明显提升。年内，株洲市“河长制”工作现场会在孙家湾镇召开；孙家湾镇“河长制”工作经验在株洲市县市区中得到推广。

【“七个一”工程建设】 一是打造“一条样板路”。选定并提质改造榱泗线“样板路”，升级道路两旁绿化。二是打造“一个示范村”。选定孙家湾村为“示范村”，进一步完善村组道路和村委会、幼儿园、学校卫生间的硬件设施。三是新造“一百亩林”。在文家湾村王丫塘、夏家、石壁组等境内荒山种植6.67公顷公益林，在榱泗线道路旁的龙虎湾、观前村段路旁，分别栽种红叶石楠、樟树。四是抓好“一个产业项目”。完成湖南省玉润行化妆用具科技有限公司建设工作，该项目于2016年10月开工建设，2017年9月竣工并投产，年产值可达1亿元。五是抓好“一个民生项目”。新建“农民公园”，拟将孙家湾村境内的榱木岭花木苗圃场，改造成集文化娱乐、观光休闲、健身为一体的“农民公园”；年内项目启动建设。六是抓好“一个城建项目”。城建项目位于龙虎湾村田心组，总投资1000万元，征地2.67公顷；年内项目工程的水、电、路、气等基础设施完工，一、二期工程建设竣工。七是包装好“一块土地”。一块土地项目位于龙虎湾村樟树组，占地面积4公顷，审批工作已完成。（傅智航）

泗汾镇

【概况】泗汾镇位于醴陵市南部，距市城区17千米。总面积70.6平方千米；辖7个行政村、4个居委会，有359个村民小组、9448户，总人口4.02万人。全镇有党组织55个，其中有村级党总支10个、村级和企事业党支部43个，有中共党员1491人。2017年，泗汾镇实现地区生产总值14.7亿元；实现工业总产值34.87亿元，比2016年增长17.9%；其中规模以上工业总产值31.21亿元，比2016年增长17.9%；实现限额以上商业服务业营业收入0.57亿元，比2016年增长24.6%；完成固定资产投资8.4亿元，比2016年增长15.4%。全年完成国地两税收入3305万元，为年度计划任务的110.98%；其中国税2908万元，地税397万元。完成招商引资7200万元，签约项目2个，合同引资15.72亿元；年内有2个项目开工建设。

【项目攻坚】一是“七个一”建设有序推进。完成一条“样板街”建设，106国道旁沈泗路路口至镇政府路段为“样板街”，重点整治违章建筑和出店经营等“六乱”现象，共拆除违章雨棚90余个，新添置垃圾桶300余个，整修下水道200米，对“样板街”两旁的门店招牌进行统一设计、包装与施工；完成一个“示范村”建设，完成枧上社区“示范村”的绿化、硬件设施配备等扫尾工作；完成一个城建项目，泗嘉路拓宽提质改造工程进展顺利；完成新造一百亩林项目，在境内部分村分片种植一百亩生态公益示范林，共栽种国外松、杉树、何树、椰树树苗2万余株；完成一个产业项目，新建市佳和种养结合及生态环保现代农业循环经济产业园，总投资5亿元，占地面积133.33公顷，年内，实际投资9500万元，养殖场工程建设有序推进，园内种植稻谷133.33公顷、桂花3000棵，在办公室周围打造小型园区，栽种桃花、樱花等花卉；完成一个新的民生项目，拓宽硬化五扎路，改造道路排水沟、绿化带，安装路灯20盏；盘活一块土地，在何田居委会选取2公顷土地，用于市第二中学校园扩建和集镇商贸开发；项目完成选址、打桩、下发预征地公告等工作，用地报批手续上报至省国土资源厅并受理。二是产镇融合项目进展顺利。湖南恒凯通信息科技有限公司入驻泗汾电子工业园；华瑞兴邦、泗汾明珠实业、湖湘防雨服饰等产业项目稳步推进。年内，在陈家垅村境内规划一宗约53.33公顷的土地，拟为市南部乡村振兴产业区，已调土规。三是重点项目建设成效明显。瓷城服务区全面建成，畜禽无害化处理中心基本建成，新石湾大桥及连接线竣工，喜森奥特莱斯商场周边环境进一步优化。

【综治维稳】一是抓好信访维稳工作。成功化解陈家垅、何田、茶田村村民上访案。二是开展平安创建工作。组织召开平安创建模范表彰大会，表彰和奖励47户模范户。三是抓好社会治安管理工作。联合泗汾派出所，开展“大排查、大整治、大清理”联合执法行动，打击刑事犯罪案件4件、治安拘留事件17件。四是推进网格化管理工作。全镇划分为29个网格，镇、村（居）网格中心按标准建成并投入使用，村（居）分别建立网格工作站，其中枧上居委会网格工作站为泗汾镇网格化管理示范点。镇网格中心配备高清电子显示屏和多功能音响功放器等先进设备。组织网格员举办专业培训2次，提高网格员的业务能力和工作水平。年内全员信息、楼栋、商户摸底的信息录入已完成85%的工作量。

【应急管理】一是健全应急预警体系。按照“统一领导、分级负责”的原则，制定公共事件、公共卫生、事故灾难、森林防火、社会安全等专项应急预案，指导各村（居）完善应急预警体系。按照各类应急预案的要求，针对不同类型的突发公共事件，先后组织枧上小学、企业失火和森林防火等应急预案的演练。二是加强应急队伍建设。建立治保巡逻队与预备役民兵的应急工作联动机制，加强公安机关应急队伍配合，整合境内各企业、电力、医院、学校的救援力量，逐步建立统一高效的专业应急救援体系。组织、指导学校和有关单位，根据区域和行业特点、部门职责，组织开展应急救援志愿者队伍招募、培训等工作。三是重视应急能力建设。组织企业负责人开展应急及安全知识学习和培训，督促各单位完成员工“三级培训”、公共安全培训，组织开展公共安全教育进企业、学校、社区、家庭活动。四是加大法律法规宣传力度。利用“法制宣传月”“综治宣传月”“安全生产宣传月”“11·9消防日”等活动，共发放宣传资料1万余份，出动宣传车辆10余台次。四是完善应急管理设备。

应急管理仓库配备一批救生衣、兵工铲、打火棒、扬声器等应急救援物资。

【党建工作】一是换届选举工作顺利完成。选举工作中严把监督关，下派指导组、风气监督组，全程指导监督各村（居）换届选举工作，查处微信红包拉票贿选案件1件，处分1人，批评教育3人。二是党员队伍建设有效加强。全年培养入党积极分子12人，发展预备党员12人，党员转正9人。认真开展党员民主评议工作，全年评选优秀党员56人，开除违纪违法党员1人。三是党员教育力度不断增强。全镇11个村(居)分别建立党员远程教育终端站点，建立健全各项规章制度，维护和调试各站点的设施设备。开展中共十九大精神宣讲活动，组织全体党员干部深入学习、贯彻中共十九大精神。四是廉政建设成效明显。全年办理党风廉政案件10件，立案10起，纪律处分10人，严重警告2人、警告8人，批评教育党员16人，诫勉谈话3人。全年接收上级转办信访件8件(其中重复信访件4件)、办结8件；接收市级受理信访件5件，结案5件。在"五一"、端午、国庆等重要节点，针对镇村（居）干部开展作风建设明察暗访和监督检查15次。

【脱贫攻坚】2017年，按照市委、市政府脱贫攻坚工作的统一安排和要求，扎实开展精准扶贫工作。截至年末，全镇有建档立卡贫困户443户1681人。年内实现贫困户脱贫68户305人，有未脱贫贫困户217户770人。一是开展"五个一"结对帮扶活动，拉近干部与贫困户的距离。年内，驻镇单位市国土资源局和全体驻村、帮扶干部，组织贫困户召开座谈会，深入交谈，将贫困户需要的物资按时送到位。二是开展"大宣传、大走访、大指导、大落实"活动。通过小额贷款项目渠道，为119户符合条件的贫困户争取脱贫创业资金342万元，劳务输出贫困户劳动力563人，义务助学贫困学子218人，为11户贫困户发放医疗救助社会扶贫救助金13.73万元，为建档立卡贫困户发放爱心手机242台。开展贫困户爱心募捐活动，募集资金15万元。三是开展"暖民心、大走访、大排查、补短板"主题活动。投资7万元，为全镇贫困户发放大米、食用油等物资。9月，泗汾镇代表醴陵市接受国家扶贫办的异地交叉检查并获好评。四是完成"中国扶贫网"爱心人士关注工作。完成爱心关注2700余人，发布需求信息900余条，完成对接800余条。

【"三创四化"工作】全年新挖山坪塘8口、整修山坪塘37口、防渗山坪塘12口、清淤扩容山坪塘14口，拓宽村组道路4千米，水泥硬化、整修水圳5千米，维修和改造机埠10余处，新建和维修电排6处，防渗清淤渠道3.2千米；安装路灯40余盏。进一步强化106国道、沈泗线等主要交通沿线的环境管理，实现路面干净整洁、交通秩序井然。开展铁河水系河道大整治行动，确保河道、河岸环境。抓好集镇建设、管理工作，完善集镇下水道、天然气等基础设施建设。开展"卫生村""卫生单位""卫生庭院""清洁家庭"等创建活动。

【生态环境保护】一是开展"全民义务大清扫"活动。与各村(居)民签订"门前三包"责任状1500余份。联合环卫公司在辖区内开展市场集中整治行动36次，清理河道32处、破损广告牌400平方米，清除陈年垃圾40余吨、卫生死角46处、牛皮癣2000余处。二是认真贯彻落实畜禽退养工作。镇河道两旁、水库周围500米以内，有饲养生猪50头以上的规模养殖户12户；为杜绝畜禽养殖污染物直排，镇畜牧部门牵头，各村(居)委会具体负责，对全镇禁养区范围内的畜禽养殖场全部实施关停，对80户养殖户下达关停整改通知书。三是全面推行"河长制"。逐步推进水利、农业、林业、国土资源、交通运输等部门的"多规合一"，注重生态环境保护和可持续发展。严守"水资源开发利用、用水效率控制和水功能区限制纳污"红线，科学编制铁河、大障河、何田河的河岸线利用规划，合理划定河岸线保护、保留、限制、开发利用区。完善河道采砂规划，实行保护优先、总量控制、有序开采。年内，关停铁河沿岸泗汾村易桥洗沙场。

【卫计工作】2017年，卫生和计划生育工作力度进一步加大，全年依法查处违法多生育对象案例1例，结案1例，查处"两非"案件1例。完成国免检查对象358对，为年计划任务的106%。待孕妇女叶酸服用率达95%，服用依从率达85%。积极宣传、落实产筛免费政策，引导、督促、回访辖内孕中期怀孕对象，落实出生缺陷干预产前筛查检测，产前筛查率达85%。年内全镇出生人口546人，其中政策内出生538人，计划生育率达98.5%；落实长效避孕节育措施145例、补救措施57例，适龄妇女"两癌"免费检查1080人；义务献血24人。

【民生保障】2017年，组织开展农村低保对象、社会保障兜底脱贫对象的认定、清理和整顿工作，共清理"违规保""拆户保"398户1135人，实现入户调查率、民主评议率、公开公示率100%。开展老年人保险推广工作，老年人保险参保人数达1342人。完成新型农村养老保险保费收缴任务。年内，泗汾中心卫生院成功创建二级综合医院；泗汾中学获评株洲市“素质教育先进学校”。

（贺海燕）

沈潭镇

【概况】沈潭镇位于醴陵市东南部，距市城区21千米。镇域面积53.5平方千米。是国际杰出稻农、全国劳动模范瞿永寿的故乡。2017年，沈潭镇拥有耕地面积1432公顷，其中水田1223公顷、旱土209公顷；有山地面积2200公顷。下辖7个行政村、2个居委会，有村民小组294个，总人口2.91万人。境内沈泗、清马、鹅美公路贯穿全镇，铁水河穿境而过；有柞市古树、万寿宫、会真寺、湘赣边区革命烈士纪念碑等景点。工业以化工陶瓷、烟花鞭炮为主，新材料产业强势发展；有乡镇企业近40家，从业人员近5000人。农业以水稻种植为主，畜牧业以养殖生猪为主，年出栏生猪15万头，有麻鸭、土鸡、黑山羊、鲜鱼等繁育基地。全年实现国民生产总值28.4亿元，增长12.2%；实现工业总产值12.98亿元，增长10%；完成国地两税收入1559万元，完成固定资产投资4.7亿元。

【农业生产】一是建立健全粮食生产责任制。与各村签订粮食生产责任状，从制度上保证全镇的粮食生产。二是认真落实早晚稻种植。镇农业站为全镇19户市级种粮大户和77户乡级种粮大户共发放稻种7500千克。全年早稻播种面积0.97千公顷，晚稻播种面积1.21千公顷；其中机插面积占全镇粮食总种植面积的45%。三是扩大畜牧养殖规模。扎实抓好畜禽防疫，按照不漏村、不漏组、不漏户、不漏畜（禽）的原则，实现畜禽防疫全覆盖，加大检疫力度，做好打捞病死动物无害化处理工作。全镇有中大型畜牧养殖户110户，存栏生猪1.8万头、牛330头、羊5300头，鸡、鸭、鹅等家禽存栏量超8万只；其中夏星村黑山羊养殖基地不断发展壮大，存栏羊1200头。四是大力推广农业机械化。全年新增大中型拖拉机12台、收割机14台、插秧机2台和其他各类农业机械28台（套）。全镇农业机械化率达80%，同比增长16%。全年新建钢架结构蔬菜大棚20公顷，粮食干燥处理站2个。

【社会事业】一是加快贫困户脱贫进程。全年新增贫困户34户108人，有34户138人实现脱贫，确保应进尽进、应出尽出。完成贫困户易地搬迁5户，改造贫困户危房22户。联合沈潭蔬菜基地、汇泉牧业，拓宽贫困户发展渠道，解决贫困劳动力就业56人。开设畜禽养殖和蔬菜种植等农技课程，共培训92人。二是加强镇域基础设施建设力度。全年水泥硬化美田桥、鳌仙、柞市、沈潭等村的村组道路11千米，解决群众出行难问题；修缮柞市、鳌仙等村山坪塘16口，修整三星里村砂塘组渠道1千米，有效解决农业灌溉难问题；三星里村玉带桥修建完工、沈潭、三星里、双垅、美田桥等村安装太阳能路灯400盏，方便群众出行；投资170万余元，新建的沈潭镇第二敬老院竣工并投入使用，解决群众养老难的问题。三是卫计工作再上新台阶。出生统计准确率达99%，政策内生育率达97%，实现国免产筛检全覆盖。

【安全维稳】2017年，沈潭镇安全维稳工作严格落实安全生产“党政同责、一岗双责、齐抓共管”要求，紧密结合“一单四制”工作要求，组织开展“亮剑、春雷、飓风”三大行动，重点分类管理境内9家烟花爆竹生产企业。切实强化企业安全生产主体责任和政府属地管理、部门行业监管责任，加强日常安全监管，开展“打非治违”专项行动；严格落实计划执法，对违规企业实行严管重罚。以“两学一做”学习教育活动为契机，努力为老百姓解决切身利益；机关干部坚持每周不少于3天在村上工作，主动排查安全隐患、化解矛盾纠纷。开展“平安家庭”创建活动，评选出“平安家庭”42户；通过微信视频等形式公开评选结果，提高活动知晓率，微视频点击率达1.5万人次，取得良好效果。年内，在“两会”“一带一路”会议、“十九大”等特护期间，实现非法、越级上访为零；建立健全民事纠纷调处长效机制，基本实现“小事不出村、大事不出镇”。

【经济建设】2017年，沈潭镇域经济建设力度进一步加大，引进天然气，升级改造沿途电网，扩大自来水厂，延伸集中供水网络，重点规划以三星里为中心，向夏星、沈潭村发展的化工陶瓷和新型材料产业园，有效促进企业生产要素聚集，加快培育和形成特色鲜明、协调发展的产业集群。年内，引进市恒润农业发展有限公司旅游项目和市联进农业科技发展有限公司2个投资超过5000万元的项目；其中市恒润农业发展有限公司旅游项目占地面积20公顷，内设河道绿化、亭台、楼阁、餐饮、运动、山水等休闲设施。湖洲住工节能房屋科技有限公司轻钢节能保温抗震房屋生产线项目、宏发烟花公司烟花生产线改扩建项目、友合新材料有限公司新材料产品生产线项目，均完成立项审批工作并正式投产，可实现产值1.5亿元，增加税收230万元。

【“三创四化”工作】2017年，沈潭镇以“三创四化”工作为契机，以“青山绿水、靓街美乡”为目标，以“一条示范街、一条示范路、一棵门前树、千万美家园”为路径,努力争创省级“卫生镇”。年内，完成乡镇“样板街”建设，提质改造中心集镇长700米的临街门面，统一制作、安装街道两旁200余家商户、住户的夜光招牌，设置仿古瓦雨棚；投入100余万元，铺设路面沥青、人行道大理石；投入40万元，栽种桂花树120棵，设置交通标牌标识；投入10万元，购买垃圾箱、果皮箱40余个。完成双垅村、美田桥村示范路建设，打造三星里村“花园式”庭院。年内，沈潭镇成功获评湖南省卫生镇，“三创四化”工作综合排名全市第一。

【党风廉政建设】一是完成村级换届选举。选出村（居）“两委”干部48人；新聘请村（居）级党建专干8人。配备网格员22人，全面启动网格化管理工作。二是完善村级基础设施建设。全年新建4个行政村办公楼，改建2个行政村办公楼。三是严格落实“三会一课”制度。积极组织各级党支部，开展主题党员日活动，制定村书记绩效考核办法,推行“五问”工作法。推行党员积分管理制度，不断提升党员日常管理的精细化、规范化、科学化水平。四是开展党内关怀行动。全年慰问困难党员、群众近100人次，发放帮扶、慰问金共10余万元。五是全面推进“互联网+党建”工作。利用基层党建信息化平台，重点抓“两个责任”的落实，将责任层层压实压细；健全村级纪检员制度，落实纪检员办公条件、经费保障。六是加强镇村干部队伍管理。加强镇村干部工作落实情况的监督和检查，把管理型政府转变为服务型政府，努力解决基层群众办事难的问题，创新工作方法，狠抓工作落实，树立干部队伍新形象。（陈利文）

船湾镇

【概况】船湾镇位于醴陵市南部，距市城区30千米，镇域面积120.6平方千米。有耕地2.42千公顷，水田2.09千公顷，旱土0.33千公顷。下辖10个行政村，2个居委会，有480个村民小组，总人口5.25万人。有基层党支部51个，中共党员1787人。2017年，船湾镇完成社会总产值52.3亿元,其中工业总产值43.8亿元；服装产业实现总产值36.7亿元，农业实现总产值8.5亿元；农民人均纯收入18790元。年末，辖内银行存款总额6.84亿元，人均存款1.26万元。

【产业发展】一是发展工业经济。高水平举办中国职业服装名镇发展论坛，提振服装行业士气。对接省级媒体，在湖南经济电视台《经视观察》栏目中，播放《啃订单的生产线》专题记录短片，推介“船湾品牌”。新姿服饰举办服饰生产设备展览，湘卫士服饰成功引进先进整体熨烫设备，有效提升企业生产力。着力推进集中区前期建设工作，完成总体设计、招商摸底和立项等工作。二是发展现代农业。探索“公司+合作社+农户”的经营模式，提高土地流转率，发展规模、集约农业，全年流转土地面积859.53公顷，以恒盛生态农业为代表的大型“种养+发展”模式的发展态势良好。三是发展旅游服务业。成功举办为期30天的湘赣边首届桃花艺术节，共接待游客30余万人次，实现旅游综合收入100万余元。成功申报环铁河流域船湾职业服饰名镇综合旅游示范点项目。全年新增物流企业2家，全镇物流企业总数达9家。

【基础设施建设】2017年，船湾镇坚持以镇带村、镇村统筹的原则，深入推进新型城镇化建设。全年修缮村组“断头”道路5.1千米，改造损毁道路路段15.9千米。在2个集镇区域开展违章雨棚、店招、广告的专项整治行动，共拆除违章雨棚315个、违规门店招牌225块。改造服装样板街等4条镇区主干道，集镇区面貌、品味得到有效提升。打造船湾卫生院门前109平方米的文化墙，丰富集镇区街道文化内涵。新建的“口袋公园”完工并投入使用。完善省级卫生村建设，为居民提供绿色、休闲、宜居的良好环境。完成一个6.67公顷生态示范林建设并通过验收。全面推行“河长制”,开展“清河行动”,境内铁河、清水江等重点河流流域环境综合治理成效明显。

【社会保障】2017年，船湾镇城乡居民养老保险参保人数为19210人，其中年内新增参保人数372人。全年征缴工伤养老保险费12万元。发动组织境内22家农业生产合作社、46家服饰企业，解决贫困劳动力就业104人。组织32名贫困人口参加“春风行动”招聘会，多人与企业达成就业意向。与市金手指职业学校、市陶瓷烟花职业技术学校等培训机构合作，培训就业人员400人次。年内，完成4户贫困户易地搬迁，改造31户贫困户危房。截至年末，全镇共实现贫困户脱贫333户1139人。

【社会服务】一是加强农村卫生工作。全力实施村级卫生、计划生育服务站标准化工程，扎实做好新型农村合作医疗保险宣传发动工作，全年收缴参保资金617.58万元，参保率为90.26%。船湾镇卫生院成功创建“群众满意卫生院”，并通过验收。二是加快完善公共服务体系。全年新建综合服务中心（含镇级）3个，改建综合服务中心2个，改造村级文化场所4个，新增“村村响”广播设施14处。三是注重文化事业发展。开展“书香校园”读书节活动，提升学校的文化品位。成立船湾镇教育理事会，筹集资金近70万元，奠定船湾教育优质均衡发展的良好基础。年内，镇农民文化技术学校教育办学成果显著，代表醴陵市通过“国家级农村职业教育和成人教育示范县”创建工作的省级验收。四是重视群体性娱乐活动。荆村举办首届老年人艺术节。狮力村手牵手舞蹈队，参加株洲市第十三届排舞/广场舞比赛，获自选动作一等奖、规定动作二等奖；参加2017年“舞动中国－排舞/广场舞联赛（湖南赛区）”暨湖南省第八届全民健身节，获自选曲目一等奖、最佳组织奖。

【安全维稳】全年开展安全隐患排查等集中执法行动59次，出动执法人员208人次，排查安全隐患206处，实现安全隐患整改全部到位；调解各种矛盾纠纷63起，比2016年下降10%，调解成功63件、调解率100%。开展“特护期间”安全工作调度5次，实现“特护期间”零非访、零进京、零上访目标。深入开展社会治安综合治理工作，压实网格化管理责任，公众安全感得到提升。

【基层党建】一是完成村支“两委”换届选举工作。共选出村支“两委”干部64人，其中新任村党总支书记4人、村主任6人。选举产生党建专干3人，村级推荐、选聘党建专干9人。二是开展形式多样的党建活动。推行“1+5+X”主题党日活动，全年各党支部开展主题党日活动357次，上报信息、活动小结共300余篇。组织1357名党员重温入党誓词，聆听党课。三是支部管理严格化。强化执纪监督，全年摸排党员1791人、线索28条；其中立案查处党员8人、诫勉谈话党员6人、批评教育党员4人。四是创新采用“党建+”模式开展工作。采用“党建+网格”模式共采集人口信息1.7万条，实现党建、扶贫、卫计、信访维稳、民政、安监、社保工作网格化。党组织、党员助力扶贫工作，荆村党总支成员捐助扶贫爱心款2200元，新姿服饰党支部向省民政厅的对口扶贫贫困户捐助价值70万元的物资。开展“大走访，暖民心”行动，向船湾镇敬老院捐助衣物和鞋子195套（双），价值6万余元。（邹素群）

明月镇

【概况】明月镇位于醴陵市西南部、罗霄山脉东端，距市城区20千米，是醴陵市、攸县、株洲县交界地；镇域面积169.1平方千米，是大革命时期苏维埃政权“南四区”所在地。下辖15个行政村、5个居委会，561个村（居）民小组，总人口7.52万人；辖内有党支部67个、中共党员2524人。2017年，全镇实现工农业总产值22.7亿元，同比增长8.6%，其中农业总产值达6.1亿元，粮食总产量3.7万吨。固定资产投资总额4.5亿元，同比增长40%；农民人均可支配收入2.36万元，增长2.5%；完成国税1791万元、地税237万元。全镇有耕地面积2.65千公顷，其中水田面积2.44千公顷、旱土面积0.15千公顷；有林地面积10.39千公顷。境内有向阳河、申垅江2条支流，在白果居委会境内汇入铁河，水域面积5.8平方千米。有中型水库1座（藕塘水库），小Ⅰ型水库2座（龙龟山水库、寺冲水库），小Ⅱ型水库17座，蓄水量1740万立方米；有骨干山坪塘540口。拥有“红色文化”、宗教文化和生态休闲三大旅游产业基础，有明月峰、天华台、云岩古寺和“醴陵南四区”苏维埃革命纪念馆等自然和人文景点。

【农业生产】明月镇农业生产以种植业为主，为水稻高产区，辣椒、生姜、西瓜、茶叶、药材等是传统产业，为外贸出口产品，其中红玻璃牛角辣椒远销东南亚国家及欧美市场。有以早熟丝瓜为主，以苦瓜、豆角等为补充的无公害蔬菜基地，产品远销浙江省、广东省等地。养殖业以生猪、黑山羊为主，培育发展省内最大的鸡苗供应基地——湖南省吉泰农牧有限公司。

【工业经济】2017年，明月镇工业基本形成以烟花爆竹产业与矿产开发为主的镇域工业体系，全镇有湖南神马花炮制造有限公司等规模以上烟花爆竹企业9家，其中湖南神马花炮制造有限公司被誉为“中国百强花炮企业”。辖内矿产资源极为丰富，蕴藏丰富的煤、钨、铅、锌、黑泥、陶泥、硅火泥、红颜料石等资源，有市马恋耐火泥有限公司的“马恋牌”硅火泥著名品牌；有年开采量12万吨、储量能开采100年的煤矿。年内引进2家大型矿山企业。

【民生保障】2017年，明月镇新型农村合作医疗保险继续保持高参保率，农民参保率达95%以上，共筹集资金980万元。企业职工养老保险参保率达90%，所有企业均购买工伤保险。全年发放低保金1219户372万元，发放“五保”散养人员资金437人170万元、“五保”集中供养人员资金170人98万元，发放优抚对象人员资金749人321万元，发放现役军人家庭优待金42万元和年内退役军人一次性择业补助金39万元，发放冬春和临时救助、慈善慰问等资金22万元。年内，明月镇有104户401人实现脱贫。

【安全维稳】2017年，镇安全生产和社会综合治理工作力度进一步加大，成效明显。明月镇人民政府与各责任单位签订安全生产责任状45份；对企业及有关单位下达安监执法文书184份，排查并整改安全隐患426处，实行企业停产整改25次；制作安全生产等知识宣传板报16块，发放宣传资料8000余份、宣传品520件，出动宣传车辆2台次，手机微信发送信息4500余条次。不断加大信访维稳工作管理力度，努力提高矛盾纠纷排查、调处能力，使社会矛盾化解在当地、化解在乡级、化解在萌芽状态，真正做到“小事不出村、大事不出镇、矛盾不上交”。全年排查矛盾纠纷35起，调处率达100%。

（吴　霞）

嘉树镇

【概况】嘉树镇位于醴陵市南部，距市城区13.8千米，镇域面积63.1平方千米。辖7个行政村，208个村民小组、5632户，总人口2.47万人。嘉树镇工业发达，主要以炻瓷生产为主，产品远销180余个国家和地区，是全国闻名的“炻瓷之乡”。2017年，全镇实现工业总产值14亿元；完成税收1.28亿元、增长20.01%，其中国税1.1亿元、地税1830万元；完成固定资产投资总额14.16亿元，增长8.92%。全年限额以上商业服务业实现营业收入4375万元，增长54.7%；农民人均可支配收入达24891元，增长8.1%。

【产业发展】一是不断加强产业发展。完成集力矿业、鑫泰花炮2家企业的“小升规”工作；新建的彩虹烟花竣工并投产，新增荣旗、润通2家陶瓷企业。二是助推企业高新技术研发。引导高峰、华旺、益嘉、恒辉等企业进行新产品、新技术、新工艺的研发和智能化、自动化改造。鑫亿来高新科技有限公司的“对地消隐供电装置、智能高敏灭火抑爆”的创新技术获评湖南省第四届“创青春”青年创新创业大赛商工组二等奖。三是认真落实市产业突围“四个十条”政策。帮助华联争取享受技术改造、引进高端人才等产业突围政策的奖补金543万元，帮助科泰花炮厂争取享受出口退税政策的补助资金50万余元；帮助益嘉瓷业申请“湖南省新材料企业”并顺利通过认定，引导申报“湖南省制造强省专项资金”项目并正式立项。四是充分发挥炻瓷产业协会作用。支持嘉树炻瓷产业协会工作，通过协会平台，整合市场、劳动力等资源，促进企业抱团发展，在降低原材料价格、统一市场采购渠道、争取上级政策资金项目支持等方面均取得良好效果。年内，炻瓷产业协会共集中采购原材料300余万元，降低企业成本10%以上。五是全力助推企业发展。协调企业处理用工等矛盾纠纷8起。带领炻瓷协会以统一Logo参加2017中国醴陵国际陶瓷产业博览会，是全市唯一一个拥有独立展区的乡镇。年内，嘉树镇派出小分队深入企业服务，引导企业参加中国进出口商品交易会，订单成交额达500万美元。

【农业生产】2017年，嘉树镇深入推动耕地向大户流转，完成双季稻种植400公顷。积极发展农业种植、循环生态、观光休闲等产业，引进佳和农牧农业产业项目，计划投资1.5亿元，占地面积333.33公顷。深入开展全民义务植树活动，全年植树造林26.67公顷。抓好畜禽养殖，年内畜禽养殖户发展至2012户，存栏生猪5.48万头、羊1.18万只、家禽41.56万羽。进一步加强动物防疫管理，在春秋两季中，开展地毯式畜禽集中防疫，全年未发生疫情。进一步推广农业机械化作业，深入农户宣传农业机械安全知识，实现全年农业机械操作零事故。年内，帮助16户农户申报国家农机购置补贴24万余元。

【安全生产】一是安全生产监管有力。开展形式多样的“安全生产月”活动，营造“人人讲安全、事事讲安全、时时讲安全、处处讲安全”的浓厚氛围。持续组织、召开、举办月安全生产例会、季度安全生产培训班；在每月19日，组织企业法人、安全员、一线员工参观警示基地、开展安全隐患排查、举办安全教育培训，企业员工培训到位率、持证上岗率均达100%。二是加快淘汰企业落后产能。指导合并科泰花炮厂和鑫泰花炮厂，优化镇级产业布局，降低企业安全隐患。三是扎实开展安全生产大排查、大管控、大整治百日“闪电”等专项行动，认真落实安全生产大检查、隐患排查治理、打非治违排查、“一单四制”等工作，确保全年全镇企业生产零事故。

【综治维稳】2017年，嘉树镇综治维稳工作力度进一步加强，确保“两会”“一带一路”峰会、“瓷博会”“十九大”等特护期间的社会稳定。对涉军、涉诉、涉法等重点人员实行“五包一”方案，完成453名涉军人员的信息摸底。全面铺开“五大活动提民调、百日攻坚保平安”的综治民调工作，完成民调反馈情况、电话号码摸底上报等工作。开展平安创建“四项四星”（“四项”为家庭和美、社会公益、扶贫脱贫和技能突出，“四星”为模范家庭之星、公益奉献之星、脱贫攻坚之星、产业技能之星）评选活动，微信投票达10余万人次，共评选出“公益奉献之星”等28名模范。开设“禁毒流动课堂”，联合市禁毒办在嘉树中学，开展“禁毒之声、唱享健康”禁毒知识讲座进校园活动，组织全镇机关干部及新一届村支“两委”班子成员参观禁毒教育基地。加大矛盾纠纷排查力度，矛盾纠纷调解成功率达95%以上。开展镇、村、组“三位一体”结对帮扶，全镇无一人脱管、无重新犯罪人员，认真落实刑释解教、社区矫正人员的帮扶，有效推进“和谐平安嘉树”建设。

【“三创四化”工作】 大力实施亮化工程，在炻瓷文化广场安装大型景观灯，在各村主干道沿线、高速出口处安装节能路灯1000余盏，路灯设计融入炻瓷文化元素，充分展现“炻瓷之乡”色彩。扎实开展绿化、美化工程，绿化境内高速路出口处、炻瓷文化广场和各村主干道沿线，绿化里程18千米。全面打响镇境内主干道“拆棚”“六乱”“四治”等专项整治行动，拆除违章晴雨棚、破旧广告牌200余个，清理“牛皮癣”和破旧广告横幅等700余处、陈年垃圾130余车。加强镇主次干道的环卫保洁，新增垃圾清运车2辆、洒水车1辆，实现日产日清、镇清运、市处理。在嘉树村打造一条“样板示范街”，统一广告标识、门店牌匾。推进无害化厕所改造工程，全年改厕200户。

【基础设施建设】 2017年，嘉树镇贯彻落实《株洲市农村村庄规划建设管理条例》，启动新一轮村庄规划建设管理工作。以打造新农村建设示范点为目标，以嘉树村为重点打造“嘉树新村”，年内已完成土地报批工作。严格国土资源管理，全年查处违法用地5宗，打击非法采矿行为3起。切实加强道路交通和水利设施建设，嘉泗路提质改造工程进入尾声，道路拓宽、首层铺油工程已完成；新修、加固、扩建山坪塘28口、水渠3500米、危堤3处；新修、加宽、硬化道路9.6千米，改造危桥1座。

【环境治理】 2017年，嘉树镇环境治理工作力度进一步加大。一是全面推行“河长制”工作。建立健全镇村两级“河长制”工作体制，加强镇域主要河道、水库的环境管理，明确专人专管，管理人员坚持每月有巡查、每季有检查。通过加强管理、监测，境内铁河、豆田河的水质不断好转。二是认真落实、贯彻中央和市环境保护工作委员会的有关精神和要求，对玉茶垃圾场、集力矿业、兴旺采沙场开展全面的环境整治行动。其中玉茶垃圾场封场整治工作等3个上级交办事件顺利通过上级现场验收并销号；玉茶垃圾场封场整治工作成为全市农村垃圾场整治的样板工程。三是切实加强企业环保监管。重点监测规模企业的水、粉尘污染，监督、推动一批企业和矿山新建、改造排污设施，全年打击取缔非法重金属冶炼作坊3家，降低污染排放。四是严格控制畜禽养殖业污染。组织举办畜禽养殖户污染防治培训班，境内饲养生猪50头以上养殖户均参加污染防治培训，并按上级养殖“二分三池一棚”（“两分”为雨污分离、干湿分离，“三池”为建好粪污三级沉淀池、沼气池、化尸池，“一棚”为建设一个100～200平方米的塑料大棚）要求整改到位。

【精准扶贫】 一是扎实开展“一对一走访”、“雨露计划”帮扶和“五个一”等扶贫主题活动。完成易地搬迁贫困户22户、农村危房改造建档立卡贫困户12户，“雨露计划”帮扶87人、教育助学帮扶165人，医疗救助帮扶282人，政策兜底帮扶贫困户41户。开展贫困户集中慰问活动4次，发放慰问金及物资等总计13万余元。二是引导全民参与扶贫、关注扶贫、爱心扶贫。全年社会募捐扶贫资金34万余元，上交市慈善总会27万元；发放危房改造社会救助金7万元、医疗救助金5万余元。深化金融系统合作，超额完成全镇51万元的小额信贷任务。三是加快推进“产业＋就业”特色帮扶。与镇炻瓷产业协会合作，拓宽贫困户家庭成员的就业渠道，全年解决贫困户家庭劳动力就业265人；与镇卫生院协作，开展家庭医生签约服务，为贫困户免费提供健康服务。开展“十、百、千、亿”产业帮扶项目，有效带动贫困户就业，新井农村合作社共安排10户贫困户人员就业。每个季度开展“脱贫之星”评选活动，树立优秀脱贫榜样。年内，嘉树镇实现贫困户脱贫43户168人，扶贫工作经验分别在省、株洲市教育扶贫信息网等新闻媒体累计报道20次。

【文教卫工作】 一是高度重视教育工作。组织各行政村、企业界人士积极捐资助学，全年募捐教育助学款60余万元。二是努力改善办学条件。嘉树、杉仙、乌石、玉茶小学通过基础设施改善，校园面貌焕然一新。三是校园管理不断加强。杉仙、乌石小学分别成功创建株洲市、醴陵市“平安校园”，涌现出龙赛香、汪建华、蓝若、黄芳等一批株洲市和醴陵市的学科带头人。四是加快卫生事业发展。嘉树镇卫生院成功创建国家级“群众满意卫生院”，家庭医生签约服务、健康扶贫工作成绩显著，其成功经验在全市推广。五是大力推进“阳光计生”工程。投入10万余元，开展计生政策宣传与服务，加强卫计阵地建设；开展计划生育“百日攻坚”专项行动，社会抚养费收缴任务完成。积极查找计生“两非”线索，全年上报“两非”案件1件。开通“醴陵健康嘉树”微信公众平台，利用“村村响”广播每天定时播放计生知识，提高干部群众对卫计法律法规的知晓率。六是开展国家免费孕前优生健康检查。为236对夫妇进行健康检查，为镇社会协调可持续发展创造良好的人口环境。

【组织建设】一是建立网格化阵地。根据市网格化管理的要求，将全镇分为19个综合治理网格，配置网格员19人，其中党建专干兼任网格员7人，充分发挥党建引领作用。二是认真落实“三会一课”制度。以“两学一做”学习教育为党员教育基本内容，建立每月例会、培训制度。通过党员轮流、政府跟班学习、业务考试、现场观摩学习等形式，党建专干队伍的业务水平明显提高。三是开展党日活动。以“党日活动”为载体，开展建党96周年、向廖俊波同志学习、“喜迎中共十九大、对党说句心里话”等支部主题党日活动；组织党员注册“红星云”微信公众号，完成党组织、党员基本信息采集、验收工作；组织各村用新账号登录“红星”视频，注册登录率达100%。四是慰问困难党员。组织开展生活困难、受灾党员和老党员的慰问活动，共慰问党员58人次，发放慰问金5.81万元。五是继续推进“纠‘四风’、治陋习”“雁过拔毛”式腐败问题的专项整治。年内，镇纪委共立案9起，党纪处分党员9人；其中警告处分7人、严重警告处分2人；协助市纪委办案2起，开除党籍2人；接办市纪委信访件1起，办结1起。（仇白云）

均楚镇

【概况】均楚镇位于醴陵市西部偏南，距市城区30千米，镇域面积172.4平方千米；辖11个行政村、2个居委会，有399个村（居）民小组、1.1万余户，总人口4.19万人。镇党委下设村（居）党总支部13个，机关事业单位党支部3个，企业、非公经济组织、农民专业合作社党组织11个，有中共党员1766人。有山林面积12千公顷，森林覆盖率达70%；有中、小型水库27座，地表与地下水资源充足；有耕地面积2.36千公顷。镇境内有部门、站所、医院、学校、敬老院等行政、企事业单位25个，有私营企业、个体工商户600余家，有农村集市5个。镇交通便利，021县道歇军线（歇马岭至军山）、022县道长沈线（长岭坳至株洲县沈家湾）贯穿全境，与313省道连接互通。镇工业以电瓷制造、采矿、造纸、烟花爆竹为主，盛产茶叶、薯片、山茶油等农产品，生猪、黑山羊等养殖业发达。2017年，全镇实现社会总产值20亿元，完成固定资产投资总额3亿元、社会消费品零售总额2亿元，农民人均可支配收入达1.95万元，完成国税531万元、地税111万元。

【脱贫攻坚】2017年，均楚镇开展精确识别扶贫对象行动，根据识别依据和事实，及时进行数据动态调整，全面梳理并建立贫困户“一户一档”和村级“一村一册”台账，确保扶贫资料信息齐全、数据准确、规范统一。通过镇村干部、后盾单位、帮扶责任人的共同努力，镇扶贫的基础资料台账、扶贫宣传、产业发展等工作排名均在全市前列，境内4个省级贫困村均通过上级验收并退出扶贫行列。年内，全镇有146户贫困户、533人实现脱贫，株洲市特色产业发展现场会在均楚镇召开，接受国务院扶贫办的贫困户动态调整的交叉检查，并代表醴陵市迎接湖南省、株洲市的扶贫考核和验收。

【“三创四化”工作】一是加强领导，夯实责任。健全“三创四化”工作组织机构，制定实施方案，明确职责和要求，严格按目标、责任考核，实施奖惩兑现。二是着力引导，强势宣传，营造良好的创建氛围。利用大型宣传牌、横幅标语、宣传车等多种形式，积极开展全方位的“三创四化”工作宣传活动，在全社会形成人人参与支持创建的热潮。三是突出重点，强力推进，打牢创建基础。成立镇城管中队，开展治水、治脏、治乱、治堵等专项行动，强力推进违规雨棚的拆除工作，共拆除晴雨棚、违规广告牌60余处，整治违规摆摊、出店经营现象。

【安全维稳】一是加强网格化管理。投入30余万元，建立镇网格化分中心，各村（居）分别建立网格站，组建网格员管理队伍。二是加强社会治安防控体系建设。以“平安创建”活动为抓手，开展“霹雳行动”、扫黄禁赌缉毒、应急管理、预防青少年犯罪等系列专项整治。三是加强安全生产管理。与各机关干部、村（居）委会、高危企业分别签订2017年度安全生产目标管理责任书，落实安全生产目标和责任；重点加强烟花爆竹行业的安全监管，开展烟花爆竹“打非”清剿和安全生产“春雷”“保卫战”“百日闪电”“大排查、大整治”等专项行动，深入排查、整治安全隐患，严厉打击非法生产。四是树立“大安全”意识。在境内校园、食品、交通、行业生产中，开展专项安全督察和整治行动，治理校车、道路交通安全、超限载行为。

【“七个一”工程建设】2017年，投资100余万元，打造镇区“样板街”，实现卫生清洁、排水通畅，道路平坦，整齐美观。打造“美丽乡村”，根据“美丽乡村”建设的标准和要求，将周坊村打造成“示范村”，拓宽、改造周坊水库环库公路，开展全村卫生集中整治行动，村容村貌明显改观。完成“百亩林基地”项目建设，在樟桥村纽子冲组栽种杉树、桂花树面积10公顷。加强东生瓜蒌产业项目建设，投资600万元，新增土地流转面积53.33公顷。

（施　展）

石亭镇

【概况】石亭镇位于醴陵市西部，距市城区27千米，距株洲市城区18千米，313省道、渌江河横穿境内，具有良好的区位交通优势；属长株潭“两型社会”建设综合配套改革试验核心区，为湖南省第三轮“城乡统筹示范”镇之一。镇区面积106.2平方千米。下辖9个行政村、1个居委会，总人口3.92万人。2017年，石亭镇有耕地面积2101.1公顷，其中水田面积2020公顷、旱土面积81.1公顷；有山林面积5571.3公顷，森林覆盖率达98%；有小I型水库2座、小II型水库11座。种养业以优质稻、荸荠、湖鸭、鲜蛋、黑山羊、蓝莓、葡萄、油茶为主产品，工业产品以烟花爆竹、化工产品为主。

【村镇建设】一是打造集镇特色。以农业休闲观光、健康养老、知名“龙舟小镇”为目标，科学编制龙舟小镇规划，精心策划、包装龙舟广场和文化长廊、水上乐园、农耕文化展示区等系列工程项目。投资80余万元，打造长300米的示范街，统一门店招牌和街道立面、划定交通标线标识、清理网线、完善排水设施。全年新铺油路2千米，进一步美化、净化集镇环境，提升集镇形象。二是加强河道治理。认真贯彻落实“河长制”工作，组建由8人组成的渌江河专业打捞队，常年租赁船只2艘，主要打捞境内河流水面漂浮的杂物、垃圾；定期、集中清理河道沿岸两侧的陈年、建筑垃圾和影响河道排洪的灌木。加强河道沿岸环境治理，狠抓养殖、面源污染整治，严格治理生产、生活污水排放。三是建设美丽乡村。投资100万余元，改造提质镇垃圾填埋场、农贸市场；落实长效保洁机制，聘请保洁员。坚持每月开展卫生大清扫、大整治行动，主要整治镇村道路和市场等场所的环境和卫生，清除陈年垃圾和垃圾死角。开展拆违行动，共拆除违建晴雨棚100余个。四是强化基础设施建设。投资1260万元，新建村组道路38千米，改扩建村组道路15千米，新装道路交通防护栏9.4千米，野猪坡危桥改造工程竣工并投入使用。争取上级水利设施建设资金1000余万元，加高培厚长塘防洪堤，新挖山坪塘18口，防渗山坪塘28口，清淤、扩容山坪塘22口，防渗、清淤渠道15.6千米，维修、改造水圳10千米。

【项目建设】一是打造现代农业基地。以湘穗粮食专业种植合作社为龙头，加快农业精品化、标准化发展步伐。以清泥湾生态农业为龙头，大力发展生猪等特色养殖业，打造特色品牌。年内，永红村33.33公顷的蓝莓获丰收，成功举办首届“蓝莓采摘节”。二是为企业提供高效服务和保障。为石亭镇投资最大的广翰新材项目提供精准高效服务和保障，确保项目推进顺利。三是加强流转土地管理。泰景油茶园采取“公司＋合作社＋农户”经营模式，全年流转土地666.67公顷。四是大力招商引资，发展休闲农业。开展“引老乡、回家乡、建故乡”活动，实施“凤还巢”工程，投资1000万元，打造集“文化、旅游、度假”于一体的章军休闲农庄，休闲农庄的各项建设工程有序推进。五是加大旅游开发力度。深入推进姑仙寺旅游开发项目，新修水泥道路4千米，形成姑仙寺旅游环线，完善停车场等旅游配套设施，新安装路灯100余盏，全年吸引游客2.3万人次。

【脱贫攻坚】全年发放贫困户小额信贷386万元，帮助89户贫困户解决发展项目资金；易地搬迁贫困户4户13人，危房改造贫困户14户。举办贫困劳动力技能培训班4期、培训560人。全年全镇有87户贫困户331人，实现“一超过、两不愁、三保障”（家庭当年人均纯收入稳定超过国家扶贫标准，不愁吃、不愁穿，基本医疗、义务教育和住房安全有保障），结对帮扶工作满意度达100%。募集社会扶贫资金24.19万元，救助大重病贫困户20户。在中国社会扶贫网发布需求信息1710条，成功对接1516条。年内，石亭镇扶贫工作措施和经验，在湖南省政府门户网站、

《湖南日报》、《株洲日报》等多家媒体中宣传推介。

【民生事业】2017年，石亭镇根据市网格化管理的有关要求，高标准、高质量新建镇网格分中心、村（居）网格站，充分整合镇党建、民政、扶贫、卫计等信息数据，实现资源共享共用。科学划分网格、选聘网格员，配齐“一专三长多员五支”队伍，充分发挥政策法规宣传员、社情民意信息员、邻里纠纷调解员、综合治理监督员等作用。全年录入人口信息3万余条，走访服务对象6000余人次，收集社情民意信息800余条，解决问题200余个，化解矛盾纠纷80余起，为群众代办服务500余人次，采纳群众建议30余条。年内，石亭镇代表湖南省接受国家生育状况抽样调查并获上级肯定。新石亭卫生院正式投入使用，方便镇域内及周边群众就医。规范开展低保对象认定、清理工作，做到低保对象应保尽保。筹集资金100万余元，改造石亭敬老院，新增床位80余张。组建300余人的义工队伍，开展敬老、助学、“三创四化”、义务宣教等活动10余次。（黄子芹）

茶山镇

【概况】茶山镇总面积166.8平方千米，下辖13个行政村、5个居委会，有村民小组593个、1.67万户，总人口6.61万人。2017年，茶山镇工业经济成功转型，积极鼓励和引导落后烟花爆竹企业退出；现代农业全面发展，积极引导农户通过土地流转、联合经营等方式，创办家庭农场、农业合作组织。不断推进生态休闲农业与乡村旅游融合发展，形成“一村一品”的农业产业新格局。

【村镇建设】2017年，水泥硬化村组道路42千米，重点做好“断头路”的衔接；安装路灯3000余盏，维修水库13座，整修渠道22.4千米，修复山坪塘69口。年内，取缔长期困扰镇政府办公地进出路段的马路市场，共拆除违章雨棚560余处，取缔占道经营摊位150余个，清理集镇乱搭的通讯等线路约10千米。“七个一”项目建设有力推进，新引进的欣义源新材料、辉泰电子产业项目工程建设有序推进。

【社会事业】2017年，茶山镇加大精准扶贫工作力度。通过实施“七个一批”“六大工程”，实现结对帮扶全覆盖、零遗漏。年内，与市渌江投资控股集团有限公司、35户贫困户签订分贷统还合作协议，共计贷款175万元，执行利率4.75%。开展建档立卡贫困户新型农村合作医疗保险自缴部分资金的退款工作，共退还资金17.04万元；为17名住院金额自费部分较大的贫困户提供社会扶贫捐助，共发放医疗救助金13.97万元。借助“雨露计划”，为500余名贫困学生进行助学申报。全镇新型农村合作医疗保险参保率达91%，新型农村养老保险参保率达93%，60岁以上享受养老待遇达100%。全面完成“户户通”“村村响”工程。

【党建工作】2017年，茶山镇坚持“书记抓、抓书记”的原则，全镇28个党支部实现镇党员、领导班子成员对口联系全覆盖，进一步整顿、转化软弱涣散的个别党组织。组织举办党员冬春培训班，共培训党员1826人次、党务骨干66人次；选聘党建专干18人，配强基层党务工作者队伍。严格监督执纪问责，全年立案查处党员案件10件，结案10件。

（康琛悦）

板杉镇

【概况】板杉镇位于醴陵市北部城乡结合处，面积89.9平方千米，下辖10个行政村，有357个村民小组、1万余户，总人口4.01万人。有村级党总支10个、非公党支部4个、离退休支部1个、机关支部1个，有中共党员1247人。

【党建工作】2017年，板杉镇顺利完成村支“两委”换届选举工作；发展中共党员11人，按期转正党员5人。组织开展党性教育培训5次、廉政教育2次、“十九大”专题宣讲2次，各村党组织全年开展党日活动12次，建立党员信息库、流动党员联络站，全年共采集中共党员信息1255条。实行党员动态信息化管理，完善“红星云”注册，创建“智慧党建”，进一步强化党员的政治理论和专业技能学习。

【产业发展】2017年，板杉镇进一步优化产业结构，增强经济发展后劲，加大招商引资力度，积极培育新型产业，成功引进文化焊接材料项目和宏盛花纸厂、桃花冲腊制品加工厂。“一道一路”的产业发展思路初步成形，计划在东城大道两厢新建以“物流仓储”为主导的产业基地，在醴官路沿线开发以“现代休闲农业”为主体的田园综合体。利用境内“千亩荷花、万亩油茶”的产业优势，成功举办“为荷而来”醴陵首届“乡村旅游节”。期间分别组织、举办“为荷而来·畅享板杉”产业发展论坛、广场舞大赛、国内第一大鼓及腰鼓队表演、原生态花鼓戏、醴浏围棋邀请赛、电影放映周、莲（廉）文化展示和壁画、荷园美食汇等活动。

【脱贫攻坚】2017年，镇统筹开展各项扶贫重点工作，完成年初制定的脱贫计划。板杉镇有69户贫困户266人实现脱贫，其中省级贫困村板杉村有5户贫困户16人脱贫，实现整村脱贫并退出。进一步完善贫困户医疗、教育、住房三大保障体系，全年贫困户新型农村合作医疗保险参保代缴、义务教育阶段贫困学生助学补贴均实现全覆盖，并为贫困户就医开通绿色通道。完成易地搬迁贫困户13户，均顺利入住，危房改造贫困户31户，易地搬迁、危房改造项目的补贴资金全部发放到位。

【基础设施建设】2017年，板杉镇加快重点项目推进速度，在镇村干部的积极协调下，境内东城大道、莲株高速项目工程全速推进；提质改造东冲铺境内的乡道，铺设改性沥青7.8千米。板杉村再次开挖深水井1口，新建蓄水池1个，铺设管道4千米。八步桥村拓宽和水泥硬化七八线道路7千米及村组道路4.8千米。夏坪桥村拓宽集镇道路，安装太阳能路灯200余盏。长坡口村拓宽、油化村组路面1.89千米，拓宽灌溉水渠1千米。竹花山村安装路灯100盏。擂鼓桥村改造集商贸、医疗卫生、便民服务为一体的村级组织活动中心，水泥硬化和拓宽村组道路4.8千米。

【安全生产】2017年，板杉镇安全生产工作始终坚持“以人为本”和“安全第一、预防为主、综合治理”的方针，全面打响安全保卫持久战。全年开展安全生产大检查20余次，下村下企业进行安全生产检查、监督共200余次，下达安全整改指令130份，安全隐患整改率达100%。铁腕打击、取缔非法生产，确保企业安全平稳，全年立案1起，行政拘留1人。年内，整改安全生产许可证到期企业4家，其中3家企业通过上级部门的安全生产许可证验收。

【计划生育】2017年，板杉镇围绕计划生育工作有关精神和要求，开展“关心关爱”流动人口活动，发放宣传资料，宣讲“全面两孩”、奖励扶助等政策。开展关心关爱弱势群体活动，走访慰问困难育龄群众、特扶家庭，共发放慰问金1万元。完成卫生计生技术服务和五项公共卫生管理工作，镇卫生院完成415名计划生育家庭奖励扶助对象、18名计划生育家庭特别扶助对象的奖扶年审和体检。全年完成“两癌”筛查871人、国免孕前优生健康检查306对，落实上环长效避孕节育措施142次、结扎44例、人流引产等补救措施92例，完成65岁以上老年人健康体检2023人。（文美玲）

左权镇

【概况】左权镇位于醴陵市西北部，镇域面积123平方千米，辖11个行政村、1个居委会，总人口4.68万人。有耕地面积2.27千公顷，山地面积9.4千公顷，森林覆盖率达50.8%。官庄灌区右干渠穿越境内，境内有小Ⅰ型水库1座、小Ⅱ型水库15座。境内人文历史丰富，是抗日将军左权，国民党将军李明灏、刘建绪，护国元勋刘建藩等名将的故里，也是近代筑路工程师刘建熙、当代书法名家李铎将军的故乡。2017年，左权镇按照产业兴旺、生态宜居、乡风文明、治理有效、生活富裕的标准，加快新农村建设步伐，强化“一河、两轴、三点”（“一河”为渌江河及其支流，“两轴”为老320国道、市东城大道，“三点”为左权将军旧址、篾织街集镇、株醴融城）的建设和管理，以乡村振兴战略为抓手，继续打好产业突围、镇区提质、项目攻坚、安全保卫四大战役。

【项目建设】一是招商引资力度加大。全年引进颐和寿康养老公寓、泽域美景生态园等3个产业项目和左权红色生态旅游综合开发项目，合同引资3.55亿元。二是东城大道工程建设进展顺利。年内，左权镇党委、政府全力服务于东城大道在境内的项目建设，维护和确保各项目良好的施工环境，完成东城大道左权段各工程项目建设任务。二是大力发展红色生态旅游项目。7月，总投资3亿元的左权红色生态旅游综合开发项目顺利签约；年内完成项目选址、测量、设计等前期工作，启动项目中的左权旧居恢复工程建设，土地平整工作进展顺利。三是重点产业项目有序推进。截至年末，颐和寿康养老公寓项目已投入6000万元，完成施工前的水通、电通、道路通和土地平整等工作。泽域美景生态园项目已投入1.1亿元，租地126.67公顷、开发土地86.67公顷，办公大楼建成并投入使用。腾隆机械项目已投入2000万元，一期工程建设竣工并投产。

【农业产业化建设】一是全面升级“青泥湾品牌”。充分发挥“湖南省著名商标”的品牌效应，把握无公害产业基地的优势，利用株洲市农业产业化市级龙头企业的影响，有效带动镇域渔类、家禽、腊制品、蔬菜、油茶、水果等农产品的发展和销售。二是打造湖南湘东地区食品安全生产示范基地。年内已征山地33.33公顷，计划打造一个放养式养鸡场，新增养殖合作社2个，专门饲养羊牛。三是稳步建设泽域美景生态园。该园占地面积333.33公顷，定位打造成湘东地区最大的高端生态养老基地，集生态农业、休闲度假、旅游观光、餐饮娱乐为一体，已获批株洲市农业产业化市级龙头企业；年内完成总体规划设计和果林栽种的前期水土保持，拓宽所在村的主干道，启动生态园相邻的渡改桥项目工程，完成滩下的渡改桥建设。四是扎实推进德福居生态庄园建设。该园定位打造成集种植、餐饮、休闲娱乐、参观旅游等为一体的湖南领先的生态农业示范园，占地面积66.67公顷，计划投资1亿元，主要产业化种植粮食、规模化种植果树。规划化新建将军博物馆，年内已投资1200万元，完成一期工程的德福居、和水芙蓉、庭院楼阁等主体工程建设，其他征地拆迁工作稳步推进。五是有序推进苗木基地建设。依托镇域地理位置和环境优势，承接株洲等地苗木的产业转移，以蔑织街居委会为中心，打造苗木基地。引进株洲楠松园林、长沙万碧苗木基地，开发山土面积40余公顷，移栽苗木20余个品种。

【城镇功能建设】一是完善城镇设施，提升城镇功能。投资300万元，提质改造篾织街居委会境内农贸市场的给排水设施、护坡工程，新建厕所、检验室。二是规范城镇管理，维护环境秩序。按照市“三创四化”工作的安排和部署，推进左权镇样板街道路建设，提质改造集镇街道下水道、路灯。年末，石羊、新阳、仙霞、将军村分别被评为省、株洲市“卫生村”。

【脱贫攻坚】一是底子清晰。重新调查、摸底全镇贫困人口，全年新增贫困户82户276人，清退贫困户66户213人。截至年末，全镇共有建档立卡贫困户614户2098人。二是措施得力。通过与市相关部门密切配合，统筹安排，认真落实贫困户易地搬迁、危房改造等政策，形成上下联动、同向发力的扶贫开发工作新格局。三是效果良好。通过帮扶，全年全镇实现贫困户脱贫281户1129人。

【安全维稳】一是筑牢安全生产防线。左权镇九道湾、青安、久美3家烟花生产企业顺利通过上级验收并复工复产，获市安全生产监督管理A级企业。二是扎实推进综治维稳工作。切实抓紧信访维稳，做好“特护期”的维稳安保工作，调解一批涉军、结扎后遗症对象、东城大道工程矛盾纠纷、某瓷业有限公司拖欠职工工资纠纷等信访案件。三是认真抓好“平安创建”工作。开展“平安家庭”“文明家庭”评选活动，通过民主推荐和评选，评选出“平安家庭户”“文明家庭户”各485户。（叶文倩）

枫林镇

【概况】枫林镇位于醴陵市北部，距市城区18千米，镇域面积100.5平方千米。下辖11个行政村、2个居委会，总人口4.18万人。镇区位优势明显，地理位置优越，上瑞高速、醴官公路、五杨公路穿境而过，杭长高铁、岳汝高速途经境内，株洲市城区12路公交车直抵境内。

【旅游产业】2017年，枫林镇旅游产业发展力度进一步加大，以“醴北人家”生态旅游休闲片区主场区为依托，以打造“黄乡民居”和“枫林印象”旅游品牌为重点，着力推动旅游基础设施的提质升级。年内，升级改造耿氏公路，耿传公祠游客接待中心主体工程完工；在醴官线沿线栽种观赏树木510余株，完成新一轮美化、绿化工作；“黄乡民居”第三期房屋改造项目全面竣工。成功举办枫林镇首届清荷旅游文化周、瞰株洲·走进枫林无人机航拍大赛，协助市委、政府举办中巴友谊竹移栽、醴北山地马拉松比赛等大型活动。

【工业发展】2017年，枫林镇坚持“既要金山银山、又要绿水青山”的原则，全面推进、完善境内工业园区的生产、生活基础设施设备建设，启动工业园二期工程建设。致力打造“两型工业”，开展选择型招商，提高园区企业准入门槛。加强企业帮扶工作力度，深圳美铂林精密电子有限公司落户工业园区后，协调和指导该公司实施边搬迁、边安装、边培训、边生产，实现签约仅3个月即投产的“枫林速度”；同时积极帮助企业协调处理厂房改造、道路交通、电力设施、员工招聘等工作，为企业正常生产提供有力保障。大力发展集体经济，时轮村的井湾农业发展有限公司投资的农庄项目建设稳步推进，隆兴坳、时轮、金桥等村（居）积极探索“村委会+公司+农户”的村集体经济发展模式。

【农业生产】2017年，全镇有种粮大户30余户，种植双季水稻1.75千公顷、农作物3.52千公顷，流转耕地1.73千公顷。打造五石村早稻生产示范片，落实早稻种植面积66.67公顷，种植丝瓜、苗圃、瓜果等农作物200公顷。投资2000万余元的中央财政小农水项目工程建设竣工并通过验收，水利建设的“枫林模式”被市水利局在全市推广。加强防洪防汛工作，全面维修、管护镇域重点水库5座。

【基础设施建设】一是道路基础设施建设投资力度加大。投资7000万元，提质改造五杨线、雪清线、工业园连接线、枫林大道二期、原十一中连接线、耿传公路等道路17.24千米；投资350万元，新修村道22.4千米；投资67.5万元，提质改造村级道路4.5千米。二是全面推行“河长制”，加强河流综合治理。常态化打捞、清理、保洁境内磨子河及7条河流全长114.5千米的河面垃圾，修复河岸道路6千米，改造河岸道路3千米。三是实施生态修复。投资180万余元，种植树木200余株。四是以市“三创四化”工作为抓手，开展农村环境综合治理。全年新增多功能清洗车1台、垃圾转运车2台、垃圾箱400个，新增道路绿化面积1.9万平方米。

【安全生产】2017年，进一步加强企业安全生产工作的监督和管理，严格落实安全生产主体责任与监督责任。全年镇党委、政府主要领导带队检查安全生产工作28次，分管领导带队检查96次，坚持做到逢会必强调安全生产工作。全年开展高危企业安全生产执法检查180余次，下达现场检查记录文书160余份、现场处理措施决定书11份、责令整改指令书32份、整改复查意见书35份，责令企业停产、整顿3起，立案调查2起。继续保持“打非治违”高压态势，组织开展执法行动202次，出动执法人员1000人次，检查各类生产经营单位和个体324家，发现和排查安全隐患445处，其中整改到位429处。加大淘汰落后产能工作力度，拆除6家自愿退出烟花爆竹生产的企业厂房、工房和生产线。

【民生保障】2017年，全镇实现贫困户脱贫132户397人，2个省级贫困村实现贫困村退出验收。投资360万余元，新建占地面积0.27公顷的枫林扶贫易地集中安置点。着力打造乡村休闲、蔬菜水果、油茶茶叶、小户种养、园企就业、电商光伏等六大产业扶贫板块，组织境内17家合作社、企业带动100户贫困户增收。引导劳务输出贫困户劳动力137人。易地搬迁贫困户39户、危房改造贫困户48户，易地搬迁、危房改造资金下发到位并通过验收。年内，全镇有兜底贫困户203户，享受低保医疗政策贫困户100余户，享受教育扶贫贫困学子197人；全年市级财政发放兜底户、享受低保医疗政策贫困户、教育扶贫贫困学子慰问金共10万余元，发放贫困户小额贷款360万元。落实计划生育家庭特别扶助20人、计划生育家庭奖励扶助465人和独生子女家庭独生子女费170余户。全年开展免费优生检测95人次、产前筛查300人次，发放避孕药具4800人次，叶酸增补300人次。

【党建工作】一是落实“两学一做”学习教育活动常态化。全年全镇35个基层党支部共召开党员大会113次，开展党日主题活动130余次；系统规范地完成党组织、党员基本信息的管理和采集工作，党员和党组织入库率均达100%。二是完成村(居)“两委”换届选举。村（居）“两委”换届共选出党支部书记13人、支委34人，村（居）民委员会委员41人。镇纪委在村（居）“两委”换届选举过程中，实施全程监察，未发生违纪违法行为。三是加强村级阵地建设。投资150余万元，新建占地面积1100平方米的双井村村级活动中心，五石、枫林市村的村级活动中心主体工程建设完工，完成彰仙、蕉源、枫林市村的文化广场建设；结合市“美丽乡村”建设工作，完成时轮、金狮、隆兴坳等村的村级活动中心规划设计。四是抓严党风廉政建设。开展“雁过拔毛”式腐败问题、“反四风、治陋习”的专项整治行动和扶贫执纪督查，全年立案10起，结案10起，处分15人；调查处理违规享受危房改造资金村民2户。协助市纪委办案3件，开除党员2人。受理信访、来访12人次，解决信访问题10个。（吴平一）

官庄镇

【概况】官庄镇位于醴陵市北部，距市城区30千米，镇域面积184.9平方千米，其中山地面积占比84%。下辖7个行政村，有310个村民小组，总人口1.81万人。辖内有省级贫困村5个，有建档立卡贫困户688户2090人。2017年，全镇规模企业实现总产值8.1亿元，比2016年增长20.8%；完成固定资产投资2.23亿元，同比增长340%；住宿餐饮业实现产值0.35亿元，同比增长38.5%；完成税收528万元，为年计划任务数的100.38%。

【村级组织建设】完成村支“两委”换届选举。共选出村党总支委员22人，村支“两委”成员31人，比上届减少25人，交叉任职8人，并配备党建专干7人。年内，有7个村级支部升格为总支，7个总支下辖17个支部。新建横江、桃花、瓦子坪村的村级活动中心。

【农业生产】2017年，农业生产工作力度进一步加大，农村经济作物和种养业迅速发展，全年新增规模种养基地3个，新增土鸡饲养量1.5万羽、黑山羊1000余只、蜜蜂700余桶。认真贯彻落实“以奖代补”政策，鼓励208户贫困户垦复油茶林1000公顷，新增油茶林面积24公顷。以合作社带动贫困户、基地带动散户的模式，发动贫困户146户672人，参与以横江片区为核心的黄桃种植，共种植黄桃66.67公顷。以瓦子坪村红薯基地为核心，共种植红薯37.33公顷；成立红薯制品加工合作社和蜂蜜、鸡蛋加工销售公司。以官庄村为核心，塑造“官庄山水”旅游农产品品牌。加大农业产业化建设力度，新建潭塘、大坝村2个大型大棚蔬菜基地试点。积极发展生态农业，累计成立农民产业合作社22个、流转土地1.91千公顷，新建种养基地11个；基本形成“一村一品”的产业发展格局。全年整修水利工程13处。

【脱贫攻坚】一是认真完成贫困户易地搬迁、危房改造工作。全年全镇完成易地搬迁贫困户269户800人，危房改造户21户74人。二是拓宽扶贫渠道。官庄镇充分利用“中国社会扶贫网”平台发布扶贫信息，共注册贫困户1437人、爱心人士3195人。其中信息对接成功1061条，筹集帮扶资金48.57万元和一批生产生活急需物资。三是脱贫攻坚成绩显著。官庄镇脱贫攻坚阵地建设、贫困户精准管理模式，得到省纪委书记傅奎等上级领导、部门的肯定，吸引周边多个市县考察交流，其成功作法和经验，在醴陵市脱贫攻坚工作会议上作典型发言推荐。9月，《人民日报》人民论坛全国精准扶贫典型经验调研组和国务院扶贫办副主任洪天云先后到官庄镇调研，对镇社会扶贫、“网格化＋扶贫”的新模式给予肯定。截至年末，全镇有521户贫困户1685名贫困人口实现脱贫；5个贫困村的贫困发生率降至2%以下，群众满意率达98%以上。

【基础设施建设】重点抓好村组水、电、路、通讯等基础设施建设。全年改造危桥3座，完善境内道路安保设施25千米，安装路灯350盏。认真落实“以奖代补”政策，鼓励村民新修村组道路18条30.5千米。总投资982万元，用于电力改造。投资120万元，解决贫困村村民安全饮水工程，新建水塔146个、新修水圳1.3千米、铺设饮水管网890千米。新建鹅颈村卫生室，改造潭塘、阳坑村等村级卫生室。

【水库环保】2017年，水库环保工作以中央环保督察工作为契机，深入开展生态退养，开展官庄水库及周边的环保集中整治行动，采用村民自治的方式，有效打击和控制在水库水面网箱养鱼、周边范围规模饲养生猪的主要环境污染源头，拆除水库水面非法搭建网箱竹架面积80.5万平方米。根据畜牧水产部门测量，符合政策补偿的网箱养殖鱼户共39户，网箱面积8.77万平方米，栏网网片3200平方米，年内39户养殖户全部签订退养协议并拆除网箱，放流鱼苗300公斤。加大库区周边生猪饲养环境管理力度，在库区周边6个行政村中，有生猪规模养殖户189户、存栏生猪1.12万头、栏舍面积4.47万平方米。为控制水库及周边的环境污染，分别与144户生猪养殖户签订养殖设施拆除协议，共拆除养殖设施面积3.5万平方米。

【农村环境整治】一是整治农村生活垃圾。全面推进“户集、村收、镇运”垃圾集中处理模式，在各村中合理设置垃圾中转站、收集点、垃圾填埋场，购置家庭门前垃圾桶3600个、大型垃圾桶200个。为确保村组道路环境整洁，各村分别聘请保洁员4～5人，配备垃圾清运车1台、割草机1台。二是认真落实“河长制”。建立河长管理制度，成立“河长制”机构，落实人员、明确责任，在境内3条主干流和水库中，开展大型环境整治专项行动3次，有效整治、规范沿河村民生活污水排放，河流和水库水质明显好转。三是打造“样板村”。筹资420余万元，在官庄村委会至水库管理局路段，长780米的集镇沿线，统一房屋立面、门店招牌，重新铺设网管，结合镇旅游规划，加入“徽派风情”元素，“特色旅游小镇”初具雏形。

【安全维稳】一是抓安全。对辖内矿山企业、人员密集场所，开展经常性、地毯式的安全隐患排查和整治行动，共下发安全隐患整改通告26份。在矿山企业、森林防火、建筑施工等重点领域及学校、商场、娱乐休闲等场所中开展安全监督，全年实现安全生产零事故。二是保稳定。突出做好重点领域、重点时段、重点对象的稳定工作，坚持抓早、抓小、抓苗头原则，最大限度地减少矛盾、群体性事件的诱因，最大限度地把问题解决在基层、解决在萌芽状态。三是加强重点人员监管。全年成功调处矛盾纠纷23起，调处成功率100%；积极开展积案化解工作，全年化解缠访、闹访积案3起。四是加强“网格化”管理。在全市乡镇中，创新“网格化＋精准扶贫”模式，合理划分网格，每个网格均配备1～2名扶贫专员，并将帮扶责任人纳入网格管理中；建立网格联络微信平台，与网格员一同走访网格中的贫困户，采集贫困户信息。

【卫计工作】2017年，有效整合卫生计生机构，各村均设立卫计站，实现镇域内计划生育、妇幼健康、公卫服务统筹发展。全年出生228人，其中政策内出生224人，符合政策生育率为98.24%，无出生缺陷儿和孕产妇儿童死亡。开展计生“百日攻坚”活动，有力遏制政策外生育，营造良好的生育氛围。年内，新增计划生育家庭奖励扶助人员35人和计划生育家庭特别扶助人员1人，发放计划生育家庭慰问金2万余元。

【旅游产业】2017年，官庄镇旅游产业开发力度进一步加强，由原“群众自发”向“整装待发”转变。2014年，官庄水库申报为官庄湖国家湿地公园，规划中官庄湖土地面积1363.7公顷、湿地面积795.9公顷。自2015年起，官庄湖国家湿地公园进入试点期建设。年内，积极打造镇域旅游新名片，致力于将官庄山水打造成为“醴北人家”旅游项目建设圈的核心区域，按照全市的旅游发展规划要求，完成大横江、官庄村共11.8千米的旅游专线官庄段项目建设。投资20万元，新建旅游公交站牌10个。在取缔库区私有游船后，官庄镇与山水公司着力升级库区旅游规格，精心打造官庄山水号游船，实现游船游览规范化管理，并积极推进官庄新码头、平湖观景平台建设。编印招商手册，招商引进瓦子坪村的袁溪谷等旅游项目5个。全年官庄湖水上游玩、户外运动、乡村餐饮等为主要内容的休闲旅游，共吸纳游客15万人次。

【社会事业】2017年，社会事业平衡发展，着力惠民生工程，全力保障安居乐业。进一步扩大社保覆盖面，全年新型农村养老保险参保人数完成率为97%，排名全市第五。加强农业技能、就业等培训，全年举办大型技能培训3次，帮助30名贫困人口实现转移就业。实行低保、临时救助动态管理，在原低保户范围中，将家庭条件好转、不符合享受低保条件者进行及时核减，对符合低保条件的对象及时审批，做到应保尽保。加强对残疾人服务管理，配备残疾人服务专干2人，更新和动态管理全镇495名残疾人数据。（屈贝儿）

人　物

逝世人物

骆福久　男，汉族，1950年9月出生，湖南醴陵人，中共党员，原中共醴陵市委政法委员会副县级退休干部。1969年3月－1988年9月，在广西军区独立二团，先后担任班长、排长、副连长、连长、副营长、营长、副团长。1988年9月－1990年5月，在市公安局任副局长。1990年5月－1993年7月，在市人大法工委任副主任。1993年7月－2010年9月，在中共醴陵市委政法委员会任副书记。2010年9月退休，享受副县级待遇。2017年9月3日因病去世，享年67岁。

（李春玲）

荣 誉 谱

先进集体

2017 年醴陵市所获综合荣誉一览表

表 14

获奖单位	奖励（命名）名称	授予（命名）单位
醴陵市	2017 年畜禽粪污资源化利用重点县	农业部、财政部
	国家级农村综合性改革试点	财政部
	第二批国家级农村职业教育与成人教育示范县	教育部、科技部、水利部、农业部、国家林业局、国家粮食局
	第一批全国中小学校责任督学挂牌督导创新县（市、区）	国务院教育督导委员会
	国家级出口产品质量安全示范区（醴陵日用陶瓷）（醴陵电瓷）	国家质量监督检验检疫总局
	全国健身球操之乡	中国老年人体育协会
	中国建设工程防水之都	中国硅酸盐学会房建材料分会防水保温材料专业委员会
	湖南省全面小康推进工作经济十强县	中共湖南省委办公厅、湖南省人民政府办公厅
	2017 年全省粮食生产标兵县	
	2017 年度安全生产工作优秀单位	
	2017 年度全省人口和计划生育工作优秀单位	
	2017 年度全省综治工作先进县市	
	2016 年度消防工作优秀县市区	湖南省人民政府办公厅
	湖南省现代教育技术实验县（市、区）	湖南省教育厅
	2016 年度湖南省生源地信用助学贷款工作优秀单位	湖南省学生资助管理中心、国家开发银行国家助学贷款管理中心湖南分中心

续表 14-1

获奖单位	奖励（命名）名称	授予（命名）单位
醴陵市	湖南省 2016 年度基本公共卫生服务项目考核先进单位	湖南省卫生和计划生育委员会、湖南省财政厅
	湖南省慢性病综合防控示范区	湖南省卫生和计划生育委员会
	2017 年度全省工业经济运行监测协调工作先进单位	湖南省经济和信息化委员会
	2018 年供销社综合改革示范县	湖南省供销合作总社、湖南省财政厅
	湖南省 2017 年度动物疫病防控绩效考核先进县	湖南省防治重大动物疫病指挥部
	2017 年度全省养殖业工作目标管理考核先进县市区	湖南省畜牧水产局
	2017 年度全省县市区残联教就工作甲等（优秀）单位	湖南省残疾人联合会
	2016 年招商引资先进单位	株洲市人民政府
	株洲市信访维稳“百日攻坚再行动”竞赛活动第一名	中共株洲市委办公室、株洲市人民政府办公室
	2016 年度全市计划生育工作优秀单位（县市区）	
	株洲市 2017 年度文明建设先进县（市）区	株洲市精神文明建设指导委员会
	2017 年度全市养殖业工作目标管理先进单位	株洲市畜牧兽医水产局
	2017 年度全市重大动物疫病防控工作先进单位	
	2017 年度全市畜禽水产品质量安全工作先进单位	

2017 年全国（条线）先进单位、集体名录表

表 15

获奖单位	奖励（命名）名称	授予（命名）单位
市人民检察院	第五届全国文明单位	中央精神文明建设指导委员会
	第九届全国检察机关文明接待室	最高人民检察院
	全国检察文化示范院	
	2017 年度全国检察宣传先进集体	最高人民检察院、检察日报社
市工商业联合会	2017 年全国“五好”县级工商联	中华全国工商业联合会办公厅
市教育局关心下一代工作委员会	全国青少年“五好小公民”主题教育读书活动 20 周年先进集体	教育部关心下一代工作委员会
市司法局	2016 年全国人民调解宣传工作先进单位	中华全国人民调解员协会
市农业局	超级杂交稻“种三产四”丰产工程先进示范基地	国家杂交水稻工程技术研究中心、湖南杂交水稻研究中心
市食品药品工商质量监督管理局（醴陵市食品安全委员会办公室）	2016 年度湖南物品编码工作优秀奖	中国物品编码中心、湖南省卓越标准和编码技术服务中心
市安全生产监督管理局	全国安全生产监管监察先进单位	国家安全生产监督管理总局、国家煤矿安全监察局
	2017 年全国“安全生产月”和“安全生产万里行”活动先进单位	国务院安全生产委员会办公室

续表 15-1

获奖单位	奖励（命名）名称	授予（命名）单位
湖南省烟花炮竹产品安全质量监督检验醴陵授权站	2017 年度国家中小企业公共服务示范平台	工业和信息化部
市档案史志局	第四届全国地方志优秀成果（年鉴类）特等奖《醴陵年鉴（2016）》	中国地方志指导小组、中国地方志学会
阳三石街道渌江社区	全国综合减灾示范社区	国家减灾委员会、民政部
长庆示范区珊田村	第五届全国文明村镇	中央精神文明建设指导委员会
	2017 年名村影响力 300 佳	中国村社发展促进会
茶山镇东岗村	首批全国农村幸福社区建设村（农村社区）示范单位	民政部基层政权和社区建设司
醴陵市妇幼保健计划生育服务中心（市妇幼保健院、市儿童医院）	巾帼文明岗	全国妇女联合会
	预防艾滋病、梅毒和乙肝母婴传播工作优秀集体	中国性病艾滋病防治协会、中国疾病预防控制中心妇幼保健中心
市二医院（醴陵市白兔镇中心卫生院）	全国百佳乡镇卫生院	中国农村卫生协会
市姜湾小学	全国啦啦操实验学校	国家体育总局体操运动管理中心
	第一届全国文明校园	中央精神文明建设指导委员会
市特殊教育学校	全国第二届特殊教育学校排舞公开赛师生合作组大集体团体特等奖、体育道德风尚奖	中华全国体育基金会、国家体育总局体操运动管理中心、中国残疾人体育运动管理中心、全国排舞广场舞推广中心
中国陶瓷谷国际会展中心	2017 中国最佳服务会展中心	北京市旅游发展委员会、中国会展经济研究会
醴陵瓷谷	国家工业遗产旅游基地	全国旅游资源规划开发质量评定委员会

2017 年湖南省（条线）先进单位、集体名录表

表 16

获奖单位	奖励（命名）名称	授予（命名）单位
湖南醴陵经济开发区	2016 年度开发区节约集约用地一等奖	湖南省国土资源厅办公室
市人民检察院	2016 年度全省检察机关宣传工作先进集体	湖南省人民检察院
	2016 年度全省检察机关检察技术工作先进集体	
	2016 年度全省检察机关人民监督工作先进集体	
	2016 年度全省检察机关检务保障工作先进集体	
市人民法院刑庭	2013–2017 年全省法院先进集体	湖南省高级人民法院
市文学艺术界联合会	2016 年度全省文联系统先进单位	湖南省文学艺术界联合会
市妇女联合会	2017 年度全省妇联系统宣传工作表现突出单位	湖南省妇女联合会

续表 16-1

获奖单位	奖励（命名）名称	授予（命名）单位
市教育局	2016 年度湖南省生源地信用助学贷款优秀单位	湖南省学生资助管理中心、国家开发银行湖南省分行
	全省百佳学生资助工作单位典型	湖南省学生资助管理中心
	全省“爱心·责任·梦想”学生资助电视专题片展播二等奖	湖南省教育厅办公室
市教育局关心下一代工作委员会	湖南省青少年五好小公民“阳光校园 我们是好伙伴”主题教育读书活动优秀组织奖	湖南省教育厅关心下一代工作委员会
市招生考试办公室	2017 年度湖南省空军招飞工作先进单位	湖南省教育考试院空军招飞局广州选拔中心
市经济科技信息化局	2017 年全省经信系统电力依法行政工作优秀单位	湖南省经济和信息化委员会
市公安局	2016 年度全省反恐怖工作先进基层单位	湖南省反恐怖工作领导小组
	全省公安机关“四项建设”综合示范单位	湖南省公安厅
	2016 年度全省公安机关“三实”信息集中采集专项行动成绩突出单位	
	2016 年度全省公安机关侦破命案工作成绩突出单位	
	2015-2016 年度全省公安警务督察工作成绩突出集体	
	2016 年县级公安“大情报”工作示范点	
市公安局人口与出入境管理大队	全省公安机关深入推进户口登记管理清理整顿工作成绩突出集体	
市公安局均楚镇派出所	2016 年度全省公安机关收缴整治枪爆物品专项行动成绩突出单位	
市公安局黄泥坳派出所	2014-2016 年度全省公安机关执法示范单位	
市民政局	2017 年湖南省地理信息产业优秀应用工程奖（银奖）	湖南省地理信息产业协会
	五星级军休服务管理机构	湖南省民政厅
市来龙门司法所、市板杉司法所	第六批全省模范司法所	湖南省司法厅
市财政局	2016 年度全省财政系统信息宣传工作先进单位	湖南省财政厅
	2016 年度全省财政监督检查工作先进单位	
	2016 年度预算绩效管理工作一等奖	
	2016 年度全省财政综合工作考核优秀单位	
	全省财政金融与债务管理工作优秀单位	
	全省财政税政法制工作绩效评价获奖单位	
	2016 年度市县预算执行分析工作先进单位	
	2016 年度固定资产投资决算报表编报工作先进单位	
	2017 年全省财政支农政策培训工作考评三等奖	

续表 16–2

获奖单位	奖励（命名）名称	授予（命名）单位
市人力资源和社会保障局劳动人事争议仲裁院	湖南省仲裁办案先进单位	湖南省人力资源和社会保障厅调解仲裁管理处
市人力资源服务中心	湖南省人力资源服务业发展先进单位	湖南省人力资源服务中心、湖南人力资源服务产业联盟
市慈善会	2017 年度慈善工作先进单位	湖南省慈善总会
市国土资源局	2014–2016 年度全省国土资源信访先进集体	湖南省国土资源厅
市国土资源局东富国土资源中心所、市食品药品工商质量监督管理局(醴陵市食品安全委员会办公室)	2016–2018 年全省依法办事示范窗口单位	中共湖南省委法治湖南建设领导小组办公室
市环境保护局	2017 年度湖南省环境执法大练兵案卷评查县级二等奖	湖南省环境保护厅
市规划测绘院	2017 年湖南省地理信息产业优秀应用工程奖（金奖）	湖南省地理信息产业协会
市农业局	湖南农业行政处罚优秀案卷优秀奖	湖南省农业委员会
	湖南省林业政务信息县市区前 10 位	湖南省林业厅办公室
	2017 年度全省林业宣传和生态文化建设先进单位	
市林业局森林公安局	全省严厉打击非法占用林地等涉林违法犯罪专项行动先进集体	湖南省林业厅
市文体广电新闻出版局	2017 年湖南省排舞广场舞推广工作先进单位	湖南省体育指导服务中心
	全省文化市场综合执法考评先进单位	湖南省文化厅
市文化市场综合执法大队	2017 湖南省文化市场综合执法考评工作先进单位	
市安全生产监督管理局	全省安全生产工作优秀单位	中共湖南省委办公厅、湖南省人民政府办公厅
市卫生和计划生育局	全省人口和计划生育工作优秀单位	
	湖南省慢性病综合防控示范区	湖南省卫生和计划生育委员会
枫林镇卫生和计划生育办公室	2017 年度湖南省卫生计生依法办事示范窗口	
市审计局	2017 年度审计通联工作先进单位	湖南省审计厅办公室
市食品药品工商质量监督管理局（醴陵市食品安全委员会办公室）	2015–2016 年度消费维权先进单位	湖南省消费者委员会
	2016 年度湖南省工商系统行政管理专项绩效自评工作先进单位	湖南省工商行政管理局
中共醴陵市委党校行政学校	湖南省党校行政学院系统第八届科研工作先进单位	中共湖南省委党校、湖南行政学院
市档案史志局	2017 年度全省档案宣传工作先进集体	湖南省档案局
市水库移民开发管理局	2017 年全省移民工作县市区移民局先进单位	湖南省水库移民开发管理局
市行业办公室离退休干部党支部	第一批全省示范离退休干部党支部	湖南省离退休干部工作委员会
市畜牧兽医水产局	湖南省 2017 年度养殖业信息宣传工作先进单位	湖南省畜牧水产局

续表 16–3

获奖单位	奖励（命名）名称	授予（命名）单位
市国家税务局	湖南省国家税务局全面推开营改增试点工作先进单位	湖南省国家税务局
	2017–2019 湖南省国税系统法治基地	
	2016–2017 年湖南省国税系统先进集体	
国家统计局醴陵调查队	2016 年度市县国家调查队综合考核优秀县级调查队	国家统计局湖南调查总队
市中（一）医院	三级甲等中医医院	湖南省中医药管理局
市中（一）医院眼耳鼻喉科	“十二五”期间白内障网报先进单位	湖南省防盲办公室
醴陵市妇幼保健计划生育服务中心（市妇幼保健院、市儿童医院）	2016 年省级儿童早期发展示范基地	湖南省卫生和计划生育委员会
市疾病预防控制中心（市健康教育所）	第二批县级甲等疾病预防控制中心	
	2017 年度艾滋病抗体检测实验室质量考评优秀	湖南省疾病预防控制中心
市疾病预防控制中心（市健康教育所）、醴陵市妇幼保健计划生育服务中心（市妇幼保健院、市儿童医院）、市中（一）医院、市二医院（醴陵市白兔镇中心卫生院）、市红十字会、泰安医院、湖南师范大学附属湘东医院、市邦和单采血浆站有限公司	2017 年度全省梅毒血清学检测实验室能力考核优秀	湖南省疾病预防控制中心
市三医院、来龙门街道社区卫生服务中心	2016 年度省级群众满意社区卫生服务机构	湖南省卫生和计划生育委员会
市第四中学	湖南省 2016 年度省级食品安全示范学校	湖南省食品药品监督管理局、湖南省教育厅、湖南省卫生和计划生育委员会
嘉树镇	湖南省“平安乡镇（街道）”创建示范单位	湖南省社会管理综合治理委员会
沈潭镇	2017 年度湖南省卫生村镇	湖南省爱国卫生运动委员会
黄泥坳街道车顿桥社区	2017 年“湖南省综合减灾示范社区”	湖南省减灾委员会办公室、湖南省民政厅
来龙门街道狮子坡社区	湖南省科普示范社区	湖南省科学技术协会、湖南省财政厅
来龙门街道车顿桥社区	湖南省综合减灾示范社区	湖南省减灾委员会、湖南省民政厅
来龙门街道四塘社区	湖南省示范“妇女之家”	湖南省妇女联合会
沩山镇沩山村	湖南省经典文化村镇	湖南省文化厅
枫林镇隆兴坳村	2017 年度全省美丽乡村建设示范村	中共湖南省委农村工作领导小组
船湾镇狮力村	2017 年“舞动中国—排舞 / 广场舞联赛（湖南赛区）”暨湖南省第八届全民健身节最佳组织奖、常青组大集体团体总分金奖、自选曲目一等奖	湖南省体育局、全国排舞广场舞推广中心、国家体育总局体操运动管理中心
耿传公祠	国家 AAA 景区	湖南省旅游局
湖南醴源律师事务所	湖南省规范管理示范律师事务所	湖南省司法厅、湖南省律师协会

续表 16–4

获奖单位	奖励（命名）名称	授予（命名）单位
红网醴陵站	2016 年度优秀分站	湖南省红网新媒体集团
株洲醴陵旗滨玻璃有限公司	湖南省新材料企业	湖南省经济和信息化委员会、湖南省统计局
国瓷街道古城村、阳三石街道企石村、来龙门街道珊田村、白兔潭镇氽溪村、王仙镇李山村、东富镇西林村、船湾镇荆村村、明月镇档梓山村、明月镇罗夹口村、石亭镇石亭居委会、石亭镇长塘村、茶山镇东岗村	2017 年度湖南省卫生村	湖南省爱国卫生运动委员会
市精神病医院、市人民防空办公室、市国瓷街道石子岭完全小学	2017 年度湖南省文明卫生单位	湖南省爱国卫生运动委员会
市国家税务局	2016 届湖南省文明标兵单位	湖南省精神文明建设指导委员会
茶山镇东岗村	2016 届湖南省文明村镇	
来龙门街道、市城市管理和行政执法局、醴陵华鑫电瓷科技股份有限公司	2016 届湖南省文明单位	
李立三故居	湖南省 2017 年文明风景旅游区	湖南省精神文明建设指导委员会办公室
太一综合市场	湖南省 2017 年文明集市	
图兰朵酒店	湖南省 2017 年文明餐饮示范店	

2017 年株洲市（条线）先进单位、集体名录表

表 17

获奖单位	奖励（命名）名称	授予（命名）单位
中共醴陵市委	株洲市首届管理创新奖（“城乡社区网格化服务管理创新”项目）	中共株洲市委、株洲市人民政府
	株洲市人才工作先进单位	中共株洲市委办公室、株洲市人民政府办公室
市人民法院	全市法院“百日办案竞赛活动”先进集体	株洲市中级人民法院
市人民法院茶山法庭	全市法院“百日办案竞赛活动”先进法庭	
市人民检察院	全市检察机关办公室先进集体	株洲市人民检察院
	全市检察机关人民监督工作先进集体	
	2016 年度全市检察机关新闻宣传工作先进单位	
	2016 年全市先进检察院	
	2016 年度全市检察机关政治工作先进集体	株洲市人民检察院政治部
	2016 年度全市检察机关检察技术信息化工作先进集体	株洲市人民检察院技术科
	株洲市巾帼文明示范岗	株洲市妇女联合会

续表 17-1

获奖单位	奖励（命名）名称	授予（命名）单位
市人民检察院	株洲市道德讲堂先进单位	株洲市精神文明建设指导委员会办公室
	株洲市普法教育先进集体	株洲市关心下一代工作委员会、株洲市司法局、株洲市教育局
市人民检察院法律政策研究室	2016 年度全市检察理论研究工作先进集体	株洲市人民检察院政治部、法律政策研究室
市人民检察院林业检察科	2016 年度林业检察工作突出集体	株洲市人民检察院政治部、林业检察处
市人民检察院行装科	2016 年度全市检务保障先进集体	株洲市人民检察院政治部、行政装备处
市人民检察院法警大队	2016 年度全市检察机关司法警察工作先进集体	株洲市人民检察院政治部、法警支队
中国共产主义青年团醴陵市委员会	2016 年度共青团宣传工作先进单位	中国共产主义青年团株洲市委员会
	2016 年度株洲市共青团绩效考核一类第一名	
市民政局	青年文明号	
市公安局	2016 年度市级园林式单位	株洲市人民政府
市公安局、市公安消防大队	2016 年度全市政法工作先进集体	中共株洲市委政法委员会
市住房和城乡规划建设局	2016 年株洲市住房和城乡建设系统目标管理红旗单位	株洲市住房和城乡规划建设局
	2016 年度全市建设行业安全生产目标考核红旗单位	
	2016 年度住房和城乡建设系统计划生育综合治理工作先进单位	
市住房和城乡规划建设局散装水泥和墙体材料改革办公室	2016 年度全市墙体材料革新工作先进集体	
市建设工程质量安全监督管理站	2016 年度建设工程质量安全管理先进单位	
市交通运输局	2016 年度交通运输发展目标管理考核先进单位	株洲市交通运输局
	2016 年度全市交通运输发展目标管理考核红旗单位	株洲市人民政府办公室
市商务旅游和粮食局	2016 年招商引资先进单位	株洲市人民政府
市食品药品工商质量监督管理局（醴陵市食品安全委员会办公室）	2016 年度全市食品药品安全工作先进单位	株洲市食品药品安全委员会
	2016 年度食品药品监督管理工作先进单位	株洲市食品药品监督管理局
	2015–2016 年度株洲市消费维权先进单位	株洲市消费者委员会
中共醴陵市委党校	全市党校行政学院系统 2017 年度先进单位	中共株洲市委党校、株洲行政学院
市档案史志局	2017 年度全市地方志工作先进单位	株洲市地方志编纂委员会
	2017 年度全市党史征研、宣教工作先进单位	中共株洲市委党史工作办公室
	2017 年度全市档案工作先进单位	株洲市档案局
市行业办公室（醴陵市供销合作总社）	2016 年度全市供销合作社系统综合业绩考核优胜单位	株洲市供销合作社

续表 17-2

获奖单位	奖励（命名）名称	授予（命名）单位
市畜牧兽医水产局	株洲市养殖业目标管理先进单位	株洲市畜牧兽医水产局
	株洲市重大动物疫病防控工作先进单位	
	株洲市畜禽水产品质量安全工作先进单位	
	2017 年度动物疫病防控绩效考核先进单位	株洲市重大动物疫病防治指挥部
阳三石街道	株洲市人大工作先进代表小组	株洲市人民代表大会常务委员会
茶山镇、东富镇、枫林镇、沩山镇	2016 年度全市计划生育工作优秀单位（乡镇、街道）	中共株洲市委办公室、株洲市人民政府办公室
来龙门街道、阳三石街道、嘉树镇、王仙镇、板杉镇、船湾镇、枫林镇、石亭镇、白兔潭镇	2016 年株洲市综治工作先进乡镇（街道）	
市水利局、市水文局、市城市管理和行政执法局、石亭镇	2017 年株洲市抗洪救灾先进集体	
阳三石街道、浦口镇、东富镇、孙家湾镇	2016 年度株洲市安全生产工作先进单位	
湖南省醴陵市吉利鞭炮烟花有限公司、醴陵市赖氏烟花有限公司	2016 年度株洲市安全生产工作先进企业	
市地方税务局	2016 年度税收会统工作先进单位	株洲市地方税务局
	2016 年度社会治安综合治理工作先进单位	
	2016 年全市地税工作先进单位	
	2016 年度全市地税系统先进基层党组织	株洲市地方税务局党建工作领导小组
市中（一）医院	2016 年度株洲市医院感染管理先进单位	株洲市医院感染管理质量控制中心
	2016 年度全市放射卫生先进单位	株洲市卫生和计划生育委员会
	2016 年株洲市医药费用监测工作先进单位	株洲市发展和改革委员会
市中（一）医院骨伤一科、心血管病一科、重症医学科	2017 年株洲市优秀护理团队	株洲市护理学会
仙岳山街道	株洲市档案工作示范街道	株洲市档案局
来龙门街道	株洲市优秀公共就业创业服务示范平台	株洲市人力资源和社会保障局、株洲市财政局
国瓷街道、石亭镇、枫林镇	2017 年度先进基层武装部	株洲军分区
中共醴陵市委法治醴陵建设领导小组办公室、市总工会、市教育局、市食品药品工商质量监督管理局（醴陵市食品安全委员会办公室）、枫林镇、仙岳山街道碧山社区、来龙门街道胜利社区、李畋镇潼塘村、孙家湾镇孙家湾村	株洲市“六五”普法依法治理先进集体	中共株洲市委法治株洲建设领导小组办公室、中共株洲市委宣传部、株洲市司法局
来龙门街道胜利社区、四塘社区	全市无邪教创建活动示范社区（村）	株洲市委防范和处理邪教问题领导小组

续表 17–3

获奖单位	奖励（命名）名称	授予（命名）单位
来龙门街道马放塘社区、茶山镇东岗村	株洲市 2017 年度“最美社区”	株洲市民政局、株洲市精神文明建设指导委员会办公室
市浦缘水稻种植农民专业合作社	2017 年株洲市两型示范创建单位	株洲市“两型社会”建设综合配套改革办公室、株洲市财政局
市计划生育协会	2017 年度计生系列保险服务工作县级先进单位	株洲市计划生育协会
来龙门街道计划生育协会、茶山镇计划生育协会、王仙镇计划生育协会、枫林镇计划生育协会、浦口镇计划生育协会、均楚镇计划生育协会、明月镇计划生育协会、船湾镇计划生育协会、板杉镇计划生育协会、石亭镇计划生育协会、泗汾镇计划生育协会、白兔潭镇计划生育协会、沩山镇计划生育协会	2017 年度计生系列保险服务工作乡级先进单位	株洲市计划生育协会
孙家湾镇、嘉树镇	2017 年度株洲市卫生镇	株洲市爱国卫生运动委员会
仙岳山街道河西村、阳三石街道伏龙村、来龙门街道长庆寺村、李畋镇凤形村、白兔潭镇峤岭村、白兔潭镇洙塘村、浦口镇茅坪村、王仙镇大屏山村、沩山镇大林村、东富镇东富村、沈潭镇鳌仙村、沈潭镇双垅村、明月镇陶家垅村、明月镇汪家桥村、嘉树镇杉仙村、嘉树镇渗泉村、石亭镇上保村、石亭镇姑仙村、均楚镇周坊村、板杉镇七里山村、板杉镇板杉村、左权镇玉皇阁村、左权镇青泥村、枫林镇隆兴坳村、茶山镇梅霞村、船湾镇玉堂村	2017 年度株洲市卫生村	株洲市爱国卫生运动委员会
市商务旅游和粮食局、市园林绿化管理局、孙家湾镇、浦口镇、嘉树镇、明月镇卫生院、王仙镇王仙中学、石亭镇中心小学、湖南阳东电瓷电器股份有限公司	2017 年株洲市文明卫生单位	株洲市爱国卫生运动委员会
市广播电视台、湖南醴陵经济开发区华塘小学、市公共资源交易中心醴陵市分中心、市交通运输局、市卫生和计划生育局、李畋镇中心小学、王仙镇中心卫生院、孙家湾镇卫生院、沈潭镇中心学校、湖南醴陵农村商业银行股份有限公司嘉树支行	株洲市 2017 年度“无烟管理示范单位”	株洲市爱国卫生运动委员会
仙岳山街道、白兔潭镇、东富镇、长庆示范区马脑镇、孙家湾镇孙家湾村、白兔潭镇余溪村、板杉镇八步桥村、嘉树镇杉仙村	株洲市 2017 年度文明村镇	株洲市精神文明建设指导委员会
市渌江投资控股集团有限公司	株洲市 2017 年度文明标兵单位	株洲市精神文明建设指导委员会

续表 17-4

获奖单位	奖励（命名）名称	授予（命名）单位
市人民法院、市卫生和计划生育局、市城市管理和行政执法局、市住房和城乡规划建设局、市安全生产监督管理局、市财政局、维护稳定工作领导小组办公室、湖南醴陵农村商业银行股份有限公司、市金利来烟花有限公司	株洲市 2017 年度文明单位	株洲市精神文明建设指导委员会
阳三石街道中心学校阳三石小学	株洲市 2017 年度文明标兵校园	
湖南轻工高级技工学校、市第四中学、市第七中学、孙家湾镇中心学校龙虎中心小学	株洲市 2017 年度文明校园	
丁爱清、李云希家庭	株洲市 2017 年度文明家庭	

2017 年醴陵市级先进单位、集体名录表

表 18

获奖单位	奖励（命名）名称	授予（命名）单位
沈潭镇、市农业局、市商务旅游和粮食局、市审计局、市高新集团、沩山镇沩山村、阳三石街道阳三石社区、湖南华联瓷业股份有限公司、醴陵市金利来烟花有限公司	醴陵市 2017 年度文明建设工作红旗单位	中共醴陵市委、醴陵市人民政府
板杉镇、枫林镇、市林业局、市气象局、市水利局、中国共产主义青年团醴陵市委员会、市信访局、市中（一）医院、市第一中学、市政府办综合调研组、市委办综调室、市人大常委会办公室、市纪委办公室、中共醴陵市委党建工作领导小组办公室、市精神文明建设指导委员会办公室、市高新技术产业发展中心、市环境监测站、市公路局路政管理大队、市环境卫生管理处、市国库集中支付核算中心、市建设工程质量安全监督站、来龙门街道四塘社区、来龙门街道八里庵社区、仙岳山街道河西村、国瓷街道玉瓷村、阳三石街道立三村、阳三石街道伏龙村、长庆示范区长庆寺村、茶山镇东岗村、均楚镇黄田村、嘉树镇新井村、船湾镇乐家社区、左权镇青泥村、沈潭镇鳌仙村、明月镇东江村、板杉镇夏坪桥村、泗汾镇双塘社区、孙家湾镇西岸村、石亭镇卫生和计划生育办公室、李畋镇裕民村、枫林镇金桥社区、王仙镇王仙社区、湖南东富集团、醴泉窑艺陶瓷有限公司、中国工商银行股份有限公司醴陵支行营销管理部、华鑫电瓷科技股份有限公司、醴陵陶润实业发展有限公司、株洲时代金属制造有限公司、醴陵神马花炮有限公司、湖南醴陵红玉红瓷陶瓷有限责任公司	醴陵市 2017 年度文明建设工作先进单位	

先进个人

2017 年全国（条线）先进个人表

表 19

获奖个人	奖励（命名）名称	授予（命名）单位
麻志翔	全国优秀人民警察	公安部
徐秋珍	全国公安机关深入推进户口登记管理清理整顿工作成绩突出个人	
谭海彦	全国卫生计生系统先进工作者	人力资源和社会保障部、国家卫生和计划生育委员会、国家中医药管理局
李海龙、黎玲	全国检察机关侦查能手人才	最高人民检察院政治部、反贪污贿赂总局
陈自绪	全国关心下一代“最美五老”提名奖	中国关心下一代工作委员会
汪日荣	全国青少年“五好小公民”主题教育读书活动 20 周年先进个人	教育部关心下一代工作委员会
付爱园	入选 2017 年 8 月“中国好人榜”	中央精神文明建设指导委员会办公室

2017 年湖南省（条线）先进个人表

表 20

获奖个人	奖励（命名）名称	授予（命名）单位
匡佑生	全省“六五”普法依法治理先进个人	中共湖南省委法治湖南建设领导小组办公室、中共湖南省委宣传部、湖南省司法厅
邱亚光	全省“六五”普法依法治理先进工作者	
刘湘陵、章伟英、欧阳向晖	2016 年度全省检察机关检察技术工作先进个人	湖南省人民检察院
邓方圆	全省检察机关业务竞赛预防业务能手	湖南省人民检察院政治处、预防处
罗凌翔	全省检察机关第十六期司法警察培训优秀学员	湖南省人民检察院法警总队
肖汉新、周序虎、王　玥	2016 年度全省公安机关“三实”信息集中采集专项行动成绩突出个人	湖南省公安厅
邓治国	2016 年度全省公安机关收缴整治枪爆物品专项行动成绩突出个人	
黄连招	2015－2016 年全省公安纪检监察成绩突出个人	
陈金花	党的十九大安保反恐工作成绩突出个人	
蔡志宏、刘　军	全省公安机关党的十九大安保工作先进个人	

续表 20-1

获奖个人	奖励（命名）名称	授予（命名）单位
万小平	2017 年全省集中打击重点交通违法行为“百日会战”行动成绩突出民警	湖南省公安厅
周　军	2016 年度打击环境污染违法犯罪工作先进个人	湖南省公安厅、湖南省环境保护厅
黄　鹤、熊立丰	党的十九大交通安保维稳工作成绩突出个人	湖南省公安厅交通警察总队
郭　理	2011–2015 年全省财政法治宣传教育先进个人	湖南省财政厅
黄俊博	2016 年度全省财政系统信息宣传工作先进个人	
李庆典	全省林木种苗工作先进个人	湖南省林业厅
谭　芳	全省林业系统“六五”普法先进个人	
张　哲	全省森林公安机关党的十九大安保工作先进个人	湖南省森林公安局
唐益丰	全省“芙蓉杯”水利建设管理先进个人	湖南省人力资源和社会保障厅、湖南省水利厅
胡　念、张　谦	2017 年湖南最美志愿者	湖南省精神文明建设指导委员会、湖南省学雷锋志愿服务工作委员会
汤再忠	入选 2017 年 6 月“湖南好人榜”	湖南省精神文明建设指导委员会办公室
赵　强	《湖南国土资源年鉴》（2017 卷）编纂工作优秀个人	湖南省国土资源办公厅
何春晖	2017 年全省移民工作先进个人	湖南省水库移民开发管理局
刘虎平	2017 年高考评卷工作先进工作者	湖南省教育考试院
钟建军	2017 年度湖南省空军招飞工作先进个人	湖南省教育考试院空军招飞局广州选拔中心
龙志勇、郭建民	2017 年度湖南省空军招飞工作优秀组织个人	
曾学顺	2016 年度湖南省生源地信用助学贷款工作优秀个人	湖南省学生资助管理中心、国家开发银行国家助学贷款管理中心湖南分中心
钟淑秋、廖蔚佳	2017 年度《湖南日报》发行先进工作者	中共湖南省委宣传部湖南日报报业集团
万里鹏	2017 年湖南省地理信息产业优秀应用工程奖银奖	湖南省地理信息产业协会

2017 年株洲市（条线）先进个人表

表 21

获奖个人	奖励（命名）名称	授予（命名）单位
易擎龙	2016 年度招商引资先进个人	株洲市人民政府
张新龙、谢　斌、李　立、彭昕炜、漆文亮	2016 年度全市政法工作先进个人	中共株洲市委政法委员会
张龙新、易书明、蔡志宏	迎接党的十九大安全稳定工作先进个人	

续表 21-1

获奖个人	奖励（命名）名称	授予（命名）单位
胡春花、周文峰、骆　伟、肖　武、邓绍生、张本忠、田春耕、付毛生、邹家全、肖漫雪、何新根	株洲市“六五”普法依法治理先进个人	中共株洲市委法治株洲建设领导小组办公室、中共株洲市委宣传部、株洲市司法局
蒋　磊	全市政法系统“公正执法标兵”	中共株洲市委政法委员会、株洲市人力资源和社会保障局
邹政大	株洲市人大系统工作人员先进个人	株洲市人民代表大会常务委员会办公室、株洲市人力资源和社会保障局
唐力波、康人佑、谭跃进、宋子阳、周高尚、邓　芳	全市法院“百日办案竞赛活动”办案能手	株洲市中级人民法院
刘　涛、任　洋、帅罕文	全市法院“百日办案竞赛活动”先进个人	
刘午平	全市法院“百日办案竞赛活动”个人三等功	
李海龙、黎　玲、胡戴民、邓方圆	反贪、反渎、预防部门业务竞赛个人嘉奖	株洲市人民检察院
何秋花	2016 年度全市“优秀检察干警”	
郭　琳、盛亚峰	2016 年度全市检察机关公正执法能手	
刘　霞	株洲市检察机关公诉团体论辩赛优秀辩手奖	
林晓溪	2016 年度全市检务保障先进个人	株洲市人民检察院政治部、行政装备处
陈伟民	2016 年度林业检察工作突出个人	株洲市人民检察院政治部、林业检察处
郭秀峰	2016 年度全市检察理论研究工作先进个人	株洲市人民检察院政治部、法律政策研究室
	2016 年度株洲市道德讲堂建设先进个人	株洲市精神文明建设指导委员会办公室
漆国民	株洲市 2017 年度“十佳城市美容师”	株洲市城市管理委员会
蔡志宏	株洲市 2016 年度社会管理综合治理工作先进个人	株洲市社会管理综合治理委员会
甘学清	株洲市交通运输系统 2016 年度安全目标管理先进个人	株洲市交通运输局
曾秋明、朱小军	2016 年度交通运输发展目标管理考核文明建设先进个人	
龙九大	2016 年度征兵工作先进个人	株洲市人民政府征兵办公室
黄显兵	株洲市 2016 年度文明城市创建工作先进个人	株洲市创建文明城市工作领导小组
唐新颜	2016 年度全市地税系统优秀党务工作者	株洲市地方税务局党建工作领导小组

续表 21-2

获奖个人	奖励（命名）名称	授予（命名）单位
吴　湛、彭　恬	株洲市 2016 年度征拆征收工作先进个人	株洲市征地拆迁和房屋征收工作协调领导小组办公室

2017 年醴陵市级先进个人表

表 22

获奖个人	奖励（命名）名称	授予（命名）单位
罗　谷、杨冬发、陈　林、余波玲、汤　文、张　文、朱思球、邱素纯、杨　钟、刘道平、吴均成、田安平、邓少仁、余汉平、徐　辉、盛　勇、郭业林、丁　瑜、黄小勇、杨林英、吴文辉、李琼盛、吴　剑、谭铁涛、王清波、彭昕炜、杨　芷、刘新建、晏振方、刘雪平、丁　力、李建伟、徐达兵、漆　骋、余喜华、袁　斌、周华林、张家富、杨　雁、李　成、荣　敏、喻　磊、胡小兵、李春玲、刘卫军、李　超、胡小庆、谭湘辉、李桔红、吴立军、周孝云、彭三森、兰　芳、郭汉军、匡佑生、唐　莎、何春雪、吴庆军、蒋枚丰、易立红、陈丽君、胡俊涛、李汉平、张致轶、卢　军、朱小军、鄢向宇、易　勇、雷　慧、易雪辉、刘　献、晏能飞、邬高飞、童　宁、葛　炯、杨　颖、刘利平、郭争光、刘海军、丁志科、丁运山、何　成、刘飞良、兰朝辉、刘昌全、邹克伟、金永忠、文　韬、颜　艳、张清月、钟　伟、柳　铭、罗海娟、杨　骁、李小林、陈建莫、李蔚霞、吴泽豪、刘　琼、阙建波、张勇生、谭思斯、易春常、张　敬、李春生、钟健飞、姚先君、周银叶、谢运华、谭志群、姜　丹、熊小燕、刘玉苍、潘建中、张新阳、侯程飞、廖正红、刘双花、丁泳吉、唐　军、钟业权、汤　赛、刘利平、周江平、林　涛、陈海军、李　斌、巫恢珊、邱新云、周中全、吴明清、朱响荣、刘常雨、黄　伟、谭　铮、林　锐、李艳平、孙凯江、李亚平、陈贤忙、付若林、张加勇、应肖俊、杨宏龙、陈　毅、徐德意、帅春娥、田芳宇	醴陵市 2017 年度文明建设工作先进个人	中共醴陵市委、醴陵市人民政府

说明：荣誉谱内 2016 年度的奖项，以授奖或发文时间在 2017 年 1 月 1 日 –12 月 31 日为列入标准

（蔡　啸　韩芳子）

中共醴陵市委　醴陵市人民政府
关于坚决打赢脱贫攻坚战的实施意见

醴发〔2017〕2号

为深入贯彻落实《中共中央国务院关于打赢脱贫攻坚战的决定》（中发〔2015〕34号）、《中共湖南省委湖南省人民政府关于深入贯彻〈中共中央国务院关于打赢脱贫攻坚战的决定〉的实施意见》（湘发〔2016〕7号）和《中共株洲市委株洲市人民政府关于坚决打赢脱贫攻坚战的实施意见》（株发〔2016〕10号）精神，确保我市2017年贫困人口全部脱贫，省级贫困村全部退出，现提出如下实施意见。

一、总体要求

（一）指导思想

全面贯彻落实党的十八大以及十八大以来历次中央全会、习近平总书记系列重要讲话精神和中央、省、株洲市关于扶贫开发工作的系列精神，以“四个全面”（全面建成小康社会、全面深化改革、全面依法治国、全面从严治党）战略布局为统领，以“五大发展理念”（“创新、协调、绿色、开放、共享”五大发展理念）为指针，以2017年率先脱贫为目标，以建档立卡贫困人口“精准扶贫、不落一人”为总要求，坚持扶贫开发与经济社会发展相互促进、精准帮扶与贫困地区开发紧密结合、扶贫开发与社会保障有效衔接，改革创新精准扶贫体制机制，打好政策组合拳，深入组织实施扶贫攻坚“三年行动计划”（2015－2017年）和“7+6”（“七个一批”“六大工程”）脱贫攻坚行动，落实工作责任，强化工作举措，攻坚克难，决战决胜，坚决打赢脱贫攻坚战。

（二）目标任务

1. 确保贫困村全部退出。确保2017年全市17个贫困村贫困发生率控制在2%以内；贫困村集体经济收入达到4万元以上，基础设施和基本公共服务主要领域突出问题得到有效解决，实现贫困村全部退出。

2. 确保贫困人口全部脱贫。确保2017年全市建档立卡贫困人口全面稳定实现“一超过、两不愁、三保障”（家庭当年农民人均纯收入稳定超过国家现行扶贫标准，农村贫困人口不愁吃、不愁穿，义务教育、基本医疗和住房安全有保障），贫困人口全部脱贫。

（三）基本原则

1. 坚持党委领导、政府主导。充分发挥党委总揽全局、协调各方的领导核心作用，严格执行脱贫攻坚“一把手”负责制。要把脱贫攻坚作为第一民生工程来抓，坚持以脱贫攻坚统揽经济社会发展全局。强化基层党组织战斗堡垒作用，切实加强贫困地区农村基层党组织建设。坚持党政同责，强化政府职责，引领市场、社会协同发力，把扶贫要素和资源向贫困地区聚集，把扶贫力量向贫困地区集中，形成脱贫攻坚合力。鼓励先富帮后富，构建专项扶贫、行业扶贫、社会扶贫互为补充的大扶贫格局。

2. 坚持精准扶贫、精准脱贫。以增加贫困群众收入为核心，按照规划到村、帮扶到户、责任到人的要求，因地制宜，因户施策，全面落实扶贫对象、项目安排、资金使用、措施到户、因村派人、脱贫成效“六个精准”，切实解决好扶持谁、谁来扶、怎么扶的问题，使脱贫更加有效、更可持续。

3. 坚持保护生态、绿色发展。牢固树立“绿水青山就是金山银山”的理念，始终把保护生态、绿色发展放在优先位置，科学制定扶贫规划，合理布局产业和项目，积极探索绿色产业扶贫、乡村旅游扶贫等生态扶贫新路子，实现产业强、百姓富、生态美。

4. 坚持问题导向、改革创新。注重从致贫根源中探索工作规律，在突出问题中找准工作重心，加大扶贫开发工作改革创新力度。创新扶贫开发路径，由“大水漫灌”向“精准滴灌”转变；创新扶贫资源使用方式，由多头分散向统筹集中转变；创新扶贫开发模式，由偏重“输血”向注重“造血”转变。

5. 坚持自力更生、艰苦奋斗。大力倡导脱贫光荣，充分发挥贫困群众的主体作用，激发贫困群众自主脱贫的内在动力。充分调动贫困地区广大干部群众的积极性和创造性，注重扶贫先扶志、扶贫必扶智，增强贫困人口自我发展能力。

二、深入推进贫困人口“七个一批”精准脱贫

（一）发展特色产业脱贫一批。对全市有劳动能力、能通过发展生产实现脱贫的贫困人口，坚持“资金跟着穷人走、穷人跟着能人走、能人跟着产业项目走、产业项目跟着市场走”的“四跟四走”产业扶贫路子实现脱贫。积极整合财政扶贫资金、行业部门资金、小额信贷资金用于发展特色产业。支持发展 1 个以上重点产业，开展企业帮扶行动，推动 17 个贫困村构建“一村一品”。发挥电商扶贫作用，推广“互联网 + 特色农产品”电商模式，解决农产品卖难问题；鼓励贫困户以土地使用权、固定资产、资金、技术、劳动力等多种生产要素投资产业发展项目；引导社会资本设立投资基金，吸引企业到贫困地区从事资源开发、产业园区建设、新型城镇化发展等。

（二）引导劳务输出脱贫一批。对全市有劳动能力和就业愿望实现脱贫的贫困人口，多途径、多举措提供就业培训、就业信息、就业岗位，实现转移就业脱贫。发挥人大代表、政协委员参与扶贫的作用，积极协调企业为贫困人口提供就业岗位；发挥结对帮扶责任人的作用，包干负责输送转移就业贫困人口到就业企业。支持创业致富带头人在贫困村创办企业和新型农业经营，带动贫困人口积极参与创业项目。

（三）实施易地搬迁脱贫一批。对“一方山水养不活一方人”的 1819 名建档立卡贫困人口，实施易地扶贫搬迁。易地扶贫搬迁坚持“政府主导、群众自愿、量力而行、就近方便安置”的基本原则，2017 年全部完成，确保“搬得出、稳得住、有事做、能致富”。市易地扶贫搬迁工作联席会议办公室要制定与扶贫产业发展、新型城镇化、美丽乡村建设、生态文明建设相结合的易地扶贫搬迁规划。落实易地扶贫搬迁政策，建档立卡贫困人口住房建设最低补助标准为 3 万元 / 人，人均住房建设面积不超过 25 平方米，在此基础上每户可增加不超过 25 平方米的生产性用房，其余资金用于配套基础设施、生产生活、公共服务、后续产业及其他相关设施建设，确保搬迁对象生产生活条件提高、收入水平提升。整合农网改造、乡村公路、地质灾害、美丽乡村、国土整治、公益性岗位安排等资金，统筹用于易地扶贫搬迁区域相关项目建设。

（四）结合生态保护脱贫一批。切实落实上级生态补偿政策，积极向上争取退耕还林、天然林保护、国有林场改革、生态公益林建设保护等政策和项目资金，提高居住在林区、生态保护区的贫困人口的参与度和受益水平。创新生态资金使用方式，利用生态补偿和生态保护工程资金聘用当地有劳动能力的贫困人口为护林员等生态保护人员。加大退耕还林力度，落实好退耕还林补贴政策。开展贫困地区生态综合补偿试点，落实天然林保护、生态公益林建设保护等补贴政策，让贫困人口从生态保护中得到更多实惠。因地制宜发展优势林业主导产业、农林产品加工业，通过设立贷款风险金，组建专业合作社，落实帮扶机制等形式，帮助发展村级集体经济和贫困户家庭经济。加强对贫困户劳动力免费进行林业职业技能培训的力度和广度，实施林业科技和产业脱贫战略。

（五）着力加强教育脱贫一批。对建档立卡贫困家庭学生义务教育阶段全面落实义务教育“两免一补”（免杂费、免书本费、逐步补助寄宿生生活费）政策，接受普高教育或中职教育的免除学杂费，确保所有贫困户子女全部在学，没有学生因贫失学辍学，毛入园率、义务教育巩固率、高中阶段毛入学率等各项指标全部达标。全面落实“雨露计划”政策，对接受中等职业教育和高等职业教育的建档立卡贫困学生，按每人每学年不低于 2000 元的标准给予资助；对义务教育、普高教育、高等教育面临辍学的特困家庭学生每年补助 2000 元；对参加半年以上职业技能培训获得初、中级职业资格证书的贫困劳动力资助 1500 元；对贫困农户学生加大助学贷款支持力度，动员社会力量加大结对帮扶力度；增加贫困家庭高校毕业生在“三支一扶”（大学生毕业后到农村基层从事支农、支教、支医和扶贫工作）等基层服务项目计划中的受益比例；为离校未就业的贫困家庭高校毕业生提供就业支持。实施基础教育巩固提升计划，改善贫困地区义务教育办学条件，合理布局贫困地区农村中小学校，加强偏远农村寄宿制学校建设。组织优质中小学校结对帮扶带动贫困地区薄弱学校（教学点），提高办学水平。落实乡村教师支持政策，特岗计划、国培计划向贫困地区学校倾斜；落实贫困地区学校教师生活补助政策。

（六）开展医疗保险救助脱贫一批。对现有需要得到医疗救助的贫困人口及以后新增需要得到医疗救助的贫困人口提供基本医疗保障、大病保险、医疗救助“三重医疗保障”，有效遏制因病致贫返贫问题。农村贫困人口参加城乡居民医疗保险个人缴费部分由财政给予补贴；将参保农村贫困人口就医费用报销比例提高 10%，将低保贫困人口大病保险报销起付线降低 50%；将贫困人口全部纳入重特大疾病救助范围，对特殊困难人口适当提高其大病保险报销比例；对通过上述措施救助后仍有困难的，加大临时救助、慈善救助等帮扶力度。增加纳入基本医疗保险范围的残疾人医疗康复项目。全面实施贫困地区儿童营养改善、新生儿疾病免费筛查、妇女“两癌”免费筛查、孕前优生健康免费检查等重大公共卫生项目。加强贫困地区计划生育服务管理工作。加大市级医院与镇卫生院结对帮扶力度，每个镇有 1 所公立卫生院，每个行政村有 1 个村卫生室。加大贫困地区医疗专业人才培训力度，免费培养本土乡村医生，转岗培训全科医生、专科医生。建立贫困人口健康档案，对患重大疾病、长期慢性病和残疾的贫困人口实行系统化管理，制定分类救助政策。

（七）实行保障兜底脱贫一批。对无法依靠产业扶持和就业帮助脱贫的贫困人口实行低保提标，实现保障兜底脱贫。建立农村低保与扶贫开发的数据互通、资源共享平台，对通过产业扶持和就业帮助脱贫的建档立卡低保人口实行精准退出，对无法通过产业扶持和就业帮助的建档立卡非低保人口实行精准纳入。制定、落实农村最低生活保障制度与扶贫开发政策有效衔接的实施方案，积极争取国家、省和株洲市的政策、项目、资金支持，安排本级财政资金配套，提高最低生活保障线标准，确保 2017 年农村最低生活保障标准不低于城镇的 60%，年保障标准不低于国家扶贫标准线，实现全市农村最低生活保障标准和扶贫线“两线融合”。完善临时救助制度，及时对符合条件的贫困家庭和个人提供临时救助。提高农村特困人员和“五保”人员的供养水平，改善供养条件，提高保障标准。

三、加快实施贫困地区基本公共服务和基础设施建设扶贫“六大工程”

（一）实施交通扶贫工程。积极争取中央、省和株洲市的项目支持，统筹相关项目资金，切实解决贫困村交通“瓶颈”难题。以通畅工程、道路拓宽提质为重点，优化城乡区域交通运输网络，加快推进全市贫困村路网建设。实施“平安放心”工程，加大危桥改造、公路安全生命防护工程等建设力度。建立村组道路维护机制，安排资金支持贫困地区农村公益性基础设施管理养护。

（二）实施水利扶贫工程。积极争取中央、省和株洲市的项目支持，统筹相关项目资金，切实解决贫困地区饮水不安全和水利设施建设滞后难题。实施农村饮水安全巩固提升工程，采取差别式扶持政策，通过申报上级资金以及市级资金配套，对水源保证率和水质不达标工程全面实行提质增效改造，解决贫困人口饮水不安全问题。加快贫困地区重大水利工程、大中型灌区续建配套与节水改造等水利项目建设，力争农田灌溉保证率和有效灌溉面积占耕地面积比例有较大程度提高；加强贫困地区中小河流治理、病险水库（闸）除险加固、抗旱水源建设、山洪地质灾害防治和水土流失综合治理，着力提高贫困地区防洪抗旱减灾能力；支持多灾易灾贫困地区开展救灾物资储备设施建设和防御队伍建设，提高抵御灾害风险能力。积极向国家、省和株洲市申报病险水库除险加固项目；优先支持贫困村小型农田水利和“五小水利”工程建设；优先安排贫困村小型农田水利补助资金。

（三）实施通信和电力、光伏扶贫工程。积极争取各级各部门以及企业的项目支持，切实解决贫困地区通信、电力和贫困村集体经济增收难问题。以电信、移动、联通三大通信运营商和铁塔公司为投资主体，加大贫困地区通信基础设施建设力度，确保 2017 年实现贫困村固定电话、移动通信网络、宽带网络全覆盖。优先实施贫困村农网改造升级工程，开展贫困村“低压电”综合治理，全面提高贫困村供电能力和供电质量。大力推进光伏开发扶贫，确保 17 个贫困村集体、10% 以上的建档立卡贫困户建成光伏电站，实现贫困村、贫困户长久受益。鼓励贫困村、贫困户利用废弃土地、荒山荒坡、建筑屋顶、农业大棚等，建设就地消纳的分布式光伏电站，并为其开辟绿色通道、优先安排上网、提供小额信贷支持；对不具备建设光伏电站的贫困村、贫困户，按照“统建分售、资产受益”的模式，由贫困村、贫困户向大型光伏电站购买股份，实现投资受益，按股分红。

（四）实施农村危房改造和农村环境整治扶贫工程。把贫困户危房改造作为农村危房改造重点优先解决，到2017年全面解决全市建档立卡贫困户的住房安全问题，基本完成农村有人居住D级土坯房拆旧建新、C级土坯房维修加固。配合全省开展的重点镇生活污水处理3年行动、农村垃圾5年专项治理和农村生活污水处理试点行动，全面推进农村环境综合整治。推行农业清洁种植养殖，着力绿化村落庭院，加大贫困地区以工代赈投入力度，加大农村山水田林路和小流域综合治理力度，保持田园风光，全面改善贫困村生产生活条件，建设美丽宜居乡村；加强配套设施建设，推进城镇公用设施向农村延伸。

（五）实施文化扶贫工程。加强贫困地区社会主义精神文明建设，巩固主流文化阵地。文化产业、文化事业专项资金向贫困地区倾斜。实施贫困村农家书屋提升工程，推动贫困地区基层综合文化服务中心建设，实现农村广播村村响、电视直播卫星户户通。加强省级历史文化名镇、名村、名街区和具有历史文化价值的古村落、文物古迹及非物质文化遗产的保护。支持村民自主组织形式多样的文化体育娱乐活动，支持建设一批特色文化村。重点支持贫困地区文化骨干培训，扶持发展民间演艺团体。组织开展文化下乡，丰富贫困地区群众精神文化生活。市文化宣传单位要结对帮扶镇和贫困村文化站，帮助培养文艺骨干，指导开展文化活动。

（六）实施乡村旅游扶贫工程。编制市旅游扶贫专项规划。争取上级支持，2017年全面实施我市“十三五”旅游规划和项目。大力推进文化生态旅游精品线路建设，着力在贫困村和贫困人口比较集中的北乡片区大力发展乡村旅游。以“醴北人家”生态旅游休闲区为依托，以旅游扶贫专线、官庄湖国家级湿地公园建设为抓手，建设旅游环线，打造“官庄山水—沩山古窑”旅游扶贫专线，有效整合官庄镇、枫林镇、沩山镇、明月镇等地旅游资源，开发醴北人家、枫林印象、醴陵窑等旅游项目。建立完善乡村旅游标准体系，组织开展旅游扶贫公益行动，创建一批美丽乡村旅游扶贫重点村和星级乡村旅游区（点），积极引导贫困户旅游资源要素入股。

四、着力构建脱贫攻坚工作机制

（一）建立资金投入机制。充分发挥政府投入在扶贫开发中的主体和主导作用。统筹整合使用财政扶贫资金，扩大财政支出规模，调整本级财政支出结构，加大财政扶贫资金投入；加大行业部门项目投入，政策、项目向贫困村和贫困人口倾斜。充分发挥开发性金融、政策性金融的服务功能。扩大小额信贷、创业担保贷款、妇女小额贷款、康复扶贫贷款规模；拓展贫困地区贷款抵押担保资产范围；鼓励新设村镇银行、小额贷款公司等新型金融组织；全面建立贫困村金融扶贫服务站、银行卡助农取款服务点；全面建立扶贫贷款风险补偿机制、扶贫融资担保机制等配套政策，优化贫困地区金融生态环境。充分发挥社会投入的补充作用。引导广大社会各界人士，通过爱心捐赠、志愿服务、包村进户等多种形式参与扶贫；组织好“国家扶贫日”活动，募集社会扶贫资金；探索发展公益众筹扶贫，鼓励支持有条件的企业和社会组织设立扶贫公益基金。

（二）建立帮扶责任机制。落实干部结对帮扶责任制。市级领导要率先垂范，研究解决驻村帮扶工作中的实际问题；责任单位要认真履责当好后盾，动员干部职工全面开展结对帮扶。落实对口帮扶责任制。要按照贫困村脱贫标准规划好帮扶项目，测算和落实好帮扶资金。汇聚社会力量参与扶贫。支持武装力量加强扶贫工作，充分发挥各民主党派、无党派人士和工商联在精准扶贫上的优势和作用，深入开展系列社会扶贫活动，促进社会各方资源向精准扶贫聚集。

（三）建立扶贫对象退出机制。建设完善国务院扶贫开发信息系统醴陵数据库，逐镇逐村建立精准扶贫台账，形成与关联行业部门信息互联、数据共享的资源平台，做到数据真实可靠。严格贫困村和贫困人口的退出标准、退出程序，完善核查办法，坚决防止假脱贫、被脱贫和“数字脱贫”。建立扶贫对象激励机制，对退出的贫困村，在2020年之前保持扶贫政策不变、扶贫投入不减，同时给予适当奖励；对已脱贫的贫困户，继续享受扶贫相关政策，避免出现边脱贫、边返贫的现象。

（四）创新脱贫攻坚工作机制。严格执行《醴陵市脱贫攻坚五项工作制度》。加强帮扶责任人、扶贫力量，确保每个贫困户、每个贫困人口都有帮扶责任人；实行周调度月讲评制度，及时分析、研究、协调解决扶贫工作推进过程中的突出问题；规范脱贫攻坚基础工作，确保做到“三张榜、四上墙（栏）、五到户、六成线、七一致”。对脱贫攻坚工作每天进行电话调查，同时采取“四不两直”（不发通知、不打招呼、不听汇报、不用陪同接待，直奔基层、直插现场）方式进行现场实地督查，且每月进行一次工作考核；工作中按问题的轻重程度分别对单位和个人分类问责，对不能如期完成脱贫攻坚任务或工作过程中严重失职的，实行“一票否决”。

五、切实强化脱贫攻坚组织保障

（一）严格落实脱贫攻坚领导责任制。市委、市人民政府对全市脱贫攻坚工作负总责，抓好目标制定、上下衔接、综合协调、督查考核。镇（街、长庆示范区）承担主体责任，党政主要领导是第一责任人，要做好精准识别、进度安排、项目落地、资金使用、人力调配、推进实施等工作。落实“市级领导包镇、市直机关包村、机关干部包贫困户”的责任制，逐级递交脱贫攻坚责任状，层层传导压力，级级压实责任；落实领导干部联系贫困村制度、党员干部结对帮扶贫困户制度，确保对贫困村、贫困人口包干帮扶全覆盖。各单位（部门）要着力构建“7＋6”脱贫攻坚政策支撑体系，压实单位（部门）主要负责人的脱贫攻坚责任。

（二）全面加强农村基层组织建设。坚持抓好党建促扶贫攻坚，找准抓党建促脱贫的着力点。要选优配强镇领导班子，要向贫困村选派好“第一书记”。可从致富能手、返乡农民工、复员军人和大学生村官中选拔作风正、能力强、愿意帮扶群众致富的同志担任村干部特别是村党组织书记，本村暂时没有合适人选的可从市直机关优秀党员干部中选派，也可动员机关和企事业单位离岗退休干部职工回原籍村任职。推进软弱涣散村党组织整顿，严格落实“四议两公开”、村务财务公开、村账镇代管等制度，从严管理监督村干部队伍。完善村级组织运转经费保障机制，加强贫困村综合性服务平台建设，扶持贫困村壮大集体经济实力，增强解决贫困户特殊困难的实力。

（三）不断加强扶贫开发队伍建设。强化市扶贫开发领导小组办公室和工作机构。做到有专门的办公场所，有足够的工作人员，有专门的财务账目，有明确的工作职能职责。通过从相关责任部门抽调人员集中办公等方式充实配强市级扶贫开发工作队伍，市扶贫办内设五组三办，即综合协调组、基础工作组、重点工作组、财务保障组、宣传报道组、监测考核办、驻村结对帮扶办、督导培训办。镇（街、长庆示范区）党政主要负责人要加强领导，靠前指挥。要明确分管领导，安排不少于2名扶贫专干，确保领导到位，人员到位。各单位（部门）要强化责任担当，加强思想、作风、廉政和效能建设，真正成为市委、市人民政府打赢脱贫攻坚战的参谋部、作战室、督查队、服务员。

（四）大力营造脱贫攻坚浓厚氛围。深入开展“三增三改”［企业增产，贫困户增收，通过强化文化技术技能培训使贫困户劳动力增智（知识技能），实现转移就业；改善贫困户住房状况，改善贫困人口健康状况，改善贫困学生及劳动力就学就业状况］达标竞赛活动，广泛宣传我市扶贫开发工作取得的明显成就、先进典型和经验做法，加强对重视不够、措施不力、工作落实不到位的地方和部门的舆论监督和工作问责，营造全社会关注扶贫、支持扶贫、参与扶贫的良好氛围，形成扶贫工作比学赶超的良好局面。主流媒体、主要新闻网站要积极开设专栏，策划宣传主题，开展系列深度报道，解读研习扶贫开发政策，推动提升精准扶贫的能力水平，提振打赢脱贫攻坚战的信心。

中共醴陵市委
醴陵市人民政府
2017年2月7日

中共醴陵市委
关于认真学习宣传贯彻党的十九大精神的通知

醴发〔2017〕8号

各镇党委，各街道党工委，长庆示范区党工委，市直各单位、驻醴各单位党组（党委）：

为深入学习宣传贯彻党的十九大精神，全面贯彻落实习近平新时代中国特色社会主义思想，把全市广大干群的思想统一到党的十九大精神上来，把力量凝聚到党的十九大确定的各项任务上来，根据中央、省委和株洲市委的部署和要求，现就我市学习宣传贯彻党的十九大精神有关事项通知如下：

一、充分认识学习宣传贯彻党的十九大精神的重大意义

中国共产党第十九次全国代表大会于10月18日至24日在北京举行。这是在全面建成小康社会决胜阶段、中国特色社会主义进入新时代的关键时期召开的一次十分重要的大会。大会高举中国特色社会主义伟大旗帜，以马克思列宁主义、毛泽东思想、邓小平理论、“三个代表”重要思想、科学发展观、习近平新时代中国特色社会主义思想为指导，分析了国际国内形势发展变化，回顾和总结了过去5年的工作和历史性变革，作出了中国特色社会主义进入了新时代、我国社会主要矛盾已经转化为人民日益增长的美好生活需要和不平衡不充分的发展之间的矛盾等重大政治论断，深刻阐述了新时代中国共产党的历史使命，确立了习近平新时代中国特色社会主义思想的历史地位，提出了新时代坚持和发展中国特色社会主义的基本方略，确定了决胜全面建成小康社会、开启全面建设社会主义现代化国家新征程的目标，对新时代推进中国特色社会主义伟大事业和党的建设新的伟大工程作出了全面部署。大会批准了习近平同志代表十八届中央委员会所作的《决胜全面建成小康社会，夺取新时代中国特色社会主义伟大胜利》的报告，批准了中央纪律检查委员会的工作报告，审议通过了《中国共产党章程（修正案）》，选举产生了新一届中央委员会和中央纪律检查委员会。

习近平同志的报告，深刻回答了新时代坚持和发展中国特色社会主义的一系列重大理论和实践问题，描绘了决胜全面建成小康社会、夺取新时代中国特色社会主义伟大胜利的宏伟蓝图，进一步指明了党和国家事业的前进方向，是全党全国各族人民智慧的结晶，是我们党团结带领全国各族人民在新时代坚持和发展中国特色社会主义的政治宣言和行动纲领，是马克思主义的纲领性文献。《中国共产党章程（修正案）》将习近平新时代中国特色社会主义思想写入党章，确立为我们党必须长期坚持的指导思想。修改后的党章充分体现了党的十八大以来党的理论创新、实践创新、制度创新成果，充分体现了党的十九大报告确立的重大理论观点和重大战略思想，对推进党的事业和党的建设必将更好发挥规范和指导作用。

中央纪律检查委员会工作报告，从十个方面总结回顾了过去五年全国纪检监察工作的成绩，用“七个必须”归纳了过去五年的工作体会，就今后五年工作提出了六个方面的建议。学习中要深刻认识到，全面从严治党是十八届中央管党治党、治国理政的重大政治成就和最突出亮点，成绩来之不易，经验弥足珍贵，充分彰显了以习近平同志为核心的党中央巨大政治勇气、顽强意志品质和强烈责任担当。全面从严治党永远在路上，必须扛牢抓实管党治党“两个责任”（党的十八届三中全会明确提出，落实党风廉政建设责任制，党委负主体责任，纪委负监督责任，制定实施切实可行的责任追究制度），坚定正风肃纪、惩治腐败的信心决心和战略定力，推动管党治党从宽松软走向严紧硬，实现党内政治生态根本性好转。

党的十九届一中全会选举产生了以习近平同志为核心的新一届中央领导集体，一批经验丰富、德才兼备、奋发有为的同志进入中央领导机构，充分显示出中国特色社会主义事业蓬勃兴旺、充满活力。

认真学习宣传贯彻党的十九大精神，事关党和国家工作全局，事关中国特色社会主义事业长远发展，事关最广大人民根本利益，对于动员全党全国各族人民更加紧密地团结在以习近平同志为核心的党中央周围，高举中国特色社会主义伟大旗帜，坚定道路自信、理论自信、制度自信、文化自信，为实现推进现代化建设、完成祖国统一、维护世界和平与促进共同发展三大历史任务，为决胜全面建成小康社会、夺取新时代中国特色社会主义伟大胜利、实现中华民族伟大复兴的中国梦、实现人民对美好生活的向往继续奋斗，具有重大现实意义和深远历史意义。

学习宣传贯彻党的十九大精神，是当前和今后一段时期的首要政治任务，全市各级党组织要充分认识学习宣传贯彻党的十九大精神的重大意义，切实增强学习宣传贯彻大会精神的主动性、自觉性和坚定性，把全市广大党员干部群众的思想行动统一到大会精神和决策部署上来，把各方面的智慧力量凝聚到实现大会确定的目标任务上来，推动党的十九大精神在全市党员干部头脑中深深扎根、在醴陵落地生根。

二、全面准确学习领会党的十九大精神

学习领会党的十九大精神，必须坚持全面准确，坚持读原著、学原文、悟原理，做到学深悟透。要认真研读党的十九大报告和党章，学习习近平总书记在党的十九届一中全会上的重要讲话精神，着重把握以下几个方面。

1. 深刻领会党的十九大的主题。不忘初心，牢记使命，高举中国特色社会主义伟大旗帜，决胜全面建成小康社会，夺取新时代中国特色社会主义伟大胜利，为实现中华民族伟大复兴的中国梦不懈奋斗。这是党的十九大的主题，明确回答了我们党在新时代举什么旗、走什么路、以什么样的精神状态、担负什么样的历史使命、实现什么样的奋斗目标的重大问题。中国共产党人的初心和使命，就是为中国人民谋幸福，为中华民族谋复兴。这个初心和使命是激励中国共产党人不断前进的根本动力。中国特色社会主义是改革开放以来党的全部理论和实践的主题，在未来的征程上，要高举中国特色社会主义伟大旗帜，更加自觉地增强道路自信、理论自信、制度自信、文化自信，确保党和国家事业始终沿着正确方向胜利前进。决胜全面建成小康社会是到2020年必须完成的奋斗目标，要举全党全国之力，为实现第一个百年奋斗目标而奋斗。全面建成小康社会是党和国家事业发展的一个阶段性目标，这个目标实现后，我们要在新的历史起点上夺取新时代中国特色社会主义伟大胜利，为实现中华民族伟大复兴的中国梦不懈奋斗。

2. 深刻领会习近平新时代中国特色社会主义思想这一理论新成果。党的十八大以来，以习近平同志为核心的党中央，坚持解放思想、实事求是、与时俱进、求真务实，坚持辩证唯物主义和历史唯物主义，紧密结合新的时代条件和实践要求，以全新的视野深化对共产党执政规律、社会主义建设规律、人类社会发展规律的认识，进行艰辛理论探索，取得重大理论创新成果，创立了习近平新时代中国特色社会主义思想。习近平新时代中国特色社会主义思想，是对马克思列宁主义、毛泽东思想、邓小平理论、“三个代表”重要思想、科学发展观的继承和发展，是马克思主义中国化最新成果，是党和人民实践经验和集体智慧的结晶，是中国特色社会主义理论体系的重要组成部分，是全党全国人民为实现中华民族伟大复兴而奋斗的行动指南，必须长期坚持并不断发展。习近平新时代中国特色社会主义思想，从理论和实践结合上系统回答了新时代坚持和发展什么样的中国特色社会主义、怎样坚持和发展中国特色社会主义这个重大时代课题，回答了新时代坚持和发展中国特色社会主义的总目标、总任务、总体布局、战略布局和发展方向、发展方式、发展动力、战略步骤、外部条件、政治保证等基本问题，并且根据新的实践对经济、政治、法治、科技、文化、教育、民生、民族、宗教、社会、生态文明、国家安全、国防和军队、“一国两制”和祖国统一、统一战线、外交、党的建设等各方面作出理论分析和政策指导。党的十九大报告用“8 个明确”概括了这一思想的主要内容。为贯彻落实习近平新时代中国特色社会主义思想，党的十九大报告提出新时代坚持和发展中国特色社会主义的基本方略，并概括为“14 个坚持”。习近平新时代中国特色社会主义思想，是指导思想层面的表述，在行动纲领层面称之为中国特色社会主义基本方略。要全面贯彻党的基本理论、基本路线、基本方略，更好引领党和人民事业发展。

3. 深刻领会党的十八大以来党和国家事业发生的历史性新变革。党的十八大以来的 5 年，是党和国家发展进程中极不平凡的 5 年。5 年来，以习近平同志为核心的党中央科学把握当今世界和当代中国发展大势，顺应实践要求和人民愿望，举旗定向、运筹帷幄，统揽伟大斗争、伟大工程、伟大事业、伟大梦想，统筹推进“五位一体”（经济建设、政治建设、文化建设、社会建设、生态文明建设——着眼于全面建成小康社会、实现社会主义现代化和中华民族伟大复兴，党的十八大报告对推进中国特色社会主义事业作出“五位一体”总体布局）总体布局、协调推进“四个全面”战略布局，以巨大的政治勇气和强烈的责任担当，提出一系列新理念新思想新战略，出台一系列重大方针政策，推出一系列重大举措，推进一系列重大工作，解决了许多长期想解决而没有解决的难题，办成了许多过去想办而没有办成的大事，推动党和国家事业发生历史性变革。5 年来的成就是全方位的、开创性的，5 年来的变革是深层次的、根本性的。这些历史性变革，对党和国家事业发展具有重大而深远的影响。

4. 深刻领会中国特色社会主义进入了新时代的新论断。经过长期努力，中国特色社会主义进入了新时代，这是我国发展新的历史方位。这个新时代，是承前启后、继往开来、在新的历史条件下继续夺取中国特色社会主义伟大胜利的时代，是决胜全面建成小康社会、进而全面建设社会主义现代化强国的时代，是全国各族人民团结奋斗、不断创造美好生活、逐步实现全体人民共同富裕的时代，是全体中华儿女勠力同心、奋力实现中华民族伟大复兴中国梦的时代，是我国日益走近世界舞台中央、不断为人类作出更大贡献的时代。中国特色社会主义进入新时代，在中华人民共和国发展史上、中华民族发展史上具有重大意义，在世界社会主义发展史上、人类社会发展史上也具有重大意义。这意味着近代以来久经磨难的中华民族迎来了从站起来、富起来到强起来的伟大飞跃，迎来了实现中华民族伟大复兴的光明前景；意味着科学社会主义在 21 世纪的中国焕发出强大生机活力，在世界上高高举起了中国特色社会主义伟大旗帜；意味着中国特色社会主义道路、理论、制度、文化不断发展，拓展了发展中国家走向现代化的途径，给世界上那些既希望加快发展又希望保持自身独立性的国家和民族提供了全新选择，为解决人类问题贡献了中国智慧和中国方案。

5. 深刻领会我国社会主要矛盾发生变化的新特点。中国特色社会主义进入新时代，我国社会主要矛盾已经转化为人民日益增长的美好生活需要和不平衡不充分的发展之间的矛盾。我国稳定解决了十几亿人的温饱问题，总体上实现小康，不久将全面建成小康社会，人民美好生活需要日益广泛，不仅对物质文化生活提出了更高要求，而且在民主、法治、公平、正义、安全、环境等方面的要求日益增长。同时，我国社会生产力水平总体上显著提高，社会生产能力在很多方面进入世界前列，更加突出的问题是发展不平衡不充分，这已经成为满足人民日益增长的美好生活需要的主要制约因素。我国社会主要矛盾的变化是关系全局的历史性变化，对党和国家工作提出了许多新要求。要在继续推动发展的基础上，着力解决好发展不平衡不充分问题，大力提升发展质量和效益，更好满足人民在经济、政治、文化、社会、生态等方面日益增长的需要，更好推动人的全面发展、社会全面进步。我国社会主要矛盾的变化，没有改变我们对我国社会主义所处历史阶段的判断，我国仍处于并将长期处于社会主义初级阶段的基本国情没有变，我国是世界最大发展中国家的国际地位没有变。我们要牢牢把握社会主义初级阶段这个基本国情，牢牢立足社会主义初级阶段这个最大实际，牢牢坚持党的基本路线这个党和国家的生命线、人民的幸福线。

6. 深刻领会新时代中国共产党的历史新使命。实现中华民族伟大复兴是近代以来中华民族最伟大的梦想。中国共产党一经成立，就把实现共产主义作为党的最高理想和最终目标，义无反顾肩负起实现中华民族伟大复兴的历史使命，团结带领人民进行了艰苦卓绝的斗争，谱写了气吞山河的壮丽史诗。今天，我们比历史上任何时期都更接近、更有信心和能力实现中华民族伟大复兴的目标。行百里者半九十。中华民族伟大复兴，绝不是轻轻松松、敲锣打鼓就能实现的，必须准备付出更为艰巨、更为艰苦的努力。实现伟大梦想，必须进行伟大斗争。这个伟大斗争就是具有许多新的历史特点的伟大斗争。要充分认识这场伟大斗争的长期性、复杂性、艰巨性，发扬斗争精神，提高斗争本领，不断夺取伟大斗争新胜利。实现伟大梦想，必须建设伟大工程。这个伟大工程就是我们党正在深入推进的党的建设新的伟大工程。要不断增强党的政治领导力、思想引领力、群众组织力、社会号召力，确保我们党永葆旺盛生命力和强大战斗力。实现伟大梦想，必须推进伟大事业。这个伟大事业就是中国特色社会主义伟大事业。要更加自觉地增强“四个自信”（道路自信、理论自信、制度自信和文化自信），既不走封闭僵化的老路，也不走改旗易帜的邪路，始终坚持和发展中国特色社会主义。伟大斗争，伟大工程，伟大事业，伟大梦想，紧密联系、相互贯通、相互作用，其中起决定性作用的是党的建设新的伟大工程。建设伟大工程，要结合伟大斗争、伟大事业、伟大梦想的实践来进行，确保党始终走在时代前列、始终成为全国人民的主心骨、始终成为坚强领导核心。

7. 深刻领会分两步走建设社会主义现代化国家的新目标。改革开放之后，我们党对我国社会主义现代化建设作出战略安排，提出“三步走”（1987年10月党的十三大提出的中国经济建设分三步走的总体战略部署：第一步目标，1981年到1990年实现国民生产总值比1980年翻一番，解决人民的温饱问题；第二步目标，1991年到二十世纪末国民生产总值再增长一倍，人民生活达到小康水平；第三步目标，到二十一世纪中叶，人均国民生产总值达到中等发达国家水平，人民生活比较富裕，基本实现现代化）战略目标和“两个一百年”［中共十八大报告首次提出“两个一百年”奋斗目标：第一个一百年，是到中国共产党成立100年时（2021年）全面建成小康社会；第二个一百年，是到新中国成立100年时（2049年）建成富强、民主、文明、和谐的社会主义现代化国家］奋斗目标。从现在到2020年，是全面建成小康社会决胜期。要按照全面建成小康社会各项要求，紧扣我国社会主要矛盾变化，突出抓重点、补短板、强弱项，特别是要坚决打好防范化解重大风险、精准脱贫、污染防治的攻坚战，使全面建成小康社会得到人民认可、经得起历史检验。党的十九大对第二个百年奋斗目标进行了战略规划，将全面建设社会主义现代化国家的新征程分为两个阶段来安排。第一个阶段，从2020年到2035年，在全面建成小康社会的基础上，再奋斗15年，基本实现社会主义现代化。第二个阶段，从2035年到本世纪中叶，在基本实现现代化的基础上，再奋斗15年，把我国建成富强民主文明和谐美丽的社会主义现代化强国。从全面建成小康社会到基本实现现代化，再到全面建成社会主义现代化强国，是新时代中国特色社会主义发展的战略安排。

8. 深刻领会社会主义经济建设、政治建设、文化建设、社会建设、生态文明建设等方面的新部署。在经济建设上，要贯彻新发展理念，建设现代化经济体系，以供给侧结构性改革为主线，推动经济发展质量变革、效率变革、动力变革，不断增强我国经济创新力和竞争力。在政治建设上，要坚持党的领导、人民当家作主、依法治国有机统一，健全人民当家作主制度体系，发展社会主义民主政治，推进社会主义民主政治制度化、规范化、程序化。在文化建设上，要坚定文化自信，推动社会主义文化繁荣兴盛，牢牢掌握意识形态工作领导权，培育和践行社会主义核心价值观，加强思想道德建设，繁荣发展社会主义文艺，推动文化事业和文化产业发展。在社会建设上，要提高保障和改善民生水平，加强和创新社会治理，不断满足人民日益增长的美好生活需要，让改革发展成果更多更公平惠及全体人民。在生态文明建设上，要践行绿水青山就是金山银山的理念，加快生态文明体制改革，形成节约资源和保护环境的空间格局、产业结构、生产方式、生活方式，建设美丽中国。

9. 深刻领会国防和军队建设、港澳台工作、外交工作的新部署。面对国家安全环境的深刻变化，面对强国强军的时代要求，必须坚持走中国特色强军之路，全面贯彻习近平强军思想，贯彻新形势下军事战略方针，建设强大的现代化陆军、海军、空军、火箭军和战略支援部队，打造坚强高效的战区联合作战指挥机构，构建中国特色现代作战体系，全面推进国防和军队现代化，把人民军队建设成为世界一流军队。保持香港、澳门长期繁荣稳定，必须全面准确贯彻“一国两制”、“港人治港”、“澳人治澳”、高度自治的方针，严格依照宪法和基本法办事，让香港、澳门同胞同祖国人民共担民族复兴的历史责任、共享祖国繁荣富强的伟大荣光。必须继续坚持“和平统一、一国两制”方针，扩大两岸经济文化交流合作，推动两岸同胞共同弘扬中华文化，推动两岸关系和平发展，推进祖国和平统一进程，绝不允许任何人、任何组织、任何政党、在任何时候、以任何形式、把任何一块中国领土从中国分裂出去。中国将坚持和平发展道路，高举和平、发展、合作、共赢的旗帜，恪守维护世界和平、促进共同发展的外交政策宗旨，坚定不移在和平共处五项原则基础上发展同各国的友好合作，积极促进“一带一路”国际合作，继续积极参与全球治理体系改革和建设，推动建设相互尊重、公平正义、合作共赢的新型国际关系，推动构建人类命运共同体，同世界各国人民一道建设持久和平、普遍安全、共同繁荣、开放包容、清洁美丽的世界。

10. 深刻领会坚定不移全面从严治党的新部署。党要团结带领人民进行伟大斗争、推进伟大事业、实现伟大梦想，必须毫不动摇坚持和完善党的领导，毫不动摇把党建设得更加坚强有力。要坚持和加强党的全面领导，坚持党要管党、全面从严治党，以加强党的长期执政能力建设、先进性和纯洁性建设为主线，以党的政治建设为统领，以坚定理想信念宗旨为根基，以调动全党积极性、主动性、创造性为着力点，全面推进党的政治建设、思想建设、组织建设、作风建设、纪律建设，把制度建设贯穿其中，深入推进反腐败斗争，不断提高党的建设质量，把党建设成为始终走在时代前列、人民衷心拥护、勇于自我革命、经得起各种风浪考验、朝气蓬勃的马克思主义执政党。

三、在全市上下迅速兴起学习宣传贯彻党的十九大精神的热潮

学习宣传党的十九大精神，要坚决贯彻“学懂、弄通、做实”的要求，既要整体把握、全面系统，又要突出重点、抓住关键，把着力点聚焦到习近平新时代中国特色社会主义思想是党必须长期坚持的指导思想上，聚焦到5年来党和国家事业取得历史性成就和发生历史性变革上，聚焦到作出中国特色社会主义进入了新时代、我国社会主要矛盾已经转化为人民日益增长的美好生活需要和不平衡不充分的发展之间的矛盾等重大政治论断的深远影响上，聚焦到贯彻落实党的十九大的重大决策部署上，聚焦到以习近平同志为核心的新一届中央领导集体是深受全党全国各族人民拥护和信赖的领导集体上，聚焦到习近平总书记是全党拥护、人民爱戴、当之无愧的党的领袖上。要在全市迅速组织开展学习宣传贯彻活动，展现新气象、实现新作为，全力营造学习宣传贯彻党的十九大精神的浓厚氛围。

1. 突出抓好理论学习。坚持把学习党的十九大精神作为党的理论武装工作的重点任务，纳入“两学一做”学习教育常态化制度化，以大学习促进领会精神实质。各级各部门各单位党委（党组）理论学习中心组要把学习党的十九大精神作为重中之重，把习近平新时代中国特色社会主义思想作为中心内容，制定系统学习计划，列出专题深入研讨，认认真真、原原本本研读大会文件，结合实际深学深悟、入脑入心、融会贯通。处级党员领导干部要发挥示范带头作用，先学一步、学深一层，带动广大党员干部学习。市委组织部要根据要求制定方案，举办科级领导干部专题研讨班，抓好全市党员干部的分批集中培训。市委党校要把党的十九大精神作为干部培训的重要内容，推动党的十九大精神进教材、进课堂、进头脑，在学习培训中要以即将出版的《习近平谈话治国理政》第二卷、《习近平新时代中国特色社会主义思想学习纲要》为权威读本，运用好《党的十九大报告辅导读本》等辅导材料和《将改革进行到底》等电视专题片。要以党支部为单位，通过举办专题学习会、报告会、研讨会、交流会和邀请专家学者解读等多种形式，组织各级党员干部将集中学习与个人自学结合起来，将专题学习与交流讨论结合起来，深刻领会、全面把握，真正用党的十九大精神武装头脑、指导实践、推动工作。

2. 广泛开展集中宣讲。从现在起到明年初，集中开展党的十九大精神宣讲活动。从11月下旬开始，集中一周左右时间，市委常委结合分管工作，到基层一线开展宣讲。同时，抽调具有一定理论功底和宣讲能力的理论和实际工作者组成宣讲团，并组建微宣讲团、艺术化宣讲团，在各部门、各单位、各行业开展互动化、分众化、对象化的宣讲，打通党的十九大精神进基层的“最后一公里”。要积极开展面向党外人士的宣讲工作，增进党外人士对党的十九大精神的认知认同。要充分用好网络手段，通过网络直播、网络视频、网上交流等形式，做到全网跟进，积极回应广大网民的关切。要多种方式组织驻村工作队在帮扶村开展宣讲，积极回应群众关切，让党的十九大精神家喻户晓、深入人心。

3. 精心策划各类宣传。要利用各种宣传形式和手段，采取人民群众喜闻乐见的形式，推动党的十九大精神进企业、进农村、进机关、进校园、进社区、进军营、进网站、进网格，激发干群锐意进取、埋头苦干的精神，进一步鼓足干劲、奋勇前进。报纸、电台、电视台要精心策划，开设学习宣传贯彻党的十九大精神专栏，宣传5年来党和国家事业发生的历史性变革，宣传党的十九大提出的一系列新的重要思想、重要观点、重大论断、重大举措，宣传全党全社会对党的十九大热烈反响和积极评价，宣传我市学习贯彻的具体举措和实际行动，积极反映基层干部群众学习贯彻的典型事迹和良好风貌。要积极开展网络宣传,用好“两微一端”等新技术新应用，通过图解图说、动漫动画、微视频、微访谈等方式推出一批宣传党的十九大精神的网络产品。

4. 推进学习成果转化。要围绕党的十九大精神，紧密结合“贯彻发展新理念转型升级补短板”讨论活动，立足我市经济社会发展实际，确定一批重大研究选题，组织广大专家学者深入研究，推出一批有分量、有深度的报道、综述、社论、评论和理论文章，切实增强学习宣传的理论深度、实践力度、情感温度。处级党员领导干部要结合分管领域工作，每人牵头1个专题，结合宣讲进行调研，把贯彻党的十九大精神的思路举措谋深谋透谋实。各级领导干部要结合本职工作，扑下身子、沉到一线，多向群众讨教思路办法，多向各界听取意见建议，既总结提炼改革发展实践中的鲜活经验，也研究思考瓶颈制约问题的破解办法。

四、紧密联系实际推动党的十九大精神在醴陵落地生根

学习贯彻党的十九大精神，关键在行动、关键在结合、关键在实践。要紧密联系我市实际，坚持学以致用、用以促学，把党的十九大精神落实到经济社会发展各方面，奋力开创“四个醴陵”建设新局面。

1. 牢固树立“四个意识”。学习宣传贯彻党的十九大精神，要推动全市各级党组织和广大党员牢固树立政治意识、大局意识、核心意识、看齐意识，全面贯彻落实党的基本理论、基本路线、基本方略，严格遵守政治纪律和政治规矩，在政治立场、政治方向、政治原则、政治道路上同以习近平同志为核心的党中央保持高度一致，自觉维护以习近平同志为核心的党中央权威和集中统一领导，坚定自觉地把以习近平同志为核心的党中央决策部署落到实处。要自觉以习近平新时代中国特色社会主义思想武装头脑，切实转变一切不合时宜的思想观念，把党的创新理论贯彻到推动发展的全过程、体现到党的建设的各方面。要充分发挥党总揽全局、协调各方的作用，加强党对一切工作的领导，不断开创工作新局面。

2. 全力推动发展。要始终把加快发展作为落实党的十九大精神的第一要务和具体实践，聚焦大会确立的新方略、新目标、新任务，对照大会作出的新部署、新要求、新举措，深入贯彻新发展理念，研究提出贯彻落实的具体思路和举措。要始终保持工作定力，紧扣“985”（“十三五”期间，全市地区生产总值达900亿元，财政总收入达80亿元，力争进入全国县域经济百强前50名）发展目标，全力打好产业突围、城镇提质、项目攻坚、安全保卫“四大战役”，主攻大城区、大园区、大景区、大产区“四大区域”，加快建设富强、美丽、幸福、文明“四个醴陵”。全市各级党员干部要充分发挥模范带头作用，努力学在最深层、走在最前列、干在最实处，推动全市经济社会更好更快、持续健康发展。

3. 着力改善民生。要坚决贯彻以人民为中心的发展思想，始终把人民利益摆在至高无上的地位，不断改善民生水平。坚持把脱贫攻坚作为当前最大的政治、最大的任务和最大的责任，全力打好脱贫攻坚战，确保今年在全省率先实现整体脱贫、全面建成小康社会。要认真落实党的十九大报告对教育、就业、社保、健康、社会治理等各领域民生工作的部署要求，深入推进“健康醴陵”“法治醴陵”“平安醴陵”建设，努力使人民获得感、幸福感、安全感更加充实、更有保障、更可持续。

4. 深入推进改革。加快推进供给侧结构性改革，推动经济发展质量变革、效率变革、动力变革，提高全要素生产率,着力加快建设实体经济、科技创新、现代金融、人力资源协同发展的产业体系。要深入推进行政管理体制改革，进一步提升政务服务效能，持续优化发展环境。要全面推进商事制度改革，进一步释放经济发展活力。要以全国农村综合性改革试点试验县（市）为契机，健全村级集体经济发展机制，完善乡村治理，加快推进农业现代化。

5. 全面从严治党。牢牢把握新时代党的建设总要求，始终紧绷从严从紧这根弦，把党的政治建设放在首位，抓牢抓实管党治党责任，坚持思想建党和制度治党同向发力，坚定不移推进全面从严治党向纵深发展、向基层延伸，切实提高各级党组织的创造力、战斗力和凝聚力。全面开展“不忘初心、牢记使命”主题教育，推动广大党员干部深入理解和把握习近平新时代中国特色社会主义思想的科学体系、精神实质、实践要求。要坚持德才兼备、以德为先，大力倡导“四个一样”（人前人后一个样，上级和下级面前一个样，得意和失意时一个样，平时和关键时刻一个样），落实好干部标准，着力建设高素质专业化干部队伍。要加强干部教育培训和实践锻炼，全面增强学习、政治领导、改革创新、科学发展、依法执政、群众工作、狠抓落实、驾驭风险等本领。始终保持惩治腐败的高压态势，坚定反腐败斗争必胜的信心决心，奋力夺取反腐败斗争压倒性胜利，打造山清水秀的政治生态。

6. 切实抓好当前工作。今年只剩下不到2个月的时间，全市改革发展稳定各项任务十分繁重。全市各级各部门各单位要以学习宣传贯彻党的十九大精神为动力，着力抓好当前各项工作。要对照年初目标、对标上级要求，全面梳理、认真自查，已经完成的工作，要继续巩固、扩大成绩；预期较好的工作，要持续发力、加快进度、确保顺利；落后或预期不理想的工作，要认真查找差距、分析原因、找准对策、采取措施，把落下的工作补上来，把滞后的进度追上来，把落后的指标抓上来，把平淡变成亮点，把短板变成长板，确保今年各项既定目标任务圆满完成。

市委号召，全市各级党组织和广大党员干部要紧密团结在以习近平同志为核心的党中央周围，高举中国特色社会主义伟大旗帜，深入贯彻党的十九大精神，不忘初心、牢记使命，锐意创新、砥砺奋进，为加快建设“四个醴陵”、奋力谱写中华民族伟大复兴中国梦的醴陵篇章而努力奋斗！

中共醴陵市委
2017 年 11 月 10 日

中共醴陵市委办公室　醴陵市人民政府办公室关于印发《醴陵市城乡社区网格化服务管理工作实施方案》的通知

醴办发〔2017〕15 号

各镇党委、人民政府，各街道党工委、办事处，长庆示范区党工委、管委会，市直各单位，驻醴各单位：

《醴陵市城乡社区网格化服务管理工作实施方案》已经市委、市人民政府同意，现印发给你们，请认真遵照执行。

中共醴陵市委办公室
醴陵市人民政府办公室
2017 年 3 月 6 日

醴陵市城乡社区网格化服务管理工作实施方案

为切实加强和创新社会治理，从源头上预防、发现、化解社会矛盾，全面提升我市社会治理服务水平，营造平安有序的治安环境、公平正义的法治环境、文明和谐的社会环境，根据中央、省、株洲市的部署和要求，结合我市实际，制定本实施方案。

一、工作目标

创新社会治理模式，以网格为服务管理基本单位，以大数据信息平台为支撑，整合民情收集、基层自治、便民服务和社会管理等职能，应用“收集问题、筛选处理、二次筛选、分类调度、处理反馈、事件归档”的工作流程，构建“网格化管理、信息化支撑、全程化服务、系统化治理”的村（社区）服务管理体系，做到民情底数清、信息无遗漏、管理无盲点、事在网上办、服务零距离，实现对网格内居民和单位全覆盖、全方位、全过程的动态服务与管理，打通服务群众“最后一公里”。2016 年 12 月至 2017 年 6 月，在四个街道、长庆示范区以及孙家湾镇先行试点。其中，来龙门街道四塘社区、阳三石街道阳东社区、国瓷街道横店村、仙岳山街道碧山社区、长庆示范区马脑村以及孙家湾全镇作为试点工作的样板点。2017 年 7 月至 12 月在全市范围内推广网格化服务管理工作。2017 年 12 月底，实现全市 100% 的村（社区）网格化服务管理全覆盖。

二、工作内容

（一）掌握基础数据。了解掌握并及时更新网格内人、地、物、组织的基本情况，做好相关基础数据的采集、录入和维护工作。

（二）反映群众诉求。坚持入户制度，了解社情民意，反映群众诉求，代理居民信访，帮助解决具体困难。

醴陵市泗汾镇

LI LING SHI SI FEN ZHEN

市委书记胡湘之到镇调研农业项目

市人民政府副市长陈佳、市人民法院院长刘望鸣到镇指导工作

市委常委、宣传部部长刘海龙到镇泗汾村调研“同心工程”

党委书记颜少龙督查河道

党委副书记、镇长唐尚昆到企业督查

醴陵市

LI LING SI

湖南省安全生产监督管理局副局长、党组成员杨国庆率专家组一行实地考察中盐红四方复合肥项目

株洲市委常委、统战部部长覃万成督查特色小镇建设情况

市委书记胡湘之到醴陵电力电瓷电器产业园 B 区现场调研

市委副书记、市人民政府市长康月林参观东富工业园

市人大常委会副主任、党组成员李荣佳中秋节慰问贫困户

党委书记杨冬发到企业开展帮扶工作

东 富 镇

ONG FU ZHEN

醴陵电力电瓷电器产业园集中开工仪式

班子成员会议

平安创建表彰大会

党日活动——义务植树

东富镇安全生产月宣传暨文化艺术节活动

醴 陵 市

LI LING SH

市委常委 、人武部部长李云星参加孙家湾镇植树活动

机关干部集体观看中共十九大开幕式

班子成员和新一届村支两委成员集体宣誓

党员夜校

孙 家 湾 镇

SUN JIA WAN ZHEN

中央组织部领导到镇进行“不忘初心，牢记使命“主题调研

党委书记杨鹏走访加油站

新引进项目——湖南省玉润行化妆用具科技有限公司

醴陵市沈潭镇

LI LING SHI SHEN TAN ZHEN

市委书记胡湘之带队到镇调研网格化工作

市委副书记、市人民政府市长康月林带队到镇调研安全生产工作

市委常委、市纪委书记易文星到镇指导村级换届选举工作

召开平安创建表彰大会

沈潭镇创建 2017 年度湖南省卫生村镇工作迎接株洲市爱国卫生运动委员会初检

沈潭镇创建 2017 年度湖南省卫生村镇工作迎接株洲市爱国卫生运动委员会复检

醴陵市船湾镇

LI LING SHI CHUAN WAN ZHEN

株洲市人民政府副市长何朝晖在湘赣边（醴陵）首届桃花艺术节——2017 年中国职业服装名镇发展论坛上讲话

市委书记胡湘之调研镇服饰企业

市委副书记邹展晖（时任）主持湘赣边（醴陵）首届桃花艺术节——2017 年中国职业服装名镇发展论坛

清水江村迎老乡建家乡活动

船湾镇服装设备展览

船湾镇清水湾畔旅游基地

开展禁毒宣传

醴陵市明月镇

LI LING SHI MING YUE ZHEN

市委书记胡湘之调研扶贫工作

市人民政府副市长黄平伟考察醴陵神马花炮有限公司

市人大常委会主任贺小玲考察水口山辣椒基地

云岩古寺

醴陵市嘉树镇

LI LING SHI JIA SHU ZHEN

市委书记胡湘之、市人民政府副市长王吉祥到镇指导工作

市委副书记、市人民政府市长康月林，市政协主席江曙明到广交会醴陵企业展位参观指导

开展贫困户劳动力产业培训

“瓷博会”——嘉树炻瓷产业协会展厅

全体机关干部开展党日活动

醴陵市茶山镇

LI LING SHI CHA SHAN ZHEN

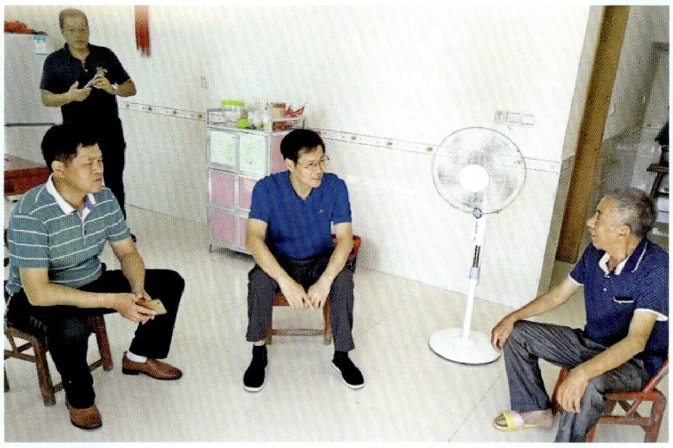

市委副书记邹志超“七一”期间慰问龙井居委会党员

市人民政府副市长王吉祥调度镇神福小城镇项目建设工作

市政协副主席肖建辉走访慰问茶山镇梅霞村困难党员

市人民政府副市长谭艳慰问茶山镇石均塘村困难群众

市政协副主席肖建辉到茶山镇调研基层组织运行工作

醴陵市均楚镇

LI LING SHI JUN CHU ZHEN

班子成员

株洲市委书记毛腾飞到镇考察精准扶贫工作

市委书记胡湘之到镇指导工作

市委副书记邹志超到镇调研

市人民政府副市长钟国建到镇慰问贫困户

醴陵市石亭镇

LI LING SHI SHI TING ZHEN

市委书记胡湘之调研石亭镇基层党组织“五化”建设

市委常委、政法委书记廖胜云调研石亭镇农业种植结构调整工作

石亭镇“讲道德、树新风、跟党走”五四青年节主题活动

石亭镇机关支部开展“两学一做”特色党日活动

清泥湾生态农业产业园项目效果图

醴陵云启生态农业产业园项目落户石亭镇

醴陵市左权镇

LI LING SHI ZUO QUAN ZHEN

市委常委、统战部部长石勇辉到镇磨子石河流域开展防汛抗洪工作巡查与调度

市人民政府副市长王吉祥带领后盾单位到镇召开基层党建帮扶调研会

在左权镇篾织街社区农贸市场开展计划生育宣传和服务活动

2017“安全生产月”宣传咨询日活动

醴陵市板杉镇

LI LING SHI BAN SHAN ZHEN

株洲市委副书记雷绍业考察东城大道项目，市委副书记、市人民政府市长康月林陪同

市委书记胡湘之调研东城大道项目

市委副书记、市人民政府市长康月林调度省级贫困村板杉村脱贫攻坚工作

市委常委、宣传部部长刘海龙和市人民政府副市长谭艳调度江南仓储物流园招商工作

市人大常委会副主任翁菊清走访慰问贫困户

“党建 + 妇建 + 创建”板杉镇动员大会

醴陵市枫林镇

LI LING SHI FENG LIN ZHEN

党日活动

“印象枫林，富硒康养”旅游年启动仪式

幸福之家——枫林镇第三敬老院

彰仙廊桥

黄乡民居游客接待中心

猕猴桃种植基地

荷花里农庄——旗袍秀

枫林镇工业园掠影

财政部农村综合改革试点项目——巨型稻立体种养基地

枫林雅好食品产业园（在建）

醴陵市官庄镇

LI LING SHI GUAN ZHUANG ZHEN

国务院扶贫开发领导小组办公室副主任洪天云到官庄镇调研脱贫攻坚工作

湖南省委常委、省纪委书记傅奎到官庄镇调研

市委书记胡湘之到官庄镇调研

市委副书记、市人民政府市长康月林到官庄镇横江村慰问易地扶贫搬迁贫困户

官庄水库饮用水水源地网箱和畜禽退养工作顺利完成

瓦子坪村综合服务中心

横江村易地扶贫搬迁集中安置点建成

醴陵市广播电视台

LI LING SHI GUANG BO DIAN SHI TAI

市委书记胡湘之，市委副书记、市人民政府市长康月林在第 18 个记者节期间，到市广播电视台看望慰问一线记者

市广播电视台采编的助残工作经验报道《认识无障碍 共享有通途》登陆中央电视台《焦点访谈》栏目

中央电视台“喜迎十九大”节目《还看今朝·湖南篇》，醴陵市成为株洲地区的 3 个直播点之一入镜，直播时长近 5 分钟

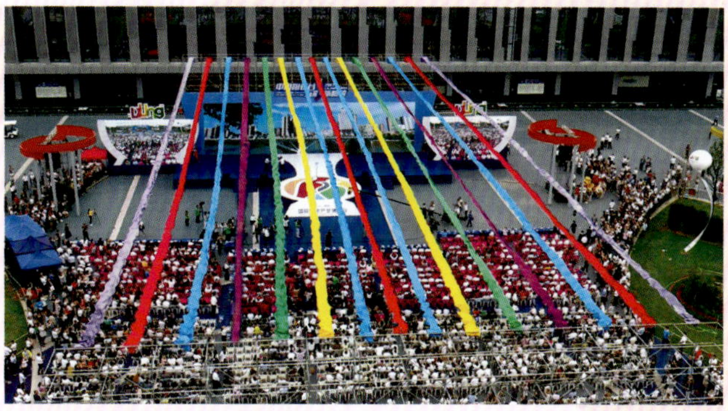

2017 中国醴陵国际陶瓷博览会直播现场

美化提升荧屏形象，在全省率先实现高标清同步播出

市广播电视台办公楼

湖南醴陵农村商业

HU NAN LI LING NONG CUN SHANG YE

市人民政府副市长黄平伟到醴陵农商银行指导工作

中国人民银行株洲市支行领导到醴陵农商银行指导工作

开展“爱心之旅　乐在暖冬”公益活动，捐助官庄长连中心小学学生

开展春节慰问困难群众活动

慰问狮子坡社区贫困户

“开门红”营销活动

银行股份有限公司

YIN HANG GU FEN YOU XIAN GONG SI

醴陵农商银行董事长凌光武下乡慰问贫困户

醴陵农商银行董事长凌光武调研均楚镇瓜蒌种植基地

醴陵农商银行“缤纷五月天 最美农商人”礼仪大赛

宣传金融消费知识

新一代业务系统成功上线

醴陵市中医院（一医院）

LI LING SHI ZHONG YI YUAN （YI YI YUAN）

国家三级甲等中医医院授牌仪式

醴陵市健康大讲堂

湖南中医药大学第一附属医院湘中医 · 医疗联盟单位授牌仪式

举办湖南省中医经典年会

举办醴陵市第一期基层中医适宜技术培训班

新住院综合大楼效果图

门诊大楼

醴陵市妇幼保健计划生育服务中心

LI LING SHI FU YOU BAO JIAN JI HUA SHENG YU FU WU ZHONG XIN

市领导参加新妇幼开工仪式

株洲市妇联副主席杨琼授牌“巾帼文明岗”

“帮扶成效突出干部”丁艳平走访慰问贫困户

急救演练大比武

“6s 精益管理”启动大会

醴陵市陶瓷烟花职业技术学校

LI LING SHI TAO CI YAN HUA ZHI YE JI SHU XUE XIAO

校长　徐峰

团结务实的领导班子

现场授课

企业实训

实训楼

教学楼

运动场

（三）提供社会服务。开展劳动就业、社会保障、社会救助、医疗卫生、计划生育、文化教育、体育健身、养老助残等公共服务工作。

（四）指导安全生产。开展宣传教育和检查监督活动，落实食品药品安全、消防安全、交通安全、生产安全及水、电、气等安全防范工作，协助处理安全生产事件。

（五）管理实有人口。全面准确登记辖区实有人口，了解掌握基本情况，特别是出租房屋和流动人口的动态情况；了解困难群众和特殊人群的具体困难及服务需求；掌握重点人群的动态，并根据现实表现落实工作措施。

（六）协调城市运行。开展市政设施、市容环境、违法建设、节能减排等方面的巡查，协调解决或上报市网格化信息管理系统，配合开展治理工作。

（七）维护治安秩序。开展安全防范宣传教育，组织群防群治活动；严格辖区内行业、场所及危险物品治理，开展治安检查，督促落实防范措施；协助办理辖区内各类治安、刑事案件。

（八）排查化解矛盾。定期排查辖区内矛盾纠纷，及时发现并报告苗头性事件，组织开展矛盾化解工作，帮助调解邻里纠纷和家庭矛盾。

（九）落实矫正帮教。进一步完善村（社区）矫正和帮教安置体系，整合形成专群结合的力量；开展对重点人口、监管对象和有轻微违法人员的监督管理及帮教工作。

（十）强化禁毒服务管理。加强对吸毒人员基本情况、行动趋向、生活状况、社会关系、现实表现等信息的采集；加强吸毒人员的日常管控，认真落实吸毒人员定期走访、动态监测、风险评估、跟踪监管等措施；积极为吸毒人员提供帮扶救助，尽力解决家庭困难吸毒人员的就业和生活问题，确保吸毒人员服务管理各项政策措施落实到位。

（十一）引导社会参与。开展社会领域党建工作，促进基层民主自治；组织开展工会、共青团、妇联活动，培育村（社区）社会组织；加强与新经济组织、社会组织的联系，开展社会领域统战工作；开展群众性精神文明创建活动，营造文明的社会环境。

三、工作任务

（一）设立组织机构

成立市城乡社区网格化服务管理工作领导小组、市社会治理网格化中心（以下简称市网格化中心）、镇（街、长庆示范区）网格化分中心和村（社区）网格化工作站。市网格化中心与市政务服务中心合署办公；镇（街、长庆示范区）网格化分中心设在当地便民服务大厅；村（社区）网格化工作站设在村级办公楼。市网格化中心主要负责全市网格化工作的全面推进，信息平台的开发、管理和维护，向有关单位统一分流、交办各类社会事件，落实上级网格化中心交办的任务，指导镇级网格化分中心工作，对专职网格员进行招聘、日常管理及考核等工作。

（二）建立信息平台

建立起覆盖市、镇（街、长庆示范区）和相关职能部门（包括公安、民政、安监、卫计、人社、住建、环保、教育、城管等部门和23512345市长热线）、村（社区）的信息平台以及面向网格员的“一键通”手机应用平台。按照信息化进网格、大数据进社区的要求，系统建设集社会治理、城市管理、电子政务于一体的综合信息平台，以信息化建设支撑社区网格化服务管理。由市政务服务中心牵头组织各镇（街、长庆示范区）和市直有关单位统一建设云计算中心，建设市、镇两级网格化中心和数据中心。同时，统一电子政务网络，建设覆盖市、镇、村三级的电子政务专网，与市电子政务专网统一中心机房、统一联网。电子政务内网接入市相关单位，形成“条可实现与省、株洲市业务单位联网，块可实现区域统一调度”的信息网络，以此促成社区网格化管理真正成为主动、定量、系统的管理。通过整合和共享政府各部门的信息资源，建立起以空间地理信息数据库、人口基础信息数据库、法人基础信息数据库、城市部件信息数据库、房屋信息数据库、经济数据库为基础的数据中心。

（三）完善网格体系

1. 划分网格。按照“完整性（原则上不打破行政管辖及物业管理范围）、便利性（方便管理）、均衡性（各网格任务量相对均衡，城区一般每个网格覆盖范围为400户左右或1200人左右）”和“全覆盖、无缝隙”的原则，划分社区网格。网格名称统一为“XX社区1、2、3、4、5……网格”。对自成体系、单门独院、物业管理健全的居民小区、机关企事业单位，可单独设立一个网格。按照“地缘相近、居住相邻、人文相亲、便于管理”的原则划分农村网格，农村地区一般每个网格覆盖范围为600户左右或2500人左右，网格名称统一为“XX村一组、二组、三组……”。

2. 配备人员。结合工作实际，整合综治、公安、消防、村（社区）工作人员等政府管理资源和治安志愿者、物业服务管理人员、楼栋长等社会力量，下沉到网格，形成“一格多员、一员多能、一岗多责”的工作机制，将网格人员的姓名、联系电话、负责工作、责任范围告知居民，实现网格内社会和谐稳定、社情民意上传下达。

网格按照“1+1+4”模式配备人员：第一个“1”指每个网格必须配备1名网格长，一般由现有村（社区）领导或其他工作人员担任，为网格管理第一责任人，对网格管理实行专职负责、全面协调，对网格内各项工作进度情况进行督促和考核。第二个“1”

指聘用到网格中的专（兼）职网格员，办公场地设在村（社区）网格化工作站，负责实有人口、实有房屋、安全生产、社保民生等方面信息采集以及矛盾纠纷、不稳定因素的上报和先期处置工作。“4”指每个网格需要配备的若干力量，包括网格督导员、网格警员、网格调解员、网格消防员“四员”。网格督导员由市直单位、驻醴单位的办点干部或者镇（街、长庆示范区）干部担任，负责督促、指导、协调网格管理工作；网格警员由社区民警或辅警担任，负责管理实有人口和重点人员，掌握社情民意，组织安全防范工作，维护网格内的治安秩序；网格调解员由村（社区）工作人员及志愿者担任，负责网格内矛盾纠纷排查和先期调处，做好法律咨询、法律援助等工作；网格消防员由辖区消防专业人员担任，负责网格内消防安全宣传、消防设施管理和消防隐患排查等工作。

3. 采集信息。由市网格化中心牵头，公安、民政、卫计、房产、国土资源、司法等相关业务部门配合，组织各镇（街、长庆示范区）全面推进“人、房、物、事、组织”等基础信息采集工作。按照属地管理原则，以实际居住地为准，以村（社区）为单位，以网格为单元，按照“不漏一人、不掉一户”的要求，逐户登记所辖范围内的实有人口、重点人群、实有房屋、经营场所、公共物件等基础信息，并充分整合公安、卫计、教育、民政、社保等部门的信息数据，实现资源共享共用，建立起集人口信息、单位信息、房屋信息为一体，覆盖人口计生、政法综治、社会事务、城市管理、信访维稳、医疗卫生、环境整治、文化教育、基层党组织等各方面的基础信息库。

4. 编制牌号。由民政部门负责门牌设置的组织、协调、统计、核查和承制工作；公安部门负责门牌设置的安全保卫工作和提供户籍资料，确保编码工作顺利进行；食药工商质监、住建、房产、统计等部门，按照各自职责配合民政部门做好经营门店以及住宅小区的普查登记工作；各镇（街、长庆示范区）和村（社区）负责普查、登记、安装等具体工作；各党政机关、企事业单位全力配合、积极参与，确保编制门牌号码工作顺利完成。

5. 强化管理。村（社区）要制定网格划分的网络图，标明村（社区）网格分布情况，在村（社区）进行公示，让群众形成清晰明了的网格概念。每个网格设置网格化图谱，标明网格位置、道路、建筑等。同时，在楼栋、单元等醒目位置公布网格管理员有关信息，向每个住户发放网格管理员服务联系卡。依托单位传达室、住宅小区物管办公室、警务室、治安岗亭等场所，为每个网格安排一个固定场所作为网格点，配备基本办公设施。同时，网格员可以充分利用现有资源，积极鼓励和发展楼栋长、信息员、党员、组长、社区志愿者等参与到网格化服务管理中来。

四、工作步骤

（一）宣传发动。召开动员大会，以电视、网络、墙报等形式，广泛宣传发动，大力营造网格化建设氛围，让广大干部和群众、社会各界充分了解和主动支持、参与网格化建设，积极推进社会治理机制改革。通过座谈会、务虚会等形式，广泛征求各镇（街、长庆示范区）、村（社区）、部门以及市领导的意见和建议，进一步论证细化，完善具体操作办法。

完成时间：2017 年 3 月 10 日前。

（二）完善网格。按照有关标准，以镇（街、长庆示范区）、村（社区）的工作人员为主要力量，由市网格化中心统一调度，合理划分出网格单元，并绘制出网格图。每个网格的界线要分明，网格及其街巷、楼栋的标识、标记、标牌要清晰醒目。街、路、巷地名标识和楼栋、门牌号码要明确。

完成时间：2017 年 4 月 30 日前。

（三）搭建平台。加快社会治理、城市管理、电子政务三位一体的综合信息平台和云计算中心的建设，抓好市、镇、村三级服务管理平台建设和信息系统的建设，尽快建好社区网格化服务管理支撑平台。对于办公场地不达标的村（社区），由市委组织部、市民政局负责协调解决。综合信息平台正常运行后，各部门各单位要将数据无条件与系统平台无缝对接，并确保数据的安全。各镇（街、长庆示范区）要尽快建立起综合信息平台，逐步实现市、镇、村三级联网运行。

完成时间：市级平台以及试点单位平台建设于 2017 年 6 月 30 日前完成；镇、村（社区）平台建设于 2017 年 12 月 31 日前完成。

（四）选拔人员。按照一个网格配备一名网格员的要求，以划分的网格数为基数，提出网格员选拔、招聘申请，由市网格化中心按照有关程序和标准，组织招聘工作，由市人社局进行业务指导。由领导小组办公室牵头，组织公安、计生、城管、安监等有关部门，共同制定网格管理员的培训课程，由市人社局和市网格化中心对网格管理员分批进行集中培训。网格员实行统一招聘、统一服装、统一培训、统一待遇、统一管理和统一身份。

完成时间：2017 年 4 月 30 日前。

（五）完善数据。统一制定基础数据调查表，由镇（街、长庆示范区）负责组织镇、村干部和网格员，集中时间、集中精力统一入户，开展相关基础数据大调查，做到不缺户少人、不留死角空档。由城管和住建部门牵头，组织有关力量对城市部件进行调查。实现市网格化中心、相关单位、镇（街、长庆示范区）、村（社区）互联互通。

完成时间：2017 年 9 月 30 日前。

（六）整章建制。网格化服务管理系统正常运行后，建立网格员管理相关工作制度及网格管理考评办法，确保村（社区）网格化服务管理有效运转。同时，不断吸纳更多的职能部门进入网格运行，逐步建成智慧城市。通过自查自纠、专家评估、居民测评等方式，对村（社区）网格化服务管理进行评估，及时解决存在的问题。

完成时间：2017年12月31日前。

五、工作要求

（一）强化领导，精心组织。各镇（街、长庆示范区）要切实加强对网格化服务管理工作的领导，把村（社区）网格化建设提上重要议事日程，成立专门的工作班子，指导村（社区）完成网格化服务管理工作。各级各部门各单位主要负责人为网格化建设第一责任人，同时要明确一名班子成员为网格化建设联络员，具体负责本部门（单位）网格化建设以及与其他部门（单位）的工作对接。

（二）强化措施，形成合力。各级各部门各单位要把网格化服务管理作为加强社会治理创新的重要抓手，自觉履行职责，主动协同配合，合力齐抓共管，推动网格化建设工作取得显著成效；要制定本部门（单位）处置各类事件、各类问题的工作流程，安排专人受理市网格化中心分流的涉及本部门（单位）职能范围内的各类事件，减少工作环节，提高工作效率。

（三）强化保障，确保实效。市发改局要对全市城乡社区网格化服务管理工作予以立项。市财政局要将城乡社区网格化服务管理建设纳入财政预算。各相关部门（单位）要及时开展自查，进行查漏补缺，全市将开展统一督查，确保工作进度。各级各部门各单位要安排工作经费支持网格化工作；从优选派工作人员从事网格化工作，加强培训，确保人员队伍稳定；加大宣传力度，提高群众知晓率、参与率和满意率，使群众理解、支持、参与网格化服务管理工作；加强对村（社区）网格化服务管理的研究，认真总结工作中好的经验、做法，挖掘典型并在全市推广。

中共醴陵市委办公室　醴陵市人民政府办公室关于印发《醴陵市创建国家全域旅游示范区工作实施方案》的通知

醴办发〔2017〕17号

各镇党委、人民政府，各街道党工委、办事处，长庆示范区党工委、管委会，市直各单位，驻醴各单位：

《醴陵市创建国家全域旅游示范区工作实施方案》已经市委、市人民政府同意，现印发给你们，请认真组织实施。

中共醴陵市委办公室
醴陵市人民政府办公室
2017年3月30日

醴陵市创建国家全域旅游示范区工作实施方案

为扎实推进全域旅游建设，打造新的经济增长点，成功创建国家全域旅游示范区，结合我市实际，制定本方案。

一、总体要求

以《国家旅游局关于开展“国家全域旅游示范区”创建工作的通知》（旅发〔2015〕182号）文件精神为指导，按照“市场引领、突出特色、以点带面、融合共享”的要求，抢抓供给侧结构性改革和消费需求升级的机遇，满足旅游大众化需要，构建全时间、全空间、全产业、全过程的旅游发展模式，实现全域景观化、景区内外一体化、市场秩序规范化、旅游服务精细化，形成供给完备、结构合理、要素完整的全域旅游体系。

二、基本原则

全域建设。坚持以景区的理念规划全市、以景点的要求建设村镇，努力建设处处是风景、时时见风景的区域大环境，护好美丽生态，建好美丽城乡，串好美丽风景。

全业融合。以“旅游+”为抓手，扎实推进全地域、全产业、全资源融合，统筹基础设施、产业升级和公共配套，推进区域经济社会转型发展。

全民共享。健全管理协调机制，引导建设者、管理者和广大游客、居民共同参与，提升整体服务水平，打造主客共享、宜游宜居的幸福环境。

三、创建目标

按照“三年创建、分步推进、全域发展”目标，实现景城一体、产业一体、城乡一体，促进旅游与城市、旅游与产业、旅游与文化、旅游与景区的融合发展，形成以文化产业旅游为牵引、重点板块旅游为支撑、全域旅游为体系的发展格局。

通过全域旅游创建，实现以下目标：

1. 旅游业增加值占 GDP 比重 15% 以上；

2. 旅游从业人数占就业总数比重 20% 以上；

3. 年游客接待人次达到常住人口数量 10 倍以上；

4. 当地农民年纯收入 20% 以上来源于旅游收入；

5. 旅游税收占地方财政税收 10% 左右；

6. 市（区）域内有明显的主打产品，丰富度高、覆盖度广。

四、重点工作

（一）旅游规划全域设计

围绕旅游发展新态势、建设新要求和市场新动态，把握全市旅游资源特点和发展现状，按照全域旅游发展总体要求，深入调研，充分认证，高起点、高标准、高水平做好“四点、一谷、一片”（渌江书院、渌江桥、李立三故居、醴陵窑四个国家重点文物保护单位，中国陶瓷谷，北部旅游环线片区）项目控制性规划的修编工作，聘请专业机构编制《醴陵市全域旅游发展总体规划》。（责任单位：市商务局、市住建局、市文体广新局、市文物局）

（二）旅游产业全域覆盖

构建产业融合体系。推进旅游与农业、林业、工业、文化、体育等产业的融合力度，打造红色旅游、工业旅游、生态旅游和文化旅游综合体。构建特色景区体系。按照重点打造、分步推进思路，重点抓好“四点、一谷、一片”旅游项目的建设工作。构建特色留宿体系。加强图兰朵、枫林印象·丹枫等主题酒店建设，在提升服务，优化环境上下功夫。发展特色民宿、特色住宿和星级农家乐项目，形成自驾游、体验游、休闲游支撑体系。构建特色乡村旅游体系。将生产、观赏、体验、休憩相结合，发展生态观光、农事体验、户外拓展等特色农业观光旅游园区。（责任单位：市商务局、市农业局、市林业局、市水利局、市经科信局、市文体广新局、市渌江集团、市文物局，相关镇、街道、长庆示范区）

（三）旅游项目全域联动

策划引进一批项目。重点对中国陶瓷谷、渌江新区、“瓷城古韵”、“醴北人家”四个百亿工程子项目进行精细化包装，策划包装好官庄湖国家湿地公园、耿传公祠二期、仙岳山文化景区项目。全面开展招商引资，加大对凤凰山主题公园、醴陵 5060 街区、名人文化园、康体养生园、云岩寺风景旅游区及相关配套设施项目的招商。建设升级一批项目。推进中国陶瓷谷至醴陵窑的景观道路、醴陵窑、“1915”醴陵国际陶瓷文化特色街区、枫林印象、一江两岸等重点旅游景点景区建设，完成陈明仁故居、李立三故居提质改造，做好渌江书院、中国陶瓷谷、黄乡民居创国家 4A 级景区前期工作。（责任单位：市商务局、市文体广新局、市林业局、市水利局、市农业局、市交通运输局、市文物局、市渌江集团，相关镇、街道、长庆示范区）

（四）服务设施全域建设

构建良好的旅游交通服务体系。市内所有行政村实现村村通公路，努力实现通往重点旅游村落和景区的公路具备旅游巴士通行条件，做到市内旅游交通标识系统准确、完备。推进旅游厕所建设。市内重点旅游场所、景区和旅游线路的旅游厕所做到数量充足、干净无味、实用免费、管理有效；所有临街、临景的单位厕所免费向游客开放。不断完善游客服务体系。建设集旅游咨询、餐饮、购物、地方特色展示为一体的旅游集散中心，实现全域内所有宾馆饭店、景区景点和重点乡村旅游点 WIFI 全覆盖。健全旅游服务法治保障。探索设立旅游警察、旅游巡回法庭及其他旅游监管服务主体综合执法模式。（责任单位：市商务局、市发改局、市国土资源局、市住建局、市交通运输局、市交警大队、市渌江集团、市人民法院、市公安局、市食药工商质监局、市电信公司、市移动公司、市联通公司）

（五）镇村开发全域统筹

以“美丽乡村”创建为抓手，大力发展特色小镇。按照“一村一品”原则，做好“美丽乡村”创建活动，年内完成 10 个“美丽乡村”建设。按照“一镇一业”原则，围绕有基础、有特色、有潜力的产业，规划建设陶瓷小镇、花炮小镇、丹枫小镇、玄武小镇等一批旅游特色小镇。合理开发乡村旅游，注重乡村旅游资源的保护。坚持开发与保护并举，守住生态底线，利用、开发和整合现有资源，杜绝为发展旅游搞大拆大建，使全域旅游成为既开发资源又保护生态的旅游业发展新模式。依托“三创四化”，集中整治生态环境。实现旅游重点镇村生活垃圾全部专业清扫、集中清运和无害化处理，生活污水集中处理，深入推进道路两侧环境整治，切实消除可视范围内环境脏乱差现象。依托人文历史，深入挖掘民间文化。寻找民间艺人，编辑民间故事、传播乡土文化，以自然景观、农业生产、村落文化、乡土艺术、历史名人为基本类型，各镇（街、长庆示范区）要因地制宜，以观光、体验、科普、购物等方式活化物化乡村生产生活、乡村传统手工艺与民俗文化。（责任单位：市商务局、市文体

广新局，相关镇、街道、长庆示范区）

（六）旅游扶贫全域推进

实施旅游精准扶贫战略。依托景区和涉旅村镇，引导开发一批集吃、住、行、游、娱、购为一体的乡村旅游产品。实施产品扶贫，培育一批美誉度高的户外旅游产品，组织旅行社、户外俱乐部开展远足、自驾游等多种形式的旅游扶贫行动，依托户外旅游产品带动涉旅村镇农家乐、民宿发展和当地农副土特产品销售。实施人才扶贫。培训乡村旅游专业人才，每年组织开展不少于两次培训活动，完成30名旅游发展带头人或能人培育目标。（责任单位：市商务局、市扶贫办、市人社局）

（七）市场营销全域整合

建立立体营销体系。利用中央电视台、湖南卫视等国内知名电视媒体和《中国旅游报》、醴陵市旅游网及醴陵旅游微信公众号等媒体进行宣传；在周边主要客源地的机场、高速、高铁设立醴陵旅游户外广告牌，提升醴陵旅游的知名度。通过征集宣传口号、制作旅游LOGO、编印旅游交通图、印制旅游手册、拍摄旅游宣传片等活动，树立我市旅游形象。开展品牌节庆活动。主动申办承接国家、省、株洲市大型活动，办好陶瓷博览会、醴北人家半程马拉松比赛、“5·19”中国旅游日和清水湾畔桃花节、荷花节等特色季节性活动。开发客源地市场。立足长株潭，对接沪浙赣、武汉城市群、珠三角等地，加大客源地营销、网络营销、事件营销，推出特色线路，延长游客逗留时间。（责任单位：市商务局、市文体广新局、市广播电视台）

五、创建步骤

全域旅游示范区创建活动时间为2017年3月至2019年9月，分三个阶段推进。

（一）动员部署阶段（2017年3月）

制定创建活动实施方案，组织召开全市动员大会。

（二）组织实施阶段（2017年4月至2019年3月）

1.各相关单位按照责任分解要求，细化工作任务，扎实推进各项工作。

2.严格按照创建要求，完成每项工作后组织开展自查、自检，每季度上报任务完成情况及存在的问题。

3.加强工作调度，每季度召开一次工作调度会或情况通报会，分析形势，及时研究解决工作推进中出现的问题，协调解决困难。

（三）整改迎检阶段（2019年4月至2019年9月）

1.对照创建标准和要求，进行全面检查，查漏补缺，查找不足，针对存在的问题进行整改，确保各项工作如期如质完成。

2.做好全域旅游创建迎检准备工作，迎接国家全域旅游示范区创建验收评定。总结活动开展情况，建立健全长效保障机制，巩固创建成果。

六、保障措施

（一）加强领导，周密部署。为确保全域旅游工作全面开展，成立市创建国家全域旅游示范区工作领导小组，负责创建工作的统筹协调，研究制定相关政策，协调、解决工作中的重大问题。领导小组下设办公室，办公室设在市商务局，负责创建工作的日常管理、工作调度和考核。各相关单位要相应成立工作机构，明确专人负责，制定符合本辖区、本部门、本行业实际，操作性强的工作方案，助推项目政策落地，确保创建工作有成效。

（二）部门联动，齐抓共管。坚持突出重点、分类指导、分级推进原则，各相关单位要按照本方案的要求和创建工作任务分解表，各负其责，密切配合，通力协作，形成推动旅游产业发展的强大合力。

（三）强化督查，严格考核。领导小组要围绕创建工作整体安排，加强对创建情况的跟踪督查，不定期听取有关单位的情况汇报，进行工作调度和通报，确保创建工作扎实开展，取得实效。由领导小组办公室制定考核办法，按照分类考核、日常考核与集中考核相结合的原则，对创建工作情况进行考核。

中共醴陵市委办公室　醴陵市人民政府办公室关于印发《醴陵市重大环境问题（事件）责任追究办法（试行）》的通知

醴办发〔2017〕19号

各镇党委、人民政府，各街道党工委、办事处，长庆示范区党工委、管委会，市直有关单位，驻醴有关单位：

《醴陵市重大环境问题（事件）责任追究办法（试

行)》已经市委、市人民政府同意，现印发给你们，请认真抓好组织实施。

中共醴陵市委办公室
醴陵市人民政府办公室
2017 年 4 月 12 日

醴陵市重大环境问题（事件）责任追究办法（试行）

第一章　总　则

第一条　为加快推进生态文明建设，健全生态文明制度体系，强化党政干部生态环境和资源保护职责，根据《中华人民共和国环境保护法》、《中华人民共和国行政监察法》、《中共中央办公厅国务院办公厅印发〈党政领导干部生态环境损害责任追究办法（试行）〉的通知》、《中共湖南省委办公厅湖南省人民政府办公厅关于印发〈湖南省重大环境问题（事件）责任追究办法（试行）〉的通知》（湘办发〔2015〕13 号）、《中共湖南省委办公厅湖南省人民政府办公厅关于印发〈湖南省党政领导干部生态环境损害责任追究实施细则（试行）〉的通知》（湘办发〔2016〕31 号）规定，结合我市实际，制定本办法。

第二条　本办法所称重大环境问题（事件）责任追究，是指对在落实环境保护工作职责过程中不履职、不当履职、违法履职，导致产生严重后果和恶劣影响的责任单位和责任人依法依规进行责任追究。

第三条　本办法适用于全市各级各部门各单位及上述单位的领导干部和工作人员。对其他企业和单位及其工作人员的责任追究依照有关法律法规办理。国家法律法规、国务院部门规章另有规定的，从其规定。

第四条　各级党委和政府对本地区生态环境和资源保护负总责，党委和政府主要领导成员承担主要责任，其他有关领导成员在职责范围内承担相应责任。

第五条　环境保护责任追究坚持依法依规、实事求是、权责一致、尽职免责（减责）、失职追责、终身追究的原则，既严格追究责任，又依法保护履行环境保护职责的积极性。

第二章　问责情形

第六条　重大环境问题（事件）问责情形包括：

（一）区域环境质量未达到相应功能区要求且持续恶化（按国家规范监测，行政区域内空气、水、土壤三大类环境质量监测指标中的两项连续 2 年下降，或者一项连续 2 年下降情节严重）的；

（二）发生重大环境污染事件的；

（三）在环境保护监督管理中严重失职渎职，造成恶劣社会影响，或者对已经发生的环境敏感问题不重视或者应对处置不当，导致事件恶化，引发群体性事件的；

（四）未完成市人民政府下达的主要污染物总量减排目标任务，或者发生其他严重环境违法事件，导致国家、省、株洲市对我市实行全市区域限批或者局部限批，影响全市重大工程建设的；

（五）不履行或履行环保职责不到位，导致我市被省委、省人民政府和株洲市委、株洲市人民政府追责的；

（六）不执行市委、市人民政府有关环境保护重大工作部署，情节严重的；

（七）其他需要问责的情形。

第三章　问责调查

第七条　发生本办法第六条所列情形，由市人民政府启动重大环境问题(事件)问责调查。国务院、省人民政府、株洲市人民政府及其有关部门启动环境问题（事件）问责调查时，各相关部门单位按照要求配合调查。

第八条　市人民政府进行环境问题（事件）问责调查，应当成立调查组，调查组一般由市环保局会同市监察局、市公安局、市审计局和其他有关部门以及环保、科技专家组成，市环保局为牵头单位。调查组组成人员由市环保局会同有关部门提出方案，报市人民政府批准。

第九条　调查组在市人民政府领导下开展工作，实行组长负责制，组长对调查工作负全面责任。调查工作的主要任务是：

（一）查清环境问题（事件）的现状、经过、人员伤亡等情况，对其造成的直接经济损失、间接经济损失以及生态毁损等情况进行评估；

（二）查清环境问题（事件）发生的直接原因、间接原因；

（三）按照科学严谨、实事求是的原则，界定有关单位和有关人员的责任；

（四）依照有关法律法规规定，对有关责任单位和责任人提出处理建议。

第十条　根据调查进展情况，由市监察局独立组成责任追究调查组，就有关责任单位和责任人履行职责情况开展调查，并按照有关规定提出追责意见。需要进行党纪处分和组织处理的，商市纪委、市委组织部等有关部门提出意见。

第十一条　调查工作结束后，应当形成调查报告，报市委、市人民政府审查批准。调查报告应当包括调查情况以及问责建议（监察机关独立进行调查的，同时上报专题报告），经批准后，调查报告应当向社会公开。各有关部门和单位应当依照有关法律法规规定和市委、市人民政府的决定，认真落实对相关责任单位和责任人的处理。市环保局、市监察局应当对处理落实情况进行跟踪监督。

第四章　问责方式

第十二条　发生本办法第六条所列情形，经调查后认定有关单位以及领导班子负有领导和管理责任的，按照以下方式进行处理，再进行问责：

（一）单位不得评定为综合性先进单位；

（二）单位主要负责人、相关分管负责人以及其他责任人不得提拔重用，不得在综合性考评中评先评优。

执行以上处理措施的时效，由调查组根据情况在调查报告中提出建议（一般为一年或者到问题整改到位验收合格前，受到党纪政纪处分和组织处理的，按照有关规定执行）。同时，根据调查认定的情节、性质以及责任，对有关责任单位和责任人采取以下形式进行问责：

1. 对单位领导班子集体或者个人警示通报、约谈、责令整改；

2. 对单位按照规定采取追回、扣减或者停拨有关生态环保财政转移支付和专项资金等措施；

3. 对单位新上建设项目实行限批；

4. 对相关责任单位，情节较轻的，责令作出书面检查；情节较重的，给予通报批评；情节严重的，对领导班子进行调整处理。对相关责任人，分别视情况给予批评教育、诫勉谈话，责令书面检查或者调离岗位、引咎辞职、责令辞职、免职、降职等组织处理；构成违纪的，按照有关规定给予纪律处分。以上责任追究方式可以单独使用，也可以合并使用。涉嫌犯罪的，依法移送司法机关处理。

第十三条　进行重大环境问题（事件）责任追究应当按照本办法第五条所述原则，从以下方面严格科学把握：

（一）对情节严重且主观故意失职渎职的，从严问责，主要包括：

1. 违法实施行政审批的，以及利用权力强令有关部门违法审批的；

2. 有法不依、执法不严、执法不公，放纵违纪违法行为的；

3. 利用权力限制、干扰、阻碍行政执法部门依法履行环境监督管理职责的；

4. 违反科学民主决策程序，作出重大错误决定造成严重后果的；

5. 对已经发生的环境问题不重视、不采取措施，导致问题恶化，造成重大损失的；

6. 阻碍和干扰重大环境问题（事件）问责调查的；

7. 其他问题情节严重需要从严问责的。

（二）对因失职渎职造成重大环境问题（事件）的责任人实行终身问责。重大环境问题（事件）问责调查组开展调查时应当对造成重大环境问题（事件）的历史过程进行追溯调查，对本办法下发后在生态环境保护方面严重失职渎职、违法行政的责任人，不论其是否调离原单位、已提拔重用或者退休，都一并严格问责。对本办法下发前的问题，法律法规和党纪政纪有规定的，按照规定办理。各级党委、政府以及各有关单位、各类企事业单位应当依照有关规定，完整保存经济工作重大部署、重大建设项目决策审批以及贯彻执行环境保护法律法规和政策的有关资料档案，以便追溯调查。

（三）对为保护环境积极履职、依法行政的工作人员予以保护，在责任追究时酌情予以免责或者减轻问责。主要包括：

1. 严格按照法律法规规定和上级以及本单位的部署认真履行了工作职责的；

2. 对与生态环境保护相关的错误决策或者违法干扰行为进行了抵制或者如实反映了情况，提出了反对意见，但本人无权或者无力改变其结果的；

3. 重大环境问题（事件）发生后，积极采取措施，有效避免了问题（事件）恶化，最大限度地降低了损失的；

4. 完全由于不可抗拒的自然灾害，并经及时采取合理措施，仍然不能避免发生重大环境问题（事件）的；

5. 其他可以给予免责或者减责的情形。

第十四条　环境保护责任追究应当注意区分不同层级党委、政府及其部门的责任。对市直部门，要着重查清其对市委、市人民政府工作部署的落实情况，职责范围内与生态环境保护相关的工作决策、行政审批、监管执法，有关工作组织协调、监督检查落实等方面履行职责的情况；对镇（街、长庆示范区），除查清其对市委、市人民政府及其部门工作部署的落实情况以及职责范围内与生态环境保护相关的工作决策外，还要查清其履行《醴陵市人民政府办公室关于印发〈醴陵市环境保护工作职责规定〉的通知》（醴政办发〔2016〕3号）文件规定的职责情况。

第五章 附 则

第十五条 本办法第六条第二款所称重大环境污染事件是指符合环境保护部《突发环境事件信息报告办法》（中华人民共和国环境保护部令第 17 号）之重大（Ⅱ级）及以上突发环境事件标准的环境问题情形。本办法第十二条第二款所称相关分管负责人是指分管环境问题（事件）发生领域业务工作的政府和部门领导班子成员。

第十六条 本办法由市环保局负责解释。

第十七条 本办法自发布之日起施行。

醴陵市人民政府
关于印发《醴陵市妇女发展规划（2016－2020 年）》和《醴陵市儿童发展规划（2016－2020 年）》的通知

醴政发〔2017〕5 号

各镇人民政府、街道办事处，长庆示范区管委会，市直各单位：

现将《醴陵市妇女发展规划（2016－2020 年）》和《醴陵市儿童发展规划（2016－2020 年）》印发给你们，请认真组织实施。

醴陵市人民政府
2017 年 6 月 28 日

醴陵市妇女发展规划
（2016－2020 年）

《醴陵市妇女发展规划（2011－2015 年）》颁布实施五年来，全市各部门各单位认真履职，确定的目标任务基本实现，在促进妇女发展和男女平等方面取得了重大进展，但是受多种因素制约，我市妇女发展仍然面临诸多问题与挑战。2016－2020 年，是我市全面建成小康社会的决胜阶段，既为妇女发展提供了难得的机遇，也提出了新的挑战，促进妇女全面发展、实现男女平等任重道远。

根据《中华人民共和国宪法》、《中国妇女发展纲要（2011－2020 年）》《湖南省实施〈中华人民共和国妇女权益保障法〉办法》、《湖南省人民政府关于印发〈湖南省妇女发展规划（2016－2020 年）〉和〈湖南省儿童发展规划（2016－2020 年）〉的通知》（湘政发〔2016〕24 号）以及《株洲市人民政府关于印发〈株洲市妇女发展规划（2016－2020 年）〉和〈株洲市儿童发展规划（2016－2020 年）〉的通知》（株政发〔2017〕2 号）等文件精神，结合我市实际，制定本规划。

一、指导思想和基本原则

（一）指导思想

高举中国特色社会主义伟大旗帜，全面贯彻党的十八大以来各项方针政策，以邓小平理论、“三个代表”重要思想、科学发展观为指导，按照“四个全面”战略布局，落实男女平等基本国策，保障妇女合法权益，优化妇女发展环境，提高妇女社会地位，推动妇女平等依法行使民主权利，平等参与经济社会发展，平等享有改革发展成果。

（二）基本原则

1. 坚持统筹兼顾，促进妇女全面发展。从妇女生存发展的基本需求出发，着力解决关系妇女切身利益的现实问题，努力实现妇女在政治、经济、文化和社会等方面的全面发展。

2. 坚持男女平等，营造和谐发展环境。完善和落实促进男女平等的法规政策，更加注重社会公平，构建和谐、文明、先进的性别文化，营造良好的社会环境，缩小男女社会地位差距，促进两性平等、和谐发展。

3. 坚持立足实际，推动妇女协调发展。加大对农村妇女发展的支持力度，通过完善制度、增加投入、优化项目布局等措施，缩小城乡区域妇女在人均收入水平、生活质量、文化教育、医疗卫生服务、社会保障等方面的差距。

4. 坚持妇女参与，突出重点发展领域。依法保障妇女参与经济社会发展的权利，尊重妇女的主体地位，引导和支持妇女在推动社会主义经济建设、政治建设、文化建设、社会建设、生态文明建设和党的建设中实现自身的进步与发展。

二、总体目标

坚持男女平等基本国策，促进妇女全面发展，促进两性和谐发展，促进妇女与经济社会同步发展。保障妇女平等享有基本公共卫生服务，生命质量和健康水平明显提高；平等享有受教育的权利和机会，受教育程度持续提高；平等获得经济资源和参与经济发展，经济地位明显提升；平等参与社会事务管理，参政水平不断提高；平等享有社会保障，社会福利水平显著提高；平等参与环境决策和管理，发展环境更为优化；保障妇女合法权益的法规政策体系更加完善，妇女的合法权益得到切实有效维护。

三、发展领域、主要目标和策略措施

（一）妇女与健康

1. 主要目标：

（1）妇女在整个生命周期享有良好的基本医疗卫生服务，妇女的人均预期寿命延长。

（2）孕产妇系统管理率达到 90% 以上，孕产妇住院分娩率达到 99% 以上，农村孕产妇住院分娩率达到 96% 以上。孕产妇死亡率控制在 18/100000 以下。逐步缩小城乡区域差距，降低流动人口孕产妇死亡率。

（3）妇女常见病定期筛查覆盖率城市达到 90% 以上，农村达到 85% 以上。提高宫颈癌和乳腺癌的早诊早治率，降低死亡率。

（4）妇女艾滋病感染率和性病感染率得到控制。孕产妇艾滋病、梅毒和乙肝检测率均达到 90% 以上，感染艾滋病、梅毒和乙肝的孕产妇及所生儿童采取预防母婴传播干预措施比例均达到 90% 以上。

（5）降低孕产妇中重度贫血患病率。

（6）提高妇女心理健康和精神疾病预防知识知晓率。

（7）保障妇女享有避孕节育知情选择权，减少非意愿妊娠，降低人工流产率。

（8）育龄妇女计划生育技术指导咨询服务覆盖率达到 90% 以上，计划生育手术并发症发生率控制在 1‰以下。

（9）提高妇女经常参加体育锻炼的人数比例。

2. 策略措施

（1）加大妇幼卫生工作力度。优化卫生资源配置，增加农村妇幼卫生经费投入。加强妇幼保健机构建设，坚持妇幼保健机构的公益性质，健全妇幼卫生服务网络，完善基层妇幼卫生服务体系，为妇女提供均等化的保健服务。加快妇幼卫生人才培养，加强妇幼保健机构人员配备。加大执法监督力度，严肃查处危害妇女健康的非法行为。

（2）加强妇女健康相关科学技术研究。充分依靠科技进步，统筹和优化科技资源配置，加强对妇女健康主要影响因素及干预措施等的研究；鼓励自主创新，促进成果转化，推广促进妇女健康的新技术和适宜技术。

（3）提高妇女生殖健康服务水平。针对妇女生理特点，大力普及生殖健康知识，提高妇女自我保健意识和能力。提供规范的青春期、育龄期、孕产期、更年期和老年期妇女生殖保健服务，有针对性地解决妇女特殊生理时期的健康问题。

（4）保障孕产妇安全分娩。加强基层医疗保健机构产科建设和人员培训，提高产科服务质量和孕产妇卫生保健水平。健全孕产妇医疗急救网络，推广适宜助产技术，加强孕产妇危重症救治。落实农村孕产妇住院分娩补助政策。为孕产妇提供必要的心理指导和健康教育，普及自然分娩知识，帮助其科学选择分娩方式，控制剖宫产率。

（5）加大妇女常见病防治力度。普及妇女常见病防治知识，知识普及覆盖率达到 80%。建立妇女常见病定期筛查制度。大力实施农村适龄妇女“两癌”免费检查重点民生实事项目。加大检查与救助专项资金投入，扩大宫颈癌、乳腺癌检查救助覆盖范围。加强基层妇幼健康服务人员的卫生保健专业知识及服务能力培训。提高医疗保健机构宫颈癌、乳腺癌诊治能力，对贫困、重症患者治疗按规定给予补助。

（6）预防和控制艾滋病、性病传播。完善艾滋病和性病防治工作机制。针对妇女重点人群加强宣传教育，推广有效干预措施。强化对娱乐场所的监管，严厉打击吸毒、嫖娼等违法行为。将预防艾滋病、梅毒、乙肝母婴传播纳入妇幼保健日常工作，强化预防艾滋病、梅毒和乙肝母婴传播综合服务。

（7）提高妇女营养水平。大力开展健康和营养知识的宣传普及和教育，提倡科学、合理的膳食结构和习惯。为孕前、孕产期和哺乳期妇女等重点人群提供有针对性的营养指导和干预。预防和治疗孕产妇贫血。加强对食品生产和流通的监管。

（8）保障妇女享有计划生育优质服务。推广安全、有效、适宜的避孕节育新技术和新方法，推行避孕节育知情选择，提供避孕节育优质服务。加大避孕知识宣传力度，提高妇女自我保护意识和选择科学合理避孕方式的能力，预防和控制非意愿妊娠和人工流产。强化男女共同承担避孕节育的责任意识，动员男性采取节育措施，提高男性避孕方法使用比重。

（9）提高妇女精神卫生服务水平。建立覆盖城乡、功能完善的精神卫生防治和康复服务网络。针对妇女生理和心理特点，开展咨询和服务。加强精神卫生专业机构和医疗保健机构人员精神卫生知识培训。开展妇女产后抑郁症预防、早期发现及干预。开展反对针对妇女暴力行为的医疗干预服务，多部门联合为妇女提供知识普及、医疗及法律援助服务，改善妇女身心状况。

（10）加强流动妇女卫生保健服务。完善流动妇女管理机制和保障制度，逐步实现流动妇女享有与流入地妇女同等的卫生保健服务。加大对流动妇女卫生保健知识的宣传力度。

（11）引导和鼓励妇女参加经常性体育锻炼。加强对妇女体育健身活动的科学指导，提高妇女健身意识。积极发展城乡社区体育，鼓励妇女参与全民健身运动。加强对老年妇女、残疾妇女体育活动的指导和服务。

（二）妇女与教育

1. 主要目标

（1）教育工作全面贯彻性别平等原则。

（2）学前三年毛入园率达到90%，女童平等接受学前教育。

（3）九年义务教育巩固率达到99%，女童平等接受九年义务教育，消除女童辍学现象。

（4）高中阶段教育毛入学率达到95%，女性平等接受高中阶段教育。

（5）提高女性接受职业学校教育和职业培训的比例。

（6）主要劳动年龄人口中女性平均受教育年限达到10.8年。

（7）女性青壮年文盲率控制在2%以下。

（8）性别平等原则和理念在各级各类教育课程标准及教学过程中得到充分体现。

2. 策略措施

（1）在教育政策和规划的制定、修订、执行和评估中，增加性别视角，落实性别平等原则。

（2）切实保障女童平等接受学前教育。资助贫困家庭女童和残疾女童接受普惠性学前教育。提高农村学前教育普及程度，多形式增加农村学前教育资源，着力保证留守女童入园。

（3）确保适龄女童平等接受义务教育。加大对教育法、义务教育法等法律法规的宣传力度，提高家长保障女童接受义务教育的守法意识和自觉性。

（4）保障女性平等接受高中阶段教育。加大对农村和贫困地区高中阶段教育的扶持力度，满足农村和贫困地区女生接受高中阶段教育的需求。对普通高中家庭经济困难女生和残疾女生给予资助，保障女生不因家庭经济困难和个人生活困难辍学。

（5）提高女性接受高等教育的水平。采取积极措施，保障女性平等接受高等教育，提高女性主要劳动年龄人口中受过高等教育的比例。多渠道、多形式为贫困和残疾女大学生提供资助。

（6）满足妇女接受职业教育的需求。坚持职业学校教育与职业培训并举，保障未升入高中的女童在就业前接受必要的职业教育。扶持农村和贫困地区妇女和残疾妇女接受职业教育。为失学大龄女童提供补偿教育，增加职业培训机会。组织失业妇女接受多种形式的职业培训，提高失业妇女创业和再就业能力。根据残疾妇女身心特点，合理设置残疾妇女职业教育专业。

（7）提高妇女终身教育水平。构建灵活开放的终身教育体系，为妇女提供多样化的终身教育机会和资源。鼓励妇女接受多形式的继续教育，支持用人单位为从业妇女提供继续教育的机会。提高妇女利用新型媒体接受现代远程教育的能力。

（8）促进妇女参与社区教育。整合、优化社区教育资源，发展多样化社区教育模式，丰富社区教育内容，满足妇女个性化的学习和发展需求。大力发展社区老年教育，为老年妇女提供方便、灵活的学习条件。

（9）继续扫除妇女文盲。通过组织补偿学习，深化扫盲和扫盲后的继续教育，加大扫除女性青壮年文盲工作力度。

（10）加大女性技术技能人才培养力度。完善科技人才政策，探索建立多层次、多渠道的女性科技人才培养体系。依托科研项目和重点工程建设项目，聚集、培养女性专业技术人才和技能人才。

（11）实施教育内容和教育过程性别评估。在教育内容和教育方式中充分体现社会性别理念，引导学生树立男女平等的性别观念。

（12）提高教育工作者的社会性别意识。加大对教育管理者社会性别理论的培训力度，强化教育管理者的社会性别意识。提高各类学校和教育行政部门决策和管理层的女性比例。

（三）妇女与经济

1. 主要目标

（1）保障妇女平等享有劳动权利，消除就业性别歧视。

（2）妇女占从业人员比例保持在42%以上，城镇单位女性从业人数逐步增长。

（3）男女非农就业率和男女收入差距缩小。

（4）技能劳动者中的女性比例提高。

（5）高级专业技术人员中的女性比例达到30%以上。

（6）保障女职工劳动安全，降低女职工职业病发病率。

（7）确保农村妇女平等获得和拥有土地承包经营权。

（8）妇女贫困程度明显降低。

2. 策略措施

（1）加大妇女经济权利的保障力度。深入研究供给侧结构性改革和经济发展新常态背景下产业结构调整和产业升级对女性就业带来的挑战，制定和完善保障妇女平等参与经济发展、平等享有劳动权利的法规政策，确保妇女平等获得经济资源和有效服务。严格执行就业促进法、劳动合同法等法律法规。

（2）消除就业中的性别歧视。深入研究实施全面两孩政策对妇女就业等方面带来的新挑战，进一步完善相关政策、合理配置资源、增强服务能力，切实保障妇女合法权益。除法律规定不适合女性的工种和岗位外，任何单位在录用人员时不得以性别或变相以性别为由拒绝录用女性或提高女性录用标准，不得在劳动合同中规定或以其他方式变相限制女性结婚、生育。加大劳动保障监察执法力度，依法查处用人单位和职业中介机构的性别歧视行为。

（3）扩大妇女就业渠道。大力推进第三产业发展，为妇女创造新的就业机会和就业岗位。不断提高中小企业和非公有制企业吸纳妇女就业的能力。采取有效措施，推动妇女在新兴产业和新兴行业就业。制定实施更加积极的就业政策，强化对就业困难妇女的就业援助。引导妇女积极参与实施大众创业、万众创新行动计划，通过“互联网 +”等多种方式，积极培育创客空间、创新工场和家政服务电商平台等新型孵化模式，完善创业扶持政策，为妇女创业提供技能培训、跟踪指导等服务，按规定落实国家相关税费减免、贷款贴息政策，支持和帮助妇女创业。

（4）促进女大学生充分就业。加强面向高校女大学生的就业指导、培训和服务，引导女大学生树立正确的择业就业观。不断完善女大学生自主创业扶持政策，开展女大学生自主创业培训，推动女大学生创业。

（5）为就业困难妇女创造有利的就业条件。按规定落实公益性岗位政策，扶持大龄、残疾等就业困难妇女就业。认真落实有关法律规定，支持生育妇女重返工作岗位。按规定落实社会保险补贴、培训补贴、小额担保贷款贴息等就业扶持政策，帮助失业妇女创业和再就业。

（6）改善妇女就业结构。加快城乡一体化进程，多渠道引导和扶持农村妇女向非农产业有序转移。完善人才培养、评价、激励等政策，加强对妇女的职业技能培训，提高初、中、高级技能劳动者中的女性比例。引导妇女积极参与科学研究和技术领域的发展，为她们成长创造条件。

（7）全面落实男女同工同酬。建立健全科学合理的工资收入分配制度，对从事相同工作、付出等量劳动、取得相同劳绩的劳动者，用人单位要支付同等劳动报酬。

（8）保障女职工职业卫生安全。广泛开展职业病防治宣传教育，提高女职工特别是灵活就业女职工的自我保护意识。加强对职业病危害的管理与监督。将女职工特殊劳动保护作为劳动保障监察和劳动安全监督的重要内容。加强女职工劳动保护，禁止安排女职工从事禁忌劳动，减少女职工职业病的发生。

（9）保障女职工劳动权益。不断完善女职工劳动保护政策，加强法律法规和安全卫生知识的宣传教育及培训，提高女职工自我保护意识。规范企业用工行为，提高企业劳动合同签订率，推进已建工会的企业签订并履行女职工权益保护专项集体合同。依法处理侵犯女职工权益案件。

（10）保障农村妇女土地权益。落实和完善保障农村妇女土地权益的相关政策，纠正与法律法规相冲突的村规民约。建立健全农村集体资金、资产、资源管理等各项制度，推动出台农村集体经济组织内部征地补偿费分配使用办法，确保妇女享有与男子平等的土地承包经营权、宅基地使用权和集体收益分配权。

（11）提高农村妇女经济收入。大力推动农业生产互助合作组织发展，提升农业生产规模和经营收益。保障农村妇女享有国家规定的各项农业补贴。围绕农产品产地初加工、休闲农业和乡村旅游等农村第二、第三产业发展，积极创造适宜农村妇女就业的岗位。开展便于农村妇女参与的实用技术培训和职业技能培训，帮助农村留守妇女和返乡妇女创业就业。支持金融机构、企业等组织与妇女组织合作，面向农村妇女开展金融服务和相关培训。

（12）加大对贫困妇女的扶持力度。制订有利于贫困妇女的扶贫措施，保障贫困妇女的资源供给。帮助、支持农村贫困妇女实施扶贫项目。小额担保贷款等项目资金向城乡符合政策规定条件的贫困妇女倾斜。引导贫困妇女积极参与精准脱贫行动计划，到 2020 年实现脱贫。

（四）妇女参与决策和管理

1. 主要目标

（1）积极推动有关方面严格落实女性在各级人大代表、政协委员以及人大、政协常委中的比例要求。

（2）换届时，各镇（街道、长庆示范区）党委、政府领导班子中至少各配备 1 名女干部，交叉任职的不重复计算。

（3）市政府工作部门领导班子中女干部数量在现有基础上逐步增加。

（4）企业董事会、监事会成员及管理层中的女性比例逐步提高。

（5）职工代表大会、教职工代表大会中女代表比例逐步提高。

（6）村委会成员中女性比例达到30%以上。村委会主任中女性比例达到6%以上。

（7）居委会成员中女性比例保持在50%左右。

2. 策略措施

（1）制定和完善促进妇女参与决策和管理的相关政策。积极推动有关方面采取措施提高人大代表、政协委员、村民委员会、居民委员会中的女性比例及候选人中的女性比例。

（2）为妇女参与决策和管理创造良好社会环境。开展多种形式的宣传，提高全社会的性别平等意识，提高对妇女在推动民主法治进程和促进两性和谐发展中重要作用的认识。

（3）提高妇女参与决策和管理的意识和能力。面向妇女开展宣传培训，不断提高妇女民主参与意识和能力，鼓励和引导妇女积极参与决策和管理。保障女干部接受各类培训的机会，加大对基层女干部的培训力度，不断提高女干部政治文化素质和决策管理能力。

（4）完善干部人事制度和公务员管理制度。在干部选拔、聘（任）用、晋升中切实贯彻“民主、公开、竞争、择优”原则，保障妇女不受歧视。加强对公务员录用、培训、考核、奖励、交流、晋升等各环节的严格监管，保证妇女平等权利。

（5）加大培养、选拔女干部力度。贯彻落实相关法规政策中关于女干部培养选拔和配备的要求。通过培养、交流等形式，推动一定比例的女干部到重要部门、关键岗位担任主要领导职务。逐步提高后备干部队伍中女干部的比例。

（6）推动妇女参与企业经营管理。深化企业人事制度改革，坚持公开、透明、择优的选拔任用原则，通过组织推荐、公开招聘、民主选举、竞争上岗等方式，使更多妇女进入企业的董事会、监事会和管理层。

（7）推动妇女广泛参与基层民主管理。完善村（居）委会等基层组织民主选举制度，为妇女参与基层民主管理创造条件。完善以职工代表大会为基本形式的民主管理制度，保障企事业职工代表大会女代表比例与女职工比例相适应。

（8）拓宽妇女参与决策和管理的渠道。在制定涉及公众利益和妇女权益的重大决策时，充分听取女性人大代表、女性政协委员和妇女群众的意见和建议。大力开展多种形式的参政议政活动，为妇女参与决策和管理提供机会。

（9）提高妇联组织参与决策和管理的影响力。充分发挥妇联组织代表妇女参与社会事务的民主决策、民主管理和民主监督的作用。充分吸收妇联组织参与有关妇女政策、制度和重大公共政策的制定，反映妇女群众的意见和诉求。重视妇联组织在培养、推荐女干部和优秀女性人才，以及推动妇女参政议政等方面的意见和建议。

（五）妇女与社会保障

1. 主要目标

（1）城乡生育保障制度进一步完善，生育保险覆盖所有用人单位，妇女生育保障水平稳步提高。

（2）基本医疗保险制度覆盖城乡妇女，医疗保障水平稳步提高。

（3）妇女养老保障覆盖面逐步扩大。继续扩大城镇个体工商户和灵活就业妇女的养老保险覆盖面，大幅提高城乡居民基本养老保险妇女参保率。

（4）妇女参加失业保险的人数符合法规要求，失业保险待遇水平逐步提高。

（5）有劳动关系的女性劳动者工伤保险待遇有保障。

（6）妇女养老服务水平提高，以城乡社区为单位的养老服务覆盖率达到90%以上。

2. 策略措施

（1）加强妇女社会保障法制建设。贯彻落实社会保险法，为妇女普遍享有生育保险、医疗保险、养老保险、失业保险和工伤保险提供法制保障。

（2）完善生育保障制度。推进生育保险用人单位全覆盖。逐步合并实施生育保险和城镇职工医疗保险，完善城乡生育保障制度，依法保障女性职工的生育权利。

（3）确保城乡妇女享有基本医疗保障。继续扩大城镇职工基本医疗保险、城镇居民基本医疗保险和新型农村合作医疗覆盖面，逐步提高城乡妇女享有基本医疗保障水平。

（4）完善覆盖城乡的养老保险制度。完善城镇职工基本养老保险制度，促进商业保险与社会保险、补充保险相衔接，形成多层次的保障体系。按照国家统一部署，实现职工基础养老金全国统筹。建立基本养老金正常调整机制，逐步提高城乡妇女基本养老保险基础养老金标准。

（5）进一步完善失业保险制度。继续扩大失业保险覆盖范围，切实保障女性失业者的失业保险合法权益。

（6）保障女性劳动者的工伤保险合法权益。扩大工伤保险覆盖范围，加大执法力度，确保各项工伤保险待遇的落实。

（7）完善城乡社会救助制度。建立与经济增长和物价水平相适应的救助标准调整机制，合理确定救助水平，对符合救助条件的妇女进行救助。

（8）倡导社会力量参与救助。大力支持和规范社会组织和公民的救助活动，鼓励社会组织开展公益活动，多方动员社会资源，为困难妇女提供救助。

（9）保障老年妇女享有基本养老服务。建立健全社会养老服务体系，加大老龄事业投入，发展公益性社区养老机构，加强养老服务队伍的专业化建设，提高社区的养老照护能力和服务水平。

（10）为残疾妇女提供社会保障。为重度残疾妇女和贫困残疾妇女参加社会保险提供保费补贴。多渠道保障贫困残疾妇女的基本生活。加强残疾人福利机构和康复服务机构建设，建立残疾人综合服务设施。推进残疾妇女社区康复。

（六）妇女与环境

1. 主要目标

（1）男女平等基本国策进一步落实，形成两性平等、和谐的家庭和社会环境。

（2）性别平等原则在环境与发展、文化与传媒、社会管理与家庭等相关政策中得到充分体现。

（3）完善传媒领域的性别平等监管机制。

（4）开展基于社区的婚姻家庭教育和咨询，建立平等、文明、和谐、稳定的家庭关系。

（5）鼓励和引导妇女做和谐家庭建设的推动者。

（6）开展托幼、养老家庭服务，为妇女更好地平衡工作和家庭责任创造条件。

（7）全面解决农村饮水安全问题，降低水污染对妇女健康的危害。农村人口自来水普及率提高到 80% 以上，农村集中式供水受益人口比例提高到 90% 左右。

（8）农村卫生厕所普及率提高到 85%。城镇公共厕所男女厕位比例与实际需求相适应。

（9）倡导妇女参与生态建设，践行低碳生活。

（10）提高妇女预防和应对灾害风险的能力，满足妇女在减灾中的特殊需求。

（11）到 2020 年，建立一个妇女活动中心。

2. 策略措施

（1）加大男女平等基本国策的宣传力度。将男女平等基本国策宣传培训纳入本级党校教学计划和各级干部培训规划。多渠道、多形式宣传男女平等基本国策，使性别平等理念深入社区、家庭，提高基本国策的社会影响力。

（2）制定和落实具有社会性别意识的文化和传媒政策。对文化和传媒政策进行社会性别分析、评估，反映对男女两性的不同影响和需求，制定促进两性和谐发展的文化和传媒政策，禁止性别歧视。

（3）大力宣传妇女在推动经济社会发展中的积极作用。在新闻出版、广播影视以及文学艺术等领域，充分展示妇女参与和推动经济社会发展进步的成就、价值和贡献。大力宣传妇女中的先进模范人物，引导广大妇女发扬自尊、自信、自立、自强的精神。

（4）加强对传媒的正面引导和管理。提高媒体决策和管理者及从业人员的社会性别意识。完善传媒监管机制，增加性别监测内容，吸纳社会性别专家参与传媒监测活动。

（5）提高妇女运用媒体获取知识和信息的能力。为妇女接触、学习和运用大众媒体提供条件和机会。支持和促进农村、贫困、流动、残疾妇女使用媒体和通信传播技术。鼓励民间机构和企业等运用各类信息通信技术帮助农村和贫困地区妇女获得信息和服务。

（6）营造平等、和谐的家庭环境。通过开展多种形式的宣传教育活动，弘扬尊老爱幼、男女平等、夫妻和睦、勤俭持家、邻里团结的家庭美德，树立先进的性别文化，倡导文明、健康、科学的生活方式和男女共同承担家庭责任。

（7）引导妇女参与家庭教育指导和宣传实践活动。通过多形式、多渠道宣传和普及家庭教育知识，帮助家长树立科学的教育理念，掌握正确方法。积极引导家长接受家庭教育指导服务和家庭教育实践活动。通过有效措施，吸纳妇女参与家庭教育研究，推广家庭教育成果。

（8）大力推进社区公共服务体系建设。发展面向家庭的公共服务，为夫妻双方兼顾工作和家庭提供支持。发展公共托幼服务，为婴幼儿家庭提供支持。强化城乡社区儿童服务功能，提高家务劳动社会化程度。

（9）减少环境污染对妇女的危害。完善环境监测和健康监测数据库，加强对环境污染的控制和治理，有效减少各种污染对环境的影响。提高生活垃圾减量化、资源化和无害化水平。加大对从事有毒有害作业妇女健康的保护力度。

（10）组织动员妇女积极参与生态建设和环境保护。开展多层次、多形式的生态和环境保护宣传教育活动，增强妇女生态文明意识，提高妇女参与生态建设和环境保护的主动性。

（11）建立健全农村饮水安全保障体系。继续推进农村饮水安全巩固提升工程建设，大力发展农村集中式供水工程，加强农村饮水安全工程运行管理，落实管护主体，加强水源保护和水质监测，确保工程长期发挥效益。

（12）提高农村卫生厕所的普及程度。大力宣传改厕的重要意义，鼓励农民自觉改厕。加强对改厕工作的技术指导和服务。将改厕纳入新农村建设规划，力促改厕工作取得实效。

（13）推动城镇公共厕所男女厕位比例与实际需求相适应。在场馆、商场等公共场所的建设规划中，从性别视角进行公共厕所的男女使用需求和效率的分析研究，充分考虑妇女生理特点，确定合理的男女厕位比例。

（14）在减灾工作中体现性别意识。根据妇女特殊需求，在减灾工作中对妇女提供必要的救助和服务。通过宣传培训，提高妇女预防和应对灾害的能力，吸收妇女参与相关工作。加强对灾区妇女的生产自救和就业指导。

（七）妇女与法律

1. 主要目标

（1）促进男女平等的政策不断完善。

（2）加强对政策、制度的性别平等评估。

（3）妇女依法维护自身合法权益的意识和能力不断增强。

（4）严厉打击强奸、拐卖妇女和组织、强迫、引诱、容留、介绍妇女卖淫等严重侵害妇女人身权利的犯罪行为。

（5）预防和制止针对妇女的家庭暴力。

（6）保障妇女在婚姻家庭关系中的财产权益。

（7）保障妇女依法获得法律援助和司法救助。

2. 策略措施

（1）不断完善保障妇女合法权益的政策体系。针对妇女权益保障中的突出问题，推动制定和完善相关政策、制度，保障妇女在政治、文化教育、人身、财产、劳动、社会保障、婚姻家庭等方面的权利。

（2）建立健全地方政策性别平等评估机制。对本地区涉及性别平等和妇女权益保护的规范性文件开展咨询评估。对现行政策中与性别平等原则不符的条款和内容进行清理。确保性别平等理念在政策法规中得到体现。

（3）保障妇女有序参与公共政策制定。引导和鼓励广大妇女通过多种途径参与公共政策制定，发表意见和建议。拓展妇联组织和其他妇女组织参与公共政策制定的途径，广泛听取其意见和建议。

（4）支持和配合各级人大开展对维护妇女合法权益相关法律法规的执法检查，深入了解法律法规执行中的问题，提出解决问题的意见和建议。

（5）广泛深入宣传保障妇女合法权益的法律知识。加大普法力度，将保障妇女合法权益法律知识的宣传教育纳入全民普法规划，推动城乡社区普法工作深入开展。面向广大妇女多渠道、多形式开展专项普法活动。

（6）加强社会性别理论培训。将社会性别理论纳入司法和执法部门常规培训课程，提高司法和执法人员的社会性别意识。

（7）提高妇女在司法和执法中的影响力。鼓励和推荐符合条件的妇女担任人民陪审员。鼓励和推荐有专业背景的妇女担任人民检察院特约检察员或人民监督员。

（8）严厉打击组织、强迫、引诱、容留、介绍妇女卖淫犯罪活动。强化整治措施，加大监管力度，严厉查处涉黄娱乐服务场所，依法从严惩处犯罪分子。加大社会治安综合治理力度，鼓励群众对涉黄违法犯罪活动进行举报和监督。

（9）加大反对拐卖妇女的工作力度。坚持预防为主、防治结合，提高全社会的反拐意识和妇女的防范意识。加强综合治理，加大对拐卖妇女犯罪行为的打击力度。做好被解救妇女身心康复和回归社会的工作。

（10）预防和制止针对妇女的家庭暴力。加强对《反家庭暴力法》的宣传教育和贯彻落实，增强全社会自觉抵制家庭暴力的意识和能力，提高受家庭暴力侵害妇女的自我保护能力，完善预防和制止家庭暴力多部门合作以及预防、制止、救助一体化工作机制。

（11）有效预防和制止针对妇女的性骚扰。建立健全预防和制止性骚扰的工作机制，加大对性骚扰行为的打击力度。用人单位采取有效措施，防止工作场所性骚扰。

（12）维护婚姻家庭关系中的妇女财产权益。依照有关法律规定，在审理婚姻家庭和继承案件中，体现性别平等；在离婚案件审理中，考虑婚姻关系存续期间妇女在照顾家庭上投入的劳动、妇女离婚后的生存发展以及抚养未成年子女的需要，实现公平补偿。

（13）维护农村妇女在村民自治中的合法权益。贯彻落实村民委员会组织法，保障妇女依法行使民主选举、民主决策、民主管理、民主监督的权利。各镇人民政府（街道办事处、长庆示范区管委会）对报送其备案的村民自治章程、村规民约、征地补偿安置分配方案等重大事项的报告审查制度，发现有与宪法、法律、法规和国家政策相抵触，含有歧视妇女或损害妇女合法权益内容的，应及时予以纠正。

（14）及时受理侵害妇女权益案件。依照有关法律规定，对涉及妇女个人隐私的案件，在诉讼过程中采取措施使受害妇女免受二次伤害。

（15）依法为妇女提供法律援助。提高法律援助的社会知晓率，鼓励符合条件的妇女申请法律援助并为其提供便利。进一步扩大法律援助覆盖面，健全完善法律援助工作网络。鼓励和支持法律服务机构、社会组织、事业单位等为妇女提供公益性法律服务和援助。

（16）依法为妇女提供司法救助。依法为涉法涉诉的妇女提供司法救助，实行诉讼费的缓交、减交或免交。建立完善刑事被害人救助制度，对因受犯罪侵害而陷入生活困境的妇女实行救助，保障受害妇女的基本生活。

四、组织实施

（一）加强对规划实施工作的组织领导。各有关单位和社会团体结合各自职责，承担落实规划中相应目标任务。市妇儿工委负责规划实施的组织、协调、指导和督促。

（二）制定本地妇女发展规划和部门实施方案。各有关单位和社会团体结合各自的职责，按照任务分工，制定实施方案，形成全市妇女发展规划体系。

（三）将规划纳入我市国民经济和社会发展总体规划。在国民经济和社会发展总体规划中体现男女平等基本国策，将妇女发展的主要指标纳入经济和社会发展总体规划及专项规划，统一部署，统筹安排，同步实施，同步发展。

（四）保障妇女发展的经费投入。将实施规划所需经费纳入财政预算。动员社会力量，多渠道筹集资金，支持妇女发展。

（五）建立健全实施规划的工作机制。建立政府主导、多部门合作、全社会参与的工作机制，共同做好规划实施工作。建立目标管理责任制，将规划主要目标纳入相关部门、机构和社会团体的目标管理和考核体系，考核结果作为对领导班子和相关负责人综合考核评价的重要内容。健全报告制度，各相关部门每年向市妇儿工委报告规划实施情况，市妇儿工委每年向上级妇儿工委报告本地区规划实施的总体情况。健全会议制度，定期召开妇儿工委全体会议，汇报、交流实施规划的进展情况。健全监测评估制度，明确监测评估责任，加强监测评估工作。

（六）坚持和创新实施规划的有效做法。及时开展对妇女发展和权益保护状况的调查研究，掌握新情况，分析新问题，为制定相关政策提供依据。加强妇女发展领域理论研究，总结探索妇女发展规律和妇女工作规律。不断创新工作方法，通过实施项目、为妇女办实事等方式解决重点难点问题；通过分类指导、示范先行，总结推广经验，推进规划实施。

（七）加大实施规划宣传力度。多渠道、多形式面向领导干部、妇女工作者、广大妇女和全社会宣传规划内容及规划实施中的典型经验和成效，宣传促进妇女发展的法规政策，营造有利于妇女发展的社会氛围。

（八）加强实施规划能力建设。将实施规划所需知识纳入培训计划，举办多层次、多形式培训，增强有关部门、机构相关人员、相关专业工作者实施规划的责任意识和能力。

（九）鼓励妇女参与规划实施。妇女既是规划实施的受益者，也是规划实施的参与者。实施规划应听取妇女的意见和建议。鼓励妇女参与规划实施，提高妇女参与意识和能力，实现妇女自身发展。

五、监测评估

（一）对规划实施情况进行年度监测、中期评估和终期评估。及时收集、整理、分析反映妇女发展状况的相关数据和信息，动态反映规划目标进展情况。在此基础上，系统分析和评价规划目标达标状况，评判规划策略措施和实施工作的效率，预测妇女发展趋势。通过监测评估，准确掌握妇女发展状况，制定和调整促进妇女发展的政策措施，推动规划目标的实现。

（二）市妇儿工委设立监测评估领导小组，负责组织领导监测评估工作，审批监测评估方案，审核监测评估报告等。领导小组下设监测组和评估组。

监测组由市统计局牵头，承担规划目标任务的相关部门共同组成，负责规划监测统计工作的指导和人员培训，研究制定监测统计方案，收集、整理、分析数据和信息，撰写并提交年度监测报告等。

评估组由市妇儿工委办公室牵头，承担规划目标任务的相关部门以及相关领域的专家学者共同组成，负责制定评估方案，组织开展评估工作，撰写并提交评估报告等。

（三）将监测评估工作所需经费纳入财政预算。有关单位结合监测评估结果开展宣传，研究利用监测评估结果加强规划实施。

（四）建立妇女发展综合统计制度。规范和完善与妇女生存、发展有关的统计指标和分性别统计指标，将其纳入部门常规统计或统计调查。

（五）市妇儿工委成员单位及有关部门要向市统计局报送年度监测数据，向市妇儿工委提交中期和终期评估报告。

醴陵市儿童发展规划（2016－2020年）

《醴陵市儿童发展规划（2011－2015年）》颁布实施五年来，全市各部门各单位认真履职，加快完善保护儿童权利的政策，强化政府管理儿童事务的责任，促进儿童事业与经济社会同步发展，全市儿童事业取得了历史性进步。这五年是我市儿童发展的历史最好时期之一，但是受经济社会发展水平等多种因素制约，我市儿童发展和权利保护依然面临许多问题和困难。2016－2020年，是我市全面建成小康社会的决胜阶段，儿童发展面临前所未有的机遇，将为儿童健康成长创造更加有利的社会环境，也提出了新的要求和新的挑战，促进儿童发展和权利保护仍然是今后一个时期儿童工作的重大任务。

依照《中华人民共和国未成年人保护法》等相关法律法规，根据《湖南省人民政府关于印发〈湖南省妇女发展规划（2016－2020年）〉和〈湖南省儿童发展规划（2016－2020年）〉的通知》（湘政发〔2016〕24号）以及《株洲市人民政府关于印发〈株洲市妇女发展规划（2016－2020年）〉和〈株洲市儿童发展规划（2016－2020年）〉的通知》（株政发〔2017〕2号）等文件精神，结合我市实际，制定本规划。本规划所指儿童为出生至未满18周岁的人。

一、指导思想和基本原则

（一）指导思想

高举中国特色社会主义伟大旗帜，全面贯彻党的十八大以来各项方针政策，以邓小平理论、“三个代表”重要思想、科学发展观为指导，按照“四个全面”战略布局，深入贯彻落实儿童优先原则，保障儿童生存、发展、受保护和参与的权利，缩小城乡区域儿童发展差距，提升儿童福利水平，提高儿童整体素质，促进儿童健康、全面发展。

（二）基本原则

1. 儿童优先原则。在制定地方政策规划和配置公共资源等方面优先考虑儿童的利益和需求。

2. 儿童最大利益原则。从儿童身心发展特点和利益出发处理与儿童相关的具体事务，保障儿童利益最大化。

3. 依法保护原则。在儿童身心发展的全过程，依法保障儿童合法权利，促进儿童全面健康成长。

4. 儿童平等发展原则。创造公平社会环境，确保儿童不因户籍、地域、性别、民族、信仰、受教育状况、身体状况和家庭财产状况受到任何歧视，所有儿童享有平等的权利与机会。

5. 儿童参与原则。鼓励并支持儿童参与家庭、文化和社会生活，创造有利于儿童参与的社会环境，畅通儿童意见表达渠道，重视、吸收儿童意见。

二、总体目标

完善覆盖城乡儿童的基本医疗卫生保障制度，提高儿童身心健康水平；促进基本公共教育服务均等化，保障儿童享有更高质量的教育；扩大儿童福利范围，建立和完善适度普惠的儿童福利体系；提高儿童工作社会化服务水平，创建儿童友好型社会环境；完善保护儿童的体制机制，依法保护儿童合法权益。

三、发展领域、主要目标和策略措施

（一）儿童与健康

1. 主要目标

（1）严重多发致残的出生缺陷发生率逐步下降，减少出生缺陷发生率。

（2）婴儿和5岁以下儿童死亡率分别控制在6.5‰、9‰以下。降低流动人口中婴儿和5岁以下儿童死亡率。

（3）减少儿童伤害所致死亡和残疾。降低18岁以下儿童意外伤害所致死亡率和残疾率。

（4）防控儿童常见疾病和艾滋病、梅毒、结核病、乙肝等重大传染性疾病。

（5）纳入国家免疫规划中的11种疫苗接种率以镇为单位达到95%以上。

（6）新生儿破伤风发病率降低到1‰以下。

（7）低出生体重发生率控制在3%以下。

（8）0～6个月婴儿纯母乳喂养率达到50%以上。

（9）5岁以下儿童中、重度贫血患病率控制在10%以下，降低中小学生贫血患病率。

（10）5岁以下儿童生长迟缓率控制在6%以下。

（11）提高中小学生身体素质。控制中小学生视力不良、龋齿、超重/肥胖、营养不良发生率。5岁以下儿童肥胖发生率控制在2%以下。

（12）降低儿童心理行为问题发生率和儿童精神疾病患病率。

（13）提高适龄儿童性与生殖健康知识普及率。

（14）减少环境污染对儿童的伤害。

2. 策略措施

（1）加大妇幼卫生经费投入。优化卫生资源配置，增加农村和贫困地区妇幼卫生经费投入，促进儿童基本医疗卫生服务的公平性和可及性。

（2）加强妇幼卫生服务体系建设。设置1所政府举办的服务标准化妇幼保健机构。加强市、镇、村三级妇幼卫生服务网络建设，完善基层妇幼卫生服务体系。加强儿童医疗保健服务网络建设，二级以上综合医院设置儿科，规范新生儿病室建设。加强儿童医疗卫生人才队伍建设，提高儿童医疗卫生服务能力。

（3）加强儿童保健服务和管理。推进儿童医疗保健科室标准化建设，开展新生儿保健，生长发育监测，营养与喂养指导，早期综合发展，心理行为发育评估、咨询、指导、干预等服务。逐步扩展基本公共卫生服务项目中的儿童保健服务内容。3岁以下儿童系统管理率和7岁以下儿童保健覆盖率均达到80%以上。将流动儿童纳入流入地社区儿童保健管理体系，提高流动人口中的儿童保健管理率。

（4）完善出生缺陷防治体系。落实出生缺陷防治办法，将其纳入本级政府目标管理考核内容。落实出生缺陷三级防治措施，加强婚前医学检查知识宣传，规范检查项目，改进服务模式，提高婚前医学检查率。加强孕产期合理营养与膳食指导。健全产前筛查诊断网络，提高网络机构诊断服务能力，早诊断、早干预。加强新生儿疾病筛查、诊断、治疗和跟踪随访，扩大筛查病种。先天性甲状腺功能减低症、新生儿苯丙酮尿症等遗传代谢性疾病筛查率达到80%以上，新生儿听力筛查率达到65%以上，提高确诊病例治疗率和康复率。加大出生缺陷防治知识宣传力度，提高目标人群出生缺陷防治知识知晓率。

（5）加强儿童疾病防治及相关科学技术研究。加强疫苗冷链系统建设和维护，规范预防接种行为。以城镇社区为重点，普及儿童健康基本知识。加强儿童健康相关科学技术研究，促进成果转化，推广适宜技术，降低新生儿窒息、肺炎和先天性心脏病等的死亡率。规范儿科诊疗行为。将预防艾滋病母婴传播、先天梅毒和乙肝综合服务纳入妇幼保健常规工作，孕产妇艾滋病、梅毒和乙肝检测率均达到90%以上；感染艾滋病、梅毒和乙肝的孕产妇及所生儿童采取预防母婴传播干预措施比例均达到90%以上。

（6）预防和控制儿童意外伤害。制定实施多部门合作的儿童意外伤害综合干预行动计划，加大执法和监管力度，为儿童创造安全的学习、生活环境，预防和控制溺水、跌伤、交通伤害等主要伤害事故发生。将安全教育纳入学校教育教学计划，中小学校、幼儿园和社区普遍开展灾害避险以及游泳、娱乐、交通、消防安全和产品安全知识教育，提高儿童家长和儿童的自护自救、防灾避险的意识和能力。建立健全学校和幼儿园的安全、卫生保健管理制度和校园伤害事件应急管理机制。建立完善儿童意外伤害监测系统和报告制度。提高灾害和紧急事件中保护儿童的意识和能力，为受灾儿童提供及时有效的医疗、生活、教育、心理康复等方面的救助服务。

（7）改善儿童营养状况。完善和落实支持母乳喂养的相关政策，积极推行母乳喂养。开展科学喂养、合理膳食与营养素补充指导，提高婴幼儿家长科学喂养知识水平。加强医疗卫生人员技能培训，预防和治疗营养不良、贫血、肥胖、维生素D缺乏性佝偻病等儿童营养性疾病。实施贫困地区儿童营养改善项目，继续推行中小学生营养改善计划。

（8）提高儿童身体素质。合理安排学生学习、休息和娱乐时间，保证学生睡眠时间和每天一小时校园体育活动。鼓励和支持学校体育场馆设施在课余和节假日向学生开放。完善并落实学生健康体检制度和体质监测制度，建立学生体质健康档案。

（9）加强对儿童的健康指导和干预。加强托幼机构和中小学校卫生保健管理，对儿童开展疾病预防、心理健康、生长发育与青春期保健等方面的教育和指导，提高儿童身心健康素养水平。帮助儿童养成健康行为和生活方式。加强儿童视力、听力和口腔保健工作。严禁向儿童出售烟酒和违禁药品，预防和制止儿童吸烟、酗酒和成瘾物质使用。

（10）构建儿童心理健康公共服务网络。儿童医院、精神专科医院和有条件的妇幼保健机构设儿童心理科（门诊），配备专科医师。学校设心理咨询室，配备专职心理健康教育教师。开展精神卫生专业人员培训。

（11）加强儿童生殖健康服务。将性与生殖健康教育纳入义务教育课程体系，增加性与生殖健康服务机构数量，加强能力建设，提供适合适龄儿童的服务，满足其咨询与治疗需求。

（12）保障儿童食品、用品安全。完善婴幼儿食品、用品的检测标准和质量认证体系，强化生产经营企业的质量意识，建立婴幼儿食品安全监测、检测和预警机制，加强农村地区食品市场监管，严厉打击制售假冒伪劣食品的违法犯罪行为。加强婴幼儿用品、玩具生产销售和游乐设施运营的监管。健全儿童玩具、儿童用品等的缺陷产品召回制度。

（13）加大环境保护和治理力度。控制和治理大气、水、土地等环境污染以及工业、生活和农村面源污染，加强饮用水源保护。加强监管，确保主要持久性有机污染物和主要重金属（铅、镉等）暴露水平符合标准。

（二）儿童与教育

1. 主要目标

（1）促进0～3岁儿童早期教育发展。

（2）基本普及学前教育，学前三年毛入园率达到90%。

（3）九年义务教育巩固率达到99%以上。确保流动儿童平等接受义务教育，保障残疾儿童接受义务教育。

（4）普及高中阶段教育，毛入学率达到95%以上。

（5）中等职业教育的规模扩大，办学质量提高。

（6）保障所有儿童享有公平教育，均衡配置教育资源，缩小城乡差距、区域差距、校际差距。

（7）学校标准化建设水平提高，薄弱学校数量减少。

（8）教育质量和效益不断提高，学生综合素质和能力全面提升。

2. 策略措施

（1）落实教育优先发展战略。切实保证经济社会发展规划优先安排教育发展，财政资金优先保障教育的投入，公共资源优先满足教育和人力资源开发需要。完善体制和政策，鼓励社会力量兴办教育，不断扩大社会资源对教育的投入。

（2）依法保障儿童受教育的权利。各相关单位要组织和督促适龄儿童入学接受义务教育，帮助解决适龄儿童接受义务教育的困难，采取措施防止其辍学。父母或其他监护人要保障适龄儿童依法接受并完成义务教育。学校要耐心教育、帮助品行有缺点或学习有困难的学生，不得违反法律和国家规定开除或变相开除学生。

（3）促进基本公共教育服务均等化。坚持基本公共教育的公益性和普惠性，加快建立城乡一体化的教育发展保障机制和基本公共教育服务体系，均衡配置教师、设备、图书、校舍等资源。推进义务教育均衡发展。

（4）普及高中阶段教育。优化高中阶段学校布局，推进普通高中和中等职业学校协调发展。继续办好示范高中，推进特色高中、综合高中建设，推动普通高中多样化、特色化发展。完善普通高中家庭经济困难学生国家资助制度，对建档立卡的家庭困难学生实施普通高中免除学杂费。

（5）大力发展职业教育。建设具有区域特色鲜明、对接产业紧密、办学定位准确的卓越职业院校。建设支持中高等职业院校改善基本办学和实习实训条件，建设开放型公共技能实训基地。

（6）积极开展0～3岁儿童科学育儿指导。积极发展公益性普惠性的儿童综合发展指导机构，以幼儿园和社区为依托，为0～3岁儿童及家庭提供早期保育和教育指导。加快培养0～3岁儿童早期教育专业化人才。

（7）提升学前教育发展水平。加快发展公办幼儿园，实施第二轮学前教育三年行动计划，新建、改扩建一批公办幼儿园，支持农村、贫困地区发展学前教育，建立政府主导、社会参与、公办民办并举的办园格局。鼓励利用中小学布局调整、乡镇区划调整后的富余公共资源改建成幼儿园。每个镇至少办好一所公办中心幼儿园，大村独立建园，小村设分园或联合办园，人口分散地区提供灵活多样的学前教育服务。支持民办幼儿园提供普惠性服务，满足实施全面两孩政策后新生幼儿的学前教育需求。

（8）确保受人口流动影响儿童平等接受义务教育。坚持以流入地政府管理为主、以全日制公办中小学为主解决流动儿童就学问题。制定实施流动儿童义务教育后在流入地参加升学考试的办法。

（9）关爱留守儿童。贯彻落实《国务院关于加强农村留守儿童关爱保护工作的意见》（国发〔2016〕13号），全面建立家庭、政府、学校尽职尽责，社会力量积极参与的农村留守儿童关爱保护体系，有效运行强制报告、应急处置、评估帮扶、监护干预等农村留守儿童救助保护机制。加快农村寄宿制学校建设，优先满足留守儿童住宿需求。

（10）保障特殊困难儿童接受义务教育权利。落实孤儿、残疾儿童、贫困儿童就学资助政策。加快发展特殊教育，扩大残疾儿童随班就读、普通学校特教班和寄宿制残疾学生的规模，提高残疾儿童受教育水平。

（11）全面推进素质教育。树立科学的教育观，全面贯彻教育方针，坚持面向全体学生、促进学生德智体美全面发展，提高学生的学习能力、实践能力、创新能力、社会适应能力和思想道德素质、科学文化素质、健康素质。

（12）加强和改进学校思想道德教育。坚持育人为本、德育为先，把社会主义核心价值体系融入教育全过程。把德育渗透于教育教学各个环节，贯穿于学校教育、家庭教育和社会教育各个方面。创新德育形式，丰富德育内容，不断提高德育工作吸引力和感染力，增强德育工作的针对性和实效性。

（13）提高儿童科学素养水平。开展多种形式的科普和社会实践活动，增强儿童对科学技术的兴趣和爱好，培养儿童科学探究能力和综合运用知识解决问题的能力。利用科普教育基地和青少年科技教育基地等资源，为儿童提供科学实践的场所和机会。建立校外科学实践活动与学校课程相衔接的机制。加强校内外结合的儿童科普网络建设，建立和巩固一支专、兼职相结合的儿童科普队伍。

（14）推进教育综合改革。改革人才培养模式，构建促进学生德智体美全面发展的育人制度体系。推进管办评分离，构建学校依法办学，政府、社会、师生广泛监督的现代学校制度体系。鼓励社会力量和民间资本提供多样化教育服务。

（15）加强教师队伍建设。建立师德建设长效机制，强化立德树人，为人师表意识。依托株洲市的教师培训体系，加大对教师的培训力度。扩大公费定向师范生培养规模，到2020年，使公费定向师范毕业生成为义务教育阶段乡村教师补充的主渠道。实施中小学幼儿园骨干教师、名师名校（园）长“十百千万”工程、职业院校“双师型”（同时具备教师资格和职业资格，从事职业教育工作的教师）教师队伍建设工程。

（16）全面推进教育现代化和信息化。提高农村中小学校接入互联网的比例，扩大优质教育资源覆盖面，基本建成覆盖城乡各级各类学校的教育信息化体系。

（17）建设民主、文明、和谐、平等、安全的友好型学校。建立尊师爱生的师生关系。制定完善校园欺凌的预防和处理制度、措施。保障学生参与学校事务的权利。创造有利于学生身体健康的学习、生活条件，提供安全饮水用水和卫生厕所，改善寄宿制学校学生食堂和住宿条件。

（18）完善学校收费管理与监督机制。完善学校收费管理办法，规范学校收费行为和收费资金使用管理。

（三）儿童与福利

1. 主要目标

（1）扩大儿童福利范围，推动儿童福利由补缺型向适度普惠型的转变。

（2）保障儿童享有基本医疗卫生服务，提高儿童基本医疗参保率和保障水平，为贫困和大病儿童提供医疗救助。

（3）基本满足流动和留守儿童基本公共服务需求。

（4）基本满足孤儿生活、教育、医疗和公平就业等基本需求，通过家庭寄养和收养帮助孤儿回归家庭。

（5）提高0～6岁残疾儿童抢救性康复率。

（6）减少流浪儿童的数量和反复性流浪。

（7）增加孤儿养护、流浪儿童保护和残疾儿童康复的专业服务机构数量。建立1所具有养护、医疗康复、教育、技能培训等综合功能的儿童福利机构和1所流浪儿童救助保护机构。

（8）保障受艾滋病影响的儿童和服刑人员未满18周岁子女的生活、教育、医疗、公平就业等权利。

2. 策略措施

（1）提高面向儿童的公共服务供给能力和水平。完善基本公共服务体系，增加财政对儿童福利的投入，逐步实现儿童基本公共服务均等化。

（2）保障儿童基本医疗。完善儿童基本医疗保障，逐步提高儿童医疗保障水平，减轻患病儿童家庭医疗费用负担。

（3）提高儿童医疗救助水平。加大对大病儿童和贫困家庭儿童的医疗救助。对贫困家庭儿童、孤儿、残疾儿童参加医保个人缴纳部分按规定予以补贴。

（4）扩大儿童福利范围。建立困境儿童福利保障制度。完善城乡居民最低生活保障制度，通过分类施保提高贫困家庭儿童生活水平。探索对儿童实施营养干预和补助的方法，改善儿童营养状况。逐步提高农村义务教育寄宿制学校家庭经济困难学生生活补助标准，扩大补助范围。

（5）建立健全孤儿和困境儿童保障制度。落实孤儿社会保障政策，满足孤儿生活、教育、医疗康复、住房等方面的需求。帮助有劳动能力的适龄孤儿就业。完善艾滋孤儿救助机制。建立受艾滋病影响儿童和服刑人员未成年子女的替代养护制度。为受艾滋病影响儿童和服刑人员未成年子女的生活、教育、医疗、公平就业提供制度保障。

（6）完善孤儿养育和服务模式。探索适合孤儿身心发育的养育模式。严格规范孤儿收养制度，规范家庭寄养，鼓励社会助养。建立和完善家庭寄养和亲属监护养育的监督、支持和评估体系，提高家庭寄养孤儿和亲属监护养育孤儿的养育质量。

（7）建立完善残疾儿童康复救助制度和服务体系。建立0～6岁残疾儿童登记制度，对贫困家庭残疾儿童基本康复需求按规定给予补贴。优先开展残疾儿童抢救性治疗和康复，提高残疾儿童康复机构服务专业化水平。以专业康复机构为骨干、社区为基础、家庭为依托建立残疾儿童康复服务体系，加强残疾儿童康复转介服务，开展多层次职业培训和实用技术培训，增强残疾儿童生活自理能力、社会适应能力和平等参与社会生活的能力。

（8）加强流浪儿童救助保护工作。完善流浪儿童救助保护网络体系，健全流浪儿童生活、教育、管理、返乡保障制度，对流浪儿童开展教育、医疗服务、心理辅导、行为矫治和技能培训。提高流浪儿童救助保护工作专业化和社会化水平，鼓励并支持社会力量保护和救助流浪儿童。探索建立流浪儿童早期预防干预机制。

（9）建立和完善流动儿童和留守儿童服务机制。积极稳妥推进户籍制度和社会保障制度改革。建立16周岁以下流动儿童登记制度，为流动儿童享有教育、医疗保健等公共服务提供基础。整合社区资源，完善以社区为依托，面向流动人口家庭的管理和服务网络，增强服务意识，提高服务能力。坚持政府主导，把农村留守儿童关爱保护工作作为各镇人民政府（街道办事处、长庆示范区管委会）重要工作内容，落实各镇人民政府（街道办事处、长庆示范区管委会）的属地责任，强化民政等有关部门的监督指导责任，健全农村留守儿童关爱服务体系和救助保护机制，强化家庭监护主体责任，切实保障农村留守儿童合法权益。

（四）儿童与社会环境

1. 主要目标

（1）营造尊重、爱护儿童的社会氛围，消除对儿童的歧视和伤害。

（2）适应城乡发展的家庭教育指导服务体系基本建成。

（3）提升儿童家长素质，提高家庭教育的水平。

（4）为儿童提供丰富、健康向上的文化产品。

（5）保护儿童免受网络、手机、游戏、广告、图书和影视中不良信息的影响。

（6）培养儿童阅读习惯，增加阅读时间和阅读量，90%以上的儿童每年至少阅读一本图书。

（7）增加市、镇两级儿童教育、科技、文化、体育、娱乐等课外活动设施和场所，坚持公益性，提高利用率和服务质量。每个镇（街道、长庆示范区）至少配备1名专职或兼职儿童社会工作者。到2020年，本市至少建立1个儿童活动中心。

（8）90%以上的社区建立1所为儿童及其家庭提供游戏、娱乐、教育、卫生、社会心理支持和转介等服务的儿童之家。

（9）保障儿童参与家庭生活、学校和社会事务的权利。

（10）保障儿童享有闲暇和娱乐的权利。

2. 策略措施

（1）广泛开展以儿童优先和儿童权利为主题的

宣传教育活动，提高公众对儿童权利尤其是儿童参与权的认识。

（2）将家庭教育指导服务纳入城乡公共服务体系。普遍建立各级家庭教育指导机构，所有中小学校建立家长学校或家庭教育指导服务点。培养合格的专兼职家庭教育工作队伍。加大公共财政对家庭教育指导服务体系建设的投入，鼓励和支持社会力量参与家庭教育工作。

（3）开展家庭教育指导和宣传实践活动。多渠道、多形式持续普及家庭教育知识，确保儿童家长每年至少接受2次家庭教育指导服务，参加2次家庭教育实践活动。加强家庭教育研究，促进研究成果的推广和应用。

（4）为儿童成长提供良好的家庭环境。倡导平等、文明、和睦、稳定的家庭关系，提倡父母与子女加强交流与沟通。预防和制止家庭虐待、忽视和暴力等事件的发生。

（5）创造有益于儿童身心健康的文化环境。引导各类媒体制作和传播有益于儿童健康成长的信息，增强文化产品的知识性、趣味性。积极组织适合儿童的文化活动，大力培育儿童文化品牌。加强文化市场监管，加大查处传播淫秽、色情、凶杀、暴力、封建迷信和伪科学的出版物及儿童玩具、饰品的力度。

（6）规范与儿童相关的广告和商业性活动。严格执行相关法规政策，禁止母乳代用品广告宣传，规范与儿童有关的产品（服务）广告及烟酒广告播出。规范和限制儿童参加商业性演出和活动。

（7）为儿童健康上网创造条件。在公益性文化场所和儿童活动场所建设公共电子阅览室，为儿童提供公益性上网服务。社区公益性互联网上网服务设施，对儿童免费或优惠开放。推行绿色上网软件，加强对网络不良信息的打击和治理，净化互联网环境。加强对互联网上网服务营业场所的管理。互联网上网服务营业场所严格实行消费者实名登记制，并在显著位置设置未成年人禁入标志，不得允许未成年人进入。加大对“黑网吧”的打击力度。家庭和学校加强对儿童上网的引导，防止儿童沉迷网络。

（8）净化校园周边环境。落实维护校园周边治安秩序、确保校园安全的相关措施，在学校周边治安复杂地区设立治安岗进行巡逻，向学校、幼儿园派驻保安员。校园附近严格按规定设交通警示标志和安全设施，派民警或协管员维护地处交通复杂路段的小学、幼儿园周边道路的交通秩序。加强对校园周边商业网点和经营场所的监管，校园周边200米以内禁设网吧、游戏厅及其他娱乐场所。

（9）加大儿童活动设施建设。将儿童活动设施和场所建设纳入地方经济社会发展规划，加大对农村地区儿童活动设施和场所建设、运行的扶持力度。规范儿童课外活动设施和场所的管理，各类文化、科技、体育等公益性设施和场所对儿童免费或优惠开放，并根据自身条件开辟专门供儿童活动的区域。加强爱国主义教育基地建设。

（10）强化社区儿童服务功能。切实加大社区儿童之家建设力度，建立和运行社区儿童服务和保护体系，充分挖掘和合理利用社区资源，动员学校、幼儿园、医院等机构和社会团体、志愿者参与儿童保护。整合社区资源建设儿童活动场所，配备专兼职工作人员，提高运行能力，为儿童及其家庭提供服务。

（11）为儿童阅读图书创造条件。推广面向儿童的图书分级制，为不同年龄儿童提供适合其年龄特点的图书，为儿童家长选择图书提供建议和指导。增加社区图书馆和农村流动图书馆数量，公共图书馆设儿童阅览室或图书角。“农家书屋”配备一定数量的儿童图书。广泛开展图书阅读活动，鼓励和引导儿童主动读书。

（12）保障儿童的参与和表达权利。将儿童参与纳入儿童事务和儿童服务决策过程，决定有关儿童的重大事项时吸收儿童代表参加，听取儿童意见。畅通儿童参与和表达渠道，增加儿童社会实践机会，鼓励儿童参与力所能及的社会事务和社会公益活动，提高儿童的社会参与能力。

（13）增强儿童生态环保意识。创建生态文明宣传教育，开展生态文明宣传教育，鼓励儿童积极参与生态文明建设。

（14）加强儿童社会工作者队伍建设。强化对儿童工作人员的社会工作能力培训，积极发挥社会工作专业人才在为儿童提供服务、维护儿童权益方面的作用。

（五）儿童与法律保护

1. 主要目标

（1）保护儿童的政策和工作机制更加完善。

（2）贯彻落实保护儿童的法律法规和政策，儿童优先和儿童最大利益原则进一步落实。

（3）依法保障儿童获得出生登记和身份登记。

（4）出生人口性别比升高趋势得到遏制，出生人口性别比趋向合理。

（5）完善儿童监护制度，保障儿童获得有效监护。

（6）中小学生普遍接受法治教育，法律意识、自我保护意识和能力明显增强。

（7）预防和打击侵害儿童人身权利的违法犯罪行为，禁止对儿童实施一切形式的暴力。

（8）依法保护儿童合法财产权益。

（9）禁止使用童工（未满16周岁儿童）和对儿

童的经济剥削。

（10）保障儿童依法获得及时有效的法律援助和司法救助。

（11）预防未成年人违法犯罪，降低未成年罪犯占刑事罪犯的比重。

（12）司法体系进一步满足儿童身心发展的特殊需要。

2. 策略措施

（1）继续完善保护儿童的政策。推进儿童福利、学前教育、家庭教育等工作。清理、修改、废止与保护儿童权利不相适应的政策。增强保护儿童相关政策的可操作性。

（2）加强法治宣传教育。提高家庭、学校、社会各界和儿童本人保护儿童权利的法治观念、责任意识和能力。

（3）加强执法监督。明确执法主体，强化法律责任，定期开展专项执法检查。加强对执法人员儿童权益保护知识和技能培训，增强儿童权益保护观念，提高执法水平。

（4）落实儿童出生登记制度。提高社会各界对出生登记的认识，完善出生登记相关制度和政策。加强部门协调和信息共享，简化、规范登记程序。

（5）消除对女童的歧视。宣传性别平等观念，增强全社会性别平等意识。建立有利于女孩及其家庭的利益导向机制，提高农村生育女孩家庭的经济社会地位。加大对利用B超等进行非医学需要的胎儿性别鉴定和选择性别人工终止妊娠行为的打击力度。

（6）建立完善儿童监护监督制度。提高儿童父母和其他监护人的责任意识，建立儿童虐待问题强制报告制度。探索建立可操作的监护权干预和转移办法，依法剥夺严重虐待儿童的监护人的监护资格。

（7)保护儿童人身权利。加强社会治安综合治理，严厉打击强奸、拐卖、绑架、虐待、遗弃等侵害儿童人身权利的违法犯罪行为和组织、胁迫、诱骗儿童犯罪的刑事犯罪。严厉打击利用儿童进行扒窃、乞讨、卖艺、卖淫等违法犯罪行为。保护儿童免遭一切形式的性侵犯。建立受暴力伤害儿童问题的预防、强制报告、反应、紧急救助和治疗辅导工作机制。整合资源，探索建立儿童庇护中心。加强预防和打击拐卖儿童犯罪的宣传教育，提高儿童及其家长“防拐”意识和能力，为被解救儿童提供身心康复服务，妥善安置被解救儿童。禁止用人单位招用未满16周岁儿童，禁止介绍未满16周岁的儿童就业。建立健全监督惩罚机制，严厉打击使用童工的违法行为。严格执行国家对已满16周岁未满18周岁未成年工的保护规定，禁止安排未成年工从事过重、有毒、有害等劳动或危险作业。依法保护儿童的隐私权。

（8）加强儿童财产权益保护。依法保障儿童的财产收益权、获赠权、知识产权、继承权、一定权限内独立的财产支配权。

（9）健全儿童权益保障网络。为儿童提供专业化维权服务，有效保障儿童合法权益。确保法律援助机构优先提供儿童法律援助，进一步扩大儿童法律援助覆盖面。提高儿童依法维权的意识和能力，促进学校、社会、家庭对维护儿童权益的认识和实践能力。

（10）推动建立和完善适合未成年人的专门司法机构。贯彻未成年人保护法，推进未成年人案件办理专门化。加快建设公安机关办理未成年人案件专门机构或落实专门人员。

（11）完善涉嫌违法犯罪的儿童处理制度。对涉嫌违法犯罪的儿童，贯彻教育、感化、挽救的方针，坚持教育为主、惩罚为辅的原则，依法从轻、减轻或者免除对违法犯罪儿童的处罚。贯彻落实未成年人刑事案件诉讼程序。

（12）完善具有严重不良行为儿童的矫治制度。建立家庭、学校、社会共同参与的运作机制，对有不良行为的儿童实施早期介入、有效干预和行为矫治。加强对具有严重不良行为儿童的教育和管理，探索专门学校教育和行为矫治的有效途径和方法，保障专门学校学生在升学、就业等方面的同等权利。做好社区矫正未成年人的帮教工作。

四、组织实施

（一）加强对规划实施工作的组织领导。各有关单位和社会团体结合各自职责，承担落实规划中相应目标任务。市妇儿工委负责规划实施的组织、协调、指导和督促。

（二）制定儿童发展规划和部门实施方案。各相关单位和社会团体结合各自的职责，按照任务分工，制定实施方案，形成全市儿童发展规划体系。

（三）加强本规划与国民经济和社会发展总体规划以及部门规划的衔接。在经济和社会发展总体规划中体现儿童优先原则，将儿童发展的主要指标纳入经济和社会发展总体规划及专项规划，统一部署，统筹安排，同步实施，同步发展。

（四）保障儿童发展的经费投入。将实施规划所需经费纳入财政预算，并根据工作实际需要逐步增加。重点扶持贫困地区的儿童发展。动员社会力量，多渠道筹集资金，支持儿童发展。

（五）建立健全实施规划的工作机制。建立政府主导、多部门合作、全社会参与的工作机制，共同做好规划实施工作。建立目标管理责任制，将规划主要目标纳入相关单位和社会团体的目标管理和考核体系，考核结果作为对领导班子和相关负责人综合考核评价的重要内容。健全报告制度，各有关单位每年向市妇儿工委和上级主管部门报告规划实施情况。市妇儿工委每年向株洲市妇儿工委报告我市规划实施的总体情况。健全会议制度，定期召开市妇儿工委全体会议，汇报、交流实施规划的进展情况。健全监测评估制度，明确监测评估责任，加强监测评估工作。

（六）坚持和创新实施规划的有效做法。及时开展对儿童发展和权益保护状况的调查研究，掌握新情况，分析新问题，为制定相关政策提供依据。加强儿童发展领域理论研究，总结探索儿童发展规律和儿童工作规律。学习借鉴促进儿童发展的先进理念和经验，不断创新工作方法，通过实施项目、为儿童办实事等方式解决重点难点问题；通过分类指导、示范先行，总结推广经验，推进规划实施。

（七）加大规划实施的宣传力度。多渠道、多形式面向领导干部、儿童工作者、广大儿童和全社会广泛宣传规划内容及规划实施中的典型经验和成效，宣传促进儿童保护和发展的法律法规和相关政策，营造有利于儿童生存、保护、发展和参与的社会氛围。

（八）加强规划实施能力建设。将儿童优先原则的相关内容及相关法律法规和方针政策纳入市委党校培训课程。将实施规划所需知识纳入培训计划，举办多层次、多形式培训，增强各有关部门、机构相关人员、相关专业工作者实施规划的责任意识和能力。

（九）鼓励儿童参与规划实施。儿童既是规划实施的受益者，也是规划实施的参与者。实施规划应听取儿童的意见和建议。提高儿童参与规划实施的意识和能力，实现自身发展。

五、监测评估

（一）对规划实施情况进行年度监测、中期评估和终期评估。及时收集、整理、分析反映儿童发展状况的相关数据和信息，动态反映规划目标进展情况。在此基础上，系统分析和评价规划目标达标状况，评判规划策略措施和规划实施工作的效果，预测儿童发展趋势。通过监测评估，准确掌握儿童发展状况，制定和调整促进儿童发展的政策措施，推动规划目标的实现，为规划未来儿童发展奠定基础。

（二）市妇儿工委设立监测评估领导小组，负责组织领导监测评估工作，审批监测评估方案，审核监测评估报告等。监测评估领导小组下设监测组和评估组。

监测组由市统计局牵头，承担规划目标任务的相关单位共同组成，负责规划监测工作的指导和人员培训，研究制定监测方案，收集、整理、分析数据和信息，撰写并提交年度监测报告等。

评估组由市妇儿工委办公室牵头，承担规划目标任务的相关部门以及相关领域的专家学者共同组成，负责制定评估方案，组织开展评估工作，撰写并提交评估报告等。

（三）将监测评估工作所需经费纳入财政预算。有关单位结合监测评估结果开展宣传，研究利用监测评估结果进一步推动规划实施。

（四）建立儿童发展综合统计制度。规范和完善与儿童生存、发展有关的统计指标和分性别统计指标，将其纳入部门常规统计和统计调查。建立和完善我市儿童发展监测数据库。

（五）报送年度监测数据。市妇儿工委成员单位、有关单位要向市统计局报送年度监测数据，向市妇儿工委提交中期和终期评估报告。

醴陵市人民政府
关于进一步推进户籍制度改革的实施意见

醴政发〔2017〕6 号

各镇人民政府、街道办事处，长庆示范区管委会，市直有关单位，驻醴有关单位：

为贯彻落实《湖南省人民政府关于进一步推进户籍制度改革的实施意见》（湘政发〔2015〕16 号）、《湖南省人民政府办公厅关于印发〈湖南省常住户口登记管理办法〉的通知》（湘政办发〔2016〕12 号）和《株洲市人民政府关于进一步推进户籍制度改革的实施意见》（株政发〔2015〕14 号）精神，结合我市实际，制定如下实施意见。

一、总体要求

（一）指导思想

以邓小平理论、“三个代表”重要思想、科学发展观以及党的十八大、十八届三中、四中、五中、六中全会精神为指导，适应推进新型城镇化的需要，进一步推进户籍制度改革，统筹推进新型工业化、新型城镇化、信息化和农业现代化同步发展，推动产业和城镇融合发展。统筹推进户籍制度改革和相关经济社会领域改革，合理引导农业人口有序向城镇转移，有序推进农业转移人口市民化。

（二）基本原则

1. 积极稳妥，规范有序。按照城乡人口合理布局和自由流动的要求，充分考虑全市经济社会发展水平和城市综合承载能力，合理引导农业转移人口落户城镇的预期，积极稳妥制定差别化落户政策。

2. 以人为本，尊重群众意愿。尊重城乡居民自主定居意愿，依法保障农业转移人口及其他常住人口合法权益，不得采取强迫做法办理落户。

3. 统筹配套，提供基本保障。统筹推进户籍制度改革和基本公共服务均等化，不断扩大教育、就业、医疗、文化、养老、住房保障等城镇基本公共服务覆盖面。

4. 多措并举，引导鼓励。从我市实际出发，科学完善各种政策措施，积极引导有条件的农民向城市转移，合理制定落户政策，把引导农民就近城镇化作为工作重点，加快城市化进程。

（三）改革目标

统一城乡户口登记制度，进一步调整户口迁移政策，大力实施居住证制度，建立健全实际居住人口登记制度，健全完善我市人口基础信息库。推进义务教育、就业服务、基本养老、基本医疗卫生、计划生育、公共文化、住房保障等城镇基本公共服务覆盖全部常住人口。到2020年，基本建立与全面建成小康社会相适应，依法保障公民权利，有效支撑社会管理和公共服务，以人为本、科学高效、规范有序的新型户籍制度。

二、建立城乡统一的户口登记制度

取消农业户口与非农业户口性质区分，统一登记为居民户口，体现户籍制度的人口登记管理功能，将户口从土地权属、征地拆迁、宅基地等利益中剥离。公安机关户口登记不再标注户口性质，不再依据户口性质统计农业人口与非农业人口，改为根据户口登记地的城乡地域属性划分统计城镇户籍人口和农村户籍人口。根据我市实际情况，明确我市四个街道办事处、长庆示范区所辖范围以及各建制镇社区范围为城镇地区；其他范围为农村地区。社区的设置以市人民政府相关批复及民政部门界定为准。抓紧建立与统一城乡户口登记制度相适应的教育、就业、卫生计生、社保、住房、土地、人口统计等相关制度，完善现阶段区分城乡政策待遇适用对象的具体办法，逐步消除城乡待遇差别，确保相关政策制度平稳衔接过渡。

三、进一步落实户口迁移政策

（一）全面放开我市城镇地区落户限制

1. 夫妻、父母、子女投靠落户：共同居住生活的夫妻、父母、子女可以投靠落户，可以在我市城镇地区申请登记常住居民户口。

2. 大中院校毕业生落户：全日制大中院校、职业院校（含技工学校）等毕业生和取得专业技术资格的人员有落户需求，可在我市城镇地区先落户后择业。

3. 调动、录用干部、职工落户：经县级以上人力资源社会保障部门或实行垂直管理部门批准调动、录用的干部、职工，可以申请将其本人及其共同生活的配偶、父母、子女的户口迁入工作单位所在地，进行常住居民户口登记。

4. 投资经商、创业落户：凡合法投资经商、创业法人代表及经工商部门确认企业合伙人、出资人、股东等本人及其共同居住生活的配偶、子女、父母等，可以在当地申请登记常住居民户口。

5. 合法稳定住所落户：凡在我市城镇地区有合法稳定住所（含租赁）的人员，本人及其共同居住生活的配偶、子女、父母可以在我市城镇地区登记常住居民户口。

6. 合法稳定就业落户：凡在我市合法稳定就业，并参加城镇社会保险的务工人员，本人及其共同居住生活的配偶、子女、父母可以在当地申请登记常住居民户口。

7. 其他符合国家相关法律和政策规定的情形。

其他有落户需求，但又不符合以上落户条件的农业转移人口，可以根据《湖南省流动人口暂住登记与居住证发放办法》（湘公通〔2011〕102号）要求办理居住证。

（二）规范往农村地区迁移户口的政策

除以下几种特殊情形以外，不再办理往农村地区迁移的落户：

1. 新生儿随农村地区一方的父母登记常住户口。

2. 退役士兵回原籍农村落户。

3. 应届全日制大中院校、职业院校（含技工学校）等毕业生、肄业生或户口仍保留在原就读院校或就业指导中心的往届毕业生、肄业生申请回生源地农村落户。

4. 因服刑或劳动教养注销原籍农村地区户口且刑满释放或解除劳动教养后申请回原籍农村落户。

5. 因夫妻投靠、未成年子女投靠父母，可以办理到夫妻或父母一方所在地农村落户。

6. 夫妻一方为现役士兵，并已因参军服兵役注销了农村地区户口，另一方投靠军人一方农村父母居住生活，可以办理本人及未成年子女到军人一方父母所在地落户。

7. 居民因夫妻投靠将户口迁往配偶户口所在地，后因离婚可以办理回原籍农村落户。

8.《湖南省常住户口登记管理办法》实施后，符合城镇落户条件将户口由农村迁往城镇，要求返回原籍户口所在地落户的，凭其户口身份证件可以申请将户口迁回原籍户口所在地。

9. 其他符合国家相关法律和政策规定的情形。

在落实户口迁移政策的过程中，我市户口登记管理具体操作严格按照《湖南省常住户口登记管理办法》（湘政办发〔2016〕12号）、《湖南省常住户口登记管理办法实施细则》（湘公发〔2016〕18号）以及《株洲市常住户口登记管理操作细则（试行）》（株公通〔2016〕184号）执行。

四、加强人口管理和服务

（一）妥善解决户口登记中的重点问题

加强出生登记工作，摸清无户口人员基本信息及主要原因，分类解决无户口人员落户问题，切实保障公民登记户口的合法权益。新生儿户口登记不受附加条件限制，公安机关对于不能提供生育证或社会抚养费征收票据等计生证明的未落户人员，应当依法为其办理户口登记，再按有关规定通报当地卫计部门。做好死亡人员户口注销工作，加强死亡医学证明等信息共享，全面排查应销未销户口人员信息，依法依规予以注销，确保人口信息数据准确。积极采取措施，重点解决进城时间长、就业能力强、可以适应城镇产业转型升级和市场竞争环境的人员落户问题。不断提高高校和职业院校毕业生、取得专业技术资格人员、技术工人、留学回国人员、获荣誉称号人员、优秀农民工等常住人口的城镇落户率。

（二）继续大力实施居住证制度

以居住证为载体，健全基本公共服务提供机制。积极创造条件，不断扩大向居住证持有人提供公共服务的范围，确定并公布具体服务内容。居住证持有人享有与当地户籍人口同等的劳动就业、基本公共教育、基本医疗卫生服务、计划生育服务、公共文化体育服务、证照办理服务等权利；逐步享有与当地户籍人口同等的中等职业教育资助、就业扶持、住房保障、养老服务、社会福利、社会救助等权利；结合随迁子女在当地连续就学年限等情况，享有随迁子女在当地参加中考和高考的资格。按照权责对等的原则，居住证持有人应当履行服兵役和参加民兵组织等国家和地方规定的公民义务。

（三）健全完善人口信息管理制度

建立健全实际居住人口登记制度，全面开展实有人口、实有房屋基础信息采集，加强和完善人口统计调查，全面、准确掌握人口规模、人员结构、地区分布等情况。公安机关在上级统一部署下积极参与全省统一的以公民身份号码为唯一标识的人口基础信息库建设，各有关部门分类完善劳动就业、教育、收入、社保、房产、信用、卫生计生、税务、婚姻、民族等信息系统，加速推进跨部门、跨地区信息整合、共享及应用工作，为制定国民经济和社会发展规划、人口发展战略和政策提供信息支持，为人口服务和管理提供支撑。同时，继续加强信息安全管理，确保信息数据安全。

五、保障农业转移人口及其他常住人口合法权益

（一）改革完善农村产权制度

加快推进农村土地承包经营权确权、登记、颁证，依法保障农民的土地承包经营权、宅基地使用权。推进农村集体经济组织产权制度改革，积极探索农村集体经济组织成员资格认定办法和集体经济有效实现形式，保护成员的集体财产权和收益分配权。建立完善农村产权流转交易市场，推动农村产权流转交易公开、公正、规范运行。坚持依法、自愿、有偿的原则，引导农业转移人口有序流转土地承包经营权。探索开展在进城落户农民自愿的前提下有偿退出“三权”试点。现阶段，不得以退出土地承包经营权、宅基地使用权、集体收益分配权作为农民进城落户的条件。

（二）扩大基本公共服务覆盖面

保障农业转移人口及其他常住人口随迁子女平等享有受教育权利；将随迁子女义务教育纳入教育发展规划和财政保障范畴；贯彻落实好随迁子女在流入地接受中等职业教育免学费和普惠性学前教育的政策以及接受义务教育后参加各层次升学考试的实施办法。完善就业创业登记管理制度，面向农业转移人口开展职业技能和创业培训，加大创业扶持力度，完善扶持创业的优惠政策，促进农村转移劳动力就业。将农业转移人口及其他常住人口纳入社区卫生和计划生育服务体系，提供基本医疗卫生服务。把进城落户农民完全纳入城镇社会保障体系，在农村参加的养老保险和医疗保险规范接入城镇社会保障体系，完善并落实医疗保险关系转移接续办法和异地就医结算办法，整合城乡居民基本医疗保险制度，加快实施统一的城乡医疗救助制度。加快实施统一的城乡居民基本养老保险制度，落实城镇职工基本养老保险关系转移接续政策。加快建立覆盖城乡的社会养老服务体系，促进基本养老服务均等化。完善以低保制度为核心的社会救助体系，推进城乡社会救助统筹发展。把进城落户农民中符合住房保障条件的完全纳入城镇住房保障体系，采取多种方式保障农业转移人口基本住房需求。

（三）加强基本公共服务财力保障

完善基本公共服务供给机制，合理划分基本公共服务供给事权和支出责任。完善财政转移支付制度，逐步建立财政转移支付同农业转移人口市民化挂钩机制。

六、工作要求

（一）加强组织领导

户籍制度改革是一项牵一发而动全身的基础性改革，事关人民群众切身利益，事关新型城镇化发展。各部门要充分认识户籍制度改革的重大意义，进一步统一思想，按照党委领导，政府牵头，公安先行，部门配套，统筹推进的总体思路和市委、市政府关于新型城镇化建设的总体部署，切实抓好户籍制度改革各项政策措施的贯彻落实。

成立醴陵市户籍制度改革工作领导小组，由市政府领导牵头，公安、发改、人社、财政、教育、民政、国土资源、住建、农业、林业、卫计、统计、法制等部门负责同志为成员，建立相关联络协调机制，统筹推进户籍制度改革工作。各镇（街道、长庆示范区）和相关部门要相应成立工作领导小组，严格分解落实工作职责，精心组织，周密部署，形成分工明确，协调有力、运转高效的工作格局，确保户籍制度改革工作顺利推进。

（二）落实政策措施

公安、发改、人社、财政、教育、民政、国土资源、住建、农业、林业、卫计、统计、法制等部门要按照职能分工，抓紧制定出台本部门贯彻落实本实施意见的具体配套实施细则，确保户籍制度改革取得实效。

（三）做好宣传引导

全市要通过多种渠道深入宣传进一步推进户籍制度改革的重大意义，准确解读户籍制度改革主要内容及相关配套政策。大力宣传本地在解决农业转移人口及其他常住人口落户城镇、保障合法权益、提供基本公共服务等方面的好经验、好做法，密切关注社会舆情，合理引导社会预期，回应群众关切，凝聚各方共识，形成改革合力，营造全社会支持、理解、参与户籍制度改革的良好氛围和社会环境。

醴陵市人民政府

2017 年 7 月 5 日

醴陵市人民政府
关于大力发展养老服务业的实施意见

醴政发〔2017〕16 号

各镇人民政府、街道办事处，长庆示范区管委会，市直各单位，驻醴各单位：

为进一步推进我市养老服务业的发展，根据《国务院关于加快发展养老服务业的若干意见》（国发〔2013〕35 号）、《湖南省人民政府关于加快推进养老服务业发展的实施意见》（湘政发〔2014〕22 号）和《株洲市人民政府关于大力发展养老服务业的实施意见》（株政发〔2015〕4 号）精神，结合我市实际，现提出如下实施意见：

一、发展目标

全面建成以居家养老为基础、社区为依托、机构为支撑的，功能完善、规模适度、覆盖城乡的养老服务体系。到 2020 年，全市新增养老床位 2260 张，实现每千名老年人拥有养老床位数 35 张以上。养老服务产业健康发展，市场机制不断健全，监管机制更加完善，服务质量明显提高。全社会应对人口老龄化意识显著增强，支持和参与养老服务的氛围更加浓厚，敬老、养老、助老的优良传统得到进一步弘扬。实现养老与医疗、家政、保险、教育、健身、旅游等相关领域互动发展，让全市老年人安享晚年，共享经济社会发展成果。

二、主要任务

（一）加快养老服务机构建设。（责任单位：市民政局、市财政局、市发改局、市国税局、市地税局、市国土资源局、市住建局、市公安局、市卫计局、市食药工商质监局、市环保局、市政务中心、市消防大队）

1. 稳步发展公办养老机构。重点改造现有规模小且条件较差的镇级敬老院，建设示范性敬老院，整体提升现有养老福利机构服务质量，充分发挥公办养老机构托底作用。大力支持村级养老服务设施建设，为全市老年人提供良好的活动场所。到 2020 年，市公办养老机构新增床位 1260 张以上。提升镇级敬老院服务质量，创建 20 所三星级敬老院。积极稳妥地推进公办养老机构管理体制改革，采取公建民营、委托管理等方式，鼓励民间资本运营公有产权的养老服务设施。

2. 支持社会力量举办养老机构。落实和完善有关优惠政策，简化登记手续，规范管理程序，强化市场监管，培育承建主体，鼓励和支持民间组织、企业和个人，采取独资、合资、合作、联营、参股、租赁等方式创办养老机构。到2020年，社会办养老机构新增床位1000张以上，其中城市新增床位800张以上，农村新增床位200张以上。

（二）大力发展城市养老服务。[（责任单位：市民政局、市财政局、市文体广新局、各镇（街道、长庆示范区）]

1. 加大城市社区居家养老服务中心和养老服务示范点建设力度，到2020年，全市建成城市社区居家养老服务中心（站）10个，建设城市社区养老服务示范点5个以上，共新增床位60张以上。符合标准的日间照料中心、老年人活动中心等服务设施覆盖所有城市社区。

2. 发展居家网络信息服务。支持企业和机构运用互联网、物联网等技术手段创新居家养老服务模式，发展老年电子商务，建设居家服务网络平台，提供紧急呼叫、家政预约、健康咨询、物品代购、服务缴费等适合老年人的服务项目。到2020年，至少建有1个功能完善、覆盖城乡的养老服务网络平台。

（三）积极推进农村养老服务。[责任单位：市民政局、市卫计局、市文体广新局、各镇（街道、长庆示范区）]

1. 完善农村五保工作。将所有符合条件的农村老人全部纳入五保供养范围，建立健全农村五保供养资金与物价上涨的联动机制。

2. 加大农村养老服务机构建设力度。依托现有农村公共服务资源，有效整合农村闲置资源和各项涉农资源资金，加快建设农村五保供养机构、老年福利服务中心（站）、农村幸福院和养老服务示范点等农村养老服务机构。到2020年，建成农村五保供养机构、老年福利服务中心（站）、农村幸福院和养老服务示范点等农村养老服务机构220个以上，新增养老日间照料床位1200张以上。发展居家养老便捷服务。制定和完善相关政策措施，积极培育居家养老服务企业和机构，为居家老年人提供助餐、助浴、助洁、助急、助医等各类便捷服务。全市所有镇和60%以上的农村社区建立包括养老服务在内的社区综合服务设施和站点。

3. 建立健全农村养老服务网络和协作机制。在满足农村五保对象集中供养需求的前提下，支持镇五保供养机构改善条件并向社会开放。农村党建活动室、卫生室、农家书屋等公共设施要支持农村养老服务工作，组织开展与老年人相关的活动。鼓励城市资源投向农村养老服务。建立城市公办养老机构与农村养老服务机构对口支援和合作机制，建立跨镇（街道、长庆示范区）养老服务协作机制。充分发挥村民自治功能和老年协会作用，督促家庭成员承担赡养责任和义务，组织开展邻里互助、志愿服务，解决周围老年人实际生活困难。

（四）积极培育养老服务组织。[责任单位：市民政局、各镇（街道、长庆示范区）]

1. 不断加强老年社会管理，培育一批具有醴陵特色的老年协会、养老服务行业协会、养老慈善公益组织等养老服务组织，积极开展养老服务和老年互助服务活动，为老年人提供家政、照料、护理、信息咨询、心理疏导等服务，组织志愿者对高龄、空巢、失能老年人进行帮扶，帮其解决实际困难；加强老年协会建设，全市形成覆盖城乡、上下联动的三级老年协会组织网络。到2020年，全市所有社区（村）都建立老年协会，90%的企业退休老人纳入社区管理服务。

（五）积极推进医疗卫生与养老服务结合。（责任单位：市卫计局、市民政局、市人社局、市金融办）

1. 推动医养融合发展。促进医疗卫生资源进入养老机构、社区和居民家庭。卫计部门要支持有条件的养老机构设置医疗机构，对养老机构符合建立医疗卫生机构的，要纳入医疗卫生体系建设。未设立医疗机构的养老机构，可采取协作、合作等方式与其他医疗机构合作设立小型门诊，医疗机构可派驻医护人员到养老服务机构为老年人提供必要服务。医疗机构要积极支持和发展养老服务，有条件的二级以上综合医院应当开设老年病科，增加病床数量，做好老年慢性病防治和康复护理。医疗机构、社区卫生服务机构应当为其所在行政区域内的老年人建立健康档案，建立社区医院与老年人家庭医疗契约服务关系，开展上门诊视、健康查体、保健咨询等服务。医疗机构应当为老年人就医提供优先优惠服务。

2. 健全医疗保险机制。对于养老机构内设的医疗机构，符合城镇职工基本医疗保险、城乡居民基本医疗保险和新型农村合作医疗定点条件的，可申请纳入定点范围，入住的参保老年人按规定享受相应待遇。入住养老机构的老年人康复护理、辅具器具配置要按相关政策规定纳入医保。完善医保报销制度，切实解决老年人异地就医结算问题。鼓励老年人投保健康保险、长期护理保险、意外伤害保险等人身保险产品，鼓励和引导商业保险公司开展相关业务。

（六）着力优化老年居住环境。[责任单位：市

住建局、市民政局、各镇（街道、长庆示范区）]

1. 推进基础设施的建设和改造。严格按照无障碍设施工程建设相关标准和规范，进行公共设施和养老场所建设，同时积极推动和扶持与老年人日常生活密切相关的公共设施改造和老年人家庭无障碍设施改造。城乡新建、改建、扩建公共设施和养老场所应当100%符合无障碍设施工程建设标准。

2. 开展老龄宜居社区创建。按照国家《老龄宜居社区（基地）标准》和创建湖南省人居环境奖的要求，积极开展老龄宜居社区创建。到2020年，全市建设1个以上的老龄宜居社区和2个以上的示范性居家养老服务中心（站）。

3. 积极创建老年友好型城市。老年人家庭无障碍设施改造稳步实施，大力推进老年宜居社区创建，为老年人提供安全、便利和舒适的公共环境和社区居住环境。

（七）不断繁荣养老服务消费市场。（责任单位：市民政局、市经科信局、市食药工商质监局、市商务局、市文体广新局、市金融办）

1. 稳步扩大产业规模。全面发展养老服务业，引导养老服务企业和机构优先满足老年人基本服务需求，积极拓展适合老年人特点的文化娱乐、体育健身、休闲旅游、精神慰藉、健康、法律等服务，加强残障老年人专业化服务。鼓励发展养老服务中小企业，扶持发展龙头企业，实施品牌战略，提高创新能力，打造养老产业集群。养老服务业增加值在服务业中的比重显著提升，机构养老、居家社区生活照料和护理等服务提供4000个以上就业岗位，培育2～3个知名养老服务业品牌。

2. 开发老年用品及相关产品。围绕适合老年人的衣、食、住、行、医、文化娱乐等需要，支持企业积极开发安全有效的康复辅具、食品药品、服装服饰等老年用品用具和服务产品，引导商场、超市、批发市场设立老年用品专区专柜；开发老年住宅、老年公寓等老年生活设施，提高老年人生活质量。

3. 发展老年文体娱乐服务。积极组织开展适合老年人的群众性文化体育娱乐活动，推进各类具有为老年人服务功能的设施免费或低收费向老年人开放。

4. 鼓励商业银行、保险公司、信托公司、证券公司等金融机构在风险可控和商业可持续的前提下，通过信贷、股权、债权等方式投资养老服务业。引导和规范商业银行、保险公司、证券公司等金融机构开发适合老年人的理财、信贷、保险等产品，并完善相关服务，切实加强金融业与养老服务业的融合。

三、扶持措施

（一）完善用地政策。（责任单位：市国土资源局、市住建局、市民政局、市财政局、市消防大队）

1. 完善土地供应政策。各类养老服务设施建设项目用地选址，须符合我市土地利用总体规划。优先保障养老服务设施新增建设用地计划及非营利性养老服务机构建设用地需求，积极支持营利性养老服务机构用地需求。民间资本举办的非营利性养老机构与政府举办的养老机构享有相同用地政策，国土资源部门应优先安排，可以依法采取行政划拨方式供地。对营利性养老机构建设用地，按照国家对经营性用地依法办理有偿用地手续的规定，优先给予供应。镇、村非营利性养老机构建设用地经依法批准可使用集体所有土地。由公共财政投入且闲置的房产等公共设施，经财政、国有资产管理部门批准可按政策规定改造为养老服务机构设施。鼓励社会力量将闲置厂房、民用服务设施按政策规定改扩建成养老服务机构设施。严禁养老设施建设用地改变用途、容积率等土地使用条件进行房地产开发。因城市规划确实需要改变用途的，由市人民政府依法收回土地使用权。

2. 加强基础设施保障。制定城市总体规划、控制性详细规划时，需要严格按照《城镇老年人设施规划规范》相关要求编制规划，养老设施配建要求在地块开发报建时明确，并与住宅同步规划、同步建设、同步验收、同步交付使用；凡老城区和已建成居住区无养老服务设施或现有设施无法达到规划和建设指标要求的，要按每千户室内为老服务场所建筑面积不低于150平方米、室外老年人活动场所不低于300平方米的标准，限期通过购置、置换、租赁等方式增加养老服务设施，此类设施不得挪作他用。老年人活动场所必须满足相应的建筑、消防等安全要求。

（二）完善公共财政支持政策。（责任单位：市财政局、市民政局）

1. 加大财政支持力度。民政部门要将70%以上的福利彩票公益金用于支持发展养老服务业，并随老年人口的增加逐步提高投入比例。财政部门负责整合各级财政社会养老服务体系建设奖补专项资金。福利彩票公益金和专项资金具体用于养老服务机构设施建设补贴、运营补贴、人员培训补贴、基本养老服务补贴、高龄老年人生活补贴以及购买社会组织为老服务补贴等。

2. 加强公办养老机构经费保障。对重点为“三无”老人、优抚对象、五保老人、低收入老人、经济困难的失能半失能老人提供无偿或低收费的供养、护理服务的公办福利院、光荣院、敬老院等所需经费予以保障，并随着财政收入的增加按比例递增。

3. 建立民办养老服务机构建设和运营补贴制度。对符合本级民政部门规定资质条件的民办养老服务机构，财政部门根据建设情况、实际入住老人数，并参照省、株洲市相关补贴标准，适当给予建设补贴和运营补贴。

4. 建立日间照料中心和居家养老服务中心分级分类补贴制度。对新建且建筑面积600平方米以上、投资50万元以上的验收达标的日间照料中心（一类），市财政按20万元/家一次性给予建设补贴；对改扩建且建筑面积300平方米以上、投资30万元以上的验收达标的日间照料中心（二类），市财政按10万元/家一次性给予建设补贴。对经常开展活动的日间照料中心按一类3万元/年、二类2万元/年的标准给予运营补贴。对经常开展活动的验收达标的社区（村）居家养老服务中心，市财政按2万元/年的标准给予运营补贴。

5. 建立居家养老服务政府补贴制度。为本市户籍且居住在城区的三类老人提供政府补贴服务：一是年满70周岁的散居“三无”老人、五保老人、失独低收入老人和获株洲市级以上劳模称号的低收入老人，可享受每人每月300元的政府补贴服务；二是年满60周岁且日常生活需要半护理或全护理的散居“三无”老人和五保老人，可享受每人每月200元的政府补贴服务；三是低收入的高龄、独居、失能等困难老年人，可享受每人每月100元的政府补贴服务。对以上扶助服务对象，由居家养老服务中心（站）等具备条件的养老机构提供以日常照料为主的上门服务和“白托”服务。镇（街道、长庆示范区）、社区建立居家养老服务中心（站）的，经民政部门考评合格，由财政部门给予一定的建设补贴作为启动资金。居家养老服务工作经费，根据实际需要列入财政补贴。

6. 建立基本养老服务补贴制度。认真贯彻落实《湖南省基本养老服务补贴制度实施意见》，安排专项经费，为家庭经济困难且生活难以自理的失能半失能65岁及以上的城乡低保、分散供养五保老人提供基本养老服务补贴。补贴标准每人每月50元，并根据经济社会发展和居民消费水平的变化适时进行调整。到2020年，养老服务补贴制度逐步健全，基本养老服务补贴覆盖率达到100%。

7. 建立贫困失能老年人护理补贴制度。坚持广覆盖、可持续的原则，对城乡低保、农村五保、低收入家庭失能和半失能老年人给予护理补贴，补贴标准由民政、老龄、财政部门结合实际情况制定，并根据经济社会发展和居民消费水平的变化适时进行调整。

8. 建立健全高龄生活补贴制度。对高龄老人按月给予生活补贴，补贴标准由民政、老龄、财政部门结合实际情况制定，并根据经济社会发展和居民消费水平的变化适时进行调整。

（三）落实税费优惠政策。（责任单位：市财政局、市国土资源局、市住建局、市国税局、市地税局、市文体广新局）

1. 对养老机构提供的养老服务免征增值税。非营利性养老机构可以根据取得的符合《财政部国家税务总局关于非营利组织企业所得税免税收入问题通知》（财税〔2009〕122号）规定的免税收入，到税务机关进行免税备案，免征企业所得税及非营利性养老服务机构自用房产、土地的房产税、城镇土地使用税。

2. 对非营利性养老机构建设免征涉及的行政事业性收费，对其在办理用地出让报批过程中，应缴纳的被征地农民社保金参照省最低标准收取；对营利性养老机构建设应减半征收上述费用和基金。养老服务机构确有困难，依照《湖南省按比例安排残疾人就业规定》，可到所在地残联申请减免残疾人就业保障金。对养老机构提供养老服务也要适当减免服务性收费。

3. 政府主办或特许经营的供水、供电、供气、通信、有线（数字）电视等经营单位，应为非营利性养老服务机构提供优质服务和收费优惠，其中用水、用电、用气（燃料）纳入居民生活用水、用电、用气（燃料）类别，执行居民生活用水、用电、用气（燃料）价格，免收有线电视开户费、城区普通宽带一次性连接费；优惠收取采用光纤接入或者接入距离较远等成本较高的宽带一次性连接费，通信费、收视费按本地区最优惠标准收取。

4. 对企事业单位、社会团体和个人向非营利性养老机构的捐赠，符合相关规定的，准予在计算其应纳税所得额时按税法规定比例扣除。

（四）完善投融资政策。（责任单位：市金融办、市财政局、市民政局）

要积极畅通养老服务机构设施投融资渠道，通过贷款贴息、直接融资补贴、融资担保等间接投入办法，使更多信贷资金、保险资金和社会资金投向养老服务业。鼓励金融机构加大对养老服务机构的信贷支持，加快金融产品和服务方式创新，拓宽信贷抵押担保物范围，优先安排贷款资金，并在国家允许的贷款利率浮动幅度内给予利率优惠，合理确定贷款期限。积极探索以商业保险机构为依托，政府、保险机构、医疗机构、地产企业等多方合作的综合养老产业建设模式。通过整合政府资源、市场资源、金融资源等资源，打造养老服务业的龙头企业。

鼓励和支持民众建立完善的养老保险计划。引导和规范商业银行、保险公司、证券公司等金融机构开发适合老年人的理财、信贷、保险等产品。按照政府支持、机构投保、保险运作的原则，实施养老服务机构政策性保险制度。对入住机构的“三无”

老人、优抚对象、五保老人、低收入老人、经济困难的失能半失能老人投保费用，本级财政给予适当补助。全面推进养老服务机构综合责任的政策性保险，防范和减少入住老人的人身安全风险。逐步开设老年人人身意外伤害保险、长期护理保险等。

（五）建立人才培养和就业政策。［责任单位：市人社局、市教育局、市民政局、市卫计局、各镇（街道、长庆示范区）］

1. 教育、民政部门要支持高等院校通过在校教育、继续教育和远程学历教育，扩大人才培养规模，鼓励开设养老服务相关的专业课程。加快培养老年医学、康复、护理、营养、心理和社会工作等方面的专门人才。依托院校、培训机构、示范性养老机构建立养老服务培训基地，加强养老护理人员和师资力量专业培训。对符合条件的从业人员参加职业培训和职业技能鉴定的，按《湖南省人力资源和社会保障厅关于进一步规范各类职业培训补贴工作的通知》（湘人社函〔2017〕167 号）规定给予相关补贴。

2. 鼓励和支持养老服务机构吸纳大中专院校及技工学校毕业生、城镇就业困难人员和农村劳动力从事养老服务工作。积极探索在公办养老机构和社区投资开发公益性岗位。

3. 养老机构应当积极改善养老护理员工作条件，加强劳动保护和职业防护，依法缴纳养老保险费等社会保险费，切实提高养老护理员工资福利待遇，探索建立养老护理员特殊岗位补贴制度。养老机构应当科学设置专业技术岗位，重点培养和引进医生、护士、康复医师、康复治疗师、社会工作者等具有执业或职业资格的专业技术人员。对在养老机构就业的专业技术人员、持证上岗人员，执行与医疗机构、学校相同的执业资格、注册考核政策。

4. 民政、老龄等部门要积极扶持发展各类为老服务社会组织和志愿组织，特别是村、社区为老服务志愿者组织，开展公益性志愿服务活动。积极倡导机关干部和企事业单位职工、大中专院校师生参加养老服务志愿活动。引导支持老年人协会等老年群众组织开展自我管理、自我服务和志愿互助服务，建立为老志愿服务登记制度和服务储蓄制度。

四、组织保障

（一）健全工作机制。进一步强化工作协调机制，成立社会养老服务体系建设领导小组，由分管民政的副市长任组长，民政、老龄、发改、财政、国土资源、编制、人社、住建、教育、卫计、商务、经科信、文体广新、食药工商质监、环保、税务、消防、园林、房产、人防、档案史志、金融等部门负责人为成员。定期分析养老服务业发展情况和存在问题，研究推进养老服务业加快发展的各项政策措施，贯彻落实养老服务业发展的相关任务要求。

（二）落实部门职责。民政部门要切实履行监督管理、行业规范、业务指导职责，推动公办养老机构改革发展。发改部门要将养老服务业发展纳入经济社会发展规划、专项规划和区域规划，支持养老服务设施建设。财政部门要在现有资金渠道内对养老服务业发展给予财力保障。老龄部门要发挥综合协调作用，加强督促指导工作。其他有关部门要各司其职，及时解决工作中遇到的问题，形成齐抓共管、整体推进的工作格局。

（三）注重统筹发展。要深化体制改革，加快转变政府职能，减少行政干预，加大政策支持和引导力度，激发各类服务主体活力，创新服务供给方式，加强监督管理，提高服务质量和效率。完善市场机制，充分发挥市场在资源配置中的决定性作用，逐步使社会力量成为发展养老服务业的主体，营造平等参与、公平竞争的市场环境，提供方便可及、价格合理的各类养老服务和产品，满足养老服务多样化、多层次需求。要着力保障特殊困难老年人的养老服务需求，确保人人享有基本养老服务。加大对基层和农村养老服务的投入，充分发挥社区基层组织和服务机构在居家养老服务中的重要作用。

（四）强化行业监管。民政部门要按照有关法律、法规、规定进一步建立养老服务的准入、退出、监管制度，健全和规范养老服务标准、评估体系办法，指导养老机构完善内部管理服务制度、提高服务质量水平，维护好老年人权益。发改部门要探索建立科学合理的养老服务定价机制，依法确定适用政府定价和政府指导价的范围。民政、发改、财政、统计、食药工商质监及老龄等部门要依据其管理职能建立和完善养老服务业统计制度。其他各有关部门要依照职责分工加强对养老服务业的监督管理和服务。要积极培育和发展养老行业协会，加强工作研究和交流，发挥行业自律作用。

（五）营造发展环境。各镇（街道、长庆示范区）要结合实际制定本地实施办法，确保责任到位、任务落实。市直有关部门要对照职责分工，制定具体措施办法，确保政策落实到位。各部门及各类媒体要加大对养老服务业的宣传力度，各类媒体要开设养老服务宣传栏目，在全社会广泛开展尊老、爱老、助老思想道德教育，推广先进经验，树立样板典型，为养老服务业发展营造良好的社会氛围。

醴陵市人民政府

2017 年 12 月 26 日

醴陵市人民政府办公室 关于印发《醴陵市"十三五"深化医药卫生体制改革规划》的通知

醴政办发〔2017〕16号

各镇人民政府、街道办事处，长庆示范区管委会，市直各单位，驻醴各单位：

《醴陵市"十三五"深化医药卫生体制改革规划》已经市人民政府同意，现印发给你们，请认真贯彻执行。

醴陵市人民政府办公室

2017年10月26日

醴陵市"十三五" 深化医药卫生体制改革规划

为进一步深化医药卫生体制改革（以下简称医改），根据《国务院关于印发〈"十三五"深化医药卫生体制改革规划〉的通知》（国发〔2016〕78号）和《株洲市人民政府关于印发〈"十三五"深化医药卫生体制改革规划〉的通知》（株政发〔2017〕6号），结合我市实际，制定本规划。

一、规划背景

自2009年新一轮医改实施以来，在市委、市人民政府的高度重视和正确领导下，全市上下共同努力，统筹推进医改各项工作，取得了明显进展和成效。

（一）全民医疗保障制度基本建立。到2016年，全市城乡居民医保整合平稳过渡，参加三项基本医保（城镇职工基本医疗保险、城镇居民基本医疗保险、新型农村合作医疗）人数达到79.1万人，覆盖率达95.1%；城乡居民基本医保财政补助标准达到450元/年/人；重特大疾病和医疗救助保障机制逐步建立，救助对象政策范围内住院自付医疗费用救助比例超过了75.06%。

（二）公立医院改革深入推进。到2013年，全市2家县级公立医院全部实施了以破除"以药补医"机制为关键的综合配套改革，药占比从2013年的52.9%下降到2016年的32%，基本药物配备使用率从2013年的31.2%上升到2016年的45%，群众满意率从2013年的86.4%上升到2016年的92.3%；根据《株洲市深化医药卫生体制改革领导小组关于印发〈株洲市深化医药卫生体制改革2016—2017年重点工作任务〉的通知》（株医改组发〔2016〕2号）文件精神，继续深化城市公立医院综合改革，将湘东医院纳入城市公立医院综合改革范畴。湘东医院已于2016年10月1日取消"以药养医"，调整诊疗服务价格，公立医院综合改革逐步深化，城区服务能力日趋增强。

（三）基本药物制度全面实施。全市31个政府举办的基层医疗卫生机构、342个行政村、56个居委会共443家村卫生室全部实施国家基本药物制度；药物招标采购新机制初步建立，实行了中招标采购、统一配送，药品质量安全和供应得到有效保障。

（四）城乡医疗服务体系逐步完善。建立了"三级综合医院带二级综合（专科）医院和片区医疗服务中心"和"二级综合医院（专科）和片区医疗服务中心带镇卫生院（卫生院分院）带村卫生室"的纵向医疗卫生服务体系；完成了湘东医院、市中医院、市妇幼计生服务中心、市精神病医院、26个卫生院与91个村卫生室、1个社区卫生服务中心（合并前）的标准化建设。

（五）公共卫生服务水平不断提高。城乡居民基本公共卫生服务政府补助标准人均提高到50元；全面实施国家重大公共卫生服务项目，免费提供12类国家基本公共卫生服务。

（六）基层综合改革扎实稳步推进。全面实施基层医疗卫生机构的管理体制、分配制度、补偿机制等综合改革，基层服务效率明显提高。

实践证明，我市深化医改方向正确、路径清晰、措施得力、成效明显，拥护和支持医改的良好社会氛围已形成，有力地促进了醴陵经济社会协调发展，为进一步深化医改奠定了坚实基础。

"十三五"时期是建立健全基本医疗卫生制度、

推进“健康醴陵”建设的关键时期。随着改革向纵深推进，利益格局重大调整，医改进入攻坚期和深水区，所面临的困难日益增多，难度明显加大，诸多体制性、结构性的深层次矛盾都将集中显现。与此同时，疾病谱变化、医药技术创新、人口老龄化趋势加快等问题，对优化资源配置、扩大服务供给、转变服务模式、合理控制费用和提升管理能力等都提出了更高要求。面对新的形势和挑战，必须坚定不移地继续深化推进医改，着力在一些关键领域取得新突破，为构建基本医疗卫生制度、实现人人享有基本医疗卫生服务而努力。

二、总体要求

认真贯彻落实党中央、国务院决策部署，紧紧围绕统筹推进“五位一体”总体布局和协调推进“四个全面”战略布局，以维护和增进人民健康为宗旨，以基本医疗卫生制度建设为主线，以分级诊疗、全民医保和公立医院改革为重点，统筹推进医疗保障、医疗服务、公共卫生、药品供应以及监管体制等领域的综合改革，实现从夯实基础向提升质量、从制度建设向健全完善、从试点探索向深入推进的转变，加快建立基本医疗卫生制度，让广大人民群众共享改革发展的成果。

三、基本原则

（一）坚持以人民健康为中心。牢牢树立把基本医疗卫生制度作为公共产品向全民提供的核心理念，把人民健康放在优先发展的战略地位，以人人享有基本医疗卫生服务为根本出发点和落脚点，维护基本医疗卫生服务的公益性。

（二）坚持保基本、强基层、建机制。推动医疗卫生工作重心下移、医疗卫生资源下沉，提升基层医疗卫生服务能力。

（三）坚持政府主导与发挥市场机制作用相结合。在基本医疗卫生服务领域，坚持政府主导，落实政府责任。在非基本医疗卫生服务领域,激发市场活力，加强规范引导。

（四）坚持推进供给侧结构性改革。优化供给侧治理能力和要素配置，提升服务效率和质量。

（五）坚持医疗、医保、医药联动改革。按照腾空间、调结构、保衔接的要求，统筹推进管理、价格、支付、薪酬等制度建设，提高系统集成能力。

（六）坚持突出重点、循序推进。全面推进各项改革，以推进分级诊疗、全民医保和公立医院改革为重点，中西医并重，把握好改革的力度和节奏，注重统筹兼顾，稳妥推进，促进全市卫生和健康事业协调发展。

四、主要目标

进一步建立完善公共卫生服务体系和医疗服务体系，力争在“十三五”期间医改五项制度建设上均取得新的重大突破。到2020年，基本建立科学合理的分级诊疗制度、科学有效的现代医院管理制度、高效运行的全民医疗保障制度、规范有序的药品供应保障制度、严格规范的综合监管制度。经过持续努力，全市基本医疗卫生服务更加公平可及，服务水平和效率明显提高，基本适应全市人民的医疗卫生服务需求。我市居民人均预期寿命达到78.6岁，孕产妇死亡率控制在14/10万以内，婴儿死亡率控制在6‰以内,5岁以下儿童死亡率控制在6.5‰以内，主要健康指标居于全省前列。政府卫生投入增长幅度高于经常性财政支出增长幅度，卫生总费用增长得到合理控制，群众医疗费用负担明显减轻。

五、重点任务

（一）建立科学合理的分级诊疗制度。

认真落实分级诊疗制度的相关要求，以家庭医生签约服务为重要手段，实施推进多种形式的分级诊疗模式，形成基层首诊、双向转诊、急慢分治、上下联动的就医新秩序。

1. 推进医疗卫生服务体系建设。优化医疗卫生资源布局，重点办好城市两个“核心”，全市在现有设置的基础上继续办好代表区域水平的湘东医院、市中医院，将其作为承担全市医疗救治和技术指导核心；将市妇幼计生服务中心和市精神病医院作为全市专科技术指导中心。建立东、南、西、北4个片区医疗服务中心和“一街道一社区，一镇一卫生院、一村一室”的规划布局，依托“三级综合医院带二级综合（专科）医院、片区医疗服务中心”和“二级综合（专科）医院、片区医疗服务中心带镇卫生院（卫生院分院）带村卫生室”的纵向医疗卫生服务体系，形成城乡居民15分钟健康服务圈。明确各医疗卫生机构功能定位，加强协作，推动功能整合和资源共享。形成综合医院“特色发展、错位发展”和专科医院“大专科、小综合”的格局。

2. 提升基层医疗卫生服务能力。全面实施基层医疗卫生机构标准化建设，到2020年，基层医疗卫生机构100%达标。加强县级公立医院综合能力建设和学科建设，降低市外就诊率，到2020年，确保市内就诊率达到90%以上。通过鼓励大医院医师下基层、加强对口支援、实施远程医疗、建立医疗联合体等措施，把大医院的技术下沉到基层。实施基层中医药服务能力提升工程行动计划，到2020年，力争所有社区卫生服务机构和镇卫生院以及85%的村卫生室具备中医药服务能力。完善基层管理和运行机制，镇卫生院人员配备标准按每千服务人口配备1.4人，社区卫生服务中心配备标准按每千服务人口配备1人。健全基层医疗卫生机构绩效工资制度和绩效评价机制，建立稳定长效的多渠道财政补偿机制，对人员工资、公用经费、专项资金以及建立基本药物制度补助等纳入财政预算管理，确保基层医疗卫生机构正常运转。

3. 引导公立医院参与分级诊疗。进一步完善和落实医保支付和医疗服务价格政策，调动三级公立医院参与分级诊疗的积极性和主动性。根据医疗机构功能定位，引导三级公立医院重点收治疑难复杂和危急重症患者，逐步降低三级公立医院常见病、多发病等普通门诊及住院病人的比例。制定三级公立医院下转病人的病情指征标准，督查三级公立医院下转常见病、多发病和疾病稳定期、恢复期患者。鼓励打破行政区域限制，建立医疗联合体，实现医疗资源有机结合、上下贯通，医疗联合体内部形成顺畅转诊机制。

4. 推进形成诊疗—康复—长期护理连续服务模式。明确医疗机构急慢分治服务流程，建立健全分工协作机制，畅通医院、基层医疗卫生机构、康复医院和护理院等慢性病医疗机构之间的转诊渠道，形成“小病在基层、大病到医院、康复回基层”的合理就医格局。

5. 科学合理引导群众就医需求。建立健全家庭医生签约服务制度，鼓励城乡居民与基层医生或家庭医生团队签约。到2017年底，家庭医生签约服务覆盖率达到30%以上，重点人群签约服务覆盖率达到60%以上。到2020年，力争将签约服务扩大到全人群，基本实现家庭医生签约服务制度全覆盖。坚持基层首诊，逐级转诊，完善双向转诊程序，建立健全转诊指导目录，重点畅通向下转诊渠道，逐步实现不同级别、不同类别医疗机构之间有序转诊。完善不同级别医疗机构的医保差异化支付政策，降低基层医疗卫生机构医保起付线、提高报销比例，合理引导就医流向。

（二）建立科学有效的现代医院管理制度。

深化公立医院综合改革，建立维护公益性、调动积极性、保障可持续的运行新机制和科学合理的补偿机制。到2020年，基本建立权责清晰、管理科学、治理完善、运行高效、监督有力的现代医院管理制度。

1. 落实政府办医责任。进一步落实政府的领导、保障、管理和监督责任。严格控制公立医院新增债务，逐步化解公立医院历史债务。落实符合区域卫生规划的公立医院基本建设和设备购置、重点学科发展、人才培养、符合国家规定的离退休人员费用和政策性亏损补贴等投入，对公立医院承担的公共卫生任务给予专项补助。

2. 完善公立医院管理体制。推进政事分开、管办分开，推动管理模式和运行方式转变，健全公立医院法人治理机制，落实内部人事管理、机构设置、收入分配、年度预算执行等自主权。实行院长负责制，根据中共中央组织部、国家卫生和计划生育委员会联合下发的《公立医院领导人员管理暂行办法》的相关要求，完善院长选拔任用制度和管理监督机制，实行院长任期制和任期目标责任制。

3. 建立规范高效的运行机制。通过调整医疗服务价格、加大政府投入、改革支付方式、降低医院运行成本等，建立科学合理的补偿机制，逐步建立以成本和收入结构变化为基础的医疗服务价格动态调整机制。通过规范诊疗行为、医保控费等降低药品、耗材等费用，严格控制不合理检查检验费用，为调整医疗服务价格腾出空间。在公立医院综合改革中统筹考虑中医药的机构特点和业务特点，建立有利于中医药特色优势发挥的运行新机制。继续推进公立医院后勤服务社会化。

4. 加强公立医院精细化管理。建立健全公立医院全面预算管理、成本核算、财务报告、总会计师、第三方审计和信息公开等制度。严格实行临床路径管理。到2017年底，全市所有公立医院药占比（不含中药饮片）总体降到30%左右，百元医疗收入（不含药品收入）中消耗的卫生材料降到20元以下。2017年在部分公立医院中启动全面预算管理试点，在“十三五”期间逐步推行。

5. 强化临床重点专科建设。加强对临床专科建设发展的规划引导和支持，构建以国家、省、株洲市级临床重点专科为龙头，市级临床重点为主体，院级临床重点专科为基础的临床重点专科体系。到2020年，在全市二、三级医院中建设省级临床重点专科2个，株洲市级临床重点专科2个，市级临床重点专科12个；省级中医重点专科达到3个，株洲市级中医重点专科达到2个。

6. 建立符合医疗卫生行业特点的编制人事和薪酬制度。按照省统一部署，改革公立医院编制管理办法，合理核定人员编制总额，逐步推进编制备案制。落实公立医院用人自主权，对急需引进的高层次人才、短缺专业人才、以及具有高级专业技术职务或博士学位人员，可由医院采取考察的方式予以公开招聘。按照国家、省有关规定，结合我市实际，合理确定公立医院薪酬水平，建立动态调整机制。在绩效工资分配上，重点向临床一线、业务骨干、关键岗位以及支援基层和有突出贡献人员倾斜。探索实行公立医院目标年薪制和协议薪酬，根据年度工作考核评价情况，确定院长薪酬水平，保持院长薪酬与医院工作人员绩效工资水平合理比例关系。

7. 完善以质量为核心、公益性为导向的医院考评机制。考核内容应涵盖社会效益、服务提供、质量安全、综合管理、可持续发展、党风行风建设等内容，重视卫生应急、对口支援、落实功能定位和实施分级诊疗等体现公益性的工作。将落实医改任务情况列入医院考核指标，强化医院的主体责任。医务人员考核突出服务质量、行为规范、技术难度、风险程度和服务对象满意度等指标，减少逐利行为；医院负责人考核还应包括职工满意度等内容。考核结果与政府投入、院长任免奖惩、医院财政补贴、医院总体工资水平和绩效工资核定等挂钩。

8. 控制公立医院医疗费用不合理增长。逐步健全公立医院医疗费用控制监测和考核机制。设定全市医疗费用增长控制目标，分类确定控费要求并进行动态调整。定期公开医院的服务价格、医疗服务效率、次均医疗费用等信息，对医疗机构费用指标进行排序，定期公示排序结果。对公立医院药品、医用耗材、大型医用设备检查等情况实施跟踪监测。到 2020 年，全市公立医院医疗费用增长幅度力争在 10% 以下。

（三）建立高效运行的全民医疗保障制度。

完善基本医保、分级诊疗、大病保险、医疗救助、疾病应急救助、商业健康保险和慈善救助衔接互动机制。

1. 健全基本医保稳定可持续筹资和报销比例调整机制。完善医保缴费参保政策，建立稳定可持续的多渠道筹资机制，在继续加大财政投入、提高政府补助标准的同时，强化个人参保意识，适当提高个人缴费比重，到 2020 年，基本医保参保率稳定在 95% 以上。健全与筹资水平相适应的基本医保待遇动态调整机制，结合医保基金预算管理全面推进付费总额控制，改进个人账户，开展门诊费用统筹，全面巩固市级统筹，到 2020 年，基本医保政策范围内报销比例稳定在 75% 左右。

2. 深化医保支付方式改革。健全医保支付机制和利益调控机制，全面推行按病种付费为主，按人头、按床日、总额预付等多种付费方式相结合的复合型付费方式，鼓励实行按疾病诊断相关分组（即 DiagnosisRelatedGroups，简称为 DRGs）付费方式。健全各类医疗保险经办机构与医疗卫生机构之间公开、平等的谈判协商机制和风险分担机制。建立结余留用、合理超支分担的激励约束机制。到 2020 年，全市范围内普遍实施适应不同疾病、不同服务特点的多元复合式医保支付方式，按项目付费占比明显下降。

3. 推进基本医疗保险制度深度融合。整合城乡居民基本医疗保险，加快城乡基本医保管理机构融合，推进医保管办分开，提升医保经办机构法人化和专业化水平。创新经办服务模式，形成多元化竞争格局。

4. 健全重特大疾病保障机制。全面实施城乡居民大病保险，采取降低起付线、提高报销比例、合理确定合规医疗费用范围等措施，提高大病保险对困难群众支付的精准性。全面开展重特大疾病医疗救助工作，发挥托底保障作用，引导社会慈善力量等多方参与。逐步形成医疗卫生机构与医保经办机构间数据共享的机制，推动基本医保、大病保险、医疗救助、疾病应急救助、商业健康保险有效衔接。

5. 推动商业健康保险发展。鼓励和支持商业健康保险机构参与医保经办服务，在确保基金安全和有效监管的前提下，继续委托商业保险机构承办城乡居民大病保险。按照政府采购的有关规定，选择商业保险机构等社会力量参与医保经办。加快发展医疗责任保险、医疗意外保险，探索发展多种形式的医疗执业保险。

（四）建立规范有序的药品供应保障制度。

落实相关政策，防范廉洁风险，破除以药补医，保障药品安全有效、价格合理、供应充足。

1. 完善药品和医用耗材集中采购制度。通过省级网上药品集中采购平台，落实公立医院药品分类采购、集中带量采购原则，做好基层和公立医院药品采购衔接，进一步落实低价药品议价挂网及药品备案采购制度，满足临床用药需求。规范和推进医用耗材集中采购，确保医用耗材采购各环节在阳光下运行。

2. 推动药品采购“两票制”改革。结合国家、省、株洲市下发的药品采购实行“两票制”改革实施方案，制定相适应的实施细则和保障措施，逐步推行落实到位。进一步提高医院在药品采购中的参与度，落实医疗机构药品、耗材采购主体地位，激发医疗机构主动谈判作用，促进医疗机构主动控制药品、耗材价格。建立健全短缺药品监测预警和分级应对机制，完善儿童用药、卫生应急药品保障机制。

3. 巩固完善基本药物制度。严格执行基本药物优先和合理使用制度，坚持基本药物主导地位，将基本药物使用比例纳入对公立医院考核，实现基本药物制度全域覆盖。推动基本药物在目录、标识、价格、配送、配备使用等方面实行统一政策。

4. 落实国家、省、株洲市相关药物政策体系。推动医药分开，采取综合措施切断医院和医务人员与药品、耗材间的利益链。切实维护患者的实际利益。

5. 加强药事管理。推进医疗机构药事管理，提高药事管理能力，出台醴陵市医疗机构药品使用质量管理规范相关文件，确保药品质量安全，体现药事服务价值。

（五）建立严格规范的综合监管制度。

进一步转变政府职能，完善与医药卫生事业发展相适应的监管模式，推进监管法制化和规范化。

1. 深化医药卫生领域“放管服”改革。按照简政放权、放管结合、优化服务的要求，转变理念，创新监管机制和监管方式，更加注重加强事中和事后监管，提升监管效能。促进医疗卫生机构转变服务模式，改善服务质量。

2. 构建多元化的监管体系。落实以政府监管为主导、第三方广泛参与、医疗卫生机构自我管理和社会监督为补充的多元化综合监管体系。

3. 强化全行业综合监管。加强基层监督机构规范化建设和能力建设，建立健全综合监管保障机制，完善医疗保险对医疗服务的监管机制，将监管对象由医疗机构延伸至医务人员，到2020年，对各医疗卫生机构监督检查实现100%覆盖。进一步完善医疗机构绩效考评制度，对医疗机构的基本标准、服务质量、技术水平、管理水平等进行综合评价，确保各医疗机构的功能任务符合医疗机构设置规划要求。完善基本医保基金监管制度，加大对骗保欺诈等医保违法行为的惩戒力度。强化药品质量和价格监管，建立完善药品信息追溯体系，严控药品购销渠道，严格票据管理，减少流通环节，净化流通环境。

4. 引导规范第三方评价和行业自律。积极培育第三方评价机构，强化行业自律，引导医疗机构建立内审制度，加强自我管理和自查自纠，提高医疗服务质量，保障医疗安全。

（六）统筹推进相关领域改革。

1. 推进公共卫生服务体系建设。建立专业公共卫生机构与医疗机构、基层医疗卫生机构分工协作机制。推进政府购买公共卫生服务，完善公共卫生服务项目经费分配方式以及效果评价和激励约束机制。建立健全专业公共卫生人员激励机制，人员和运行经费根据人员编制、经费标准、服务任务完成及考核情况由政府预算全额安排。鼓励防治结合类专业公共卫生机构通过提供预防保健和基本医疗服务获得合理收入。在合理核定工作任务、成本支出的基础上，完善对医疗机构承担公共卫生服务任务的补偿机制。将更多成本合理、效果确切的中医药服务项目纳入基本公共卫生服务。推动预防、治疗、康复和健康管理一体化的电子健康服务。升级改造卫生应急平台体系，提升突发公共卫生事件预警预测及决策指挥水平。

2. 加快形成多元化办医格局。“十三五”期间，我市常住人口超过80万，根据实际需要，可另行增加设置1家公立二级综合医院。优先选择并支持具有医疗资源背景、实力雄厚、较强管理服务能力和社会信誉好的社会资本举办医疗机构。引导社会资本参与部分公立医院改制，在特需、高端、专科等领域提供医疗资源供给。按照每千常住人口不低于1.60张床位为社会办医院预留规划空间。

3. 提升中医药服务能力。落实政府责任，大力支持市中医院门诊楼改造和周边环境的改进，将其改建成中医药服务特色明显的区域专科医疗中心。继续落实对中医药服务的支持政策，鼓励提供和使用适宜的中医药服务。以城乡基层医疗卫生机构为重点加强中医医疗服务能力建设，全市中医医疗服务体系更加完善。到2020年，每千人口公立中医类医院床位数达到0.72张，每千人口卫生机构中医执业类（助理）医师数达到0.4人。

4. 创新卫生人才培养使用制度。推进全科医生制度建设，通过规范化培养、转岗培训、执业医师招聘和设置岗位等方式加强全科医生队伍建设。完善住院医师规范化培训制度，到2020年所有进入临床岗位的医学本科生都要接受住院医师规范化培训。促进人才向基层流动，完善相关政策措施，鼓励引导医务人员以多点执业等形式到基层服务；建立上级医院与基层医疗卫生机构之间的人才合作交流机制；探索市内人才柔性流动方式，开展免费医学生定向培养，充实基层人才队伍。完善人才培养使用制度，实施专项人才奖励工程，加大急需紧缺专业人才和高层次人才的培养。建立实用的基层人才队伍培养机制，在职称晋升和岗位聘用等方面，对长期在本级及以下基层医疗卫生机构工作的卫生技术人员给予政策倾斜。建立乡村医生进退机制。到2020年，全市每千常住人口医疗执业（助理）医师数达到2.0人，每千常住人口注册护士2.26人，城乡每万名居民拥有全科医生2.3人。

5. 加快推进卫生信息化建设。逐步实现公共卫生、计划生育、医疗服务、医疗保障、药品管理、综合管理6大应用系统业务协同，促进数据整合、信息共享，上下联通。大力发展远程医疗，加快推进远程医疗的建设和应用，通过远程诊疗、远程教学查房、远程病理及医学诊断等应用，为城市优质医疗资源下沉奠定基础。建立人口健康信息化可持续发展机制，加强人口健康信息资源共享，争取到2020年，建成互联互通的全市人口健康信息服务体系，实现卫生计生一网覆盖、居民健康一卡通用。居民健康卡发行率达到90%以上。

六、保障措施

（一）强化组织领导。市深化医改领导小组要切实加强组织领导，形成主要领导亲自抓、负总责，分管领导具体抓，统筹医疗、医保、医药“三医联动”的工作机制，层层抓落实，确保本规划顺利实施。

（二）凝聚改革合力。各镇人民政府（街道办事处、长庆示范区管委会）及市直各单位要围绕规划总体目标和重点任务细化年度任务，加强协调联动，密切配合支持，凝聚改革合力，统筹推进各项改革，把规划任务落到实处。

（三）加大政府投入。转变投入机制，完善补偿办法，落实规划提出的各项卫生投入政策，切实保障规划实施所需资金。逐步提高政府卫生投入占卫生总费用的比重。

（四）健全考核机制。将医改工作纳入全市绩效考核范畴，对贯彻落实不力和不能按要求完成医改工作目标任务的单位要予以通报批评，并对其主要责任人进行问责。对借医改之机，谋取私利等违纪违法的单位和个人，要按照相关规定严肃处理。

（五）加强宣传教育。加强医改理论专项培训，提高改革实施者和参与者的医改政策水平，为医改实施奠定坚实基础。坚持正确的舆论导向，做好医改政策及规划的宣传解读，及时回应社会各界关注的热点问题，大力宣传典型经验和进展成效，切实增强改革信心，合理引导社会预期，提高群众对改革的知晓率和参与度，营造全社会关心、理解和支持医改的良好氛围。

2017 年度中共醴陵市委、市委办公室重要文件目录表

表 23

文　号	文　件　标　题
醴发〔2017〕1 号	关于加快产业突围的实施意见
醴发〔2017〕2 号	关于坚决打赢脱贫攻坚战的实施意见
醴发〔2017〕3 号	批转《中共醴陵市人大常委会党组关于市人大常委会 2017 年工作要点的报告》的通知
醴发〔2017〕4 号	印发《关于推进“两学一做”学习教育常态化制度化的实施方案》的通知
醴发〔2017〕5 号	关于深化供销合作社综合改革的实施意见
醴发〔2017〕7 号	转发《市委宣传部、市司法局关于在全市公民中开展法治宣传教育的第七个五年规划（2016 –2020 年）》的通知
醴发〔2017〕8 号	关于认真学习宣传贯彻党的十九大精神的通知
醴发〔2017〕9 号	关于贯彻落实省委和株洲市委创新引领开放崛起战略的实施意见
醴办发〔2017〕1 号	关于印发《2017 年市级领导“五个一”活动方案》的通知
醴办发〔2017〕2 号	关于印发《2017 年市级领导联系重点项目安排表》的通知
醴办发〔2017〕4 号	关于印发《醴陵市 2017 年度绩效考核实施方案》的通知
醴办发〔2017〕6 号	关于印发《醴陵市农村环境综合整治工作实施方案》和《醴陵市农村环境综合整治工作考核办法》的通知
醴办发〔2017〕7 号	关于印发《醴陵市 2017 年“城镇提质战”活动实施方案》的通知
醴办发〔2017〕8 号	关于印发《醴陵市 2017 年“项目攻坚战”活动实施方案》的通知
醴办发〔2017〕9 号	关于印发《醴陵市 2017 年“安全保卫战”活动实施方案》的通知
醴办发〔2017〕15 号	关于印发《醴陵市城乡社区网格化服务管理工作实施方案》的通知
醴办发〔2017〕16 号	关于印发《醴陵市 2017 年企业帮扶专项行动实施方案》的通知
醴办发〔2017〕17 号	关于印发《醴陵市创建国家全域旅游示范区工作实施方案》的通知
醴办发〔2017〕18 号	关于进一步加强招商引资工作的通知
醴办发〔2017〕19 号	关于印发《醴陵市重大环境问题（事件）责任追究办法（试行）》的通知
醴办发〔2017〕20 号	关于印发《醴陵市推进领导干部能上能下实施细则（试行）》的通知
醴办发〔2017〕21 号	关于印发《醴陵市计划生育八项工作制度》的通知
醴办发〔2017〕22 号	印发《关于加强和改进党委（党组）理论学习中心组学习的实施办法》的通知
醴办发〔2017〕23 号	关于印发《醴陵市建立容错纠错机制支持干部改革创新干事创业的暂行办法》的通知

续表 23-1

文　号	文　件　标　题
醴办发〔2017〕24 号	印发《关于加快推进“互联网 + 监督”工作实施方案》的通知
醴办发〔2017〕26 号	关于印发《醴陵市纪委派驻纪检机构改革工作方案》的通知
醴办〔2017〕4 号	关于印发《醴陵市脱贫攻坚五项工作制度》通知
醴办〔2017〕6 号	关于印发《中共醴陵市委常委会 2017 年党风廉政建设主体责任分工》和《中共醴陵市委常委会 2017 年党风廉政建设主体责任任务分解》的通知
醴办〔2017〕9 号	关于印发《醴陵市 2017 年征地拆迁和房屋征收工作实施方案》的通知
醴办〔2017〕10 号	关于印发《中共醴陵市委全面深化改革领导小组 2017 年工作要点》的通知
醴办〔2017〕13 号	关于进一步健全市委常委与党外代表人士联谊交友制度的意见
醴办〔2017〕18 号	关于印发《醴陵市全面推行河长制实施方案》的通知
醴办〔2017〕19 号	关于印发《醴陵市 2017 年“民生 100”工程实施方案》的通知
醴办〔2017〕21 号	印发《中共醴陵市委常委会落实推进“两学一做”学习教育常态化制度化的十条措施》的通知
醴办〔2017〕26 号	转发《政协醴陵市委员会关于委派政协委员担任民主监督员的实施意见》的通知
醴办〔2017〕29 号	关于印发《醴陵市安全生产大排查大管控大整治百日“闪电”行动方案》的通知
醴办〔2017〕30 号	关于印发《中共醴陵市委理论学习中心组学习制度》的通知
醴办〔2017〕32 号	关于中国共产党醴陵市第十二次代表大会代表到党代表工作室联系接待党员群众的通知
醴办〔2017〕38 号	关于印发《醴陵市开展清理国家公职人员违规参与涉矿等经营性活动专项整治工作实施方案》的通知
醴办〔2017〕41 号	关于印发《醴陵市贯彻落实中央环保督察反馈意见整改方案》的通知
醴办〔2017〕42 号	关于印发《醴陵市政务中心搬迁进驻工作方案》的通知
醴办〔2017〕43 号	关于印发《醴陵市档案接收征集办法》的通知
醴办〔2017〕50 号	印发《关于进一步规范全市基层党组织归口管理的实施方案》的通知
醴办〔2017〕52 号	印发《关于在推行网格化管理中进一步强化党建引领的实施意见》的通知
醴办〔2017〕53 号	关于转发《株洲市党政领导干部生态环境损害责任追究实施细则（试行）》的通知
醴办〔2017〕56 号	关于印发《醴陵市政协微建议工作实施方案》和《醴陵市政协微建议、微协商、微监督工作办法（试行）》的通知
醴办〔2017〕60 号	关于进一步严格执行领导干部外出等重大事项请示报告制度的通知

2017 年度醴陵市人民政府、政府办公室重要文件目录表

表 24

文　号	文　件　标　题
醴政告〔2017〕1 号 LLDR-2017-00001	关于规范烟花爆竹燃放的通告
醴政告〔2017〕4 号 LLDR-2017-00002	关于切实加强官庄湖国家湿地公园保护管理工作的通告

续表 24-1

文　号	文　件　标　题
醴政告〔2017〕5 号 LLDR-2017-00003	关于加强醴陵市沩山镇沩山村保护管理的通告
醴政告〔2017〕6 号 LLDR-2017-00012	关于切实做好油茶（桐）采摘工作的通告
醴政告〔2017〕7 号 LLDR-2017-00013	关于鸣放放空警报的通告
醴政发〔2017〕3 号 LLDR-2017-00004	关于印发《醴陵市集体土地上房屋拆迁补偿安置操作办法》的通知
醴政发〔2017〕4 号 LLDR-2017-00005	关于印发《醴陵市国有土地上房屋征收补助和奖励暂行办法》的通知
醴政发〔2017〕5 号 LLDR-2017-00006	关于印发《醴陵市妇女发展规划（2016–2020 年）》和《醴陵市儿童发展规划（2016–2020 年）》的通知
醴政发〔2017〕6 号 LLDR-2017-00007	关于进一步推进户籍制度改革的实施意见
醴政发〔2017〕7 号 LLDR-2017-00008	关于印发《醴陵市城市绿线管理办法》的通知
醴政发〔2017〕8 号 LLDR-2017-00009	关于进一步加强食品安全工作的实施意见
醴政发〔2017〕9 号 LLDR-2017-00010	关于印发《醴陵市优化经济发展环境十条禁止性规定》的通知
醴政发〔2017〕10 号 LLDR-2017-00011	关于印发《醴陵市城市建筑垃圾管理规定》的通知
醴政发〔2017〕11 号 LLDR-2017-00014	关于印发《醴陵市全民健身实施计划（2016–2020 年）》的通知
醴政发〔2017〕12 号 LLDR-2017-00015	关于印发《醴陵市加快发展体育产业促进体育消费的实施办法》的通知
醴政发〔2017〕16 号 LLDR-2017-00016	关于大力发展养老服务业的实施意见
醴政办发〔2017〕6 号 LLDR-2017-01001	关于印发《醴陵市特种设备安全事故应急预案》的通知
醴政办发〔2017〕9 号 LLDR-2017-01002	关于印发《醴陵市突发事件预警信息发布管理办法（试行）》的通知
醴政办发〔2017〕10 号 LLDR-2017-01003	关于印发《醴陵市成品油供应突发事件应急预案》的通知
醴政办发〔2017〕11 号 LLDR-2017-01004	关于印发《关于在市场体系建设中建立公平竞争审查制度的工作方案》的通知
醴政办发〔2017〕12 号 LLDR-2017-01005	关于印发《醴陵市城市绿地认建认养和树木认养管理办法》的通知
醴政办发〔2017〕13 号 LLDR-2017-01006	关于印发《醴陵市城市公园管理办法》的通知

续表 24-2

文 号	文 件 标 题
醴政办发〔2017〕15 号 LLDR-2017-01007	关于进一步完善被征地农民就业培训和社会保障工作的通知
醴政办发〔2017〕16 号 LLDR-2017-01008	关于印发《醴陵市"十三五"深化医药卫生体制改革规划》的通知
醴政办发〔2017〕17 号 LLDR-2017-01009	关于印发《关于推进分级诊疗制度建设的实施方案》的通知
醴政办发〔2017〕18 号 LLDR-2017-01010	关于印发《醴陵市加快中医药发展实施方案（2017-2020 年）》的通知
醴政办发〔2017〕21 号 LLDR-2017-01011	关于印发《醴陵市安全生产事故应急预案》的通知
醴政办发〔2017〕23 号 LLDR-2017-01012	关于印发《醴陵市旅游突发公共事件应急预案》的通知
醴政办发〔2017〕24 号 LLDR-2017-01013	关于印发《醴陵市烟花爆竹安全生产事故应急预案》的通知
醴政办发〔2017〕26 号 LLDR-2017-01014	关于印发《醴陵市危险化学品安全综合治理实施方案》的通知
醴政办发〔2017〕27 号 LLDR-2017-01015	关于印发《醴陵市危险化学品安全生产事故应急预案》的通知
醴政办发〔2017〕28 号 LLDR-2017-01016	关于印发《醴陵市煤矿安全生产事故应急预案》的通知
醴政办发〔2017〕29 号 LLDR-2017-01017	关于印发《醴陵市生活必需品市场供应突发事件应急预案》的通知
醴政办发〔2017〕31 号 LLDR-2017-01018	关于印发《醴陵市城市供水事故应急预案》的通知
醴政办发〔2017〕33 号 LLDR-2017-01019	关于印发《醴陵市非煤矿山安全生产事故应急预案》的通知
醴政办发〔2017〕34 号 LLDR-2017-01020	关于印发《醴陵市公共场所安全事故应急预案》的通知
醴政办发〔2017〕35 号 LLDR-2017-01021	关于印发《醴陵市城市绿线管理办法》实施细则的通知
醴政办发〔2017〕36 号 LLDR-2017-01022	关于印发《醴陵市土壤污染防治工作方案》的通知

（李玉伟　丁鑫禹）

市党、政及各部门、单位负责人名录

一、中共醴陵市委及其工作部门负责人

中共醴陵市第十二届委员会

书记	胡湘之
副书记	康月林 邹志超（2017.12任） 邹展晖（女、2017.9止）
常委	胡湘之　康月林 邹展晖（女、2017.9止） 邹志超　易文星　李云星 曾毅鹏　刘华章　刘海龙 廖胜云　王志强
市委办公室主任	王志强
委员 （按姓氏笔画为序）	丁　瑜　丁际秋　王吉祥 王志强　邓少仁　石勇辉 叶志刚　田安平　刘华章 刘高飞　刘海龙　刘望鸣 江曙明　汤　文　李云星 杨冬发　何　柢　何忠明 余建明　邹志超　邹明麟 邹展晖（女、2017.9止） 宋友红　张有余　陈　佳 易文星　胡炼红　胡湘之 钟　洁（女）　钟国建 贺小玲（女）　夏春良 徐德军　黄振伟　黄晓军 康月林　彭　新（女） 彭亿安　曾　敏　曾毅鹏 温国战　赖　洪　廖胜云 黎　平　黎平华
候补委员	许君明　吴均成　凌　伟 郭　晖　盛　勇　谢世军
副县（处）级干部	李志龙

市委办公室

主任	王志强
副主任	李琼盛（2017.3任） 张　勇（2017.6任） 吴远香（女、2017.3止） 谢　煌（2017.12止）
市纪委派驻纪检组长	潘　良（女）
全面深化改革领导小组办公室专职副主任	张　勇（2017.6止）　张　印 李炳徽（2017.6任）

市纪委

书记	易文星
副书记	刘金堂（2017.3止） 彭　新（女）　彭秋生 罗　谷（2017.3任）
常委	王喜桂（2017.9止） 付　颖　姚　宁　彭晓明 王　振（2017.3任） 罗　谷（2017.3止）
办公室主任	易祖海（2017.3止） 阳水雄（2017.3任）
组织部部长	李景兰（2017.3任） 谭春艳（女、2017.3止）
宣传部部长	钱素芳（女、2017.3止） 张昌仁（2017.3任、2017.9止）
党风政风监督室纠风办主任	陈志奇（2017.3任） 易智勇（2017.3止）
信访室主任	陈　晓（女）
案件监督管理室主任	黄　琪（女、2017.3任）
案件审理室主任	易智勇（2017.3任、2017.9止）
第一纪检监察室主任	陈国勇
第二纪检监察室主任	罗坚勇

第三纪检监察室主任　史小明（2017.3 任）
江　南（2017.3 止）
第四纪检监察室主任　罗　明（2017.9 止）

市纪委派出纪检组

派驻市委办纪检组长　潘　良（女）
派驻市委组织部纪检组长（纪检组改革撤销）　唐尚昆（2017.3 止）
杨　钟（2017.3 任、2017.9 止）
派驻市政府办纪检组长　罗　明（2017.9 任）
陈　杰（2017.9 止）
派驻市发展和改革局纪检组长　张华珍（2017.9 任）
张　韬（2017.9 止）
派驻市民政局纪检组长　贺其佳（2017.9 任）
曾　勇（2017.9 止）
派驻市财政局纪检组长　瞿孝桂（2017.9 任）
丁光勇（2017.9 止）
派驻市教育局纪检组长　钱素芳（2017.3 任）
向　光（2017.3 止）
派驻市住房和城乡规划建设局纪检组长　黄志凯（2017.9 任）
王添平（2017.3 任、2017.9 止）
张利华（女、2017.3 止）
派驻市城市管理和行政执法局纪检组长（纪检组改革撤销）　黄志凯（2017.9 止）
派驻市交通运输局纪检组长　易智勇（2017.9 任）
钟　昱（2017.3 止）
派驻市农业局纪检组长　张　韬（2017.9 任）
龙自启（2017.9 止）
派驻市水利局纪检组长（纪检组改革撤销）　金　志（2017.9 止）
派驻市林业局纪检组长　曾　勇（2017.9 任）
瞿孝桂（2017.9 止）
派驻市文体广电新闻出版局纪检组长（纪检组改革撤销）　汪年春（2017.9 止）
派驻市卫生和计划生育局纪检组长　金　志（2017.9 任）
王添平（2017.3 止）
向　光（2017.3 任、2017.9 止）
派驻市市场和质量监督管理局纪检组长（纪检组改革撤销）　张华珍（女、2017.9 止）
派驻市安全生产监督管理局纪检组长（纪检组改革撤销）　付竹生（2017.9 止）

市委组织部

部　　长　刘华章
副 部 长　李子平　付　权（2017.3 止）
黎　波　何文立（兼）
王太忠（兼）　樊光群（2017.3 任）
纪检组长（纪检组改革撤销）　唐尚昆（2017.3 止）
杨　钟（2017.3 任、2017.9 止）

市“两新”组织党工委

书　　记　樊光群（2017.3 任）
刘华章（2017.3 止）
副 书 记　段辉建
孙　勇（兼、2017.3 任）
荣　伟（兼、2017.3 任）
左孟良（兼、2017.3 止）
温国战（兼、2017.3 止）
许君明（兼、2017.7 止）

市党员教育中心

主　　任　杨　钟（女、2017.9 任）
周　科（2017.9 止）

市委党建办

主　　任　刘　军（2017.6 任）

市党代表联络办

主　　任　周海波（2017.12 任）

市委宣传部

部　　长　曾毅鹏（2017.12 止）
副 部 长　余波玲（女）　匡兴武
郭　健（兼）

市社会主义精神文明委员会办公室

主　　任　郭　健（2017.3 任）
刘道平（女、2017.3 止）

市网宣办

主　　任　刘　宇（2017.3 任）

市委统战部

部　　长　刘海龙
副 部 长　付益田
刘道平（女、2017.3 任）
喻　平（2017.3 止）
左孟良（兼、2017.3 止）
孙　勇（兼、2017.3 任）

市委政法委

书　　记　廖胜云
副 书 记　张　文　王　宇（2017.3 止）
张龙新　漆振洪（2017.3 任）

市综治办

主　　任　王　宇（兼、2017.3 止）
漆振洪（兼、2017.3 任）

市维稳办

主　　任　马　牛（2017.3 止）
副 主 任　李颖军

市委老干部局

支部书记、局长　王太忠
副局长　全小云（女）　黄永辉

市机构编制委员会办公室

党组成员、主任　谢辉荣
党组成员　刘　薇（女）　周玉梅（女）
副主任　周玉梅（女）

市事业单位登记管理局

局长　刘　薇（女）
副局长　邹曼莉（女）

市委党校

校长、支部书记　邹明麟
常务副校长　何　智（女、2017.3 止）
陈长贵（2017.3 任）
副校长　刘海波　王主民

二、醴陵市人大常委会、市人大专门委员会、常委会工作机构负责人

市人大常委会

党组书记、主任　贺小玲（女）
党组成员、副主任　廖宏力　李亿平（女）
李荣佳　翁菊清
副主任　唐青柏（兼）
党组成员、办公室主任　张国文

办公室

主任　张国文
副主任　杨占文

任免联络工作委员会

主任　陈治平（女）
副主任　张新琪

农业和农村经济工作委员会

主任　张水良（2017.3 止）
熊习军（2017.3 任）
副主任　李家保

财政经济工作委员会（预算工作委员会）

主任　黎平华
副主任　廖　军

教科文卫工作委员会

主任　何春伟
副主任　杨宗香

内务司法工作委员会（法制委员会）

主任　朱思球
副主任　骆　伟（女）

城乡建设环境资源保护工作委员会

主任　丁　辉
副主任　王小兰（女）

三、醴陵市人民政府及工作部门负责人

市人民政府

市长　康月林
副市长　曾毅鹏（2017.12 任）
邹志超（2017.12 止）
何忠明　石勇辉　谭　艳（女）
钟国建　陈　佳　王吉祥
黄平伟（挂职、2017.6 任）
政府办公室主任　曾　敏
调研员　廖达全
副调研员　巫栽清　杨　帆（公安局政委）

市人民政府办公室

党组书记、主任　曾　敏
党组成员　欧阳启明　聂　森（女）
吴　剑（2017.3 任）
米　佳（女）
陈　杰（2017.9 止）
罗　明（2017.9 任）
李　辉（女、2017.3 止）
副主任　欧阳启明　聂　森（女）
吴　剑（2017.3 任）
市纪委派驻纪检组长　罗　明（2017.9 任）
陈　杰（2017.9 止）

市民宗局

副局长　董秋平（女、2017.12 任）

重点工程建设管理办公室

主任　吴文辉

市征地工作协调管理办公室

党组书记、主任　吴文辉
党组成员　邹丁睦
副主任　汤申根　邹丁睦

人民政府口岸办公室

主　　任　温立峰（2017.6 任）
　　　　　王纪军（2017.3 止）

城市创建工作领导小组办公室（临时机构）

副 主 任　金宇辉

金融证券办公室

副 主 任　吴集兴（2017.9 止）

法制办公室（机构改革）

副 主 任　卢启宇（2017.3 止）

市发展和改革局

党组书记、局长　吴均成
党组副书记、副局长　邹汉华
党组成员　陈韶军　朱永春（女）
　　　　　柳许辉　叶　敏
　　　　　涂雪菁（女、2017.3 任）
　　　　　张华珍（女、2017.9 任）
　　　　　易桢华（女、2017.3 止）
　　　　　张　韬（2017.9 止）
副 局 长　陈韶军　朱永春（女）
　　　　　柳许辉　叶　敏
　　　　　涂雪菁（女、2017.3 任）
　　　　　易桢华（女、2017.3 止）
市纪委派驻纪检组长　张华珍（女、2017.9 任）
　　　　　张　韬（2017.9 止）
价格监督局局长　姚爱民

“两型”社会建设综合配套改革领导小组办公室

主　　任　雷向军（女）
副 主 任　高　柳（女）　唐湘群（女）

市监察局

局　　长　彭　新（女）
副 局 长　黄向阳（女、2017.12 止）
　　　　　王喜桂（2017.9 止）

市经济科技信息化局

局　　长　钟富强（2017.12 任）
　　　　　徐德军（2017.12 止）
党组书记　徐德军
党组副书记、副局长　瞿石生
党组成员、副局长　贺光亮（2017.3 止）
　　　　　王传文　王喜丰　朱　虹
　　　　　张明波　刘桂平
副 局 长　吴文辉（女）

市烟花鞭炮管理局

局　　长　胡兆霖（2017.3 任）
　　　　　黎志清（2017.3 止）
副 局 长　欧阳未来（2017.3 止）
　　　　　田佩峰
　　　　　李国平（女、2017.3 任）
　　　　　席小斌（2017.3 任）
　　　　　丁云峰（2017.3 止）

市教育局

党委书记、局长　郭米红（女）
党委副书记、副局长　张承谊　罗才高
党委委员　王清波　邓日云
副 局 长　王清波
市纪委派驻纪检组长　向　光（2017.9 止）
　　　　　钱素芳（女、2017.9 任）
市政府教育督导室主任督学　邓日云

市民政局

党组书记、局长　荣　伟
党组成员　刘仕永　凌树生　匡辉平
　　　　　曾　勇（2017.9 止）
副 局 长　刘仕永　凌树生　匡辉平
市纪委派驻纪检组长（纪检组改革撤销）　曾　勇（2017.9 止）

市慈善办

主　　任　邱再华（女）

市公安局

党组（委）书记、局长　何忠明
政　　委　杨　帆（2017.5 任）
党组（委）副书记　杨　帆
党委副书记　张　敏
党组成员　黄连招（2017.3 止）
　　　　　杨　杰　阎恕鹃
党委委员　黄连招（2017.3 止）
　　　　　杨　杰　王新桥　程　潇
　　　　　阎恕鹃　文秋鹏
副 局 长　张　敏　黄连招（2017.3 止）
　　　　　杨　杰　王新桥　程　潇

刑事侦查大队

大 队 长　郭蛟龙

网络安全保卫大队

大 队 长　宋学文
教 导 员　邓先明

指挥中心

主　　任　（空缺）

国家安全保卫大队

大 队 长　蔡志宏

危险爆炸物品管理大队

大 队 长　姚战国

禁毒大队

大 队 长　巫红刚

治安管理大队

大 队 长　易志红

人口与出入境管理大队

大 队 长　文武全

来龙门派出所

所　　长　张　铝（2017.5 止）

阳三石派出所

所　　长　贺新宇

仙岳山派出所

所　　长　张海宏

国瓷派出所

所　　长　蒋一青

李畋派出所

所　　长　王　勇

白兔潭派出所

所　　长　程寿生

浦口派出所

所　　长　邓　晖

王仙派出所

所　　长　邹达峰

东富派出所

所　　长　唐开孝

泗汾派出所

所　　长　邓星振

明月派出所

所　　长　何新武

茶山派出所

所　　长　刘晓山

均楚派出所

所　　长　何凯良

板杉派出所

所　　长　邓　攀

枫林派出所

所　　长　胡艳梅

市公安局交通警察大队

大队长、政委　刘建文
副 大 队 长　黄显兵　彭昕炜

车辆管理所

所　　长　梁　剑

市司法局

党组书记、局长　谢新国
党组成员、副局长　匡曦云（2017.6 止）　郝维青

市财政局

党组书记、局长　夏春良
党 组 副 书 记　付　权（2017.3 任）
党 组 成 员　瞿孝桂（2017.9 任）
　　张和平（2017.3 止）　谭轶涛
　　丁光勇（2017.9 止）　姚红波
　　陈逾峰（2017.3 任）　唐建辉
副 局 长　付　权（2017.3 任）
　　张和平（2017.3 止）
　　谭轶涛　姚红波
市纪委派驻纪检组长　瞿孝桂（2017.9 任）
　　丁光勇（2017.9 止）
总 会 计 师　陈逾峰（2017.3 任）
　　刘育艳（女、2017.3 止）

税费统征局

局　　长　陈逾峰（2017.3 止）
　　罗　裕（2017.6 任）

市国库集中支付核算中心

主　　任　唐建辉

市非税收入征收管理局

局　　长　杨柳青

乡镇财政服务中心（机构更名）

主　　任　郭　理

市人力资源和社会保障局

党组书记、局长　何文立
党组副书记、副局长　吴海江
党组成员、副局长　张友学（2017.6 止）　张朝文　徐达庆　林德建　陈振宇

城乡居民医保服务中心

主　　任　李　健

工伤保险局

局　　长　何志新

社会劳动保险局

局　　长　黄林培

劳动就业管理局

局　　长　姚　瑾（女）

劳动保障监察大队

大　队　长　文　娟（女）

市人才服务（考试培训）中心

主　　任　付　斌（2017.3 任）

市国土资源局

党组书记　温国战（2017.1 任）
　　　　　陈　佳（2017.1 止）
局　　长　温国战（2017.4 任）
　　　　　陈　佳（2017.4 止）
党组成员　张　勇　吴建民　刘雪龙（挂职）　邹建军　瞿海华　易建新　凌　斌（女）
副局长　张　勇　吴建民　刘雪龙（挂职）
纪检组长　邹建军
执法监察大队大队长　瞿海华
工会主席　易建新
总工程师　凌　斌（女）

市住房和城乡规划建设局

党组书记、局长　丁际秋
党组副书记、副局长　谭志红
党组成员、副局长　张文君（女）　徐赞钦（2017.3 止）　杨雪安　殷献忠　朱发平（2017.3 任）
党组成员、总工程师　朱发平（2017.3 止）
党组成员、市纪委派驻纪检组长　黄志凯（2017.9 任）
　　　　　王添平（2017.3 任、2017.9 止）
　　　　　张利华（女、2017.3 止）

市建设工程质量安全监督站

站　　长　钟　颖

市灯饰管理所

所　　长　付若林

市园林绿化管理局

局长、党支部书记　张战明（2017.6 止）
副局长　石金细（市委组织部部务会管理）

市燃气办

主　　任　黄　靖

市房产管理局

局　　长　余建明（2017.3 任）
　　　　　杨　鹏（2017.3 止）
副局长　帅年祥　瞿名辉　吴远征
总经济师　吴晓红（女）
国有土地上房屋征收办公室主任　曾明强

市环境保护局

党组书记、局长　许君明（2017.7 任）
　　　　　邹柏柯（2017.7 止）
党组成员　彭邵陵　钟　鸣　周应和　苏利玲（女）
副局长　彭邵陵　钟　鸣　周应和
总工程师　苏利玲（女）

市环境保护监察大队

大　队　长　蔡湘礼

市交通运输局

党组书记、局长　张有余
党组副书记　张志军
党组成员　漆　付（2017.3 任）
　　　　　曾秋明（2017.3 止）　马润年
　　　　　钟　昱（2017.3 止）
副局长　漆　付（2017.3 任）　张志军
　　　　　曾秋明（2017.3 止）　马润年
市纪委派驻纪检组长　易智勇（2017.9 任）
　　　　　钟　昱（2017.3 止）

市运管所

所　　长　郭　峰（2017.3任）

市公路局

党总支书记、局长　张玉华
副局长　邓鸣九　李自力（2017.3任）
钟　昱（2017.3任）
易进秋（2017.3止）
纪委书记　刘　鹏（2017.3止）
路政管理大队大队长　欧阳国启

市农业局

党组书记、局长　谢世军
党组副书记、副局长　丁铁钢　唐哲明
党组成员　朱印飞　刘平辉（2017.3止）
涂雪菁（女、2017.3止）
梁平辉（2017.3止）　晏小虎
龙自启（2017.9止）
张　韬（2017.9任）
副局长　乔德良　刘月球　朱印飞
刘平辉（2017.3止）
涂雪菁（女、2017.3止）
郭陆军（2017.3任）
市委农村工作办公室副主任　梁平辉
总农艺师　晏小虎
市纪委派驻纪检组长　张　韬（2017.9任）
龙自启（2017.9止）

市农业技术推广中心

主　　任　邓立平

农产品质量监督检验中心

主　　任　魏芸霞（女）

农村经济管理服务站

局　　长　廖　莉（女）

农村能源办

主　　任　易建平（2017.6任）曾飞鹏

县域经济工作领导小组办公室

主　　任　陈　湛

市农业综合开发办

主　　任　周绪球
副主任　丁作敏
文启华（市委组织部部务会管理）
谢玲芝（女、市委组织部部务会管理）

市畜牧兽医水产局

局　　长　周海军
副局长　邹培锋（2017.3任）
金建军　易康飞

市农业机械管理局

局　　长　谢建林
副局长　旷劲松
喻　兰（女、市委组织部部务会管理）
向唯端（市委组织部部务会管理）
赵金亮（市委组织部部务会管理）
欧阳芳（女、2017.3任、市委组织部部务会管理）

市林业局

党组书记、局长　凌　伟
党组副书记、副局长　付兴乾（2017.3任）
党组成员　邱红星（2017.3任）
杨冬伟（2017.3止）
谭书良（2017.3止）　张　哲
曾　勇（2017.9任）
瞿孝桂（2017.9止）
副局长　邱红星（2017.3任）
杨冬伟（2017.3止）
谭书良（2017.3止）
森林公安局局长　张　哲
市纪委派驻纪检组长　曾　勇（2017.9任）
瞿孝桂（2017.9止）
林业综合执法大队大队长　叶鹏凌
山林纠纷调处办公室主任　张钢林

市水利局

党组书记、局长　甘　毅
党组副书记　金　鑫
党组成员　唐益丰（2017.3任）　刘铁华
副局长　金　鑫　唐益丰（2017.3任）
谢晓平（女、2017.3止）
党组成员、市纪委派驻纪检组长（纪检组改革撤销）　金　志（2017.9止）
总工程师　刘铁华
防汛抗旱办主任　易向阳
官庄灌区醴陵管理所所长　邱道绵
酒埠江灌区醴陵管理所所长　王宏耀
水土保持站站长　唐益丰（2017.3止）

市文体广电新闻出版局

党组书记、局长　盛　勇
党组成员、副局长　付建安　姚武飞
党组成员、市纪委派驻纪检组长（纪检组改革撤销）　汪年春（2017.9止）

市文物局

党支部书记、局长　张晓根
副局长　孙　奇（市委组织部部务会管理）
　　程海波（市委组织部部务会管理）

市李铎艺术馆

馆长　李拥军

市卫生和计划生育局

党委书记、局长　邓少仁
党委副书记、副局长　曾文初　张静文（2017.3 任）
党委委员、副局长　漆　付（2017.3 止）
　　钟向阳　刘淑平　林仁和
　　谭亦农（2017.3 止）
　　贺其佳（2017.9 止）
党委委员、市纪委派驻纪检组长　金　志（2017.9 任）
　　王添平（2017.3 止）
　　向　光（2017.3 任、2017.9 止）

市卫生计生综合监督执法局

局长　杨晓希

市审计局

党组书记、局长　唐　飞
党组副书记、副局长　张咏梅（女）
党组成员、副局长　吴祖燕
党组成员、总审计师　张剑辉
市经济责任审计工作领导小组办公室专职副主任（任期经济责任审计科科长更名）　朱家福
重点建设项目审计中心主任　刘建国

市商务旅游和粮食局

党组书记、局长　张永辉
党组副书记、副局长　杨若邻　胡更新（2017.3 止）
党组成员、副局长　吴洪波　娄　霞（女）
　　徐　瑾（女、2017.3 任）
　　廖志高（2017.3 任）
　　丁云峰（2017.3 任）
　　张俊林（2017.3 止）
　　陈彩霞（女、2017.3 止）
副局长　姚　丹（女、2017.3 止）
　　易擎龙

市安全生产监督管理局

党组书记、局长　田安平
党组副书记、副局长　余志勇
党组成员、副局长　朱三田　李石明
党组成员、市纪委派驻纪检组长（纪检组改革撤销）　付竹生（2017.9 止）
党组成员、总工程师　陈　琪
党组成员、安全生产执法大队大队长　汤中亮

市统计局

党组书记　黎　俊（2017.3 任）
　　胡兆霖（2017.3 止）
局长　刘育艳（女、2017.3 任）
　　胡兆霖（2017.3 止）
党组成员、副局长　胡　婧（女）　瞿秋圆（女）
总统计师　丁祥军（2017.6 任）
经济社会调查中心主任　刘　勇
乡镇（街道）经济发展考核工作办公室（GDP 核算办公室）主任　周　玲（女）

市食品药品工商质量监督管理局（机构更名）

党组书记、局长　许君明（2017.7 止）
党组副书记、副局长　康人清　杨　宏
党组成员、副局长　陈　宏　王湘彪　易朝华
　　刘　武　张正金　黄　博
　　汪再忠
党组成员、市纪委派驻纪检组长（纪检组改革撤销）　张华珍（女、2017.9 止）
党组成员、总工程师　陈铁乔
市食品药品和质量技术检验检测所所长　汤其良

市人民防空办公室

党组书记、主任　潘应生（2017.3 任）
　　荣树伟（2017.3 止）
副主任　陈永红

市信访局

党组书记、局长　彭卫东（2017.3 任）
　　陈云涛（2017.3 止）
党组成员、副局长　邹青山　易书明

市接待办

主任　漆振洪（2017.3 止）
党组副书记　何柳望（2017.3 任）
党组成员　文　箭（2017.3 任）
　　贺　鹏（2017.6 任）
　　吴　剑（2017.3 止）
副主任　何柳望（主持工作，2017.3 任）
　　文　箭（2017.3 任）
　　贺　鹏（2017.6 任）
　　江　娅（女、2017.3 止）
　　吴　剑（2017.3 止）

市广播电视台

党委书记、台长　丁　瑜（2017.3任）
郭　健（2017.3止）
副台长　钟　颉（2017.3止）　曾玄风
陈　明（2017.6任）
编辑委员会副总编辑　张申明　孙恢宏
陈　明（2017.6止）
新闻中心主任　肖华林（2017.6任）

市文化市场综合执法大队

大队长　何柳望
副大队长　李剑波　许志良（2017.3止）

市档案史志局

党组书记、局长　吴远香（女、2017.3任）
杨月香（女、2017.3止）
党组成员、副局长　廖际标　陈　灏

市城市管理和行政执法局

党组书记、局长　佘汉平
党组成员、副局长　吴同寨　江　南（2017.3任）
张青松（2017.3止）
党组成员、市纪委派驻纪检组长（纪检组改革撤销）　黄志凯（2017.9止）
城市管理行政执法大队大队长　丁立新
查处违法建设监察大队大队长　王志良

市环境卫生管理处

主任　钟飞跃（2017.3任）
殷建湘（2017.3止）
党支部书记　刘江洪（女）

市水库移民开发管理局

党组书记、局长　何春辉（2017.3任）
熊习军（2017.3止）
党组成员、副局长　金立明　黄冬明

市基础设施建设开发投资管理中心

主任　张　坚
副主任　易悠悠（女）
钟　华（2017.3任）
乐　琴（女、2017.3止）
程　新

市国有资产投资经营中心

党组副书记、副主任（主持工作）　袁　亮（2017.3止）
党组成员、副主任　陈德政　刘凌云

株洲市公共资源交易中心醴陵分中心

党组副书记、副主任（主持工作）　袁　亮（2017.3任）
党组成员、副主任　殷建湘（2017.3任）
副主任　乐　琴（2017.3任）

市渌江投资控股集团有限公司

党委书记、董事长　黄小勇
总经理　黄小勇（2017.3止）
凌　伟（2017.3任）
党委副书记　凌　伟（2017.3任）
党委委员、监事会主席　凌　伟（2017.3止）
金　铭（2017.3任）
党委委员　文建纯　阳继先
陈嗣佳　龙毅旭
纪委书记　阳继先
副总经理　陈嗣佳　龙毅旭
工会主席　李运良

市市场服务中心

党组书记、主任　何细珠
党组成员　高　剑
副主任　蒋申慧（女）　高　剑　柳　华

市政务服务中心

党组书记、主任　何平发
党组成员、副主任　黎　华（女）
副主任　赖艳霞（女、2017.6止）

市行业管理办公室
（市供销合作总社）

党组书记、主任　王　宇（2017.3任）
党组副书记　曾凡好（2017.3任）
党组成员　曾凡好（2017.3止）　陆小林
副主任　曾凡好　陆小林

驻醴国有企业改革办公室

党工委书记、主任　陈建勤（2017.3任）
汪　洋（2017.3止）

市水务集团
（自来水公司）

总经理　吴礼阳
党总支书记　巫值良
副总经理　陈建勤（2017.3止）
吴冬升　胡江文　温晓文（女）
工会主席　巫学文

潘矿离退休人员管理办公室

主　　任　何岳祥（2017.3 任）

四、政协醴陵市委员会及工作机构负责人

政协醴陵市委员会

党组书记、主席　江曙明
党组成员、副主席　程曙光　肖建辉
副主席　李忆湘（女）　钟富强（兼）
　　易召群（兼）
党组成员、秘书长、办公室主任　何春辉（2017.3 止）
党组成员、办公室主任　黄志敏（2017.3 任）

办公室

秘书长、办公室主任　何春辉（2017.3 止）
党组成员、办公室主任　黄志敏（2017.3 任）
办公室副主任　吴　军（2017.3 任）

学习文史委员会

主　　任　陈彰伟
副 主 任　谭湘辉（女）

经济科学委员会

主　　任　柳才军
副 主 任　杨少武

联谊联络群团法制委员会

主　　任　苏承蒲
副 主 任　黎建辉

提案工作委员会

主　　任　徐　辉
副 主 任　李　丹（2017.3 任）

五、湖南醴陵经济开发区负责人

党工委书记　黎　平
党工委副书记、管委会主任　谢圣才
党工委委员　林志祥　刘高飞　赖　洪
副 主 任　林志祥　赖　洪
纪工委书记　刘高飞

党政办公室

主　　任　邱素纯（2017.3 任）
　　黄志敏（2017.3 止）
副 主 任　叶冠勇

产业发展局

局　　长　黄小龙
副 局 长　何泽华

招商合作局

局　　长　邱素纯（女、2017.3 止）
副 局 长　尹杰斌　易桢华（2017.3 止）

社会事务管理局

局　　长　瞿海翔（2017.3 止）
副 局 长　颜艳军　陈蓉军

规划建设局

局　　长　汤建武
副 局 长　朱湛军　郭彩华（女）

高新技术发展中心

主　　任　张　斌
副 主 任　易爱玲（女）　周伟祁

陶瓷研究中心

主　　任　江　娅（女、2017.3 任）
　　刘锡清（2017.3 止）
副 主 任　邹　萍（女）
　　赖艳霞（女、2017.6 任）
　　吴　敏（女、2017.6 止）

财政金融所

所　　长　刘　勇

高新技术产业发展有限公司

董 事 长　易　勇
总 经 理　谢智勇
副总经理　邓勇航　李俊军（2017.3 任）
　　钟飞跃（2017.3 止）　杨　进

六、醴陵市人民法院、人民检察院、城区管理委员会负责人

市人民法院

院长、党组书记　刘望鸣
党组副书记　兰文勇
副 院 长　兰文勇　傅梓仁（2017.7 止）
　　汤金球　何　文（2017.7 止）
　　易祖斌　周高尚（2017.12 任）
党组成员　汤金球　何　文（2017.7 止）
　　易祖斌（2017.7 止）　王　昊
　　胡建群（女、2017.7 止）
　　方建良　熊益民（2017.7 止）

纪检组长　胡建群（女、2017.7 止）
政工科长　方建良
执行局局长　王　昊（2017.7 止）
工会主席　熊益民（工会主席不再纳入市委管理）
审判委员会专职委员　张华生　易祖斌（2017.7 任）

白兔潭法庭

庭长　熊伟平（2017.12 止）

板杉法庭

庭长　易　平（2017.12 止）

泗汾法庭

庭长　晏宇清

茶山法庭

庭长　邓　芳

市人民检察院

检察长、党组书记　黄晓军
党组副书记　罗月虹　陈志高（2017.7 任）
副检察长　罗月虹　易召群
陈志高（2017.7 止）
杨林英（女、兼）
彭跃云（2017.7 止）
王　剑（2017.7 止）
党组成员　陈志高（2017.7 止）
杨林英（女）
王　剑　李　立
欧阳向辉（女、2017.9 止）
纪检组长　欧阳向辉（女、2017.9 止）
反贪局局长　彭　巍
反渎职侵权局局长　王　剑（2017.7 任）
政工科长　李　立
检察委员会专职委员　黄建辉（2017.7 止）
胡春花（女、2017.7 止）
陈志高（2017.7 任）
彭跃云（2017.7 任）

市城区管理委员会

主任　丁际秋（2017.4 任）
副主任　唐　琼（女）

七、民主党派、社会团体负责人

中国国民党革命委员会醴陵市委员

主委　李忆湘（女）
副主委　付海燕（女）

市总工会

党组书记、主席　宋友红
党组成员　刘醴谦（女）　黄　钺
副主席　刘海平　刘醴谦（女）　黄　钺

中国共产主义青年团醴陵市委员会

党组书记、书记　钟　洁（女）
党组成员、副书记　廖　勇（女）

市妇女联合会

党组书记、主席　杨　璟（女、2017.3 任）
丁　瑜（女、2017.3 止）
党组成员、副主席　李　京（女）

市残疾人联合执行理事会

党组书记、理事长　朱卫兵
党组成员、副理事长　刘　玲（女）　刘建成

市工商业联合会（总商会）

主席（会长）　黄向阳（2017.12 任）
钟富强（2017.12 止）
党组书记　孙　勇（2017.3 任）
左孟良（2017.3 止）
党组成员　邱长青　邓少富
余　波（2017.3 任）
廖志高（2017.3 止）
副主席　邱长青　邓少富
余　波（2017.3 任）

市文学艺术界联合会

主席　唐青柏
党组书记　刘天汉
党组成员、副主席　文志勇

市科学技术协会

党组书记、主席　欧阳未来（2017.3 任）
李忠业（2017.3 止）
党组成员、副主席　席小斌（2017.3 止）
刘宁波　卢启宇（2017.3 任）

八、学校负责人

湖南轻工高级技工学校

校长　殷建国
党委书记　邹仁义
党委副书记　殷建国　唐金跃
副校长　唐忠民　严安兵　罗建明

市陶瓷烟花职业技术学校

校　长　徐　峰（2017.6 任）
党总支副书记　郭金秋（2017.3 止）
副校长（主持工作）　徐　峰（2017.6 止）
副校长　肖红卫　李　文　荣　志
工会主席　谢从文

市第一中学

校长　易　军
副校长　苏鹄鸿　杨　军（2017.6 止）
张　锐　彭礼强

市第二中学

校长　王建林
党总支副书记　何　俏
副校长　黎　明　叶正云　瞿孝林

市第四中学

党委书记、校长　曾祥平
副校长　刘醴湘（2017.3 止）　周庆东
彭秋瑾（女、2017.3 止）
王　元　陈　鑫（2017.3 任）
王　辉（2017.3 任）

九、医院负责人

湖南师范大学附属湘东医院

院长　汤建国
党委书记　王自明
党委副书记　刘可安　张见日
副院长　周钢铁　孙志宏　周春芳
纪检书记　刘可安
三甲办常务副主任　董彩梅（女）

市中（一）医院

党委书记、院长　邹家全
副院长　王柏强（女、2017.3 止）
史　坚　谭海彦　邓　纲
肖宏韬（2017.3 任）

市妇幼保健计划生育服务中心

主任　周权林
副主任　李崇红（女）　李　丽（女）

市疾病预防控制中心

主任　刘学礼（2017.3 止）
周江选（2017.12 任）
党支部书记　刘志宏（2017.12 任）

十、示范区、街道、乡镇负责人

长庆示范区

党工委书记　汤　文
主任　汤铁龙
党工委副书记　汤铁龙　朱庆祝（2017.3 止）
胡　斌
副主任　徐甘泉　张劲夫
党工委委员　徐　昂　贺　鹏（2017.6 止）
陈云峰（2017.3 任）
纪工委书记　徐　昂
人民武装部部长　贺　鹏（2017.6 止）

来龙门街道办事处

党工委书记　彭亿安
主任　姚　武
人大工作室主任　蒋红专
党工委委员兼政协联络工作主任委员　黄茂群（兼、2017.3 止）
党工委委员兼政协联络工作负责人　钟显亮（2017.3 任）
党工委副书记　姚　武　杨　芷（女）
纪工委书记　文　理
副主任　杨蒲珍（女、2017.3 止）
熊　波　钱　明（2017.3 任）
党工委委员　蒋红专　文　理　刘立群（女）
汤其良　李启木
组织委员　刘立群（女）
人民武装部部长　汤其良

阳三石街道办事处

党工委书记　孙　平
主任　陈振江（2017.3 任）
张　辉（2017.3 止）
人大工作室主任　邹政大
党工委委员兼政协联络工作负责人　瞿海翔（2017.3 任）
政协联络工作主任委员　王文开（兼、2017.3 止）
党工委副书记　陈振江（2017.3 任）
张　辉（2017.3 止）
张友学（2017.6 任）
易　翔（女、2017.6 止）
纪工委书记　贺志辉（女）
副主任　陈金林　郭湘伟
党工委委员　邹政大　王文开（2017.3 止）
周美华　贺志辉（女）
黄　蔚　易焕明（女、2017.3 任）
欧阳芳（女、2017.3 止）
组织委员　易焕明（女、2017.3 任）
人民武装部部长　黄　蔚

仙岳山街道办事处

党工委书记　周细平
主任　宋　恒
人大工作室主任　王生如（2017.12 止）
党工委委员兼政协联络工作负责人　王文开（2017.3 任）
党工委副书记　宋　恒　许志良（2017.3 任）
李　丹（2017.3 止）
纪工委书记　龙汉元
副主任　王丽芳（女）　周亚鹏
党工委委员　王生如（2017.12 止）　龙汉元
张重权　张洁玉（女）　唐　峰
组织委员　张洁玉（女）
人民武装部部长　唐　峰

国瓷街道办事处

党工委书记　赖　洪（兼）
主任　李友鹏
人大工作室主任　罗明波（2017.3 任）
余　波（2017.3 止）
党工委委员兼政协联络工作主任委员　李自力（兼、2017.3 止）
党工委委员兼政协联络工作负责人　万卫华（2017.3 任）
党工委副书记　李友鹏　陈大兵
纪工委书记　朱启才
副主任　陈　蒙（2017.3 止）　巫启军
党工委委员　罗明波（2017.3 任）　朱启才
周江龙　王云芝（女）
王睿婷（女）
组织委员　王睿婷（女）
人民武装部部长　周江龙

李畋镇

党委书记　杨　翔
镇长　邓实奇（2017.9 任）
付兴乾（2017.3 止）
人大主席　文洪国
党委委员兼政协联络工作负责人　邓丽君（2017.3 任）
党委副书记　邓实奇（2017.9 任）
付兴乾（2017.3 止）
胡战坚（2017.3 任）
杨　成（2017.3 止）
纪委书记　曾祥军
副镇长　陈桂发　柳　朋　陈友水
党委委员　邓实奇（主持政府工作、2017.3 任、2017.9 止）
文洪国　沈贤陆（2017.3 止）
陈友水　曾祥军
许　君（2017.3 任）　蒲　聪
组织委员　蒲　聪
人民武装部部长　陈友水

白兔潭镇

党委书记　胡炼红
镇长　肖小武
人大主席　王帮铁
政协联络工作主任委员　罗明波（2017.3 止）
党委委员兼政协联络工作负责人　周远志（2017.3 任）
党委副书记　肖小武　李建伟（2017.3 任）
周远志（2017.3 止）
纪委书记　刘　海
副镇长　陈利华（女）肖祥早　肖　维
党委委员　王帮铁　罗明波（2017.3 止）
刘　海　陈　炎
肖　维　易开春
组织委员　陈　炎
人民武装部部长　肖　维

浦口镇

党委书记　王　平
镇长　邓元新
人大主席　刘铁强
政协联络工作主任委员　钟显亮（兼、2017.3 止）
党委委员兼政协联络工作负责人　杨　成（2017.3 任）
党委副书记　邓元新　周华林
纪委书记　金小平（女）
副镇长　胡望华（女）　黄　徐　袁智恒
党委委员　刘铁强　钟显亮（2017.3 止）
金小平（女）　吴拥军
袁智恒　黄　波
组织委员　黄　波
人民武装部部长　袁智恒

王仙镇

党委书记　郭中阁
镇长　文　庆
人大主席　谭芬芬（女）
党委委员兼政协联络工作负责人　吴德根（2017.3 任）
党委副书记　文　庆　钟　征（2017.3 任）
吴德根（2017.3 止）
纪委书记　陈　潇（2017.3 任）
王　振（2017.3 止）
副镇长　黄先海　言　艾（女）　易辉平
党委委员　谭芬芬（女）
陈　潇（2017.3 任）
王　振（2017.3 止）
易辉平　晏振方　刘志方
组织委员　晏振方
人民武装部部长　易辉平

沩山镇

党委书记 苏　凯（2017.3任）
杨　璟（2017.3止）
镇长 钟　敏
人大主席 李明林
政协联络工作主任委员 陈水云（女、兼、2017.3止）
党委委员兼政协联络工作负责人 赖洪彰（2017.3任）
党委副书记 钟　敏　黄　唯（2017.3任）
赖洪彰（2017.3止）
纪委书记 陈庆军（2017.3任）
谢敬华（2017.3止）
副镇长 钟　峰　杨春来　方卫东
党委委员 李明林　陈庆军（2017.3任）
杨　雁（2017.3任）
郭　钫（2017.3止）
方卫东　刘传水
陈水云（女、2017.3止）
谢敬华（2017.3止）
组织委员 杨　雁（2017.3任）
人民武装部部长 方卫东

东富镇

党委书记 杨冬发
镇长 陈振江（2017.3止）
温水淋（2017.6任）
人大主席 方国华（2017.3任）
张卫根（2017.3止）
党委委员兼政协联络工作负责人 唐海涛
党委副书记 陈振江（2017.3止）
温水淋（2017.6任）
易惠超（2017.3止）
李　淼（2017.3任）
纪委书记 赵西京（2017.3任）
李　淼（2017.3止）
副镇长 赵益方（2017.3任）
周予雄（2017.12止）
吴南屏（女）
赵西京（2017.3止）
党委委员 温水淋（主持政府工作、2017.3任、2017.6止）
方国华（2017.3任）
张卫根（2017.3止）
赵西京　阳自更
赵益方（2017.3任）
巫瑾千（2017.3任）
李　淼（2017.3止）
胡战坚（2017.3止）
组织委员 巫瑾千（2017.3任）
人民武装部部长 赵益方（2017.3任）
赵西京（2017.3止）

孙家湾镇

党委书记 杨　鹏（2017.3任）
樊光群（2017.3止）
镇长 刘北斗
人大主席 刘新建
党委委员兼政协联络工作负责人 陈海燕（女）
党委副书记 刘北斗　翁　琼（女）
纪委书记 田响力（2017.3任）
陈　潇（2017.3止）
副镇长 易康广　钟　禹　钟　方
党委委员 刘新建　陈海燕（女）
田响力（2017.3任）
陈　潇（2017.3止）
谭怀民　杨　智　钟　方
组织委员 杨　智
人民武装部部长 钟　方

泗汾镇

党委书记 颜少龙
镇长 唐尚昆（2017.3任）
陈长贵（2017.3止）
人大主席 文放武
党委委员兼政协联络工作负责人 杨升良（2017.3任）
党委副书记 唐尚昆（2017.3任）
易惠超（2017.3任）
陈长贵（2017.3止）
杨升良（2017.3止）
纪委书记 宋艳红（女、2017.9止）
副镇长 贺志刚（2017.3任）
谢　玲　余喜华
林　威（2017.3止）
宋艳红（女、2017.9止）
党委委员 文放武　方国华（2017.3任）
贺海燕（2017.3任）
宋艳红（女、2017.9止）
林　波　林　威（2017.3止）
贺志刚
组织委员 林　波
人民武装部部长 贺志刚（2017.3任）
林　威（2017.3止）

沈潭镇

党委书记 陈朝科
镇长 骆仕良（宁夏省挂职）
人大主席 王伏云
党委委员兼政协联络工作负责人 黄永刚（2017.3任）
邓丽君（女、2017.3止）
党委副书记 骆仕良　谢　煌（2017.12任）
章　佳（女、2017.12止）

纪委书记 张家富
副镇长 谢煌（主持政府工作、2017.12任）
林威（2017.3任）
王成龙 李维（2017.12止）
苏赤明（2017.3止）
党委委员 王伏云 张家富
林威（2017.3任）
苏赤民（2017.3止）
殷红如（女） 李顺
组织委员 殷红如（女）
人民武装部部长 林威（2017.3任）
苏赤明（2017.3止）

船湾镇

党委书记 彭庆纪
镇长 易桢华（2017.3任）
刘淼（女、2017.3止）
人大主席 宋勇
党委委员兼政协联络工作负责人 罗宏龙
党委副书记 易桢华（2017.3任）
刘淼（女、2017.3止）
刘雪平（2017.3任）
叶建明（2017.3止）
纪委书记 谭运喜
副镇长 易灿南（女、2017.3止）
漆志坚 林丹（2017.3任）
刘雪平（2017.3止）
党委委员 宋勇 谭运喜 漆锦江
李维（2017.12任）
黄韬敏（2017.9止）
刘雪平（2017.3止）
组织委员 李维（2017.12任）
人民武装部部长 刘雪平

明月镇

党委书记 郭晖
镇长 张铝（2017.3任）
张静文（2017.3止）
人大主席 王军
党委委员兼政协联络工作负责人 欧阳建新（2017.3任）
李国平（女、2017.3止）
党委副书记 张铝（2017.3任）
漆骋（2017.3任）
张静文（2017.3止）
黄唯（女、2017.3止）
纪委书记 叶西（2017.3任）
漆骋（2017.3止）
副镇长 刘威（2017.3止）
唐聪（女）
王佑来（2017.3任） 程正良

党委委员 王军 叶西（2017.3任）
李国平（女、2017.3止）
张玲樱（2017.3任）
漆骋（2017.3止） 程正良
刘海林（2017.3止） 唐亚旭
组织委员 唐亚旭
人民武装部部长 程正良

嘉树镇

党委书记 丁武华
镇长 黄志强
人大主席 黄茂群（2017.3任）
邹培锋（2017.3止）
党委委员兼政协联络工作负责人 谭小林
党委副书记 叶家富（2017.3任） 黄志强
黄永刚（2017.3止）
纪委书记 郭钫（2017.3任）
杨建文（2017.3止）
副镇长 兰礼平（女） 成婧（女）
叶家富（2017.3止）
党委委员 黄茂群（2017.3任）
邹培锋（2017.3止）
郭钫（2017.3任）
杨建文（2017.3止）
巫立新 刘礼英（女）
叶家富（2017.3止）
组织委员 刘礼英（女）
人民武装部部长 叶家富（2017.3任）

茶山镇

党委书记 张辉（2017.3任）
余建明（2017.3止）
镇长 彭湘陵（女）
人大主席 马牛（2017.3任）
邱红星（2017.3止）
党委委员兼政协联络工作负责人 谢逢线（2017.3任）
党委副书记 彭湘陵（女）
宋瑶玲（2017.3任）
谢缝线（2017.3止）
纪委书记 李成（2017.3任）
钟征（2017.3止）
副镇长 陈钟（2017.3任）
刘敏 赵红兵
杨昆（2017.3止）
党委委员 马牛（2017.3任）
邱红星（2017.3止）
李成（2017.3任）
吴敏（女、2017.6任）
陈钟（2017.3任）
程明（2017.6任）

钟　征（2017.3 止）
曾　敏（女、2017.6 止）
杨　昆（2017.3 止）
宋　鹏（2017.3 止）
组织委员　吴　敏（女、2017.6 任）
人民武装部部长　陈　钟（2017.3 任）
杨　昆（2017.3 止）

均楚镇

党委书记　苏继峰
镇长　卢炼钢
人大主席　邓卫群
党委委员兼政协联络工作负责人　何春泉
党委副书记　卢炼钢　徐达兵
纪委书记　王　华
副镇长　李潜滋（女）　张吉祥　易　文
党委委员　邓卫群　王　华　易　文
李治国　施　展
组织委员　施　展
人民武装部部长　易　文

石亭镇

党委书记　陈　林（2017.3 任）
孙　勇（2017.3 止）
镇长　胡修文
人大主席　万丽娟（女）
党委委员兼政协联络工作负责人　田春耕
党委副书记　胡修文　欧智文
纪委书记　王波涛
副镇长　楚鸿玮（2017.3 任）
易灿南（女、2017.3 任）
钟　刚
邓　达（2017.3 止）
邓亚军（2017.3 止）
党委委员　万丽娟（女）　王波涛　黄日强
楚鸿玮（2017.3 任）
邓亚军（2017.3 止）　李　兵
组织委员　黄日强
人民武装部部长　楚鸿玮（2017.3 任）
邓亚军（2017.3 止）

板杉镇

党委书记　刘　森（女、2017.3 任）
彭卫东（2017.3 止）
镇长　刘　敏
人大主席　董秋平（女、2017.12 止）
党委委员兼政协工作主任委员　温水淋（2017.3 止）
党委委员兼政协联络工作负责人　叶建明（2017.3 任）
党委副书记　刘　敏　丁　力（2017.3 任）
宋瑶玲（2017.3 止）
纪委书记　易理政（2017.3 任）
宋瑶玲（2017.3 止）
副镇长　易理政（2017.3 止）　钟定龙
杨颖异（2017.3 任）　汪　洋
党委委员　董秋平（女、2017.12 止）
易理政（2017.3 任）
汪　洋　彭朗朗（女）
丁　力（2017.3 止）
陈　波（女）
组织委员　彭朗朗（女）
人民武装部部长　汪　洋

左权镇

党委书记　何　柢（女）
镇长　张卫根（2017.3 任）
苏　凯（2017.3 止）
人大主席　文万艳
党委委员兼政协联络工作负责人　姜　丹（女）
党委副书记　张卫根（2017.3 任）
苏　凯（2017.3 止）　袁　斌
纪委书记　曾　亮（2017.3 任）
陈庆军（2017.3 止）
副镇长　高明月　潘育武　胡　广
党委委员　文万艳　陈庆军（2017.3 止）
曾　亮　易学均　胡　广
周予雄（2017.3 任）
组织委员　周予雄（2017.3 任）
人民武装部部长　胡　广

枫林镇

党委书记　高开军
镇长　李　辉（女、2017.3 任）
陈　林（2017.3 止）
人大主席　甘辉斌
党委委员兼政协联络工作负责人　施祖泰
党委副书记　李　辉（女、2017.3 任）
陈　林（2017.3 止）
苏赤民（2017.3 任）
李建伟（2017.3 止）
纪委书记　刘海林（2017.3 任）
易传凤（2017.3 止）
副镇长　钟　琼（女）　阳　敏　刘俊林
党委委员　甘辉斌　刘海林（2017.3 任）
易传凤（2017.3 止）
易虎龙　刘　赞　刘俊林

组　织　委　员　刘　赞
人民武装部部长　刘俊林

官庄镇

党　委　书　记　姚飞勇
镇　　　　　长　王成根
人　大　主　席　田芳宇
政协联络工作主任委员　谭宏治（兼、2017.3 止）
党委委员兼政协联络工作负责人　（空缺）
党　委　副　书　记　王成根　朱玉婷（女）
纪　委　书　记　黄定峰（2017.3 任）
王英春（女、2017.3 止）
副　镇　长　吴　艳　肖铁华
王　冰（女、2017.3 任）
党　委　委　员　田芳宇　谭宏治（2017.3 止）
黄定峰　冯　量（2017.3 任）
付伟文　肖铁华
王英春（女、2017.3 止）
组　织　委　员　冯　量（2017.3 任）
黄定峰（2017.3 止）
人民武装部部长　肖铁华

（王　璐）

索 引

说 明

一、本索引编有主题分析索引和地名索引（特载，大事记，市党、政及各部门、单位负责人名录除外），主题分析索引和地名索引按汉语拼音顺序排列，同音字按声调排序，同音同调字按下一字的音序排列。地名索引附见款目，附见款目放在主款目下行缩2字排印。

二、标引词后的数字表示内容所在页码，字母a、b、c分别表示左栏、中栏、右栏。

三、类目、专题稿标题和地名用黑体字标明。

数 字 首

A

H

J

K

L

M

N

P

Q

R

S

T

Z

区·街道·镇